R. Steel · A. P. Harvey
Lexikon der Vorzeit

Lexikon der Vorzeit

Herausgegeben von Rodney Steel
und Anthony P. Harvey

Herausgeber der deutschen Ausgabe
Dieter Vogellehner

Herder Freiburg · Basel · Wien

Deutsche Ausgabe:

Wissenschaftliche Leitung:
Dieter Vogellehner

Übersetzung und Bearbeitung:
V. Mosbrugger und W. Ellegast

Titel der Originalausgabe:
The Encyclopaedia of Prehistoric Life
© Mitchell Beazley International Limited 1979
Alle Rechte vorbehalten

© der deutschen Ausgabe:
Verlag Herder Freiburg im Breisgau 1981
Satz: VID Verlags- und Industriedrucke GmbH & Co. KG,
Villingen-Schwenningen
Druck und Einband: Freiburger Graphische Betriebe 1981
Printed in Germany
ISBN 3–451–19184–9

INHALT

AUTOREN

Englische Originalausgabe:

D. E. G. B. = D. E. G. Briggs, University of London
H. C. H. B. = H. C. H. Brunton, British Museum (Natural History)
A. J. C. = A. J. Charig, British Museum (Natural History)
A. G. E. = A. G. Edmund, Royal Ontario Museum
J. W. F. = J. Franks, University of Manchester
L. B. H. = L. B. Halstead, University of Reading
A. P. H. = A. P. Harvey, Herausgeber
F. M. P. H. = F. M. P. Howie, British Museum (Natural History)
C. P. H. = C. P. Hughes, University of Cambridge
R. P. S. J. = R. P. S. Jefferies, British Museum (Natural History)
P. D. L. = P. D. Lane, University of Keele
S. F. M. = S. F. Morris, British Museum (Natural History)
C. P. N. = C. P. Nuttall, British Museum (Natural History)
E. F. O. = E. F. Owen, British Museum (Natural History)
H. G. O. = H. G. Owen, British Museum (Natural History)
A. L. P. = A. L. Panchen, University of Newcastle-upon-Tyne
R. J. G. S. = R. J. G. Savage, University of Bristol
C. T. S. = C. T. Scrutton, University of Newcastle-upon-Tyne
R. S. = R. Steel, Herausgeber
A. T. T. = A. T. Thomas, University of Cambridge
D. T. = D. Tills, British Museum (Natural History)
C. A. W. = C. A. Walker, British Museum (Natural History)
S. W. = S. Ware, British Museum (Natural History)
J. E. P. W. = J. E. P. Whittaker, British Museum (Natural History)
P. J. W. = P. J. Whybrow, British Museum (Natural History)

Zusätzliche Stichworte der deutschen Ausgabe:

D. V. = D. Vogellehner, Universität Freiburg

DIE STICHWORTE
UND IHRE VERFASSER

In Klammern stehen das entsprechende englische Stichwort und die Abkürzung des Autorennamens. Die Autoren können auf Seite VI nachgeschlagen werden.

Abel, Othenio (D. V.);
Academia Sinica (A. P. H.);
Acanthodii (Acanthodians; L. B. H.);
Actinopterygii (Ray-fin fishes; L. B. H.);
Affen (Monkeys; R. J. G. S.);
Agassiz, Jean Louis (A. P. H.);
Algen (Algae; J. W. F.);
Altersbestimmung (Dating the past; D. E. G. B.);
Amblypoda (Amblypods; R. S.);
Ameghino, Florentino (A. P. H.);
American Museum of Natural History (A. P. H.);
American National Museum of Natural History (A. P. H.);
Ammoniten (Ammonites; H. G. O.);
Amphibien (Amphibians; A. L. P.);
Anaspida (Anaspids; L. B. H.);
Ancylopoda (Chalicotheres; R. J. G. S.);
Angewandte Paläontologie (Economic palaeontology; J. E. P. W.);
Angiospermen (Flowering plants; J. W. F.);
Ankylosauria (Armoured dinosaurs; R. S.);
Anning, Mary (A. P. H.);
Anoplotheriidae (Anoplotheres; R. S.);
Anthracosauria (Anthracosaurs; A. L. P.);
Anthracotheriidae (Anthracotheres; R. S.);
Archaeocyatha (Archaeocyathines; S. W.);
Archaeopteryx (Archaeopteryx; C. A. W.);
Archosaurier (Archosaurs; R. S.);
Arsinoitherium (Arsinoitherium; R. S.);
Arthrodira (Arthrodires; L. B. H.);
Astrapotheria (Astrapotheres; R. S.);
Aussterben (Extinction; R. S.);
Australian Museum (A. P. H.);

Bakterien (Bacteria; J. E. P. W.);
Bären (Bears; R. J. G. S.);
Bärlappe (Club mosses; J. W. F.);
Barrande, Joachim (A. P. H.);
Baumfarne (Tree-ferns; J. W. F.);
Belemniten (Belemnites; H. G. O.);
Bennettitatae (Cycadeoids; J. W. F.);
Beringer, Johann (A. P. H.);
Bernstein (Amber; J. W. F.);
Beuteltiere (Marsupials; R. J. G. S.);
Biochemie (Biochemistry; L. B. H.);
Bonebed (Bone bed; L. B. H.);
Boule, Pierre Marcellin (A. P. H.);
Brachiopoda (Brachiopods; E. F. O.);
Branchiosauria (Branchiosaurs; A. L. P.);
British Museum (Natural History) (A. P. H.);
Brongniart, Adolphe (A. P. H.);
Bronn, Heinrich Georg (A. P. H.);
Brontotherien (Brontotheres; R. J. G. S.);
Broom, Robert (A. P. H.);
Buch, Leopold von (D. V.);
Buckland, William (A. P. H.);
Buffon, Georges (A. P. H.);
Burgess-Schiefer (Burgess shale; L. B. H.);

Canadian National Museum of Natural Sciences (A. P. H.);
Carnosauria (Carnosaurs; R. S.);
Ceratopsia (Horned dinosaurs; R. S.);
Chimaeriformes (Chimaeras; L. B. H.);
Coelacanthini (Coelacanths; L. B. H.);
Coelurosauria (Coelurosaurs; R. S.);
Condylarthra (Condylarths; R. J. G. S.);
Conodonten (Conodonts; J. E. P. W.);
Cope, Edward Drinker (A. P. H.);
Cordaitidae (Cordaitales; J. W. F.);
Cotylosauria (Cotylosaurs; R. S.);
Creodonta (Creodonts; R. S.);
Cushman, Joseph (A. P. H.);
Cuvier, Georges Baron de (A. P. H.);
Cycadatae (Cycads; J. W. F.);

Dart, Raymond Arthur (A. P. H.);
Darwin, Charles (A. P. H.);
Deinonychia (Deinonychids; R. S.);

Psilophyten (Psilophytes; J. W. F.);
Pteraspiden (Pteraspids; L. B. H.);
Pteridospermen (Pteridosperms;
    J. W. F.);

Quenstedt, Friedrich August (D. V.);

Radiolarien (Radiolarians; J. E. P. W.);
Rancho la Brea (R. S.);
Raubtiere (Carnivora; R. S.);
Reptilien (Reptiles; R. S.);
Rhynchocephalia (Rhynchocephalians;
    A. J. C.);
Riffe (Reefs; C T. S.);
Rinderartige (Cattle; R. J. G. S.);
Rochen (Rays; L. B. H.);
Romer, Alfred Sherwood (A. P. H.);
Royal Ontario Museum (A. P. H.);
Rudolfsee (Lake Rudolf; D. T.);
Rüsseltiere (Elephants; R. J. G. S.);

Säbelzahnkatzen (Sabre-toothed cats;
    R. S.);
Sahni, Birbal (A. P. H.);
Sammeltechnik (Collecting; P. J. W.);
Säugerähnliche Reptilien (Mammal-like
    reptils; R. J. G. S.);
Säugetiere (Mammals; R. S.);
Saurischia (Saurischians; R. S.);
Sauropoda (Sauropods; R. S.);
Schachtelhalme (Horsetails; J. W. F.);
Schädel (Skull; L. B. H.);
Scheuchzer, Johann Jakob (A. P. H.);
Schildkröten (Turtles and tortoises;
    R. S.);
Schindewolf, Otto H. (D. V.);
Schlangen (Snakes; A. J. C.);
Schlotheim, Ernst Friedrich von
    (A. P. H.);
Schnecken (Gastropods; C. P. N.);
Schuppen (Scales; L. B. H.);
Schwämme (Sponges; S. W.);
Schwanzflosse (Tail fin; L. B. H.);
Schwanzlurche (Salamanders; A. L. P.);
Schweine und Flußpferde (Pigs;
    R. J. G. S.);
Seeigel (Sea urchins; R. P. S. J.);
Seekühe (Dugongs; R. J. G. S.);
Seelilien (Crinoids; R. P. S. J.);
Seesterne und Schlangensterne
    (Starfishes; R. P. S. J.);
Seward, Sir Albert Charles (A. P. H.);
Silur (Silurian; C. T. S.);
Siwalik-Formation (Siwalik series; R. S.);
Skelett (Skeleton; L. B. H.);
Smith, William (A. P. H.);
South African Museum (A. P. H.);
Sowerby (A. P. H.);

Spinnentiere (Spiders and scorpions;
    S. F. M.);
Spurenfossilien (Trace fossils; J. E. P. W.);
Stachelhäuter (Echinoderms; R. P. S. J.);
Stegosauria (Plated dinosaurs; R. S.);
Sternberg, Kaspar Graf (A. P. H.);
Stigmaria (Stigmaria; J. W. F.);
Stratigraphie (Stratigraphy; D. E. G. B.);

Tapire (Tapirs; R. J. G. S.);
Taxonomie (Taxonomy; A. T. T.);
Tendaguru (R. S.);
Tethys (Tethys; H. G. O.);
Thecodontia (Thecodontians; A. J. C.);
Tiefseesedimente (Ocean deposits;
    J. E. P. W.);
Torf (Peat; J. W. F.);
Trias (Triassic; R. S.);
Trilobiten (Trilobites; S. F. M.);

Unpaarhufer (Perissodactyls; R. S.);

Versteinerte Wälder (Petrified forests;
    J. W. F.);
Versunkene Wälder (Submerged
    forests; J. W. F.);
Vögel (Birds; C. A. W.);

Walcott, Charles (A. P. H.);
Wale (Whales; R. J. G. S.);
Warmblüter (Warm-blooded animals;
    R. S.);
Wealden (Wealden series; A. J. C.);
Weichtiere (Molluscs; C. P. N.);
Wirbellose (Invertebrates; R. S.);
Wirbelsäule (Backbone; L. B. H.);
Wirbeltiere (Vertebrates; R. S.);
Wölfe (Wolves; R. S.);
Woodward, Arthur Smith (A. P. H.);
Woodward, John (A. P. H.);
Würmer (Worms; S. W.);

Zahnarme (Edentates; A. G. E.);
Zähne (Teeth; R. S.);
Zahnvögel (Toothed birds; C. A. W.);
Zehnfüßige Krebse (Crabs and lobsters;
    S. F. M.);
Zibetkatzen (Civets; R. J. G. S.);
Zittel, Karl Alfred von (A. P. H.).

X

AUS DEM VORWORT
DER ENGLISCHEN AUSGABE

Das *Lexikon der Vorzeit* erscheint in einer Zeit, in der sich die Grenzen unseres Wissens beängstigend rasch ausdehnen. Dies gilt auch für die Geschichte des Planeten Erde. Genau das ist vielleicht das Besondere unserer Zeit, daß wir erstmals die Entwicklung der Erde und auch des Lebens mit einer bisher unmöglich erscheinenden Sicherheit verstehen können, bedingt durch die Anwendung modernster Verfahren, die vollständig die alten, individuell gefärbten Arbeitsweisen verdrängen. Wir dürfen die Weltschöpfung nach der Genesis und die darauf aufbauende Chronologie des Erzbischofs USSHER nicht vergessen, auch nicht das Genie eines KOPERNIKUS, der das damals gültige astronomische Weltbild in Zweifel zog, oder das eines GALILEI, der, angeregt durch eine schwingende Lampe in einer Kirche, das Pendel zur Zeitmessung erfand. Andere große Gelehrte erörterten die Bildung der Erdkruste und diskutierten, ob sie durch Sedimentation bei Sintfluten entstanden ist oder durch einen mehr kontinuierlichen, zyklischen Prozeß der Erosion und Ablagerung ...
... Das Alter der Erde wird heute auf 4,6 Milliarden Jahre geschätzt, und das Leben muß fast ebenso alt sein. Die modernen Theorien der Plattentektonik zeigen, wie Kontinente zerfallen, wie sie sich bewegen und wie Gebirge aufgefaltet werden. Klima, Umwelt und die Zeit bedingen eine sich verändernde Welt und ein sich stetig wandelndes Leben: Bestandteile einer Einheit der Natur, eines kosmischen evolutionären Prozesses, der – für viele leider – nicht für den Menschen allein geschaffen wurde.
Der Mensch kann nur beobachten und fragen; die Überlegungen und Gedanken in diesem Lexikon stammen von weltweit anerkannten Forschern.
Die Vergangenheit in ihren Dokumenten zu lesen bedeutet, die Zukunft zu erahnen, bedeutet, mit dem Philosoph WHITEHEAD zu erkennen: „Das Leben ist eine Offensive, gerichtet gegen sich ständig wiederholende Mechanismen des Universums" – eines Universums, dessen Sinn und Umfang wir wohl nie voll erfassen werden können. Die hier dargestellte Geschichte vom Aufstieg und Zerfall von Tier- und Pflanzendynastien bildet den Hintergrund unseres Daseins; wir erkennen aus dieser Geschichte ihre Fehler und ihr Fehlschlagen. Wissen wir das Zeugnis richtig einzuschätzen? Dies ist der Sinn dieses Lexikons: Ehrfurcht zu schaffen vor dem Leben und überleben zu lernen in einer unbestimmten Unendlichkeit an Raum und Zeit. Mit unserem neuen Wissen und der neuen Technologie kann uns dies gelingen, aber nur, wenn in unserer Welt eine neue Sinnorientierung entsteht. Wir müssen schnell aus der Geschichte der Vorzeit lernen, denn die Zeit, auch die im geologischen Maßstab, verstreicht im Flug.

Dr. W. E. Swinton FRSE.

VORWORT
DES DEUTSCHEN HERAUSGEBERS

Der Rahmen des vorliegenden *Lexikons der Vorzeit* ist weit gespannt. Es bringt die wesentlichen Ergebnisse der paläontologischen Forschung in allen Teilen der Erde und für alle Organismengruppen einschließlich des Menschen, wobei die besonders gut bekannten fossilen Wirbeltiere eine Hauptrolle spielen. Mehrere allgemeiner gehaltene Beiträge aus dem geologischen und biologischen Bereich sowie Aufsätze zur Methodik sollen dabei eine Einordnung der paläontologischen Daten in einen größeren Rahmen ermöglichen.

Für die deutsche Ausgabe wurde der englische Titel *Encyclopaedia of Prehistoric Life* (Enzyklopädie des prähistorischen Lebens) nicht beibehalten, da im deutschen Sprachgebrauch unter Prähistorie oder Vorgeschichte die Geschichte des Menschen vor dem Vorliegen schriftlicher Zeugnisse verstanden wird. Solche Fragen sind in diesem Buch zwar behandelt, doch liegt das Hauptgewicht auf der Geschichte aller Organismen, also der Pflanzen, der Tiere und des Menschen.

Meine beiden Mitarbeiter V. MOSBRUGGER und W. ELLEGAST haben dabei versucht, soweit notwendig die einzelnen Beiträge an die im deutschen wissenschaftlichen Gebrauch übliche systematische Gruppierung anzugleichen. Dies gilt für das System der Tiere und Pflanzen wie für die geologische Gliederung der verschiedenen Erdzeitalter. Ferner wurden Biographien bzw. Kurzbeschreibungen einiger bedeutender deutschsprachiger Forscher sowie in Deutschland gelegener Fossilfundstätten zusätzlich eingefügt. Das Literaturverzeichnis wurde durch deutsche Titel ergänzt.

Abel, Othenio (1875–1946)
Österreichischer Paläontologe, Begründer einer neuen Forschungsrichtung, der Paläobiologie. In seiner Geburtsstadt Wien wurde er 1907 Professor, 1935–1940 wirkte er in Göttingen. Sein Hauptarbeitsgebiet waren Lebensweise und Stammesgeschichte der Wirbeltiere. Die Hauptwerke „Grundzüge der Paläobiologie der Wirbeltiere" (1912) und „Paläobiologie und Stammesgeschichte" (1929) übten großen Einfluß auf die damalige Paläontologie aus und boten zahlreiche neue Ansätze. 1940 gründete ABEL das Forschungsinstitut für Lebensgeschichte in Salzburg.

in Peking und das Institut für Geologie und Paläontologie in Nanking, die beide über wissenschaftliche und öffentliche Sammlungen verfügen. Die Einrichtung eines zentralen Naturhistorischen Museums in Peking ist geplant.

Acanthodii, *Stachelhaie*

Älteste bekannte Wirbeltiere mit Kiefern (Gnathostomata), erscheinen erstmalig im Silur und sterben im Perm aus.
Wegen ihrer äußerlich haiähnlichen Gestalt werden die Acanthodier auch als „Stachelhaie" bezeichnet; sie stehen jedoch in keiner verwandtschaftlichen Beziehung zu

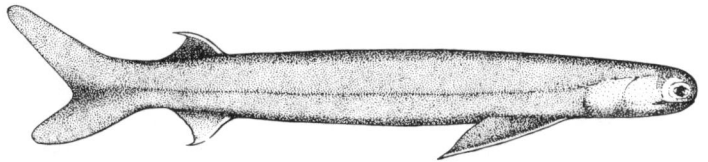

Acanthodii
Acanthodes, *ein später, vermutlich abgeleiteter Vertreter der Acanthodii, persistiert bis ins Perm.*
Länge: ca. 35 cm

Academia Sinica

Chinesische Akademie der Wissenschaften, gegründet 1949 nach der Proklamation der Volksrepublik. Sie umfaßt die ehemalige Nationalakademie und die Academia Sinica (Nanking) und entspricht in mancher Hinsicht der Royal Society of London oder anderen westlichen Akademien. Durch die Untergliederung in zahlreiche Fachgebiete, Forschungsinstitute und Universitäten trägt sie einen Großteil der wissenschaftlichen Forschung in China.
Der paläontologische Bereich umfaßt zwei größere Forschungsinstitute, das Institut für Paläontologie

den echten ↗Haien. Der Körper ist mit kleinen, rautenförmigen ↗Schuppen bedeckt, die sich deutlich von den isolierten Hautdentikeln (Placoidschuppen) der Haie unterscheiden. Die ↗Schwanzflosse zeigt den ursprünglichen heterozerken Bau mit dominierendem Dorsallobus, wie er für die meisten primitiven Fische und auch die rezenten Haie charakteristisch ist.
Ein sehr auffälliges Merkmal sind die Knochenstacheln, die in den zwei Rückenflossen, der Afterflosse und den paarigen Seitenflossen die Vorderkante bilden. Die Seitenflossen bestehen zumindest aus den vorderen Brust- und den hinteren

Bauchflossen, meist sind aber noch zusätzliche paarige Flossen vorhanden. Einige Kieferlose „Fische", wie die ↗Anaspida, besitzen eine durchgehende Seitenflosse. Vielfach wird angenommen, daß sich Brust- und Bauchflossen durch Untergliederung aus einer derartigen „Seitenfalte" entwickelt haben (Seitenfaltentheorie). Die Acanthodier repräsentieren somit ein Zwischenstadium: Die Flossenfalte ist in mehrere dreieckige Flossen untergliedert, die vorderen und hinteren Flossenpaare zeigen aber eine merklich kräftigere Entwicklung.

An den Acanthodiern entzündete sich ein wissenschaftlicher Streit über die Entwicklung des ↗Kieferapparates. Zunächst vermutete man in ihnen ein Übergangsstadium zwi-

sind sie den Ganoid-Schuppen früher Actinopterygier vergleichbar. Auch der Feinbau des Schwanzes weist auf eine solche Verwandtschaft hin. Man vermutet daher, daß die Acanthodier dem gemeinsamen Ahnen aller Knochenfische (Osteichthyes: ↗Actinopterygii und ↗Choanichthyes) am nächsten stehen.

Die meisten Formen besitzen mit Zähnen bewehrte Kiefer, die aalähnliche Gattung *Acanthodes* aus dem Perm ist jedoch völlig zahnlos. Die bei allen Acanthodiern großen Augen deuten auf einen Lebensraum nahe der Wasseroberfläche. Wahrscheinlich ernährten sich die Acanthodier von planktontischen oder nektontischen Organismen. Einige Arten filterten ↗Ostrako-

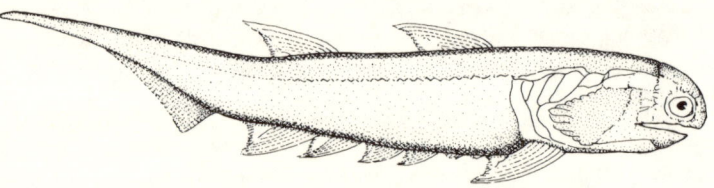

Acanthodii
Climatius *kommt vom Oberen Silur bis ins Untere Devon vor. Funde dieses sogenannten „Stachelhaies" stammen aus Europa, Nordamerika und Spitzbergen. Länge: ca. 7,5 cm*

schen den Kieferlosen „Fischen" und den echten Fischen mit Kiefern. Für solche Zwischenformen, bei denen der 1. Kiemenbogen (Mandibularbogen) schon einen Kiefer bildet, der 2. Kiemenbogen (Hyoidbogen) aber noch Teil eines funktionierenden Kiemenapparates ist, wurde der Name Aphetohyoidea vorgeschlagen. Spätere Autoren vertraten jedoch die Ansicht, daß bei den Acanthodiern der Hyoidbogen durchaus an der Aufhängung des Kiefers am Hirnschädel beteiligt und die erste Kiemenspalte entsprechend zum Spiraculum reduziert ist. Diese Strukturen entsprechen den Verhältnissen bei den ursprünglichsten ↗Actinopterygiern.

Die Schuppen bestehen aus basalen Knochenlagen, überzogen mit einer dicken Schicht aus schmelzähnlichem Material; in ihrem Aufbau

den aus dem Wasser, andere erbeuteten gepanzerte Kieferlose „Fische", wie der ↗Cephalaspide im Magen eines Acanthodiers zeigt.

Actinopterygii, *Strahlenflosser*
Unterklasse der Osteichthyes; umfaßt die Chondrostei (primitive paläozoische und frühe mesozoische Formen mit wenigen, stark abgeleiteten rezenten Vertretern), die Holostei (sehr häufig im Mesozoikum, heute nur noch zwei Gattungen) und die Teleostei (moderne Actinopterygier, seit dem Känozoikum die dominierende Fischgruppe).

Die ältesten Actinopterygier, die ↗Palaeonisciformes, zeigen den typischen Grundbauplan der Chondrostei. Die ↗Schwanzflosse besitzt noch den ursprünglichen heterozerken Bau, die massiven ↗Schuppen bestehen aus einer basalen Kno-

2

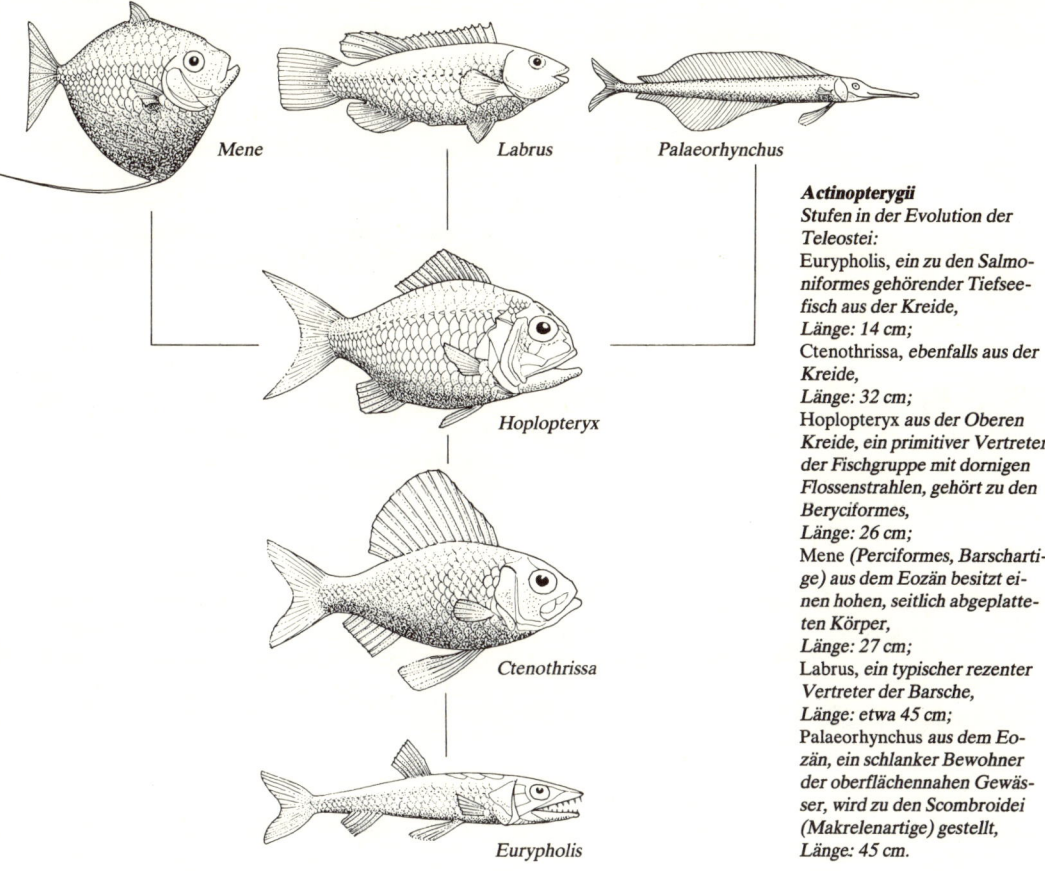

Mene

Labrus

Palaeorhynchus

Hoplopteryx

Ctenothrissa

Eurypholis

Actinopterygii
Stufen in der Evolution der Teleostei:
Eurypholis, *ein zu den Salmoniformes gehörender Tiefseefisch aus der Kreide,*
Länge: 14 cm;
Ctenothrissa, *ebenfalls aus der Kreide,*
Länge: 32 cm;
Hoplopteryx *aus der Oberen Kreide, ein primitiver Vertreter der Fischgruppe mit dornigen Flossenstrahlen, gehört zu den Beryciformes,*
Länge: 26 cm;
Mene *(Perciformes, Barschartige) aus dem Eozän besitzt einen hohen, seitlich abgeplatteten Körper,*
Länge: 27 cm;
Labrus, *ein typischer rezenter Vertreter der Barsche,*
Länge: etwa 45 cm;
Palaeorhynchus *aus dem Eozän, ein schlanker Bewohner der oberflächennahen Gewässer, wird zu den Scombroidei (Makrelenartige) gestellt,*
Länge: 45 cm.

chenschicht, einer mittleren Lage aus Dentin oder Cosmin und einem kräftigen Überzug aus Ganoin. Der hintere Teil des Oberkieferknochens (Maxillare) ist stark entwickelt und steht mit den die Kiemen bedeckenden Knochen des Operculums in Verbindung.

Einige abgeleitete Palaeonisciden zeigen Übergänge zur nächsthöheren Organisationsstufe der Holostei. So besitzt die Gattung *Redfieldia* nur noch eine schwach heterozerke Schwanzflosse: Nach Reduktion des fleischigen Flossenteiles entsteht durch die restlichen Flossenstrahlen äußerlich ein recht symmetrischer Umriß.

In direktem Zusammenhang mit dem Erwerb einer homozerken, ausschließlich aus Flossenstrahlen gebildeten Schwanzflosse steht die Umwandlung der Lunge zur gasge-

füllten Schwimmblase. Als hydrostatisches Organ sorgt sie für den nötigen Auftrieb und übernimmt somit Funktionen der Schwanzflosse. Ausgelöst wurde dieser wichtige Entwicklungsschritt in der Evolution der Actinopterygier durch die Eroberung des Meeres. Hier war ein zusätzliches Atmungsorgan nur von geringem Vorteil, so daß ein Funktionswechsel und Umbau der Lunge zur Schwimmblase möglich wurde. Entsprechend ihrer Funktion als Auftriebsorgan wird die Schwimmblase zunehmend nach dorsal verlagert.

Etwa zur gleichen Zeit findet im Bereich des Kieferapparates eine andere wesentliche Umgestaltung statt. Bei den Sub-Holosteern, den höchstentwickelten Chondrostei, werden das Maxillare, und damit auch die Kiefer, derart verkürzt,

3

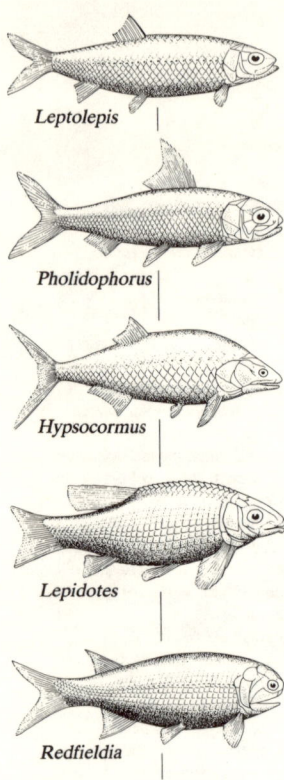

Leptolepis

Pholidophorus

Hypsocormus

Lepidotes

Redfieldia

Actinopterygii
Stufen in der Evolution der Actinopterygii, die sich von altertümlichen Palaeonisciformes ableiten:
Redfieldia *aus der Trias, Länge: 14 cm;*
Lepidotes *aus dem Jura, Länge: 30,5 cm;*
Hypsocormus *aus dem Jura, Länge: 1,4 m;*
Pholidophorus *aus dem Jura, Länge: 23 cm;*
Leptolepis *aus dem Jura, Länge: 23 cm.*

daß kein direkter Kontakt zu den Knochen des Operculums mehr besteht.

Bei den echten Holosteern treten weitere Progressionen auf. Die Reduktion der heterozerken Schwanzflosse setzt sich fort, das Hinterende der Wirbelsäule bleibt aber als klarer Hinweis auf die ursprünglich heterozerke Situation nach oben gebogen. Auch die Kiefer werden weiter verkürzt, so daß das Kiefergelenk in vielen Fällen vor die Augenhöhlen zu liegen kommt. Das Maxillare ist durch mehrere Wangenknochen vom Operculum getrennt und verliert auch seine feste Verbindung zu den Knochen vor der Augenregion. Nach der Aufgliederung der Wangenregion wird der Druck des Unterkiefers nun vom Hyomandibulare und vom Quadratum übernommen und gibt dem Kiefer so große Festigkeit. Die Zähne sind meist abgerundet; vermutlich lebten mehrere Holosteer von Muscheln und anderen Schalentieren, eine Ernährungsweise, die durch die stabile Kieferkonstruktion ermöglicht wurde. Die Loslösung des Maxillare schafft außerdem eine zusätzliche Bewegungsrichtung der Kiefer nach vorne, wodurch eine Vergrößerung der Mundöffnung erreicht wird.

Abweichungen zeigen die Holosteer auch im Bau der Schuppen. Die Dentinschicht ist reduziert, die Schuppen bestehen nur noch aus der basalen Knochenschicht und einem unterschiedlich dicken Überzug aus Ganoin. Die Holosteer werden, ebenso wie die Palaeonisciden, deshalb auch als Ganoidfische bezeichnet. Nur zwei Gattungen der Holosteer haben bis in die Jetztzeit überlebt: die Knochenhechte der Gattung *Lepisosteus* mit noch verkürzt heterozerker Schwanzflosse und der Schleimfisch *Amia*. Beide sind auf die Seen und Flüsse Nordamerikas beschränkt.

In der Trias und im frühen Jura erlebten die Holostei eine ähnlich umfangreiche adaptive Radiation wie vor ihnen die Palaeonisciden. Schlanke Räuberformen sind ebenso vertreten wie solche mit hohem, rundlichem Körper.

Mit dem Erscheinen der heringähnlichen Gattung *Leptolepis* im Jura ist die Stufe der Teleosteer, das Endstadium der Actinopterygier-Evolution, erreicht. Die Schwanzflosse ist vollkommen symmetrisch und wird nur von Flossenstrahlen gebildet. Daß auch dieser homozerke Bau von der phylogenetisch älteren heterozerken Organisation abgeleitet werden kann, zeigen die nach oben gebogenen letzten Wirbel. Die Symmetrie des Innenskeletts wird durch die zu speziellen Hypuralia umgestalteten letzten Hämalbögen gewährleistet.

Im Zusammenhang mit der Weiterentwicklung der Schwimmblase und der Fähigkeit zu schnellerer Fortbewegung steht eine erneute Reduktion der Schuppen: Die schwere schmelzähnliche Ganoinschicht geht verloren, so daß die Schuppen nur noch aus einer dünnen Lage aus Knochen oder Isopedin bestehen. Im Kieferbereich ist das Prämaxillare verlängert, das Maxillare ist zahnlos und nicht mehr Bestandteil des Kieferrandes. Stattdessen dient das Maxillare als Hebel und Verbindungsstück zwischen dem Kiefergelenk und dem Prämaxillare und ermöglicht so die Ausschwenkbewegung der Kiefer. Beim Öffnen des Maules bedingt diese Maxillarkinetik eine Volumenvergrößerung der Mundhöhle und folglich einen Einstrom von Wasser. Damit haben die Teleosteer einen der wirkungsvollsten Beutefangmechanismen entwickelt. Durch diese Fähigkeit zur Vorwärtsbewegung der Kiefer besitzt der Hering, der mit Hilfe seiner Kiemen kleine, planktontische Organismen herausfiltert, ein enormes Ansaugvermögen.

Die schnelle Fortbewegung macht die Brustflossen zunehmend bedeutsam für das rasche Manövrieren, während den weiter hinten gelegenen Bauchflossen weniger

Gewicht zukommt. Um die Steuerorgane dort zu konzentrieren, wo sie am wirkungsvollsten sind, wandern bei einigen moderneren Teleosteern die Bauchflossen bis vor die Brustflossen.

Die Hauptentwicklungslinien der Teleosteer zeigen sich schon in der Kreidezeit, die eigentliche adaptive Radiation erfolgt aber erst zu Beginn des Känozoikum. Zahlreiche Formen dringen dabei erneut ins Süßwasser vor. Die Ostariophysi (hierzu gehören die meisten Süßwasserfische) entwickeln als Verbindung zwischen der Schwimmblase und dem Gehörorgan kleine Knochenstücke, die als schalleitender Apparat dienen. Funktionell entsprechen diese Weberschen Knöchelchen den Gehörknöchelchen im Mittelohr der Säugetiere, sind jedoch umgewandelten Wirbelteilen homolog.

Affen, *Simiae*

Artenreiche und weitverbreitete Gruppe der ↗Primaten. Affen, einschließlich der ↗Menschenaffen und Hominiden, unterscheiden sich deutlich von den Halbaffen (Prosimiae) (↗Koboldmakis, ↗Lemuren und Loris). Kennzeichnend sind die großen, zu binokularem Sehen befähigenden Augen, das kurze, flache Gesicht und ein im Verhältnis zu den lemurenähnlichen Vorfahren großes Gehirn.

Grundsätzlich lassen sich zwei getrennte Entwicklungslinien verfolgen: die Neuweltaffen (Platyrrhinen) und die Altweltaffen (Catarrhinen). Neuweltaffen sind auf Mittel- und Südamerika beschränkt und erreichen insgesamt nicht die Entwicklungshöhe der Altweltaffen. Der wissenschaftliche Name Platyrrhinen nimmt Bezug auf die flachen Nasen, deren Nasenöffnungen durch eine breite Nasenscheidewand getrennt werden. Als kleine bis mittelgroße Formen leben sie bis auf eine Ausnahme tagaktiv; die Mehrzahl der Arten besitzt einen langen Schwanz.

Die Platyrrhinen werden meist in zwei Familien aufgeteilt. Zu der Familie der Callithricidae (Krallenäffchen) gehören kleine, eichhörnchenähnliche Affen mit buschigem Schwanz. Ihnen fehlt ein opponierbarer Daumen, die Länge der Arme bleibt hinter der der Beine zurück. Als reine Baumbewohner sind sie gute Kletterer und Springer. Die ersten fossilen Callithriciden erscheinen in oligozänen Ablagerungen Südamerikas.

In der Familie der Cebidae werden die übrigen Neuweltaffen zusammengefaßt. Wie alle Platyrrhinen besitzten sie ein relativ ursprüngli-

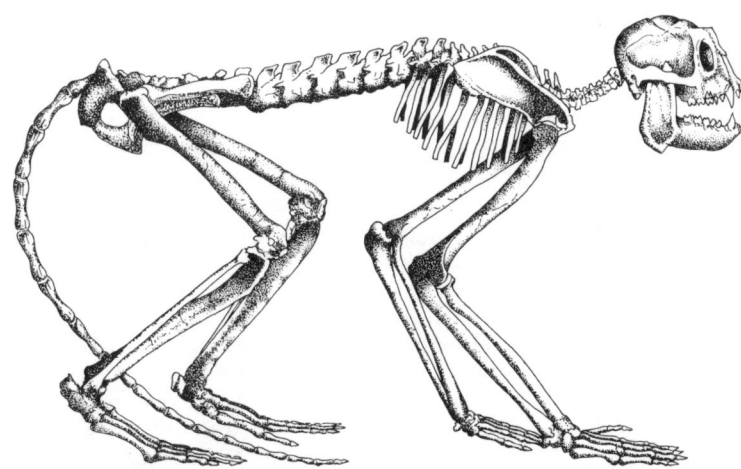

Affen
Mesopithecus *stammt aus dem späten Miozän von Europa und Westasien und gilt als möglicher Vorläufer der rezenten Languren.*
Länge: etwa 38 cm

5

ches Gebiß mit drei Prämolaren. Durch den langen Greifschwanz unterscheiden sie sich deutlich von allen anderen Primaten. Als rezente Vertreter seien die Klammeraffen und die Brüllaffen (Gattung *Alouatta*) genannt.

Fossile Cebiden sind kaum bekannt, die ältesten Funde stammen aus dem Miozän Kolumbiens. Vermutlich erreichten die Primaten Südamerika als „Inselspringer", entweder über Nordamerika oder über Afrika.

Zu den Catarrhinen gehören alle Affen Eurasiens und Afrikas, einschließlich der Menschenaffen und des Menschen. Einige Altweltaffen sind Baumbewohner, andere haben sich an das Leben auf dem Boden angepaßt und bewegen sich auf allen Vieren. Viele Formen leben rein vegetarisch und besitzen breite Backenzähne mit großer Kaufläche; bei allen Altweltaffen sind aber stets nur zwei Prälomaren ausgebildet. Die Nasenöffnungen liegen nahe zusammen, durch den opponierbaren Daumen wird ein Greifen mit der Hand ermöglicht. Das Gehirn ist im Verhältnis größer als bei Platyrrhinen, das Gesicht flach oder schnauzenförmig gestreckt.

In der Familie der Cercopithecidae werden zwei Entwicklungstrends deutlich, die als Unterfamilien abgetrennt werden. Zu den Cercopithecinen gehören so unterschiedliche Typen wie die asiatischen Makaken, die Gattung *Cercopithecus* (Meerkatzen) selbst und die Paviane. Die Unterfamilie der Colobinen (Languren) zeigt eine vorwiegend asiatische Verbreitung.

Zu den ersten fossil belegten Cercopithecoiden gehört die lemurenähnliche Gattung *Parapithecus*. Sie stammt aus den frühen oligozänen Ablagerungen von ↗Fayum und steht den Vorfahren der heutigen Altweltaffen sehr nahe. *Mesopithecus* aus dem späten Miozän von Griechenland und Kleinasien besitzt ein relativ großes Gehirn und makakenähnliche Gliedmaßen, war also vermutlich gleichermaßen Boden- wie Baumbewohner. Sehr wahrscheinlich gehört *Mesophithecus* in die Ahnenlinie, die zu den heutigen Languren führt.

Agassiz, Jean Louis (1807–1873)
Einer der bedeutendsten Naturwissenschaftler der viktorianischen Zeit; seine Arbeiten umfassen Gebiete der Zoologie, Geologie und Paläontologie.

Als Sohn eines Schweizer Pastors in Môtier geboren, erhielt AGASSIZ seine Ausbildung in Lausanne, Zürich, Heidelberg und München. Im Jahre 1832 wurde er Professor an der Universität von Neuchâtel und schrieb dort auch seine wichtigsten Werke über ↗Stachelhäuter und fossile Fische.

Nach mehreren Reisen durch Europa ging er 1846 zu Gastvorlesungen in die USA und erhielt 1847 an der Harvard-Universität eine Professur für Zoologie und Geologie. In den wissenschaftlichen Gremien gewann AGASSIZ erheblichen Einfluß und gründete 1859 das ↗Museum of Comparative Zoology.

Seine Untersuchungen wurden sowohl von ↗LYELL als auch von ↗DARWIN herangezogen, dessen Theorien er aber streng ablehnte. Im Jahre 1915 wurde er in die American Hall of Fame aufgenommen.

Agnatha ↗Kieferlose

Algen
Eine heterogene Gruppe relativ einfach gebauter Pflanzen; die Vielfalt rezenter Algen reicht von einzelligen, freilebenden Formen über ↗Kieselalgen bis zu den bekannten Meerestangen.

Algen (einschließlich der Blaualgen) sind bei weitem die älteste fossil bekannte Pflanzengruppe. Die Blaualge *Archaeosphaeroides barbertonensis,* mit einem Alter von ca. 3,2 Milliarden Jahren einer der frühesten Nachweise, wurde in südafrikanischen Cherts gefunden. Fadenförmige Blaualgen wurden in Kanada in ca. 1,9 Milliarden Jahren alten Feuersteinen gefunden, während erst sehr viel später, vermutlich im Kambrium, mit den Grünalgen komplexere Bautypen entwickelt wurden. Häufig überliefert als Calciumkarbonat-Inkrustate sind die Dasycladaceae, die einen Zentralstrang mit wirtelig abgehenden Seitenzweigen besitzen, die sich ihrerseits mehrfach verzweigen und so einen soliden Körper bilden.

Algen können auch bei der Gesteinsbildung eine wichtige Rolle spielen, indem sich an ihnen, wie an einem Kristallisationskeim, die im Wasser gelösten Salze abscheiden. Die präkambrischen Fig-Tree-Schiefertone enthalten schwarzes, kieselsäurehaltiges Material, aus dem auch *Archaeosphaeroides* beschrieben wurde. Chemische Analysen belegen eine beträchtliche Menge an organischen Stoffen – ein Befund, der mit der Annahme einer Bildung durch Blaualgen übereinstimmt. Die etwas jüngeren Bulawayo-Kalksteine in Rhodesien enthalten knollig-geschichtete Kalkabscheidungen (Stromatolithen), deren Entstehung vermutlich ebenfalls auf Algen zurückgeht.

In der späteren Erdgeschichte werden immer wieder organogene Kalksteine und fossile Algen beobachtet. Wann und wie die modernen Tange entstanden sind, bleibt jedoch nach wie vor unklar; die fleischigen Thalli ohne schützende Kutikula – eine Anpassung an das Wasserleben – haben sich nur selten fossil erhalten.

Altersbestimmung

Festlegung des Alters von Gesteinen, entweder relativ, im wesentlichen nach dem Fossilinhalt, oder in absoluten Zahlen, vor allem durch Analyse des radioaktiven Zerfalls von Isotopen, die in manchen Mineralen auftreten.

Begleitfossilien von Sedimentgesteinen erlauben Aussagen über deren relatives Alter. So sind Gesteine mit (bereits im Perm ausgestorbenen) ↗Trilobiten wesentlich älter als solche mit ↗Dinosaurier-Resten, die allgemein erst ab der Trias auftreten. Trilobiten erscheinen – ebenso wie andere Formen mit mineralisiertem Skelett – zu Beginn des Kambrium vor nahezu 600 Millionen Jahren. Daß Fossilien eine relative Altersbestimmung erlauben, wurde von Stratigraphen schon früh erkannt und genutzt. Genaue Angaben zur tatsächlichen Zeitdauer sowie eine Einordnung des Evolutionsgeschehens in eine absolute Zeitskala sind jedoch ohne die Radioisotopen-Methode nicht möglich. Noch 1911 schätzte Charles WALCOTT (1850–1927), damals einer der berühmtesten amerikanischen Paläontologen, das Alter der mittelkambrischen ↗Burgess-Schiefer auf nur 15–20 Millionen Jahre.

Die relative Datierung mit Hilfe von Fossilien bietet zwei wesentliche Vorteile: Bei leicht bestimmbaren Formen erlaubt sie noch im Gelände eine rasche zeitliche Einordnung der Schichten; und selbst dann, wenn Mikrofossilien erst extrahiert und präpariert werden müssen, sind relative Altersbestimmungen immer noch einfacher und kostensparender durchzuführen als Messungen des Isotopenzerfalls. Ferner ermöglichen Fossilinhalte eine sehr viel feinere stratigraphische Untergliederung als die Radioisotopen-Methode. Basierend auf dem Vorkommen von ↗Graptolithen werden im Silur mehr als 30 Biozonen unterschieden. Auf Radioaktivitätsmessungen beruhende Zeitangaben sind dagegen durch die Ungenauigkeit der Analysentechnik stets mit einem Fehler von 2–5 % behaftet. Für das Silur bleibt somit eine Ungenauigkeit von ± 8–20 Millionen Jahren.

Nicht alle Fossilgruppen eignen sich gleichermaßen für stratigraphische Untergliederungen und Parallelisierungen. Als sehr nachteilig erweist sich häufig eine durch Faktoren der

Geologische Zeittafel

Die Zeitspanne zwischen dem Beginn des Kambriums und der Gegenwart wird zusammenfassend als Phanerozoikum bezeichnet. Das Präkambrium umfaßt ein älteres Archaikum und ein jüngeres Proterozoikum, in dessen 2600 bis 570 Millionen Jahre alten Gesteinen bereits Spuren primitiven Lebens vorkommen.

Gegenwart · Millionen Jahre

Quartär	Pleistozän	Holozän		
		Oberes	Würm-Eiszeit	0.1-0.01
		Mittleres	Riss-Eiszeit	0.25-0.15
			Mindel-Eiszeit	0.5-0.4
		Unteres	Günz-Eiszeit	0.9-0.8
				1.8

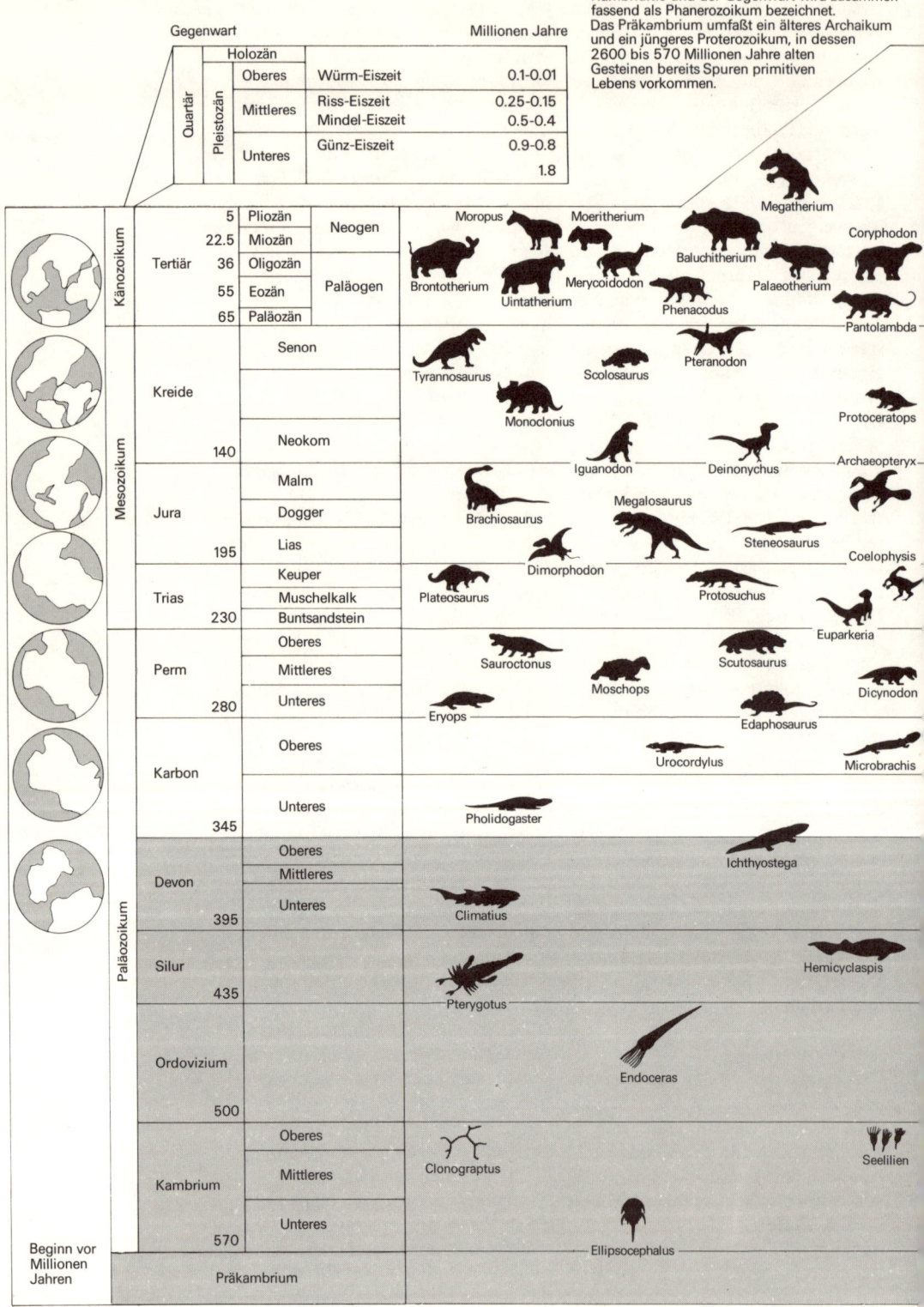

Ära	Periode	Mio. J.	Abteilung	
Känozoikum	Tertiär	5	Pliozän	Neogen
		22.5	Miozän	
		36	Oligozän	Paläogen
		55	Eozän	
		65	Paläozän	
Mesozoikum	Kreide		Senon	
		140	Neokom	
	Jura		Malm	
			Dogger	
		195	Lias	
	Trias		Keuper	
			Muschelkalk	
		230	Buntsandstein	
Paläozoikum	Perm		Oberes	
			Mittleres	
		280	Unteres	
	Karbon		Oberes	
		345	Unteres	
	Devon		Oberes	
			Mittleres	
		395	Unteres	
	Silur	435		
	Ordovizium	500		
	Kambrium		Oberes	
			Mittleres	
		570	Unteres	
	Präkambrium			

Beginn vor Millionen Jahren

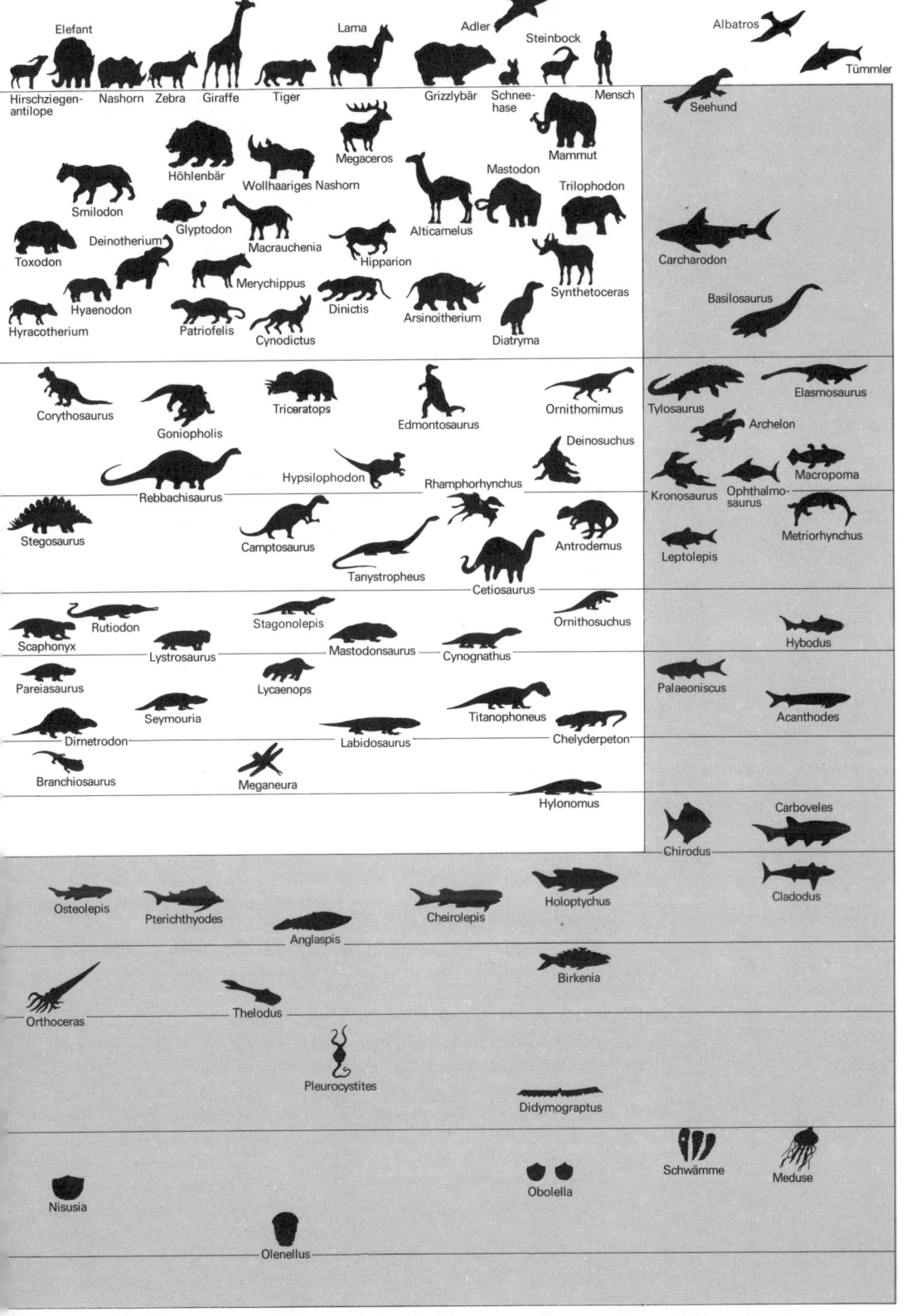

Elefant
Lama
Adler
Steinbock
Albatros
Tümmler
Hirschziegen-antilope
Nashorn
Zebra
Giraffe
Tiger
Grizzlybär
Schnee-hase
Mensch
Seehund
Höhlenbär
Megaceros
Mammut
Wollhaariges Nashorn
Mastodon
Trilophodon
Smilodon
Alticamelus
Carcharodon
Deinotherium
Glyptodon
Macrauchenia
Basilosaurus
Toxodon
Hipparion
Hyaenodon
Merychippus
Dinictis
Arsinoitherium
Synthetoceras
Hyracotherium
Patriofelis
Cynodictis
Diatryma
Corythosaurus
Triceratops
Edmontosaurus
Ornithomimus
Tylosaurus
Elasmosaurus
Goniopholis
Archelon
Deinosuchus
Hypsilophodon
Rhamphorhynchus
Macropoma
Rebbachisaurus
Kronosaurus
Ophthalmo-saurus
Stegosaurus
Camptosaurus
Antrodemus
Metriorhynchus
Tanystropheus
Leptolepis
Cetiosaurus
Rutiodon
Stagonolepis
Ornithosuchus
Scaphonyx
Hybodus
Lystrosaurus
Mastodonsaurus
Cynognathus
Pareiasaurus
Lycaenops
Palaeoniscus
Seymouria
Titanophoneus
Acanthodes
Dimetrodon
Labidosaurus
Chelyderpeton
Branchiosaurus
Meganeura
Hylonomus
Carboveles
Chirodus
Osteolepis
Cheirolepis
Holoptychus
Cladodus
Pterichthyodes
Anglaspis
Birkenia
Orthoceras
Thelodus
Pleurocystites
Didymograptus
Schwämme
Meduse
Obolella
Nisusia
Olenellus

Umwelt und Geographie bedingte geringe horizontale Verbreitung. Der erste umfassende Versuch, das Unterkarbon (Dinant) von Großbritannien mit Hilfe von Fossilien zu korrelieren, wurde 1905 in der Schichtenfolge der Avon Gorge unternommen. Als ↗Leitfossilien dienten ↗Korallen und ↗Brachiopoden; die Verbreitung dieser Organismen hängt aber von bestimmten ökologischen Faktoren ab und ist im allgemeinen an das Vorkommen bestimmter Gesteinstypen gebunden. Für Nordengland, das im Unterkarbon durch eine ost-west-verlaufende Landmasse (St. George's-Land) von der Avon Gorge getrennt war, wurde wenige Jahre später ein ähnlicher Entwurf erarbeitet. Dabei zeigte sich, daß in den beiden Bereichen sämtliche Zonen bis auf eine unterschiedlich definiert und nach verschiedenen Korallen oder Brachiopoden benannt werden mußten. Das Beispiel verdeutlicht die nur lokale Brauchbarkeit solcher Gruppen für Parallelisierungen im Dinant.

Bestimmte Eigenschaften machen einige Fossilgruppen für relative Zeitangaben und Parallelisierungen besonders geeignet, z. B. die Graptoloideen für Ordoviz und Silur oder Ammoniten für das Mesozoikum. Ihr massenhaftes Auftreten und die infolge der planktontischen Lebensweise große Verbreitung erlauben Parallelisierungen auch zwischen geographisch weitgetrennten Schichten. Umweltfaktoren haben auf ihr Vorkommen weniger Einfluß als bei sessilen Organismen. Eine ideale Zonierung benutzt schnell evoluierende Gruppen, in denen die einzelnen Formen möglichst rasch aufeinanderfolgen; evolutionäre Trends sollen sich morphologisch gut verfolgen lassen, wie z. B. die Entwicklung der Thecaformen bei vielen Monograptiden-Linien.

Datierungen mit Hilfe der Radioisotopen-Methode erlauben eine Eichung der relativen, auf paläontologischen Daten beruhenden Zeitskala. Sie bieten ferner eine Möglichkeit zur Lösung stratigraphischer Probleme im weitgehend fossilfreien Präkambrium. Die Radioisotopen-Methoden datieren die Bildung neuer Minerale und finden daher bei Sedimentgesteinen kaum Verwendung. Meist werden sie benutzt, um das Alter der Rekristallisation von metamorphosierten Mineralen oder der Bildung von Eruptivgesteinen zu bestimmen. Können Eruptivgesteine mit bestimmten Biozonen parallelisiert werden, dann liegt zugleich auch das Alter dieser Sedimentgesteine fest.

Radioisotopen-Datierungen benutzen meist die Ansammlung der beim Zerfall radioaktiver Atome freiwerdenden Tochterkerne. Zur Charakterisierung des radioaktiven Zerfalls dienen die für jedes Isotop charakteristischen Werte der Zerfallskonstante und der Halbwertszeit. Die Zerfallskonstante gibt den Anteil der pro Zeiteinheit zerfallenden Mutteratome an; die Halbwertszeit entspricht der Zeitspanne, in der die Hälfte der radioaktiven Mutteratome zerfällt. Für Altersbestimmungen werden nur bestimmte Isotope mit besonders günstigen Eigenschaften verwendet. Hierzu gehören die Zerfallsreihen Kalium – Argon (^{40}K – ^{40}Ar; Halbwertszeit 1,3 Milliarden Jahre), Rubidium – Strontium (^{87}Rb – ^{87}Sr; Halbwertszeit etwa 47 Milliarden Jahre und daher zur Datierung präkambrischer Gesteine geeignet) und Uran – Blei (^{238}U – ^{206}Pb; Halbwertszeit 4,5 Milliarden Jahre; ^{235}U – ^{207}Pb; Halbwertszeit 700 Millionen Jahre). Eine andere Methode der Radioisotopen-Datierung beruht auf dem Nachweis von Spuren, die beim Spontanzerfall des häufigsten Uran-Isotopes (^{238}U) in Mineralen auftreten. Dabei wird die Dichte solcher Spuren mit dem tatsächlich vorhandenen Urangehalt verglichen. Die Methode erlaubt die Datierung von Gesteinen mit einem Alter von bis zu 1 Milliarde Jahre.

Altsteinzeit ↗Paläolithikum

Amblypoda

Ausgestorbene Ordnung der Huftiere (Ungulaten). Die Amblypoda lebten im frühen Känozoikum und waren damals die größten Landsäugetiere. Zu ihnen gehören als Unterordnung die Pantodonta, Dinocerata, Xenungulata und Pyrotheria. Möglicherweise handelt es sich dabei lediglich um eine Zusammenfassung phylogenetisch getrennter Entwicklungslinien.

Pantodonten sind im Paläozän recht häufig. *Pantolambda* aus dem Mittleren und Oberen Paläozän erreicht bis ins Mittlere Oligozän *(Hypercoryphodon).*

Die Dinoceraten kommen im Eozän von Nordamerika und Ostasien vor. Eine der letzten Formen, die Gattung *Eobasileus* aus dem oberen Eozän der USA, erreicht mit einer Schulterhöhe von 2,50 m eine beträchtliche Größe. Der lange, schmale Schädel trägt drei paarige, hornartige Knochenprotuberanzen: Das vordere Paar liegt über den Nasenöffnungen, die mittleren, zylindrischen Knochenzapfen werden vom Maxillarknochen gebildet, der bei männlichen Tieren auch die hauerartigen Eckzähne trägt; die

Amblypoda
Das massige Uintatherium *ist aus dem Mittleren Eozän von Nordamerika gut bekannt. Der Name bedeutet soviel wie „Uinta-Tier" und bezieht sich auf die Uinta Mountains von Utah, wo die ersten Skelettreste gefunden wurden. Länge: etwa 3 m*

die Größe eines Schafes, die Gliedmaßen sind kurz und gedrungen, die Eckzähne kräftig entwickelt. Die erheblich größere Gattung *Titanoides* aus dem späten Paläozän besitzt krallenähnliche Zehenendglieder, mächtige Eckzähne und ernährte sich vermutlich von Wurzeln. Aus der gleichen Zeit stammt *Barylambda* mit auffallend langem Schwanz und einer Länge bis zu 3 m.

Im frühen Eozän recht häufig findet sich die Gattung *Coryphodon,* massige Tiere mit schwerem Schädel, großen Eckzähnen, gedrungenen Extremitäten und kurzem Schwanz. Wenig bekannt ist die kleine Gattung *Procoryphodon* aus dem Unteren Eozän von Asien. In diesem Raum reichen die Pantodonten über das späte Eozän *(Eudinoceras)*

letzten, keulenförmigen Auswüchse sitzen am hinteren Ende des Schädeldaches. Die Schädeldecke erscheint beckenförmig eingesenkt, begrenzt von einem querverlaufenden Hinterhauptskamm und seitlichen Leisten zwischen den beiden hinteren Protuberanzen. Obere Schneidezähne fehlen (die Tiere besaßen stattdessen vermutlich eine Hornplatte), die unteren Eckzähne sind klein und schneidezahnartig. Als Schutz für die hauerartigen oberen Eckzähne der männlichen Tiere bilden die Unterkiefer jederseits eine vertikal verlaufende Platte (Kinnlobus); den weiblichen Tieren fehlen die Hauer und der Kinnlobus.

Uintatherium, ein Vorläufer von *Eobasileus* aus dem Mittleren Eo-

Amblypoda
Coryphodon erscheint erstmals im Oberen Paläozän und findet sich im frühen Eozän verbreitet in Europa, Nordamerika und Ostasien; es ist eines der größten Tiere dieser Zeit.
Länge: 2,5 m

zän, bleibt etwas kleiner, der Schädel erscheint kürzer und breiter. Die relativ kleinen Protuberanzen oberhalb der Nase und die weniger markanten Hauer sind ebenso charakteristisch wie der lange, aber gedrungene Körper mit kurzen Extremitäten und fünf stummelförmigen Zehen.

Einen recht ursprünglichen Bau zeigt die tapirgroße Gattung *Bathiopsis* aus dem Unteren Eozän. Sie besitzt kräftig entwickelte untere Eckzähne, der Schädel ist breit mit winzigen Protuberanzen und nur leicht konkavem Schädeldach. Ebenfalls in diese Reihe gehört *Probathiopsis,* eine noch kleinere Form aus dem späten Paläozän.

Als asiatische Vertreter seien *Mongolotherium* (Unteres Eozän), *Prodinoceras* (Oberes Paläozän) und *Gobiatherium* (Oberes Eozän) genannt. Abweichend von den übrigen Dinoceraten fehlen der letzten Form die mächtigen Hauer und sämtliche Knochenfortsätze am Schädel.

Die wenig bekannte Gattung *Carodnia* aus dem späten Paläozän von Südamerika wird zu den Xenungulaten gerechnet und gehört möglicherweise in die weitere Verwandtschaft der Uintatherien.

Die auf Südamerika beschränkten Pyrotherien können vermutlich ebenfalls als Abkömmlinge der Amblypoda gelten. *Pyrotherium* aus dem Unteren Oligozän erreicht

die Größe eines kleinen Elefanten, besitzt stoßzahnähnliche Schneidezähne und weit hinten, oberhalb der Augenhöhlen liegende Nasenöffnungen – eine Position, die auf die Ausbildung eines Rüssels hindeutet. *Propyrotherium* stammt als kleinerer Vorläufer aus dem Oberen Eozän, *Carolozittelia* (Unteres Eozän) erreicht nicht ganz die Größe eines Tapirs.

Ameghino, Florentino
(1854–1911)

Argentinischer Paläontologe; er trug wesentlich zur Kenntnis der fossilen Säugetierfauna von Südamerika bei und beschrieb einige der ersten kreidezeitlichen Dinosaurier aus Argentinien. Geboren in Luján, beschäftigte sich AMEGHINO nach kurzer Ausbildung zunächst mit dem Ursprung des Menschen in Südamerika. Er war Zeit seines Lebens in finanziellen Schwierigkeiten, nicht zuletzt wegen eines zweibändigen Werkes über die fossilen Säuger von Argentinien (1880). Eine Europareise führte ihn nach Dänemark, Belgien, Italien und England.

Noch während seines Aufenthaltes in Europa verlor er seinen Lehrauftrag, erhielt aber 1884 den Lehrstuhl für Zoologie an der Universität Cordoba und wechselte 1886 zum La Plata Museum, in dem heute ein Großteil seiner Sammlung aufbewahrt wird.

American Museum of Natural History

Gegründet 1869 in New York City, umfaßt dieses Museum sämtliche Bereiche der Naturgeschichte einschließlich der Anthropologie. Die Schausammlung verfügt über zahlreiche Skelettrekonstruktionen.

Das Museum befand sich anfangs im Arsenal des Central Park, wechselte aber schon 1874 in das jetzige Gebäude. Verschiedene berühmte Paläontologen waren Mitarbeiter des Museums, z. B. Henry Fairfield ↗OSBORN (erster Direktor der Abteilung für Wirbeltier-Paläontologie), Bashford DEAN (1867–1928) und Charles R. KNIGHT (1874 bis 1953), auf den mehrere Rekonstruktionen fossiler Tiere zurückgehen.

American National Museum of Natural History

Eine Organisation innerhalb der Smithsonian Institution, Washington DC, zu der eine Reihe wichtiger Museen, Institute für Ozeanographie und Astrophysik, Kunstgalerien und Zoologische Gärten gehören. Der Gründer, James SMITHSON (1765–1829), ein englischer Wissenschaftler französischer Herkunft, stellte Geldmittel zur Verfügung, „damit in Washington unter dem Namen Smithsonian Institution eine Einrichtung zur Wissensvermehrung und Verbreitung geschaffen wird."

Die Ausstellungsstücke umfassen den ganzen Bereich der Paläontologie, die anthropologische Abteilung zeigt insbesondere die Geschichte der amerikanischen Indianer. Die Abteilung für Paläobiologie besitzt eine der größten Sammlungen von Typus-Material in der Welt; Forschungsgegenstand sind vor allem die physikalischen und biologischen Umweltfaktoren, Evolution und Systematik.

Ammoniten

Zu den Kopffüßern (Cephalopoden) gehörende, in marinen Sedimenten des Mesozoikum recht häufige Gruppe der ↗Weichtiere. Das Gehäuse besteht aus einer einklappigen Schale und ist innen durch Septen in Kammern unterteilt, die durch eine randständige Röhre, den Sipho, miteinander verbunden bleiben. Die Anfangskammer der Schale ist klein und rund bis tonnenförmig. Reicht die Größe der Kammer nicht mehr aus, rückt das Tier etwas nach vorne und scheidet hinter sich ein Septum aus, so daß der Tierkörper nur noch über den Sipho mit den hinteren Kammern in Verbindung steht. Bei Einbettung in tonige Gesteine bleibt die ursprüngliche Perlmutt-Färbung oft erhalten.

Die meisten Ammoniten-Schalen sind planspiral aufgerollt, einige sind teilweise aufgerollt und teilweise gestreckt (Australiceras), fast ganz gestreckt (Baculites) oder bilden eine helixartige, räumliche Spirale (Turrilites). Die Verbindungsnaht zwischen den Septen und der äußeren Wandung bildet eine komplizierte Linienstruktur. Diese Lobenlinien sowie die rasche Entwicklung der Gehäuseform und der Zierelemente werden zur Einteilung der Ammoniten in Überfamilien, Familien, Gattungen und Arten benutzt.

Mesozoische Ammoniten gehören zur Unterklasse der Ammonoidea, einer größeren Gruppe der Cephalopoden, deren erste Vertreter bereits im Devon erscheinen. Als frühe Formen sterben die Goniatiten schon Ende des Perms aus; als einzige überschreiten die Prolecanitiden die Perm-Trias-Grenze und bilden den Ausgangspunkt für die zahlreichen mesozoischen Arten. Am Ende der Kreide ist die gesamte Gruppe der Ammoniten ausgestorben.

Ammonitenähnliche Gehäuse finden sich auch bei anderen Cephalopoden. Nach Lage und Art des Sipho werden dabei drei Unterklassen unterschieden: die Endoceratoidea mit randständigem Sipho, die Actinoceratoidea mit kompliziertem, zentralem Sipho und die Nautiloidea mit meist zentral gelegenem Sipho. Der Entwicklungsschwerpunkt liegt bei allen drei Unterklassen im Paläozoikum; die seit dem Kambrium bekannten Nautiloideen besitzen in *Nautilus* einen letzten rezenten Vertreter. Die Lobenlinien erscheinen im Gegensatz zu dem komplizierten Verlauf bei Ammoniten gerade oder nur leicht gewellt.

Die Schalen der meisten paläozoischen Nautiloideen sind gerade (orthocon, z. B. *Orthoceras*) oder leicht gekrümmt (cyrtocon, z. B.

Oonoceras); dies gilt ebenso für alle Endoceratiden und Actinoceratiden. Nautiloideen zeigen aber sämtliche Übergänge zwischen orthoconen und eng aufspiralisierten Gehäusen wie bei *Tylonautilus* und *Nautilus* selbst. Mit Ausnahme einiger weniger orthoceratider Formen aus der Trias sind alle postpaläozoischen Nautiloideen spiralig aufgerollt.

Bis ins mittlere Känozoikum finden sich die ausschließlich marinen Nautiloideen weltweit verbreitet. Heute lebt nur noch eine einzige Gattung mit 4 Arten, deren Ver-

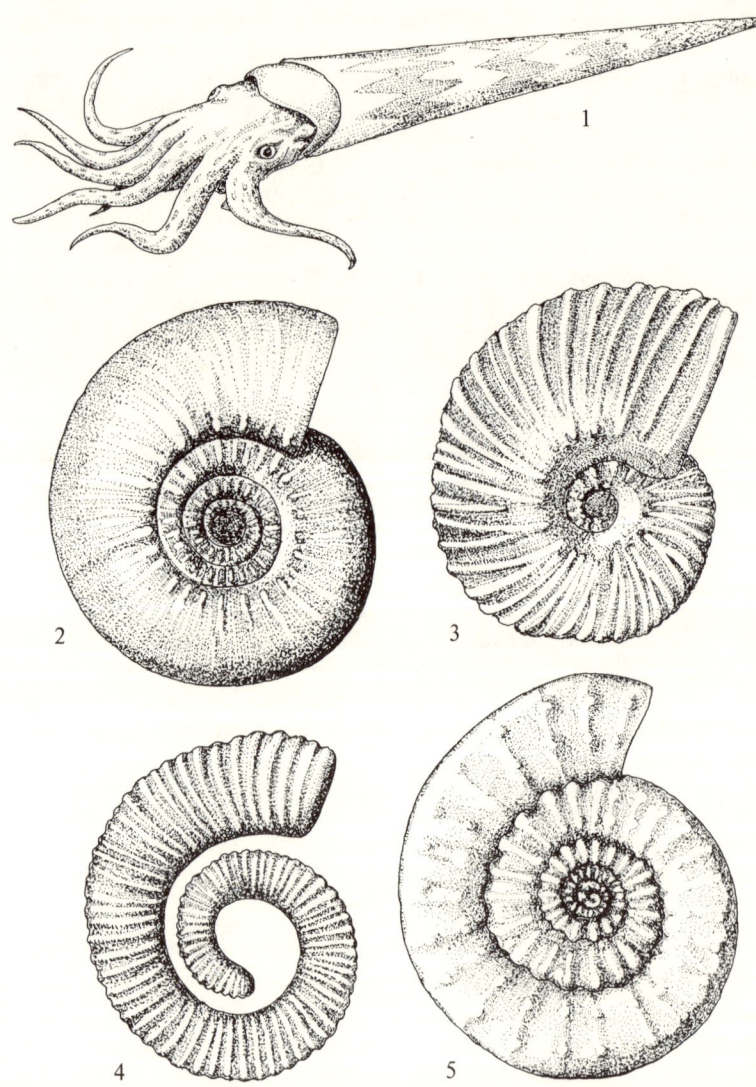

Ammoniten

1 Rekonstruktion eines orthoceratiden Cephalopoden aus dem Ordoviz; das Gehäuse dieser Formen mißt bis zu 3,8 m.
2 Gastrioceras, ein Goniatit aus dem Karbon (natürliche Größe).
3 Hoplites, ein Ammonit aus der Unteren Kreide (ca. ¾ natürlicher Größe).
4 Aegocrioceras, ein Ammonit aus der Unteren Kreide (ca. ¼ natürlicher Größe).
5 Microderoceras, ein Ammonit aus dem Lias (Unterer Jura) (ca. ³/₄ natürlicher Größe).

breitung im westlichen Pazifik von Samoa über die Philippinen und den Indischen Ozean bis nach Süd-Australien reicht. Rezente *Nautilus*-Arten leben freischwimmend; dabei übernehmen die mit Luft unter Atmosphärendruck gefüllten Kammern die Aufgabe von Auftriebskörpern. Die Fortbewegung geschieht nach dem Rückstoßprinzip durch Ausstoßen von Wasser durch den Manteltrichter.

Die Ammonoideen entwickeln sich im frühen Devon unter Ausbildung von komplizierten Lobenlinien und aufspiralisierten Gehäusen aus Nautiloideen-ähnlichen Vorfahren, möglicherweise aus dem Bereich der Bactritidae. Vermutlich entsprach auch die innere Anatomie der Ammoniten der von *Nautilus,* wenngleich die Tiere sicher höher spezialisiert waren. Bei *Nautilus* besitzen männliche und weibliche Tiere leicht unterschiedliche Gehäuse; geringe Schalenvariationen bei manchen Ammoniten gehen offensichtlich ebenfalls auf einen Sexualdimorphismus zurück. Zwei Typen solcher Dimorphismen werden beobachtet: Im einen Fall existieren unterschiedlich große Individuen (Makromorphe, Mikromorphe), die größere Form wird allgemein als weibliche angesehen; bei den kreidezeitlichen Hoplitiden dagegen besitzen die Gehäuse bei gleicher Größe und Ornamentation entweder einen engen oder breiten Umgangsquerschnitt.

Ammonitenfunde in Faulschlammsedimenten, in denen keine bodenlebenden (benthischen) Tiere vorkommen, lassen vermuten, daß die meisten Ammoniten als freischwimmende Organismen nahe der Wasseroberfläche lebten. Andererseits finden sich in tonigen Sedimenten der mittleren Kreide heteromorphe (d. h. nicht spiralig aufgerollte) Ammoniten stets vergesellschaftet mit einer typischen Bodenfauna – ein Hinweis auf deren benthische Lebensweise.

Die rasche Entwicklung verschiedener Gehäuseformen, das kurze zeitliche Vorkommen der Gattungen und Arten und die weite Verbreitung in den verschiedensten marinen Sedimenten machen die Ammoniten für relative ↗Altersbestimmungen im Mesozoikum sehr geeignet. Infolge der rasch zunehmenden Komplexität der Lobenlinien haben sich die Ammonoideen seit ihrem Erscheinen gegen Ende des frühen Devon als gute ↗Leitfossilien bewährt.

Amphibien, *Lurche*

Amphibien gehören zu den Tetrapoden, besitzen also statt Flossen vier beinartige Extremitäten, die sekundär auch reduziert sein können. Zusammen mit den Fischen werden sie als Anamnia den Amnioten gegenübergestellt. Bei Amnioten (↗Reptilien, ↗Vögel und ↗Säugetiere) bildet der Embryo um sich herum besondere Embryonalhüllen, die einen flüssigkeitsgefüllten Hohlraum abgrenzen. In dieser Amnionhöhle schwimmt der Embryo wie in einem Mikroaquarium. Ein weiteres Charakteristikum des Amniotenembryos ist die Allantois, eine besondere Einrichtung zur Speicherung (bzw. zum Austausch) von Abfallstoffen. Die Amnioten sind entweder lebendgebärend (vivipar) oder legen die Eier an Land ab; diese sind hartschalig und besitzen sehr viel Dotter zur Ernährung des Embryos. Demgegenüber ist das Amphibienei dotterarm, besitzt keine Amnionhöhle und keine schützende Schale: Die Eiablage erfolgt im Wasser. Als weitere wichtige Besonderheit gegenüber den Amnioten durchlaufen die Amphibien meist ein Larvenstadium (Kaulquappe), einige Arten zeigen jedoch als Spezialanpassung eine besondere Form der Viviparie oder legen ihre Eier an Land ab. Andere Baueigentümlichkeiten der rezenten Amphibien sind wohl eher als degenerative Sonderentwicklung denn als Primitivmerkmale zu deuten. Alle atmen teilweise über die

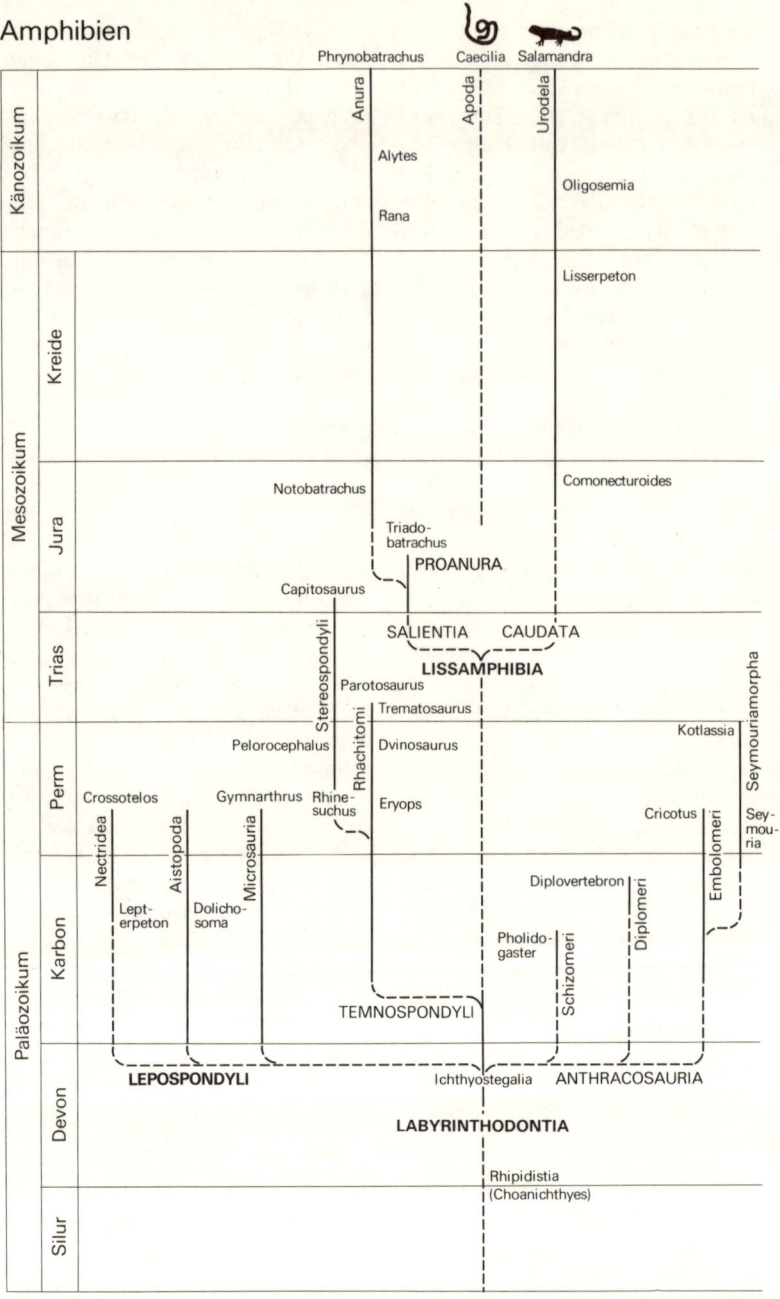

Amphibien

weiche und stets feuchte Haut; die Lungen sind einfach gebaut, die Rippen stark reduziert, so daß sie bei der Belüftung der Lunge keine Rolle mehr spielen. Herz und Blutgefäßsystem sind vereinfacht, die Knochen des dermalen Schädeldaches sind in Größe und Zahl reduziert, und das Gehörorgan ist abweichend von dem der übrigen Tetrapoden gebaut. Heute leben nur noch drei Ordnungen der Amphibien, die ↗Froschlurche (Anura), die ↗Schwanzlurche (Urodela) und die blinden, extremitäten- und schwanzlosen, wurmähnlichen

Blindwühlen (Apoda). Zusammen mit nahe verwandten fossilen Formen bilden sie die Unterklasse der Lissamphibia.

Die restlichen, fossilen Amphibien unterscheiden sich davon recht deutlich und werden meist als Stegocephalia zusammengefaßt. Viele besitzen ein kräftiges, gut verknöchertes Skelett, ein komplettes dermales Schädeldach und einen Brustkorb mit gut entwickelten Rippen. Daß diese Gruppe dennoch zu den Amphibien zu rechnen ist, zeigen nicht nur gewisse Übereinstimmungen mit rezenten Formen, sondern auch die Tatsache, daß die Stegocephalen zu den primitivsten Tetrapoden überhaupt gehören. Zum Teil konnte auch eine Metamorphose nachgewiesen werden.

(eine pro Kieme), die Nasenöffnung ist unpaar. Diese Merkmale weisen auf die nahe Verwandtschaft mit den ↗Osteostraci und den rezenten Neunaugen. Als vermutlich aktive Schwimmer ernährten sich die Anaspiden von kleinen planktontischen oder nektontischen Organismen.

Jamoytius, der älteste Anaspide aus dem Oberen Silur von Schottland, besitzt einfache, schmale Körperschuppen, paarige Seitenflossen sowie Rücken-, Schwanz- und Afterflossen. Die Kiemenöffnungen liegen deutlich getrennt und nicht wie bei späteren Gattungen in einer kurzen, schräg nach unten verlaufenden Reihe. Die knorpeligen Stützen der Kiementaschen erinnern an entsprechende Differenzierungen bei Neunaugen. Die runde

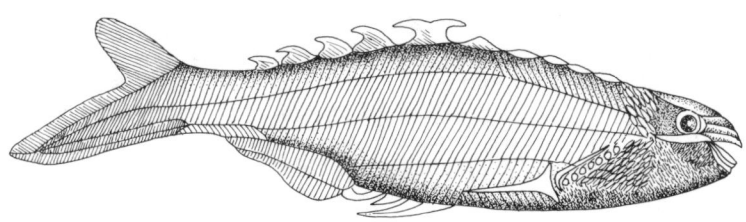

Anaspida
Birkenia *kommt im Silur und Devon von Europa vor und ernährte sich möglicherweise von kleinen Invertebraten, die, Kopf nach unten, mit dem Saugmaul ergriffen wurden. Länge: ca. 10 cm*

Die nächsten Fisch-Verwandten sind die Süßwasser-Crossopterygier (↗Choanichthyes), aus denen sie sich im früheren Oberdevon entwickelten. Zu den Stegocephalen gehören die ↗Labyrinthodontia und die ↗Lepospondyli. Die Labyrinthodonten mit meist großen Formen sterben erst Ende der Trias aus, die kleinen, teilweise degenerierten Lepospondyli sind dagegen ausschließlich auf das Karbon und Perm beschränkt.

Anaspida
Nur fossil bekannte Ordnung der zu den Kieferlosen gehörenden ↗Ostracodermen. Rumpf und Schwanz sind mit schmalen Schuppen, Kopf und Kiemenregion mit kleinen Platten bedeckt. Zwischen den Augen liegt ein drittes (Pineal-)Auge, die Kiemenöffnungen sind zahlreich

Mundöffnung ist von kleinen Dentikeln begrenzt.

In den gleichen Sedimenten finden sich Reste großer Arthropoden (↗Gliederfüßer), deren Rückenschild Löcher in der Größe des Maulumfanges von *Jamoytius* aufweist. Die Gattung besaß vielleicht eine ähnliche parasitische Lebensweise wie die heutigen Neunaugen.

Ancylopoda, *Chalicotherioidea*
Unterordnung der ↗Unpaarhufer, bemerkenswert wegen ihrer für Pflanzenfresser ungewöhnlichen Klauen an den Füßen. Schädel und Skelett ähneln denen der ihnen verwandten ↗Pferde; der Kopf besitzt pferdeähnliche Proportionen mit schmalen, langen Nasenknochen. Oft fehlen die oberen Schneidezähne, während die unteren vorhanden sind, vergleichbar den Ver-

Ancylopoda
Moropus *kommt im Miozän*
Asiens und Nordamerikas vor.
Länge: etwa 3 m

hältnissen bei Rindern. Ein Diastema (Zahnlücke) trennt die Schneidezähne von den Prämolaren, die sich deutlich von den Molaren unterscheiden – ein für Unpaarhufer ungewöhnliches Merkmal. Die eigentlichen, niederkronigen Molaren zeigen im Oberkiefer ein doppeltes V (an ↗Nashörner erinnernd), im Unterkiefer ein bunodontes Muster (nieder und abgerundet), ähnlich wie bei ↗Brontotherien.

Die ungewöhnlichsten Merkmale findet man jedoch an den Gliedmaßen. Die Vorderbeine sind deutlich länger als die hinteren, was ähnlich wie bei Hyänen zu einem schrägen Hinterteil führt. Die Füße sind dreizehig, jedoch im Gegensatz zu fast allen anderen Huftieren nicht mit einem Huf bedeckt; vielmehr sind die Zehen tiefgespalten und tragen – wie die der ↗Katzen – einziehbare Krallen, so daß sie beim Gehen nicht abstumpfen. Diese Kombination aus scharfen, einziehbaren Krallen und einer pferdeähnlichen Bezahnung läßt auf eine ungewöhnliche Lebensweise schließen. Möglicherweise ernährten sich diese Tiere von Knollen, die sie mit den Füßen ausgruben.

Die Ancylopoda erreichen Schafs-

bis Pferdegröße. Man findet sie im Eozän von Eurasien und Nordamerika; danach werden Funde in der westlichen Hemisphäre seltener, sie kommen dort aber noch bis ins Miozän vor (Gattung *Moropus*). In Eurasien werden Ancylopoda im Oligozän und Miozän relativ häufig bebachtet, sie sterben erst im Laufe des Plio- und Pleistozän aus; in Ostafrika treten sie erstmals im frühen Miozän auf und halten sich dort bis ins Pleistozän.

Angewandte Paläontologie

Praktische Anwendung der Paläontologie zur Lokalisierung und Ausbeutung wirtschaftlich wichtiger Bestandteile von Sedimentgesteinen.

An der Gewinnung von Bodenschätzen wie Kohle, Öl, Gas und Kalkstein ist die Paläontologie sehr wesentlich beteiligt. Ihre Aufgaben reichen von den Anfangsstadien der geologischen Kartierung und der Niederbringung von Versuchsbohrungen bis hin zur eigentlichen Gewinnung. Zudem bestehen die meisten der gegenwärtig verfügbaren und genutzten Brennstoffquellen direkt aus fossilen Pflanzen- oder Tierresten.

Bei der geologischen Kartierung

und der Erkundung wirtschaftlich bedeutender Ablagerungen arbeiten Geologen und Paläontologen zusammen. Für die Gewinnung von Informationen über Alter und Ablagerungsbedingungen verschiedener Gesteinstypen sind Mikrofossilien meist geeigneter, im Paläozoikum stehen aber vielfach nur Makrofossilien wie ↗Graptolithen, ↗Trilobiten und einige ↗Brachiopoden zur Verfügung. Für Arbeiten im Mesozoikum sind ↗Ammoniten nach wie vor von großer Bedeutung, sie werden bei der Kartierung aber nur dann herangezogen, wenn genügend Zeit für eine ausführliche und genaue Aufsammlung besteht, oder wenn nur mit Bohrkernen gearbeitet wird. ↗Weichtiere besitzen im allgemeinen eine große zeitliche Verbreitung, sind aber für Aussagen über Umweltfaktoren und Paläogeographie vor allem im Känozoikum gut geeignet.

Etwa seit 1920 werden Mikrofossilien, zunächst vor allem ↗Foraminiferen und ↗Ostrakoden, später auch zunehmend Gruppen mit organischem Wandmaterial wie Dinoflagellaten, Pollen und Sporen, in großem Umfang für biostratigraphische Zwecke benutzt. Infolge ihrer geringen Größe, der allgemeinen Verbreitung und der guten Extraktionsmöglichkeiten sind Mikrofossilien vor allem für die Bearbeitung kleiner Proben geeignet.

Zur Gewinnung von Informationen über tiefgelegene geologische Strukturen und ehemals herrschende Ablagerungsbedingungen beschäftigen die Erdölgesellschaften ein Team aus Tektonikern, Stratigraphen, Geophysikern, speziellen Erdölingenieuren und Mikropaläontologen. Bei teuren Bohrunternehmungen ist die Geschwindigkeit, mit der exakte Altersangaben gemacht werden können, ein entscheidender Faktor.

Neben den gesellschaftseigenen Laboratorien existieren eigene Beratungsgesellschaften für mikropaläontologische Probleme. Speziali-

sten auf dem Gebiet der Palynologie (Pollen und Sporen), für andere Mikrofossilien mit nichtmineralischem Wandmaterial (vor allem Dinoflagellaten und Acritarchen) oder für Coccolithen, Foraminiferen und Ostrakoden sind besonders gesucht. Außer bei öl- und gasfördernden Unternehmen und Geologischen Diensten werden Paläontologen auch bei hydrogeologischen Betrieben und Bergwerksgesellschaften beschäftigt.

Zur Aufarbeitung werden die Sedimentproben mechanisch oder chemisch zerkleinert und durch Siebe gewaschen. Die Bestimmung der Mikrofossilien erfolgt unter dem Mikroskop mit Hilfe spezieller Vergleichskataloge. Meist arbeitet jeder Betrieb mit eigenen Katalogen und eigenen Vergleichssammlungen. Sind die Gesteine wegen ihrer Härte für die Zerkleinerung ungeeignet, werden dünne Schnitte angefertigt und im Durchlicht unter dem Mikroskop untersucht. Die Bearbeitung der meisten größeren Foraminiferen und der Kalkalgen (↗Algen) erfolgt auf diese Weise. Da es in der angewandten Paläontologie wesentlich auf die Geschwindigkeit ankommt, werden dort statt der sonst üblichen binären (LINNÉ'schen) Nomenklatur Buchstaben- und Zahlenkombinationen als Arbeitsnamen verwendet. Als Grundlage für die Altersbestimmung dienen auch häufig Vergesellschaftungen von Mikrofossilien. Für große Bereiche der Kreide bis in die Neuzeit existieren Standard-Zonierungen für planktontische Foraminiferen, für Coccolithen und Dinoflagellaten.

Öl, Gas und Kohle sind die wichtigsten ↗fossilen Brennstoffe. Erdöl entsteht bei der Zersetzung von kleinen, marinen Organismen, darunter Formen mit nichtmineralischem Wandmaterial, planktontische Foraminiferen und Radiolarien, die innerhalb ihres Skeletts kleine Öltröpfchen ablagern. In porösen, von undurchlässigem Gesteinsmaterial umgebenen Schichten kann es zur Anreicherung und zur Bildung von Erdölfallen kommen: Nahezu alle Ölvorräte befinden sich in mesozoischen oder noch jüngeren Sedimenten. Erdgas bildet sich als Nebenprodukt des Erdöls unter ähnlichen geologischen Bedingungen. Kohle entsteht bei der chemischen Umwandlung und Zersetzung großer Pflanzenmassen unter hohem Druck und hohen Temperaturen. Fossile Tiere können auch als Gesteinsbildner eine Rolle spielen. Zahlreiche Kalksteine aus dem Perm, der Kreide und dem Eozän bestehen vorwiegend aus großen Foraminiferen; in Flachwasserbereichen abgelagerte, fossile Tierreste bilden ferner einige bekannte Kalk-Bausteine (z. B. Portland-Stein).

Angiospermen, *Blütenpflanzen*
Größte und vielfältigste Gruppe des Pflanzenreiches. Als Landpflanzen (↗Pflanzen) dominieren die Blütenpflanzen nicht nur in der Artenzahl (mehr als 250 000 Arten sind bekannt), sondern auch in der Individuenzahl. Das Pflanzenkleid der meisten Lebensräume wird von den Angiospermen beherrscht.
Entscheidend für die Überlegenheit dieser Gruppe ist ihre entwicklungsgeschichtliche Anpassungsfähigkeit; so finden sich Blütenpflanzen ebenso in den Hochgebirgen wie unter tropischen Bedingungen und in wüstenhaften Trockengebieten. Nur der Bereich des Salzwassers wurde nicht erfolgreich besiedelt. Die Größe reicht von winzigen Formen wie der Wasserlinse bis hin zu den riesigen australischen Eucalyptusbäumen mit einer Höhe bis zu 100 m. Angiospermen sind typischerweise grüne, d. h. photosynthetisch aktive Pflanzen, zahlreiche Formen haben aber spezielle Ernährungsweisen entwickelt. Saprophyten und Parasiten, am vollkommenen oder teilweisen Fehlen von Chlorophyll meist gut erkennbar, sind in tropischen Zonen besonders häufig, es existieren aber auch Vertreter in den gemäßigten Breiten, z. B. die Sommerwurzgewächse (Orobanchaceae) und die Kleeseide *(Cuscuta).* Andere haben sich auf ein Wachstum auf größeren Pflanzen spezialisiert (Aufsitzerpflanzen oder Epiphyten); die verschiedenen Gruppen der fleischfressenden Pflanzen verfügen über zahlreiche Fangmechanismen, z. B. klebrige Oberfläche, Gleit- und Klappfallen. Möglich wurde diese große Vielfalt durch die Entwicklung eines speziellen Blütentyps. Die Effektivität dieses Reproduktionsmechanismus unter den verschiedensten Bedingungen ist im Pflanzenreich unübertroffen. Die Angiospermen-Blüte ist generell komplizierter gebaut als ein Gymnospermen-Zapfen oder die Sporangienanordnung der ↗Farne, die sexuellen Vorgänge sind aber wesentlich vereinfacht. Besondere Befruchtungs- und Bestäubungsmechanismen gewährleisten einen hohen Verbreitungserfolg.
Die direkten Vorfahren der Blütenpflanzen sind immer noch weitgehend unbekannt. Charles ↗DARWIN nannte es ein „widerwärtiges Geheimnis der Evolution". Sicher erscheint nur, daß keine der zahlreich vorgeschlagenen fossilen Formen als Bindeglied in Frage kommt. Fossile Angiospermen sind in der Unteren Kreide vor allem durch Blattreste nachgewiesen; vermutlich zu Blütenpflanzen gehörende Pollenkörner finden sich auch schon in älteren Sedimenten.

Ankylosauria, *Panzerdinosaurier*
Unterordnung der ↗Ornithischia, die zum Schutz gegen die gefräßigen ↗Carnosauria einen kräftigen Hautpanzer aus Platten, Schuppen und Stacheln entwickeln. Bei späteren Formen verfestigen sich diese Platten zu einem unbeweglichen Rückenpanzer.
Die Ankylosauria sind quadruped und erscheinen erstmalig in der frühen Kreide; etwa zur gleichen

Zeit beginnen die ↗Stegosauria auszusterben, so daß die Ankylosauria möglicherweise als deren Nachfolger gelten können. In der Unteren Kreide Europas finden sich mehrere Ur-Ankylosauria, die anscheinend das Ausgangsstadium dieser Gruppe darstellen. *Hylaeosaurus* aus dem englischen ↗Wealden (untere Unterkreide) und *Acanthopholis* aus dem Cambridge Greensand (obere Unterkreide) liegen zwar nur als sehr dürftige Überreste vor, lassen aber eine Länge von 3–4 Metern erkennen sowie einen Panzer aus Stacheln und gekielten Platten.

Diese frühen Ankylosauria werden mit mehreren konservativen Gattungen aus der Oberen Kreide in der Familie der Acanthopholididae zusammengestellt. Zu den späten Vertretern dieser Gruppe gehört der ungarische *Struthiosaurus* mit einem relativ kleinen, vogelähnlichen Schädel. Kopf und Körper sind ziemlich hoch und schmal. Vom Kopf ziehen sich über den Hals bis zur Schulter zwei Stachelreihen hin und enden in großen Schulterdornen. Eine weitere Reihe nach hinten geneigter Platten bedeckt den Schwanz. Ebenfalls zu den Acanthopholididae gehören der wenig bekannte *Onychosaurus* (aus Transsylvanien) und *Rhodanosaurus* aus Mittel- und Südfrankreich.

Einige Forscher stellen auch höherentwickelte, dennoch aber relativ konservative Formen ebenfalls in

diese ursprüngliche Familie und trennen als Ankylosauridae nur die spezialisierten Gattungen der späten Kreide ab. Meist werden jedoch alle massig gebauten Ankylosauria als Nodosauridae zusammengefaßt. Solche Formen erscheinen bereits in der frühen Kreide und repäsentieren die typischen Ankylosauria der späten Kreide mit großem Kopf, schwerem, abgeflachtem Körper und festem Panzer.

Der über 5 Meter lange, leicht gepanzerte *Polacanthus* und die wenig bekannte Gattung *Polacanthoides* kommen im Wealden Europas vor, die Familie entwickelt sich später jedoch hauptsächlich in Nordamerika und Asien und besitzt weitere

Ankylosauria
Der nordamerikanische Nodosaurier Euoplocephalus *aus der Spätkreide wird in der Oldman Formation von Alberta und der Hell Creek Formation von Montana gefunden. Länge: ca. 5 m*

Vertreter im Indischen Subkontinent und in Südamerika.

In der Unteren Kreide der USA finden sich ein oder zwei etwas höherentwickelte Gattungen, so die mittelgroße *Sauropelta* mit langem, schmalem Schädel und einem Mosaik flacher gekielter Schuppen auf Rücken und Seite, sowie der nur bruchstückhaft erhaltene *Hoplitosaurus*.

Die Nodosauridae mit dem für diese Familie charakteristischen festen Knochenpanzer sind ab der frühen Oberkreide in Nordamerika weit verbreitet. So kennt man z. B. *Hierosaurus* aus der marinen Niobrara Formation, ferner die Gattung *Nodosaurus, Stegopelta* und *Silvisaurus*; die letztgenannte Gattung mißt 3 Meter und trägt auf Körper und

Schwanz Schutzdornen sowie einen sehr kräftigen Panzer im Hüftbereich.

Aus der spätkretazischen Oldman Formation in Kanada stammen mehrere große, starkgepanzerte Nodosauridae, z. B. *Dyoplosaurus* (auch in der Mongolei gefunden), *Euoplocephalus, Panoplosaurus* und *Scolosaurus*. In den darauffolgenden Edmonton-Schichten sind die Ankylosauria mit dem angeblich zahnlosen *Anodontosaurus* und mit *Edmontonia* nur noch spärlich vertreten. Die Lance Formation, die in Nordamerika das Ende des Mesozoikum markiert, liefert nur noch eine Art von *Euoplocephalus* mit stark abgeflachtem Schädel und Rumpf sowie *Palaeoscincus* – eine Gattung, die man nur von isolierten Zähnen kennt.

Die Nodosauridae sind in der Oberen Kreide offensichtlich auch in der Mongolei stark verbreitet. Neben *Dyoplosaurus* kommen noch die Gattungen *Pinacosaurus* und *Talarurus* vor, letztere trägt auf Rücken und Schwanz gelenkig miteinander verbunden, gekielte Schutzplatten.

Weitere Ankylosauria-Bruchstücke wurden in Indien, Nordwestchina und Argentinien gefunden (die Gattung *Loricosaurus* ist durch 26 Knochenplättchen belegt).

Viele dieser späten Formen entwikkeln eine Art Schwanzkeule aus schweren Knochenplatten oder Dornen; verknöcherte Sehnen dienen dazu, das enorme Gewicht dieser massiven Waffe zu stützen.

Anning, Mary (1799–1847)

Aus Lyme Regis, Dorset stammende, englische Sammlerin und Verkäuferin von Fossilien. Als Tochter eines Zimmermanns, der sein Gehalt durch den Verkauf von Fossilien aufbesserte, kam Mary ANNING schon früh mit den Resten ausgestorbener Organismen in Berührung. Ihr Vater starb, als sie zehn Jahre alt war. Nun begann sie, den Verkauf der Fossilien selbst zu übernehmen und wurde, einem Zeitgenossen zufolge, „der beste weibliche Fossilienkenner". Bei den Aufsammlungen gelangen ihr einige spektakuläre Funde, wie der erste gut erhaltene ↗Fischsaurier (1810), ↗Plesiosaurier-Skelette (1823) und der erste englische ↗Flugsaurier (1828). Sie war mit vielen der damals berühmten Paläontologen bekannt, z. B. mit William ↗BUCKLAND, William CONYBEARE (1787–1857) und ihrem lebenslangen Freund Henry DE LA BECHE (1796–1855).

Anoplotheriidae

Ausgestorbene Familie der ↗Paarhufer, die im Eozän und Oligozän von Europa auftritt. Die systematische Stellung ist unklar, meist wird die Gruppe den Suina, z. T. aber auch den Ruminantia zugeordnet. Diese kurzbeinigen, schwergewichtigen Tiere mit ihren bekrallten Pfoten erreichen ungefähr die Größe eines ↗Tapirs und besitzen einen ungewöhnlich langen Schwanz. Das ursprüngliche, vollständige Gebiß (44 Zähne) enthält oben Mahlzähne mit einer fünfhöckerigen Krone. Bei der späteozänen Gattung *Anoplotherium* sind die inneren Höcker bunodont (kegelförmig), die äußeren selenodont (halb mondförmig).

Die Gattung *Diplobune* findet sich vom Eozän bis ins Oligozän und zeigt insgesamt einen zierlicheren Bau als *Anoplotherium*. Als für Paarhufer ungewöhnliches Merkmal gelten die dreizehigen Gliedmaßen (Tridactylie): An dem paraxonischen Fuß (d. h. seine Achse läuft zwischen dritter und vierter Zehe hindurch) bleibt der zweite Zehenstrahl erhalten.

Anthracosauria

Die ↗Labyrinthodontia gliedern sich in 2 Hauptzweige: die Temnospondyli und die Anthracosauria (oder Batrachosauria), die wahrscheinlich nicht sehr eng miteinander verwandt sind. Wie die Temno-

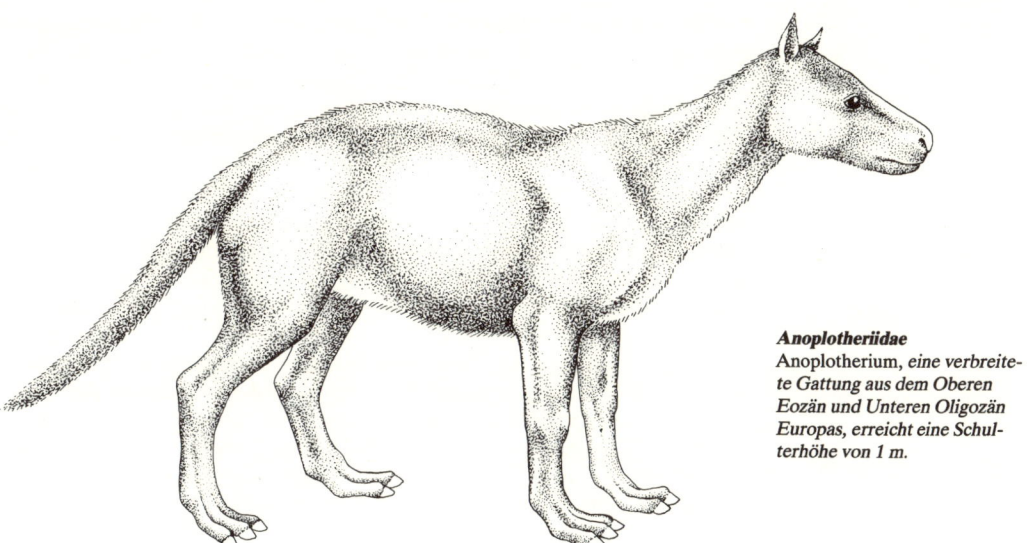

Anoplotheriidae
Anoplotherium, *eine verbreite-
te Gattung aus dem Oberen
Eozän und Unteren Oligozän
Europas, erreicht eine Schul-
terhöhe von 1 m.*

spondyli haben auch die Anthracosauria labyrinthodonte Zähne, ein
geschlossenes Schädeldach aus
Hautknochen und Wirbel, deren
Zentralkörper in das vordere Interzentrum und das hintere Pleurozentrum geteilt ist. Im Unterschied zu
den Temnospondyli ist hier jedoch
das Pleurozentrum zum eigentlichen Wirbelkörper geworden, zu
einem vollständigen, massiven Knochenring, auf dem der Neuralbogen
fest aufsitzt. Das Interzentrum kann
als kleiner konzentrischer Keil oder
als vollständiger Ring vorliegen.
Im Zentrum der Gruppe stehen die
großen, langgebauten Embolomeri
aus den europäischen und amerika-

nischen Karbonbecken (Oberkarbon), so z. B. *Eogyrinus* aus North-
umberland, der etwa 4 m Länge
erreicht, einen krokodilähnlichen
Schädel sowie einen aalähnlichen
Körper und relativ kleine Extremitäten besitzt. Diese sumpfbewohnenden Räuber ernährten sich
wahrscheinlich von Fischen. *An-
thracosaurus,* aus Schottland und
England (Durham) bekannt, zeigt
große Ähnlichkeit mit diesen Tieren, ernährte sich wahrscheinlich
aber von anderen Tetrapoden.
Anthracosauria aus mehr terrestrischen Lebensräumen mit kürzerem
Körper und kräftigeren Extremitäten kennt man aus viel früheren

Anthracosauria
Eogyrinus *ist ein überwiegend
wasserlebendes Amphib aus
den europäischen Kohle-
becken.*
Länge: *etwa 4 m*

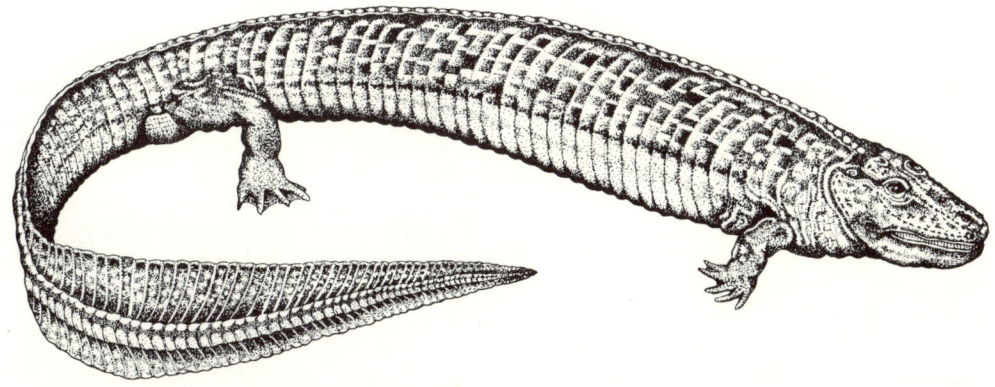

Schichten (Unteres Karbon) von Schottland und Nordamerika. Diese Formen, wie *Eoherpeton* und *Proterogyrinus,* können vermutlich als Vorläufer der Anthracosauria aus den Kohlebecken und auch der permischen Seymouriamorpha gelten.

Manche Autoren stellen die Seymouriamorpha zu den Anthracosauria, andere betrachten sie als eigene Gruppe. Benannt wurden sie nach *Seymouria* aus dem Unteren Perm von Texas. *Seymouria* besitzt ein an terrestrische Lebensweise angepaßtes, extrem reptilienähnliches Skelett sowie einen zwar aberranten, jedoch charakteristischen Anthracosaurierschädel. Man hielt die Seymouriamorpha lange für frühe Reptilien, bis man erkannte, daß kleine Formen dieser Gruppe, wie *Discosauriscus* aus dem europäischen Perm, in ihren Jugendstadien Kiemen tragen und deshalb die ganze Gruppe zu den Amphibien gestellt werden muß. Man betrachtete *Seymouria* dann als permischen Überlebenden der vermuteten frühkarbonischen Reptilienahnen. Auch *Gephyrostegus* aus dem späten Karbon, einem landlebenden, aber nicht-seymouriamorphen Anthracosaurier mit normalem Schädel, wurde diese Rolle zugeschrieben.

Alle bekannten Anthracosauria zeigen jedoch, ebenso wie die meisten Labyrinthodontia, eine charakteristische und unveränderliche Mittel-ohrstruktur, so daß man annehmen muß, daß keine ihrer Formen der Vorläufer der Reptilien war. Dennoch sehen manche Autoren, vor allem wegen des reptilienähnlichen Baus der Wirbel, in den Anthracosauria die Ahnen der Reptilien; die Frage nach der Abstammung der Kriechtiere bleibt also noch offen.

Anthracotheriidae, *Kohlentiere*

Ausgestorbene Familie wahrscheinlich amphibisch lebender, ursprünglicher, schweineähnlicher ↗Paarhufer, die zu der im Känozoikum der Alten Welt weit verbreiteten Unterordnung der Suina gestellt wird. Man findet sie zum ersten Mal in eozänen Ablagerungen Asiens (z. B. *Anthracobune* und *Anthracohyus*), von wo aus sie bis zum Beginn des Miozän Europa besiedeln (z. B. *Haplobunodon, Anthracotherium, Rhagatherium* und *Lophiobunodon*).

Später erreichen die Anthracotheriidae auch Afrika und Nordamerika. Die Gruppe scheint im Pliozän dann abgenommen zu haben, und ihr letzter Überlebender *(Merycopotamus)* findet sich im Pleistozän Asiens und der Ostindischen Inseln. Als typischer Vertreter dieser Familie gilt *Bothriodon* aus dem Eozän-Miozän von Nordamerika, Europa und Afrika. Er erreicht eine Länge von 1,5 m, hat einen langschnauzigen Schädel, einen gestreckten Körper, kurze Extremitäten, vierzehige

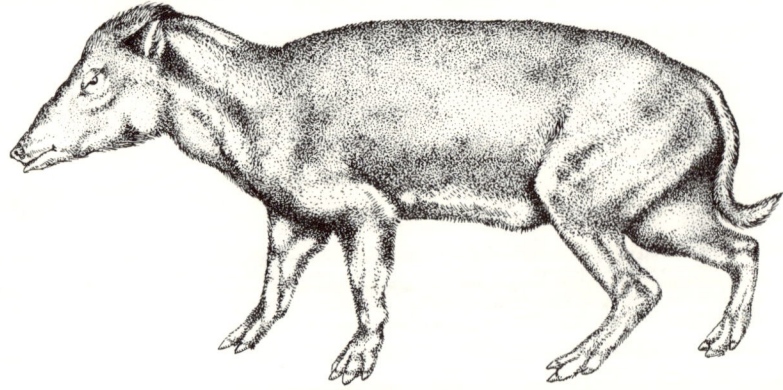

Anthracotheriidae
Bothriodon erscheint im späten Eozän und ist im Oligozän in Nordamerika, Europa, Ostasien und Afrika weit verbreitet.
Länge: etwa 1,5 m

Füße (der Vorderfuß behält rudimentär den 1. Finger) und einen vollen Satz von 44 Zähnen (mit niederkronigen Molaren).

Spätere Anthracotheriidae entwikkeln Mahlzähne eines einfachen halbmondförmigen Typs mit nur 4 Höckern (*Merycopotamus* und *Arretotherium* aus dem Miozän Nordamerikas), die Mehrzahl besitzt jedoch Molaren mit ursprünglichen, niederen, fünfhöckerigen Kronen.

Antilopen ↗Rinderartige

Anura ↗Froschlurche

Arachnida ↗Spinnentiere

Archaeocyatha

Gruppe mariner Vielzeller; die stratigraphische Verbreitung reicht vom Unteren bis ins Mittlere Kambrium. Skeletttreste wurden in Nordamerika, Australien, Sibirien, Sardinien, Marokko und der Antarktis gefunden; man vermutet daher, daß ihre Entwicklung über ein freies, planktonisches Stadium verlief.

Die mit einem Haftstiel am Meeresboden befestigten Skelette bestehen aus feinkörnigem Calcit. Bei *Monocyathus* und verwandten Gattungen ist nur eine Wand ausgebildet, kompliziertere Formen wie *Ajacicyathus* und *Ethmophyllum* besitzen noch eine zusätzliche innere Wandung mit einem zwischen den beiden Wänden liegenden Hohlraum (Intervallum). Dieser wird durch radial und vertikal verlaufende, häufig perforierte Scheidewände gegliedert. Die Wände werden von zahlreichen, in alternierenden oder gegenständigen Längsreihen angeordneten Poren durchbrochen und umschließen einen zentralen Hohlraum, dessen Tiefe entsprechend der Skelettform variiert. Die überwiegend kleinen Tiere mit 10–25 mm Durchmesser und einer Höhe von 80–100 mm zeigen einen zylindrischen bis scheibenförmigen Umriß; die meisten wachsen jedoch

als aufrechte, schlanke Kegel. Scheibenförmige Gattungen wie *Okulitchicyathus* mit annähernd 60 cm Durchmesser sind Ausnahmen. Nachweise von Weichteilen liegen bisher nicht vor, vermutlich waren aber die äußere Wand und zumindest Teile des zentralen Hohlraumes mit Gewebe überzogen. Die Archaeocyatha bewohnen den Meeresboden bis zu einer Tiefe von 100 m und erreichen bei 20–30 m Tiefe als Riffbildner ihre größte Entwicklung. Mit mehr als 450 Arten bilden sie einen wichtigen Bestandteil des unter- und mittelkambrischen Benthos. Präkambrische Vorläufer sind nicht belegt, müssen aber zweifellos existiert haben. Die systematische Stellung bleibt unklar; manche Strukturen ähneln ↗Korallen, doch bestehen engere Beziehungen zu ↗Schwämmen.

Als biostratigraphische Indikatoren ermöglichten sie die Untergliederungen des russischen Unterkambrium in vier Stufen, ferner die Parallelisierung von Schichten der Sibirischen Plattform mit denen der Sayan-Altai Region.

Archaeopteryx, *Urvogel*

Der älteste bekannte Vogel aus den Malmkalken (Oberer Jura) von Solnhofen (Süddeutschland). Aus den Funden von 5 Skeletten und einer Feder konnte man eine recht genaue Rekonstruktion herstellen. *Archaeopteryx* besitzt etwa die Größe einer Krähe, Federn sitzen an den Vorderextremitäten und am Schwanz.

Der Knochenbau weist jedoch noch etliche Reptilienmerkmale auf. So ist das Brustbein nur schwach entwickelt, die Vorderextremitäten haben Finger mit Krallen, es sind Bauchrippen ausgebildet, das Tier hat einen langen Schwanz aus zahlreichen Wirbeln (dieser wird bei späteren Vögeln zum Pygostyl reduziert) sowie Zähne auf Ober- und Unterkiefer.

Man hat vermutet, *Archaeopteryx* habe auf Bäumen gelebt und sei nur

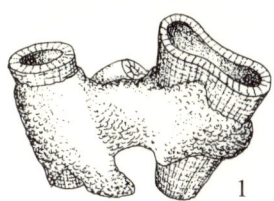

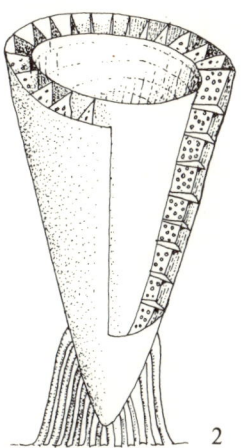

Archaeocyatha
1 Zwei Individuen von Coscinocyathus, einem Vertreter der Archaeocyatha aus dem Unteren Kambrium von Sibirien und Australien.
2 Die Archaeocyatha zeigen im Schnitt eine äußere und innere Wand, die durch horizontal und vertikal verlaufende Scheidewände verbunden sind.

Archaeopteryx
Archaeopteryx, der älteste bekannte Vogel, ist aus gut erhaltenen Funden aus dem Oberen
Jura von Solnhofen (Bayern)
bekannt (Solnhofener Plattenkalk). Er erreicht etwa die
Größe einer Krähe.

wenig flugtauglich gewesen, die
Vorderfinger seien als Kletterhilfen
eingesetzt worden, und die oppo-
nierte erste Hinterzehe habe das
Sitzen erleichtert. Eine andere
Theorie sieht in *Archaeopteryx* einen Laufvogel, der hinter seiner
Beute herrannte und die Flügel als
„Fliegenklappe" benutzte. Da Federn zerbrechlich sind, würde jedoch jeder regelmäßige Abrieb, sei
es durch Klettern oder Beutefan-
gen, die Flügel nach und nach
unbrauchbar machen. Aller Wahrscheinlichkeit nach war *Archaeopteryx* jedenfalls ein Landbewohner
und konnte potentiellen Räubern
von einer Erhöhung aus „ent-
gleiten".
Auch die Entwicklungsgeschichte
von *Archaeopteryx* wird kontrovers
diskutiert, obwohl sich die Vögel
unzweifelhaft aus ↗Archosauriern
entwickelt haben. Der Knochenbau
dieses ursprünglichen Vogels ähnelt
dem einiger kleiner ↗Carnosauria
so sehr, daß er sich irgendwann
während des frühen Jura aus dieser
↗Dinosaurier-Gruppe entwickelt
haben könnte. Diese Ähnlichkeit
kann jedoch auch konvergent entstanden sein, und man muß mög-

licherweise den Vorfahren von
Archaeopteryx in einer unbekannten frühen Archosauriergruppe in
der Trias suchen.

Archosaurier
Dominierende Reptiliengruppe des
Mesozoikum, in der die ↗Dinosau-
rier, ↗Flugsaurier und ↗Krokodile
zusammengefaßt werden.
Innerhalb der diapsiden ↗Reptilien
werden zwei Evolutionslinien erkennbar, zum einen die Lepidosauria mit den ↗Eidechsen und
↗Schlangen, zum anderen die Archosaurier mit einer allgemeinen
Tendenz zur Bipedie.
Als gemeinsame Vorfahren der Lepidosaurier und Archosaurier kommen primitive diapside Formen aus
dem Perm in Frage, etwa die Eosuchia mit den südafrikanischen Gattungen *Youngina, Heleosaurus* und
den weniger bekannten, verwandten Formen aus der ↗Karru-For-
mation. Möglicherweise entstanden
die Archosaurier auch direkt aus
captorhinomorphen ↗Cotylosau-
ria.
Den zentralen Ast der Archosaurier
bilden die ↗Thecodontia. Die hierzu gehörenden Gruppen der Prote-

rosuchia und ↗Pseudosuchia entwickeln sich in der Unteren Trias, die Aetosauria und die äußerlich krokodilähnlichen ↗Phytosauria erscheinen in der Oberen Trias. Die zwei Ordnungen der Dinosaurier, die ↗Saurischia und die ↗Ornithischia, entstehen in der Mittleren Trias aus dem Formenkreis der Pseudosuchia; Krokodile sind seit der späten Trias bekannt. Als letzte, hochspezialisierte Großgruppe der Archosaurier entwickeln sich die Flugsaurier erst in der Oberen Trias.

Eine Tendenz zur Bipedie wird allgemein als kennzeichnend für die Archosaurier angesehen; dennoch

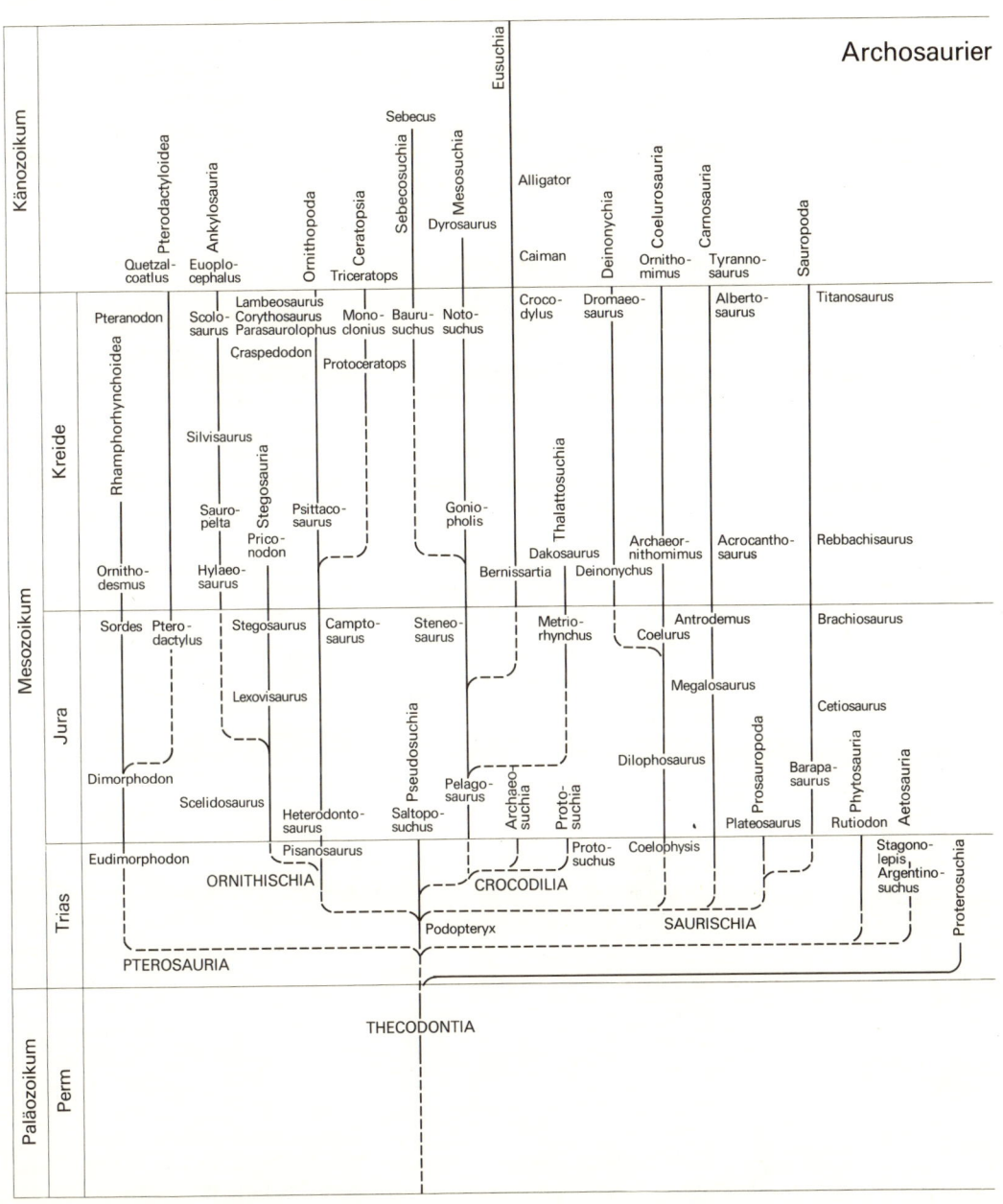

bewegen sich die Proterosuchia, die Aetosauria und die Phytosauria der Trias wie die modernen Krokodile mehr oder weniger kriechend auf allen Vieren (Quadrupedie). Die verlängerten Hinterextremitäten all dieser Gruppen lassen vermuten, daß sich die Quadrupedie sekundär von einer ursprünglich bipeden Situation ableitet. Einer anderen Theorie zufolge lebten die ersten Archosaurier im Wasser und entwickelten in Anpassung daran lange Hinterextremitäten, die späteren terrestrischen Formen als Ausgangspunkt und Präadaptation zur Bipedie dienten.

Bipedie tritt auch bei einigen Pseudosuchia auf (z. B. *Saltoposuchus*, *Scleromochlus*), eine Fortbewegungsweise, die von räuberischen Saurischia wie den ↗Coelurosauria, den ↗Carnosauria und den ↗Deinonychia beibehalten wird. Die herbivoren ↗Sauropoda leben im wesentlichen quadruped, frühe Vertreter wie die triassischen Prosauropoda zeigen aber noch eine unvollkommen bipede Entwicklungsstufe; mit Ausnahme von *Brachiosaurus* und Verwandten bleiben bei den Sauropoda die verhältnismäßig langen Hinterextremitäten erhalten. Für die ebenfalls pflanzenfressen-

den Ornithischia gilt die Quadrupedie als der Normalfall (z. B. ↗Ceratopsia, ↗Stegosauria, ↗Ankylosauria), nur wenige besitzen eine vollkommen bipede Fortbewegungsweise. Dinosaurier und Flugsaurier müssen möglicherweise als ↗Warmblüter angesehen werden; als absolute Besonderheit wird diese physiologische Entwicklungsstufe innerhalb der Kriechtiere wahrscheinlich nur noch von den ↗Säugerähnlichen Reptilien erreicht.

Die Thecodonten, im Konkurrenzkampf mit den Dinosauriern unterlegen, sterben noch in der Trias aus. Als einzige Archosaurier überleben nur die Krokodile bis in die Neuzeit, die Gruppen der Saurischia, Ornithischia und Flugsaurier erlöschen am Ende der Kreidezeit.

Armfüßer ↗Brachiopoda

Arsinoitherium

Nashorngroßes, ausgestorbenes Huftier aus dem Unteren Oligozän Ägyptens, das eine Länge von etwa 3 m erreicht. Der massive Schädel trägt auf den Nasenbeinknochen ein Paar riesiger, nach vorne gerichteter Knochenzapfen sowie dahinter ein weiteres, kleineres Paar Hörner auf den Stirnbeinknochen. *Arsinoitherium* besitzt noch ein vollständiges Gebiß mit hochkronigen Mahlzähnen, eine für das frühe Känozoikum ungewöhnliche Spezialisierung. Die Schnauzenform läßt auf bewegliche Greiflippen schließen.

Der massige Körper des Tieres ruht auf mächtigen Gliedmaßen mit gespreizten fünfzehigen Füßen. Obgleich möglicherweise entfernt verwandt mit den Elefanten, wird *Arsinoitherium* in eine eigene Säugerordnung (Embrithopoda) gestellt. Als einzige weitere bekannte Form könnte *Phenacolophus* aus dem Paläozän und Unteren Eozän Asiens in diese Gruppe gehören.

Arthrodira

Als Ordnung zu den ↗Placodermi gestellte Gruppe paläozoischer Fi-

Arsinoitherium
Überreste dieses Tieres (aus dem Unteren Oligozän Ägyptens) fand man in der Nähe eines Palastes der Königin Arsinoe II. (316–270 v. Chr.); nach ihr trägt es seinen Namen. Es erreicht die Größe eines heutigen Nashorns.

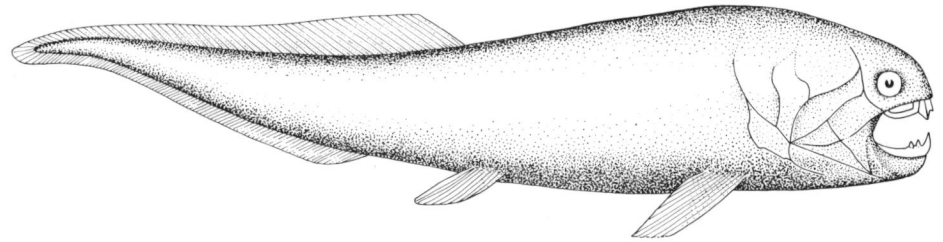

Arthrodira
Dunkleosteus, *eine riesige*
Form aus dem Oberen Devon.
Länge: mehr als 12 m

sche. Im gesamten Devon sind Arthrodiren die dominierenden Vertreter der Placodermen und erreichen als wichtigste räuberische Formen dieser Epoche Größen von 30 cm bis 12 m. Kopf und Kiemenregion werden von Knochenplatten auf eine Weise geschützt, wie sie sich nur bei dieser Fischgruppe findet und die keine Zusammen-

bildet zwei dolchartige Spitzen, das hintere scharfe Klingen. Der Unterkiefer, von einem einzigen Knochenpaar gebildet, trägt vorne ebenfalls einen senkrechten Dorn, während der hintere Teil zu Schneidklingen umgewandelt ist. Zähne fehlen den Arthrodiren, alle schneidenden Teile der Kiefer bestehen ausschließlich aus Knochen.

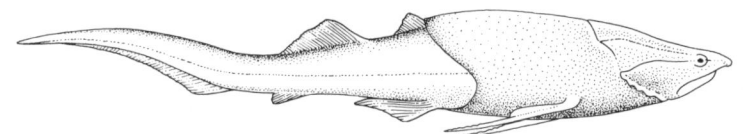

Arthrodira
Arctolepis *wurde im Unteren Devon von Europa, Spitzbergen und Nordamerika gefunden.*
Länge: ca. 19 cm

hänge mit den Verhältnissen bei Knochenfischen und höheren Vertebraten erkennen läßt. Arthrodiren müssen daher als von den Knochenfischen und deren Vorläufern, den ↗Acanthodii, getrennte Entwicklungslinie angesehen werden.

Der vordere Teil des Rumpfes wird ebenfalls von einem Knochenpanzer eingeschlossen; zwei Gelenkzapfen verbinden diesen mit dem Kopfpanzer (darauf weist auch der wissenschaftliche Name hin) und erlauben so eine Vertikal-, nicht aber eine Drehbewegung des Kopfes. Die Nickbewegung diente vermutlich auch zur Unterstützung des Wasserstromes durch die Kiemen. Ein Senken des Unterkiefers zusammen mit einer Aufwärtsbewegung des Kopfes vergrößert zudem die Mundöffnung für den Beutefang.

Der Oberkiefer besteht aus zwei Knochenpaaren; das vordere Paar

Die Arthrodiren lebten als Räuber am Meeresboden oder am Grund von Seen und Flüssen. Alle besitzen gut entwickelte, große Augen, die Augenhöhle wird von einem Ring aus vier Knochen begrenzt. Von den Wirbeln haben sich nur die verknöcherten dorsalen Neuralbögen und die ventralen Hämalbögen, nicht aber die eigentlichen Wirbelkörper (Zentrum) erhalten; vermutlich persistierte auch beim adulten Tier die Chorda dorsalis. Die ↗Schwanzflosse zeigt den primitiven heterozerken Bau, paarige Brust- und Bauchflossen sind vorhanden, eine Afterflosse fehlt häufig. Der aus dem Rumpfpanzer ragende Körperabschnitt ist nackt oder mit Schuppen bedeckt.

Zu den ursprünglichsten Arthrodiren gehören die Dolichothoraci. Der lange Rumpfpanzer trägt vor den Aussparungen für die Brustflosse kräftige, nach hinten gerichtete Dornen; vielleicht dienten sie außer zum Schutz der Brustflossen bei starker Strömung auch zur Verankerung am Boden. Die Artikulation zwischen Kopf- und Rumpfpanzer erlaubt nur eine geringe Beweglichkeit. Bei fortschrittlicheren Formen wie den Brachythoraci werden Brustdornen und Knochenschild zunehmend verkürzt.

Die bei frühen Arthrodiren gute Verknöcherung des Gehirnschädels läßt in der Folgezeit eine fortlaufende Rückbildung erkennen. Die moderneren Ptyctodonten reduzieren einen Großteil des Kopfschildes, der Rumpfpanzer besteht nur noch aus einem dünnen Knochenring um die Schulterregion. Der kleine Mund enthält kräftige Platten zum Knacken hartschaliger Organismen wie ↗Muscheln und ↗Krebstiere.

Ramphodopsis, eine zu den Ptyctodonten gehörende Gattung, zeigt im Beckenbereich einen auffälligen Sexualdimorphismus: Ähnlich wie bei rezenten Haien und deren Verwandten entwickeln die Männchen spezielle Klammerorgane zur Sicherung einer wirkungsvollen inneren Befruchtung.

Außer Klammerorganen besitzen die Männchen der Gattung *Ctenurella* aus dem Mittleren Devon von Deutschland einen davorliegenden, kurzen Knochenstachel. Dieses Merkmal, der langgestreckte Schwanz und der allgemeine Bau erinnern an die Verhältnisse bei rezenten ↗Chimaeriformes. Auch manche Besonderheiten des Innenskeletts, wie z. B. die eigentümlichen Rostralknorpel, weisen auf die Chimären hin.

Arthropoda ↗Gliederfüßer

Artiodactyla ↗Paarhufer

Astrapotheria
Ausgestorbene Ordnung südamerikanischer Ungulaten (Huftiere). *Astrapotherium* selbst erscheint im Oberen Oligozän und findet sich im Miozän weit verbreitet. Die Tiere erreichen etwa eine Länge von 3 m und besitzen einen langen Hals und einen kurzen Gesichtsschädel. Das Gebiß enthält nur 2 obere und einen unteren Prämolaren (die Molaren sind alle vorhanden); die oberen Schneidezähne fehlen völlig. Die unteren hingegen ragen hervor und arbeiteten vermutlich gegen eine hornige Platte unter dem Ansatz eines Nasenrüssels; die Eckzähne sind ähnlich wie bei Flußpferden zu vorstehenden Hauern vergrößert. Der Körper erscheint lang und schlank; die behuften Vorderextremitäten wurden vermutlich mit den „Zehen", die Hinterbeine dagegen mit den ganzen Sohlen aufgesetzt, deren zweite und dritte Zehe kleiner bleibt als die erste, vierte und fünfte.

Astraphotherium lebte wahrschein-

Astrapotheria
Astrapotherium, *ein ausgestorbenes südamerikanisches Säugetier, lebt vom Oberen Oligozän bis ins Untere Miozän. Länge: etwa 2,75 m*

lich halbaquatisch; seine bizarre Gestalt läßt aber nicht mehr als Mutmaßungen über seinen Lebensraum zu. Die Gruppe stirbt noch im Miozän aus.

Der kleine *Astrapothericulus* mit schwach entwickelten Hauern stammt aus dem Unteren Miozän, *Parastrapotherium* aus dem Unteren Oligozän. *Astraponotus* (noch mit allen Prämolaren) und *Albertogaudrya* gehören zu den eozänen Vertretern dieser Ordnung. Die älteste bekannte Gattung ist *Shecenia* aus dem Oberen Paläozän.

Aussterben

Ein regelmäßiges Aussterben von Arten, Gattungen, Familien und auch größeren Gruppen und deren Verdrängung durch fortgeschrittenere Formen ist notwendig für den normalen Prozeß der ↗Evolution. Ohne solches Aussterben gäbe es keine Entwicklung von einfachen, ursprünglichen Formen zu höherentwickelten, verfeinerten Typen.

Manchmal jedoch verschwinden auf einmal ganze Ordnungen von Pflanzen und Tieren aus dem fossilen Bestand, nachdem sie viele Millionen Jahre lang zahlenmäßig dominiert hatten; ein derart plötzlich auftretendes Aussterben kann nicht ohne weiteres durch den normalen Evolutionsablauf erklärt werden.

Eine der ersten größeren Tiergruppen, die nach einer beträchtlichen Blütezeit ausstirbt, sind die ↗Trilobiten, die zu den erfolgreichsten paläozoischen Frühformen gehören. Ihre Anzahl schwindet im Karbon, und keine ihrer Formen überlebt das Ende des Perm.

An der Grenze zwischen Perm und Trias, also am Übergang vom Paläozoikum zum Mesozoikum, sterben mehrere ehemals herausragende Gruppen mariner Wirbelloser aus, unter anderem die massigen ↗Brachiopoda der Gattung *Productus* mit Verwandten, die Fusulinen (↗Foraminiferen) und viele Familien der ↗Ammoniten. Nach einem erneuten Aufschwung in der Trias werden die Ammoniten gegen Ende der Periode wieder dezimiert, wobei alle alten Gruppen aussterben und durch neue Familien ersetzt werden.

Die wohl spektakulärste Episode eines Massensterbens ereignete sich vor 65 Millionen Jahren am Ende des Mesozoikum: Die riesigen Reptilien, welche die Erde mehr als 150 Millionen Jahre lang beherrscht hatten, gehen plötzlich zugrunde und hinterlassen eine fast „leere" Welt, die den Säugetieren und Vögeln neue Entwicklungs- und Ausbreitungsmöglickeiten bietet.

Die ↗Dinosaurier, ↗Flugsaurier, ↗Plesiosaurier, ↗Fischsaurier und ↗Mosasaurier sind zum Zeitpunkt ihres Aussterbens keineswegs degeneriert. ↗Carnosauria von enormer Größe leben gegen Ende der Kreide, die Mosasaurier und Plesiosaurier leben in den Meeren bis spät ins Mesozoikum und erreichen enorme Dimensionen; in der Kreide findet sich ein Flugsaurier mit einer Spannweite von 10 Metern. Nur die Fischsaurier verschwinden offensichtlich schon in der frühen Kreide, wenn es auch Hinweise dafür gibt, daß auch die ↗Sauropoda durch ↗Hadrosaurier verdrängt werden, die vermutlich von einem ostasiatischen Ausgangsort westwärts nach Europa und über die Beringstraße nach Nordamerika vordringen. In der westlichen Hemisphäre werden die Sauropoda durch die Eindringlinge nach Süden abgedrängt und überleben in größerer Anzahl nur in Südamerika, wohin die Hadrosaurier offensichtlich nicht in nennenswertem Umfang gelangen.

Diese plötzliche Serie des Aussterbens am Ende der Kreide wurde bekannt als „das große Sterben". Man vermutete als mögliche Ursache das Altern der Arten. So wie ein Individuum alt werden, Zähne verlieren und eine warzige Haut bekommen kann, sollten auch ganze Gruppen allmählich altern. Einige Dinosaurier (z. B. die Ornithomimidae und möglicherweise ein Ankylosaurier) aus der späten Kreide sind zahnlos, viele bilden knochige Knötchen auf Schädel und Körper. Andererseits wurde gezeigt, daß die Hypophyse bei den meisten Dinosauriern unverhältnismäßig groß war, und diese Hypertrophie könnte ein Anzeichen physiologischer Mißordnung sein. Die Hypophyse ist eine endokrine Drüse, die nicht nur das Wachstum kontrolliert, sondern auch auf andere endokrine Drüsen einwirkt, die wiederum Funktionen wie Stoffwechsel und Fortpflanzung regeln. Jedes Ungleichgewicht in der Hormonausscheidung der Hypophyse kann daher zu Riesenwuchs, vermehrter Stachelbildung oder verminderter Fortpflanzungsfähigkeit führen.

Die neuauftretenden ↗Angiospermen mit Blattfall (Mittlere Kreide) haben zweifellos die Ernährung herbivorer Dinosaurier beeinflußt; diese scheinen sich jedoch gegen Ende der Periode ganz gut an das neue Angebot angepaßt zu haben. Es wird auch die Theorie vertreten, daß diese neuartige Vegetation zusätzlichen Sauerstoff freigesetzt habe, der die Stoffwechselrate der Saurier so steigerte, daß sie sich geradezu veratmeten.

Man mutmaßte auch Selenvergiftung durch Pflanzen, die dieses Element aus zerfallenden, selenreichen Gesteinen aufgenommen haben sollten. Die Säugetiere sollen „intelligent" genug gewesen sein, solch verseuchtes Futter zu verschmähen, und in ähnlicher Weise wäre es möglich, daß die Dinosaurier mit ihren Geschmacksknospen nicht in der Lage waren, giftige Alkaloide in den neuen Blütenpflanzen zu entdecken, die dann zu tödlichen Krämpfen (durch die eigenartig gewundene Stellung einiger Fossilfunde angedeutet) und dünner werdenden Eischalen (ebenfalls fossil gefunden) führten – übrigens ähnlich, wie es heute bei pestizidverseuchten Raubvogeleiern der Fall ist.

Unter kosmischen Katastrophen, die man zur Erklärung des „großen Sterbens" heranzog, wird eine Supernova diskutiert, wobei die Erde mit mutagener kosmischer Strahlung überschwemmt worden sein soll, sowie eine Kollision der Erde mit einem Kometen.

Es ist auffällig, daß das „große Sterben" in der Kreide zusammenfällt mit dem Auseinanderbrechen des riesigen Superkontinents ↗Pangaea – eine Folge der ↗Kontinentalverschiebung. Diese massive Neuverteilung der Landmassen führte zum Absinken von Land in einem Teil, zu Gebirgsbildung in anderen Teilen der Erde (die Rocky Mountains stammen aus dieser Zeit). Außerdem wurde das Klima selbst wechselhafter, da die stabilisierende Wirkung des einen großen Kontinents fehlte; gegen Ende der Kreide wurde der Temperaturgradient vom Äquator zu den Polen immer größer. Mit Beginn des Känozoikum zeigten sich jahreszeitliche Schwankungen, und zunehmend strengere Winter traten auf. Reptilien von der Größe der Dinosaurier konnten eine kalte Jahreszeit nicht im Winterschlaf überdauern, und trotz ihrer vermuteten ↗Warmblütigkeit scheint diese Art Klimawechsel der wahrscheinlichste Grund für ihr Aussterben zu sein. Als ihre gewohnte Umgebung mit dem Auseinanderbrechen von Pangaea allmählich zerstört wurde, konnten sie nicht in günstigere Regionen ausweichen und waren zu groß und zu spezialisiert, um zu überleben. Trotzdem verschwanden sie nicht abrupt. In der Oberen Kreide existierte ein Binnenmeer, das nordwärts durch das heutige Alberta verlief, an dessen Westküste die Dinosaurier in einem Überschwemmungsgebiet lebten, das die von den Rockies kommenden Flüsse durchzogen. Etwa 10 Millionen Jahre vor Ende der Kreidezeit wuchsen dort ↗Farne, Mammutbäume, ↗Ginkgos und Platanen in nur 640 km Entfernung vom kretazischen Nordpol, der im Chukchee-

Meer nördlich der Beringstraße lag. In Nordalberta lebten Hadrosaurier, Tyrannosaurier und Ornithomimidae, die Banks- und Eglintoninseln beherbergten Brutkolonien des Seevogels *Hesperornis,* und in küstennahen Gewässern jagten die Mosasaurier und Plesiosaurier.

Etwa 8 Millionen Jahre später, zur Hell Creek-Zeit, lebten in Montana unter 37 Meter hohen Metasequoien noch *Triceratops, Anatosaurus, Tyrannosaurus* und andere Dinosaurier bei warmgemäßigtem oder subtropischem Klima. Um diese Zeit waren die Klimagürtel jedoch schon um weitere 10 Grad äquatorwärts verschoben, das Binnenmeer wanderte nach Süden und seine Koniferenwälder im Norden zogen nach. Durch das Verschwinden des Meeres wurde das Klima jahreszeitlicher und kontinentaler ausgeprägt. Die Fossilien der obersten 30 Meter der Hell Creek-Schichten, die sich wohl während 1–2 Millionen Jahre abgelagert hatten, zeigen zusehends mehr Koniferenwald und immer weniger Dinosaurier, bis diese schließlich ganz verschwinden. Weiter südlich, in Neu-Mexiko, überlebten die Dinosaurier eine halbe Million Jahre länger als in Montana, möglicherweise wurden sie dann aber ebenfalls von der Drift der Klimagürtel erreicht.

Für die kleinen Säugetiere, die während des Mesozoikum mit den riesigen Reptilien nicht konkurrieren konnten, boten sich zu Beginn des Känozoikum zahlreiche neue Entwicklungsmöglichkeiten.

Für eine plötzliche ↗Eiszeit oder ausgedehnte Dürreperiode gibt es keine geologischen Hinweise. Es ist sehr wahrscheinlich, daß ein immer stärker jahreszeitlich geprägtes Klima die Dinosaurier im Laufe von etwa 10 Millionen Jahren ausrottete – schnell für geologische Zeiträume, keineswegs jedoch plötzlich. Warum einige marine Gruppen nicht überlebten, ist immer noch schwer zu erklären. Die Meer-↗Krokodile (Thalattosuchia) finden sich stets zusammen mit den Holostei (z. B. *Hypsocormus*), die von den Teleostei zunehmend verdrängt werden. Möglicherweise starben die Meereskrokodile aus, weil ihre Hauptbeute verschwand. Einige spätkretazische Flugsaurier waren offensichtlich Aasfresser: Sie fanden keine Kadaver mehr, nachdem die Dinosaurier ausgestorben waren. Für das Verschwinden der Plesiosaurier und Mosasaurier gibt es keine plausible Erklärung, ebenso wie es keine ersichtliche Ursache für das Aussterben zweier anderer weit verbreiteter mariner Tiergruppen gibt, die Ammoniten und Rudisten (↗Muscheln), die plötzlich aus den mesozoischen Ozeanen verschwanden.

Die sich im frühen Känozoikum ausbildenden Jahreszeiten wurden immer ausgeprägter, bis die pleistozäne Eiszeit begann. Es existierten viele Großsäuger, die gut an ihre Umwelt angepaßt waren. Selbst das Vordringen der Gletscher erklärt nicht das plötzliche Aussterben von ↗Mastodonten, Glyptodonten, ↗Faultieren, ↗Säbelzahnkatzen und Riesenbisons; es gab keinen Grund für diese Tiere, nicht in Richtung Äquator zu ziehen, wo das Klima warm blieb, und selbst kälteadaptierte Tiere wie das Wollhaarige Nashorn, das ↗Mammut und der Höhlen-↗Bär starben aus. Ein weiteres ungelöstes Rätsel bleibt das Verschwinden der nordamerikanischen ↗Pferde und ↗Kamele, die – nach ihrer Wiedereinführung durch den Menschen – dort üppig gediehen.

Krankheiten und Parasiten könnten bei dem Aussterben im Pleistozän eine Rolle gespielt haben. Während der warmen Zwischeneiszeiten konnten sich jahrtausendelang durch Eis voneinander getrennte Populationen wiedervereinigen – z. B. die Fauna der Alten Welt und von Alaska und die nordamerikanische Fauna –, da sich das Eis zeitweise nach Norden zurückzog. Krankheiten und Parasiten einer Population (die inzwischen resistent geworden war) konnten durchaus bei einer anderen, nicht resistenten Population zu großen Epidemien führen.

Es fällt jedoch schwer, das Aussterben von mehr als 200 Säugergattungen während des späten Pleistozän allein auf Krankheiten oder eine Kombination von Krankheiten und ungünstigem Klima zurückzuführen. Viele der jetzt ausgestorbenen großen pleistozänen Tiere scheinen die Eiszeit überlebt zu haben und existierten noch bis vor 50 000 Jahren, als bereits wieder wärmere zwischeneiszeitliche Zustände herrschten.

Ein wichtiger Faktor mag die Ausbreitung des Menschen von einem (wahrscheinlich) afrikanischen Ursprungsort vor etwa 40 000 Jahren gewesen sein, als plötzlich mehrere große afrikanische Formen ausstarben (*Pelorovis*; das Riesenschwein *Afrochoerus nicoli*; ein gewaltiges Flußpferd, *Hippopotamus gorgops*; ein massiger Pavian, *Simopithecus*). Die Ankunft des Menschen in Nordamerika (über Alaska) vor 12 000–15 000 Jahren scheint dort mit dem Aussterben großer Säuger vor etwa 11 000 Jahren zu korrelieren.

In Südamerika ergab die Radiokohlenstoffanalyse von Faultierkot aus Höhlen ein Alter von 10 000 Jahren, was ebenfalls gut mit dem Erscheinen des Menschen auf diesem Kontinent übereinstimmt. In Australien und Neuseeland lebten eine große Anzahl riesiger flugunfähiger Vögel (Moas) sowie außergewöhnlich große ↗Beuteltiere (*Diprotodon*, *Nototherium* und das Riesenkänguruh *Palorchestes*). Wiederum scheint das Auftauchen des Menschen vor 8 000 bis 13 000 Jahren mit dem Verschwinden dieser Formen parallel zu gehen, und man weiß, daß der Mensch Moas gejagt hat (wie auch *Aepyornis* auf Madagaskar).

Das Verschwinden der außergewöhnlichen südamerikanischen Säugetierfauna des Känozoikum erklärt sich gut durch das Eindringen der höherentwickelten nordamerikanischen Huf- und Raubtiere nach der Wiederherstellung der mittelamerikanischen Landbrücke im späten Pliozän. An anderen Orten scheint das Erscheinen des Menschen zusammenzufallen mit dem Aussterben großer spätpleistozäner Säuger und flugunfähiger Vögel sowie deren Räuber.

Eine weitere Theorie, die das Aussterben einiger Säuger im frühen Känozoikum erklären könnte, basiert auf einem weltweiten Absinken des Meeresspiegels, vielleicht infolge von tektonischen Bewegungen oder Gletscherbildung. Dies würde zu einem Abfallen des Grundwasserspiegels und daher zu Dürre führen, die wiederum über Änderung der Umwelt das Aussterben verursachen könnte. Solche Vorgänge könnten sich an der Grenze vom Eozän zum Oligozän abgespielt haben, als in Nordamerika und Zentralasien der Wald zunehmend durch lockeres Waldland ersetzt wurde; auch am Ende des Miozän korreliert die Ausbreitung der Prärie mit einer Welle des Aussterbens von Säugetieren.

Australian Museum

Gegründet 1827 in Sydney, umfaßt das Museum sämtliche Bereiche der Naturgeschichte mit Ausnahme der Botanik. Ralph DARLING (1775 bis 1858), Gouverneur von New South Wales, erhielt 1827 eine Zuwendung von 200 Pfund zur Errichtung eines Museums, tatsächlich existiert das Nationalmuseum aber erst seit 1836, damals noch in einem Raum des Botanischen Gartens untergebracht; 1853 wurde es durch Parlamentsbeschluß als Körperschaft anerkannt. Die Sammlungen sind die ältesten und größten in Australien und verfügen über Exponate zur Geologie und Naturgeschichte. Forschung und Lehre gehören ebenfalls zum Aufgabenbereich des Museums. Unter der Vorstandschaft von Robert ETHERIDGE jr. (1847 bis 1920) wurde der paläontologische Bereich besonders gefördert. Als einer von vierzehn Wissenschaftszweigen zeigt die Paläontologische Abteilung Ausstellungen zur Entwicklungsgeschichte des Lebens.

Bakterien

Einfache, allgegenwärtige Mikroorganismen. Bakterien können einzellig und kugelförmig sein oder als Ansammlung fädiger, manchmal sich verzweigender Büschel stäbchenförmiger Zellen vorliegen. Die einzelnen Zellen können weniger als 1 Mikrometer lang sein und zeigen eine einfache Struktur, ähnlich wie die Blaualgen (Prokaryonten, ohne eigentlichen Zellkern).

Bakterien sind wichtige Teile eines Ökosystems. In jeder Nahrungskette sorgen sie vor allem für Um- und Abbau organischer Materie. Anaerobe Bakterien können unter sauerstoffarmen Bedingungen leben.

Bakterien gibt es schon seit dem Präkambrium, aber ihr fossiles Auftreten ist häufiger erschlossen als tatsächlich nachgewiesen. Anaeroben Bakterien und Eisenbakterien scheibt man große Bedeutung bei der Bildung von euxinischen Schiefern bzw. bestimmten Eisenlagern zu.

Für das Verständnis der Art und Weise sowie des zeitlichen Ablaufs der Frühentwicklung des Lebens auf der Erde sind die präkambrischen Bakterien von großer Bedeutung.

Bakterienähnliche Kleinstlebewesen aus der Gunflint Iron Formation (1 900 Millionen Jahre alt) von Ontario zählen zu den ältesten Fossilien der Erde. Zwei dieser Gattungen, *Kakabekia* und *Eoastrion,* sind vermutlich sprossungsfähige Bakterien; *Eoastrion* ähnelt außerdem

dem rezenten manganoxidierenden Bakterium *Metalogenium* morphologisch erstaunlich stark und ebenso den 1 600 Millionen Jahre alten Lebewesen vom Paradise Creek in Queensland.

Bakterienähnliche Stäbchen kennt man auch aus frühen präkambrischen Gesteinen wie der Fig Tree Serie in Südafrika. Viele rezente Bakterien ähneln stark fossilen Formen, da die Entwicklungsgeschwindigkeit dieser Gruppe, wie auch bei anderen Prokaryonten, klein ist.

Bären, *Ursidae*

Familie der ↗Raubtiere, die sich zu Allesfressern entwickelt hat. Die erdgeschichtlich ältesten Bären gehören zur Gattung *Cephalogale* aus dem jüngeren Oligozän von Europa. Die Gattungen *Ursavus* und *Agriotherium* des Pliozän stehen den unmittelbaren Ahnen der heutigen Bären sehr nahe. *Agriotherium* ist größer als der Kodiakbär *(Ursus arctos middendorffi)* und besiedelt im Pliozän neben Eurasien als einziger echter Bär auch Südafrika. Moderne Bären leben in Nordamerika, den nördlichen Teilen Südamerikas, in Eurasien und bis vor kurzem auch im Atlasgebirge Nordafrikas.

Der Alaskabär *(Ursus arctos dalli)* ist das größte lebende Landraubtier

Bären
Ursus spelaeus, *der gewaltige Höhlenbär des Pleistozän, wird noch um ein Drittel größer als sein lebender Verwandter, der Braunbär* (Ursus arctos). *Länge: 1,6 m*

und wiegt bis zu 800 kg. Im Pleistozän erreicht der Höhlenbär etwa die gleiche Größe. Während Hunde und Katzen auf den Zehen gehen, stehen die Bären – wie der Mensch – auf ihren Fersen. Diese Flachfüßigkeit und ihr schwerer Bau machen die Bären zu relativ langsamen Tieren, und im Gegensatz zu den meisten Raubtieren tragen sie auch nur einen kurzen Schwanz. Die Eckzähne sind groß, die Backenzähne haben die normale Raubtierspezialisierung zum Zerkleinern von Fleisch verloren und sind statt dessen zu breiten, flachen, vielhökkerigen Molaren geworden, vergleichbar denen von Mensch und Schwein (alle drei zeigen eine ähnliche Nahrungszusammensetzung aus Fleisch- und Pflanzenkost).

Der Polarbär *(Thalarctos)* zeigt Anpassungen an ein halbaquatisches Leben, an Schwimmen und Fischen in arktischen Gewässern. Die Gattung *Ursus* umfaßt die lebenden Braun- und Schwarzbären Nordamerikas und Eurasiens; ihr Ursprung kann bis zu *Ursus deningeri* ins Pleistozän zurückverfolgt werden, aus dem sich im späten Pleistozän der Braunbär *(Ursus arctos)* und der Höhlenbär *(Ursus spelaeus)* entwickeln. Diese spätpleistozänen Arten kommen häufig vor und können nur schwer auseinandergehalten werden, obwohl der Höhlenbär gewöhnlich deutlich größer wird als der Braunbär.

Man findet den Höhlenbär manchmal in großer Zahl in Höhlensedimenten. So enthält die Drachenhöhle in Österreich die Reste von über 30 000 Tieren. Viele der Knochen stammen von jungen oder alten und kranken Individuen, die die Winterruhe nicht überlebten. Im Paläolithikum werden diese Bären vom Menschen vielfach gejagt, und sie sterben gegen Ende des Magdalénien vor etwa 12 000 Jahren aus.

Die asiatischen Bären sind weniger gut bekannt und ihre Abstammung kann nicht sicher verfolgt werden. *Tremarctos,* der Brillenbär Süd-

amerikas, steht getrennt von den nordamerikanischen Bären und hat einige wenige pleistozäne Vorfahren auf dem südlichen Kontinent. *Ailuropoda,* der Bambusbär aus China, ist wahrscheinlich eine bärenähnliche Großform aus der weiteren Verwandtschaft von *Ursavus.*

Bärlappe, *Lycopodiatae*

Pflanzenklasse mit fossilen und rezenten Vertretern; von den heute noch lebenden fünf Gattungen sind *Lycopodium* und *Selaginella* die bekanntesten. Moderne Bärlappe bleiben durchweg klein, zahlreiche fossile Formen bilden jedoch große Bäume. Vom ersten Erscheinen an bis in die Neuzeit beweist die Gruppe eine bemerkenswerte Einheitlichkeit.

Die Ontogenese der Bärlappe verläuft in Form eines Generationswechsels, d. h., es existieren zwei Formen: zum einen der Gametophyt mit einem einfachen (haploiden) Chromosomensatz, zum anderen der größere und dominierende, diploide Sporophyt, gegliedert in Sproß (bestehend aus Sproßachse und Blättern) und Wurzelsystem. Bärlappe besitzen durchweg einnervige, lanzettliche Blätter (Mikrophylle), die bei fossilen Formen noch beträchtliche Länge erreichen können, bei heutigen Gattungen jedoch nur als rund 1 cm große Blättchen ausgebildet sind. Eine spiralige Blattstellung herrscht allgemein vor.

Baragwanathia, die älteste möglicherweise schon zu den Lycopodiatae gehörende Pflanze, stammt aus dem frühen Devon von Australien. Die ausschließlich dichotom gegabelten Stämmchen werden von spiralig angeordneten Blättern völlig umkleidet. *Asteroxylon,* im Chert von Rhynie ausgezeichnet erhalten, kann ebenfalls zu den frühen Lycopodiatae gezählt werden und erreicht eine Höhe von etwa 50 cm. Die ungleich gegabelte Hauptachse trägt noch dichotom verzweigte Seitenäste; die Anatomie erinnert an die moderner Lycopodien. Vielfach werden diese Fossilien noch zu den ↗Psilophyten gerechnet.

Im ↗Karbon erreichen die Bärlappe mit großen Baumformen wie den Schuppenbäumen *(Lepidodendron)* und den Siegelbäumen *(Sigillaria)* ihren Entwicklungshöhepunkt. Mit Höhen bis zu 30 m bilden sie einen wesentlichen Bestandteil der Karbonwälder, aus denen durch Inkohlung die meisten der heutigen Kohleflöze hervorgegangen sind. Bei *Lepidodendron* wächst der Stamm bis zu einer beträchtlichen Höhe ungegabelt. Die eigentlichen Wurzeln (Appendices) sitzen an unterirdischen, rhizomähnlichen und stark dichotom verzweigten Wurzelträgern (Stigmarien); die schirmförmige Krone entsteht ebenfalls durch mehrfache dichotome Gabelungen. An den Sproßachsen sitzen die spiralig angeordneten, lanzettlichen Blätter und hinterlassen nach dem Abfallen charakteristische, artspezifische Narbenmuster. An den Zweigenden werden die zapfenförmigen Sporophyllstände gebildet; sie enthalten die Sporangien mit Mega- bzw. Mikrosporen.

Bärlappe
Die zu den Bärlappen gehören-den, großen Schuppenbäume (Lepidodendron) finden sich im Karbon von Europa und Nordamerika; die dichotom verzweigten Wurzelträger wer-den als Stigmarien bezeichnet. Höhe: ca. 30 m

Barrande, Joachim (1799–1883)
Französischer Forscher und Pionier auf dem Gebiet der Paläontologie und Stratigraphie des Paläozoikum. Geboren in Sangres, Haute-Loire, erhielt BARRANDE seine Ausbildung in Paris und fand nach dem Studienabschluß eine Anstellung bei der königlichen Familie. 1830 folgte er ihr ins Exil und ließ sich schließlich in Prag nieder, wo er den Rest seines Lebens verbrachte. Als Ergebnis seiner unermüdlichen Sammeltätigkeit im Paläozoikum Mittelböhmens entstand das 32bändige Werk „Système Silurien du Centre de la Bohème" (1852–1902). Die mit Zeichnungen hervorragend illustrierte Buchreihe beschreibt mehr als 4 000 neue Fossilarten und bleibt als Bezugspunkt nach wie vor sehr wertvoll.

Als Anhänger von Georges ↗CU-VIER hielt BARRANDE an der Konstanz der Arten fest; der Wert seiner Arbeit besteht vor allem in der gründlich durchgeführten Aufsammlung und Beschreibung von Fossilien. Seine Forschungen wurden alle von ihm selbst finanziert; dem Böhmischen Museum hinterließ er außer seiner umfangreichen Sammlung auch Gelder für die Vervollständigung seiner Publikationen.

Baumfarne
Die rezenten Baumfarne gehören

Baumfarne
*Die eusporangiaten Baumfarne
der Gattung* Psaronius *aus dem
Karbon und Perm erreichen
Höhen von etwa 15 m.*

Die heute nur noch mit wenigen
krautigen Formen vertretenen eusporangiaten Farne entwickelten in
früheren Erdperioden ebenfalls
große Baumformen. Bekannt sind
vor allem die von einem mächtigen
Adventivwurzel-Mantel umgebenen *Psaronius*-Stämme aus dem
Karbon und Perm; die dazugehörigen Wedelblätter werden in der
Formgattung *Pecopteris* zusammengefaßt. Diese eusporangiaten
Baumfarne bilden einen wesentlichen Bestandteil der kohlebilden-
den Karbonwälder.

Bedecktsamer ↗Angiospermen

Belemniten

Ausgestorbene Gruppe der Cephalopoden (↗Weichtiere) mit innerer
Schale; sie bilden zusammen mit
den *Sepia*-Verwandten und anderen
Formen die Unterklasse der Cole-
oidea. (Die im allgemeinen allein
erhaltene innere Schale wird meist
ebenfalls als Belemnit bezeichnet.)
Die Schale besteht aus einem mehr
oder weniger zylindrischen Stab
(Rostrum) aus konzentrischen Cal-
citlamellen; das Hinterende ist zu-
gespitzt, während sich der vordere
Teil etwas erweitert, um wie eine
Scheide den gekammerten (meist
nicht erhaltenen) Phragmocon aufzunehmen. Diese Kammern sind
durch einen randständigen Sipho
miteinander verbunden. In seltenen
Fällen erhält sich auch das Proostra-
cum, eine zungenförmige Verlängerung des Gehäuses. Die Tiere besaßen offensichtlich einen Tintenbeutel und Arme mit jeweils zwei
Reihen kleiner Häkchen.

zu den leptosporangiaten Farnfami-
lien (↗Farne) der Cyatheaceae und
Dicksoniaceae, mit den beiden
wichtigsten Gattungen *Cyathea* und
Dicksonia. Bei den Dicksoniaceae
stehen die Sori (Sporangien-Häuf-
chen) randständig, bei den Cyatheaceae auf der Fläche der Wedel-
Unterseite.

Mit *Coniopteris* aus dem Jura von
Yorkshire erscheinen die ersten,
den Dicksoniaceae nahestehenden
Baumfarne. *Alsophilites,* ebenfalls
aus dem Jura, gilt als erster Vertreter der Cyatheaceae. Die Baumfarne erreichen Höhen bis zu 20 m,
sind aber meist deutlich kleiner.
Der eigentliche Stamm ist recht
dünn, durch die umgebenden Blattbasen und Adventivwurzeln können
aber beträchtliche Stammdurch-
messer erreicht werden.

Vom Unteren Jura bis zum Ende

Belemniten
*Das zylindrische Rostrum
(meist als einziges fossil erhalten) bildet das Innenskelett im
spitz zulaufenden Hinterende
des Tieres
(etwa ¹/₃ natürlicher Größe).*

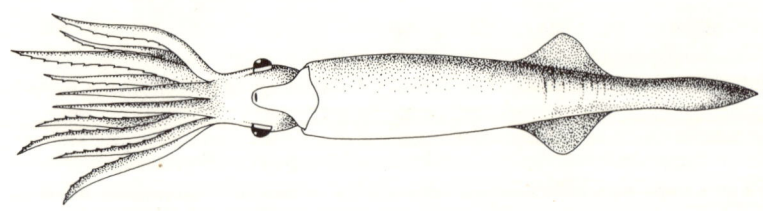

der Kreide finden sich Belemniten in marinen Sedimenten recht häufig, sie sterben im frühen Känozoikum aus. Ihre Vorfahren reichen durch Trias und Perm hindurch bis ins Karbon. Entstanden sind die Belemniten, wie die ↗Ammoniten, vermutlich aus dem Formenkreis der Bactritiden; die typischen Belemniten-Strukturen entwickelten sich dabei durch Verkürzung des gekammerten Phragmocons und Neubildung eines schützenden Rostrums.

Vor allem für die kreidezeitlichen Ablagerungen erweisen sich die Belemniten als wertvolle ↗Leitfossilien (z. B. *Actinocamax plenus* im Turon, *Gonioteuthis quadrata* und *Belemnitella mucronata* im Senon). Die geographischen Verbreitungsgrenzen der jurassischen und kretazischen Gattungen sind scharf definiert und korrelieren, vermutlich bedingt durch die mittlere Wassertemperatur, deutlich mit den Breitengraden. Bleibt das Calcit-Rostrum nach der Einbettung in das Sediment chemisch unverändert, können aus dem Verhältnis der Sauerstoffisotope 18 und 16 im Calciumkarbonat Informationen über die Wassertemperatur beim Wachstum des Rostrums gewonnen werden.

Belemniten waren offensichtlich ein wesentlicher Nahrungsbestandteil der ↗Fischsaurier; fossil erhaltene Mägen dieser marin lebenden Reptilien enthalten außer Fischen häufig Cephalopoden.

Bennettitatae, *Bennettiteen*

Am Ende der Kreide ausgestorbene Pflanzengruppe des Mesozoikum. Das große Interesse für diese artenarme Gymnospermengruppe erklärt sich zum Teil dadurch, daß die wohlbekannte Gattung *Cycadeoidea* äußerlich der Angiospermen-Blüte ähnliche Reproduktionsorgane besitzt. An dem verlängerten Blütenboden sitzen den Blütenhüllblättern entsprechende Hochblätter zusammen mit Wirteln von Staub-

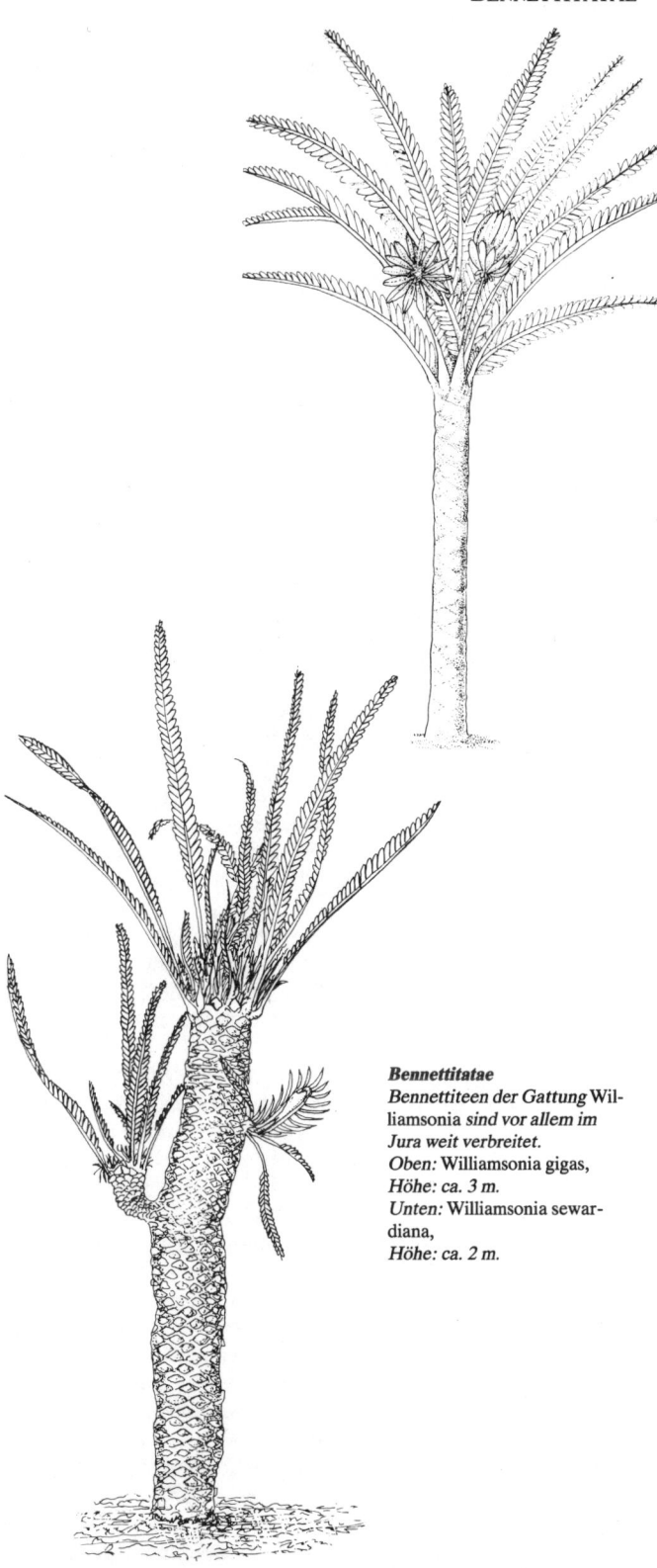

Bennettitatae
Bennettiteen der Gattung Williamsonia *sind vor allem im Jura weit verbreitet.*
Oben: Williamsonia gigas, *Höhe: ca. 3 m.*
Unten: Williamsonia sewardiana, *Höhe: ca. 2 m.*

blättern und „Fruchtblättern". Diese äußerliche Ähnlichkeit mit der Angiospermenblüte ließ in den Bennettiteen zuerst ein Übergangsstadium in der Evolution der Blütenpflanzen vermuten; es zeigte sich aber bald, daß es sich hier um Konvergenzerscheinungen im Zusammenhang mit der Tierbestäubung handelt.

Infolge der Ähnlichkeiten im Blattbau wurden auch Beziehungen zu den ↗Cycadatae vermutet. Tatsächlich lassen sich die Wedel der beiden Gruppen häufig nur durch Kutikularuntersuchungen unterscheiden.

Anhand der Wuchsform werden zwei Gruppen der Bennettiteen unterschieden. Die erste Gruppe mit den beiden Familien der Williamsoniaceae und Wielandiaceae besitzt 2–3 m hohe, schlanke und häufig ungleichmäßig verzweigte Stämme mit einer schopfförmigen Krone; die Blattbasen bleiben auch nach dem Abfallen der Wedelblätter erhalten. Den zweiten Typ bildet die Familie der Cycadeoideaceae. Die kugeligen Stämme erreichen eine Höhe und einen Durchmesser von etwa 1 m, gelegentliche Verzweigungen erzeugen ganze Stammbüschel. Blütenknospen sind oft in großer Zahl zwischen den persistierenden Blattbasen erkennbar.

Beringer, Johann (ca. 1667–1738)
Deutscher Arzt und Professor; er hielt Vorlesungen über verschiedene Gebiete der Naturgeschichte, einschließlich der Fossilien. Es ist wenig bekannt über BERINGER, aber er scheint sein ganzes Leben in Würzburg verbracht zu haben und das Opfer intriganter akademischer Kollegen geworden zu sein. Am meisten genannt wird sein Buch „Lithographiae Wirceburgensis" (1726), in dem er eine Reihe von „Fossilien" abbildete, die vorsätzlich an seine Sammelorte gelegt worden waren. Diese „Lügensteine" bestanden aus Formen wie Sonnen, Monden und sogar hebräi-

schen Buchstaben. Jahrelang glaubte man, der Schwindel sei nichts mehr als ein Studentenstreich, bis man schließlich entdeckte, daß es das Werk von BERINGERs akademischen Kollegen war, die ihn zu diskreditieren versuchten. Man kann BERINGERs Leichtgläubigkeit vielleicht damit entschuldigen, daß die wahre Natur der Fossilien zu jener Zeit noch lange nicht klar verstanden war.

Bernstein
Fossilisiertes Harz von Bäumen der Vorzeit. Baltischer, Sizilianischer, Rumänischer und Burmesischer Bernstein gehören zu den wichtigsten Formen. Der wohl bekannteste Baltische Bernstein besteht aus dem fossilen Harz der Kiefer *Pinus succinifera*; der Artname *succinifera* verweist auf einen wichtigen Bestandteil des Bernsteins, einen als Succinit bezeichneten Kohlenwasserstoff. Dieser Bernsteintyp ist stets gelblich gefärbt (von weißlich bis zu braun-gelb) und findet sich in blaugrauen Tonen („Blaue Erde") an der Südküste der Ostsee. Er kann durchsichtig sein oder durch zahlreiche, winzige Blasen trübe erscheinen. Die das Bernsteinharz erzeugenden Kiefern wuchsen im Känozoikum in Bereichen Nordeuropas, die heute weitgehend von der Ostsee überflutet sind.

Einschlüsse von Pflanzen und Tieren in Bernstein geben wichtige Aufschlüsse über die Fauna und Flora des Känozoikum. Die berühmteste Bernsteinfundstelle war lange Zeit die Halbinsel des Samlandes nahe bei Kaliningrad (vormals Königsberg). Das Harz wurde an den Stränden gesammelt oder ausgegraben. Die Bernsteingewinnung war stets starken Kontrollen unterworfen, erst durch die Gutsherren, dann durch die Kirche und schließlich durch den Staat. Ehemals in großen Mengen abgebaut, sind die Bernsteinlagerstätten des Samlandes heute weitgehend erschöpft.

Harze anderer Bäume liefern einen Bernstein, der sich in Farbe und chemischer Zusammensetzung vom Bernstein aus *Pinus succinifera* unterscheidet. Als Beispiele seien der rote Bernstein aus Burma und der braune Bernstein aus Sizilien und Rumänien genannt. Selten kommen auch grüne und blaue Bernsteine vor.

Bernstein war stets ein beliebtes Rohmaterial für Schmuckgegenstände. Obwohl immer schon recht kostspielig, wird er heute zunehmend selten und teuer. Imitationen aus Kunststoffen, denen der Bernstein chemisch sehr nahe steht, finden daher vielfach Verwendung und sind oft nur schwer als solche erkennbar. Spezielle Industriezweige zur Bearbeitung von Bernstein erzeugen eigene, besonders erwünschte Effekte. Beim Erhitzen mit Öl und anschließendem Färben entstehen rein gefärbte Bernsteine. Kleinere Bernsteinstücke können unter Hitze gepreßt und geformt werden und finden als Preßbernstein für zahlreiche Raucherutensilien Verwendung.

Beuteltiere, *Marsupialia*

Säugetiere mit Beutel, deren Junge unfertig geboren werden und ihre Entwicklung im Beutel der Mutter fortsetzen. Dadurch unterscheiden sich die Beutler sowohl von den eierlegenden ↗Kloakentieren, als auch von den Plazentaliern.

Beuteltiere leben heute noch in Australasien und Südamerika; Fossilfunde werden auch aus Nordamerika und Westeuropa berichtet, jedoch sind keine Beutler aus Asien oder Afrika bekannt geworden.

Die Beuteltiere unterscheiden sich von den plazentalen Säugern schon in Knochenbau und Gebiß: Der Zahnwechsel erfaßt bei den Beuteltieren maximal einen Prämolaren, während die Plazentatiere ihr Milchgebiß durch ein Dauergebiß ersetzen. Weiterhin besitzen die Beutler mehr Schneide- und Backenzähne als die Plazentalier.

Die ältesten Beuteltiere finden sich in der Mittleren Kreide. Im Känozoikum erfolgt eine Radiation in viele ökologische Nischen und führt zur Entwicklung von insektenfressenden, pflanzenfressenden und räuberischen Formen, wie sie parallel auch bei den Plazentaliern entstehen (der Känguruh-Typ bildet allerdings eine Ausnahme). Die kretazischen Beutler Nord- und Südamerikas leben zunächst – ähnlich wie das rezente Opossum – alle als Insektenfresser, aus ihnen entwickeln sich alle späteren Formen. Erst im Oligozän erreichen echte Nager Südamerika, und plazentale Raubtiere erscheinen hier erst im Pliozän. Während eines Großteils des Känozoikum konnten daher die Beuteltiere diese Nischen besetzen und eine große Artenvielfalt entwickeln. So umfaßt die Gruppe der Caenolestoidea Nagetier-ähnliche Formen, und ihre Radiation bringt auch Springmaus-ähnliche Arten hervor. Unter den Raubbeutlern zeigt *Borhyaena* Ähnlichkeit mit Hyänen, *Lycopsis* solche mit Hunden, und *Thylacosmilus* besitzt große säbelartige Eckzähne in Konvergenz zu den ↗Säbelzahnkatzen.

In Australien werden die Funde fossiler Beuteltiere erst im Pliozän und Pleistozän zahlreicher. Die ältesten bekannten australischen Beutler stammen aus dem Oligozän von Tasmanien, es sind ursprüngliche Kletterbeutler. Die meisten fossilen australischen Beutler können lebenden Familien zugeordnet werden, ihre Herkunft ist jedoch unbekannt. Von den 8 australischen Beutlerfamilien leben rezent noch 6; 2 Familien, die Thylacoleonidae und die Diprotodontidae, sterben im Pleistozän aus. *Thylacoleo* ist ein großer, löwenartiger Beutler mit eigenartigen Hauern und enormen Reißzähnen (schneidende Backenzähne); der Rest des Skeletts ist dagegen keineswegs raubtierähnlich, sondern erinnert an einen Kletterbeutler, so daß die Lebensweise unklar bleibt. *Diprotodon* ähnelt

41

*Links: Das grasfressende Rie-
senkänguruh* Sthenurus *aus
dem australischen Pliozän und
Pleistozän wird 3 Meter hoch.
Rechts: Das größte bekannte
Beuteltier,* Diprotodon *aus
dem Pleistozän Australiens, ist
so groß wie ein Nashorn.*

einem riesigen Nashorn, besitzt
ebenfalls große Schneidezahn-Hau-
er, aber känguruhähnliche Backenzähne und ist wohl ein Pflanzenfresser. Zu den fossilen Formen rezenter Familien gehören riesige Känguruhs wie *Sthenurus*, das 3 Meter
hoch wird. Damit ist wahrscheinlich
die Grenze für einen springenden
Säuger erreicht, da diese Art der
Fortbewegung immer uneffektiver
wird, je mehr das Gewicht des
Tieres 100 kg übersteigt.
Die zeitliche und räumliche Dis-
junktion der Beutler ist von großem
tiergeographischem Interesse und
kann mit Hilfe der ↗Kontinental-
verschiebung erklärt werden. Die
Beutler entstehen wahrscheinlich in
Südamerika während der Kreide,
von wo sie sich bald nach Nordamerika ausbreiten. Von dort wandern
im frühen Eozän einige über Kanada und Grönland nach Westeuropa
ein, bevor sich dann der Nordatlantik öffnet. Diese Gruppen erweisen
sich jedoch als wenig erfolgreich in
der Besetzung ökologischer Nischen
und sterben Ende des Miozän aus.

Südamerika bietet den Beuteltieren
dagegen bessere Entwicklungsmöglichkeiten, da sie hier weniger der
Konkurrenz durch Plazentalier un-
terliegen. Von Südamerika aus gelangen sie über die Antarktis nach
Australien, wahrscheinlich bereits
im Paläo- oder Eozän, zu einer Zeit
also, in der noch eine fast vollständige Landverbindung zwischen diesen Kontinenten existiert.

Biochemie

In der Paläontologie ist die Biochemie heute eine gebräuchliche Methode der Fossilienuntersuchung.
Bis 1955 war man jedoch der Auffassung, die organische Substanz
der Fossilien sei entweder völlig
verschwunden oder aber so verändert, daß man deren Biochemie
niemals untersuchen könne. In jenem Jahr jedoch begann man, fossile Knochen und Schalen in Säure
aufzulösen, und konnte so mehrere
Aminosäuren extrahieren und identifizieren. Die Untersuchung winziger Mengen organischer Substanz in
Fossilien wurde daraufhin intensi-

viert, und es gelang, das Verhältnis verschiedener Aminosäuren quantitativ zu messen.

Solche Messungen sind deshalb so wichtig, weil man anhand der genauen Aminosäurenzusammensetzung bestimmte Proteine erkennen kann. Das fibrilläre Protein Kollagen, die organische Grundsubstanz der Knochen und Zähne, setzt sich aus Einheiten von 3 umeinander gewundenen Polypeptidketten zusammen, die jeweils aus mehr als 1 000 Aminosäuren bestehen. Jede 3. Aminosäure ist Glycin, und ein Viertel des Restes besteht aus Prolin und Hydroxyprolin. Die Aminosäure Hydroxylysin kommt nur in Kollagen vor. Die Extraktion organischer Substanz mit einer Aminosäurenzusammensetzung ähnlich jener von Kollagen zeigt das Vorhandensein von Protein im Fossilfund an. Nur pleistozäne Knochen und Zähne ergeben eine dem Kollagen entsprechende Aminosäurenzusammensetzung. Untersucht man älteres Material, so werden die Ähnlichkeiten weniger offensichtlich.

Die Paläobiochemie enthält einige Probleme. Die für Analysen verfügbare Menge ist immer sehr klein, die extrahierbare organische Substanz schwankt zwischen 1,0 bis 0,00004 Gewichtsprozent. Solch kleine Proben werden leicht verunreinigt. Einige Aminosäuren (wie Cystein) sind charakteristisch für menschliche Fingerabdrücke, und ihr Auftreten macht eine Verunreinigung wahrscheinlich. Häufiger entstehen Verunreinigungen jedoch durch Proteine von Bakterien, die sowohl die Weichteile der Organismen als auch die organische Grundsubstanz des untersuchten Knochens oder der Schale zersetzen, noch bevor der Fossilisationsprozeß einsetzt. Das Ausmaß jüngerer Verunreinigung kann bestimmt werden, indem man den Grad der Racemisierung (Änderung des Verhältnisses von optisch links- und rechtsdrehenden Molekülen) extrahierter Aminosäuren mißt. Alle Aminosäu-

ren außer Glycin existieren in einer optisch links- und rechtsdrehenden Konfiguration; in Lebewesen wird aber nur die linksdrehende Form in Proteine eingebaut. Mit dem Tod beginnen sich von diesen einige in die rechtsdrehende Form umzuwandeln, und nach etwa 30 bis 40 Millionen Jahren erreichen die Aminosäuren allmählich ein Gleichgewicht. Wenn in Fossilien, die älter als das Oligozän sind, mehr als 50 % in der links-Form vorliegen, so ist eine spätere Verunreinigung zu vermuten.

Ein weiteres Problem ist die sedimentäre Umgebung der Fossilien. Es ist notwendig, daß zur Kontrolle die umliegenden Sedimente untersucht werden, um die Quelle der organischen Substanz, die man prüft, zu bestimmen. In einigen an organischen Stoffen reichen Schichten wie Schiefer kann die Menge mancher Aminosäuren größer sein als im vorliegenden Fossil. Ein an organischer Materie reicher Ring um Fossilien gibt Hinweise auf die Art und den Grad der Auswaschung von organischen Molekülen aus Fossilfragmenten. Die biochemische Untersuchung eines Fossils muß also dessen Aminosäurenverhältnis, den Grad der Racemisierung und den Aminosäurengehalt der einschließenden Schichten berücksichtigen. Ferner müssen auch die verschiedenen Abbauraten der Proteine unter verschiedenen Lagerungsbedingungen beachtet werden. Die Stabilität der verschiedenen Proteine wie der verschiedenen Aminosäuren schwankt beträchtlich. Hydroxyprolin, das als Indikator für Kollagen gilt, geht als erstes verloren.

Hat man alle diese Probleme im Griff, wird man Änderungen des Kollagenmoleküls im Laufe der Erdgeschichte erkennen können. 1972 gelang die Bestimmung der Aminosäurensequenz eines Kollagenpolypeptids, und solcher Analyse sollten selbst kurze Stücke fossiler Polypeptide zugänglich sein. Ein

Problem stellt aber die Zerstücke-
lung des Proteins in seine Aminosäuren beim Vorgang der Extraktion dar. Glücklicherweise verfügt
man inzwischen über Techniken,
intakte Proteine zu isolieren und
einen Peptid-„Fingerabdruck" herzustellen, indem man mit proteo-
lytischen Enzymen die Proteinkette
an ganz spezifischen Stellen auf-
schneidet. Auf diese Weise fand
man, daß sich die Peptid-finger-
prints fossiler Kollagenpeptide in
erstaunlicher Weise von denjenigen
modernen Kollagens unterscheidet.
Offensichtlich sind in den Polypeptidketten Änderungen eingetreten,
die sich aber in der Aminosäurenzusammensetzung nicht bemerkbar
machen.
Es gibt weitere wichtige Moleküle,
die ebenso für biochemische Untersuchungen geeignet sind, insbesondere Kohlenhydrate wie Cellulose
und ähnliche Moleküle oder auch
das Protein Keratin, welches die
Grundsubstanz in Haaren und Nä-
geln darstellt und aus 40 Millionen
Jahre altem Gestein isoliert und
analysiert wurde – leider durch
Bakterienproteine verunreinigt.
Die Evolution von Proteinen, z. B.
Hämoglobin oder Myoglobin, versucht man aufzuklären, indem man
ihre Aminosäurensequenzen bei
verschiedenen rezenten Arten ver-
gleicht. Die Unterschiede (infolge
Auswechseln einzelner Aminosäuren) geben ein Maß für die Änderungen der entsprechenden Genab-
schnitte in der Zeit.
Das einzige Protein, das tatsächlich
im Fossilbestand erhalten bleibt und
Untersuchungen zugänglich ist,
scheint jedoch das Kollagen zu sein
– daher auch das verstärkte Interesse der Paläobiochemiker an diesem
Molekül.

Bivalvia ↗Muscheln

Blütenpflanzen ↗Angiospermen

Bonebed, *Bone Bed*
Meist geringmächtige Ansammlung

fossiler organischer Reste wie Phos-
phorit-Knollen, ↗Koprolithen,
Knochen und Zähne; der englische
Name Bone Bed (= Knochenlager)
weist auf das im allgemeinen dominierende Knochenmaterial hin. Die
Anreicherung von Hartteilen und
Geröllen erfolgt im Flachwasserbe-
reich durch die siebende Wirkung
der Wasserbewegung: Leichtere Se-
dimentbestandteile werden wegge-
tragen, die groben Bruchstücke
bleiben zurück.
Normalerweise wird ein neu ent-
standenes Bonebed durch Erosions-
vorgänge zerstört; eine fossile Erhaltung ist nur dann möglich, wenn
durch weiteres Vordringen des
Meeres die Bruchstücke dem Wir-
kungsbereich des Wellenschlages
entzogen und durch fortgesetzte
Sedimentation eingebettet und geschützt werden. In Wales (England)
markiert das Ludlow Bone Bed die
Basis des Downtonian (oberes
Obersilur) und enthält grobe Sande,
Schuppen von ↗Acanthodii und
Dentikel von thelodonten ↗Kiefer-
losen. Ähnliche Bonebeds mit ver-
gleichbarer Fauna finden sich auch
in den unmittelbar darunterliegenden Sedimenten des Ludlowium.
Große Knochenfragmente, abgerundete Wirbel, Zähne, Extremitätenknochen, Gerölle und Koprolithen bilden das Bonebed aus dem
Rhät (oberste Trias) von Europa.
Die Sedimente des ↗Wealden und
der unteren Bereiche des Lower
Greensand (Untere Kreide) enthalten Bonebeds aus Schuppen und
Zähnen von Fischen. In der obersten Kreide von Nigeria existiert ein
ausgedehntes Bonebed, bestehend
aus flachen Panzerfragmenten von
Riesenschildkröten und aus den
Zähnen, den Schuppen und den
Wirbeln von Haien und Knochenfischen.
Andere Knochenansammlungen
werden trotz verschiedener Entstehungsweise ebenfalls als Bonebeds
bezeichnet (z. B. ↗Pikermi). Höhlen enthalten oft enorme Knochen-
mengen, meist von höhlenlebenden

Tieren, die dort verendet sind (z. B. Höhlenbären des Pleistozän) oder von eingeschwemmten Kadavern. Bonebeds in der Mittleren Trias von Polen entstanden als Höhlen- und Spaltenfüllungen entlang der Küste kleiner Inseln.

Boule, Pierre Marcellin
(1861–1942)
Französischer Paläontologe, bekannt wegen seiner Arbeiten zur Fossilgeschichte des Menschen und der Säugetiere und zur Geologie der französischen Gebirge. Geboren in Montsalvy, erhielt er bei seinen Studien schon früh Verbindung zu Geologen, Anatomen und Prähistorikern. Diese Ausbildung in den verschiedensten Wissenschaftszweigen wird in seinem späteren Werk deutlich erkennbar. 1903 wurde er Professor für Paläontologie am ↗Muséum National d'Histoire Naturelle und 1914 Direktor des Institut de Paléontologie Humaine, der ersten Einrichtung zur Erforschung der Vorgeschichte des Menschen. Mit der Veröffentlichung des Neanderthal-Fundes bei La Chapelle-aux-Saints setzte er Maßstäbe für die Beschreibung; 1921 erschien die erste Auflage seines Werkes „Les Hommes fossiles".

Brachiopoda, *Armfüßer*
Mannigfaltige Klasse zweiklappiger Schalentiere mit einer Geschichte, die im frühesten Kambrium beginnt und bis heute andauert. Die gewöhnlich sessilen, an irgendeinem Objekt verankerten Brachiopoden durchlaufen in ihrer Entwicklung ein kurzzeitig freischwimmendes Larvenstadium. Der weiche Körper trägt in der Nähe der Mundöffnung zwei fleischige Arme (Lophophoren), die bei vielen Formen durch ein kalkiges Armgerüst (Brachidium) gestützt werden und bewimperte Tentakel besitzen. Der Rumpf geht über in den Mantel, auf dessen Außenseiten die kalkigen oder teilweise chitinigen Schalen sitzen. Man unterteilt die Klasse in die Inarticulata (Schalen ohne Schloß) und die Articulata (Schalen werden durch ein Schalenschloß zusammengehalten).

Die Inarticulata bestehen hauptsächlich aus Gattungen mit chitinhaltigen Schalen, einige wenige haben Kalkschalen. Die ältesten und ursprünglichsten Vertreter der Klasse sind die Lingulida, Acrotretida, Obolellida, Paterinida und Kutorginida. *Lingula* (↗Lebende Fossilien) selbst hat lange, zungenförmige Schalen, einen kräftigen Stiel und ist der einzige rezente Brachiopode, der eingegraben lebt.

Die eine größere Vielfalt zeigenden Articulata besitzen Kalkschalen und können in 7 Hauptordnungen untergliedert werden: Orthida, Strophomenida, Pentamerida, Rhynchonellida, Atrypida, Spiriferida und Terebratulida.

Die Orthida finden sich vom Unteren Kambrium bis ins Perm. Sie sind gekennzeichnet durch eine fast runde Kontur, eine gerade Schloßlinie und durch ein deutliches Strahlenmuster (rippenartige Strukturen).

Die größte Brachiopodenordnung stellen die Strophomenida mit etwa 400 Gattungen und einer Verbreitung vom Unteren Ordoviz bis ins Obere Perm. Bei einem im typischen Fall halbkreisförmigen Umriß variieren sie im seitlichen Profil von flachkonvex bis spitz-bikonvex. Als charakteristische Vertreter gehören hierzu die Gattung *Chonetes* mit einer Reihe kurzer Stacheln entlang der Schloßlinie und die Überfamilie der Productacea, deren Ventralklappe teilweise von langen Stacheln bedeckt wird.

Als weitere Ordnung der Articulata zeigen die Pentamerida eine ausgedehnte Verbreitung: Sie leben vom Mittleren Kambrium bis ins Obere Perm, besitzen spitz-bikonvexe Schalen, eine kurze Schloßlinie und einen eingebogenen Schalenwirbel (das Hinterende der Schale). Sie kommen besonders häufig im Silur vor.

Die Rhynchonellida sind gewöhn-

Brachiopoda
Perspektivisch dargestellt sind hier 1 Meristina, *ein silurischer Spiriferide; 2 der Terebratulide* Sellithyris *aus der europäischen Kreide und 3 der Rhynchonellide* Pleuropugnoides *aus dem walisischen Karbon. Eine Rückansicht 4 zeigt den Productiden* Productus *aus dem Unteren Karbon Europas und Asiens.*
Alle Abbildungen etwas überlebensgroß.

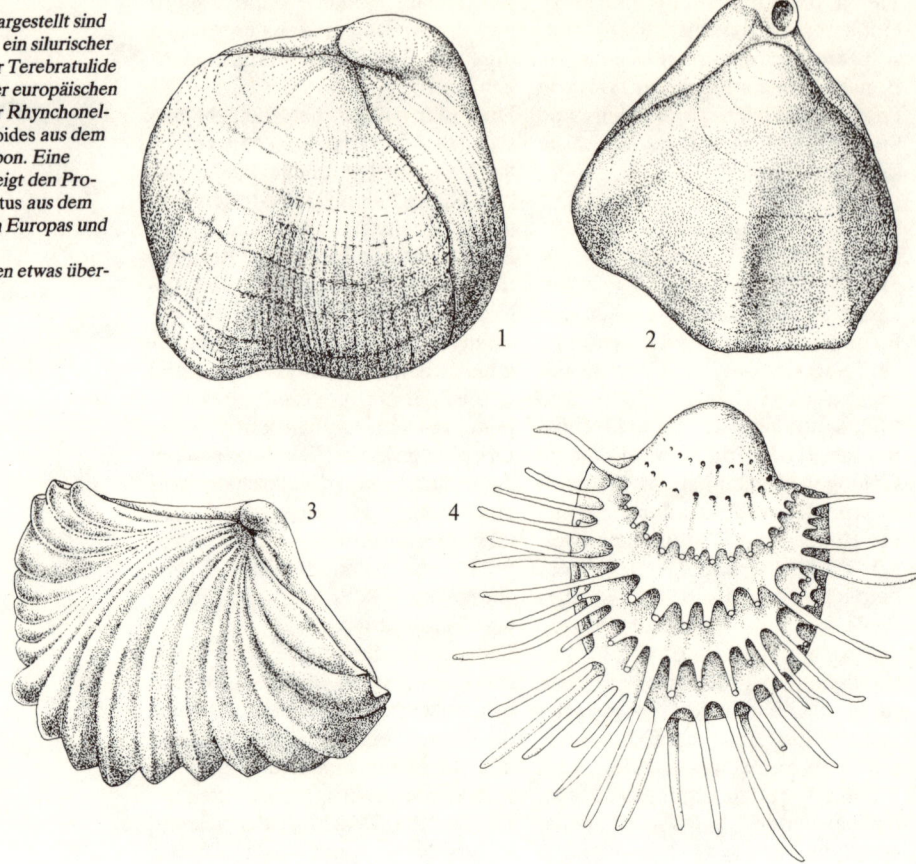

lich bikonvex, glatt bis stark gerippt, etwa dreikantig im Umriß und zeigen einen spitzen Schalenwirbel. Sie treten ab dem Mittleren Ordoviz auf und leben noch heute in den meisten Ozeanen.

Die Spiriferida erscheinen ebenfalls im Mittleren Ordoviz und sterben im frühen Jura aus. Sie sind artenärmer als die meisten anderen Brachiopodenordnungen, unverwechselbar dreikantig im Umriß, weisen eine ausgedehnte oder verlängerte Schloßlinie sowie starke Strahlenrippen auf und zeigen oft eine deutliche Mittelfalte in der Dorsalklappe, die durch eine Einbuchtung in der Ventralklappe ausgeglichen wird.

Die Vertreter der Terebratulida können vielleicht am leichtesten erkannt werden: Sie erwecken den Eindruck einer alten römischen Lampe im Seitenprofil und werden deshalb zuweilen als „Lampenschalen" bezeichnet. Diese Ordnung existiert schon seit dem Unteren Devon und lebt noch heute. Als konservative Formen haben sie sich außen wie innen während ihrer langen Geschichte nur wenig geändert; die Zeit ihrer größten Verbreitung liegt wohl im Mittleren Jura.

Branchiosauria
Larvale oder neotene ↗Labyrinthodontia. Ende des 19. Jahrhunderts entdeckte man eine Anzahl kleiner ↗Amphibien in Süßwasserablagerungen des frühen Perm an verschiedenen Orten in Deutschland, Polen, der Tschechoslowakei und Frankreich. Diese Fundstücke zeigen: Schädel, deren Knochen

nicht alle ausgebildet sind; Wirbel mit paarigen, blattähnlichen Neuralbögen und kaum entwickeltem Wirbelkörper; häufig innere Kiemenbögen oder sogar äußere, kaulquappenähnliche Kiemen. Zunächst hielt man sie alle für Larvenformen, bis eine Form in mehreren Entwicklungsstadien gefunden wurde, deren letzte kiemenfrei waren. Alle diese sogenannten Branchiosauria wurden daher zunächst als Phyllospondyli (Blattwirbel) zusammengefaßt, nahe verwandt mit den Labyrinthodontia, aber dennoch getrennt von dieser Hauptgruppe fossiler Amphibien. Man stellte später noch viele kleine Amphibien aus Süßwasserablagerungen des späten Karbon und frühen Perm zu den Phyllospondyli.

A. S. ↗ROMER wies 1939 jedoch darauf hin, daß die bekannten Labyrinthodontia-Larven von Branchiosauriern nicht zu unterscheiden sind und daß die charakteristische Schädelform der ↗Anthracosauria und ebenso der temnospondylen Labyrinthodontier bei Branchiosauriern, wie z. B. *Discosauriscus* (↗Perm) aus dem Unteren Perm nahe Prag und *Amphibamus* aus dem Oberen Karbon der USA, ebenfalls auftritt.

Neotenie ist bei rezenten Salamandern wohlbekannt, einige Arten behalten nämlich auch im Fortpflanzungsstadium Larvalmerkmale bei. Man weiß inzwischen, daß die Mehrzahl der beschriebenen „Branchiosauria" als Larven zu kleinen Labyrinthodontiern gehört. Einige Formen aus dem Oberen Karbon und Unteren Perm Europas sind aber tatsächlich neoten. Diese zeigen immer Anzeichen von Kiemenbögen und, wenn gut erhalten, sogar äußere Kiemen, vergleichbar dem rezenten Axolotl, der seine Kiemen auch im Adultzustand behält.

British Museum (Natural History)
Gegründet 1753 in London. Die Mineralogische und Geologische Abteilung stammen aus dem Jahre 1857; letztere wird 1956 in „Abteilung für Paläontologie" umbenannt, und aus ihr 1959 die „Abteilung für Anthropologie" ausgegliedert.

1881 wird in South Kensington ein neues Gebäude, das British Museum (Natural History) eröffnet und erhält 1963 seine Unabhängigkeit vom British Museum.

Die Abteilung für Paläontologie ist eine von 5 wissenschaftlichen Abteilungen des Museums, und ihre Sammlungen umfassen heute mehr als 7 Millionen Einzelstücke.

Dem Museum obliegen zwei verschiedene, aber eng zusammenhängende Aufgaben: die nationalen Sammlungen aufzubewahren, zu pflegen und zu vergrößern sowie diese Sammlungen wissenschaftlich zu bearbeiten. 1977 wird die Abteilung in einem zweckmäßigeren Gebäude mit einer Fläche von 10 000 qm untergebracht.

Brongniart, Adolphe (1801–1876)
Französischer Botaniker; er gilt vielfach als einer der Begründer der Paläobotanik. Als Sohn des bekannten Geologen Alexandre BRONGNIART (1770–1847) in Paris geboren, studierte er erst Medizin, interessierte sich aber bald für fossile und rezente Pflanzen. Eben diese vergleichenden Studien der rezenten und fossilen Flora geben seinem Werk eine besondere Eigenständigkeit. 1822 veröffentlichte er eine erste Übersicht über alle damals bekannten fossilen Pflanzen; spätere bedeutende Werke sind der „Prodrome d'une histoire des végétaux fossiles" (1828) und die „Histoire des végétaux fossiles" (1837). Obgleich ein Anhänger von Georges ↗CUVIER und der Konstanz der Arten, erkannte er an Hand der Fossilfunde, daß sich die Pflanzen in aufeinanderfolgenden geologischen Epochen kontinuierlich verändern und ihr Bau zunehmend komplizierter wird. Zahlreiche Ehrungen wurden ihm zuteil; 1838 wurde er Professor für Bota-

nik am ↗Muséum National d'Histoire Naturelle, 1852 Generalinspektor der Naturwissenschaften an den französischen Hochschulen.

Bronn, Heinrich Georg
(1800–1862)
Deutscher Paläontologe und Geologe, er legte die Grundlagen zur stratigraphischen Paläontologie in Deutschland und schrieb mehrere paläontologische Standardwerke. BRONN wurde in Heidelberg geboren, dem er sein Leben lang verbunden blieb. Nach dem Studium der Naturwissenschaften reiste er durch Italien und Südfrankreich und kehrte 1833 als Professor für Naturwissenschaften nach Heidelberg zurück. Seine Hauptbeiträge zur Paläontologie sind die „Lethaea Geognostica" (1835–1838), die eine chronologische Abfolge fossiler Organismen enthält, und der „Index Palaeontologicus" (1843). Gegen Ende seines Lebens widmete er sich der Vorbereitung der ersten Abschnitte von „Die Klassen und Ordnungen des Thierreichs, wissenschaftlich dargestellt in Wort und Bild", einem systematischen Überblick über lebende und fossile Tiere. Er leistete Beiträge zur Evolutionstheorie und übersetzte – auf DAR-WINs Ersuchen hin – „The Origin of Species" ins Deutsche.

Brontotherien
Ausgestorbene Gruppe Hörner tragender ↗Unpaarhufer, die riesige Proportionen erreichten und während des Eozän und Oligozän in Nordamerika und Eurasien häufig vorkommen. Obwohl sie nur etwa 15 Millionen Jahre lang existieren, Iassen sich 40 Gattungen beschreiben, die sich anscheinend alle in Nordamerika entwickeln. Während dieser Zeit nimmt ihre Körpergröße geradezu dramatisch zu: *Eotitanops* – aus dem Früheozän – hat noch eine Schulterhöhe von 45 cm, *Brontops* aus dem frühen Oligozän wird dagegen 2,5 m hoch, und *Brontotherium* erreicht die Höhe eines afrikanischen Elefanten.

Die frühen Brontotherien besitzen kurze Beine, die sich jedoch mit wachsender Körpergröße strecken und schwere elefantenähnliche Füße entwickeln. Diese tragen hinten 3, vorne 4 Zehen. Die beachtlich großen Zähne der Brontotherien bleiben stets unspezialisiert. Die Anzahl der Schneidezähne und vorderen Prämolaren ist manchmal reduziert, die hinteren Prämolaren fungieren als Mahlzähne. Die Mola-

Brontotherien
Brontotherium aus dem nordamerikanischen Oligozän erreicht eine Schulterhöhe von 2,5 m.

ren selbst sind große, quadratische Zähne mit niederer Krone und dicker Schmelzschicht. Die oberen Molaren zeigen W-Struktur, die durch die äußeren Höcker gebildet wird, während die 2 inneren Höcker niedrig und abgerundet sind. Auf den unteren Molaren findet man 2 Halbmondformen, ganz ähnlich wie bei Nashörnern.

Das charakteristischste Merkmal der Brontotherien sind, neben ihrer Größe, die paarigen Nasenhörner. Bei den frühen Gattungen fehlen sie noch, die darauffolgenden zeigen ein Paar kleiner Knochenfortsätze am Übergang Nasen-/Stirnbein. Im späten Eozän entwickelt sich daraus ein Paar starker, abgestumpfter Hörner.

Die Hörner entstehen als rein knöcherne Auswüchse des Nasen- und Stirnbeines; weder tritt eine neue Verknöcherungszone auf, noch gibt es Anzeichen für Blutgefäße, was sie eindeutig von den Hörnern der Nashörner unterscheidet. Wahrscheinlich war das Brontotherien-Horn wie bei Giraffen von einer dicken Epidermis überzogen und nicht von Hornsubstanz, wie man sie bei ↗Rinderartigen und Antilopen findet. Bei den frühen Gattungen tragen die Männchen und Weibchen gleichgroße Hörner, während bei späteren Formen die Männchen mächtigere Hörner entwickeln.

Anscheinend lebten die Brontotherien wie die Nashörner und bewohnten als Grasfresser die offene Ebene. Im Eozän und Oligozän gibt es keine richtigen Grassteppen, und für harte Vegetation ist das Brontotherien-Gebiß auch nicht geeignet. Die Hörner dienten möglicherweise als Waffe gegen räuberische ↗Creodonta, wurden vermutlich jedoch vor allem im Rivalenkampf der Männchen eingesetzt.

Die Brontotherien lassen sich zurückverfolgen bis zu einer Gruppe innerhalb der ↗Condylarthra, aus der sich auch die Pferde entwickelt haben. Für ihr plötzliches Ausster-ben im Oligozän – nachdem sie so schnell dominant geworden waren – hat man noch keine plausible Erklärung.

Broom, Robert (1866–1951) Südafrikanischer Paläontologe und Morphologe, geboren in Paisley, Schottland; er leistete wichtige Forschungsbeiträge zur Entstehungsgeschichte der Säuger und führte Ausgrabungen an den berühmten Australopithecinen-Fundorten in Südafrika durch. Sein früherwachtes Interesse für die Naturgeschichte konzentrierte sich ursprünglich auf Meeresbiologie und Botanik. Nach dem Medizinstudium in Glasgow siedelte er 1892 nach Australien und schließlich (1897) nach Südafrika über, wo er den Rest seines Lebes verbrachte. Dort praktizierte er als Arzt (1903–1910) und erhielt eine Professur für Zoologie und Geologie an der Universität Stellenbosch. 1934 übernahm er die Leitung der paläontologischen Abteilung beim Transvaal Museum. Von Bedeutung sind seine Arbeiten über ↗Säugerähnliche Reptilien, die Entstehung der Säugetiere und die systematische Stellung der Reptilien aus der ↗Karru-Formation. BROOM war ferner an den Australopithecinen-Funden bei Sterkfontein, Kromdraai und Swartkrans beteiligt.

Brückenechse ↗Rhynchocephalia

Bryophyta ↗Moose

Bryozoa ↗Moostierchen

Buch, Leopold von (1774–1853) Deutscher Geologe, Privatgelehrter in Berlin, Mitglied der Akademien der Wissenschaften in Berlin, London und Paris. BUCH unternahm ausgedehnte Reisen in Süd-, West- und Mitteleuropa. Sein Hauptarbeitsgebiet war die Erforschung des Vulkanismus. 1826 gab er die erste „Geognostische Karte Deutschlands" heraus. Für die Paläontologie wichtig ist seine Begründung der systematischen Untersuchung der Versteinerungen, wobei er den Begriff „Leitfossil" prägte.

Buckland, William (1784–1856)
Englischer Geologe und Theologe; seine Arbeit galt der Förderung der geologischen Wissenschaften und der Paläontologie des Pleistozän.
BUCKLAND wurde in Axminster (Devon) als Sohn eines Religionsministers geboren und erhielt in Oxford seine theologische Ausbildung. Trotz wichtiger Funktionen im Klerus – 1845 wurde er Dean of Westminster – interessierte er sich stets für Geologie; als Professor für Mineralogie und später für Geologie war er an der Universität Oxford tätig. Sein Hauptwerk „Reliquiae Diluvianae (oder Beobachtungen über organische Reste in Höhlen, Spalten und Diluvial-Kiesen und über andere Phänomene, die die Wirkung einer weltweiten Sintflut zeigen)" erschien 1823. BUCKLAND verteidigte die Katastrophentheorie von Georges ↗CUVIER und trug als Präsident der Geological Society of London (1824–1826 und 1839–1841) und der British Association for the Advancement of Science (1832) wesentlich zur Förderung der geologischen Wissenschaften bei. Die Beschreibung der Dinosaurier-Gattung *Megalosaurus* (1824) geht ebenfalls auf BUCKLAND zurück.

Buffon, Georges Comte de (1707–1788)
Bedeutender Naturforscher, geboren in Montbard, Frankreich. Schon früh an Naturwissenschaften, insbesondere der Mathematik, interessiert, umfaßt sein wichtigstes Werk, die „Histoire Naturelle" (44 Bände, erschienen zwischen 1749 und 1804) den gesamten Bereich der Naturgeschichte. Dieser Versuch, gültige Gesetze für die Naturwissenschaften aufzustellen, zeigt zugleich Entwicklung und Veränderung der BUFFONschen Ideen. Wie

aus seinen paläontologischen Beiträgen, „Théorie de la Terre" (1749) und „Époques de la Nature" (1778) hervorgeht, war er überzeugt von der Floren- und Faunenabfolge in den einzelnen Erdperioden, die er zudem für älter ansah, als es Theologen der damaligen Zeit akzeptieren konnten.

Burgess-Schiefer
Hellbrauner, feinkörniger Schieferton aus dem Mittelkambrium, dessen Schichten am Mount Stephen in Britisch Kolumbien (Kanada) ausstreichen. Ein bestimmter Horizont enthält zahlreiche, hervorragend erhaltene Fossilien, darunter die verschiedensten ↗Gliederfüßer mit gut erkennbaren Körperanhängen, Kiemen, Beinen und Antennen. Besonderes Interesse verdienen die vielen, als detaillierte Abdrücke überlieferten marinen Weichtiere, unter anderem Würmer, die nur rezent und als Fossilien aus den Burgess-Schiefern bekannt sind. Der in den tropischen Wäldern lebende rezente Onychophore *Peripatus* besitzt in *Aysheaia* aus den kambrischen Schiefertonen einen marinen Vorläufer. Andere Würmer wie die Gattung *Oesia* mit Borsten und großer Proboscis haben sich bis in alle Einzelheiten erhalten, so daß selbst Darm und Anneliden-Segmentierung erkennbar sind. Das Vorkommen der ↗Stachelhäuter wird durch Funde von Seegurken belegt.
Die Fauna der Burgess-Schiefer ist das Ergebnis einer schon im Mittelkambrium abgeschlossenen, enormen Radiation der Gliederfüßer und Würmer, von denen bis dahin jede Spur fehlt. Erst die Entdeckung dieser offensichtlich unter besonders günstigen Fossilisationsbedingungen abgelagerten Schichten erlaubte eine Aussage über die Abstammung einiger rezenter Gruppen der ↗Wirbellosen.
Vermutlich entstanden die Ablagerungen nahe der Kante einer unterseeischen Klippe, an der sich nur

feiner Schlick ansammelte. Eine Bodenfauna mit ihrer zerstörerischen Wirkung auf organische Reste konnte wegen des Sauerstoffmangels in dieser Wassertiefe nicht existieren.

Canadian National Museum of Natural Sciences

Das Museum in Ottawa gehört zur Reihe der National Museums of Canada, die 1968 durch Parlamentsbeschluß eingerichtet wurden. Ursprünglich hing das Nationalmuseum unmittelbar mit dem Geological Survey (Geologischer Dienst) zusammen, wurde aber 1920 als Victoria Memorial Museum ausgegliedert und 1927 in National Museum of Canada umbenannt. Außer den Sammlungen und Ausstellungen gehören auch Forschungsarbeiten und deren Publikationen zum Aufgabenbereich des Museums. In den Sammlungen werden zahlreiche Fossilien aufbewahrt; die Ausstellung zeigt unter anderem Skelette von Dinosauriern und die Rekonstruktion eines fossilen Waldes.

Carnivora ↗Raubtiere

Carnosauria

Mächtige, bipede und fleischfressende ↗Saurischia; hierzu gehören die größten Landraubtiere aller Zeiten. Carnosauria kommen schon in der späten Trias vor; als vermutliche Hochlandformen blieben ihre Reste, ähnlich wie bei den ↗Coelurosauria, aber nur selten fossil erhalten. Die meisten der frühen Carnosauria (Palaeosauriscidae) kennt man daher nur von Knochenfragmenten und isolierten Zähnen, z. B. *Palaeosauriscus* und *Teratosaurus* aus Europa, *Staurikosaurus* und *Herrerasaurus* aus Südamerika, *Basutodon* aus Südafrika und *Zatomus* aus Nordamerika.

Im frühen Jura erscheinen die höher entwickelten Megalosauridae mit

Carnosauria
Antrodemus gilt als typischer Carnosaurier der oberjurassischen Morrison-Formation von Nordamerika; unter den Synonymen Allosaurus *und* Labrosaurus *wurde er auch aus Tendaguru (Afrika) beschrieben. Länge: etwa 12 m*

hohen, schlanken Schädeln. Die massigen, vogelähnlichen Hinterextremitäten besitzen drei nach vorne gerichtete Zehen, die erste Zehe zeigt nach hinten oder fehlt ganz. Trotz des vollkommen aufrechten Ganges bleiben die vorderen Gliedmaßen relativ lang; die Hand mit drei langen, bekrallten Fingern zeigt eine zunehmende Reduktion der äußeren beiden Finger.

Die wenig bekannten Megalosauriden aus dem Unteren Jura sind mittelgroß und leicht gebaut (z. B. *Sarcosaurus*), ab dem Mittleren Jura erscheinen dann mächtigere Formen wie *Megalosaurus, Iliosuchus* und *Proceratosaurus*. Spätere Megalosauriden erreichen riesige Dimensionen, z. B. *Antrodemus (= Allosaurus)* aus der ↗Morrison-Formation (Nordamerika) mit einer Länge bis zu 12 m. Die meisten Formen aus dem Oberen Jura, wie *Eustreptospondylus* und *Ceratosaurus*, erreichen Längen von 6–10 m, die relativ kleine Gattung *Marshosaurus* etwa 5 m.

Megalosauriden finden sich auch noch in der Kreide, z. B. *Erectopus* in Europa, *Carcharodontosaurus* in Afrika, und in China die offenbar abgeleitete Gattung *Chilantaisaurus* mit relativ langen Vorderextremitäten und einer hakenförmigen Klaue am ersten Finger. Etwa zur gleichen Zeit erscheinen große Carnosaurier, deren Rückenwirbel bis zu 2 m lange Dornfortsätze tragen (z. B. *Spinosaurus, Acrocanthosaurus*). *Deinocheirus,* ein wenig bekannter Vertreter der Carnosauria aus der späten Kreide der Mongolei, besitzt lange Vorderextremitäten (der Oberarmknochen mißt etwa 1 m) und eine dreifingrige Hand.

Als Landraubtiere dominieren am Ende des Mesozoikum die Tyrannosauridae. Diese riesigen Tiere erreichen Längen von mehr als 12 m; ihre stark reduzierten Vorderextremitäten tragen an der Hand nur noch zwei funktionsfähige Finger, die gewaltigen Hinterextremitäten besitzen drei nach vorne gerichtete, mit Klauen bewehrte Zehen, die erste Zehe zeigt nach hinten. *Prodeinodon* aus der Unteren Kreide der Mongolei gilt als Vorläufer; in der Oldman Formation (Obere Kreide) von Nordamerika erscheinen Formen wie der etwa 10 m lange *Daspletosaurus* und der massigere *Albertosaurus*. Letzterer findet sich auch noch in den darauffolgenden Edmonton Beds, während in Ostasien stattdessen die Gattung *Tarbosaurus* auftritt.

Mit der Gattung *Tyrannosaurus* aus der Lance Formation (oberste Kreide) von Nordamerika wird das Endstadium der Carnosaurier-Evolution erreicht. Bei einer Schädellänge bis zu 2 m und etwa 15 cm langen Zähnen gehört *Tyrannosaurus* zu den größten bekannten Landraubtieren überhaupt.

Fragmentarische Überreste belegen ein Vorkommen der Tyrannosauridae auf dem Indischen Subkontinent *(Indosuchus)* und in Südamerika *(Genyodectes)*; die zierlich gebaute Gattung *Alectrosaurus* stammt aus der Iren Dabasu Formation der Mongolei.

Die Carnosaurier mit einem typischen Fleischfresser-Gebiß waren sicherlich imstande, ihre Beute zu töten, wenngleich es zweifelhaft erscheint, ob sie zu schnellem Lauf befähigt waren. Bei einem Drehpunkt im Bereich der Hüften half der bis zum Boden reichende, halbstarre Schwanz, das Gewicht des nach vorne gerichteten Körpers auszugleichen.

Cephalaspida ↗Osteostraci

Ceratopsia, *Horntragende Dinosaurier*

Eine in der späten Kreide Nordamerikas sehr erfolgreiche Gruppe Hörner tragender Reptilien; sie werden als eigene Unterordnung zu den ↗Ornithischia gestellt.

Ceratopsia entwickeln sich vermutlich in Ostasien aus teilweise bipeden ↗Ornithopoda, ähnlich der

Gattung *Psittacosaurus.* Als relativ kleine, etwa 3 m lange Reptilien kehren die ältesten Ceratopsia erneut zur quadrupeden Fortbewegungsweise zurück.

Protoceratops, die bekannteste dieser primitiven Formen, stammt aus der Oberen Kreide der Mongolei. Außer Eigelegen fanden sich auch Skelette von Jungtieren, so daß selbst Veränderungen in den Schädelproportionen während des Wachstums bekannt sind. Der mit einer schnabelartigen Schnauze versehene Schädel trägt Ansätze von Hörnern in Höhe der Nasenöffnun-

gen und oberhalb der Augen und einen aus Knochenprotuberanzen der Hinterhauptsregion gebildeten Nackenschild. Dieser bei den Männchen stärker ausgeprägte Schild diente außer zum Schutz der Halswirbelsäule dem Ansatz von Muskeln zur Bewegung des mächtigen Kopfes. Spätere Formen entwickeln kräftige Hörner, benutzt wurden diese aber wohl eher zu Rivalenkämpfen als zur Abwehr von Raubtieren.

Bagaceratops und die zierlicher gebaute Gattung *Microceratops,* zwei weitere protoceratopside Vertreter,

Ceratopsia
Triceratops *findet sich am Ende der Kreide als häufigster Dinosaurier in Nordamerika. Länge: ca. 8 m*

Ceratopsia
Mit einer Länge von etwa 5 m ist Monoclonius *ein relativ kleiner Vertreter der Ceratopsia.*

Ceratopsia
Als primitive Form kommt
Protoceratops *in der frühen*
Oberkreide der Wüste Gobi
vor.
Länge: ca. 2 m

kommen ebenfalls in Asien vor. Konservative Formen halten sich auch in Nordamerika neben ihren größeren Abkömmlingen bis weit in die Kreide. Der Gattung *Leptoceratops* aus der oberen Edmonton Formation fehlen die Hörner vollkommen; bei *Montanoceratops* tragen die Zehen Klauen.

Die höher entwickelten, massigen Ceratopsia mit Hufen und markanten Hörnern lassen zwei Gruppen erkennen: In der einen erreicht der Nackenschild nicht die halbe Schädellänge, bei der anderen Gruppe übertrifft er diese bei weitem; die Gattung *Torosaurus* besitzt mit einer Gesamtschädellänge von 2,60 m den größten Schädel unter den Landtieren.

Bei beiden Gruppen scheint das Nasenhorn ursprünglich nicht länger gewesen zu sein als die Stirnhörner. Die zu den Formen mit kurzem Schild gehörende Gattung *Monoclonius* aus der Oldman Formation trägt ein kräftiges Nasenhorn, ebenso der zur gleichen Zeit lebende *Styracosaurus,* bei dem auf der Hinterkante des Nackenschildes mehrere lange, hornartige Auswüchse sitzen. Am Ende der Kreide erlebt diese Gruppe mit der Gattung *Triceratops* eine letzte Blüte. Mehr als ein Dutzend Arten wurden aus der Lance Formation beschrieben, deren größte *(Triceratops horridus)* eine Schädellänge von 2,50 m

erreicht. Als aberrante Form ist *Pachyrhinosaurus* vollkommen hornlos.

Auch die Gruppe mit langem Nakkenschild zeigt eine unterschiedliche Ausprägung der Hörner. Formen mit langem Nasenhorn besitzen nur kurze Stirnhörner (z. B. die meisten *Chasmosaurus*-Arten), während bei progressiveren Formen mit gut entwickelten Stirnhörnern das Nasenhorn klein bleibt (wie bei *Anchiceratops, Pentaceratops* und *Arrhinoceratops*). Als Endglied dieser Entwicklungsreihe erscheint *Torosaurus* in der Lance Formation oberhalb der *Triceratops*-Schichten und stirbt erst am Ende der Kreide aus.

Höherentwickelte Ceratopsia sind außerhalb von Nordamerika nahezu unbekannt. Ein Knochen eines Nackenschildes wurde in der Mongolei gefunden, aus der Kysyl-Kum Wüste Westasiens wird der Fund eines Humerus-Fragmentes berichtet, und die Gattung *Notoceratops* aus Argentinien beruht auf einem Kieferfragment von fragwürdiger Zugehörigkeit. *Monoclonius* konnte noch weit im Süden, aus Coahuila in Mexiko, nachgewiesen werden.

Cetacea ↗Wale

Chalicotherioidea ↗Ancylopoda

Chelonia ↗Schildkröten

Chimaeriformes, *Chimären, See-katzen*

Kleine Fischgruppe mit knorpeligem Skelett, rezent vor allem in gemäßigten und kalten Gewässern verbreitet. Die Chimären erreichen Längen von 60–220 cm, die Kiefer tragen paarige Zahnplatten zum Knacken von Schalentieren. Das Rostrum wird von einem eigenen Knorpelskelett gestützt, der Schwanz läuft peitschenförmig aus. Ein besonderer Halteapparat der Männchen dient der Begattung der Weibchen; davor befinden sich zwei kurze Dornen, die Tenacula, und vielfach sitzt auf der Stirn ein eben-

Die auch in die Gruppe der Knorpelfische gehörenden Bradyodonten (incl. Cochliodonten) reichen vom Oberdevon bis ins Perm. Sie besitzen ebenfalls paarige, zum Teil aber kompliziert spiralig angeordnete Zahnplatten und werden daher meist in die Ahnenlinie der Chimären gestellt.

Über die genauen Ausgangsformen der Chimären herrscht immer noch Unklarheit. Als Vorfahren diskutiert werden ptyctodonte Arthrodiren und Placodermengruppen wie die Rhenanida, die als primitive Arthrodiren gelten können. Übereinstimmend wird jedoch eine Ab-

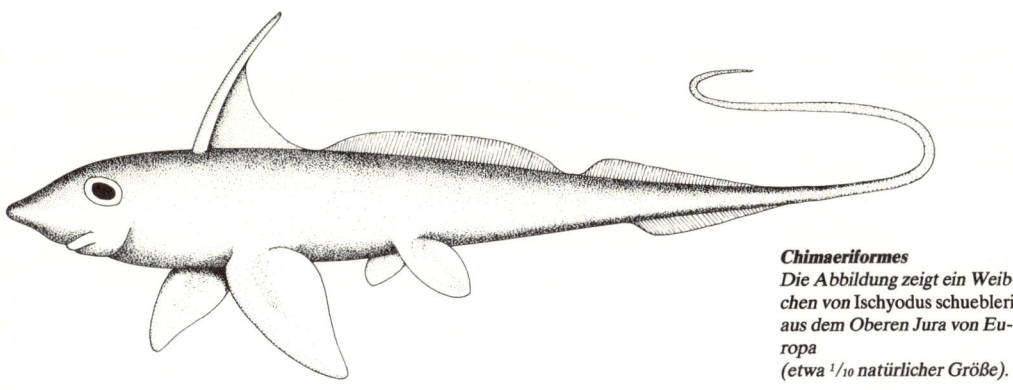

Chimaeriformes
Die Abbildung zeigt ein Weibchen von Ischyodus schuebleri *aus dem Oberen Jura von Europa*
(etwa ¹/₁₀ natürlicher Größe).

falls dem Festhalten am Weibchen dienender Stirnstachel.

Die zu den ↗Arthrodira gehörende Gattung *Ctenurella* aus dem Mittel-Devon zeigt einige typische Chimären-Merkmale, z. B. Rostralknorpel, einen Halteapparat im Beckenbereich und Tenacula. Vieles spricht dafür, die Chimären als Reliktformen einer ↗Placodermen-Gruppe anzusehen. Dabei könnte ein teilweise gepanzerter Vertreter aus dem Perm *(Menaspis armata)* mit drei paarigen Kopfstacheln überleiten zu manchen der späteren Chimären mit Rostral- bzw. Kopfstacheln. *Menaspis* kann seinerseits von der stärker gepanzerten Gattung *Deltoptychius* aus dem frühen Karbon abgeleitet werden.

stammung der Chimären von ursprünglichen Placodermen angenommen.

Choanichthyes, *Sarcopterygii, Fleischflosser*

Eine Unterklasse der Knochenfische (↗Fische); die Gruppe der Rhipidistia besitzt innere Nasenöffnungen (Choanen). Vermutlich entwickeln sich die Choanichthyes, ebenso wie die Unterklasse der ↗Actinopterygii, aus dem Formenkreis der ↗Acanthodii.

Zu den Choanichthyes gehören die ↗Lungenfische und die Crossopterygii. Die ↗Schuppen entsprechen in ihrem Bau dem Cosmoidtyp; frühe Choanenfische besitzen paarige, fleischig-muskulöse Flossen (da-

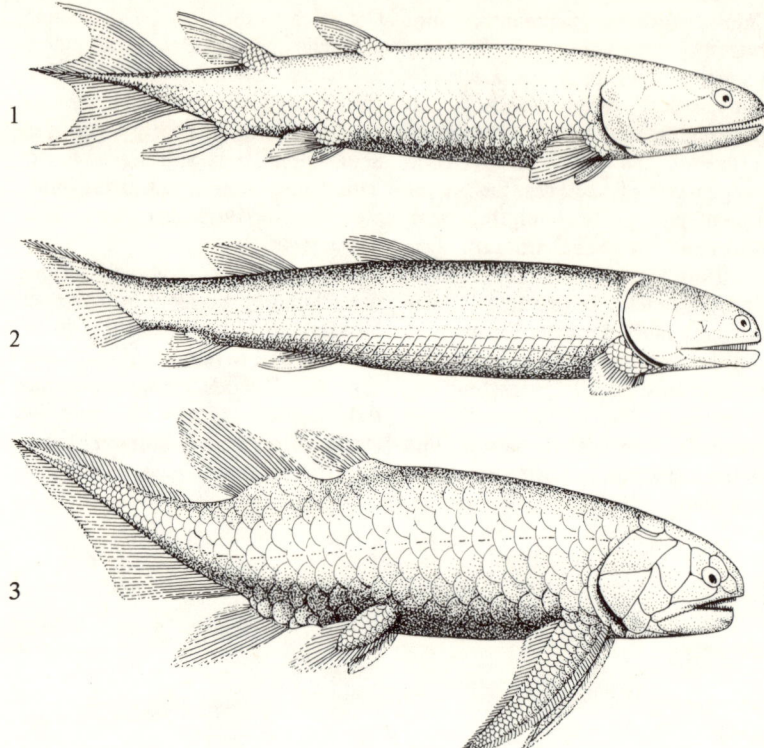

Choanichthyes
*1 Der zu den Rhipidistia gehö-
rende* Eusthenopteron *aus dem
Oberdevon mißt rund 60 cm.
2* Osteolepis *kommt in Süßwasserablagerungen des Mittel-
devon häufig vor und erreicht
eine Länge von etwa 23 cm.
3* Holoptychus *aus dem späten
Devon und frühen Unterkarbon besitzt paarige Flossen, die
an die der Lungenfische erinnern.
Länge: bis zu 75 cm*

her der Name Sarcopterygii =
Fleischflosser), eine After- und zwei
Rückenflossen. Die ↗Schwanzflos-
se ist meist heterozerk mit nach
oben gekrümmter Achsenstruktur.
Die Knochen des Schädeldaches
entstanden vermutlich durch die
Verschmelzung kleinerer Elemente.
In der Gruppe der Crossopterygii
werden die Rhipidistia und die
↗Coelacanthini zusammengefaßt.
Den Rhipidistiern, als einzige
Choanichthyes rezent nicht mehr
vertreten, kommt besondere Bedeutung zu, da sich aus ihnen die
landlebenden Wirbeltiere entwikkeln.
Die Knochen des Schädeldaches bei
Coelacanthini und Rhipidistia lassen sich mit denen der Landwirbeltiere vergleichen. Die Namen der
Knochen können aber Homologien
verwischen, da die frühen Anatomen die Knochen des Fischschädels
nach ihrer Lage im Verhältnis zum
Tetrapodenschädel benannten. So

wurden die Knochen zwischen den
Augenhöhlen ursprünglich als
Frontalia bezeichnet, während wir
heute wissen, daß sie den Parietalia
der Tetrapoden homolog sind. Entstehen konnten diese Verwechslun-
gen durch die Veränderung der
Schädelproportionen im Zusammenhang mit Änderungen der relativen Bedeutung von Sinnesorga-
nen. Auch innerhalb der Rhipidistia
lassen sich eine stufenweise Verkürzung der hinteren Schädelteile und
ein Längerwerden der Schnauzenregion verfolgen.
Eine detaillierte anatomische Untersuchung zeigt, daß nur die Gruppe der Rhipidistia als Vorfahren der
Amphibien in Frage kommt. Alle
Tetrapoden besitzen zusätzliche innere, im Munddach gelegene Nasenöffnungen (Choanen), während
die Nasenkapsel der Fische nur über
die beiden außen gelegenen Ein-
und Ausströmöffnungen verfügt.
Die „innere Nasenöffnung" der

Lungenfische ist eine den Choanen analoge Bildung und entspricht dem nach innen verlegten Ausführgang der Fische. Auch den Coelacanthini fehlen echte Choanen.

Ein genauer Vergleich der Schnauzenregion bei den beiden Linien der Rhipidistia, vertreten durch *Osteolepis* und *Holoptychus,* zeigt auffallende Übereinstimmungen mit den zwei rezenten Amphibiengruppen. Die Osteolepiden erinnern an Frösche und frühe ↗Labyrinthodontia, die Holoptychiden zeigen Anklänge an die ↗Schwanzlurche. Dies führte zu der Vermutung, daß zwei getrennte Linien die Organisationsstufe der Amphibien erreichten.

Die sehr frühe amphibische Gattung *Ichthyostega* aus dem Oberen Devon von Ostgrönland stammt ebenfalls von den Rhipidistiern ab, als offensichtlich getrennte Entwicklungslinie starb sie aber aus, ohne Nachfolgeformen zu hinterlassen.

Chondrichthyes ↗Haie, ↗Rochen, ↗Chimaeriformes

Chondrostei ↗Palaeonisciformes

Coelacanthini
Unterordnung der Crossopterygii (↗Choanichthyes). Die Gruppe ist aus Süßwasserablagerungen des Devon gut bekannt, im Mesozoikum beschränkt sich ihr Vorkommen jedoch ausschließlich auf marine Sedimente. Lange Zeit nahm man an, daß die Coelacanthini am Ende der Kreide ausstarben; 1938 wurde aber vor der Küste Südafrikas ein lebender Vertreter *(Latimeria)* gefangen. Erstaunlicherweise war dieser Fisch der einheimischen Bevölkerung seit mindestens einigen Jahrzehnten bekannt, denn beim Flicken von Fahrradreifen benutzten sie die mit kleinen Dentikeln besetzten Schuppen als Ersatz für Schmirgelpapier.

Der Bauplan der Coelacanthini erhält sich seit dem Devon nahezu unverändert. Als charakteristisches Merkmal gelten die fleischig-muskulösen Brust- und Bauchflossen; einen ähnlichen Bau zeigen auch die Analflosse und die hintere der beiden Rückenflossen. Die Schwanzflosse ist diphyzerk, d. h. das Achsenskelett liegt zentral, Dorsal- und Ventrallobus sind gleichermaßen ausgeprägt. Vielfach verkalkt die umfangreiche Schwimmblase, die funktionelle Bedeutung dieser Entwicklung bleibt unklar. Der Gehirnschädel weist wie bei den Rhipidistia eine Zweiteilung auf.

Coelacanthini haben die innere Befruchtung entwickelt; die Embryonen erreichen ihre volle Entwicklung noch im Mutterleib. Dies war ursprünglich an fossilen Formen beobachtet worden, konnte nun aber auch für die rezente Gattung *Latimeria* nachgewiesen werden. Die phylogenetische Bedeutung der Coelacanthini beruht auf ihrer Or-

Coelacanthini
Im Indischen Ozean vor Madagaskar, nahe bei den Komoren, fand man mit Latimeria *noch einen rezenten Vertreter der Coelacanthini.*
Länge: ca. 1,5 m

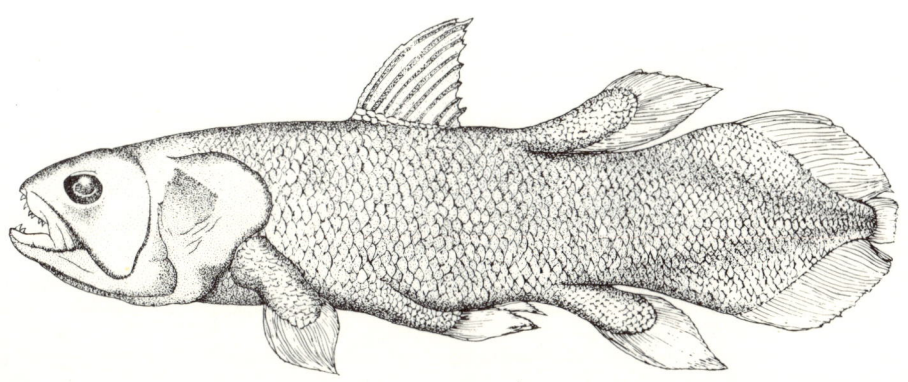

Coelurosauria
Syntarsus, *ein kleiner, leicht gebauter Dinosaurier aus der Oberen Trias von Südafrika, ist nur von unvollständigen Skelettresten bekannt.*
Geschätztes Gewicht: 30 kg

Coelurosauria
Die nordamerikanische Gattung Coelurus *wurde in der oberjurassischen Morrison-Formation und in der Unteren Kreide von Maryland gefunden.*
Länge: 2 m

ganisationsform, die einem Entwicklungsstadium unmittelbar vor der Eroberung des Landes entspricht. Als einzige größere Abwandlung seit dem Devon wird eine zunehmende Reduktion der Skelettverknöcherung erkennbar.

Möglicherweise steht die schwierig einzuordnende Fischgruppe der Struniiformes mit den Coelacanthini in Verbindung. Eine oberflächliche Untersuchung legt nahe, sie wegen der großen Augen, des breiten Schädels und der stumpfen Schnauze den ↗Palaeonisciformes zuzuordnen. Die Flossen erinnern eher an die der ↗Actinopterygii, im Gegensatz zu den Palaeonisciden besitzen sie aber zwei Rückenflossen und eine diphyzerke Schwanzflosse mit einem langen schmalen Axiallobus, wie er für die Coelacanthini und juvenile Rhipidistia typisch ist. Eine quer verlaufende Suturlinie am Gehirnschädel weist ebenfalls auf Beziehungen zu den Coelacanthini und Rhipidistia hin.

Die Knochen des Schädeldaches schließen eine nähere Verwandtschaft mit den Palaeonisciden aus, zeigen aber auch keine Anklänge an die Verhältnisse bei den Choanichthyes. Tatsächlich scheinen die Coelacanthini die nächsten Verwandten der Struniiformes zu sein, so daß sie versuchsweise bei diesen eingestuft werden sollen.

Coelenterata ↗Hohltiere

Coelurosauria
Zu den ↗Archosauriern gehörende, bipede Reptilien, in mancher Hinsicht die primitivste Gruppe der ↗Saurischia (↗Dinosaurier). Während ihrer gesamten Entwicklungsgeschichte, vom ersten Erscheinen in der Trias bis zum Aussterben am Ende der Kreide, werden die grundlegenden Strukturmerkmale beibehalten. Durch den zierlichen Bau und die Proportionen erinnern sie an ihre Vorfahren aus dem Bereich der ↗Pseudosuchia.

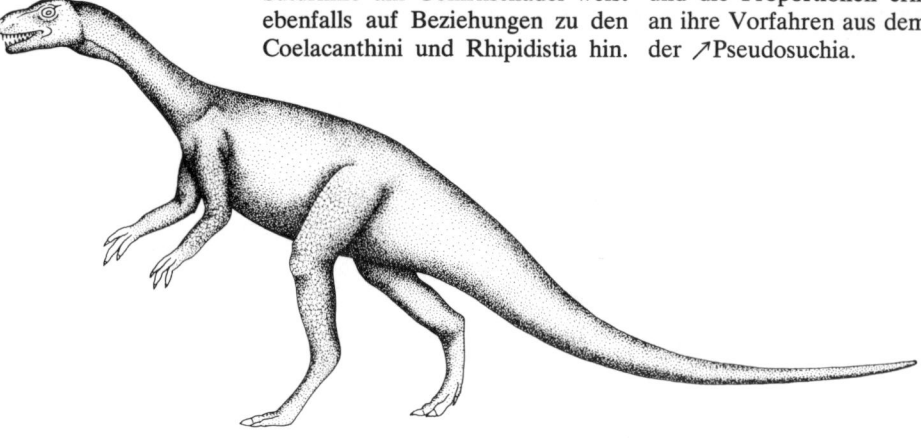

Die typischen triassischen Coelurosaurier aus Europa, Nordamerika, Asien und dem südlichen Afrika werden in der Familie der Podokesauridae zusammengefaßt. Schon die ersten kleinen bipeden Formen aus der mittleren Trias besitzen Vorderextremitäten, die sich in gewissem Umfang zum Greifen eignen; die Hinterextremitäten zeigen Anpassungen an eine schnelle Fortbewegung (kurzer Oberschenkelknochen, langes Schienbein und vogelähnlicher Fuß). Viele Arten beruhen nur auf wenigen Knochenbruchstücken; vermutlich waren es Tiere des trockenen Hochlandes, wo die Voraussetzungen für eine Fossilisation nur selten gegeben sind. Dennoch wurden von der Gattung *Coelophysis* aus Neu Mexiko mehrere, etwa 3 m lange, vollständige Skelette gefunden. Vielleicht wurden diese Tiere bei einem Sandsturm in der Oberen Trias verschüttet. Zwei dieser Exemplare enthalten noch Reste von kleineren Individuen in ihrer Leibeshöhle – die Tiere ernährten sich zum Teil also auch von eigenen Artgenossen. Einige Podokesauriden erreichen nur eine geringe Größe, die Gattung *Saltopus* aus Schottland mißt etwa 60 cm.
Die Familie der Procompsognathidae, ebenfalls aus der Trias, umfaßt die beiden Gattungen *Procompsognathus* und *Halticosaurus.* Die Tiere besitzen einen langen, beweglichen Hals und kurze Vorderextremitäten mit einer fünffingrigen Hand.

Die Coeluridae aus Jura und Kreide kennt man meist ebenfalls nur aus Bruchstücken. Bei ihnen trägt der Astragalus (Sprungbeinknochen) gewöhnlich einen nach oben gerichteten Fortsatz – eine Veränderung der Knöchelverbindung, die ein schnelles Laufen erleichtert. Nahezu weltweit verbreitet, reicht ihre Größe vom kleinen *Compsognathus* aus dem Oberen Jura von Europa mit einer Länge von etwa 50 cm bis zu der 2 m großen Gattung *Coelurus* aus der ↗Morrison-Formation von Nordamerika. *Dilophosaurus* aus dem frühen Jura von Arizona trägt am Schädel zwei längsgerichtete Knochenkämme, *Elaphrosaurus* aus ↗Tendaguru ähnelt der Gattung *Coelurus; Hallopus,* ebenfalls aus der Morrison-Formation, besaß vielleicht eine hüpfende Fortbewegungsweise, da der gespornte Calcaneus (das Fersenbein der Säuger) eine Art Ferse bildet; die Gattung *Microvenator* aus der frühen Kreide gilt als kleiner Vertreter dieser Familie.
In der Unteren Kreide erscheint die Familie der Ornithomimidae. Diese

Coelurosauria
Ornithomimus, ein zahnloser Coelurosaurier aus der späten Kreide von Nordamerika, mißt etwa 4 m.

hochspezialisierten, zahnlosen Coelurosauria erreichen Längen bis zu 4 m und sind mit den langen Unterschenkelknochen ihrer Hinterextremitäten hervorragend an schnelles Laufen angepaßt. Unter der Voraussetzung, daß die Tiere, wie vermutet wird, warmblütig waren, werden Laufgeschwindigkeiten von 80 km/h für möglich gehalten. Besondere Merkmale des kleinen Schädels sind die verhältnismäßig großen Augenhöhlen und ein sekundäres Munddach.

Zwei Individuen der Ornithomimiden-Gattung *Oviraptor* aus der Wüste ↗Gobi wurden zusammen mit *Protoceratops,* einem primitiven Vertreter der ↗Ceratopsia, gefunden. Das eine Skelett lag auf einem Eigelege von *Protoceratops,* während das andere Tier sich offenbar in einem Kampf mit einem adulten *Protoceratops* befand, als sie gemeinsam von einem Sandsturm verschüttet wurden. Vermutlich lebten die Ornithomimiden von den Eiern anderer Dinosaurier. Diese Ernährungsweise könnte zugleich eine Erklärung bieten für die zahnlosen Kiefer, die offensichtliche Behendigkeit (zur Durchführung rascher Beutezüge) und das sekundäre Munddach (dadurch wird ein gleichzeitiges Atmen und Aussaugen des Eiinhaltes möglich). Die dreifingrige Hand besitzt nur beschränktes Greifvermögen, konnte aber als Harke bei der Suche nach Eigelegen benutzt werden. Nach Auffassung anderer Autoren be-

stand die Nahrung aus Früchten, Mollusken oder Insekten, was jedoch weniger wahrscheinlich ist. *Archaeornithomimus* kommt als sehr früher Vertreter der Ornithomimidae in der Unteren Kreide von Nordamerika und der Mongolei vor. In Kanada lieferte die Oldman Formation (Obere Kreide) Reste von *Struthiomimus,* in den darauffolgenden Edmonton-Schichten dominiert die Gattung *Dromiceiomimus,* und *Ornithomimus* selbst gilt als charakteristisch für die Lance-Formation von Nordamerika (oberste Kreide). *Gallimimus* aus der Mongolei mit langer, abgeflachter Schnauze besitzt eine ausschließlich asiatische Verbreitung; bruchstückhaftes Material weist auf das Vorhandensein dieser Familie auch in Europa und auf dem Indischen Subkontinent hin.

Condylarthra

Ausgestorbene Säugetierordnung, die die frühesten pflanzenfressenden Säuger und die Vorfahren aller späteren Pflanzenfresser umfaßt. Die Condylarthra treten von der späten Kreide an auf, sind im frühen Känozoikum stark verbreitet und sterben im Miozän aus. Sie kommen auf allen Kontinenten außer in Australien und der Antarktis vor.

Die Condylarthra erscheinen so ursprünglich, daß es Schwierigkeiten bereitet, charakteristische Merkmale auszumachen. Sie sind klein, quadruped, fünfzehig (mit Hufen) und besitzen gewöhnlich ein voll-

Condylarthra
Phenacodus ist ein charakteristischer Vertreter der Condylarthra aus dem Oberen Paläozän und Unteren Eozän Nordamerikas sowie aus dem Unteren und Mittleren Eozän Europas.
Länge: ca. 1,7 m

ständiges Gebiß. Ihr deutlichstes Merkmal findet man in den mehr oder weniger viereckigen, an das Zermahlen von Pflanzenmaterial angepaßten Backenzähnen, die ursprünglich 4 Höcker tragen. In anderen Merkmalen ähneln sie jedoch ursprünglichen ↗Raubtieren; beide Gruppen stammen von gemeinsamen Ahnen ab.

Die Mesonychidae zeigen ein raubtierähnliches Aussehen, besitzen aber nicht das spezialisierte Gebiß der echten Raubtiere. Man vermutet sie in Lebensräumen wie jenen der Schweine, die omnivor sind, d. h. sowohl von Fleisch als auch von pflanzlicher Nahrung leben. Einige Mesonychidae werden so groß wie Bären, z. B. *Andrewsarchus* aus dem späten Eozän der Mongolei. Möglicherweise entstehen die ↗Wale aus mesonychiden Vorfahren.

Die Phenacodontidae repräsentieren die Vorfahren der ↗Pferde und anderer ↗Unpaarhufer; die Gattung *Phenacodus* aus dem Paläozän von Nordamerika ist von den frühesten Pferden fast nicht zu unterscheiden. Einige Mitglieder dieser Gruppe bleiben klein, während andere ponygroß werden. Die Phenacodontidae gelten auch als die Vorfahren der Schliefer, ↗Rüsseltiere, Desmostylia, ↗Seekühe und Erdferkel. Das Erdferkel steht von den rezenten Säugern den Condylarthra am nächsten. Man kennt Phenacodontidae aus dem frühen Känozoikum von Nordamerika, Europa und Asien.

Im frühen Känozoikum von Südamerika leben die Didolodontidae. Es sind mittelgroße Pflanzenfresser und die Vorläufer der südamerikanischen Huftiere: der ↗Astrapotheria, Pyrotheria, ↗Litopterna und ↗Notoungulata.

In den spätpaläozänen und früheozänen Fundstätten Nordamerikas findet man die Meniscotheria, deren Backenzähne echte halbmondförmige (selenodonte) Strukturen aufweisen – ein Merkmal der späteren ↗Paarhufer. Die Periptychiden schließlich sind eine kurzlebige, auf Nordamerika beschränkte Gruppe mit spezialisierten, gefurchten Zähnen.

Die Condylarthra erweisen sich als erfolgreiche frühe Pflanzenfresser. Sie besetzen rasch eine Vielzahl ökologischer Nischen, von denen ausgehend ihre Nachfahren die großen Gebiete und Lebensräume der Erde erobern.

Conodonten

Dunkelbraune oder grauschwarze, zahnähnliche Mikrofossilien mariner Sedimente; sie bestehen überwiegend aus Calciumphosphat und erreichen eine Größe von 0,5–3,0 mm. Conodonten finden sich vom späten Präkambrium bis in die Trias weltweit (bei Funden aus Jura und Kreide handelt es sich vermutlich um umgelagertes Material). Entdeckt wurden diese Organismenreste in der Mitte des 19. Jahrhunderts; zu welcher Tiergruppe sie gehören, bleibt aber nach wie vor unklar. Man ordnete sie

Condylarthra
Meniscotherium aus dem Oberen Paläozän und Unteren Eozän besitzt Zähne mit halbmondförmigen Kronenstrukturen – ein erstaunlich hochentwickeltes Merkmal für einen so frühen Säuger. Das Tier erreicht etwa die Größe eines Foxterriers.

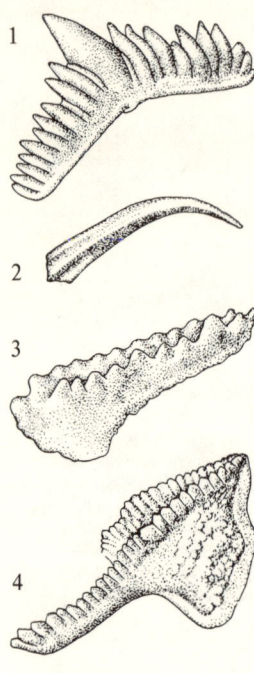

Conodonten
1 Ozarkodina reicht vom Mittleren Ordoviz bis in die Obere Trias (etwa 30fache natürliche Größe).
2 Paltodus kommt vom Unteren Ordoviz bis ins untere Unterkarbon vor (etwa 20fache natürliche Größe).
3 Icriodus ist eine devonische Gattung (etwa 25fache natürliche Größe).
4 Gnathodus tritt im Karbon auf (etwa 25fache natürliche Größe).

verschiedentlich schon den ↗Schnecken, Cephalopoden, Anneliden (↗Würmer), Chordaten (↗Wirbeltiere) oder auch einer bisher unbekannten Tiergruppe zu. Conodonten entstehen durch Anlagerung dünner Lamellen, entweder an eine zentrale Pulpahöhle oder entlang mehrerer Wachstumsachsen. Nach der äußeren Form werden drei morphologische Typen unterschieden: die einfachen, hauerartigen distacodiden Formen, die plattformartigen und die zusammengesetzt blatt- oder astartigen Conodonten. In natürlicher Anordnung bilden verschiedene Conodonten-Elemente, jeweils in einer Rechts- und Links-Form, einen bilateralen Conodontenapparat, der wahrscheinlich die funktionelle Einheit für das Conodonten-Tier darstellt.
Vermutlich waren die Conodonten-Tiere, die Conodontophorida, bilateralsymmetrische Organismen mit weichem Körper, der angebliche fossile Beleg, basierend auf Funden aus dem Karbon von Montana und den kambrischen ↗Burgess-Schiefern in Kanada, gilt aber nicht als sicher. Das kanadische Tier wird als Lophophorenträger interpretiert, bei dem conodontenähnliche, zahnartige Elemente ein der Nahrungsaufnahme dienendes Tentakelsystem stützen. Die Conodonten in den Fossilien aus Montana werden entweder als Teil von freischwimmenden Vorfahren der Wirbeltiere gedeutet oder aber als Tiere, die sich von Conodontophoriden ernährten.

Cope, Edward Drinker
(1840–1897)
Amerikanischer Naturforscher, der zahlreiche bei der Erschließung der westlichen USA entdeckte Wirbeltierfossilien beschrieb und zu einem heftigen Gegner von Othniel ↗MARSH wurde. COPE wurde in Philadelphia geboren, wo er später auch studierte. 1863 besuchte er Europa und verschrieb sich ab 1865

voll dem Studium der Wirbeltierfossilien. Er war Mitglied vieler Expeditionen, denen wir die Beschreibung zahlreicher neuer Typen von Fischen und Reptilien verdanken. Seine bemerkenswertesten Beiträge galten den permischen Reptilien aus Texas und den tertiären Wirbeltieren der Rocky Mountains. COPE versuchte auch einen Vergleich europäischer und nordamerikanischer Wirbeltierfaunen. Als Anhänger von Jean-Bapiste ↗LAMARCK lehnte er die DARWINschen Theorien ab.

Cordaitidae, *Cordaiten*
Ausgestorbene Gruppe der ↗Gymnospermen; große, schlanke Bäume, die im Oberkarbon ausgedehnte Wälder bilden. Die aufrechten, unverzweigten und bis zu 30 m hohen Baumstämme tragen eine reichverzweigte Krone; ungeteilte, bandartige Blätter stehen spiralig an den Ästen und erreichen Längen von 1 m und mehr. Basierend auf Blattmerkmalen wurden verschiedene Gruppierungen in Untergattungen vorgeschlagen, die Einteilung in Gattungen erfolgt nach der inneren Anatomie der Stämme. Die Blattadern zeigen eine Anordnung wie bei ↗ *Ginkgo;* der Bau des Holzes erinnert an die Verhältnisse bei rezenten Araukarien.
Die Wurzeln der Cordaiten, in der Formgattung *Amyelon* zusammengefaßt, ähneln denen moderner ↗Koniferen und werden wie diese vielfach von einer Pilzmykorrhiza begleitet. Die Blütenstände der Cordaiten werden als *Cordaianthus* bezeichnet. Die einzelnen zapfenartigen Blüten sitzen in den Achseln von Tragblättern und unterscheiden sich in ihrer weiblichen und männlichen Form kaum voneinander. Den Cordaiten werden verschiedene Gattungen abgeflachter Samen zugeordnet (z. B. *Cardiocarpus*), da diese häufig vergesellschaftet mit Blättern und anderen Cordaiten-Resten auftreten. In seltenen Fällen werden Samen mit Prothallium und Archegonien gefunden; die Pollen-

kammer enthält vielfach noch Pollenkörner. Wie die Stammanatomie erinnert auch der Bau der Pollen an die rezenten Araukarien.

Cotylosauria

Diese sogenannten „Stammreptilien" erscheinen im frühen Karbon (ihre Amphibien-Vorfahren sind unbekannt) und bilden den Ausgangspunkt für die Entwicklung der gesamten Reptilien. Der Schädel zeigt den ursprünglichen anapsiden Bau ohne Schläfenfenster (↗Reptilien), die Ohrkerbe der Amphibien ist geschlossen; bei Reptilien wandert das Trommelfell nach unten und liegt schließlich in der Wangenregion direkt oberhalb des Kiefergelenkes.

Die ersten Cotylosaurier, und damit auch die ersten Reptilien überhaupt, gehören zur Unterordnung der Captorhinomorpha. Als älteste Form gilt *Hylonomus,* ein kleines Reptil von etwa 1 m Länge, mit kurzen, zum Kriechen geeigneten Extremitäten, einem verkürzten Nacken und langem Schwanz. Die Skelettreste wurden in fossilen Baumstümpfen eines Steinkohlenwaldes aus dem unteren Oberkarbon von Neuschottland gefunden. *Hylonomus* bildet zusammen mit anderen primitiven Captorhinomorphen aus dem Oberkarbon und dem Unteren Perm (z. B. *Protorothyris, Romeria, Cephalerpeton, Melanothyris* und *Solenodonsaurus*) die Familie der Romeriidae. Bei dieser Gruppe verjüngt sich der Schädel zu einer kurzen, spitzen Schnauze, das Schädeldach zeigt nur eine unvollständige Verbindung zur Wangenregion, ein Ohrschlitz fehlt; Ansätze zur Entwicklung von „Eckzähnen" und vergrößerten „Schneidezähnen" werden erkennbar.

Bei den unter- und mittelpermischen Captorhinidae besteht eine feste Verbindung zwischen Schädelplatte und Wangenregion, die Bezahnung wird spezialisiert mit mehreren Reihen randlicher Zähne und beträchtlich vergrößerten „Schnei-

dezähnen". Als typischer Vertreter dieser Familie sei die nur etwa 25 cm messende Gattung *Captorhinus* genannt; *Labidosaurus* erreicht eine Länge von etwa 70 cm.

Die primitive Familie der Limnoscelidae mit trägen, rund 1,50 m großen, sumpfbewohnenden Formen bleibt auf das Untere Perm beschränkt. Die massig erscheinende Gattung *Limnoscelis* besitzt kurze, gedrungene Gliedmaßen mit verbreitertem Fuß und einem flachen, dreieckigen Schädel. Zierlichere Extremitäten und ein kleines Schläfenfenster in der unteren Wangenregion kennzeichnen die nur unvollständig bekannte Gattung *Bolosaurus* aus dem Unteren Perm von Texas. Dennoch gehört sie wohl nicht zu den Synapsiden, sondern repräsentiert eher eine aberrante Form der captorhinomorphen Cotylosaurier. *Eunotosaurus* wird wegen der stark verbreiterten Rippen von manchen Autoren als Vorläufer der eigentlichen Schildkröten betrachtet, kann aber vermutlich ebenfalls zu den Captorhinomorphen gezählt werden.

Die Unterordnung der Procolophonia enthält verschiedene kleine Cotylosaurier mit kurzen Kiefern; am Hinterende der Wangenregion (im Bereich von Quadratum und Squamosum) deutet sich ein neuer Ohrschlitz vom Typ der Reptilien an. Es werden die drei Überfamilien der Procolophonoidea, der Pareiasauroidea und der Millerosauroidea unterschieden.

Die Procolophonoiden gleichen äußerlich Eidechsen und reichen bis in die Trias. Primitive Formen werden der Familie der Nyctiphruretidae zugerechnet, z. B. *Nyctiphruretus* aus dem Mittleren Perm der UdSSR mit einer Schädellänge von rund 2,5 cm und die oberpermischen Gattungen *Barasaurus* von Madagaskar und *Owenetta* von Südafrika. Die höher entwickelten Procolophonidae finden sich in der frühen Trias weit verbreitet; Belegfunde stammen aus Europa *(Koiloskio-*

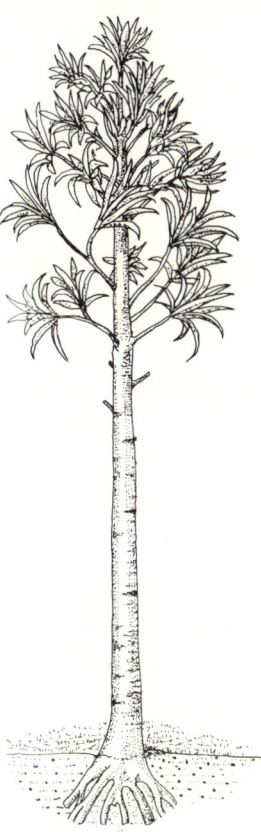

Cordaitidae
Im Oberkarbon bilden die Cordaiten ausgedehnte Wälder, ihre Stämme erreichen Höhen von rund 30 m.

saurus), Ostasien *(Neoprocolophon)* und Südafrika *(Myocephalus* und *Procolophon)*. Die stratigraphische Verbreitung reicht die gesamte Mittlere Trias hindurch bis in die Obere Trias; diese Schichten lieferten in New Jersey die hochspezialisierte Gattung *Hypsognathus* mit breitem, flachem Körper und einem mit Stacheln bewehrten Schädel.

Die Pareiasauroidea erscheinen im Mittleren und Oberen Perm. Diese massig gebauten Pflanzenfresser nahmen ihren Ursprung vermutlich bei frühen nyctiphruretiden Procolophonoiden. Recht primitive Baumerkmale kennzeichnen die Rhipaeosauridae aus dem Mittleren Perm der UdSSR; die höher differenzierten Pareiasauriden finden sich in der Folgezeit in Europa (z. B. *Scutosaurus* mit einer Länge von 2,50 m), Südafrika *(Bradysaurus, Embrithosaurus)* und Ostasien *(Shihtienfenia)*. *Anthodon* und *Pareiasaurus* sind aus Afrika und Osteuropa belegt. Die fremdartig aussehende Gattung *Elginia* aus Schottland gilt als Endform der Pareiasauridae.

Die Millerettidae aus dem Mittleren und Oberen Perm von Südafrika lassen die stufenweise Entwicklung eines seitlichen Schläfenfensters erkennen: Dieses fehlt den Gattungen *Millerettops* und *Millerettoides,* wird bei *Milleretta* angedeutet und ist schließlich bei *Millerosaurus* deutlich ausgeprägt. Die kleinen Reptilien zeigen keine klaren Beziehungen zu den Synapsiden, deren Vorfahren unter den romeriiden Captorhinomorphen vermutet wer-

den; möglicherweise entwickelten sich aber aus ihnen durch Neubildung eines oberen Schläfenfensters die diapsiden Formen.

Creodonta

Die mächtigsten räuberischen Säugetiere des frühen Känozoikum. Im Oligozän werden sie von den heute dominierenden ↗Raubtieren (Carnivora) abgelöst. Man unterteilt die Creodonta in 2 Unterordnungen: die Deltatheridia (schon in der Spätkreide vorhanden) und die Hyaenodontia, die mit den beiden Familien der Hyaenodontidae und der Oxyaenidae im Eozän und Oligozän ihren Höhepunkt erreichen.

Wie der Name andeutet, zeigen die späteren Hyaenodontiden auf den ersten Blick gewisse Ähnlichkeit mit Hyänen, die frühen Vertreter dieser Gruppe sind jedoch schlank gebaut, mit länglichem Schädel, kurzen Extremitäten und fünfstrahligen Sohlengängerpfoten.

Limnocyon aus dem Mittleren und Oberen Eozän von Nordamerika steht den gemeinsamen Vorfahren der Hyaenodontiden und Oxyaeniden wahrscheinlich immer noch recht nahe; dagegen gilt *Tritemnodon* (eine ältere nordamerikanische Gattung des Eozän) schon als typischer früher Hyaenodontide, bei dem die Backenzähne den Entwicklungsbeginn der Brechschere späterer Gattungen zeigen. *Sinopa* kommt im Unteren und Mittleren Eozän vor, die äußeren Höcker der oberen Backenzähne sind hier schon stark vergrößert, und bei *Pterodon* aus dem oberen Oligozän

Creodonta
Patriofelis, *der typische Oxy-aenide des nordamerikanischen Eozän, erreicht die Größe eines Bären.*

lassen sich 3 Brechscheren erkennen: Der 4. obere Prämolar gegenüber dem 1. unteren Molar, der 1. obere gegen den 2. unteren Molar und der 2. obere gegen den 3. unteren Molar.

Hyaenodon selbst erscheint erstmalig im europäischen Eozän, findet sich dann aber als häufiger Vertreter seiner Familie im nordamerikanischen Oligozän sowie in Afrika, wo er bis ins Miozän überlebt, und in der Mongolei. *Hyaenodon* ist lang gestreckt und besitzt einen schweren Schädel, kräftige Kiefer, einen kurzen Hals, starke Lenden und relativ lange Gliedmaßen. Die kleineren amerikanischen Arten von *Hyaenodon* werden in die langschwänzige Untergattung *Proto-hyaenodon,* die größeren, kurzschwänzigen Formen der Neuen Welt in die Untergattung *Neohyaenodon* gestellt.

Hemipsalodon aus dem Unteren Oligozän ist der größte bekannte nordamerikanische Vertreter der Creodonta; gegen Ende des Oligo-zän sterben die Hyaenodontiden in der westlichen Hemisphäre jedoch aus. In der Alten Welt überdauert *Pterodon* das Oligozän und findet sich noch im Miozän von Afrika (hier treten auch *Metapterodon* und *Leakitherium* auf); *Dissopsalis* überlebt bis ins späte Miozän, sowohl auf dem Indischen Subkontinent als auch in Ostafrika.

Megistotherium, eine ebenfalls weit verbreitete Form mit einem 66,5 cm langen Schädel kommt im Unteren Miozän von Libyen bis Pakistan (Bugti Berge) vor.

Die erdgeschichtliche Langlebigkeit der Hyaenodontidae ist sicherlich auch eine Folge ihres gut entwickelten Gehirns, offensichtlich können sie aber mit den im Oligozän auftretenden Großkatzen nicht wirksam konkurrieren.

Die Oxyaenidae stellen eine kleinere Gruppe dar als die Hyaenodontidae und zeigen auch eine geringere geographische Verbreitung. *Patriofelis* aus dem Mitteleozän von Nordamerika ist einer der letzten

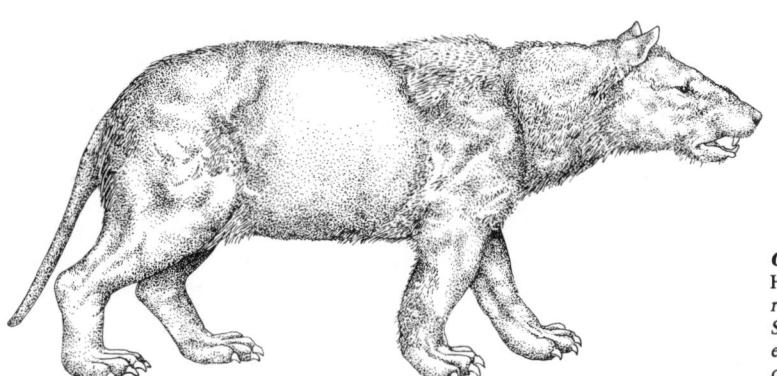

Creodonta
Hyaenodon *kommt vom Oberen Eozän bis ins Miozän vor. Seine Größe variiert von der eines kleinen Kojoten bis zu der eines großen Wolfes.*

Überlebenden dieser Gruppe. Dieser schwere, gedrungene Vertreter der Creodonta besitzt einen langen, dicken Schwanz und kurze Gliedmaßen mit gespreizten fünfzehigen Pfoten. Der mächtige Schädel trägt nur noch 3 Prämolaren, und der einzig verbliebene obere Molar (der erste) bildet eine Brechschere mit dem 2. unteren Molar (der 3. untere ist reduziert). Eine kleinere Brechschere entsteht zwischen dem 4. oberen Prämolar und dem 1. unteren Molar.

Sarkastodon aus dem Oberen Eozän der Mongolei ist ein großer Verwandter von *Patriofelis* mit gewaltigen Eckzähnen, man kennt jedoch nur einen unvollständigen Schädel mit Unterkiefer.

Als Vorläufer von *Patriofelis* kann wahrscheinlich *Oxyaena* aus dem Oberen Paläozän und Unteren Eozän gelten: Bei dieser Gattung fehlen oben wie unten nur jeweils die letzten Molaren. Ein noch ursprünglicheres Gebiß als *Oxyaena* zeigt *Palaeonictis* aus dem frühen Eozän von Nordamerika und Europa; die Entwicklung einer Brechschere aus dem 1. oberen und dem 2. unteren Molaren wird erst angedeutet.

Die Creodonta entwickeln sich vermutlich aus den Deltatheridia, einer Gruppe spätkretazischer und frühkänozoischer Tiere, die vielfach bei den ↗Insektenfressern eingeordnet werden. Die Gattung *Deltatheridium* aus der Oberkreide der Mongolei besitzt einen nur 4,5 cm langen Schädel, aber verhältnismäßig große Eckzähne; die oberen Molaren zeigen ausgeprägt V-förmige Kronen, wie sie sich auch bei frühen Creodonten finden. Möglicherweise gehört diese kleine Form auch zu den ↗Beuteltieren (↗Kreidezeit).

Crinoidea ↗Seelilien

Crustacea ↗Krebstiere

Cushman, Joseph (1881–1949)
Amerikanischer Paläontologe; auf ihn geht die Verwendung von ↗Foraminiferen für die Biostratigraphie zurück. CUSHMAN wurde in Bridgewater, Massachusetts, geboren und absolvierte sein Studium an der Harvard-Universität, wo er sich für Botanik und Meeresbiologie zu interessieren begann. Seine Forschungsarbeiten über Foraminiferen führte er am Woods Hole Oceanographic Institute und später (ab 1912) beim United States Geological Survey durch.

Besondere Bedeutung gewann sein Werk für die damals noch in den Anfängen stehende Erdölsuche; schon bald wurde CUSHMAN zum unabhängigen Berater. Die Cushman Foundation for Foraminiferal Research wurde 1923 eingerichtet. CUSHMAN selbst widmete sich für den Rest seines Lebens vollkommen dem Studium dieser Protozoengruppe und publizierte mehr als 550 Beiträge, unter anderem sein klassisches Werk „Foraminifera, their classification and economic use".

Cuvier, Georges Baron de
(1769–1832)
Französischer Anatom und Paläontologe, Begründer der Wirbeltierpaläontologie. Geboren in Montbéliard (damals zu Württemberg gehörig), erhielt CUVIER seine Ausbildung in Stuttgart und gelangte schon bald zu großem Ruhm. Er war tätig als Professor am ↗Muséum Nationale d'Histoire Naturelle (1795) und wurde einer der beiden Sekretäre der Académie des Sciences des Institut de France (1803). Ihm wurden zahlreiche Ehrungen zuteil, er wurde Ritter der Ehrenlegion (1811), Staatsrat (1814), Pair von Frankreich (1832) und Präsident des Staatsrates (1832). Er besaß eine ausgezeichnete Fähigkeit, sich Fakten anzueignen und diese zu analysieren, war aber kein hervorragender, eigenständiger Theoretiker.

Dank seiner Kenntnisse der vergleichenen Anatomie konnte CUVIER

einige Probleme in der Fossilgeschichte der Wirbeltiere klären. Berühmt waren seine Rekonstruktionen fossiler Tiere, und als einer der
ersten benutzte er Muskelansatzstellen an Knochen zur Rekonstruktion der gesamten Muskulatur. Seine klassische Studie „Recherches
sur les ossemens fossiles de quadru-
pèdes" erschien 1812. Bekannt
wurde vor allem seine „Katastrophentheorie", in der er eine Reihe
von Katastrophen für das Aussterben ganzer Faunen verantwortlich
macht.

Cycadatae, *Cycadeen*
Nacktsamige (↗Gymnospermen)
Gehölze mit meist unverzweigten
Stämmen und großen, gefiederten
Blättern; die Frucht- und Staubblätter stehen in Zapfen zusammen.
Vielfach werden sie mit den zu den
Einkeimblättrigen gehörenden Palmen verwechselt. Als altertümliche
Pflanzen besitzen die Cycadeen
noch einige Primitivmerkmale. Sie
treten erstmalig in der späten Trias
auf und reichen neben den Gne-
tatae als einzige Gruppe der Cyca-
dophytina bis in die Gegenwart.
Palaeocycas integer aus der Trias
von Schweden gilt als ältester Vertreter. Von dieser Art kennt man
die samentragenden Fruchtblätter
und die großen, einfachen (d. h.
nicht gefiederten) Laubblätter; der
organische Zusammenhang dieser
Teile ist nicht belegt, so daß Rekonstruktionen spekulativ bleiben.
Die am besten untersuchten fossilen
Cycadeen stammen aus der reich-
haltigen jurassischen Flora an der
Küste von Yorkshire (England).
Hierzu gehört auch die Gattung
Beania. Mit diesem Namen wird ein
weiblicher Zapfen bezeichnet, dessen locker angeordnete Fruchtblätter eine schildartige Form besitzen.
An den Samen wurden Pollenkörner gefunden, die mit denen identisch waren, die man aus den männlichen Zapfen der Gattung *Andro-
strobus* isoliert hatte. Diese Zapfen
sind kleiner und kompakter als die

weiblichen, die Staubblätter zeigen
aber ebenfalls eine schildartige
Form.
Vergesellschaftet mit diesen Zapfen
finden sich etwa 40 cm große, als
Nilssonia compta benannte Blätter.
Das häufige gemeinsame Vorkommen und die große Ähnlichkeit der
Kutikulen lassen vermuten, daß die
drei auf verschiedenen Organen beruhenden Gattungen alle zu einer
einzigen Pflanze gehören. Die *Nilssonia*-Blätter besitzen eine breite
Basis, demnach muß auch der
Stamm einen beträchtlichen Durchmesser erreicht haben. Wahrscheinlich bildeten diese jurassischen Cycadeen einen kräftigen Stamm mit
schützenden Blattbasen und eine
aus großen Laubblättern bestehende Krone. Einiges spricht für eine
hängende Anordnung der weiblichen Zapfen.
Rezent sind die Cycadeen mit
9 Gattungen und mehr als 60 Arten
vertreten. Sie müssen als Reliktformen einer 200 Millionen Jahre alten, ehemals weltweit verbreiteten
Pflanzengruppe gelten, deren Vorkommen sich heute auf Mittelamerika, südliches Afrika, Ostasien und
Australien beschränkt.

Dart, Raymond Arthur (*1893)
Australischer Anatom, der die ersten Australopithecinen-Funde beschrieb. DART wurde in Brisbane,
Australien, geboren und studierte
Medizin an der Universität von
Sydney. Nach dem ersten Weltkrieg
wurde er Chef-Prosektor am Uni-
versitätscollege in London, ging
1923 nach Südafrika und erhielt
dort eine Professur für Anatomie an
der Witwatersrand Universität.
1924 wurde der inzwischen berühmte fossile Schädel eines sechs-
jährigen Kindes bei Taung, Botswa-
na, ausgegraben und DART zur Un-

tersuchung gebracht. Er entfernte sorgfältig alles einhüllende Material und erkannte sofort die Bedeutung des Fundes: Trotz der affenähnlichen Merkmale glaubte er, ein Fossil aus der Familie der Hominidae vor sich zu haben. Er nannte diesen Vertreter *Australopithecus africanus* (südlicher Affe von Afrika) und beschrieb ihn 1925 einem ablehnenden Publikum von Wissenschaftlern und Laien. Später wurden weitere Australopithecinen in Afrika gefunden, und DARTs ursprüngliche Vermutungen erwiesen sich als zutreffend.

Darwin, Charles Robert
(1809–1882)
Britischer Naturforscher und Begründer der modernen Theorie der ↗Evolution. Er wurde in Shrewsbury, England, geboren und hörte an den Universitäten von Edinburgh und Cambridge Theologie; hier wurde auch sein Interesse für Naturgeschichte stark angeregt. Ein entscheidendes Ereignis seines Lebens war die Anstellung als Naturwissenschaftler auf dem königlichen Vermessungsschiff HMS Beagle für eine Reise (1831–1836) zu verschiedenen Atlantikinseln, nach Südamerika und zu Inseln im Pazifik sowie nach Australien. Noch zur Zeit, als die Beagle ihre Reise begann, sah man die Erdgeschichte als Abfolge von Katastrophen; und die Unveränderlichkeit der Tier- und Pflanzenarten war weithin akzeptiert. DARWIN hatte jedoch Zugang zur ersten Ausgabe von Charles LYELLS „Principles of Geology" (1830), und seine eigenen neuen Beobachtungen und Interpretationen lieferten zahlreiche Argumente, die LYELLS Theorien unterstützten. Als Ergebnis der Reise mit der Beagle veröffentliche DARWIN mehrere Bücher: Journal of researches into the Geology and Natural History of the various countries visited by HMS Beagle (1839); The structure and distribution of coral reefs (1842); Geological observations of the volcanic islands (1844) und Geological observations in South Amerika (1846).

Seine Reisebeobachtungen brachten DARWIN auf seine Theorie über die Veränderung der Arten, und er widmete sich dieser Theorie seit seiner Rückkehr nach England. Als er 1858 seine Ergebnisse zur Veröffentlichung vorbereitete, erfuhr er von der Arbeit von Alfred Russell WALLACE (1823–1913) über das gleiche Thema. Ihre gemeinsame Arbeit überreichten sie 1858 der „Linnean Society of London". Es folgte DARWINs epochemachendes Buch „On the Origin of Species by Means of Natural Selection" (1859), in dem er die Evolution als Folge der ↗Natürlichen Auslese beschreibt. Einzelne Themen dieses Buches wurden später weiter entwickelt in: The variation of animals and plants under domestication (1868); The descent of Man (1871) und The expression of the emotions in man and animals (1872).

Decapoda ↗Zehnfüßige Krebse

Deinonychia
Hochspezialisierte, räuberisch lebende Gruppe kreidezeitlicher ↗Saurischia. Diese offensichtlich hochaktiven Raubtiere zeigen eine Gehirndifferenzierung, die in ihrer Entwicklungshöhe den Vögeln vergleichbar ist. Möglicherweise leiten sie sich von ↗Coelurosauria-Formen wie *Coelurus* ab.
Die Deinonychiden waren offensichtlich schnelle, bipede Läufer. Höherdifferenzierte Arten besitzen einen unbeweglichen Schwanz, der von stabförmigen, nach vorne gerichteten Knochenfortsätzen der Schwanzwirbel gestützt wird; starr nach hinten gerichtet diente er vermutlich dazu, das Gewicht des nach vorne gebeugten Körpers auszugleichen.
Die Vorderextremitäten erreichen mehr als die halbe Länge der Hinterextremitäten und erscheinen für carnivore Dinosaurier verhältnis-

Deinonychia
Der behende Dinosaurier Dei-
nonychus *lebte in der Unteren*
Kreide der USA.
Länge: ca. 3 m

mäßig lang. Die dreifingrige Hand eignet sich zum Greifen, da einer der Finger teilweise opponiert werden kann. Wie bei vielen Bipeden mit hochentwickeltem Laufvermögen sind die Unterschenkelknochen länger als die Oberschenkel. Der Fuß zeigt eine Sonderentwicklung, bei der das Körpergewicht nur von der dritten und vierten Zehe getragen wird. Die erste und fünfte Zehe werden reduziert, die zweite Zehe trägt eine kräftige, gekrümmte Klaue, die beim Laufen hochgezogen werden konnte; vermutlich diente sie zum Töten der Beute, die mit Kiefer oder Vorderextremitäten festgehalten wurde.

Die beiden Hirnhemisphären besitzen eine für Reptilienverhältnisse beachtliche Größe, ein Befund, der auf komplizierte Verhaltensstrukturen hinweisen könnte. Der gut entwickelte Bulbus olfactorius und die großen Augenhöhlen sind wahrscheinlich als Anpassungen an eine nächtliche Lebensweise zu deuten. Vermutlich müssen diese hochspezialisierten Dinosaurier als ↗Warmblüter eingestuft werden; die diesen Tieren zugeschriebene Aktivität hätte von ↗Kaltblütern wohl nur für einige Minuten aufrecht erhalten werden können.

Die Gattung *Deinonychus* aus der Unteren Kreide von Montana und Wyoming erreicht eine Größe von etwa 3 m. Ähnliche, aber kleinere Formen wie *Dromaeosaurus (Chirostenotes)* ist möglicherweise synonym dazu) kennt man aus der Oberen Kreide von Alberta, *Velociraptor* stammt aus der späten Kreide der Mongolei. *Deinonychus* wird häufig zusammen mit Knochen von kleinen ↗Ornithopoda gefunden; vielleicht waren diese Ornithischier die bevorzugten Beutetiere. Eine Lebensweise in Rudeln wird für wahrscheinlich gehalten, da an einem Fundort meist mehrere *Deinonychus*-Skelette auftreten. Skelettreste von *Saurornithoides* (Obere Kreide der Mongolei und USA) und *Stenonychosaurus* (Obere Kreide von Kanada) zeigen einen zierlicheren Bau als die Vertreter der *Deinonychus*-Gruppe. Vielleicht entsprechen sie einer eigenen Unterfamilie, bei der der Schwanz keine Stützstäbe entwickelt. Ihre offensichtliche Behendigkeit erlaubte ihnen vermutlich, auch nächtlich lebende Säugetiere zu erbeuten.

Devon
Ältestes der drei geologischen Systeme des oberen ↗Paläozoikum. Es beginnt vor ca. 395 Millionen Jahren und dauert ungefähr 50 Millionen Jahre. Benannt ist diese Erdperiode nach der Grafschaft Devonshire in Südwest-England, wo die entsprechende Gesteinsfolge umfassend entwickelt ist. Das Devonische System wird in sieben Stufen gegliedert (in der Reihenfolge abnehmenden Alters): Gedinnium, Siegenium und Emsium (Unter-Devon); Eifelium und Givetium (Mittel-Devon); Frasnium und Famennium (Ober-Devon).
Devonische Gesteine finden sich weit verbreitet auf allen kontinentalen Landmassen. Man kennt die

345 Millionen Jahre

Devon	Ober-	Famennium
		Frasnium
	Mittel-	Givetium
		Eifelium
	Unter-	Emsium
		Siegenium
		Gedinnium

395 Millionen Jahre

Die Schichtenfolge
des Devon

69

verschiedensten Typen von Sedimentgesteinen, einschließlich charakteristischer Bereiche nicht-mariner Ablagerungen. Nach der dominierenden Gesteinsart werden die kontinentalen Ablagerungen in Europa als ↗Old Red Sandstone bezeichnet; seine Parallelisierung mit der Standard-Schichtenabfolge des marinen Devon bereitete einige Schwierigkeiten. Die Verteilung von Land und Meer war damals eine andere als heute; als riesige, zusammenhängende Landmasse umfaßte der Old Red-Kontinent weite Bereiche von Nordwest-Europa, Grönland und Nordamerika. Die Lebewelt des Devon zeigt die Fortsetzung der evolutionären Trends aus Ordoviz und Silur. Bei den Invertebraten treten einige entscheidende Veränderungen auf, Wirbeltiere und Pflanzen erreichen bedeutende Fortschritte in ihrer Entwicklung.

Meeres- und Süßwasserfische durchlaufen eine enorme Radiation, zahlreiche Formen besitzen massive Knochenpanzer, die sich fossil gut erhalten haben. Die kieferlosen Agnathen sind durch mehrere Gruppen vertreten (z. B. ↗Pteraspiden und ↗Osteostraci), die meisten sterben aber noch im Oberdevon aus; nur die Neunaugen und Schleimfische reichen als einzige mögliche Nachfahren bis in die Gegenwart. Die erste größere Radiation der echten Fische findet ebenfalls im Devon statt. ↗Acanthodii und vor allem die ↗Placodermi gelten nahezu als charakteristisch für diese Periode. Im Devon erscheinen ferner die ersten Vertreter der Chondrichthyes, zu denen auch die rezenten ↗Haie und ↗Rochen gehören. Die Knochenfische (Osteichthyes), im Silur nur mit einer einzigen Unterordnung repräsentiert, zeigen mit dem erstmaligen Auftreten der ↗Actinopterygii, Crossopterygier (vgl. ↗Choanichthyes) und ↗Lungenfische ebenfalls eine große Formenfülle. Besondere Mannigfaltigkeit erreichen

die Crossopterygier; aus einer ihrer Untergruppen, den Rhipidistia, entwickeln sich im späten Devon die ersten labyrinthodonten Amphibien (↗Labyrinthodontia).

Auch die Landpflanzen des Devon lassen eine beachtliche Vielfalt erkennen; Vorläufer aller wichtigen Elemente der späteren Karbonflora (↗Karbon) sind vertreten. Beweiskräftiges Material liefern dabei nicht nur Untersuchungen von pflanzlichen Makrofossilien, sondern auch das Studium fossiler Sporen: Meist gelingt es aber nicht, einen Zusammenhang zwischen diesen beiden Organresten herzustellen. Die ersten Wälder entwickeln sich im Mittleren Devon.

Aus den Flachwasserbereichen kennt man eine reiche Invertebratenfauna aus ↗Brachiopoda, ↗Korallen, Stromatoporen, ↗Trilobiten, ↗Weichtieren, ↗Moostierchen und ↗Stachelhäutern. Lokal können auch ↗Schwämme vermehrt auftreten. Brachiopoden (vor allem Spiriferiden), Muscheln, grabende Organismen und einige besonders angepaßte Korallen gelten als charakteristisch für die Sand- und Siltsteine der flachen Küstengewässer. In größerer Entfernung vom Land entwickeln sich in detritusfreiem Wasser Karbonatbänke, zum Teil mit Riffkanten aus Stromatoporen, Korallen und einer reichen Fauna aus Brachiopoden, Trilobiten, Moostierchen und ↗Seelilien. Die Schlicksedimente der tieferen, küstenfernen Bereiche enthalten Reste von Goniatiten (↗Ammoniten), kleine planktontische Styliolinen (konische Gehäuse, möglicherweise zu den Mollusken gehörig) und ↗Muschelkrebse.

Als wichtigste Veränderung unter den Invertebraten entwickeln sich im Devon aus nautiloiden Vorfahren die Goniatiten mit aufgerollter, gekammerter Schale; nahezu parallel dazu sterben die planktontischen ↗Graptolithen aus. Die letzten Monograptiden finden sich im Emsium, die ersten Goniatiten erscheinen unmittelbar davor im Siegenium, entwickeln dann aber rasch eine große Vielfalt und behalten diese hohe Evolutionsrate im gesamten Devon bei. Auch die benthischen (bodenlebenden) Weichtiere, die Muscheln und ↗Schnecken, erreichen eine größere Mannigfaltigkeit: Das erste Erscheinen der Scaphopoden fällt ebenfalls in diese Erdperiode. Bei den formenreichen Brachiopoden entwickeln sich im Devon die Terebratuliden und Productiden.

Bei den rugosen Korallen zeigt die Entwicklung zahlreicher neuer Gattungen einen Höhepunkt, die Artenvielfalt der tabulaten Korallen nimmt weiter ab, sie bleiben aber in karbonatischer Umgebung häufig. Die Stromatoporen erleben noch eine letzte Blüte, bevor sie am Ende des Devon endgültig aussterben; auch die Trilobiten zeigen mit den Phaeopiden ein kurzes Wiederaufleben, als einzige Formen überleben aber nur die Proetiden die Devonperiode. Die riesigen ↗Eurypterida der Fluß- und Brackwasser-Bereiche erreichen ihren Entwicklungshöhepunkt, die Seelilien sind besonders reich vertreten. Auch andere Echinodermen-Gruppen wurden nachgewiesen, z. B. Blastoiden und Cystoiden (diese sterben am Ende des Mittel-Devon aus), Seegurken, Ophiuren und ↗Seesterne. Eine große Vielfalt herrscht im Oberdevon unter den rätselhaften ↗Conodonten.

Goniatiten und Conodonten eignen sich als ↗Leitfossilien gut zu Altersbestimmungen im marinen Devon; fehlen diese Formen, können aber auch andere Organismen herangezogen werden. Nicht-marine Sedimentfolgen lassen sich mit Hilfe von Sporen und Fischen datieren. In marine Bereiche eingeschwemmte Fische und Verzahnungen mariner und nicht-mariner, fossilführender Sedimente ermöglichen die Parallelisierung von kontinentalen und marinen Schichtfolgen.

Faunenprovinzen zeigen im Devon nur eine geringe Ausprägung, sind aber doch deutlicher erkennbar als im Silur. Eine nördliche und südliche Provinz der höheren Breitengrade mit geringer Mannigfaltigkeit ist seit dem Silur bekannt und im Unter-Devon am markantesten ausgeprägt. Ferner trennen Korallen und Brachiopoden im Unteren und Mittleren Devon klar ein ostamerikanisches Reich, zu dem auch die nördlichen Teile von Südamerika gehören, von einem Reich der „Alten Welt" mit dem Rest der Äquatorregion. Das ostamerikanische Reich ist ein Epikontinental-Meer, das im Norden, Westen und Osten von meistenteils nicht überfluteten Landmassen begrenzt wird.

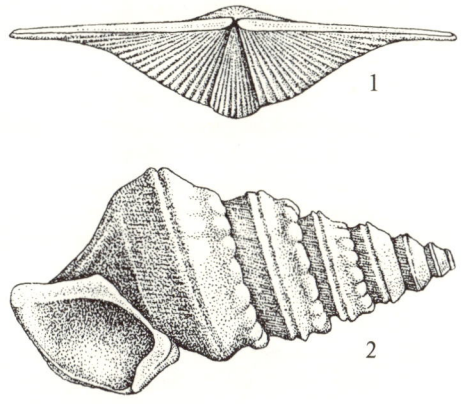

Devon

1 *Der Brachiopode* Cyrtospirifer *reicht vom Mittleren Devon bis ins Untere Karbon (etwa ½ natürlicher Größe).*
2 *Die Schneckengattung* Murchisonia *findet sich vom Devon bis ins Untere Karbon (etwa natürliche Größe).*

Devon

Links: Im Oberdevon erreicht das Bärlappgewächs Cyclostigma baummähnliche Dimensionen.
Mitte: Rhynia aus dem Mittleren Old Red Sandstone von Schottland gehört zu den Psilophyten und mißt nur etwa 18 cm.
Rechts: Baumartige Bärlappe (Protolepidodendron) existieren bereits im Mittleren Devon.

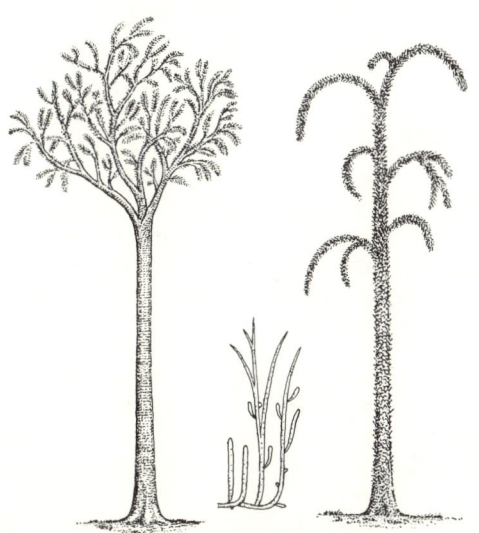

Diatomeen ↗Kieselalgen

Dinosaurier

Der Name Dinosaurier wurde 1841 von Sir Richard ↗OWEN in einer Mitteilung an die British Association for the Advancement of Science in Plymouth vorgeschlagen und bedeutet so viel wie „schreckliche Echsen".

Formen wie *Iguanodon* (↗Ornithopoda), *Megalosaurus* (↗Carnosauria) und *Hylaeosaurus* (↗Stegosauria) waren alle in den davorliegenden 20 Jahren beschrieben worden. Da keine befriedigende Einordnung in eine der bekannten Reptilgruppen möglich war, wurden sie von OWEN in einer „eigenen Tribus oder Unterordnung" als Dinosaurier zusammengefaßt.

Bald wurden noch andere große, landlebende Reptilien aus dem Mesozoikum entdeckt, vor allem in Nordamerika. Dort führte die heftige Rivalität zwischen Edward ↗COPE und Othniel ↗MARSH zu einer raschen Ausbeutung der fossilreichen ↗Morrison-Formation. Für all diese neuentdeckten riesigen Formen aus dem Jura wurde die Bezeichnung Dinosauria beibehalten.

Erst der englische Paläontologe H. G. SEELEY (1839–1909) erkannte, daß hier zwei verschiedene Gruppen zusammengefaßt werden, zum einen die ↗Saurischia mit einem echsenähnlichen, dreistrahligen Beckengürtel, zum anderen die ↗Ornithischia mit einem vogelähnlichen Becken, bei dem der hintere Fortsatz der Pubis parallel zum Ischium nach hinten gerichtet ist. Er veröffentlichte 1887 seine Schlußfolgerungen und schlug formell die Einteilung in die zwei neuen Ordnungen der Saurischia und Ornithischia vor.

Danach wurde der Name Dinosaurier nur noch als Sammelbegriff verwendet, um sowohl Saurischia (↗Coelurosauria, ↗Deinonychia, ↗Carnosauria und ↗Sauropoda) als auch Ornithischia (↗Ornithopoda, ↗Ankylosauria, ↗Stegosauria, ↗Hadrosaurier und ↗Ceratopsia) zu bezeichnen.

Beide Gruppen gehören zu den ↗Archosauriern, leiten sich also von den Thecodonten ab und zeigen allgemein eine Tendenz zur Größenzunahme. Dennoch sind sie nicht näher miteinander verwandt als Krokodile und Flugsaurier – beides Archosaurier-Gruppen, die sich ebenfalls aus Thecodonten entwickelten.

Als sich um 1975 bei Ornithischia und Saurischia die Hinweise auf Warmblütigkeit (↗Warmblüter) häuften, lebte die Bezeichnung Dinosaurier wieder auf, um beide Reptilgruppen, ferner die Vögel als ihre möglichen Abkömmlinge und die ↗Pseudosuchia als ihre Vorfahren zusammenzufassen. Mit sehr großer Wahrscheinlichkeit waren aber auch die ↗Flugsaurier warmblütig und entwickelten vermutlich sogar ein Haarkleid zur Aufrechterhaltung der Körpertemperatur. Es wurde daher vorgeschlagen, die Klasse der Dinosauria in eine Überklasse der Endosauropsida zu stellen, die auch die Flugsaurier einschließt.

Dinosaur National Monument

Ein Aufschluß nahe Vernal, Utah; entdeckt 1909 von Earl DOUGLASS (1862–1931). Durch tektonische Bewegungen gekippt, stehen die 4,5 m mächtigen Schichten der ↗Morrison-Formation an dieser Stelle nahezu senkrecht. Spätere, das oberjurassische Gestein überlagernde Sedimente wurden von Paläontologen abgetragen, um den enormen Reichtum an Dinosaurier-Resten zu erschließen. Ein um 1950 errichtetes Gebäude ermöglicht den Besuchern die Besichtigung der Fossilien in der 9 m hohen Wand des Aufschlusses. Zwei Galerien geben Ausblick auf die 59 m lange Flanke, Ausstellungen bieten zusätzliche Informationsmöglichkeiten.

Das ursprünglich 32 ha große Gelände (inzwischen wesentlich erwei-

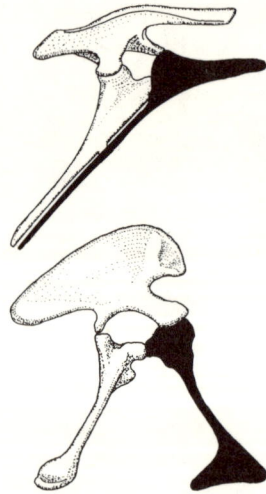

Dinosaurier
Oben: Das dreistrahlige Becken eines Ornithischier (Thescelosaurus) ist vogelähnlich: Das Schambein (Pubis, schwarz unterlegt) verläuft parallel zum Sitzbein (Ischium) schräg nach hinten unten, nur eine kurze Prä-Pubis erstreckt sich nach vorne.
Unten: Bei den Saurischiern verläuft die Pubis (schwarz unterlegt) schräg nach vorne und bildet so ein dreistrahliges Becken.

tert) wurde 1915 vom damaligen Präsidenten Woodrow WILSON als Dinosaur National Monument unter Schutz gestellt. Die Ausgrabungen leitete bis zum Frühjahr 1923 das Carnegie Museum, für das auch DOUGLASS arbeitete, und dann für eine Saison das American National Museum. In der Folgezeit wurde nur wenig an dem Aufschluß gearbeitet, bis 1953 der National Park Service einen Neubau errichtete (1958 fertiggestellt).

Noch immer arbeiten Paläontologen an der Freilegung der Fossilien; dabei wird vielfach wertvolles, neues Material entdeckt. Unter anderem konnten folgende Reptiliengattungen nachgewiesen werden; *Antrodemus* (synonym zu *Allosaurus*) und *Ceratosaurus* (↗Carnosauria); *Camarasaurus, Diplodocus* und *Atlantosaurus* (↗Sauropoda); *Stegosaurus* (↗Stegosauria); *Laosaurus* und *Camptosaurus* (↗Ornithopoda).

Im oberen Jura war die Stelle offenbar Teil des Flachwasserbereiches eines breiten Flusses, möglicherweise auch eine Sandbank. Einige der als Skelette erhaltenen Tiere waren vielleicht beim Versuch, den Fluß zu überqueren, im Morast steckengeblieben; der größere Teil stammt aber wohl von Kadavern, die flußabwärts getrieben worden waren, bis sie schließlich an einer flachen Stelle eingebettet wurden. Die langen Hälse und Schwänze der Sauropoden liegen stets ausgestreckt im Sediment; die Körperteile wurden offenbar vor ihrer Einbettung entsprechend der Strömungsrichtung eingeregelt.

Dipnoi ↗Lungenfische

Domestikation

In den frühen Entwicklungsstadien des neuzeitlichen Menschen beeinträchtigte die Notwendigkeit, die Nahrung durch Jagen, Fischen und Früchtesammeln zu erlangen, die Entwicklungsgeschwindigkeit stark. Erst mit dem Beginn des Ackerbaus

vor etwa 10 000 Jahren gründete der Mensch feste Siedlungen, häufte historische Zeugnisse an, und ein Teil der Population konnte Aktivitäten entwickeln, die nicht mehr direkt mit dem Nahrungserwerb zu tun hatten. Diese sozialen Fortschritte führten zur Bildung von Dörfern, Städten, Stadtstaaten und Nationen.

Die Entwicklung des Ackerbaues war ein allmählicher Prozeß, der schon von den Völkern des fortgeschrittenen ↗Paläolithikum und ↗Mesolithikum begonnen wurde und keineswegs nur auf das ↗Neolithikum beschränkt war, obwohl man oft von der „Neolithischen Revolution" spricht. Der Anbau von Getreide begann zweifellos mit dem Sammeln von Pflanzensamen. Man kann wohl annehmen, daß einige Stämme Gebiete in ihren Territorien kannten, wo sie zu bestimmten Jahreszeiten Grassamen finden konnten. Dieses Samensammeln regulierte vermutlich das Umherziehen eines Stammes, so daß er zur Erntezeit an der richtigen Stelle war. Solche Gebiete gab es in Vorderasien, wo mesolithische Völker wild vorkommendes Einkorn sammelten. Man weiß nicht, weshalb dann in der Nähe dieser wertvollen Nahrungsquelle gesiedelt wurde, möglicherweise, um die eigene Gruppe vor den anderen Nomaden zu schützen. Nachdem der Mensch einmal seßhaft geworden war, bemerkte er wahrscheinlich bald, daß gewisse Samen größer und besser waren als andere, sortierte die besten aus und säte diese erneut aus. Die Folge war eine stete Verbesserung der Kornqualität. Die archäologischen Funde in Vorderasien zeigen, daß der Mensch vor etwa 11 000–9 000 Jahren drei Grasarten als Getreidepflanzen anbaute: Zweizeilige Gerste sowie Emmer- und Einkornweizen. Wahrscheinlich wurden die Samen zunächst von Hand gesammelt, während später Steinsicheln (in Horn gesteckte Steinklingen) ver-

73

wendet wurden. Man hat Werkzeuge gefunden, deren Klingen noch vom Gebrauch blank waren. Das Gebiet dieser wildwachsenden Getreidepflanzen erstreckte sich vom Jordan und dem heutigen Israel durch Anatolien bis in den Nordirak und westlichen Iran. Hier fand man auch die Überreste der ersten menschlichen Dauersiedlung zusammen mit fossilisierten Samen der angebauten Getreidepflanzen. Diese Arten sind mit unseren modernen Getreiden so nahe verwandt, daß sie leicht gekreuzt werden können. Neben Getreide wurden auch Erbsen und Puffbohnen angebaut. Von diesem Ursprungsgebiet breitete sich während der nächsten 3 000–4 000 Jahre die Kunst des Ackerbaues nach Europa und Asien aus.

In den Frühstadien des Ackerbaues war die Jagd noch von Bedeutung, wurde jedoch allmählich durch Viehhaltung ersetzt. Neben dem Hund, der wohl schon seit 10 000 Jahren als Haustier gehalten wird, waren die ersten domestizierten Tiere Ziegen (8 500 v. Chr.), Schafe (7 500 v. Chr.), Schweine (7 000 v. Chr.) und Rinder (6 500 v. Chr.).

Südwestasien war nicht das einzige Kulturzentrum. In China entwickelten die Menschen ihre eigenen Kulturen, wobei die ersten Landwirtschaften im Becken des Gelben Flusses lagen. Von diesem Ausgangspunkt drang die Agrikultur nach Norden und Süden durch die Laubwaldzone vor und erreichte im Norden den Nadelwaldgürtel. Während dieser Ausbreitung wurden Rind, Schaf und Pferd domestiziert, und als Kulturpflanze kam in Südchina und Südostasien noch der Reis hinzu.

In der Neuen Welt wurde eine eigene Landwirtschaft entwickelt; da die altweltlichen Getreidearten jedoch fehlten, basierte der amerikanische Ackerbau gewöhnlich auf Mais, wobei die Hauptanbaugebiete in Mexiko und Peru lagen. Einige Gruppen in der Neuen Welt ersetzten den fehlenden Mais durch Kartoffel, Kürbis und Bohnen und bauten auf dieser Grundlage eine Landwirtschaft auf. Die Entwicklung in der Neuen Welt erfolgte verzögert (5 000 v. Chr.) und berührte nur kleine Teile Nordamerikas. Auch die afrikanische Landwirtschaft entwickelte sich recht spät, und man hat Hinweise, daß die ersten afrikanischen Ackerbauern erst vor 3 000 Jahren v. Chr. auftraten. In Australien entwickelte sich nie eine Form seßhafter Landwirtschaft.

Dubois, Eugène (1858–1940)
Holländischer Anatom und Paläontolge (geboren in Eijsden, Niederlande), Entdecker des Java-Menschen *(Homo erectus erectus)*. DUBOIS studierte Medizin und wurde Dozent an der Universität von Amsterdam. Er war stets an Naturgeschichte interessiert und sammelte schon in jungen Jahren Fossilien. Entscheidende Impulse erhielt er durch die Arbeiten von Charles ↗DARWIN und Alfred Russel WALLACE (1823–1913), die beide glaubten, die Vorfahren des Menschen hätten in den Tropen gelebt. Besonderen Eindruck hinterließ WALLACEs Beschreibung eines Orang-Utans. Da es DUBOIS nicht gelang, Geld für eine Expedition zu erhalten, um das „fehlende Zwischenglied" zu finden, trat er der Holländisch-Ost-Indischen Armee bei, reiste nach Sumatra und setzte 1890 nach Java über. Praktisch seine ganze Zeit auf Java war der paläontologischen Forschung gewidmet, bei der ihn die holländische Regierung nur bescheiden unterstützte. Seine berühmte Entdekkung auf den Bänken des Solo-Flusses wurde 1893 als *Pithecanthropus erectus* beschrieben.

Als er 1895 in die Niederlande zurückkehrte, erfuhr er, daß sein Fund der Anlaß eines heftigen wissenschaftlichen Streites war. Während seines ganzen Lebens bestand DUBOIS darauf, das „fehlende

Glied" zwischen Mensch und Affe gefunden zu haben. Heute wird anerkannt, daß seine Entdeckung das früheste eindeutig zur Gattung *Homo* gehörige Zeugnis darstellt.

Echinodermata ↗Stachelhäuter

Edentata ↗Zahnarme

Ehrenberg, Christian (1795–1876) Deutscher Naturforscher und Begründer der ↗Mikropaläontologie. Er wurde in Delitzsch bei Leipzig geboren und studierte zuerst Theologie in Leipzig, dann Medizin an der Universität Berlin. In den Zwanziger Jahren des 19. Jahrhunderts nahm er an zwei wissenschaftlichen Expeditionen teil: Die erste führte nach Ägypten, Libyen und an die Küsten des Roten Meeres, die zweite, unter Alexander von HUMBOLDT (1769–1859), in die UdSSR. Als ein Ergebnis der ersten Expedition veröffentlichte EHRENBERG seine klassische Darstellung der ↗Korallen des Roten Meeres, wobei er die Ansicht vertrat, daß sie nicht neue Inseln erbauen, sondern nur schon existierende Inseln erhalten. Seine anderen Hauptbeiträge zur Geologie und Paläontologie waren das Ergebnis seiner Untersuchungen an Mikrofossilien und sind in dem Werk „Mikrogeologie" (1854) zusammengefaßt. Diese Pionierarbeit enthüllte die Schönheit der ↗Radiolarien-Skelette und die wahre Natur der ↗Kreide und einiger anderer Kalkgesteine.

Eidechsen, *Lacertilia*
Unterordnung der ↗Reptilien; auf Grund der Schädelmerkmale gehören sie wie die ↗Schlangen zur diapsiden Ordnung der Squamata innerhalb der Unterklasse Lepidosauria.

Eidechsen sind die artenreichsten rezenten Reptilien. Durch die Schädelstruktur unterscheiden sie sich klar von allen anderen modernen Reptilien: Das obere Schläfenfenster bleibt vollständig erhalten, während das untere seine ventrale Begrenzung verliert. Mit dem Verlust des Quadratojugale wird das Quadratum auf dem reduzierten Squamosum, einem paarigen Deckknochen, frei beweglich und gibt dem Kiefer so eine erhöhte Beweglichkeit (Streptostylie). Weitere charakteristische Lacertilier-Merkmale sind die Art der Zahnbefestigung – entweder an der Oberkante oder an der Innenseite der Kiefer –, das Fehlen von Zähnen am Munddach, das im allgemeinen persistierende Pinealauge und die meist procoelen Wirbel (↗Wirbelsäule).
Die ersten Lacertilier lebten offensichtlich als kleine Insektenfresser. Die meisten Formen behalten diese Ernährungsweise bei, einigen gelingt aber auch das Vordringen in verschiedene andere ökologische Nischen. Den rezenten Formen ähnliche Lacertilier kennt man seit der späten Trias; als Stammgruppe

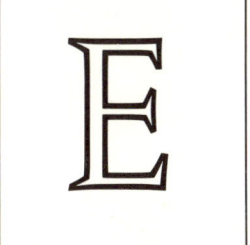

Eidechsen
Die Gattung Heloderma, *mit dem Gilamonster auch rezent vertreten, reicht zurück bis ins Oligozän.*
Länge: ca. 56 cm

Lepidosauria

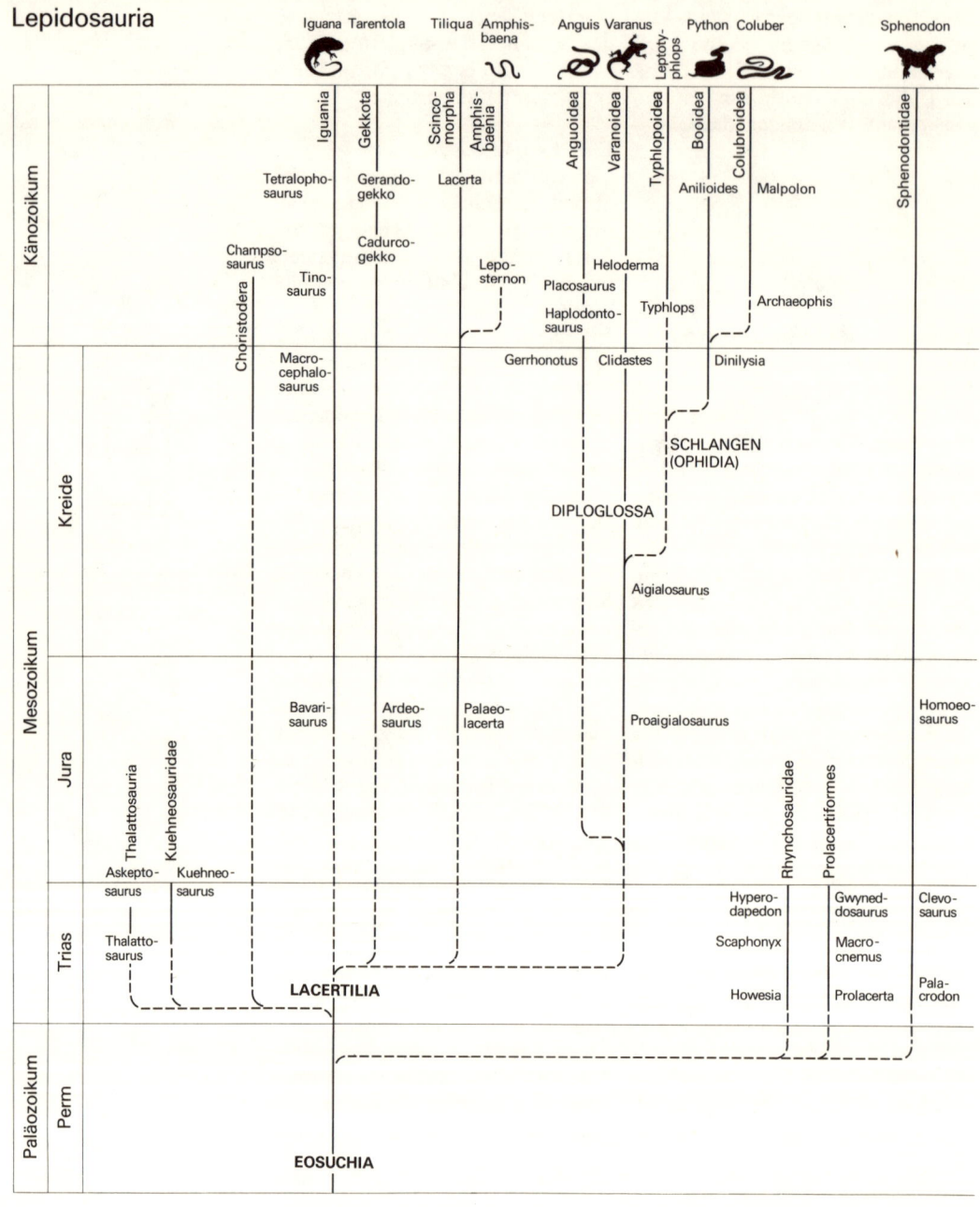

kommt möglicherweise die Familie der Paliguanidae in Frage. Die ersten echten Eidechsen aus der späten Trias zeigen bereits Sonderentwicklungen: Die landlebenden Fulengidae aus China repräsentieren einen Seitenast in der Entwicklungslinie der Eidechsen; die Kuehneosauridae von West-England und New Jersey sind hoch spezialisierte Gleitflieger. Ähnlich wie bei der rezenten Gattung *Draco* dienen Rippenpaare als Stützen für die Flughaut.

Die Mehrzahl der modernen Lacertilier-Gruppen entwickelte sich im

Jura und in der Kreide. Beziehungen zu den heutigen Waranen zeigen zwei semi-aquatische Familien aus der Kreide: die Aigialosaurier, von denen sich die ↗Mosasaurier ableiten und die Dolichosaurier. Die Schlangen, ebenfalls Abkömmlinge der Lacertilier, entstanden vermutlich in der Kreide. *Megalania,* mit 7 m Länge die größte bekannte landlebende Eidechse, stammt aus dem Pleistozän von Australien. Als größte rezente Form erreicht *Varanus komodensis* aus Indonesien eine Länge von etwa 4 m.

Eier

Fossilisierte Eier werden entweder als versteinerte Schalen (nicht notwendigerweise kalkig) oder als Abdruck innerhalb des Mutterleibs gefunden.

Das älteste bekannte ↗Reptilien-Ei stammt aus dem Perm von Texas; ein kleines, aber gut erhaltenes Ei fand sich zusammen mit kleinen ↗Dinosaurier-Skeletten in der Oberen Trias von Patagonien. Die Oberkreide der Provence ist bekannt für reichliche Schalenbruchstücke und auch ganze Eier, ungefähr „eiförmig" und bis 25 cm lang, die dem ↗Sauropoden *Hypselosaurus* zugeschrieben werden. Die Wüste ↗Gobi (Mongolei) lieferte zahlreiche Funde kleiner, gestreckter Eier, oft zusamen mit Skeletten des ursprünglichen, spätkretazischen *Protoceratops* (↗Ceratopsia); man findet die Eier in Gelegen, die aus mehreren Dutzend, in konzentrischen Kreisen angeordneten Eiern bestehen.

Dinosaurier-Eischalen sind hochporös und bestehen aus einer äußeren Prismen- und einer inneren „Warzen"-schicht, deren äußere Oberfläche mit Falten, Höckern und Wülsten besetzt ist. Unabhängig von der Größe der Eltern ist der Eiumfang dadurch begrenzt, daß ein großes Ei eine verhältnismäßig dicke Schale braucht, was den Gasaustausch des Embryos mit der Außenwelt behin-

Eidechsen
Kuehneosaurus *kommt als hochspezialisierte frühe Eidechse in der Oberen Trias von England vor. Die Rippen ragen seitlich vor und stützen vermutlich eine Flughaut.*
Länge: ca. 57 cm

dern und den Schlüpfvorgang erschweren würde.

Besonders große Eier findet man bei den Moas (z. B. *Dinornis*) und den sogenannten Elefantenvögeln *(Aepyornis)*: Das größte bekannte Ei – von einem Elefantenvogel – ist 34,3 cm lang, mit einem maximalen Umfang von 76,8 cm und einem Volumen von 11 Litern.

Einzeller ↗Protozoen

Eiszeiten

Im Verlauf der Erdgeschichte führten außergewöhnlich kalte Klimate mehrfach zur Bildung ausgedehnter polarer Eiskappen und schließlich zu einer weitgehenden Vergletscherung in den höheren Breitengraden. So deuten einige Hinweise auf eine kontinentale Vereisung bereits in der Zeit vor 2 Milliarden Jahren (Huronische Tillite); die erste, geologisch umfassend gesicherte Eiszeit datiert noch vor dem Beginn des Kambrium. Eine zweite Vergletscherungsperiode ist aus dem Ordoviz belegt, gefolgt von einer weiteren an der Wende Karbon – Perm; die jüngsten Vereisungen fallen ins Pleistozän.

Das Vorhandensein polarer Eiskappen während der Erdgeschichte ist wahrscheinlich der ungewöhnliche Fall: Sie fehlen einem Großteil des Paläozoikum, dem ganzen Mesozoikum und dem frühen Känozoikum. In den präkambrischen Gesteinen von Rußland, Skandinavien, Grönland, Spitzbergen, Afrika, China und Australien finden sich jedoch ausgedehnte Tillite (völlig verfestigte Moränenablagerungen von Gletschern). Diese Tillite gehen dem ersten Erscheinen der ↗Trilobiten unmittelbar voraus und sind offenbar Zeugen einer ausgedehnten Vergletscherung am Beginn des Paläozoikum (eokambrische Eiszeit). Abgesehen von einer Zwischenvereisung im Ordoviz herrscht vom Kambrium bis ins Karbon ein wesentlich wärmeres Klima. Der ↗Gondwana-Kontinent wird jedoch noch im Karbon von einer weitreichenden Vereisung erfaßt, die bis ins Perm andauert (permokarbonische Eiszeit). Die Vergletscherung beginnt in Südamerika und Südafrika bereits im Unter-Karbon, in Vorderindien, Australien und der Antarktis jedoch erst im späten Karbon oder Unteren Perm. Offensichtlich verändern die südlichen Kontinente ihre relative Lage zum Südpol, so daß die Vereisungszone zu verschiedenen Zeiten verschiedene Regionen berührt. Man vermutet ein periodisches Abschmelzen und Vordringen des Eises; für die Zwischenzeiten mit milderem Klima ist die ↗ *Glossopteris*-Flora ein charakteristisches Element der Gondwana-Vegetation.

Im Mittleren Perm beginnt der etwa 10,4 Millionen Quadratkilometer große Eispanzer der Gondwana abzuschmelzen. Im Mesozoikum dominieren die Zeugen warmer Klimate, während Hinweise auf Vergletscherungen nahezu fehlen. Erst unter dem kühleren und stärker saisonal ausgeprägten Klima des späten Känozoikum kommt es erneut zur Bildung von ausgedehnten polaren Eiskappen und zur Vergletscherung der Hochgebirgsketten. Deutlich niederere Temperaturen am Ende des Pliozän leiten über zu den quartären Vereisungen. Die Gletscher der Nordhalbkugel dringen von mehreren Zentren (Skandinavien, Britische Inseln, Barents-See, Alpen) nach Europa vor; nordamerikanische Vereisungszentren sind das „Laurentische Eis" im Bereich der Hudson-Bay und das „Kordilleren-Eis" in Britisch-Kolumbien. Man schätzt, daß etwa 44 Millionen Quadratkilometer von Eis bedeckt waren; die Bildung der Inlandeismassen führte zur Absenkung des Meeresspiegels um 90–120 m. Dadurch entstehende Landbrücken über den Ärmelkanal und die Bering-Straße ermöglichten die Einwanderung kälteadaptierter Tiere.

In Mitteleuropa werden im Pleistozän fünf Hauptvereisungsperioden unterschieden: Donau-, Günz-, Mindel-, Riß- und Würm-Eiszeit (die Namen leiten sich von bayrischen Flüssen ab). Die Interglaziale zwischen den Eiszeiten sind durch mildere Bedingungen und Eisrückzug gekennzeichnet, kleinere Erwärmungen innerhalb der Glaziale werden als Interstadiale bezeichnet. Vermutlich existieren mehr als fünf solcher Vereisungs-Zyklen, wie Messungen der Sauerstoffisotopen-Verhältnisse in ozeanischen Sedimenten zeigen.

In England reicht die Vereisung südwärts bis zur Themse; ausgehend von dem 3000 m dicken skandinavischen Eisschild dringen die Gletscher 2 000 km weit nach Ost- und Zentral-Europa bis an den Nordrand der Karpaten und die Becken von Don und Dnjepr vor und dehnen sich anschließend ostwärts bis nach West-Sibirien aus. Von den Alpen gehen riesige, bis zu 360 km lange Gletscher aus; die Schneegrenze liegt rund 1 200 m tiefer als heute.

Für Nordamerika gelten folgende Parallelisierungen: Die Nebraska-Eiszeit entspricht der Günz-Eiszeit, die Kansas- der Mindel-, die Illinois- der Riß- und die Wisconsin-der Würm-Eiszeit. Auf dem Höhepunkt der Wisconsin-Eiszeit liegen die Catskill und Adirondack Mountains unter einer mehr als 1 000 m mächtigen Eisschicht; für frühere Vereisungen ist eine Ausdehnung der Gletscher südwärts bis nach St. Louis belegt.

Nordhemisphärischen Eiszeiten entsprechen in Afrika Zeiten mit erhöhten Niederschlägen (Pluvialzeiten) und nur geringen Vergletscherungen. Das letzte Vereisungsmaximum vor etwa 18 000 Jahren scheint allerdings mit einer Trockenperiode zusammenzufallen. Aus Australien sind nur wenige ausgedehnte Eiskappen bekannt, etwas umfangreichere Vereisungen finden sich in Tasmanien und auf der Südinsel von Neuseeland. In Südamerika reicht das Inlandeis, ausgehend von den Anden, bis in die patagonische Ebene und erreicht im äußersten Süden von Argentinien den Atlantischen Ozean.

Das Abschmelzen der Würmgletscher fällt in die Zeit vor etwa 15 000 Jahren; die gegenwärtigen Klimaverhältnisse entsprechen vermutlich einem Interglazial mit zeitweiligem kleinem Vordringen der Gletscher im 16.–19. Jhdt. nach einer Wärmeperiode (5000–3000 v. Chr.), deren Temperaturen in Europa um 2–3° C höher lagen als heute. Vor etwa 4 000 Jahren begannen die Laubwälder Skandinaviens zu verschwinden, und zur Zeit sind die Gletscher offensichtlich erneut in langsamer Ausdehnung begriffen.

Auch die aufeinanderfolgenden Interglaziale zeigen eine Tendenz zu niedereren Temperaturen. Dennoch sind diese Perioden durch die Einwanderung einer warm-gemäßigten Fauna und Flora (Elefanten mit geraden Stoßzähnen, Flußpferde, Rotfüchse, Rehwild, Makaken und breitblättrige Bäume) bis in höhere Breitengrade gekennzeichnet. In den Glazial-Zeiten besiedelt eine Tundrenvegetation mit Birken und Nadelbäumen die Ränder des Eisschildes; Wollhaariges ↗Mammut, Wollhaariges ↗Nashorn,

Steppen-Nashorn (Elasmotherium), Saiga-Antilope, Höhlenbär und Moschusochse sind typische Faunenelemente dieser Zone. Die Nordufer des Mittelmeers säumen große Kiefernwälder. In den aufeinanderfolgenden Interglazialen gelingt immer weniger Vertretern der warmen Klimate (z. B. Amberbaum, Sumpfzypressen, Tulpenbaum) die Rückeroberung der nördlichen Breitengrade, so daß diese Formen im gegenwärtigen Interglazial vollkommen fehlen.

Als mögliche Ursachen für die Entstehung von Eiszeiten werden verschiedene Faktoren diskutiert, z. B. das Vorhandensein kontinentaler Hochgebirge in Perioden der Gebirgsbildung zusammen mit einer erhöhten Reflexion des Sonnenlichtes, ausgehend von einer kleinen polaren Eiskappe (selbstinduzierte Abkühlung); auch eine teilweise Rückstrahlung der Sonnenwärme durch erhöhten Ausstoß vulkanischer Asche wird für möglich gehalten.

Ein anderes komplexes Modell versucht, basierend auf Variablen wie Schwankungen in der Erdumlaufbahn um die Sonne, Neigung der Erdachse und Präzession der Tag-Nachtgleiche, Änderungen in der Sonneneinstrahlung zu schätzen. Derart konstruierte Strahlungskurven zeigen Perioden mit geringer Einstrahlung, bedingt durch gleichzeitige Achsenneigung, Umlaufabweichung und Winter-Perihel. Diese theoretisch abgeleiteten Perioden geringer Sonneneinstrahlung scheinen mit den bekannten Intervallen übereinzustimmen, in denen kalte Sommer die Bildung größerer Eismassen begünstigten.

Unzweifelhaft hängen auch die Vorgänge der Gebirgsbildung mit den Eiszeiten am Übergang Karbon – Perm und im Pleistozän zusammen. Mit dem Aufsteigen der Gebirge und Rückzug des Meeres werden größere Landflächen der Sonneneinstrahlung ausgesetzt, deren Wärmespeicherkapazität aber deutlich unter der von Wasser liegt. Haben die Berggipfel die sich senkende Schneegrenze erreicht, bleiben sie von einer ständigen Eiskappe bedeckt. Bei einer Nord-Süd-Orientierung der Gebirgskette werden die im allgemeinen vorherrschenden Westwinde in größere Höhen abgelenkt; erhöhte Niederschläge in Form von Schnee sind die Folge. Abwechselndes Auftauen und Gefrieren in den Gipfelregionen führt zur Firnbildung; unter dem Druck weiterer Schneemassen entstehen Eis und Gletscher.

Von den zahlreich vorgeschlagenen „Eiszeithypothesen" kann bisher keine sämtliche Phänomene befriedigend erklären. Meist werden kühle Sommer verbunden mit relativ milden Wintern als günstig für die Initiation einer Eiszeit angesehen.

Elefanten ↗ Rüsseltiere

Entelodonten
Seitenlinie einer ursprünglichen, schweineähnlichen Gruppe von ↗ Paarhufern; man bezeichnet sie oft als „Riesenschweine". Sie erreichen tatsächlich beträchtliche Größe (der letzte und größte, *Dinohyus*, wird bisongroß), gehören aber nicht zu den echten Schweinen; wie diese sind sie aber wohl aus frühen Palaeodonten (primitive Paarhufer) hervorgegangen.

Die Entelodonten haben ihre große Zeit hauptsächlich im Oligozän: In Europa ist *Entelodon* weit verbreitet, das ähnliche *Archaeotherium* in Nordamerika. Sie sind langbeinig und besitzen didactyle (zweizehige) Extremitäten. Die Schneidezähne ragen spitz hervor, und die schweren Eckzähne zeigen Abriebfurchen, was auf Wurzeln und Knollen in der Nahrung dieser Tiere hinweist. Die Molaren bleiben einfach, vierhöckrig und bunodont. Der Entelodonten-Schädel ist lang, manchmal länger als ein Meter, und bildet charakteristische Auswüchse. Der Jochbeinbogen hinter der Augenöffnung zeigt eine seitlich nach unten weisende Erweiterung, der Unterkiefer trägt auf seiner Unterseite mehrere Knochenhöcker.

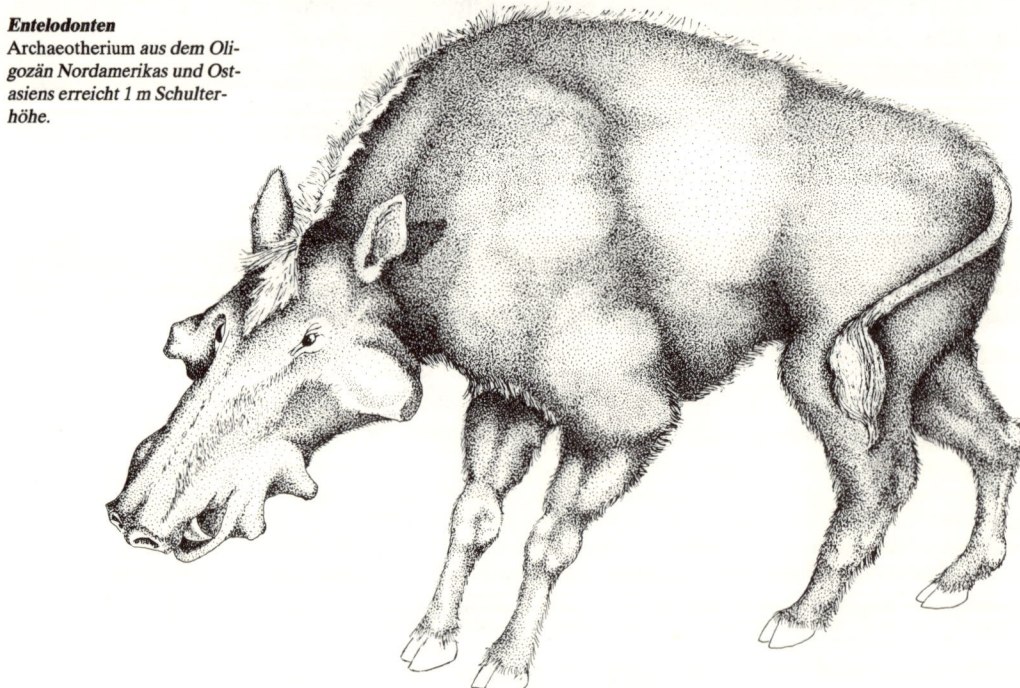

Entelodonten
Archaeotherium *aus dem Oligozän Nordamerikas und Ostasiens erreicht 1 m Schulterhöhe.*

Man vermutet, daß diese ungewöhnlichen Knochenfortsätze als zusätzliche Ansatzstellen für Kiefermuskulatur dienten. Berücksichtigt man noch die Abriebfurchen auf den Molaren, kommt man auf eine ganz eigenartige Methode der Nahrungszerkleinerung: Die Entelodonten könnten den Vorderteil des Kiefers geschlossen gehalten und gleichzeitig mit den hinteren Zähnen die Nahrung zermahlen haben. An den Unterkieferhöckern befestigte Muskeln könnten dabei das Vorderende der Kiefer dicht abgeschlossen und das Ineinandergreifen der Eckzähne zusätzlich ungewollte Bewegung verhindert haben. Die Jochbeinmuskeln hätten dann durch abwechselnde Kontraktion auf linker und rechter Seite einen seitwärts orientierten Mahlprozeß mit den Backenzähnen ermöglicht.

Entstehung des Lebens,
Chemische Evolution
Gegenstand verschiedener Theorien über die physikalischen und chemischen Veränderungen auf der Erde, die zur Entwicklung des Lebens führten. Im allgemeinen bezeichnet man jede organische Struktur, die sich reproduzieren kann, einen Stoffwechsel besitzt und auf äußere Reize reagiert, als lebendig. Lebende Organismen sind sehr komplex – selbst die niedersten. Atome sind zu Molekülen zusammengefügt, die wiederum in geordneten Strukturen zu Organellen vereint sind; mehrere Organellen bilden zusammen eine lebensfähige Einheit, die Zelle. Die einfachste Lebensform ist eine Einzelzelle. Einzelne Zellen sind weiter zu Geweben vereint, und solche Gewebe bauen alle höheren Lebewesen auf. Die ältesten Fossilien, bakterienähnliche präkambrische Organismen aus der Nähe von Barberton, Südafrika, sind etwa 3,2 Milliarden Jahre alt. Obwohl diese Fossilien keinen direkten Anhalt für die Entstehung des Lebens geben (selbst Bakterien sind komplexe Organismen), zeigen sie doch, daß das Leben vor diesem Zeitpunkt entstand, wenn auch unbeantwortbar bleibt, wie lange davor. Die Entstehung des Lebens zu einem solch frühen Zeitpunkt der Erdgeschichte bedeutet, daß sie unter ganz anderen Verhältnissen als den heutigen stattfand.

Obgleich nicht völlig geklärt, setzt sich die frühe Erdatmosphäre vor etwa 3,2 Milliarden Jahren doch sehr wahrscheinlich aus Gasen zusammen, die durch Vulkanausbrüche aus dem Erdinneren entwichen sowie aus Gasen, die die erste Atmosphäre der Erde bildeten. Alle diese Gase werden von der Gravitation der Erde angezogen und bilden die Uratmosphäre. Die wichtigsten Gase sind Wasserstoff, Wasserdampf, Kohlendioxid, Stickstoff, Ammoniak, Methan, Schwefel und die Halogengase (Fluor, Chlor, Brom). Mehrere davon, vor allem Ammoniak und Methan, kommen in den Atmosphären von Jupiter, Saturn und Uranus vor. Freier Sauerstoff fehlt fast völlig; er könnte nur aus Kohlendioxid und Wasser entstehen, würde aber sofort andere Gase oxidieren – und dabei selbst wieder reduziert werden. Das Leben entsteht also in einer reduzierenden Umwelt.

Auch die Ozeane unterscheiden sich von den späteren. Der kondensierte Wasserdampf enthält wenige Verwitterungsprodukte und offensichtlich auch keine organischen Strukturen, dafür sind jedoch um so mehr saure Gase in ihm gelöst, wie Kohlendioxid und Schwefeldioxid.

Ein weiterer besonderer Punkt hängt mit der niederen Konzentration (oder völligen Abwesenheit) von Sauerstoff in der Uratmosphäre zusammen. Ein Großteil der Strahlung, die auf die Erde fällt, wird heute von Sauerstoff und Ozon der Atmosphäre absorbiert, so daß nur noch ein kleiner Rest die Erdoberfläche erreicht. In der Uratmosphäre ohne diese absorbierenden Bestandteile gelangt jedoch eine viel größere Intensität der Ultraviolettstrahlung auf die Erdoberfläche. Solche Überlegungen führen in den 1920er Jahren zu Hypothesen, die davon ausgehen, daß unter diesen ursprünglichen Bedingungen die Energie der Ultraviolettstrahlung oder von Lichtblitzen ausreicht, im Ozean oder in der heißen Erdkruste große organische Moleküle zu erzeugen. Es sind die Grundbausteine des Lebens, die Aminosäuren. Einmal gebildet, können sich diese Aminosäuren, wahrscheinlich in den Urmeeren, zu immer größer werdenden Einheiten zusammenlagern. In dieser „Ursuppe" können die Aggregate durch zufälliges Aneinanderlagern verschiedener Moleküle zunehmend lebensähnlichere Eigenschaften gewinnen, ein Prozeß, der bis zur Erzeugung genetischen Materials führt, das die Lebensvorgänge kontrolliert und steuert. Diese frühen Vorstellungen werden dauernd weiterentwickelt und führen viel später zur Idee des „Hyperzyklus", der eine Art kooperatives Modell beinhaltet: eine Möglichkeit, wie sich Makromoleküle durch wechselseitige Hilfe der Schwelle des Lebens nähern.

In den 1950er Jahren werden die physikalischen Aspekte der ersten Hypothesen überprüft. Wasserdampf, Ammoniak und Methan werden in einem Testgefäß gemischt und elektrischen Entladungen ausgesetzt. Nach mehreren Stunden erhält man eine braune Flüssigkeit und darin Aminosäuren – jene Grundbausteine des Lebens, die auf solche Weise entstanden sein sollten. Um die Vorstellung zu stützen, eine vulkanische Umwelt sei geeignet für eine biologische Synthese, bläst man in einem anderen Experiment ein Gemisch von Ammoniak, Wasserdampf und Methan durch eine auf 1 000 Grad erhitzte Röhre; auch hierbei erhält man Aminosäuren.

Die Experimente zeigen, daß die ersten Schritte zum Leben als ganz einfache Prozesse in einer bestimmten und, mit heute verglichen, ganz anderen chemischen Umgebung tatsächlich ablaufen konnten. Man erforscht nun den nächsten Schritt, den Zusammenbau von Aminosäuren zu Proteinen und DNA-ähnlichem Material. Die Ergebnisse zeigen schon, daß auch dies chemisch möglich ist.

Es scheint so, daß das Leben auf oder nahe der Oberfläche der urzeitlichen Erde entstand, unter sauren, reduzierenden Bedingungen und unter zusätzlicher Einwirkung von Ultraviolett-, Hitzestrahlung oder elektrischer Entladung. Die Theorie oder ihre experimentelle Rekonstruktion setzen kein besonderes Ereignis voraus. Vermutlich existierten solche Bedingungen während einer langen Periode auf der Erde, und „Ursuppen" können sich mehrmals entwickelt haben. In einer dieser „Suppen" entstand das Leben und seine Entwicklung und Evolution begann.

Die Theorie, das Leben sei andernorts in unserem Sonnensystem oder noch weiter weg entstanden und mittels Meteoriten auf die Erde gelangt, ist unnötig angesichts der Lebensentstehung auf der Erde. Es ist unwahrscheinlich, daß selbst die einfachste Form von Leben eine kosmische Reise überstanden hätte, da über lange Zeit Strahlung und, beim Eintritt in die Atmosphäre, hohe Temperaturen eingewirkt hätten. Außerdem gibt es bis jetzt, trotz intensiver Suche, keinen Hinweis auf weiteres Leben irgendwo in unserem Sonnensystem.

Eozän

Nach dem Paläozän der zweite geologische Zeitabschnitt des Känozoikum. Beginnend vor 55 Millionen Jahren dauert das Eozän etwa 16 Millionen Jahre. Der aus dem Griechischen abgeleitete Name bedeutet so viel wie „Morgendämmerung des Neuen (Lebens)".

Infolge weiterer Verbreitung der eozänen Sedimente ist auch deren

Lebewelt besser bekannt als die des vorangegangenen Paläozän. In diesen Zeitabschnitt des Alttertiär fällt eine beachtliche tektonische Aktivität: Durch ein Auseinanderweichen des Ozeanbodens (sea floor spreading) verändern die Kontinente sowohl Lage wie Umriß. Am Ende des Eozän gewinnt der Nordatlantik zwischen Grönland und Skandinavien eine Verbindung zum arktischen Meer und unterbricht so die Landbrücke zwischen Nordamerika und Europa. Entsprechend bricht auch die Verbindung zwischen Südamerika und der Antarktis; eine freiere Zirkulation des kühlen antarktischen Wassers ist die Folge. Verantwortlich für dieses Auseinanderbrechen sind Aktivitäten entlang der mittelozeanischen Rücken. Damit im Zusammenhang stehen Lavaergüsse, wie sie aus Grönland und Schottland, aber auch von Südamerika und Vorderindien bekannt sind.

Im Mittleren Eozän wird in vielen Teilen der Erde ein beträchtliches Ansteigen des Meeresspiegels beobachtet. Rund um die ↗Tethys werden Transgressionen erkennbar, die auf ihrem Höhepunkt vermutlich auch Afrika zwischen Libyen und Nigeria durchtrennen. In Australien dehnt sich das Meer nördlich der Großen Australischen Bucht über die Nullarbor-Ebene

aus; die Obrik-See verbindet über die Turgaj-Meerenge im Bereich von Zentral-Sibirien die Tethys mit dem arktischen Meer.

Die Klimate erscheinen im Eozän weniger stark differenziert; der Tropengürtel reicht von England bis nach Malaysia, weiter nördlich herrschen gemäßigte Bedingungen. Aussagen über Klimabedingungen basieren weitgehend auf der Kenntnis der Florenzusammensetzung. Die früheozänen Tone der Insel Sheppey im Londoner Becken lieferten z. B. mehr als 300 verschiedene Pflanzenarten, meist Vertreter der ↗Angiospermen; etwa ein Viertel der 100 Gattungen sind auch rezent bekannt. Die meisten Arten erweisen sich als Angehörige von überwiegend tropisch verbrei-

Eozän
Archaeomeryx, *ein den Zwergmoschustieren ähnlicher Paarhufer aus dem Oberen Eozän der Mongolei, steht möglicherweise den gemeisamen Ahnen der Hirsche und Rinderartigen sehr nahe.*
Schulterhöhe: etwa 30 cm

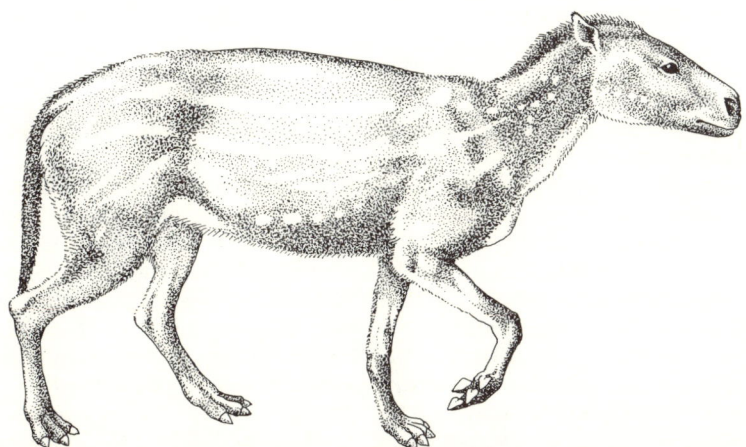

Eozän
Der primitive Unpaarhufer Hyrachyus aus dem Eozän von Nordamerika gilt gewöhnlich als früher Vertreter einer zu den Nashörnern führenden Entwicklungslinie. Die verschiedenen Arten sind fuchsbis tapirgroß.

Eozän
*Metacheiromys aus dem Mittleren Eozän gehört zu den Palaeanodonta, einer Unterordnung der Zahnarmen.
Länge: ca. 45 cm*

teten Familien, deren nächste Verwandte heute in Malaysia vorkommen, z. B. *Nipa*-Palmen, Myrten- und Lorbeergewächse sowie zahlreiche Lianen. Weiter nördlich finden sich in Schottland und auf Grönland etwas ältere Floren mit Pflanzen der gemäßigten Klimate wie ↗*Ginkgo*, Wein, Eichen, Platanen und *Metasequoia*. Dagegen deuten spät-eozäne Pflanzenfunde, z. B. von der Insel Wight, auf kühlere Verhältnisse als im frühen Eozän. Die wichtigsten deutschen Eozän-Fundorte sind ↗Messel, das ↗Geiseltal bei Halle sowie die Braunkohlen von Helmstedt.

In den Ozeanen werden große Mengen organogener Kieselsäure (↗Kieselalgen, ↗Radiolarien) abgelagert, auf den Kontinental-Schelfen dominieren kalkreiche Faziesausbildungen. Die ↗Foraminiferen besitzen in den bis zu mehreren Zentimeter großen Nummuliten charakteristische Vertreter. In Europa werden Eozän und Oligozän daher oft als Nummulitique bezeichnet; in Ägypten wurden Nummulitenkalke auch zum Bau von Pyramiden verwendet. Reichlich vertreten sind Hexacorallia, ↗Muscheln und ↗Schnecken. Neben *Nautilus* und ersten *Sepia*-Vertretern überdauern die letzten ↗Belemniten; die Krabben beginnen moderne Formen zu entwickeln.

Die Fische ähneln insgesamt den heutigen Vertretern; aus der gut erhaltenen Fauna von ↗Monte Bolca (Italien) und aus der Green River Schichtenfolge in Wyoming sind zahlreiche rezente Familien belegt. Mit den ↗Walen und ↗Seekühen erscheinen im Eozän auch die ersten marinen Säugetiere; die Wale erreichen mit *Basilosaurus* bereits eine Größe von 16 m.

Als wichtigste Tiergruppe für die Bestäubung der Blütenpflanzen kommen die ↗Insekten mit zahlreichen Ordnungen vor. Unter den Reptilien dominieren Krokodile, Schildkröten und Eidechsen. Enten, Gänse, Rohrdommeln, Reiher, Eulen und Falken seien als Vertreter der Vögel genannt; besondere Erwähnung verdienen die flugunfähigen, bis etwa 2 m hohen Laufvögel der Gattung *Diatryma*.

Kennzeichnend für die Säugetierfauna des Eozän ist die Entwicklung neuer Formen, um die nach dem Aussterben der ↗Dinosaurier frei gewordenen ökologischen Nischen neu zu belegen. Bei dieser Radiation entstehen aber größtenteils archaische Typen, die noch im Laufe des Oligozän aussterben. Offensichtlich als Folge der noch bestehenden Landbrücken unterscheiden sich die Faunen der verschiedenen Kontinente im frühen Eozän nur wenig; so gehören z. B. Nordamerika und Europa zur gleichen tiergeographischen Region. Im Mittleren

Eozän brechen – wie schon angedeutet – diese Verbindungen auseinander, die späteozäne Fauna zeigt dann auch eine stärkere regionale Gliederung.

Die ↗Nagetiere gewinnen im Eozän zunehmend an Bedeutung und verdrängen schließlich die primitiven Multituberculaten. In der Holarktis können sich die ↗Beuteltiere in Nordamerika und Europa halten, erreichen aber Asien nicht; nur noch in Südamerika konkurrieren sie erfolgreich mit den Plazentaliern. Als echte Flieger entwickeln sich die Fledermäuse im Eozän aus baumbewohnenden ↗Insektenfressern. Bei den ↗Primaten erscheinen verschiedene Formen, darunter Baumbewohner, die den rezenten ↗Lemuren und ↗Koboldmakis gleichen. Die im Paläozän so mannigfaltig vertretenen ↗Condylarthra beginnen der Konkurrenz anderer Pflanzenfresser zu weichen. Unter den ↗Amblypoda ist *Coryphodon* recht häufig, die nashornähnlichen Uintatherien kommen in Asien und Nordamerika vor. Allgemein zeigen die ↗Unpaarhufer eine größere Vielfalt als die selteneren ↗Paarhufer. *Hyracotherium* und andere Pferdearten finden sich in Nordamerika und Europa häufig, nicht aber in Asien, da dort die Tapirartigen ihre Stellung einnehmen. Als weitere wichtige Unpaarhufer des Eozän seien die ↗Nashörner (z. B. *Amynodon*) genannt. Bei den Paarhufern belegen die ↗Anthracotheriidae Eurasiens eine den Schweinen entsprechende ökologische Nische.

Über die abweichende afrikanische Fauna ist nur wenig bekannt; aus Ägypten stammen Funde früher ↗Elefanten *(Moeritherium, Barytherium).* In der Isolation Südamerikas entstehen aus den Condylarthra mehrere pflanzenfressende Gruppen wie die mittelgroßen bis großen ↗Notoungulata, die ↗Astrapotheria und die elefantenähnlichen Pyrotheria. Ihre Entwicklung verläuft parallel zu der der

↗Zahnarmen und ↗Beuteltiere. In Australien fehlen Nachweise für eine eozäne Säugetierfauna.

Equisetatae ↗Schachtelhalme

Eurypterida, *Seeskorpione*
Ausgestorbene Ordnung der Arthropoden-Klasse der Merostomata, zu der auch die ↗Pfeilschwanzkrebse gehören. Der gestreckte Körper der Eurypterida wird in ein Prosoma, ein Opisthosoma und ein Telson gegliedert. Er ist geschützt durch ein periodisch gewechseltes, chitiniges Exoskelett. Das Prosoma trägt große Facettenaugen an den Seiten und ein Paar kleiner Medianocellen. Von den 6 Beinpaaren des Prosomas ist das erste zu Scheren umgestaltet, die nächsten 4 bleiben Laufbeine, und das letzte Paar bildet gewöhnlich breite Ruderbeine. Das Opisthosoma besteht aus 12 Segmenten, wobei die ersten 6 breiter sind, getrennte dorsale und ventrale Spangen bilden und auf der Unterseite Kiemenplatten tragen. Die restlichen 6 (schmaleren) Segmente schützen sich mit durchgehenden Ringen und tragen keinerlei Anhänge. Das letzte Segment bildet gewöhnlich einen Stachel (Telson), kann aber auch als Schwanzflosse (bei den Pterygotidae) oder Schwanzplatte (bei *Megalograptus*) ausgebildet sein. Die getrennten Geschlechter unterscheiden sich durch die Form des medianen Fortsatzes auf dem Genitaldeckel: Das Männchen besitzt ein Greiforgan, in das der weibliche Fortsatz paßt.
Man findet Eurypteriden in Meeres- wie Süßwassersedimenten, ge-

Eurypterida
Der gewaltige Eurypteride
Pterygotus *lebte in den silurischen Meeren.*
Länge: 2,3 m

wöhnlich kommen sie jedoch in Brackwasser und Flußmündungen vor. Obwohl die Eurypteriden wegen ihrer enormen Größe bekannt sind – *Pterygotus anglicus* erreicht 2,3 m – sind viele Arten klein und werden nur 5–10 cm lang. Über die Nahrungsgewohnheiten der Eurypteriden ist wenig bekannt. Die starken Scheren und hakenbesetzten Raubbeine deuten jedoch auf hartschalige Beutetiere hin. In ↗Koprolithen, vermutlich von dem ordovizischen *Megalograptus*, finden sich Eurypteridenfragmente, die an Kannibalismus bei der Kopulation denken lassen, wie man es von einigen ↗Spinnentieren kennt. Der älteste Vertreter der Merostomata, *Paleomerus,* aus dem Unteren Kambrium von Schweden, weist Merkmale von ursprünglichen ↗Pfeilschwanzkrebsen (Xiphosuren) und Eurypteriden auf. *Brachyopterus,* ein Eurypteride aus dem Oberen Ordoviz von Wales, besitzt den Körper und die kurzen Laufbeine eines frühen Xiphosuren, kombiniert mit dem Prosoma eines Eurypteriden. Er steht damit zwischen *Paleomerus* und den höherentwickelten Eurypteriden mit spezialisierten Prosomaanhängen und einem Telson. Die deutlichste Neuentwicklung der Eurypteriden ist der Umbau des letzten prosomalen Laufbeines zu einem Ruderbein, bei den Stylonuriden allerdings nur in wenigen Gattungen zu finden. Alle Eurypteridengruppen zeigen eine Tendenz zur Größenzunahme.

Die ersten echten Eurypteriden treten im Unteren Ordoviz der USA auf und finden sich bis ins Perm, hauptsächlich in Brackwasser- und Süßwasserablagerungen wie im ↗Old Red von Schottland. Die Eurypteriden sterben wohl infolge wachsender Konkurrenz durch Fische aus.

Evolution

Die moderne Evolutionstheorie geht zurück auf Charles ↗DARWINS Veröffentlichung von 1859 „Über den Ursprung der Arten". DARWINS Werk stützt sich auf sorgfältige Experimente sowie auf Beobachtungen während seiner Weltreise (1831–1836) mit dem königlichen Forschungsschiff „Beagle". DARWIN arbeitete zu einer Zeit enormen wissenschaftlichen Fortschritts. LINNÉS neue – binäre – Nomenklatur zur Klassifikation von Pflanzen und Tieren führte zu einer bis in die erste Hälfte des 19. Jahrhunderts anhaltenden Flut von Pflanzen- und Tierbeschreibungen. William ↗SMITH und besonders Charles ↗LYELL (Autor von „The Principles of Geology", 1830–1833) zeigten, daß die in aufeinanderfolgenden geologischen Schichten erhaltenen Fossilien offensichtlich Veränderungen aufweisen, und DARWIN selbst stellte dies ebenfalls fest, als er die Reste großer känozoischer Säugetiere in Patagonien fand. DARWIN wurde beeinflußt von den Gedanken von MALTHUS, der 1798 in seinem „Essay on Population" folgerte, daß eine Population enorm zunehmen müßte, wenn alle ihre Nachkommen überlebten; da dies jedoch nicht beobachtet wird, müssen Faktoren wie Nahrungszufuhr, nutzbarer Lebensraum und Raubfeinde die Population in Kontrolle halten. DARWIN erkannte, daß die geographische Trennung auf den verschiedenen Galapagos-Inseln zu einer Herausbildung verschiedener Arten der Riesenschildkröte geführt hat. Er beobachtete dort auch mehrere Finken, die sich durch die Schnabelstruktur unterscheiden, entsprechend der jeweils genutzten Nahrungsquelle. DARWINs größte Leistung ist es, aus diesem Reichtum an Informationen und Ideen eine umfassende Theorie geformt zu haben.

Die ↗Natürliche Auslese, die Grundlage seiner Theorie, wird nach wie vor als einer der entscheidendsten Faktoren in der Evolution angesehen. Nicht alle Individuen einer Population können sich gleichermaßen fortpflanzen – einige sammeln geschickter als andere Nahrung oder verstecken sich schneller vor Räubern, paaren sich besser oder ziehen mehr Nachkommen auf. Die in diesem Sinne Erfolgreichsten zeigen auch in der nächsten Generation eine erhöhte Überlebens- und Vermehrungsrate, und im Laufe der Generationenfolge kommt es zu einem „Überleben des am besten Angepaßten" („survival of the fittest"). Ähnlich verfahren auch Viehzüchter, die nur – in diesem Falle vom Menschen – ausgewählte Bullen und Kühe zur Weiterzucht verwenden.

Zunächst fehlte DARWINs Theorie noch ein Mechanismus, wie die Merkmale von einer Generation an die nächste weitergegeben werden. Damals war es noch schwierig zu erklären, warum ein vorteilhaftes Merkmal nicht durch Vermischung mit den normalen Merkmalen in der Restpopulation verloren geht. Ebenso konnte DARWIN auch nicht die frühere Vorstellung (1809) von Jean Baptiste ↗LAMARCK widerlegen, daß im Leben erworbene Merkmale an die Nachkommen weitergegeben werden können (Erblichkeit erworbener Merkmale). Ein ebenso wunderliches wie alltägliches Beispiel liefert die Giraffe: Nach LAMARCKs Theorie haben Generationen von Giraffen längere Hälse erworben, weil sie sich gestreckt haben, um die zarten, jungen Triebe auf den Bäumen zu erreichen. DARWINs Theorie argumentiert dagegen, daß Giraffen mit längeren Hälsen einfach deshalb ausgelesen worden sind, weil sie für das Leben in ihrer Umgebung besser ausgestattet waren, möglicherweise, weil sie Fähigkeiten hatten, eine anderen Weidegängern unzugängliche Nahrungsquelle auszunutzen und vielleicht auch wegen anderer Vorteile wie z. B. dem, Räuber – infolge größerer Sichthöhe – leichter zu erspähen.

Gregor MENDEL (1822–1884) konnte zeigen, daß ein Elternmerkmal paarweise vererbt wird, d. h.

ein Nachkomme erhält von jedem Elter einen „Faktor", der sich nicht mit dem dazugehörigen des zweiten Elter vermischt oder mit ihm verschmilzt. Die paarigen Faktoren werden bei der Bildung der Geschlechtszellen getrennt und einzeln durch die Gameten (Spermium oder Ei) weitergegeben. Diese „Faktoren" sind heute als Gene identifiziert; die Gene eines Organismus liegen auf den Chromosomen, ihre Summe wird als Genotyp bezeichnet. Tritt ein Gen in biochemisch verschiedenen Formen auf, so bezeichnet man diese als Allele, die dominant oder rezessiv sein können. Gewöhnlich wird die dominante Form verwirklicht, rezessive Allele kommen nur dann zum Vorschein, wenn sie von beiden Eltern vererbt werden (die Sichelzellenanämie, die in Teilen Afrikas vorkommt, wird beim Menschen auf diese Art genetisch gesteuert). MENDELs Vererbungstheorie stützt sich auf viele sorgfältig kontrollierte Zuchtexperimente mit Erbsen, wobei er den Aufspaltungsgang von Merkmalen wie Farbe und Oberfläche der Samen beobachtete und die Ergebnisse statistisch auswertete. Heutzutage ist es möglich, die Chromosomen in Zellkernen während der Zellteilung und Zellverdoppelung zu untersuchen; man findet dabei, daß sie sich genauso verhalten, wie MENDELs Theorie es fordert. Bei der normalen Zellteilung (Mitose) besitzen die Tochterzellen ebensoviele Chromosomen wie die Ausgangszellen; bei der Bildung der Geschlechtszellen (Meiose) dagegen wird die Chromosomenzahl halbiert.

Die in den späten 1930er Jahren formulierte „synthetische Evolutionstheorie" verbindet DARWINs Theorie der Natürlichen Selektion mit der MENDELschen Vererbungstheorie und verarbeitet auch populationsgenetische Erkenntnisse.

Evolution hängt von der genetischen Variation in einer Population ab, die das Material für die Natürliche Selektion liefert. Die Evolutionsgeschwindigkeit ist abhängig vom Grad dieser genetischen Variation. Die allmähliche Änderung der Typen und Häufigkeiten von Allelen im Genotyp einer Population führt zu neuen Merkmalskombinationen, die ausgelesen werden können, wenn sie sich als vorteilhaft erweisen. Die biochemische Basis der Evolution wurde in den 1950er Jahren durch die Molekulargenetik entdeckt. Das die Chromosomen aufbauende genetische Material enthält die Nukleinsäuren DNA (DNS, Desoxyribonukleinsäure) und RNA (RNS, Ribonukleinsäure). Diese Moleküle werden gewöhnlich während der Zellteilung exakt kopiert, gelegentlich entsteht jedoch eine andere Abfolge von Nukleotiden (Elemente, die das DNA-Molekül aufbauen): Eine der sogenannten „Mutationen" ist aufgetreten. Diese Mutationen führen zu einer Veränderung der Gene in den Chromosomen und können so die biochemischen Abläufe im Organismus beeinflussen. Das Ergebnis kann die „Fitness" (Anpassung) des Tieres verbessern oder verschlechtern, oder überhaupt nicht verändern.

Die fossilen Belege liefern den besten Beweis für eine in der Zeit ablaufende Evolution. Informationen über wirksame Selektionsdrukke können aus bekannten Beziehungen der Organismen zu ihrer Umwelt gewonnen werden (↗Ökologie).

Man definiert rezente Arten als „reproduktiv isoliert", d. h., verschiedene Arten paaren sich nicht miteinander. Fossile Arten können nicht in dieser Weise definiert werden; die einzige Möglichkeit, genetische Änderungen zu erkennen, bietet hier die Morphologie.

Evolution scheint sich auf zwei Ebenen abzuspielen. Anagenetische Änderungen bringen ein deutliches Anwachsen der strukturellen Komplexität oder des adaptiven Potentials mit sich und führen im allgemei-

nen zu einer „biologischen Verbesserung", zu biologischer „Höherentwicklung" einer Art im Laufe der Erdgeschichte und damit zur Bildung neuer Familien. Cladogenetische Änderungen sind kleiner und haben die Bildung neuer Arten oder Gattungen zur Folge. Man betrachtet hierbei nicht die Umwandlung einer Art in ihre erdgeschichtlich nachfolgende, sondern die gleichzeitige Entstehung einer neuen Art unter Weiterbestehen der alten, also die Vermehrung der Artenzahl. Neue Arten pflegen sich in Randgebieten einer Ausgangspopulation zu entwickeln. Man nimmt an, daß Teile einer Population isoliert werden und daß die Natürliche Selektion unter verschiedenen Umweltdrucken zu einer neuen Art führt. Wenn diese neue Art dann in das Gebiet der ursprünglichen Population zurückkehrt und diese ersetzt, so wird sich dies in einem morphologischen Sprung im fossilen Material zeigen.

Die Vorstellung, daß die Umwelt eine wichtige Rolle für die Natürliche Selektion und damit für die Bildung neuer Arten spielt, ist längst anerkannt. Eine weitere wichtige Variable für die Geschwindigkeit, mit der Evolution abläuft, bildet die Populationsgröße. In einer kleinen, isolierten Population kann sich ein vorteilhaftes Merkmal schneller durchsetzen als in einer sehr großen. Man vermutet, daß sich im Laufe der Entwicklungsgeschichte Phasen solcher beschleunigter Evolutionsgeschwindigkeit in ungefähr optimal großen Populationen mit Perioden kleiner Veränderungen abwechseln.

Ein sehr augenfälliges Beispiel für die verändernde Kraft einer neuen Umwelt liefern Neubesiedlungen. Extrem schnell läuft die Evolution bei der Kolonisierung neuer und relativ dünn besiedelter Lebensräume ab. Die Ausbreitung in ein neues Gebiet ermöglicht eine Fülle neuer evolutionärer Entwicklungen, um die vielen, „unbesetzten" Lebensräume und Lebensweisen zu nutzen und dadurch Konkurrenz zu vermeiden. Solch eine „adaptive Radiation" tritt im Unteren Kambrium auf, als mehrere Hauptgruppen mit mineralisierten Hartteilen erscheinen. Ein zweites Beispiel bildet die Radiation der Säuger im Känozoikum, die auf das Aussterben der Dinosaurier folgt.

Das Studium der Fossilien liefert weitere Anhaltspunkte, in welchen „Mustern" Evolution ablaufen kann. So treten zum Beispiel Parallelentwicklungen auf, wenn zwei getrennte Gruppen infolge gleicher Umweltdrucke in die gleiche Richtung evoluieren. Ein Beispiel liefern die ↗Gliederfüßer, die ihren Organisationstypus (chitiniges Exoskelett, segmentierter Körper, Gliederfüße) von mindestens zwei unabhängigen Vorfahren erworben haben. Die ↗Trilobiten, ↗Krebstiere und Cheliceraten bilden eine oder mehrere Linien, während die Antennata (mit den ↗Hundert- und Tausendfüßern sowie den ↗Insekten) eine davon getrennte Evolutionslinie repräsentieren.

Einer anderen Theorie zufolge sollen sich ähnliche Formen in einigen Gruppen mehrfach aus dem gleichen Urtyp entwickelt haben. Weitere Untersuchungen an zwei klassischen Beispielen zeigen jedoch, daß dieses Modell eine zu starke Vereinfachung darstellt. So glaubt man von vielen Ammoniten aus Jura und Kreide nicht mehr, sie seien wiederholte Seitenlinien einer beständigen Urform. In ähnlicher Weise ist auch eine kontinuierliche Entwicklung der Auster *Gryphaea* nachgewiesen, die also nicht mehrfach unabhängig im Jura entstanden und ausgestorben ist.

Man spricht von konvergenter Entwicklung, wenn nicht verwandte Gruppen ähnliche Formen in Anpassung an gleiche funktionelle Erfordernisse entwickeln. Delphine (Säuger), ↗Fischsaurier (Reptilien) und ↗Haie entwickeln alle einen stromlinienförmigen, fischähnlichen Körper; Fledermäuse, Vögel und Fluginsekten erwerben jeweils parallel Flügel. Weitere Beispiele liefern viele Wirbellose, wie zum Beispiel die fossilen Ammoniten und ↗Brachiopoda. In den meisten Fällen arbeitet die Selektion mit unterschiedlicher Geschwindigkeit an den einzelnen Merkmalen. So kann sich aus einer gemeinsamen Form ein Mosaik von Merkmalen entwickeln (Mosaikevolution), wie es bei den frühen Monograptiden des Silur auftritt. Eine bestimmte Gruppe erwirbt die sie vom Vorfahren trennenden Merkmale im allgemeinen allmählich, nicht alle zur gleichen Zeit. So geht in der Entwicklung von affenartigen Vorfahren zum Menschen der Erwerb des aufrechten Ganges der Bildung eines großen Gehirns voran.

Das Erreichen der Geschlechtsreife in einem Larvenstadium (Neotenie) und die Beibehaltung larvaler Merkmale im Adultzustand (Paedomorphie) sind wichtige Vorgänge in der Evolution. Vielleicht sind die Chordaten aus einem sessilen Wirbellosen entstanden, in dem sie es „fertigbrachten", sich im freischwimmenden „Kaulquappen"-Stadium fortzupflanzen. Möglicherweise entstanden die kleinen pelagischen oder planktontischen Trilobiten durch den gleichen Prozeß aus größeren bodenlebenden Formen.

Die Fossilgeschichte einiger rezenter Organismen zeigt, daß sie schon vor vielen Jahrmillionen so existierten. Berühmte Beispiele solcher ↗Lebender Fossilien sind der Brachiopode *Lingula,* der mehr als 400 Millionen Jahre ohne bedeutende morphologische Änderung überlebt hat; der Coelacanthier *Latimeria,* der Fischen aus dem oberen Paläozoikum ähnelt; das Reptil *Sphenodon* (↗Rhynchocephalia), das 200 Millionen Jahre alten Formen aus der Trias gleicht. Solche Langlebigkeit ist vermutlich die Folge extrem niedriger Evolutionsgeschwindigkeit in einer stabilen Umwelt und kommt im allgemeinen

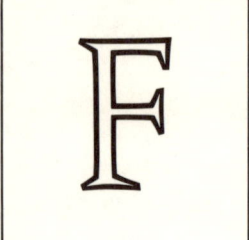

nur bei wenig spezialisierten Formen vor.

Nur die Paläontologie kann Hinweise auf die Evolutionsgeschwindigkeit geben. Mit Hilfe von Radioisotopenmethoden (↗Altersbestimmung) können Fossilfunde in eine Zeitskala eingeordnet werden. Man bestimmt die Geschwindigkeiten auf der Basis morphologischer Änderungen, die sich als Aufspaltung und Radiation in neue Arten zeigen können. Das Auftreten und Verschwinden neuer Formen in der zeitlichen Abfolge geben einen Hinweis auf die „Umsatzrate". Ein Vergleich zwischen ↗Muscheln und Säugern etwa zeigt bei letzteren einen deutlich rascheren Wechsel. Säugetierarten leben etwa 1 Million Jahre, Muschelarten hingegen etwa 7 Millionen Jahre. Die Säuger stehen in größerer Konkurrenz miteinander und spezialisieren sich deshalb stärker in ihrer Lebensweise. Die verschiedenen Evolutionsgeschwindigkeiten spiegeln die unterschiedliche Anfälligkeit für Umweltänderungen wider.

Es wurde versucht, die sich verändernde Vielfalt der Lebensformen im Laufe der Erdgeschichte mit Hilfe der ↗Kontinentalverschiebungstheorie zu erklären. Sind die Kontinente weit voneinander entfernt, wird das Weltklima durch den Einfluß der Ozeane stabilisiert, und die Nahrungsquellen werden größer. Die daraus folgende große Mannigfaltigkeit wird noch durch Land- und Wasserbarrieren gefördert, die zu unabhängigen Radiationen führen. Eine derartige Vervielfachung der Formen tritt mit dem Auseinanderbrechen der Kontinente und der Bildung des Atlantiks in der Kreide auf. Verbinden sich die Kontinente dagegen zu großen Landmassen wie im permischen Superkontinent ↗Pangaea, werden Klima und Nahrungsquellen entsprechend instabiler, und es gibt weniger nutzbare Lebensräume, was insgesamt sogar zum ↗Aussterben führen kann.

Farne, *Filicatae*
Umfangreiche Pflanzengruppe mit langer Entwicklungsgeschichte; Farne erreichen ihre größte Mannigfaltigkeit im Karbon und Perm, bilden aber auch einen wichtigen Bestandteil der rezenten Flora. Eine exakte Abgrenzung dieser Gruppe bereitet Schwierigkeiten: Sinnvollerweise werden darin die primitiven Farn-Vorfahren (Primofilices) und die echten Farne, einschließlich der ↗Baumfarne, zusammengefaßt. Auch die Wasserfarne (Hydropterides) gehören hierher.

Die frühe ontogenetische Entwicklung verläuft bei allen echten Farnen einheitlich: Aus einer Spore entwickelt sich ein kleiner, flacher „Vorkeim" (Prothallium) mit männlichen und weiblichen Gametangien (Gameten bildende Organe); auf diesem Prothallium, dem Gametophyten, kommt es zur Befruchtung und zur Bildung der Zygote, aus der dann die dominierende Sporophytengeneration hervorgeht.

Die Primofilices erscheinen im Mittleren Devon und sterben am Ende des Paläozoikum aus. Wie schon der Name andeutet, können sie als Vorfahren der modernen Farne gelten. Die Cladoxylales und Coenopteridales repräsentieren zwei wichtige Entwicklungslinien innerhalb der Primofilices. Die Cladoxylales vereinigen in sich Merkmale der ↗Psilophyten und Coenopteriden; *Pseudosporochnus,* die am besten bekannte Gattung, wurde ursprünglich bei den Psilophyten eingeordnet. Bei den meisten Formen trägt der Hauptstamm dichotom gegabelte Seitenzweige, deren Blätter sich ihrerseits mehrfach dichotom gabeln und so eine fächerartige Gestalt annehmen. An manchen Zweigen stehen an Stelle der Blätter die ebenfalls fächerförmigen, fertilen Teile, die an ihrem Ende jeweils ein Sporangium tragen.

Die Coenopteridales bilden eine große und verschiedengestaltige

Farngruppe mit den unterschied-lichsten Wuchsformen: Formen mit aufrechten und kriechenden Stämmen sind ebenso bekannt wie Epiphyten (Aufsitzerpflanzen). Coenopteriden wie *Austroclepis* aus dem Unterkarbon von Australien erinnern oberflächlich an rezente Baumfarne, allerdings werden bei *Austroclepis* mehrere Sproßachsen (anstelle einer einzigen wie bei den Baumfarnen) von einem Mantel aus Adventivwurzeln umgeben. Im Gegensatz zu den flächigen Blättern der rezenten Farne zeigen die Wedel noch das ursprüngliche, dreidimensionale Verzweigungssystem; fertile und sterile Wedel sind bei den meisten Arten ähnlich gestaltet. Abweichend davon besitzt die Gattung *Tedelea* aus dem Oberkarbon von Nordamerika fertile Wedel mit ausgebreiteten, sporangientragenden Fiedern, die in ihrer Anordnung schon an moderne Verhältnisse erinnern.

Die übrigen Farngruppen besitzen durchweg auch rezente Vertreter. Das Karbon wurde ursprünglich wegen des häufigen Auftretens farnähnlicher Beblätterungen als das Zeitalter der Farne bezeichnet; heute weiß man, daß viele dieser Wedel zu samentragenden ↗Pteridospermen gehören. Eine Zuordnung zu einer der beiden Gruppen ist nur bei Kenntnis der fertilen Teile möglich. Gattungen wie *Asterotheca*, deren Fiederchen Sori aus dickwandigen Sporangien tragen, gehören sicher zu den echten Farnen; einige Merkmale sprechen für eine Einordnung bei den (eusporangiaten) Marattiales.

Die Leptosporangiatae (mit einer einschichtigen Sporangienwand) bilden bei weitem die artenreichste Gruppe unter den rezenten Farnen. Erste Vertreter finden sich schon im Karbon, im Mesozoikum sind sie weit verbreitet. Noch recht ursprüngliche Merkmale zeigen die beiden Familien der Schizaeaceae und Gleicheniaceae.

Die Eusporangiatae (mit mehr-schichtiger Sporangienwand) waren noch am Ende des Paläozoikum durchaus vorherrschend, besitzen aber nur noch wenige Vertreter unter den heutigen Farnen (z. B. die Natternzunge, *Ophioglossum*).

Farnsamer ↗Pteridospermen

Faultiere, *Pilosa*
Infraordnung (Pilosa) der Säugerordnung Edendata (↗Zahnarme) mit zahlreichen ausgestorbenen bodenbewohnenden Formen sowie zwei Gattungen rezenter Baumbewohner. Die Geschichte der modernen Faultiere ist mangels Fossilien unbekannt; sie haben jedoch anatomisch vieles gemeinsam mit einigen bodenbewohnenden Arten des Miozän. Die ersten Bodenfaultiere (Gravigraden, „Riesenfaultiere") erscheinen im Oligozän und zeigen im Miozän bereits eine große Vielfalt. Als einer der ältesten Vertreter dieser Gruppe findet sich *Hapalops,* ein schmächtiges, etwa ein Meter langes Tier im Unteren und Mittleren Miozän von Südamerika. Alle Zehen tragen Krallen, und das Tier lief vorne auf Knöchelgelenken und hinten auf den Außenseiten der Füße. Der Schädel ist etwas langgestreckt, mit kleinen Zwischenkieferknochen (Prämaxillare), einer schnabelförmigen Unterkiefersymphyse und fünf Oberkieferzähnen, denen auf jeder Unterkieferseite vier Zähne gegenüberstehen.

Eine von *Hapalops* oder seinen Verwandten ausgehende Entwicklungslinie führt zu den Megatheriiden, riesigen, massiv gebauten Tieren, die eine Länge von sechs Metern erreichen können. Während der langen Entwicklungsgeschichte dieser Gruppe treten einige weniger bekannte Gattungen auf, die sich anscheinend von Argentinien und Uruguay aus verbreiten. Die ↗Zähne sind gewaltig entwickelt, extrem hochkronig und besitzen zwei Querjoche (bilophodont). Der kräftige Schwanz erlaubte den Tieren, sich auf die Hinterbeine zu stellen, um mit Hilfe der Krallen und der gut entwickelten Zunge Blätter und Zweige zu fressen. Kotanalysen (↗Koprolithen) aus Nord- und Südamerika belegen diese Ernährungsweise. Den Endpunkt der Megatheriidenlinie bildet die Gattung *Megatherium,* die im späten Pleistozän des südlichen und östlichen Südamerika auftritt. *Eremotherium,* ein gleichermaßen großer, aber weniger hochentwickelter Vertreter der Megatheriiden, kommt im restlichen Südamerika, in Mittelamerika und entlang der Südostküste Nordamerikas nordwärts bis nach New Jersey vor. Das Tier muß ein Gewicht von etwa drei Ochsen erreicht haben und findet sich in Nord- und Südamerika in mehreren Arten.

Die Familie der Megalonychidae leitet sich offensichtlich von der südamerikanischen *Hapalops*-Gruppe ab; über ihre frühe Geschichte ist jedoch wenig bekannt. Nordamerika wird wahrscheinlich im Pliozän von Megalonychiden erreicht, die über die mittelamerikanischen und westindischen Inseln (auf denen man fossile Zwergformen fand) vordringen. *Megalonyx* ist zu dieser Zeit das in Nordamerika verbreitetste Faultier. Es erreicht hier alle Teile außer dem fernen Nordosten. Anscheinend war es ein robustes Tier, denn man findet es oft in großen Höhen und nördlichen Breiten. *Megalonyx* besitzt etwa die Größe einer Kuh und zeigt sehr verschiedenartige Körpergestalten, so daß man zu seiner Beschreibung zunächst viele Gattungs- und Artnamen benutzte. Wahrscheinlich lassen sich aber alle Namen auf eine Gattung mit nur wenigen Arten reduzieren, wobei im Pleistozän eine Tendenz zu wachsender Größe auffällt. *Megalonyx* ist gekennzeichnet durch eine außergewöhnlich kurze Schnauze und einen massiven Unterkiefer mit mächtig entwickelten eckzahnförmigen vorderen Zähnen. Die Backenzähne haben fast dreieckigen Querschnitt, die Beißflächen zeigen Furchen und Querjoche.

Die Familie der Mylodontidae erlebt offenbar eine lange unabhängige Entwicklungsgeschichte und trennt sich spätestens im Oligozän von den anderen Faultieren. Mylodontiden ragen nur im Pliozän und Pleistozän an Anzahl und Vielfalt hervor, wobei sie sich in mehreren Linien entwickeln, kommen aber möglicherweise von der Südspitze Südamerikas bis in den Norden der USA vor. Nur die Mylodontidengruppe um die Gattung *Glossotherium* erreicht Nordamerika und findet sich dort über die ganze USA

Faultiere
Mylodon *ist ein bodenlebendes Riesenfaultier aus dem Pleistozän Südamerikas.*
Länge: etwa 4,5 m

verbreitet. Zunächst als *Mylodon*, dann als *Paramylodon* beschrieben, ist *Glossotherium harlani* das häufigste Faultier bei ↗Rancho La Brea. Diese Art ist etwa ochsengroß und stämmig gebaut, mit relativ kurzen, kräftigen Beinen. Die südamerikanischen Mylodonten, wie *Mylodon* selbst und *Lestodon*, zeigen ein ähnliches Erscheinungsbild. Eine andere Entwicklungslinie der Mylodontiden, beispielhaft vertreten durch *Scelidotherium*, erscheint leichter gebaut und ist weit über die südlichen und westlichen Teile Südamerikas verbreitet. Der zylindrische Schädel ist außerordentlich lang und trägt nur schwache Zähne. Über die Gründe für das Aussterben der „Riesenfaultiere" kann nur spekuliert werden. Man glaubte, die Konkurrenz durch einwandernde nordamerikanische Pflanzenfresser und Raubtiere sei dafür verantwortlich, aber es überleben zahlreiche Formen südamerikanischer Faultiere neben den Einwanderern bis nach der letzten Eiszeit. Außerdem können sich auch die nach Nordamerika ausgewanderten Arten während des Pleistozän halten und sterben etwa zur gleichen Zeit aus wie ihre südamerikanischen Verwandten. Von *Nothrotheriops*, einem verbreiteten Bodenfaultier im westlichen Nordamerika, kennt man vollständige, mumifizierte Überreste mit Knochen, Haut, Sehnen, Haaren und Kot, die sich in trockenen Höhlen erhalten haben.

Fayum
Isolierte Senke in der Wüste südwestlich von Kairo (Ägypten); in Ost-West-Richtung beträgt ihre Ausdehnung etwa 80 km, in Süd-Nord-Richtung 56 km.
Im Pleistozän bildete sich in dieser Senke der Möris-See. Dieser erhielt sein Wasser vom Nil, dessen Flußbett damals noch 18 m höher lag und der gelegentlich den kiesigsandigen Rücken zwischen dem Flußtal und Fayum überflutete. Aus dieser Zeit ist eine Fauna aus Elefanten, Flußpferden, Wildhunden (↗Hunde), Kuhantilopen, ↗Krokodilen und ↗Schildkröten belegt. Im frühen Paläolithikum stand das Wasser des Möris-See noch 37 m über dem Meeresspiegel. Nach einer kontinuierlichen Absenkung lag der Wasserspiegel dann vor etwa 10 000 Jahren nahezu 5 m unter dem Meeresniveau; abgesehen von einem vorübergehenden Ansteigen im frühen Neolithikum schrumpfte der See in der Folgezeit schließlich auf die Größe des gegenwärtigen Birkat Qarun (Karunsee, 45 m unter NN).
Auch die älteren Schichten von Fayum aus dem Oberen Eozän und dem Unteren Oligozän bergen Wirbeltierreste. Entwicklungsgeschichtliche Bedeutung besitzen die Funde der ersten Proboscidea (↗Rüsseltiere, Gattung *Moeritherium* und *Barytherium*) aus den unteren (Qasr-el-Sagha-)Schichten. Ein früher Vertreter der ↗Seekühe (*Eotheroides*), altertümliche Wale (*Prozeuglodon, Eocetus, Basilosaurus*), ein riesiger „Elefantenvogel" (*Eremopezus*) und eine extrem große Python (*Gigantophis*) wurden ebenfalls in dieser Gesteinsfolge gefunden.
Die Gattung *Moeritherium* kommt auch noch in den (Gebel Qatrani-)Schichten des Unteren Oligozän vor. Die Begleitfauna setzt sich zusammen aus *Palaeomastodon*, ↗*Arsinoitherium*, aus den zu den Schliefern gehörenden Gattungen *Saghatherium, Geniohyus* und *Megalohyrax*, ferner *Rhagatherium* als Vertreter der ↗Anthracotheriidae, die ↗Creodonten *Hyaenodon* und *Pterodon*, eine Gattung der ↗Condylarthra (*Apterodon*) und verschiedene Krokodile und Schildkröten. Einige der ältesten bekannten ↗Menschenaffen stammen ebenfalls aus diesen Sedimenten.
Vergesellschaftet mit der Säugetierfauna aus dem Eozän-Oligozän finden sich auch zahlreiche Fische, unter anderem ↗Haie (z. B. *Carcharodon* und *Carcharias*), Sägefi-

sche, der Adlerrochen *Myliobatis* und die ↗Actinopterygier *Fajumia* und *Socnopaea*.

Feuersteinwerkzeuge, *Werkzeuge*
Obwohl Schimpansen gelegentlich einen Stock gebrauchen, um damit zu drohen oder Termiten zu fangen, sind die Hominiden die einzigen Primaten, die Werkzeuge in einer fortgesetzt sinnvollen Weise benutzen. Tiere verfügen über scharfe Schneidekrallen oder scharfe Zähne, die dem Menschen fehlen. Will dieser ein Tier abhäuten oder nahrhafte Knollen ausgraben, so muß er sich eines Werkzeuges bedienen. Diese Verbindung von Mensch und Werkzeug betrachtet man als eine seiner wesentlichsten Eigenschaften („der Mensch als Werkzeugmacher"). Während eines Großteils der Hominidengeschichte sind solche Werkzeuge aus Stein hergestellt worden – am häufigsten aus Feuerstein (amorphes Siliziumdioxid).

Man kennt im Pleistozän 4 „Werkzeugtypen", eine weitere im Holozän. Ins Pleistozän fallen die Geröllgeräte-Kulturen (z. B. pebble tools, chopper), die Faustkeil-Kulturen des Acheuléen, die Kulturen des Moustérien und die „Klingen- und Meißel-Kulturen" des Oberen ↗Paläolithikum. Die holozänische Kultur bringt die Fertigung kleiner Feuersteingeräte des mesolithischen Menschen (↗Mesolithikum).

In den Geröllgeräte-Kulturen entstehen die ältesten bekannten Steinwerkzeuge. Man findet sie in ↗Olduvai (die Oldowan-Kultur) zusammen mit Resten früher Hominiden, deren Alter man auf etwa 1,75 Millionen Jahre schätzt. Diese Werkzeuge werden zum Teil so hergestellt, daß von einem Ende eines Steins Splitter abgeschlagen werden, bis eine scharfe Kante entsteht, mit der man Haut und Fleisch schneiden oder Holz schnitzen kann („Haumesser"). Man findet Reste getöteter Tiere, umgeben von vielen solcher Werkzeuge. Derartige „Haumesser' findet man weit verstreut, in Afrika wie in weiten Teilen Asiens (z. B. mit über 400 000 Jahre alten Überresten des ↗Peking-Menschen). In Asien werden diese Haumesser sowie auch aus den Abschlägen selbst hergestellte Werkzeuge bis ins späte Pleistozän benutzt, während sie in Europa, wo man sie in England und Frankreich findet (Clactonien-Kultur), bereits durch andere Techniken ersetzt werden.

Den Faustkeil des Acheuléen könnte man als das erste Standard-Mehrzweckwerkzeug bezeichnen. Es ist ein birnenförmiger Stein mit 2 Kanten, einer Spitze und einer Grundfläche. Mit dieser Fläche konnte man hämmern, mit der Spitze graben und mit den Kanten schneiden. Experimente zeigen, daß man damit sehr gut Tiere abhäuten kann. Der Faustkeil stellt eine konsequente Weiterentwicklung des Haumessers dar, indem jetzt beide Seiten so bearbeitet werden, daß sie wirksame Formen erhalten. Bei einigen Exemplaren ist die Spitze durch eine weitere Schneidekante ersetzt (Spaltkeil). Die Faustkeile des Acheuléen tragen ihre Namen nach dem Ort in Frankreich, an dem sie zuerst gefunden wurden, obwohl die ältesten Typen aus Afrika stammen, wo man bei Olduvai und an marokkanischen Fundorten eine klare Weiterentwicklung vom Haumesser zum Faustkeil erkennen kann. Faustkeile sind weit verbreitet, und man findet sie oft zusammen mit Knochen von *Homo erectus* in ganz Afrika, Europa und auf dem indischen Subkontinent. In England treten Faustkeile zusammen mit Überresten des Swanscombe-Menschen auf, den man für einen höherentwickelten *Homo erectus* hält.

Die Moustérien-Kulturen zeigen neben der Faustkeilproduktion eine eigene Entwicklungsrichtung, die anscheinend aus der Abschlaggeräteherstellung des Clactonien hervorgeht. Zu den klassischen Moustérien-Werkzeugen gehören einmal meist in Abschlagtechnik gefertigte „Zweiseiter", dann aber vor allem die aus einem breiten Abschlag gefertigten Moustier-Spitzen sowie Schaber, Kratzer und flache Messer. Wo Moustérien- und Acheuléen-Kultur in Berührung kommen, findet man auch kleine Faustkeile; Moustérien-Werkzeuge finden sich meist zusammen mit Überresten des ↗Neandertalers, man kann ihn als Träger der Moustérien-Kultur bezeichnen.

Die Klingen-Industrie der Oberen Altsteinzeit entwickelt eine neue Technik. Sorgfältig sammelt man geeignete Feuersteine, schlägt davon lange dünne Klingen ab und

serklingen werden (vor etwa 25 000 Jahren) durch die Gravettien-Kultur in Europa und Asien eingeführt, und die Solutréen-Technik gipfelt in der Herstellung langer dünner Speerspitzen, die oft mehr als 17 cm messen – eine in Ungarn entwickelte Technik, die sich vor 19 000 bis 15 000 Jahren nach Frankreich ausbreitete.

Das Charakter-Werkzeug des Magdalénien vor etwa 15 000 Jahren ist der Meißel, mit dem Knochen und Hörner bearbeitet, Speere mit Widerhaken hergestellt und auch Höhlenwände verziert werden. Die Bevölkerung des Magdalénien ist der letzte Erbe der ↗Paläolithischen

Feuersteinwerkzeuge
Beispiele altsteinzeitlicher Werkzeuge:
1 Lava – Faustkeil des Acheuléen
2, 3 Kratzer des Moustérien
4 Spitzes Splitterwerkzeug des Levalloisien
5 Bohrer oder „Handstichel" des Solutréen

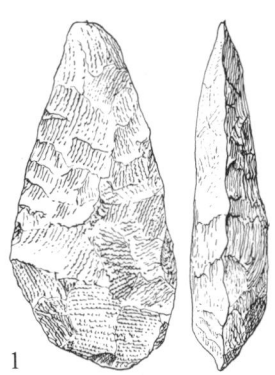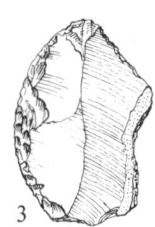

1   2   3   4   5

bearbeitet diese Abschläge weiter, indem weitere kleine Splitter abgetrennt werden, und so eine Reihe verschiedener Werkzeuge wie Kratzer, Spitzen und Messer entstehen. Diese Aurignacien-Industrie kann erstmals dem modernen Menschen *(Homo sapiens sapiens)* zugeschrieben werden und liegt etwa 34 000 Jahre zurück. Sie geht in Europa parallel mit der Ausbreitung des *Homo sapiens sapiens* vor etwa 32 000 Jahren, und man findet sie über den Schichten der Neandertal-Moustérien-Artefakte. Verschiedene Produktionstypen manifestieren sich in veränderten Klingenformen: Die Szetetien-Kultur in der Tschechoslowakei und Ungarn benutzt vor etwa 27 000 Jahren blattförmige Spitzen, schmale Mes-

Kunst, die in der Gravettien-Kultur ihren Ursprung hat.

Mit dem erwärmenden Klimaumschwung vor etwa 12 000 Jahren wird Nordeuropa wieder einmal mit Bäumen bedeckt. Damit wird Holz das Material für Werkzeug und Waffen, deren Güte noch durch kleine Glassplitter als scharfe Schneidekante oder Pfeil- und Speerspitze gesteigert wird.

Die amerikanischen Kontinente und Australasien werden erst viel später als Europa, Asien und Afrika besiedelt und zeigen ihre eigenen Kulturen, die deutliche Parallelen zur klassischen Reihenfolge der Werkzeugherstellung in der Alten Welt aufweisen.

Filicatae ↗Farne

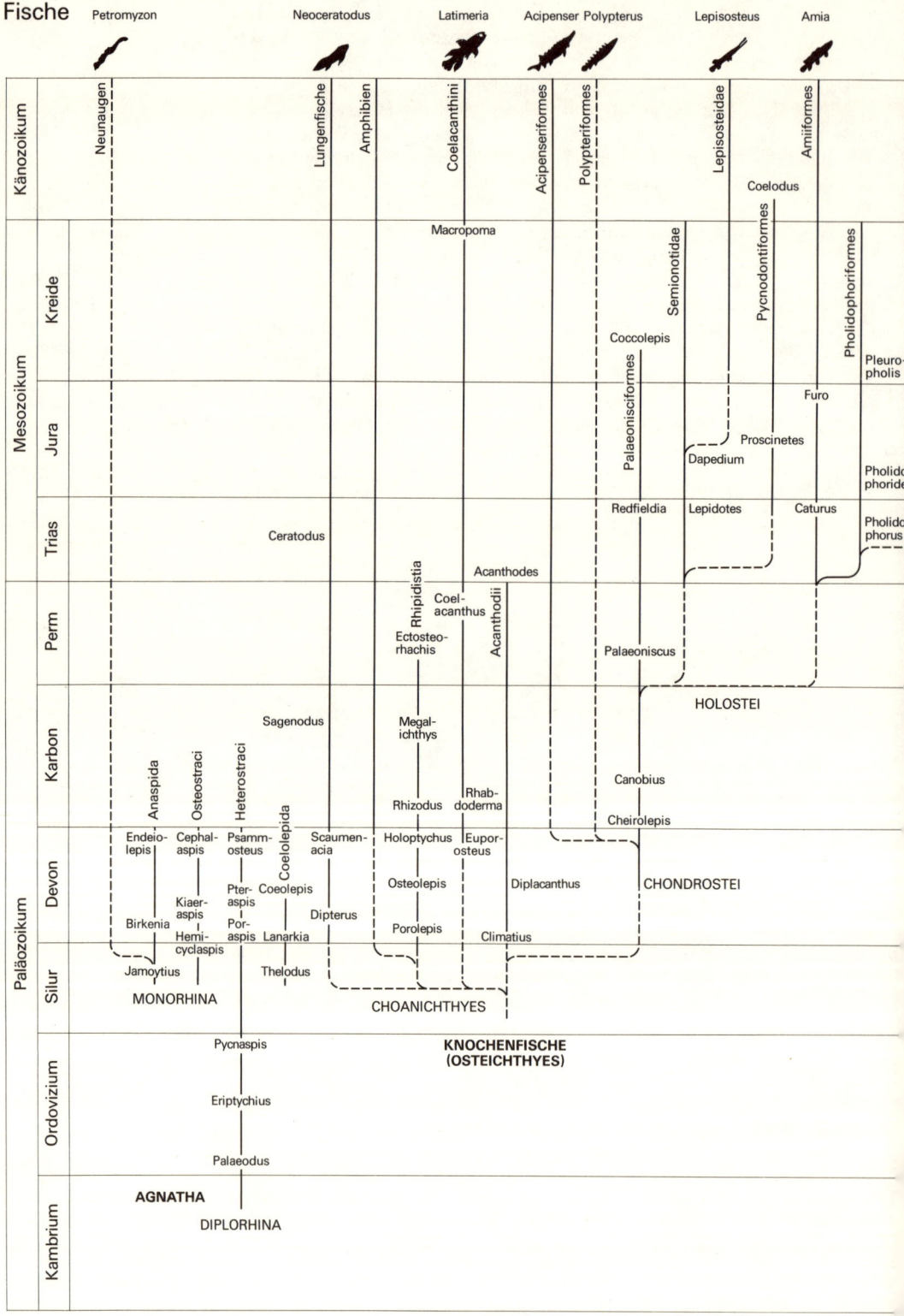

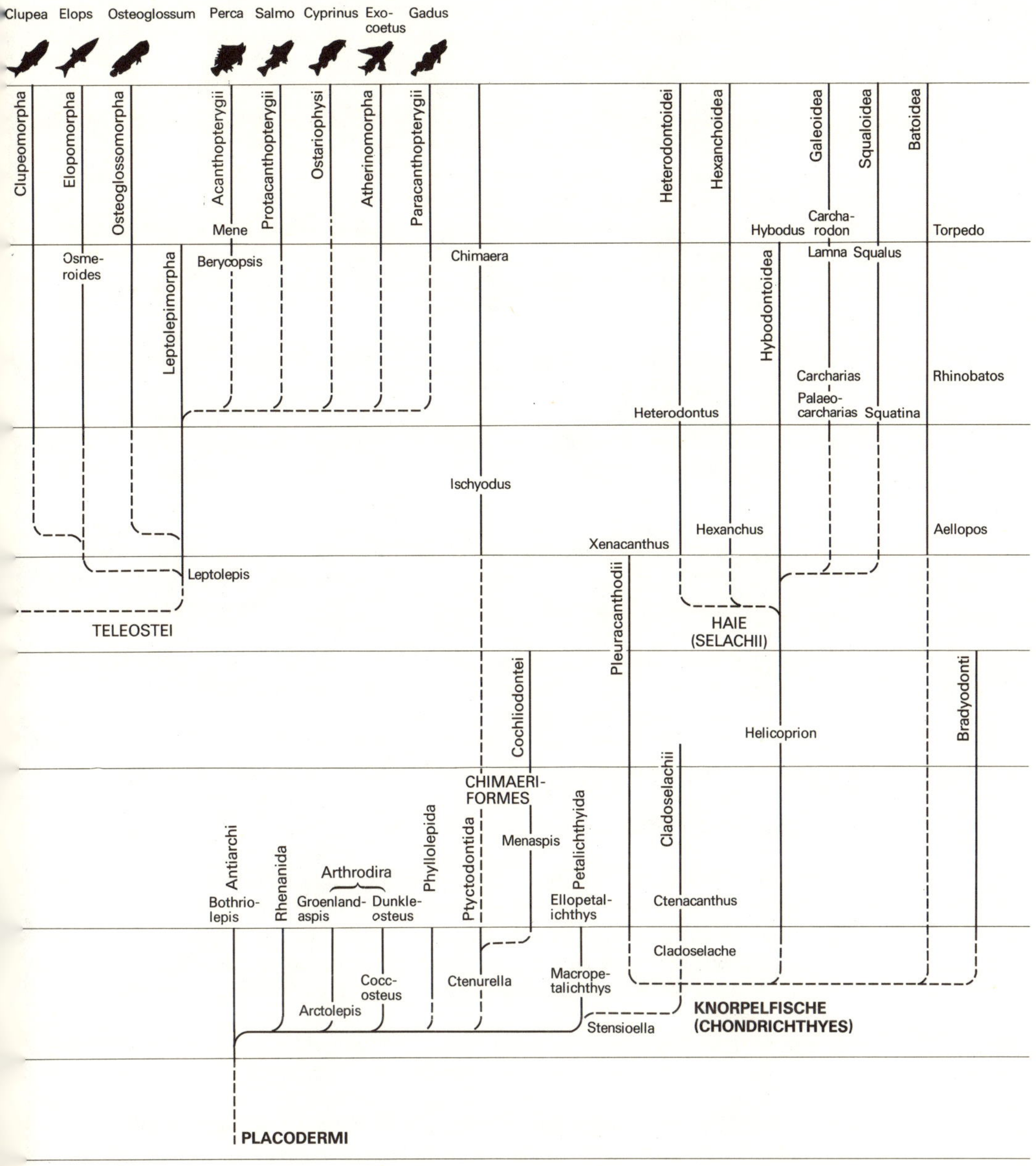

Clupea Elops Osteoglossum Perca Salmo Cyprinus Exo-coetus Gadus

Clupeomorpha

Elopomorpha

Osteoglossomorpha

Acanthopterygii

Protacanthopterygii

Ostariophysi

Atherinomorpha

Paracanthopterygii

Heterodontoidei

Hexanchoidea

Galeoidea

Squaloidea

Batoidea

Mene

Osme-roides

Leptolepimorpha

Berycopsis

Chimaera

Hybodus

Carcha-rodon

Hybodontoidea

Lamna Squalus

Torpedo

Carcharias

Rhinobatos

Palaeo-carcharias Squatina

Heterodontus

Ischyodus

Xenacanthus

Hexanchus

Aellopos

Heterodontus

Leptolepis

TELEOSTEI

Pleuracanthodii

HAIE
(SELACHII)

Cochliodontei

Helicoprion

Bradyodonti

CHIMAERI-FORMES

Cladoselachii

Phyllolepida

Ptyctodontida

Menaspis

Petalichthyida

Antiarchi

Rhenanida

Arthrodira

Bothrio-lepis

Groenland-aspis Dunkle-osteus

Ellopetal-ichthys

Ctenacanthus

Arctolepis

Cocc-osteus

Ctenurella

Macrope-talichthys

Cladoselache

KNORPELFISCHE
(CHONDRICHTHYES)

Stensioella

PLACODERMI

Fische

Kaltblütige, mit Kiemen atmende, wasserlebende ↗Wirbeltiere mit Kiefern (↗Kieferapparat), paarigen Seitenflossen und unpaarigen Medianflossen. Der meist stromlinienförmige Körper wird durch seitliche Bewegungen von Rumpf und Schwanz fortbewegt. Bei primitiven Formen oder solchen mit langgestreckten Körpern laufen die Kontraktionen der Rumpf- und Schwanzmuskulatur in Wellen von vorne nach hinten über den Körper. Bei normaler Schwimmgeschwindigkeit werden beim Katzenhai 54 Kontraktionswellen pro Minute beobachtet, bei der Makrele 170. Schneller schwimmende Fische besitzen eine größere ↗Schwanzflosse, aber einen weniger flexiblen und im Verhältnis kürzeren Körper. Die seitlichen Bewegungen des Rumpfes werden dadurch geringer, stattdessen wird aber eine beträchtliche, seitwärts gerichtete Kraft auf die Schwanzflosse übertragen, die so bis zu 40 % der Schubkraft leistet.

Bei primitiven Fischen befindet sich der größere Teil der Schwanzmuskulatur im oberen Flossenteil, Seitwärtsbewegungen bewirken daher ein Heben des Schwanzes und ein Senken des Kopfes. Diesem Effekt wirken die als Tragflächen fungierenden Brustflossen entgegen, indem sie ähnlich wie die Flügel eines Vogels oder eines Flugzeuges Auftrieb erzeugen. Mit der Entwicklung der Schwimmblase als hydrostatisches Organ verliert die Notwendigkeit, Auftrieb zu gewinnen, an Bedeutung, die Schwanzflosse wird symmetrisch.

Die rezenten Fische werden in die beiden Klassen der Knorpelfische (↗Chondrichthyes) und Knochenfische (Osteichthyes) eingeteilt. Das Skelett der Knorpelfische besteht ausschließlich aus Knorpel, und ihr Körper ist mit kleinen, zahnartigen Placoidschuppen bedeckt. Die Elasmobranchii (hierzu gehören die ↗Haie und ↗Rochen) und die Holocephali mit den ↗Chimaeriformes bilden die zwei Unterklassen der Chondrichthyes, die beide auf gemeinsame Vorfahren zurückgehen. Die ausgestorbene Fischklasse der ↗Placodermi mit massivem Knochenpanzer zeigt deutliche Beziehungen zu den rezenten Knorpelfischen, insbesondere den Chimären. Vermutlich kam es im Laufe ihrer Evolution zu einer stufenweise Reduktion des Panzers.

Auch bei den Knochenfischen werden, basierend auf dem Bau der paarigen Flossen, zwei Unterklassen unterschieden. Bei den ↗Actinopterygii (Strahlenflosser), zu denen als höchstentwickelte moderne Fische auch die Teleostei gehören, bleibt das innere Stützskelett der Flossen kurz und trägt lange, in eine Membran eingeschlossene Flossenstrahlen. Bei dem afrikanischen Flösselhecht *Polypterus*, dem primitivsten lebenden Actinopterygier, besitzen die paarigen Flossen eine fleischige Basis. Der innere Bau der Flossen zeigt aber, daß er zu den Actinopterygii zu stellen ist und nicht zur zweiten Unterklasse der ↗Choanichthyes oder Sarcopterygii (Fleischflosser), bei der der Flossensaum der paarigen Flossen von einer unterschiedlich ausgeprägten, knöchernen Achse gestützt wird.

Zu den Choanichthyes gehören die Crossopterygii mit den ↗Coelacanthini und den Rhipidistia (den Vorfahren der Landwirbeltiere) und die ↗Lungenfische (Dipnoi), die in ihrer Verbreitung auf die Flüsse und Seen von Afrika, Südamerika und Australien beschränkt sind.

Die Knochenfische scheinen entfernt verwandt mit den ↗Acanthodii (Stachelhaie) zu sein, diese werden daher von manchen Autoren auch direkt zu den Osteichthyes gestellt. Macht man sich diese Zuordnung zu eigen, dann können also drei Fischklassen unterschieden werden: die Placodermi, die Chondrichthyes (mit den Elasmobranchii und den Holocephali) und die Osteichthyes (mit den Acanthodii, Actinopterygii und Choanichthyes).

Fischer von Waldheim, Gotthelf
(1771–1853)
Deutscher Paläontologe (in Waldheim geboren), der wesentlich am Aufbau der Paläontologie in der UdSSR beteiligt war. Nach dem Studium der Mineralogie in Freiberg sowie der Medizin in Leipzig wurde er zunächst Professor für Naturgeschichte in Paris, trat jedoch bereits 1804 die Stelle eines Professors und Direktors des Moskauer Museums für Naturgeschichte an. Im Jahre 1805 gründete er die Moskauer Naturforschende Gesellschaft.
Nach dem Brand von Moskau 1812 hatte FISCHER die entmutigende Aufgabe, die Sammlung neu aufzubauen. Aus dieser Zeit stammt sein immer stärker werdendes Interesse an Geologie und Paläontologie. Er lieferte über 150 Originalbeiträge, darunter die „Oryctographie du Gouvernement de Moscou" (1830–1837) und „Recherches sur les ossemens fossiles de la Russie" (1836–1839).

Fischsaurier, *Ichthyosauria*
Gruppe marin lebender Reptilien, einzige Ordnung der Unterklasse Ichthyopterygia. Vollständige Ichthyosaurier-Skelette wurden zuerst von Mary ↗ANNING zu Beginn des 19. Jahrhunderts an der Südküste von England entdeckt, isolierte Wirbel sind aber bereits seit 1712 bekannt. Die Fischsaurier zeigen unter den Reptilien die perfekteste Anpassung an die aquatische Lebensweise. Der extrem stromlinienförmige Körper besitzt zu Flossen umgewandelte Extremitäten und eine Schwanzflosse, die beim Schwimmen die Hauptantriebskraft liefert.
Fundstücke aus Süddeutschland mit Abdrücken auch der Körperumrisse belegen, daß das Schwanzskelett in der sonst symmetrischen Schwanzflosse im unteren Lobus verläuft. Seitliche Bewegungen einer so gebauten Schwanzflosse bewirken ein Senken der Schwanzregion und ein Heben des Vorderrumpfes; dieser Tendenz wirkt die Form des Kopfes entgegen, der bei Vorwärtsbewegung nach unten gedrückt wird. Durch diese antagonistische Wirkung von Kopf und Schwanz waren die Fischsaurier imstande, ihre Lage im Wasser genau zu kontrollieren. Abdrücke der Haut zeigen auch das Vorhandensein einer großen unpaaren Rückenflosse, die sich bei alleiniger Skeletterhaltung nicht nachweisen läßt. Ähnlich wie die Flügel der Pinguine besitzen auch die paarigen Flossen einen tragflächenartigen Querschnitt mit spitz zulaufender Hinterkante. Dies läßt vermuten, daß die Brustflossen der Fischsaurier wohl ähnlich funktionierten wie die Flügel der Vögel: Durch Veränderung des Anstellwinkels der Flossen bezüglich der Fortbewegungsrichtung waren sie imstande, Auftrieb zu gewinnen.
Bei einigen Fundstücken konnten auch die Pigmentzellen der Haut studiert und die tatsächliche Färbung der Tiere bestimmt werden; danach war die Dorsalseite bräunlich gefärbt. Die Fischsaurier sind somit die einzigen fossilen Reptilien, bei denen die Hautfärbung mit einiger Sicherheit wiedergegeben werden kann.
Der stromlinienförmige Körper und die langen Kiefer mit zahlreichen Zähnen sind zweifellos Anpassungen an eine Lebensweise als aktiver Räuber. Dies wird auch durch die ↗Koprolithen belegt: Meist gelingt es nicht, diese bestimmten Tieren zuzuordnen; in einigen Fällen haben sich aber die Exkremente noch innerhalb der Tiere erhalten und enthalten Schuppen und Stacheln eines Actinopterygiers der Gattung *Pholidophorus,* der als nahe der Oberfläche lebender, schneller Schwimmer gilt. Wahrscheinlich bestand ein Großteil der Nahrung aus diesen Fischen. Bei einem genauen Studium vollständiger Skelette erkennt man bei etwa einem Drittel eine schwärzlich gefärbte Zone in der Magengegend, die möglicher-

1

2

3

Fischsaurier
Die Evolution der Fischsaurier
zeigt die stufenweise Entwick-
lung der Stromlinienform, die
Schwanzflosse wird als „An-
triebsorgan" zunehmend effi-
zienter, und die Hinterextre-
mitäten werden relativ kürzer.
1 Cymbospondylus aus der
Mittleren Trias
2 Ichthyosaurus aus dem Jura
3 Ophthalmosaurus aus Jura
und Kreide

weise auf die „Tinte" von Tintenfischen zurückgeht. Es finden sich
auch zahllose, 1–2 mm lange chitinige Häkchen von den Tentakeln
von Cephalopoden. Ein junger
Fischsaurier von 1,5 m Länge besaß
in seinem Magen etwa 478 000 solcher Häkchen, was einer Menge von
rund 1 590 Tintenfischen entspricht. In Koprolithen erscheinen
diese Häkchen nie, da sie erst im
Magen gespeichert und dann durch
den Mund wieder ausgespuckt werden. Auf dieselbe Weise stößt auch
der Pottwal, der sich ebenfalls von
Cephalopoden ernährt, die unver-
daulichen Häkchen wieder aus.
Einige Fischsaurier sind weitgehend
zahnlos, sie müssen sich fast ausschließlich von Cephalopoden ernährt haben. Die typischen Ichthyosaurier der frühen Trias (Mixosauri-
dae, Shastasauridae) waren offensichtlich überwiegend Fischfresser;

als kurzlebige Seitenlinie besitzen
die Omphalosauridae stumpfe, abgerundete Zähne am Hinterende
der Kiefer zum Knacken von Schalentieren. Die späteren jurassischen
und kretazischen Gattungen zeigen
eine bessere Anpassung an eine
Ernährung von Cephalopoden.
Bei den post-triassischen Ichthyosauriern werden nach der Struktur
der Flossen zwei Gruppen unterschieden. Die Familie der Stenopterygiidae besitzt lange, schmale Flossen mit zusätzlichen Gliedern (Pha-
langen) an den Fingern (Hyperphalangie). Bei der zweiten Familie der
Ichthyosauridae sind die Flossen
kürzer und breiter und zeigen die
Entwicklung von zusätzlichen Fingern (in manchen Fällen bis zu 9) in
jeder Flosse (Hyperdactylie). Die
einzelnen Knochen der Flossen befinden sich eingebettet in Knorpel-
und Fasergewebe, so daß, abgese-

hen von der Beweglichkeit an der Schulter und zu einem gewissen Grad am Ellbogen, die gesamte Extremität eine starre Struktur bildet.

Die extremen Anpassungen der Fischsaurier an ein Leben im Meer machen es sehr unwahrscheinlich, daß diese Tiere wie die meisten anderen Reptilien ihre Eier an Land ablegten. Einige Fundstücke aus Süddeutschland (↗Holzmaden) enthalten in ihrer Leibeshöhle vollständige Skelette von Jungtieren; wären diese als Nahrung aufgenommen worden, so hätten sich ihre Skelette wohl nicht in Lebensstellung erhalten. Einige wenige Fälle zeigen die Jungtiere auch gerade im Stadium der Geburt; die Ichthyosaurier waren also zweifellos lebendgebärend (ovovivipar).

Flugsaurier, *Pterosauria*
Ordnung der Reptilien-Unterklasse der ↗Archosaurier; erste wirklich fliegende Wirbeltiere. Der älteste bekannte Flugsaurier, die Gattung *Eudimorphodon*, stammt aus der Trias von Italien, die letzten Vertreter dieser Gruppe sterben am Ende der Kreide aus. Der Flügel besteht aus einer Hautmembran, ausgespannt zwischen dem enorm verlängerten vierten Finger und dem Fußknöchel. Der Ursprung der Flugsaurier wird erhellt durch den kleinen Archosaurier *Podopteryx* aus der Trias der Kirgisischen Sowjet-Republik nördlich des Himalaya. Dieses Reptil besitzt eine große Hautmembran zwischen dem Fußknöchel und einem Teil des Schwanzes und eine zweite, kleinere Membran zwischen Ellbogen und Knie; vermutlich lebte dieses Tier als baumbewohnender „Fallschirmspringer". Durch Ausdehnung der vorderen Membran entlang der Vorderextremität entwickelte sich vermutlich der echte Flügel.

Die Hautfalte zwischen den Beinen ist für den Flug der Pterosauria von Bedeutung und besitzt vermutlich

Flugsaurier
Dimorphodon *ist ein ursprünglicher Flugsaurier aus dem Unteren Jura von Südengland und erreicht eine Flügelspannweite von etwa 1,5 m.*

Flugsaurier
Rhamphorhynchus *stammt aus dem Oberen Jura von Europa und Ostafrika, die Flügelspannweite beträgt etwa 1,8 m.*

die gleiche Funktion wie die entsprechende Membran bei den heutigen Fledermäusen. Die wesentliche Flugtätigkeit leistet der Flügel, die Hinterextremitäten kontrollieren aber deren Wölbung. Um beim Aufwärtsschlagen der Flügel dem geringsten Widerstand ausgesetzt zu sein, muß die kleinstmögliche Fläche erzeugt werden, und dies wird zu einem Großteil von den Beinen kontrolliert. An der Vorderkante des Flügels überspannt eine Flughaut auch den Winkel zwischen Handgelenk und Schulter. Der Flugfinger artikuliert mit einem Kugelgelenk am Handgelenk und kann ein Herabklappen der Leitkante bewirken. Dies erzeugt den gleichen Effekt wie ein vorderer Spaltflügel, wie er sich in der Alula (Nebenflü-

gel) am Vogelflügel findet, und verhindert durch Verringerung der Turbulenzen ein „Überziehen".
Die Flügel erzeugen den Auf- und Vortrieb, eine Verstärkung der Schulterpartie ist daher notwendig. Bei den Flugsauriern verschmelzen die Wirbel dieser Region zu einem einheitlichen Notarium, die Schulterblätter (Scapulae) sind nicht mehr durch Muskeln, sondern mit starken Fasern an der Wirbelsäule befestigt. Für fliegende Tiere besteht ferner die Notwendigkeit, Gewicht einzusparen. Flugsaurier und Vögel haben daher konvergent und unabhängig voneinander pneumatisierte Knochen entwickelt, indem Luftsäcke als Ausstülpungen der Lungen die Knochen durchziehen. Alle frühen Pterosauria besitzen Zähne und einen langen Wirbelschwanz, ähnlich wie der erste Vogel ↗ Archaeopteryx. Die Zähne wurden ihnen wohl von ihren carnivoren Archosauria-Vorfahren vererbt; um Gewicht zu sparen, werden diese aber schließlich bei beiden Gruppen reduziert. Der lange Wirbelschwanz bringt ebenfalls zusätzliches Gewicht, dient jedoch als Stabilisierungsorgan zum Ausgleich der „Kopflastigkeit". Neben dem größeren Gewicht bedingt ein steifer Schwanz aber auch eine geringere Manövrierfähigkeit; bei einem Verlust des Schwanzes wird das Tier zwar leichter, dafür aber instabil. Parallel zur Reduktion des Schwanzes geht daher eine Vergrößerung des Gehirnvolumens, um durch verbesserte Muskelkoordination das

Gleichgewicht aufrecht erhalten zu können; gleichzeitig werden auch die Augen deutlich größer.

Eine wesentliche Voraussetzung für ein aktiv fliegendes Wirbeltier ist eine hohe Stoffwechselrate und somit ein hohes Maß an Warmblütigkeit (↗Warmblüter). Die Größe fliegender Tiere ist streng begrenzt und bedingt ein großes und damit ungünstiges Verhältnis von Oberfläche zu Volumen, eine isolierende Körperbedeckung erscheint daher notwendig. Bei Vögeln übernehmen die Federn diese Aufgabe, während zumindest bei einigen Pterosauriern Haare nachgewiesen wurden. Ein

ein *Pteranodon* mit 8,2 m Flügelspannweite einen minimalen Wendekreis-Radius von nur 5,2 m besitzt, während der einer Taube mit 0,67 m Spannweite 3,4 m beträgt. Die Zentripetalkraft erreicht bei einer Taube bei einer solchen Wende rund 4 g, bei *Pteranodon* nur 1,45 g.

Biomechanische Studien an *Pteranodon* erbrachten auch Informationen über seine Ernährungsweise. Würde ein *Pteranodon* die Fische mit den Füßen ergreifen, würde sich der Schwerpunkt so weit nach hinten verlagern, daß ein Fliegen kaum mehr möglich wäre. Werden die

Flugsaurier
Der Gattung Pteranodon *aus der Oberen Kreide fehlen die Zähne und der lange Schwanz. Flügelspannweite: ca. 8 m*

kleiner Flugsaurier aus dem Oberen Jura von Kasachstan besitzt ein dichtes Haarkleid und trägt daher auch den Namen *Sordes pilosus* („Haariger Teufel").

Flugsaurier kennt man von Sperlings-Größe bis hin zu den riesigen Ozeanseglern der Gattung *Pteranodon* mit einer Flügelspannweite von mehr als 8 m oder dem geierartigen *Quetzalcoatlus*, dessen Spannweite 10 m beträgt. Für den aus vollständigen Skeletten bekannten *Pteranodon* konnte durch Fluganalysen mit Hilfe von Computern gezeigt werden, daß diese Tiere extrem langsame Gleiter waren, ihre optimale Fluggeschwindigkeit liegt zwischen 5,7 und 7,7 Metern pro Sekunde. Diese Studie lieferte auch das erstaunliche Resultat, daß

Fische dagegen mit dem Schnabel erbeutet, bleibt die Schwerpunktsverlagerung minimal. Demgegenüber lebte *Quetzalcoatlus* unter Ausnutzung der Thermik in den weiten Ebenen und ernährte sich von Aas.

Trotz ihrer dominierenden Stellung im Luftraum während nahezu des ganzen Mesozoikum werden die Flugsaurier schließlich von den Vögeln verdrängt, die zwei wesentliche Vorteile aufweisen. Zum einen können die Vögel am Boden ihre Flügel einschlagen und sich behend fortbewegen, während die Flugsaurier, wie fossile ↗Fußspuren beweisen, sich nur plump vorwärts schleppen konnten. Zudem besteht der Vogelflügel aus einzelnen Federn, die getrennt und wieder geschlossen werden können, während ein einfacher Riß der Flughaut für einen Pterosaurier vermutlich tödlich war.

Flugvermögen

Vier verschiedene Tiergruppen erlangen echtes Flugvermögen. Die frühesten Flieger sind die ↗Insekten, die während des Karbon gigantische Ausmaße erreichen – eine libellenähnliche Art zum Beispiel erreicht eine geschätzte Flügelspannweite von 70 cm. Man ist der Ansicht, daß diese großen Insekten die gleiche ökologische Nische be-

Flugvermögen
Die Wirbeltiere finden 3 Möglichkeiten, sich in die Lüfte zu erheben.

Vögel wandeln die Schuppen auf den Vorderextremitäten zu Flugfedern um. Drei Finger bleiben erhalten, von denen der zweite am längsten ist, der vierte und fünfte sind verschwunden.

Fledermäuse behalten alle Finger der „Hand“ und spannen mit dem zweiten, dritten, vierten und fünften Finger eine Flughaut auf.

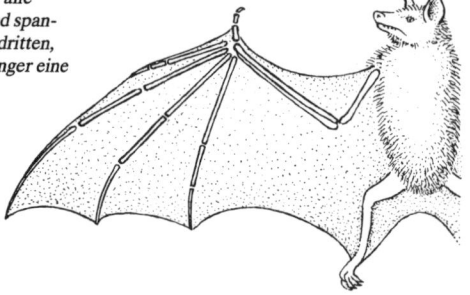

Pterosaurier stützen ihre Flughaut allein mit dem stark verlängerten vierten Finger, die ersten, zweiten und dritten sind jedoch noch vorhanden. Der fünfte Finger ist reduziert, dafür gibt es einen vorstehenden „Pteroid“-Knochen, der eine weitere, vordere Haut zum Hals hin spannt.

setzten wie die heutigen Waldvögel. Die ersten Wirbeltiere, die sich in die Lüfte erheben, sind die Pterosauria (↗Flugsaurier). Das älteste bekannte Beispiel dieser Flugreptilien stammt aus der europäischen Trias; zusammen mit ihren Verwandten, den ↗Dinosauriern, sterben sie am Ende der Kreide jedoch wieder aus. Trotz Konkurrenz der Vögel ist nicht voll verständlich, weshalb diese erfolgreiche Gruppe nicht überlebt hat. Gegen Ende ihrer Zeit entwickeln die Pterosaurier mit der Gattung *Quetzalcoatlus* das größte bekannte fliegende Tier, das eine geschätzte Flügelspannweite von 10 Metern hat – dreimal größer als die von *Osteodontornis* oder *Teratornis*, den größten bis heute entdeckten flugfähigen Vögeln. Die Vögel, die dritte flugfähige Tiergruppe, sind zweifellos die erfolgreichsten Flieger. Sie scheinen sich irgendwann während des Jura aus den ↗Coelurosauria, einer Gruppe leicht gebauter, bipeder, fleischfressender Dinosaurier zu entwickeln. Die ersten identifizierbaren Vogelüberreste wurden in Deutschland gefunden und als ↗*Archaeopteryx* beschrieben; es bestehen indessen Zweifel, ob *Archaeopteryx* wirklich richtig fliegen konnte. Diese Tiere besitzen noch keinen Kiel auf dem Brustbein, der jedoch für den Ansatz der Hauptflugmuskeln nötig wäre. Möglicherweise erreichen die Vögel erst in der Kreide echte Flugfähigkeit. Als letzter der vier Gruppen gelingt es den Säugetieren zu fliegen. Vermutlich haben sich die Fledermäuse aus baumbewohnenden ↗Insektenfressern irgendwann vor dem frühen Eozän, vor etwa 50 Millionen Jahren, entwickelt.

Zahlreiche andere Wirbeltiere tragen in ihrem Namen das Attribut „fliegend“, in Wirklichkeit gleiten sie jedoch. Fliegende Fische, Flug-Frösche, fliegende Schlangen und Eidechsen, fliegende Opossums, Flughörnchen und fliegende Lemuren sind alles Gleitflieger unterschiedlicher Güte. Fliegende Fische katapultieren sich durch kräftige Schwimmstöße mit dem Schwanz in die Luft und gleiten dann auf den vergrößerten Brustflossen. Andere Tiere haben Häute entwickelt, mittels derer sie sicher landen können, nachdem sie durch die Luft gesegelt sind; eine Baumfroschart benutzt dazu ihre vergrößerten Schwimmfüße, und verschiedene Eidechsen und Säugetiere haben zwischen Vorder- und Hinterbeinen seitliche Häute entwickelt. Eine der bizarrsten Fallmethoden ist die der indischen Flugschlange, die sich bei Gefahr von ihrem Ast fallen läßt und, indem sie die Rippen gespreizt hält und den Bauch einzieht, eine primitive Art Fallschirm bildet, der dieser Schlange eine ausreichend weiche Landung ermöglicht.

Um wirklich fliegen zu können, sind jedoch andere Strukturen nötig. Zunächst muß das Vorderarmskelett ausgeweitet werden, was sich auf einzelne Finger beschränken kann, wie bei den Pterosauriern (vierter Finger) und Vögeln (zweiter Finger), oder die ganze Hand umfaßt, wie bei den Fledermäusen. Die Verlängerung bestimmter Teile der Vordergliedmaßen spannt eine größere Fläche auf, die mit Federn oder Häuten abgedeckt werden kann. Die Entwicklung entsprechender Muskulatur an dieser Stelle, zusammen mit Erleichterung und Verstärkung der Knochen, sowie die Vergrößerung der Schultergürtelelemente ermöglichen es, den häutigen oder gefiederten Flügel auf- und abzubewegen und solchermaßen Auf- und Vorwärtsbewegung zu erzeugen. Das Erleichtern und Verstärken wird am Vogelskelett deutlich sichtbar. Hier ist die Knochensubstanz auf ein absolutes Minimum reduziert. Die Knochen der Vögel sind hohl wie auch diejenigen der Flugsaurier, gleichzeitig aber mechanisch stark belastbar. In einigen der größeren Knochen, die bei den meisten Tieren mit Mark gefüllt sind, befinden sich bei Vögeln häutige Luftsäcke. Die Knochen sind also luftgefüllt, und da diese Luftsäcke Auswüchse der Atemorgane darstellen, hält sich der Vogel hier einen für sein ausdauerndes Flugvermögen wichtigen Luftvorrat.

Flußpferde ↗Schweine und Flußpferde

Foraminiferen, *Foraminifera, Kammerlinge*
Gruppe einzelliger Tiere (↗Protozoen). Die in allen Tiefen des Brack- und Salzwassers lebenden Foraminiferen besitzen eine Schale, die im allgemeinen aus Calciumkarbonat besteht oder aber aus mit Calciumkarbonat verkitteten feinen Sandkörnern. Die Form der Schale ist sehr variabel, ihre Größe reicht vom Bruchteil eines Millimeters bis zu mehreren Zentimetern, der Schalendurchmesser der meisten Arten liegt aber zwischen 0,5 mm und 1 mm. Die stratigraphische Verbreitung reicht vom Kambrium bis in die Gegenwart, möglicherweise gehören auch einige noch ältere Formen von grob sackartiger Gestalt zu dieser Gruppe.

Bei lebenden Foraminiferen umschließt die Schale das Cytoplasma, das durch Öffnungen in der Gehäusewand auch Fortsätze nach außen sendet. Diese Pseudopodien („Scheinfüßchen") dienen der Ernährung und der Fortbewegung. Foraminiferen leben entweder planktontisch (planktisch, freischwimmend) oder benthisch, d. h. als Bewohner auf Sediment oder Seetang. Die benthischen Arten können beträchtliche Größe erreichen.

Einige planktontische Formen besitzen Schwebefortsätze, diese brechen aber nach dem Tod des Organismus ab, die Schalen sinken auf den Meeresboden und bilden dort den „Foraminiferen-Schlamm". Nach einer der häufigsten Gattungen werden diese Ablagerungen auch als „Globigerinen-Schlamm" bezeichnet. Erste planktontische Formen finden sich schon früh im Mesozoikum; als wirklich erfolgreich erweist sich diese Lebensform aber erst in der Kreide. Planktontische Foraminiferen besitzen als ↗Leitfossilien zur relativen Altersbestimmung große Bedeutung: Sie entwickeln sich sehr rasch, kommen mit Ausnahme der extremen Flachwasserbereiche in nahezu allen marinen Sedimenten in großer Zahl vor und zeigen eine weite geographische Verbreitung. Eine Fein-Zonierung, basierend auf diesen mikroskopischen Tierresten, findet von der Oberen Kreide bis ins Pleistozän fast weltweite Anwendung.

Benthische Foraminiferen erlauben dagegen eher Aussagen über die damalige Umwelt. Zahlreiche rezente Arten sind auf ganz bestimmte Sediment-Typen und Wassertiefen beschränkt. Überträgt man diese Information auf analoge fossile Vertreter, lassen sich die ursprünglichen Bildungsbedingungen einzelner Gesteine rekonstruieren. Die benthischen Foraminiferen überschreiten erstmals am Ende des Karbon die Größe von 1 cm, und diese Fusulinen erweisen sich im Bereich der Tethys als wertvolle Leitfossilien vom Oberen Karbon bis ins jüngste Perm. Fusulinen treten auch als erste bedeutende Gesteinsbildner hervor. Andere Groß-Foraminiferen besitzen Bedeutung für die Datierung von Flachwasser-Karbonaten, wie sie großflächig in der Kreide abgelagert wurden (z. B. *Orbitolina*) oder auch verschiedentlich im Unteren Känozoikum (z. B. *Lepidocyclina, Discocyclina, Miogypsina, Nummulites* und die Alveolinen einschließlich der rezenten Gattung *Borelis*).

Fossile Brennstoffe

Brennstoffe, die aus organischen Resten vergangener Zeiten bestehen oder aus ihnen entstanden sind. Hierzu gehört vor allem die Kohle (sie verdankt ihre Entstehung ausschließlich Pflanzenmaterial) und das Erdöl (entstanden durch Zersetzung von Meeresorganismen).

Die Kohle liegt am Ende einer Umwandlungsreihe, die mit Torf beginnt und mit Anthrazit abschließt. Welchem Glied in dieser Reihe ein bestimmter Brennstoff angehört, zeigt sich am Grad der Zersetzung, dem Fossilisationsstadium ihrer Bestandteile und dem Kohlenstoffgehalt; so enthält Torf 50–60 %, Braunkohle etwa 70 %, Steinkohle (Flamm-, Gas- und Fettkohle) 75–85 % Kohlenstoff; Anthrazit besteht aus nahezu 100 % reinem Kohlenstoff.

Die einzelnen Kohleflöze sind voneinander durch Schichten anderen Gesteins getrennt. Unter einem Kohleflöz liegt oft eine Basisschicht, der ursprüngliche Boden, den Abschluß nach oben bilden Meeres-

Fossile Brennstoffe
Die typische Schichtenabfolge der verschiedenen Kohlearten (Schwarze Banden):
Torf (hell getönt) liegt oberflächennah, es folgt Braunkohle in mäßiger Tiefe bei etwa 1000 m; Steinkohle liegt schon ziemlich tief (bei ungefähr 3 000 m), und Anthrazit ist die älteste und daher normalerweise tiefstgelegene Kohleschicht: bei 6 000 m.
Faltungen und die Erosion des Deckgesteins können zu frei liegenden Kohlelagern führen, aber irgendwann mußten auch sie in großen Tiefen verdichtet werden.

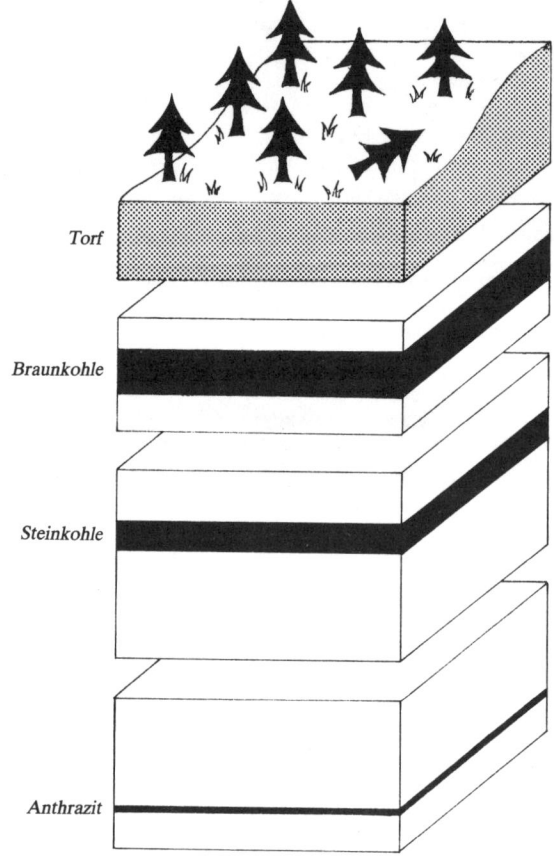

Torf

Braunkohle

Steinkohle

Anthrazit

oder Süßwasserablagerungen. Kohle entsteht durch Ansammlung großer Mengen von Landpflanzen, die absterben und unter sauerstoffarmen Bedingungen zu einer kohlenstoffreichen, torfähnlichen Masse zersetzt werden. Solche Ablagerungen in Deltas und Lagunen werden durch weitere Sedimentationen abgedichtet und komprimiert; durch den wiederholten Ablauf dieser Prozesse kommt es zur Bildung mehrerer übereinanderliegender Kohleflöze.

Die Kohlebildung beginnt meist mit torfähnlichen Ablagerungen. Braunkohle enthält mehr Kohlenstoff als Torf, aber immer noch einige Feuchtigkeit und auch erkennbare Pflanzenstrukturen. Die Steinkohle wird als „Hausbrand" und zur Gewinnung von Koks verwendet. Sie ist ferner wichtiger Rohstoff für mannigfache Produkte. Anthrazit verbrennt langsam mit kleiner Flamme, fast rauchfrei und erzeugt, verglichen mit anderen Kohlesorten, viel Wärme pro Gewichtseinheit. Anthrazit entsteht durch großen Druck und liegt gewöhnlich in den tiefsten Flözen eines Kohlefeldes.

Die ausgedehntesten Kohlevorkommen der Nordhalbkugel stammen aus dem Karbon-Zeitalter, während die der Südhalbkugel vor allem im Perm entstanden sind. Es gibt einige wenige jurassische Steinkohlevorkommen; die meisten jüngeren Lager enthalten jedoch Braunkohle.

Der zweite wichtige fossile Brennstoff ist das Erdöl. Es enthält eine große Zahl von Substanzen, die alle zu den Kohlenwasserstoffen gehören, angefangen bei gasförmigem Methan (Sumpfgas) über verschiedene viskose Öle, darunter Benzin und Heizöl, bis zu festem Asphalt. Die Bestandteile der Erdölgruppe kommen in Ölschiefern vor oder finden sich flüssig oder als Gas eingeschlossen in Speichergesteinen. Die Ölvorkommen haben sich meist an ihren heutigen Fundort

hinverlagert und liefern wenig Aufschluß über ihren Ursprung. Erdöl entsteht durch Zersetzung kleiner Meerestiere und -pflanzen während langer Zeiträume. Wird der Bodenschlamm der Meere zu Stein verdichtet, so wird das Erdöl entweder direkt eingeschlossen und bildet Ölschiefer, oder es wird mitsamt Gasen und Wasser in die umgebenden durchlässigen Gesteine ausgepreßt. Öl und Wasser trennen sich voneinander, das leichtere Öl sammelt sich oben, und die Gase akkumulieren wiederum über dem Öl. Damit ein Ölfeld entstehen kann, muß also poröses Speichergestein in Kombination mit undurchlässigem Deckgestein vorliegen.

Fossilien und Volkskunde

Das Verhältnis des Menschen zu Fossilien läßt sich bis ins ↗Paläolithikum zurückverfolgen. Der berühmte britische Paläontologe und Anthropologe K. P. OAKLEY (*1911) hat die Verarbeitung von Fossilien in der Volkskunde so charakterisiert: „Man darf annehmen, daß für den altsteinzeitlichen Menschen Fossilien zu jenen Fundstücken zählten, die geschätzt wurden, weil sie Ansehen oder Glück verliehen, sei es wegen ihrer Eigenartigkeit, ihrer Ästhetik oder weil sie eine Tugend oder erwünschte Eigenschaft symbolisierten. Während zu Beginn der Kulturen manche Fossilien einfach als Glücksbringer betrachtet wurden, schrieb man ihnen in fortgeschritteneren Stadien magische Kräfte zu, und als der Animismus ersetzt wurde durch den Glauben an Götter und Geister, sah man in Fossilien Fetische oder den Aufenthaltsort eines Gottes; wenn dann dieser Glaube schwand oder durch einen anderen ersetzt wurde, verband man mit solchen Fetischen nicht länger einen bestimmten Gott, sondern diese Objekte wurden wieder zu Glücksbringern."

Oft werden Fossilien von Wirbellosen wie auch von Wirbeltieren als Schmuckgegenstände verwendet:

So werden aus fossilen Haizähnen, die an manchen Stellen gehäuft vorkommen, Halsbänder gefertigt, denen man Schutz vor rheumatischen Schmerzen und Abwehr des bösen Blicks zuschreibt. Krötensteine, die angeblich auf dem Kopf einer Kröte entstehen, sind in Wirklichkeit Fischzähne, häufig von *Lepidotes*.

Ausgegrabene Knochen großer Säugetiere gelten oft als Zeugnisse früherer Riesen. Dies um so eher, je größer die Anzahl solcher Funde ist: So glaubten die Entdecker von Mammutknochen in der Ukraine (die Knochen wurden als Baumaterial für Hütten verwendet), einen Friedhof für Riesen gefunden zu haben. Als Riese galt auch – vor allem im Mittelalter – der heilige Christopherus. Einige Kirchen bewahrten Mammutknochen auf, die sie für die sterblichen Reste des Heiligen hielten.

Aus China kamen lange Zeit Geschichten über Knochen und Zähnen von Drachen. Jahrhundertelang wurden Fossilien ausgegraben und an „Chemiker“ und Drogenhändler verkauft, wie z. B. Zähne des ursprünglichen Pferdes *Hipparion*. Durch den Kauf solcher Fossilien glaubte man, sich die Hilfe eines Schutzdrachens zu sichern. Auch medizinische Wirkungen versprach man sich von fossilem Pulver. Indirekt führte die Suche nach solchen „Drachenzähnen“ zur Entdeckung des ↗Peking-Menschen. Auch *Gigantopithecus*, wahrscheinlich der größte je lebende Menschenaffe, wurde von Professor Gustav von ↗KOENIGSWALD zunächst aufgrund von Zähnen beschrieben, die er von einem Drogisten kaufte.

Da Fossilien von Wirbellosen leichter zu erlangen sind als solche von Wirbeltieren, sind sie im Volksbrauch noch häufiger zu finden. Die spiralig gewundenen ↗Ammoniten wurden ursprünglich mit einem Widderhorn verglichen. Mit Widderhörnern wurde aber der ägyptische Gott Ammon dargestellt. Hier-

von leitet sich die Bezeichnung Ammonshörner und schließlich Ammoniten ab. ↗Belemniten, bekannt als Teufelsfinger oder Donnerkeile, wurden gegen Schmerzen bei Menschen und Pferden eingesetzt. Weichtiere (vor allem Schnecken) werden seit der Altsteinzeit zu Halsbändern und Armreifen verarbeitet. In der Steinzeit scheint ein beträchtlicher Handel mit fossilen Muscheln floriert zu haben.

Ein Beispiel für Sympathiezauber liefert *Gryphaea* (eine Muschelgattung, bei der die linke Schale stark eingebogen ist) als Heilmittel gegen Rheumatismus. Armfüßer, Schwämme, Haarsterne und Wurmröhren haben alle ihren Platz im Brauchtum: Noch heute werden Stachelhäuter in Speisekammern aufgestellt, weil sie Milchprodukte vor dem Verderben bewahren sollen.

Fossilisierung, *Fossilisation*

Fossilisationsprozesse ermöglichen, daß Spuren ehemaliger Lebewesen (↗Spurenfossilien) oder echte Reste von Tieren und Pflanzen sich in Gesteinen fossil erhalten. Das Wort Fossil leitet sich vom lateinischen fodere – graben ab und bedeutet soviel wie „etwas Ausgegrabenes“. Als Fossilien werden Reste früheren Lebens bezeichnet; dabei erscheint es kaum praktikabel, ein Mindestalter für Fossilien zu definieren. Dennoch wird vielfach ein Alter von 10 000 Jahren als willkürliche Grenze zwischen fossil und rezent gewählt.

Ob ein toter Organismus fossilisiert wird oder nicht, hängt von zahlreichen Faktoren ab. Das Vorhandensein und die Beschaffenheit von Hartteilen und die Umweltverhältnisse sind dabei besonders wichtig; Weichteile bleiben nur selten erhalten. Die entsprechenden Prozesse arbeiten selektiv, manche Gruppen verfügen nur über eine geringe Chance auf fossile Erhaltung. Von einem Großteil der früheren Lebensformen, insbesondere von

Pflanzen und Tieren ohne jegliche Hartteile, besitzen die Paläontologen daher keine Kenntnis.

Ob eine Fossilisation stattfinden kann, hängt auch von der Wirkung biologischer, mechanischer und chemischer Faktoren ab. Räuber und Aasfresser, Winde, Wellen und Ströme, chemische Lösungsvorgänge, die auch erst nach bereits abgeschlossener Fossilisierung einsetzen können, alle diese Kräfte bewirken, daß das potentiell fossilisierbare Material einer Sedimentfolge teilweise oder vollständig vernichtet wird. Aus den letzten 600 Millionen Jahren der Erdgeschichte sind uns rund 250 000 fossile Tier- und Pflanzenarten bekannt, dies sind nur etwa 5 Prozent der auf mehr als 4 Millionen geschätzten rezenten Arten. Offensichtlich harren noch zahlreiche neue Fossilgruppen der Entdeckung.

Für die Erhaltung und Fossilisierung herrschen in Sedimentationsräumen wesentlich günstigere Bedingungen als in Bereichen mit vorherrschender Erosion. Die Landflora und -fauna ist daher gegenüber der marinen stark benachteiligt. Auf dem Land erfolgt die Einbettung in Sediment, wenn überhaupt, meist sehr viel langsamer, die bakterielle Zersetzung und Verwesung findet im allgemeinen rascher statt, und die Wahrscheinlichkeit der Zerstörung durch Witterungseinflüsse und Aasfresser noch vor der Einbettung ist insgesamt größer.

Die Hartteile von Wirbeltieren (Knochen und Zähne) bestehen hauptsächlich aus Calciumphosphat, einer relativ unlöslichen Substanz. Die Skelettminerale der für die fossile Dokumentation wichtigsten Invertebraten-Gruppen variieren je nach systematischer Zugehörigkeit. Bei ↗Brachiopoda, ↗Hohltieren, ↗Stachelhäutern, ↗Weichtieren und manchen ↗Schwämmen und Einzellern (↗Foraminiferen) bestehen die Hartteile hauptsächlich aus Calciumkarbonat-Kristallen (Calcit oder Aragonit) in einer organischen Matrix. Andere Schwämme und Einzeller (↗Radiolarien) bilden Skelette aus Kieselsäure. ↗Gliederfüßer und ↗Graptolithen repräsentieren zwei wichtige Gruppen mit dominierendem organischem Skelettmaterial (Chitin bzw. Scleroprotein). Bei Pflanzen fungieren Cellulose und Lignin als wichtigste Stützsubstanzen.

Die organischen und Mineral-Bestandteile der Skelettelemente werden im Laufe der Fossilisation verändert. Manchmal werden die mineralischen Substanzen kaum angegriffen, während sich die organischen Substanzen zersetzen. Meist folgt aber dem raschen Zerfall der Weichteile auch eine Umwandlung aller Skelettsubstanzen. Durch eindringendes Grundwasser kann es auch zur vollkommenen Auflösung der Hartteile kommen, so daß nur noch ein Abdruck in Form einer äußeren oder inneren Hohlform des Skeletts oder der Schale erhalten bleibt.

Es existieren einige gut dokumentierte Beispiele, in denen untypische Erhaltungsbedingungen dazu führten, daß sich auch die organischen Substanzen der Hartteile und manchmal sogar die Weichteile erhalten konnten. Hierzu gehören die berühmten Insekten-Reste der oligozänen ↗Bernstein-Ablagerungen an der südlichen Ostsee, die in Sibirien „tiefgefrorenen", mit vollständigem Mageninhalt erhaltenen Wollhaarigen ↗Mammuts, die zahlreichen fossilen Wirbeltier-Funde aus Torfmooren (z. B. Irland) und die Orte ehemaliger Teer-Gruben wie in Polen und ↗Rancho La Brea. Rasche Einbettung zusammen mit Bedingungen, die eine bakterielle Zersetzung verhindern, sind ausschlaggebend für derartig günstige Fossilisation.

Pflanzen und Tiere mit überwiegend organischen Hartteilen (z. B. Graptolithen) erhalten sich oftmals als dünne Kohlehäutchen. Bei dieser Art der Fossilisierung (Inkohlung) werden die flüchtigen Bestandteile stufenweise ausgetrieben, und der Kohlenstoffgehalt nimmt kontinuierlich zu. Auch Tiere mit Weichkörper (z. B. Würmer) können als solche kohlige Abdrücke („Compression") überliefert sein.

Als Versteinerung bezeichnet man einen Fossilisationsprozeß, bei dem die Hartteile in „Stein" umgewandelt werden. Dies geschieht entweder durch Einlagerung in extrem kleine Hohlräume, die durch die Zersetzung der organischen Matrix entstehen, oder durch das mehr oder weniger vollständige Ersetzen der ursprünglichen Skelettminerale durch Ersatzminerale. Eindringendes Grundwasser mit gelösten Mineralen ist für diese Gestalt und Oberfläche erhaltende Umwandlung verantwortlich. Am häufigsten finden sich die ursprünglich kalkigen Hartteile mit zusätzlichem Calcit imprägniert. Bildet Aragonit das ursprüngliche Skelettmineral, dann erfolgt bei der Fossilisation auch eine Rekristallisation zu dem stabileren Calcit, ein Prozeß, der vielfach zu einer vollständigen Füllung der Hohlräume in den Schalenresten führt. Die ursprünglichen Bestandteile können auch durch Eisenverbindungen (Pyrit, Hämatit und Limonit) oder Kieselsäure ersetzt werden. (↗Leitfossilien).

Froschlurche
Triadobatrachus *aus der Unteren Trias von Madagaskar gilt als ältester froschähnlicher Vertreter.*
Länge: 10 cm

Froschlurche, *Anura*

Ordnung der ↗Amphibien; sie bilden zusammen mit den Proanura die Überordnung der Salientia. Ursprung, Entwicklungsgeschichte und Verwandtschaft dieser Gruppe bleiben unklar. Das Skelett der Frösche zeigt mit den langen Hinterextremitäten und einem Beckengürtel, dessen Gelenke für die beiden Oberschenkelknochen dicht beieinander liegen, deutliche Anpassungen an das Hüpfen. Der gesamte Beckengürtel besitzt über zwei lange, nach vorne gerichtete Fortsätze eine federnde Verbindung zur Wirbelsäule. Charakteristisch für die Frösche sind ferner kurze Vorderextremitäten, ein kräftiger Schultergürtel, um den Aufprall bei der Landung abzufangen, und eine verkürzte Wirbelsäule mit reduzierten oder völlig fehlenden Rippen; ein Schwanz ist nur im Larvenstadium (Kaulquappe) ausgebildet.

Das älteste fossile Skelett mit deutlich froschähnlichen Merkmalen stammt aus der frühen Trias von Madagaskar und wird als *Triadobatrachus* in eine eigene Ordnung der Proanura gestellt. Im Gegensatz zu den primitiven Extremitäten ist der Schädel froschähnlich, die Zahl der Wirbel ist auf 14 reduziert (bei ursprünglichen Amphibien noch etwa 24, bei modernen Fröschen 9 oder 10), die Rippen sind kurz, und der Schwanz besteht aus nur 6 kurzen Wirbeln. Der Skelettbau läßt vermuten, daß die speziellen Hinterextremitäten der Frösche ursprünglich nicht zum Springen, sondern zum Schwimmen durch gleichzeitigen Stoß der beiden Beine entwickelt wurden.

Die ersten echten Frösche (Anura) erscheinen im Jura. *Vieraella* stammt aus dem Unteren Jura, *Notobatrachus* aus dem Mittleren Jura von Patagonien, *Eodiscoglossus* aus den Jura-Kreide-Grenzschichten in Spanien. *Notobatrachus* und *Eodiscoglossus* können den primitiven rezenten Familien der Ascaphidae bzw. Discoglossidae zugeordnet werden, *Vieraella* könnte ein Vorläufer beider Familien sein. Mit Ausnahme der ausgestorbenen Familie der Palaeobatrachidae (Kreide bis Pliozän von Europa) können alle anderen gut erhaltenen fossilen Frösche zu rezenten Familien gestellt werden.

Fußspuren

Während ein fossiler Körper nur die Struktur eines verstorbenen Organismus überliefert, geben fossile Fußspuren eine Lebensaktivität des betrachteten Tieres wieder.

Man kennt viele ausgestorbene Tie-

ter- und Beckengürtel erschließen als auch die Gliedmaßenlänge (*Cheirotherium* wurde allein mittels der Fußspuren rekonstruiert). Möglicherweise kennt man in *Ticinosuchus* aus der Trias der Schweiz das dazugehörige Skelett. Dieses paßt nicht nur in die Fußspuren, sondern bestätigt auch alle für *Cheirotherium* angestellten Berechnungen. Auch die Lebensweise der ↗Dinosaurier läßt sich mit Hilfe von Fußspuren erhellen; Fußspuren von *Iguanodon* bei Spitzbergen sind das nördlichste Zeugnis dieser Reptilien. Obgleich man aus der Rekon-

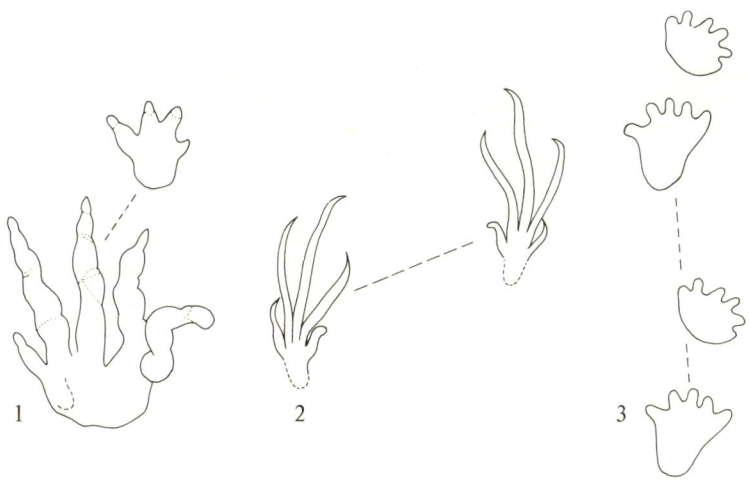

Fußspuren
1 Spuren des Vorder- und Hinterfußes von Matthewichnus, *einem nordamerikanischen Amphib aus dem Oberen Karbon.*
2 Spuren von Orchesteropus, *einem argentinischen Amphib aus dem Oberen Karbon.*
3 Spuren des Vorder- und Hinterfußes von Parabaropus, *einem Labyrinthodontier aus dem Unteren Perm Arizonas.*

re nur aufgrund ihrer Fußspuren. Zu den bekanntesten gehören die triassischen Pfadspuren von *Cheirotherium* in Westeuropa und dem östlichen Nordamerika. Ein Finger ragt jeweils seitlich nach außen; man hielt diesen daher zunächst für den Daumen und vermutete, daß das Tier bei jedem Schritt die Gliedmaßen überkreuzte. Man erkannte dann jedoch, daß der „Daumen" eigentlich ein fünfter Finger ist. Das Tier bewegte sich auf einem schmalen Pfad, und man erkennt auch, daß die Hintergliedmaßen weit schwerer und länger waren. Aus der Schrittlänge ließ sich sowohl der Abstand zwischen Schul-

struktion von Skeletten auf Stand und Gang eines Tieres schließen kann, geben nur Fußspuren exakte Auskunft darüber. Eine Pfadspur aus dem südenglischen Jura zeigt zwei parallele Reihen dreizehiger Spuren, die zunächst einem langsamgehenden, räuberischen bipeden Dinosaurier zugeschrieben wurden. Bei weiteren Ausgrabungen zeigte sich jedoch, daß die beiden Spuren auseinanderlaufen. Eine nahe gelegene Einzelspur beweist, daß die Füße in einer Linie aufgesetzt wurden. Die Wege solcher Dinosaurier verlaufen schlangenlinienförmig. Die riesigen ↗Carnosauria müssen wie Enten

Fußspuren

1 Dromopus, *Spuren von Vorder- und Hinterfuß; sie stammen vermutlich von einem Araeosceliden (frühes landlebendes, säugerähnliches Reptil) aus europäischen und nordamerikanischen Sedimenten des Oberen Karbon und Unteren Perm.*

2 Dimetropus, *Spuren von Vorder- und Hinterfuß eines räuberischen Pelycosauriers aus dem Unteren Perm von Nordamerika und Europa.*

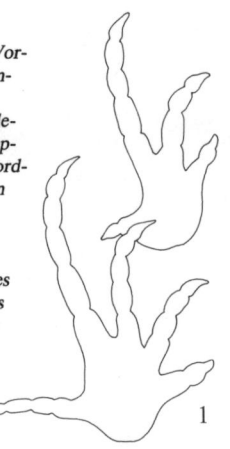  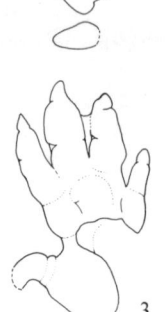 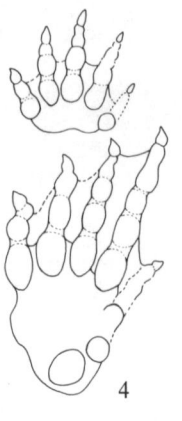

1   2   3   4

3 Cheirotherium, *Spuren von Vorder- und Hinterfuß; die Gattung ist in der europäischen und amerikanischen Trias verbreitet.*

4 Apatopus, *Spuren von Vorder- und Hinterfuß aus der Oberen Trias von Nordamerika – man schreibt sie einem Phytosaurier zu.*

5 *Fußspur mit darübergelegten Fußknochen des Dinosauriers* Iguanodon *aus dem Wealden.*

6 Gigandipus, *Spurfolge eines frühen Carnosauriers aus der Oberen Trias Nordamerikas.*

7 *Spuren von Vorder- und Hinterfuß des Prosauropoden* Anomoepus *aus der Oberen Trias Nordamerikas und Südafrikas.*

8 Otozoum, *Fußspuren eines großen Prosauropoden aus der Oberen Trias Europas, Nordamerikas und Südafrikas.*

oder Gänse gewatschelt sein und kurze Schritte gemacht haben – sie waren offenbar nicht an schnelles Rennen angepaßt.

Kennt man erst den Urheber einer Pfadspur, so kann die Länge der Gliedmaßen berechnet und daraus die Bewegungsgeschwindigkeit geschätzt werden. Man erhält so allerdings nicht die mögliche Höchstgeschwindigkeit, sondern nur ein Maß für die Durchschnittsgeschwindigkeit eines Tieres. Die leichtgebauten Strauß-Dinosaurier (z. B. *Ornithomimus*), welchen man eine Ge-

schwindigkeit von 80 km/h zutraute, erreichten ihren Fußspuren zufolge nicht mehr als 20 km/h.

Die riesigen, quadrupeden ↗Sauropoda, die angeblich 50 km/h erreichen sollten, scheinen in Anbetracht ihrer Fußspuren über 4 km/h nicht hinausgekommen zu sein, und Untersuchungen ihrer Knochenstärke lassen auf eine maximale Höchstgeschwindigkeit von 20 km/h schließen.

Von Sauropoden findet man ganze Ansammlungen von Spuren verschiedener Individuen, wobei die

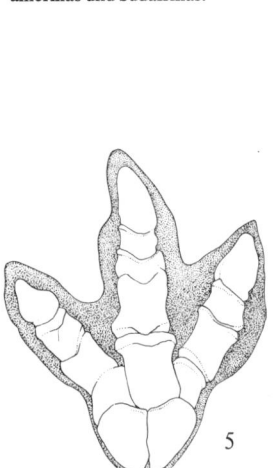 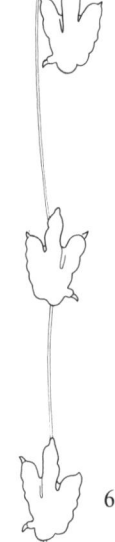  

5   6   7   8

112

kleineren in der Mitte liegen. Man schließt daraus, daß diese Tiere in Herden lebten.

Merkwürdigerweise findet man auf Sauropodenwegen nur selten Schleifspuren eines Schwanzes. Man hat dafür zwei Erklärungen: Entweder wurde der Schwanz hochgehalten, oder die Tiere lebten im Flachwasser, und der Schwanz schwebte im Wasser.

Eine dieser Spurenfolgen besteht nur aus Vorderfußabdrücken, und nur bei einer Richtungsänderung findet sich ein Hinterfußabdruck. Dies kann nur bedeuten, daß dieses Tier im Wasser trieb, sich mit den Vorderbeinen am Boden entlangtastete und sich nur bei einer Drehung mit einem Hinterbein aufstützte.

Fossile Fußspuren belegen auch, daß einige ↗Flugsaurier auf dem Boden gehen konnten: Dies zeigen die Schleifspuren der Flügel. Finger und Zehen der marinen ↗Nothosauria aus der Trias sind verlängert und anscheinend paddelartig gebaut; Fußspuren beweisen, daß diese Reptilien tatsächlich Schwimmhäute zwischen den Zehen besaßen.

In vielen europäischen Höhlen des Pleistozän findet man am Boden Fußspuren von Bären sowie vertikale und horizontale Kratzspuren an den Wänden, auch blanke Stellen, an denen die Bären sich gerieben haben müssen. Daher wird angenommen, daß die Bären sich an solchen Orten längere Zeit aufhielten. Dabei müssen viele gestorben sein, wie die zahlreich gefundenen Bärenknochen zeigen. Da man jedoch keine Futterreste findet, vermutet man, daß diese Tiere hier nicht überwinterten.

Von Vögeln existieren kaum fossile Fußspuren, bekannt ist eine Folge von entenähnlichen Fußabdrücken mit Schwimmhäuten und begleitenden Spritzspuren. Ein in den Trias-Sedimenten des Connecticut Valley häufiger Fußabdruck eines dreizehigen Dinosauriers wurde von seinem Entdecker, E. B. HITCHCOCK (1793–1864), ausgestorbenen Vögeln zugeschrieben; sehr lebendig beschreibt er, wie große Scharen riesiger „Vögel" entlang den triassischen Flußufern marschieren.

Gastropoda ↗Schnecken

Gastrolithen

Abgerundete Steine („Magensteine"), die man bei einigen fossilen Reptilien im Bereich der Rippen findet. In manchen Fällen, z. B. bei den aquatisch lebenden ↗Fischsauriern, wurden sie vielleicht aufgenommen, um den Auftrieb zu kontrollieren; Gastrolithen kennt man auch bei den vermutlich überwiegend wasserlebenden ↗Sauropoda. In zahlreichen Ablagerungen finden sich seltsame Gerölle, deren Vorkommen nicht allein durch sedimentären Transport erklärt werden kann. In den Mergeln des ↗Wealden finden sich von verschiedenen Orten antransportierte, stark geglättete Gerölle, die als Dinosaurier-Gastrolithen identifiziert wurden. In den gleichen Ablagerungen kommen auch Fußabdrücke und gelegentlich auch Knochen von Dinosauriern vor, so daß diese Interpretation nicht unwahrscheinlich ist. Bei Vögeln helfen kleine Kieselsteine im Kropf oder im Magen mit, die Nahrung aufzuschließen. Krokodile besitzen in ihrem Muskelmagen Kieselstein-Gastrolithen. Wie Röntgen-Filmaufnahmen bei rezenten Krokodilen zeigen, dienen diese Steine dazu, die Nahrung in kleine Stücke zu zermahlen. Die beträchtliche Größe und die glatte Oberfläche fossiler Gastrolithen lassen vermuten, daß der Magen einiger Dinosaurier ähnlich arbeitete wie der Magen rezenter Krokodile.

Gehirn

Das Gehirn der ↗Wirbeltiere sitzt

am vorderen Ende des Rückenmarks. In dieser Konzentration von Nervenzellen lassen sich bei frühen Wirbeltieren (z. B. ↗Pteraspiden) 3 Regionen unterscheiden: Im Vorderhirn liegt der Geruchssinn, die Augennerven ziehen zum Mittelhirn, und Hörsinn sowie Seitenliniensystem sind im Hinterhirn lokalisiert. Die Bildung weiterer Nervengewebes, vor allem im Mittel- und Hinterhirn, führt zur Öffnung der dorsalen Oberfläche des Neuralrohres und zur Bildung des Plexus chorioideus. Ursprünglich liegt das Hauptassoziationszentrum im Mittelhirn. Das Vorderhirn gliedert sich in einen vorderen Teil, das Riechhirn, und einen hinteren Bereich, der oben das Pinealorgan, unterseits die Hypophyse trägt.

Das Gehirn einiger ↗Ostracodermen ist sehr genau bekannt, da die Bindegewebe im Schädel verkalkt sind und die Form von Hirn und Hirnnerven so rekonstruiert werden können. Im Gehirn der ↗Osteostraci findet man 2 große Anhänge des Hinterhirns – eine Spezialisierung im Zusammenhang mit den lateralen und dorsalen Sinnesfeldern, die zum Hör- und Seitenliniensystem gehören und Vibrationen wahrnehmen.

Es wird immer derjenige Hirnteil besonders gut entwickelt, dessen zugehöriges Sinnesorgan wichtig wird. So findet man bei elektrischen Fischen zusätzliche Gebiete im Hinterhirn, während Haie mit ihrem feinen Riechorgan das Riechhirn stark vergrößern.

Mit dem Übergang zum Landleben erfolgt ein beträchtlicher Schub in der Gehirnentwicklung, entsprechend der wachsenden Bedeutung einzelner Sinnesorgane. Ein Seitenliniensystem entlang dem Körper ist überflüssig, nur das Hörorgan als Schallwellenempfänger bleibt von Bedeutung. Neben einem empfindlichen Gehörorgan sind die Lichtsinnesorgane nicht weniger wichtig. Entscheidend für die frühen Landwirbeltiere wird jedoch der Geruchssinn. Um eine dem neuen Umgebungsmedium angepaßte Empfindlichkeit zu erlangen, werden sowohl die Riechsinnesorgane enorm vergrößert als auch die dazugehörigen Gehirnareale: Das Hauptassoziationszentrum verlagert sich vom Mittel- in das Vorderhirn. Bei Reptilien behält das Mittelhirndach noch ebenso große Bedeutung als Assoziationszentrum wie das Vorderhirn, aber in der Entwicklung zu Vögeln und Säugetieren wird diese Aufgabe immer stärker vom Vorderhirn übernommen.

Bei den Säugetieren wird schließlich die Großhirnrinde (vorderster Hirnteil) als der entscheidende Hirnteil enorm vergrößert, was bei den höheren Vertretern dieser Gruppe zu oberflächenvergrößernder Furchenbildung führt.

Auch das Kleinhirn als Ort der Bewegungskoordination entwickelt sich dort am auffälligsten, wo es hohen Anforderungen genügen muß: Bei niederen Wirbeltieren noch ein einfaches Nervenbündel, wird dieser Teil des Hinterhirns mit wachsender Bewegungs- und Raumkomplexität vergrößert. Dies zeigt sich bei all jenen Tiergruppen, die sich in 3 Dimensionen bewegen, wie z. B. Fische, Vögel, Fledermäuse.

Der hintere Teil des Hinterhirns, das verlängerte Mark oder Medulla oblongata, erfährt im Laufe der Entwicklungsgeschichte der Wirbeltiere nur wenig Veränderung und kontrolliert Vorgänge wie Atmung, Verdauung und Berührung.

Gehörorgane

Das Gleichgewichts- und Gehörorgan der Wirbeltiere leitet sich vom Seitenlinienorgan der Fische ab. Das Labyrinth der Fische gehört zum Gleichgewichtssinn, während das Seitenliniensystem Wasserströmungen wahrnimmt. Bei hörfähigen Fischen werden Schallwellen über die Schwimmblase zum Innenohr geleitet. Mit dem Übergang der ↗Wirbeltiere auf das Land entwikkelt sich ein neuer Mechanismus der Schallaufnahme: Das Spiraculum wird durch eine Membran, das Trommelfell, geschlossen, und das Hyomandibulare, das im Zuge der autostylen Kieferbefestigung (↗Kieferapparat) frei wird, kann jetzt als schalleitender Knochen zwischen Trommelfell und Innenohr vermitteln. Dieser Knochen wird jetzt als Columella bezeichnet und überträgt ankommende Druckwellen auf das ovale Fenster und damit auf die Perilymphe des Innenohrs der Amphibien, Reptilien und Vögel.

Das Ohr der ↗Säugetiere ist noch komplizierter: Hier findet man 3 Gehörknöchelchen im Mittelohr. In der Entwicklung der Säugetiere vergrößert sich das Dentale des Unterkiefers mehr und mehr, während kleinere Bestandteile an Größe und Bedeutung für den Unterkiefer verlieren. Ein einzelner, großer Knochen verleiht mehr Festigkeit beim Zubeißen als mehrere kleine, und indem mehr und mehr Kaumuskulatur am Dentale ansetzt, werden die hinteren Knochen, die das primäre Kiefergelenk bilden (das Articulare des Unterkiefers gelenkt mit dem Quadratum des Oberkiefers), entlastet und können kleiner werden. Die Entwicklung geht soweit, bis das Dentale selbst am Schädel gelenkt (sekundäres Kiefergelenk der Säuger) und Articulare und Quadratum funktionslos sind (Übergang in der Ontogenie der ↗Beuteltiere noch zu sehen). Wie erklärt man nun den Einbau in das Mittelohr? Man stellt sich vor, daß das Angulare der Reptilien (ein Knochen im Bereich des Unterkieferwinkels) zu einem Knochenring um das Trommelfell herumwächst (jetzt Tympanicum genannt). Das am Angulare angrenzende Articulare (welches andererseits mit dem Quadratum gelenkt) erhält Verbindung mit dem Trommelfell. Da vom Reptilienstadium noch die gelenkige Verbindung Quadratum-Columella (jetzt Stapes genannt) „ver-

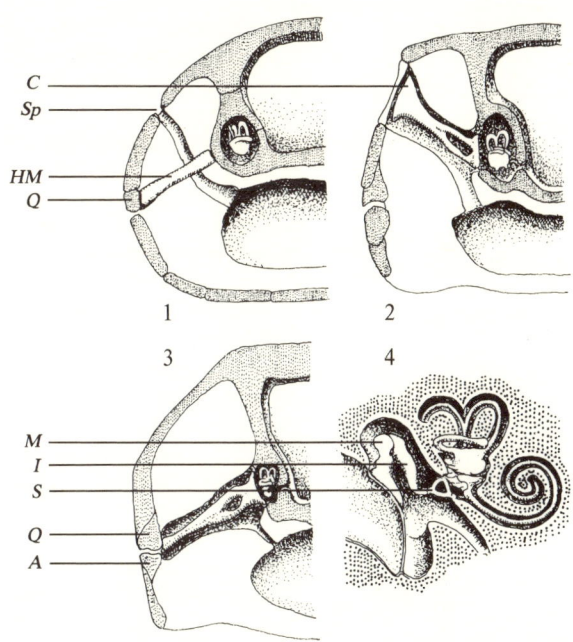

fügbar" ist, kann die Gehörknöchelchenkette aus den 3 gelenkig miteinander verbundenen Gliedern Hammer (Malleus, Articulare), Amboß (Incus, Quadratum) und Steigbügel (Stapes, Columella, Hyomandibulare) auf das Trommelfell auftreffende Druckwellen direkt auf das Innenohr weiterleiten. Der Vorteil dieser Konstruktion liegt darin, daß durch die Hebelwirkung der drei Knöchelchen der Druck erheblich verstärkt wird, was (neben der Verstärkung durch das günstige Flächenverhältnis (Trommelfell/Ovales Fenster) die Empfindlichkeit des Ohres verbessert. Eine weitere Errungenschaft der Säugetiere, die schallsammelnde Ohrmuschel, verbessert ebenfalls das Hörvermögen.

Geiseltal

Berühmte eozäne Fossilfundstätte in Mitteldeutschland südlich von Halle (DDR) an der Geisel, einem Nebenfluß der Saale. Die Geisel durchschneidet eines der größten mitteldeutschen Braunkohlelager. Begonnen durch den Forscher Johannes WEIGELT (1890–1948) er-

Gehörorgane
Schädelquerschnitte zeigen die Entwicklung des Wirbeltier-Gehörorgans:
1 Bei den meisten Fischen verbindet das Hyomandibulare (HM) das Quadratum (Q) mit der Ohrregion des Schädels (Sp = Spiraculum);
2 bei Amphibien ist das Hyomandibulare zur schalleitenden Columella (C) geworden;
3 bei frühen Reptilien ist das Trommelfell schon nach unten, in die Nähe von Quadratum und Articulare (A) gewandert, jene Knochen, die das primäre Kiefergelenk bilden;
4 beim Säugetierohr ist die Columella zum kleinen Stapes (S, Steigbügel), das Quadratum zum Incus (I, Amboß) und das Articulare zum Malleus (M, Hammer) geworden. Diese 3 Knöchelchen bilden eine schalleitende Verbindung vom Trommelfell zum Innenohr.

115

folgten umfangreiche Grabungen, in den letzten Jahrzehnten vor allem betreut von der Deutschen Akademie der Wissenschaften in Berlin. Bei diesen Grabungen spielten schon früh paläoökologische Aspekte eine wichtige Rolle (Beachtung der Fundumstände usw.). Neben Bakterien, Pilzen, Laubmoosen und Farnen sind besonders häufig die ↗Koniferen wie *Sequoia*, *Taxodium* (Sumpfzypresse) und *Cupressus* (Zypresse). Zahlreiche ↗Angiospermen sind durch Blätter und gut erhaltene Früchte vertreten. Auch die Tierwelt ist gut bekannt. Die häufigen Süßwasserfische gehören zu den Teleostei (↗Actinopterygii), mehrere Amphibien- und Reptilienarten, einige Vögel und zahlreiche Säugetiere wurden gefunden, u. a. ↗Beuteltiere, ↗Nagetiere, ↗Raubtiere, ↗Paarhufer, ↗Unpaarhufer und Halbaffen (↗Lemuren und Loris, ↗Koboldmakis).

Pflanzen- und Tierwelt weisen auf ein subtropisches Klima, wahrscheinlich mit periodischen Regen- und Trockenzeiten. Dafür sprechen z. B. die Jahresringe der gefunde-nen Hölzer und der Aufbau der Otolithen der Fische.

Geochronologie   ↗Altersbestimmung

Ginkgo

Einziger rezenter Vertreter (*Ginkgo biloba*) einer ehemals weltweit verbreiteten Gymnospermengruppe. Die Blätter der rezenten Art sind denen aus triassischen Ablagerungen (Alter etwa 200 Millionen Jahre) durchaus vergleichbar.

Neben *Ginkgo* werden noch etwa 15 weitere Gattungen zu den Ginkgoatae gestellt. Die Blätter sind im allgemeinen fächer- oder bandartig und vielfach tief geteilt.

Die getrenntgeschlechtlichen *Ginkgo*-Bäume erreichen eine Höhe von rund 30 m. Ihre Samen sitzen auf kurzen Stielen in den Achseln von Blättern und besitzen ein fleischiges Integument. Die männlichen, kätzchenartigen Fortpflanzungsorgane stehen ebenfalls in den Blattachseln.

Giraffen

Sie gehören zu den ↗Paarhufern

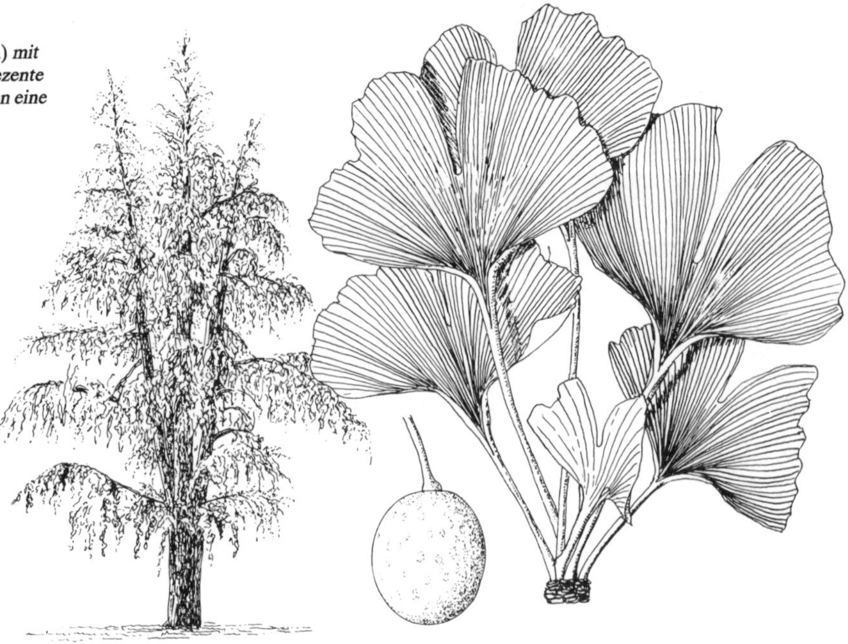

Ginkgo
Ginkgo (Ginkgo biloba) *mit Samen und Blättern; rezente Ginkgobäume erreichen eine Höhe von etwa 30 m.*

Giraffen
Sivatherium aus dem Pleistozän Südasiens und Afrikas ist der Vertreter eines Seitenzweiges in der Giraffenevolution. Schulterhöhe: 2,2 m

(Überfamilie Cervoidea, ↗Hirsche) und sind während des Känozoikum in Eurasien und in Afrika weit verbreitet, bis grasfressende Formen stärker aufkommen. Typischerweise gehen sie auf langen Beinen, haben große Augen, große Ohren und einen langen Hals. Beide heute lebenden Gattungen, *Giraffa* und *Okapia*, besitzen 2 Zehen und ein Kanonenbein aus verschmolzenen Mittelfußknochen.

Die Giraffen leben als Weidegänger – *Giraffa* in der Savanne, *Okapia* im Wald – und besitzen entsprechend mittel- bis niederkronige Backenzähne mit runzeligem Schmelz. Charakteristisch für die modernen Vertreter der Gruppe sind die Knochenzapfen am Schädel. Im allgemeinen gibt es 3 solcher Auswüchse, das Okapi weist aber nur 2 auf, und bei *Giraffa* finden sich manchmal 5 (bei fossilen Arten treten weitere Abweichungen auf). Die Knochenzapfen werden bei Männchen und Weibchen nie abgeworfen oder ersetzt. Sie bleiben dauernd mit Haut überzogen, im Gegensatz zum Geweih der Hirsche oder dem Horn der Rinder.

Die Gruppe der Giraffen umfaßt insgesamt drei Familien: Die Palaeomerycidae, die Sivatheriidae und die Giraffidae. Die im Miozän Europas und Afrikas lebenden Palaeomeryciden stehen den Vorläufern der Giraffen und Hirsche recht nahe und wurden früher meist als Cerviden klassifiziert. Die Knochenfortsätze, die bei manchen Formen vorkommen, bestehen aus einem langen Stumpf mit wirtelig darauf sitzenden kurzen Knochenzinken. Die niederen Zahnkronen dieser Tiere sind leicht gefaltet und selenodont (halbmondförmig) geformt.

Als große Giraffen treten die Sivatheriiden im Plio-Pleistozän Eurasiens und Afrikas auf, rinderähnliche Giraffen mit langen Beinen und kurzem Hals. *Sivatherium* trägt flächig verbreitete Knochenzapfen, vergleichbar dem Damhirsch. Sivatheriiden leben noch in nach-pleistozäner Zeit, und man kennt eine kleine sumerische Tonfigur sowie Felsenmalereien in der Sahara, die bezeugen, daß sie dem altsteinzeitlichen Menschen bekannt waren.

Die Giraffiden selbst umfassen

117

2 Gruppen: Die Palaeotraginae (Kurzhalsgiraffen) und die Giraffinae (Langhalsgiraffen). Die Palaeotraginen sind eine mittelgroße, ursprüngliche Gruppe, schon aus dem Miozän Afrikas und Europas bekannt, deren letzter Überlebender das Okapi ist. Ihre Extremitäten und der Hals sind nur mäßig lang, die Zähne niederkronig und selenodont, der Schädel trägt ein Paar kurzer Knochenzapfen. Die Giraffinen, heute durch eine Art von *Giraffa* (mit mehreren Unterarten in verschiedenen Teilen Afrikas) vertreten, können bis ins afrikanische Miozän zurückverfolgt werden. Sie sind groß und weisen niederkronige selenodonte Zähne und kurze unverzweigte Knochenzapfen auf.

Gliederfüßer, *Arthropoden*

Wirbellose Tiere mit gegliederten Extremitäten und einem Exoskelett, das nach periodischen Häutungen erneuert wird.

Die 3 Hauptzweige der Arthropoden sind die Antennata (↗Hundert- und Tausendfüßer, ↗Insekten), die Chelicerata (↗Spinnentiere) und die Crustacea (↗Krebstiere), sowie als wahrscheinlich 4. Gruppe die Trilobita (↗Trilobiten). Wahrscheinlich entsteht die Arthropodenstruktur mehrfach aus Anneliden-artigen ↗Würmern. Schon im Unteren Kambrium sind die Trilobiten weit verbreitet, und im Mittleren Kambrium leben schon viele Typen von Arthropoden. Vermut-

lich zu Beginn des Silur erscheinen die ersten flügellosen Insekten und Spinnen an Land, man kennt mit dem Springschwanz *Rhyniella praecursor* das erste Insektenfossil jedoch erst aus dem Unteren Devon. Im Karbon werden die Lüfte erobert, und die Insekten entwickeln sich stark in Anpassung an Pflanzen weiter. In devonischem Süß- und Brackwasser findet man Blattfußkrebse (Kiemenfußkrebse, Branchiopoden). *Cyzicus* tritt ab dem Unteren Devon auf, und das noch heute lebende Tier ist zeitweise weit verbreitet, besonders im stehenden Flachwasser. Möglicherweise stammen die Blattfußkrebse von der kambrischen Form *Fordilla* ab. Auch die ↗Ostrakoden leiten sich möglicherweise von *Fordilla*-ähnlichen Tieren ab, allerdings existieren sie schon seit Anfang des Kambrium.

Von den hauptsächlich land- und süßwasserlebenden Cheliceraten hat man wenige fossile Zeugnisse; das älteste ist *Paleomerus* aus Schweden, der älteste ↗Pfeilschwanzkrebs und möglicherweise ein Vorläufer der ↗Eurypterida.

Mit *Palaeophonus* aus dem Unteren Silur kennt man das erste, offenbar wasserlebende Spinnentier. Die echten Skorpione und Spinnen erscheinen im Karbon. Im unterdevonischen Rhynie Chert findet man 5 Milbenarten, die einzigen fossilen Milben neben Funden im ↗Bernstein des baltischen Oligozän.

Eine dem Ursprung der Crustacea nahe stehende Gruppe sind die Phyllocarida des Kambrium. Mit *Eocaris* aus Westdeutschland und *Devonocaris* aus den USA kennt man höhere Krebse aus dem Mittleren Devon. Man glaubt, daß die Malacostraca sich aus Vorläufern der Phyllocarida entwickelt haben, und in den Eocarida (Devon bis Karbon) sieht man die Vorläufer der Dekapoden (↗Zehnfüßige Krebse, Krabben und Hummer). Als früheste Dekapoden betrachtet man die dünnschaligen Penaeiden

Gliederfüßer
Ausgezeichnet erhaltene Exemplare des kambrischen Blattfußkrebses Waptia *findet man im Burgess-Schiefer in Britisch-Kolumbien, Kanada. Länge: etwa 40 mm*

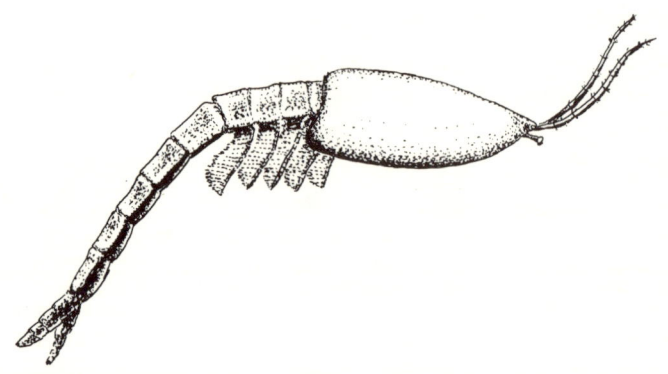

des Perm. Dickerschalige, hummerähnliche Formen erscheinen in der Trias, und am Ende dieser Periode geht aus dem Pemphicidae ein Seitenzweig hervor, bei welchem der Hinterleib unter den Körper geschlagen wird: die Krabben. Die erste echte Krabbe ist *Eocarcinus praecursor* aus dem Unteren Jura Englands. Von einer anderen Gruppe der Crustacea, den Copepoda (Ruderfußkrebse), kennt man trotz der heute so überreichen Biomasse nur 2 fossile Vorkommen: aus der brasilianischen Kreide und aus dem Miozän der Mojavewüste in den westlichen USA.

Gliedmaßen

Anhänge der Tetrapoden (↗Amphibien, ↗Reptilien, ↗Säugetiere und ↗Vögel), die sich aus den Brust- und Bauchflossen der ↗Choanichthyes entwickeln.

Die Quastenflosser oder Crossopterygier (sie bilden zusammen mit den ↗Lungenfischen die Choanichthyes) des Devon leben in Süßwassertümpeln, die von Zeit zu Zeit austrocknen. Während die ↗Actinopterygii nur noch mit feinen Flossenstrahlen (Name!) ihre Flossen stützen, enthalten die Flossen der Choanichthyes richtige Knochenelemente. Die Elemente eines Archipterygiums (Flossenskelett) der devonischen Quastenflosser entsprechen genau denjenigen der ursprünglichen Tetrapodengliedmaßen. Direkt am Körper sitzt ein einzelner Knochen, der mit dem Schulter- oder Beckengürtel gelenkt (und dem Oberarm- bzw. Oberschenkelknochen der Landwirbeltiere entspricht), worauf ein Knochenpaar folgt (das den Unterarm- bzw. Unterschenkelknochen äquivalent ist), und weiter distal finden sich noch mehrere Elemente, die sich als spätere Hand- bzw. Fußknochen verstehen lassen.

an ist sich sicher, daß die frühen Quastenflosser Lungen besitzen, die es ihnen ermöglichen, beim Trokkenfallen ihres Kleingewässers eine kleine Distanz zu überwinden, um sich in ein Wasserloch zu retten. Ihre stabilen Fleischflossen genügen für einen solch kurzen Landmarsch. Da nur jene überleben, die noch nasse Stellen erreichen, arbeitet die ↗Natürliche Selektion stark auf die Herausbildung gliedmaßenähnlicher Flossen hin.

Bei den Amphibien werden die Gliedmaßen noch waagrecht vom Körper weggestreckt, wobei die Füße in wenig effektiver Stellung – fast 90° zur Körperlängsachse – aufgesetzt werden. Bei einigen fortschrittlichen ↗Labyrinthodontia beginnt sich der Oberarm nach hinten zu drehen und liegt parallel zum Körper, während sich der Oberschenkel nach vorne eindreht. Jetzt kann der Körper weit effektiver gestützt werden. Mit dem Perm treten Reptilien auf (z. B. ↗Pelycosauria, ↗Säugerähnliche Reptilien, ↗Cotylosauria), die ihr Gewicht schon effektiv stützen können, da die Gliedmaßen sich unter den Körper zu verlagern beginnen.

Am Ende der Trias setzt eine starke Diversifikation der Reptilien ein. Viele ↗Pseudosuchia werden biped, und ihre Nachkommen, die ↗Dinosaurier, behalten diesen Trend bei. Frühe ↗Coelurosauria und ↗Carnosauria bilden verlängerte Hintergliedmaßen mit funktionell dreizehigen Füßen aus, die Vordergliedmaßen werden verkürzt und die „Hand" wird in gewissem Maß greiffähig. Diese beweglichen Räuber entwickeln die typischen Gliedmaßenproportionen schneller Lauftiere: deutlich verlängerte Unterschenkel, Mittelfußknochen gestreckt und funktionell mit den distalen Fußwurzelknochen verbunden, proximale Fußwurzelknochen (Astragalus und Calcaneus) liegen auf den Unterschenkelknochen und bilden ein Drehgelenk (Intertarsalgelenk) aus. Die rasch an Größe zunehmenden ↗Sauropoda besitzen bereits im Jura typische Säulenbeine, bei denen die Knochen zur Erlangung optimaler Tragfähigkeit

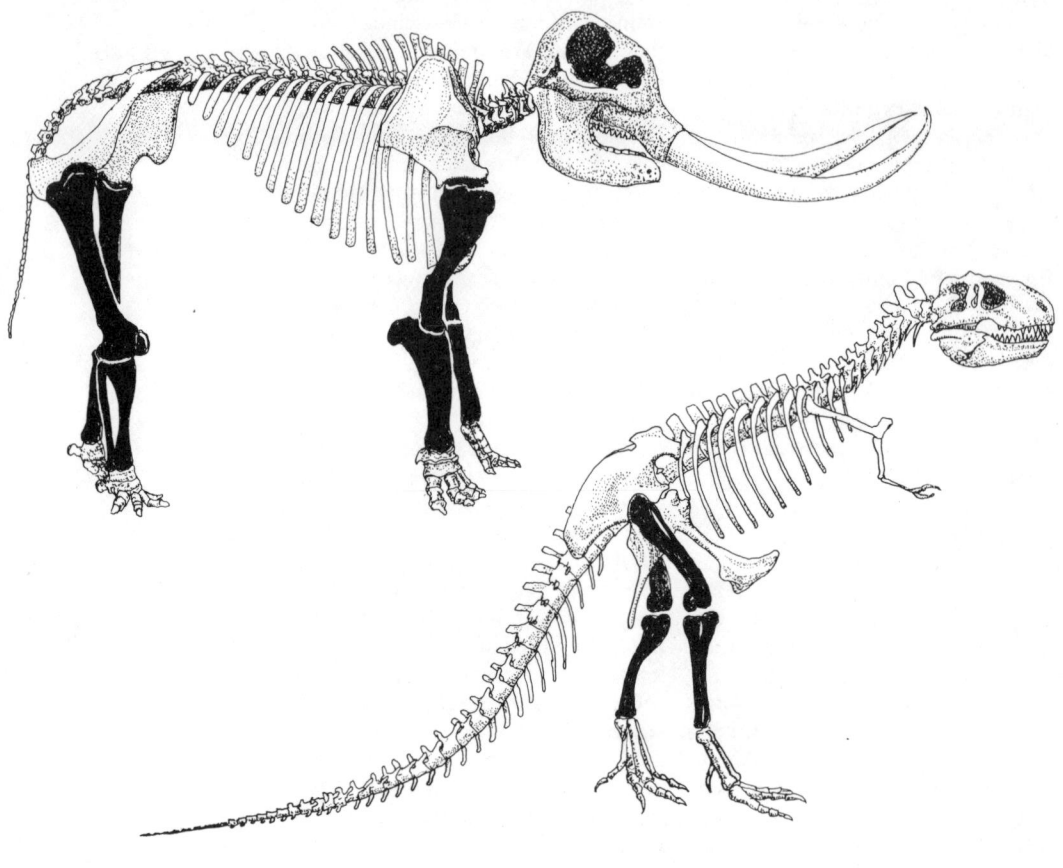

Gliedmaßen

Große, schwere Landtiere wie das Mastodon (Mastodon americanus) *entwickeln säulenartige Beine, um ihr Gewicht tragen zu können. Typischerweise ist dabei der Oberarm- und Oberschenkelknochen (Humerus und Femur) lang, der Unterschenkel und Unterarm relativ kurz mit kräftig entwickeltem Wadenbein und Elle (Fibula und Ulna), die Füße sind kurz und breit. Bei bipeden Tieren wie dem großen carnivoren Dinosaurier* Tyrannosaurus *(unten) zeigen die Hinterextremitäten Anpassungen an schnellen Lauf. Der Unterschenkel ist länger als der Oberschenkel und gewährleistet so einen besseren mechanischen Wirkungsgrad, die Mittelfußknochen (Metatarsalia) sind verlängert, und die Füße tragen bewegliche Zehen. Die Vorderextremitäten sind bei diesem Reptil stark reduziert.*

nahezu senkrecht gelenken. Einige Reptilien kehren sekundär ins Wasser zurück und bilden paddelförmige Gliedmaßen, indem sie die Knochen drastisch verkürzen. ↗Plesiosaurier und marine ↗Krokodile behalten die ursprünglichen 5 Finger bei, während die ↗Fischsaurier noch zusätzliche Fingerknochen aufweisen (manchmal tritt auch Hyperdactylie auf).

Bei den ↗Flugsauriern der Trias wird der vierte Finger der Hand stark verlängert, er spannt die Flughaut auf. Im Gegensatz dazu werden bei den Vögeln, die im Spätjura erscheinen, die flügelbildenden Federn von Oberarm, Unterarm und Mittelhandknochen getragen, die Finger werden reduziert. Die Vogelfüße bilden durch Verschmelzung von Unterschenkelknochen (Tibia) und 2 Fußwurzelknochen

(Tarsalia) einen Tibiotarsus aus, der mit dem Tarsometatarsus (Verschmelzungsprodukt aus den restlichen Tarsalia und Mittelfußknochen) gelenkt – eine Fortentwicklung der Situation bei bipeden Dinosauriern.

Bei den Säugern wird Bipedie nur selten entwickelt (z. B. ↗Mensch und Känguruh). Die Landraubtiere behalten die ursprünglichen Gliedmaßenproportionen bei, extrem stämmige Extremitäten findet man bei großen Huftieren; bei Formen, die es auf schnelles Entkommen anlegen, wird eine zunehmende Reduktion der Zehen bis auf eine (↗Unpaarhufer) oder zwei Zehen erkennbar (↗Paarhufer), hier parallel mit der Bildung eines Kanonenbeines aus verwachsenen Mittelfuß- bzw. Mittelhandknochen.

Die Hinterfüße der ältesten bekannten ↗Pferde sind schon dreizehig, die Vorderfüße (im Paläozän) noch vierzehig. Extreme Spezialanpassungen findet man bei grabenden Säugetieren (z. B. Maulwurf mit Grabbeinen), fliegenden Fledermäusen (deren Flughaut von 4 Fingern aufgespannt wird) und wasserlebenden Säugetieren (z. B. Robben und Wale, deren Gliedmaßen zu Flossen umgewandelt sind). Die ↗Primaten behalten die ursprüngliche Fünfzähligkeit in Hand und Fuß bei und ebenso konservativ proportionierte Gliedmaßen, die relativ frei beweglich mit Schulter- und Beckengürtel gelenken: Anpassungen an das Leben auf Bäumen.

Glossopteris-Flora

Im Permokarbon die charakteristische Flora der ↗Gondwana. Während sich im frühen Karbon die Floren der nördlichen und südlichen Hemisphäre gleichen, entwickelt sich am Ende des Karbon auf der Südhalbkugel eine eigene Flora. Ihre Reste finden sich heute in spätkarbonischen und permischen Sedimenten der Antarktis, Australasiens, Südafrikas, Südamerikas und Indiens – Kontinente, die zur damaligen Zeit die ↗Gondwana bildeten; nach den häufig vorkommenden, charakteristisch zungenförmigen Glossopteris-Blättern wird sie als Glossopteris-Flora bezeichnet. Die Blätter sind wenige Zentimeter bis zu mehrere Dezimeter groß und durch eine regelmäßige Maschennervatur gekennzeichnet. Wie bei anderen fossilen Pflanzengruppen liegen die Arten der Gondwana-Flora, trotz ihrer Häufigkeit und guten Erhaltung, nur in Fragmenten vor. Verschiedene Teile der gleichen Pflanze können daher unter verschiedenen Formgattungen beschrieben sein, sichere Rekonstruktionen der ganzen Pflanze erscheinen fast unmöglich. Zusammen mit Glossopteris-Blättern findet sich ein besonderer Achsentyp (Vertebraria), den man früher für Äste hielt, deren Blätter bereits abgefallen waren; wahrscheinlicher handelt es sich dabei aber um Rhizome. Die zarteren Stämme, die manchmal mit angehefteten Blättern gefunden werden, entspringen vielleicht den Vertebraria-Rhizomen.

Zusammen mit Glossopteris-Blättern und Achsen treten zahlreiche kleine Samen und Mikrosporangien auf, so daß Glossopteris vermutlich bei den ↗Pteridospermen (Gymnospermen) einzuordnen ist. Von den Fruktifikationen wurden rund 6 Gattungen mit 19 Arten beschrieben, da aber keine strukturbietenden Reste vorliegen, ist über die innere Struktur nichts bekannt. Die neben Glossopteris-Blättern in Afrika gefundenen Sporangien sitzen terminal auf schlanken, verzweigten Achsen und enthalten Pollenkörner mit zwei Luftsäcken. Ähnliche Pollenkörner fanden sich auch in der Mikropyle der Samenanlagen, so daß der Zusammenhang dieser Organe mit dem Glossopteris-Blatt wahrscheinlich gemacht werden konnte. Die phylogenetische Stellung dieser auf Gondwana beschränkten Pflanzen bleibt unklar, sicher können sie aber nicht als Vorfahren der Angiospermen gelten.

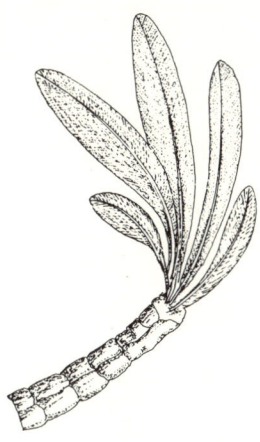

Glossopteris
Beblätterung eines Glossopteris; *die Gruppe gehört möglicherweise zu den* Pteridospermen *(ca. ¹/₆ natürlicher Größe).*

Gobi

Wüstenregion in der Mongolei; im Norden begrenzt durch das Altai- und Hangayn-Gebirge, im Westen durch das östliche Tienschan-Gebirge und im Süden und Osten durch die Gebirgsketten von China. Paläontologisch bedeutsam sind ausstreichende, fossilführende kontinentale Ablagerungen der Kreide und des Känozoikum. Die fossilführenden Ablagerungen wurden 1922 bei einer großen Expedition des ↗American Museum of Natural History (New York City) unter Leitung von Roy Chapman ANDREWS entdeckt. Weitere Expeditionen wurden von dem Museum 1923 und 1925 durchgeführt, gefolgt von Sowjetisch-Mongolischen und Polnisch-Mongolischen Expeditionen.

Schichten der Oberkreide treten hauptsächlich in großen, post-oligozänen tektonischen Senken auf. Wie die ausschließlich vorkommenden „Red Beds" und deren verschiedene Zusammensetzung zeigen, existierten unterschiedliche, äolische (Dünensande) bis fluviatile Ablagerungsbedingungen. Es lassen sich drei Formationen erkennen: Die Djadokhta Formation wird ins obere Santonium oder untere Campanium gestellt, die Barun Goyot Formation ins mittlere Campanium und die Nemegt Formation reicht vermutlich vom oberen Campanium bis ins untere Maastrichtium. Berührungen zwischen den ersten beiden wurden bisher nicht bekannt, Faunenvergleiche lassen aber vermuten, daß nur ein kurzes zeitliches Intervall dazwischen liegt.

In der späten Kreide repräsentiert die Wüste Gobi möglicherweise ein Zentrum der Wirbeltier-Evolution und -Radiation. Die Fauna wird beherrscht von ↗Dinosauriern und ↗Mesozoischen Säugetieren, es wurden aber auch Reste von ↗Schildkröten, ↗Eidechsen, ↗Krokodilen und einem ↗Vogel gefunden. An Invertebraten kommen reichlich ↗Ostrakoden, Blattfußkrebse und ↗Muscheln vor, sowie einige ↗Schnecken und ein Diplopode (Tausendfüßer). An Pflanzenresten sind verschiedene Armleuchteralgen und versteinerte Araukarien-Hölzer belegt. Gefunden wurden auch fossile Eier, manchmal in Gelegen zusammen, die vermutlich zu *Protoceratops*, einem kleinen, ursprünglichen Vertreter der ↗Ceratopsia, gehören.

Von den meisten in der Oberkreide des westlichen Nordamerika verbreiteten Dinosaurier-Familien kennt man auch Vertreter aus der Wüste Gobi. Durch die äußerste Seltenheit oder das vollkommene Fehlen der Ceratopsia, Hypsilophodontiden (kleine ↗Ornithopoda),

Nodosauriden (höherentwickelte ↗Ankylosauria) und ↗Hadrosaurier sowie durch das Vorkommen der wenig bekannten, vermutlich zu den ↗Carnosauria gehörenden Gattungen *Deinocheirus* und *Therizinosaurus* unterscheidet sich die Fauna doch wesentlich von der Nordamerikas. Die Säugetierfauna besteht aus verschiedenen Multituberculaten (unter anderem die nordamerikanische Gattung *Catopsalis*) und primitiven Plazentaliern; Beuteltiere fehlen jedoch.

Aus der Wüste Gobi sind auch Ablagerungen aus der Unteren Kreide mit Wirbeltierresten (Fischen und Dinosauriern) belegt. Die känozoischen Schichten stammen aus dem Paläozän, Eozän, Oligozän, Miozän und Pliozän. Die interessanteste Säugetierfauna fand man in der Gashato Formation des späten Paläozän, die als die älteste känozoische Wirbeltierfauna Asiens gilt. Unter anderem werden Funde von Multituberculaten, Deltatheridiiden, Zalambdalestiden, Mesonychiden, Barylambdiden, ↗Notoungulata und Uintatherien (↗Amblypoda) berichtet.

Gondwana(land)

Die Gondwana ist als paläogeographische Einheit Bestandteil des spät-paläozoischen und früh-mesozoischen Superkontinents ↗Pangaea. (Gondwana bedeutet soviel wie „Land der Gond" – die Gond sind ein zentralindisches Volk; die vielfach übliche Bezeichnung Gondwanaland ist daher ein Pleonasmus.) In der Pangaea liegen die südlichen Kontinente Südamerika, Afrika, Arabien, Madagaskar, Indien, Australien, Neuseeland und die Antarktis direkt nebeneinander und sind teilweise durch die ↗Tethys vom nördlichen Kontinent Laurasia getrennt. Im Karbon und Perm bestehen in den Sedimentfolgen dieser Kontinente deutliche floristische und faunistische Übereinstimmungen. Noch vor der Entwicklung der Theorie der ↗Kontinentalverschiebung wurde die Südhemisphäre in Gondwana und Antarktis gegliedert; mit der Entdeckung neuer Fossilfunde und geologischer Parallelen erfuhr der Begriff Gondwana eine Ausdehnung auf sämtliche Südkontinente.

Ähnlichkeiten der Geologie und übereinstimmende Verbreitung terrestrischer Faunen- und Florenelemente liefern einen wichtigen Hinweis auf eine seit der Trias erfolgende Auseinanderdrift der Kontinente. Bei einer Rekonstruktion der Gondwana für das späte Paläozoikum fügen sich Sedimente wie die Tillite (ältere, völlig verfestigte Moränenablagerungen) und die Richtung der Gletscherschrammen zusammen, zudem kann vom Unterkarbon bis ins Perm eine südwärts gerichtete Wanderung der polaren Eiskappe beobachtet werden.

Der Name Gondwana leitet sich von einer Gegend in Indien ab, wo pflanzenführende Süßwasserablagerungen aus dem Unterkarbon bis Perm direkt auf präkambrischen Gneisen liegen. Die Flora beinhaltet die beiden Gattungen *Glossopteris* und *Gangamopteris*, die sich in entsprechenden Schichten in der gesamten Gondwana finden (↗Glossopteris-Flora). Einen weiteren Beleg für einen einheitlichen Südkontinent Gondwana im Perm und in der Trias liefert die Verbreitung des permischen Reptils ↗*Mesosaurus* und das Vorkommen terrestrischer, herbivorer dicynodonter Reptilien *(Lystrosaurus, Kannemeyeria)* in der Unteren Trias von Südamerika, Indien und der Antarktis; offensichtlich existierte zu dieser Zeit eine einheitliche Landmasse, über die sich diese Landtiere ausbreiten konnten. Für eine Rekonstruktion der Gondwana basierend auf einem kleineren Erddurchmesser spricht möglicherweise das Auftreten dieser Dicynodonten-Fauna auch in China, das bei Rekonstruktionen mit konstanten Dimensionen von Indien durch eine breite Tethys getrennt ist.

Die Verbreitung der Monotremen, Beuteltiere und plazentalen Säugetiere ist das Ergebnis des fortwährenden Zerfalls des Gondwana-Kontinents als Folge des Auseinanderweichens der Ozeanböden im Mesozoikum und Känozoikum. (↗Paläogeographie)

Gothan, Walther (1879–1954)
Deutscher Paläobotaniker. GOTHAN wurde am 26. August 1879 in Woldegk/Mecklenburg geboren. Er studierte zunächst Bergbau und Geologie in Clausthal, anschließend Botanik an der Universität Berlin, wo er 1904 mit einer Arbeit über die „Anatomie lebender und fossiler Gymnospermenhölzer" promoviert wurde. 1913 übernahm er die Stelle seines Lehrers Henry POTONIÉ als Leiter der Paläobotanischen Abteilung der Geologischen Landesanstalt Berlin, an der er bis zu seinem Ausscheiden aus dem aktiven Dienst wirkte. Im gleichen Jahr übernahm er den Lehrauftrag für Paläobotanik an der Bergakademie und späteren Bergbauabteilung der Technischen Hochschule in Berlin, nachdem er sich 1908 für Kohlenlagerstättenkunde und Paläobotanik habilitiert hatte.

Das Hauptinteresse GOTHANs galt der Flora und der Stratigraphie des deutschen Karbon. Unter den zahlreichen Veröffentlichungen hierzu ist vor allem hervorzuheben die nicht abgeschlossene, 1929–1953 in 5 Lieferungen erschienene „Steinkohlenflora der westlichen paralischen Steinkohlenreviere Deutschlands". Auch Flora und Stratigraphie anderer Formationen werden in mehreren Publikationen angesprochen. Weithin bekannt wurde GOTHAN durch die Neubearbeitung des „Lehrbuches der Pflanzenpalaeontologie" von H. POTONIÉ (1899), das 1921 in 2. Auflage erschien und 1953 als eigenständiges „Lehrbuch der Paläobotanik", verfaßt zusammen mit H. WEYLAND, herauskam. Es wurde 1973 ein weiteres Mal aufgelegt.

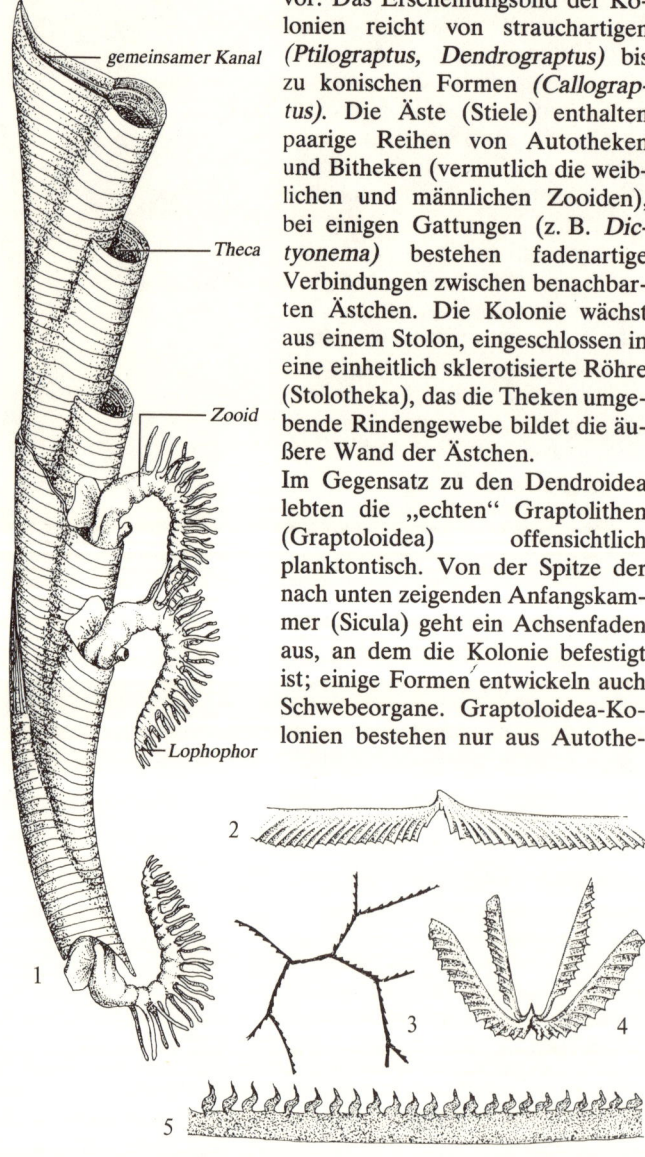

gemeinsamer Kanal

Theca

Zooid

Lophophor

1

2

3

4

5

Graptolithen, *Graptolithina*

Kleine, koloniebildende marine Organismen mit weiter Verbreitung im frühen Paläozoikum, ausgestorben im Karbon. Da keine rezenten Abkömmlinge existieren, war ihre systematische Stellung stets umstritten, dennoch gelten verwandtschaftliche Beziehungen zu den Pterobranchia heute als gesichert.

Die sessilen, mit einer wurzelartigen Basis am Seeboden befestigten dendroiden Graptolithen kommen vom Mittleren Kambrium bis ins Karbon vor. Das Erscheinungsbild der Kolonien reicht von strauchartigen *(Ptilograptus, Dendrograptus)* bis zu konischen Formen *(Callograptus)*. Die Äste (Stiele) enthalten paarige Reihen von Autotheken und Bitheken (vermutlich die weiblichen und männlichen Zooiden), bei einigen Gattungen (z. B. *Dictyonema*) bestehen fadenartige Verbindungen zwischen benachbarten Ästchen. Die Kolonie wächst aus einem Stolon, eingeschlossen in eine einheitlich sklerotisierte Röhre (Stolotheka), das die Theken umgebende Rindengewebe bildet die äußere Wand der Ästchen.

Im Gegensatz zu den Dendroidea lebten die „echten" Graptolithen (Graptoloidea) offensichtlich planktontisch. Von der Spitze der nach unten zeigenden Anfangskammer (Sicula) geht ein Achsenfaden aus, an dem die Kolonie befestigt ist; einige Formen entwickeln auch Schwebeorgane. Graptoloidea-Kolonien bestehen nur aus Autotheken und scheinen keinen Stolon besessen zu haben. Das Wachstum geht bei den Dendroidea wie den Graptoloidea von der konischen Anfangskammer aus.

Die Graptoloidea erscheinen als in Anpassung an eine pelagische Umwelt vereinfachte Formen der dendroiden Graptolithen; auch frühe, stark verzweigte Gattungen wie *Clonograptus, Anisograptus* und *Bryograptus* weisen offensichtlich auf eine nahe Verwandtschaft mit der zeitgleichen *Dictyonema* hin. *Tetragraptus* aus dem Unteren Ordoviz besitzt vier Äste, *Didymograptus* nur zwei. Weitere Reduktion führt im Unteren Silur zu den einästigen Monograptiden *(Monograptus)*, eine Gruppe, die im frühen Devon ausstirbt.

Wegen ihrer raschen Entwicklung und weiten geographischen Verbreitung sind die Graptoloidea im Ordoviz und Silur häufig benutzte ↗Leitfossilien. Sie finden sich als häufigste Fossilien in dunklen Schiefertonen („Schwarzschiefern"), in denen benthische (bodenlebende) Formen selten auftreten. Dieser Sedimenttyp wird abgelagert, wenn in Bodennähe nur eine geringe Wasserzirkulation auftritt. Infolge Sauerstoffarmut herrschen daher ungünstige Lebensbedingungen, so daß Tierreste nur langsam zersetzt werden.

Gräser, *Gramineae, Poaceae*

Eine der größten und wirtschaftlich bedeutendsten Familien der ↗Angiospermen. Diese zu den Einkeimblättrigen (Monokotylen) zählende Familie der Gramineae oder Poaceae enthält rund 600 Gattungen mit 10 000 Arten. Die Blüten der Gräser, zu sogenannten Ährchen zusammengefaßt, gleichen prinzipiell denen anderer Angiospermen mit Fruchtknoten, Staubblättern und schützender Blütenhülle, die hier aus verschiedenen Schuppen („Spelzen") besteht.

Für den Menschen besitzen die Gräser als wichtige landwirtschaftliche Kulturpflanzen gewaltige Bedeutung. Weizen, Hafer, Gerste, Mais, Hirse, Mohrenhirse und Reis bilden den Hauptbestandteil der Nahrungsmittel für die Weltbevölkerung. Für die Haltung der meisten Haustiere ist entsprechendes Grasland unerläßlich.

Fossile Belege für Gräser existieren kaum. Selbst aus dem Känozoikum kennt man nur wenige fossile Gräser; Graspollen erscheint regelmäßig erst in pleistozänen Ablagerungen. Die gegenwärtige Häufigkeit der Gräser geht sicher auf den Einfluß des Menschen zurück.

Guano

Weiches, krümeliges Phosphatgestein, das durch Anhäufung von Tierexkrementen entsteht, besonders häufig in großen Seevogelkolonien. Auch Fledermauskot in Höhlen liefert solche Phosphatberge. Frischer Guano besteht hauptsächlich aus Karbonaten, Nitraten und Phosphaten. Er hat wirtschaftliche Bedeutung als Basis für Düngemittel.

Guano ist gut löslich und kann daher nur in trockenen ozeanischen Regionen (Seevögel!) angehäuft werden. Man findet ihn auf den Westindischen Inseln sowie auf Inseln vor der Westküste Südamerikas und der Ostküste Australiens.

Mit der Ablagerung beginnen Zerfallsprozesse und führen zur Verarmung an verschiedenen löslichen und leicht verdunstenden Substanzen und damit zur Anreicherung an Calciumtriphosphat. In etwas weniger trockenen Gebieten bilden sich durch solches Auslaugen schwerlösliche Phosphatrückstände, gleichzeitig kann anderes Gestein (z. B. Kalk) durch phosphatreiche Lösungen ausgewaschen werden.

Gürteltiere, *Cingulata*

Gürteltiere werden als Infra-Ordnung der Cingulata (Loricata) zur Säugetier-Ordnung der ↗Zahnarmen (Unterordnung Xenarthra) gestellt. Charakteristisch für sie ist die ausgeprägte Hautpanzerung, die oft nicht nur den Körper, sondern auch Extremitäten, Schwanz und Kopf schützt. Die Hautplatten bestehen aus Knochen mit aufliegendem Horn. Im Gegensatz zu den ↗Faultieren (sie gehören zur gleichen Ordnung) ist ein vollständiger Jochbogen ausgebildet; die (fünfzehigen) Vorderfüße tragen stark entwickelte Klauen.

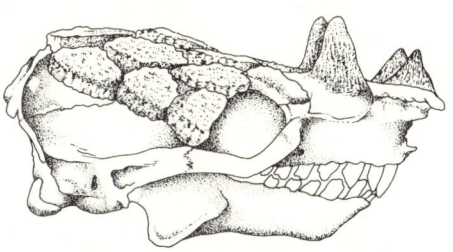

In der Familie Dasypodidae (echte Gürteltiere) besteht der Hautpanzer aus einem vorderen und einem hinteren Panzerschild, die Mitte wird durch Ausbildung von Schilderreihen beweglich gehalten. Tiere mit Gürteltier-Merkmalen gehören zu den ältesten Zahnarmen überhaupt, da man sie schon aus dem Paläozän Südamerikas kennt; sie kommen daher auch als Ahnen der Faultiere in Betracht. Die Zähne sind sekundär homodont und oft vermehrt. Viele Arten leben noch in Südamerika und den südlichen USA; *Priodontes giganteus*, eine rezente südamerikanische Art, wird 1,3 m lang und bis 100 kg schwer. *Dasypus bellus* aus dem Spätpleistozän Nordamerikas war sogar noch größer.

Eine eigene Linie riesiger Gürteltiere, die Familie der Pampatheriidae, entwickelt eine kleinere Anzahl größerer Hautknochenplatten; in jeder Kieferhälfte sitzen 9 ovale bis zweilappige Zähne. Die Familie entwickelt sich vom Miozän an in Südamerika und gelangt wahrscheinlich während des späten Pliozän in die südöstlichen USA. Die

125

Tiere werden bis zu 2 m lang. Vor etwa 15 000 Jahren sind sie ausgestorben.

Die Familie der Glyptodontidae (Riesengürteltiere) stammt vermutlich von frühen Gürteltieren ab und entwickelt einen starren Panzer aus einem Mosaik hexagonaler Plättchen, unter dem sich ausgedehnte Verwachsungen der sakralen, thorakalen und cervikalen Wirbel finden. Der bewegliche Schwanz ist durch konzentrische Knochenringe geschützt und endet oft in einer knochigen Keule. Ein großer Gesichtsschädel trägt kräftige, hohe Kiefer mit jederseits 8 hohen, wurzellosen Backenzähnen. Der vollständige Postorbitalknochen ist einzig unter den Zahnarmen. Die Glyptodontiden kommen besonders häufig und vielfältig im Pleistozän Argentiniens vor, einige (die Glyptodontinae) gelangen aber auch nach Nordamerika.

Gymnospermen

Pflanzen mit Samen, die aber nicht in einen Fruchtknoten eingeschlossen sind. Hierzu gehören die ↗Koniferen, ↗Ginkgo, die ↗Bennettitatae, die ↗Cycadatae und die ↗Pteridospermen.

Hadrosaurier, *Hadrosauridae, Entenschnabel-Dinosaurier*

Die Hadrosauridae, eine Familie der ↗Ornithischia, bilden das Endstadium der ↗Ornithopoda-Evolution. Das erste Erscheinen dieser möglicherweise amphibisch lebenden Tiere fällt in die Obere Kreide. Als im wesentlichen bipede Formen besitzen sie lange und mächtige Hinterextremitäten mit einem dreizehigen Fuß. Die Vorderextremitäten sind verkürzt, die vierfingrige Hand trägt am zweiten, dritten und vierten Finger hufartige Endglieder, was auf gelegentliche quadrupede Fortbewegung, vielleicht während der Nahrungsaufnahme, verweist. Der hohe, seitlich zusammengedrückte Schwanz erscheint als Anpassung ans Schwimmen, und die flache, entenschnabelartige Schnauze läßt an eine aus Wasserpflanzen bestehende Nahrung denken. Andererseits bilden die enorm vermehrten Zähne mit bis zu 60 vertikalen Reihen einen komplizierten

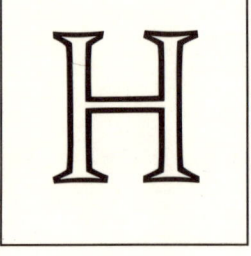

H

Hadrosaurier
Corythosaurus, *ein Vertreter der Lambeosaurinae, stammt aus der oberkretazischen Oldman Formation von Kanada. Länge: ca. 10 m*

Kauapparat, geeignet zum Zermahlen von harter Nahrung; zudem enthielt der fossile Mageninhalt eines Hadrosauriers Zweige von Laubbäumen und Koniferennadeln, so daß angenommen werden muß, daß diese Tiere ihre Nahrung in den spätkretazischen Wäldern suchten.

In Nordamerika, wo die Hadrosaurier schließlich recht häufig werden, erscheint mit *Claosaurus* aus der Niobrara Formation die älteste Gattung. Dieser schlanke, langschwänzige Vertreter wird in die Unterfamilie der Hadrosaurinae gestellt, zu der auch andere, relativ ursprüngliche Hadrosaurier ohne den für die höherentwickelten Formen typischen Schädelkamm gehören. Als typischer Vertreter kann der bis zu 10 m messende *Edmontosaurus* aus Alberta gelten, ferner die vergleichbare Gattung *Anatosaurus* aus der Oberen Kreide von Wyoming und Montana. Ähnlich wie *Lophorhothon* aus Alabama und *Aralosaurus* aus Kasachstan besitzt der von Kanada bis nach Neu-Mexiko verbreitete *Kritosaurus* einen leicht abgeänderten Schädel mit bogenförmigen Nasenbeinen. Zu den altweltlichen Formen gehören ferner *Tanius* aus China, *Mandschurosaurus* aus der Mongolei und Indochina und die kleine, ursprüngliche Gattung *Orthomerus* aus Europa.

Ein etwas fortgeschritteneres Stadium in der Hadrosaurier-Evolution repräsentiert die Unterfamilie der Saurolophinae. *Prosaurolophus* (aus Alberta) und *Saurolophus* (aus Kanada und Ostasien) zeigen die beginnende Entwicklung eines nach hinten gerichteten, noch überwiegend von den Nasenbeinen gebildeten Knochenkammes. *Brachylophosaurus* vereinigt einen derartigen, rudimentären Kamm mit gewölbten Nasenbeinknochen; er wird meist ebenfalls zu den Saurolophinae gestellt, ebenso wie die chinesische Gattung *Tsintaosaurus,* die durch einen röhrenähnlichen, fast senkrecht nach oben gerichteten Nasenfortsatz charakterisiert ist.

Zwei intermediäre Formen mit mittelgroßem Schädelkamm werden als Cheneosaurinae zusammengefaßt; beide Gattungen, *Cheneosaurus* aus Kanada und der 4,5 m messende *Procheneosaurus* aus Nordamerika und Ostasien bleiben relativ klein.

Bei den Lambeosaurinae, den

Hadrosaurier
Parasaurolophus *aus der Oberen Kreide von Alberta ist einer der am stärksten spezialisierten Hadrosaurier. Der lange, gekrümmte Knochenkamm enthält die Nasengänge, die die Nasenöffnung mit der Luftröhre verbinden.*
Länge: ca. 10 m

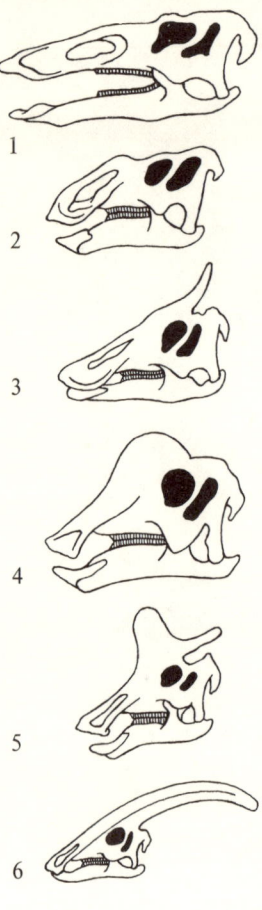

höchstentwickelten Hadrosauriern, erreicht der Knochenkamm (gebildet aus den Prämaxillar- und Nasenbeinknochen) beträchtliche Größe. *Hypacrosaurus* (Länge etwa 9 m) und *Corythosaurus* (Länge etwa 10 m) besitzen einen helmförmigen Schädelkamm, in dem die Nasengänge schleifenartig verlaufen. Bei *Parasaurolophus* enthält der Schädelkamm die beiden vor- und wieder rückwärts laufenden Nasengänge, so daß im Querschnitt vier Röhren erkennbar werden. Die Gattung *Lambeosaurus* (möglicherweise bis zu 16 m lang) trägt einen im rechten Winkel vom Gesichtsprofil abgehenden Kamm. All diese Formen sind auf Nordamerika beschränkt.

Die Funktion des Schädelkammes ist unbekannt. Daß er dem Tier ein Atmen unter Wasser ermöglichte, wie manchmal vorgeschlagen wird, ist kaum denkbar; vielleicht verbesserte er den Geruchssinn, diente der Art- und Geschlechtererkennung oder wirkte als Resonanzkörper. Die gewölbten Nasenbeinknochen von *Kritosaurus* wurden möglicherweise als Stoßwaffe eingesetzt.

Haie i. w. S.

Vertreter der Klasse Chondrichthyes, einer Fischgruppe, dessen Skelett aus Knorpel besteht. Es werden zwei Unterklassen der Chondrichthyes unterschieden: zum einen die Elasmobranchii mit den Haien i. w. S. und ↗Rochen, zum anderen die Holocephali mit den ↗Chimaeriformes und den molluskenfressenden Bradyodonten des Paläozoikum.

Als Stammgruppe der Haie gelten die ↗Placodermi, deren Knochenpanzer zunehmend reduziert wird, so daß schließlich als letzter Rest nur noch die Placoidschuppen verbleiben. Die meisten Haie leben ausschließlich marin, ihnen fehlen daher einige Merkmale, die wir bei Knochenfischen finden. So kommt es z. B. nie zur Entwicklung eines zusätzlichen Atmungsorgans und folglich auch nicht zur Bildung einer der Schwimmblase vergleichbaren Struktur. Haie behalten daher noch den ursprünglichen, heterozerken Schwanztyp. Wie bei allen Chondrichthyes ist bei den männlichen Haien in Anpassung an eine innere Befruchtung der hintere Teil der Bauchflossen zu speziellen Begattungsorganen umgewandelt. Ähnliche Ausbildungen finden sich auch bei einigen Placodermen und bestätigen so die enge Verwandtschaft zwischen diesen Gruppen.

Bei den primitivsten Haien, den Cladoselachii (meist in eine eigene Ordnung gestellt), stehen die Kiefer direkt mit dem Gehirnschädel in

Hadrosaurier
Oben: Entwicklung des
Schädelkammes
1 Anatosaurus
2 Kritosaurus
3 Saurolophus
4 Cheneosaurus
5 Lambeosaurus
6 Parasaurolophus
Rechts: Die zu den Hadrosaurinae gehörende Gattung Anatosaurus *besitzt keinen Schädelkamm und erreicht eine Länge von 10 m.*

Kontakt und werden vom Hyomandibulare gestützt (Amphistylie). Die primitiv dreieckigen Flossen besitzen eine breite Basis, die Schwanzflosse erscheint äußerlich symmetrisch, obgleich der Hauptlobus dorsal liegt. Eine Afterflosse fehlt, statt dessen findet sich ein Paar horizon-

kommt zur Entwicklung einer kleinen Afterflosse, die hinteren Zähne werden stumpfer und bilden häufig einen zum Knacken geeigneten Apparat. Im Jura entwickeln sich aus den Hybodonten die ersten modernen Haie. Bei diesen höherentwikkelten Formen wird die Kieferauf-

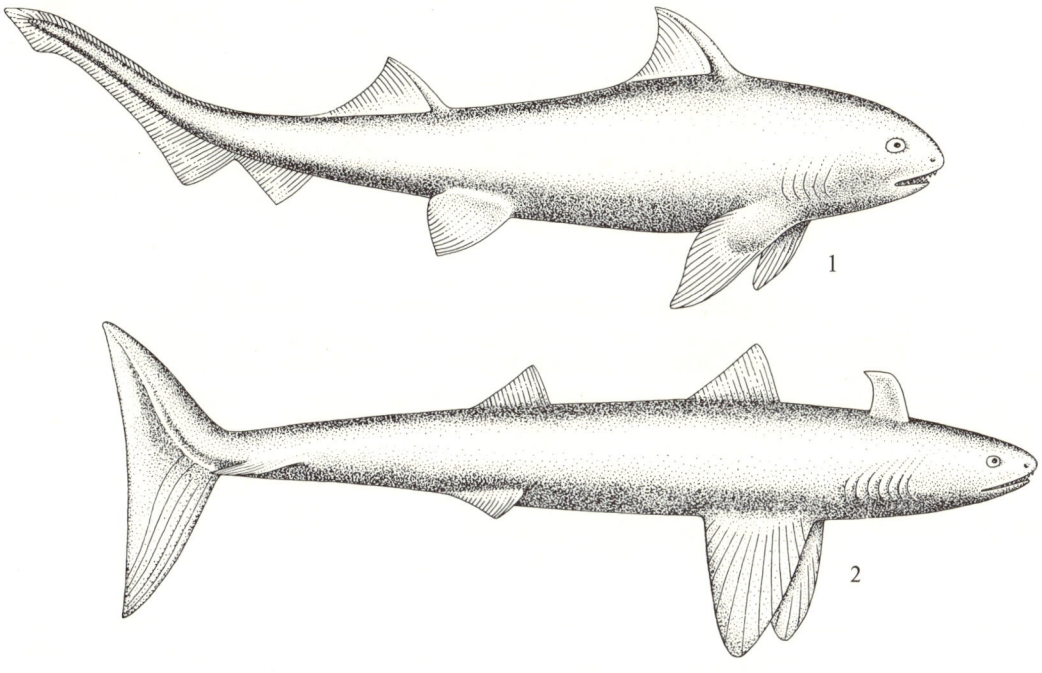

1

2

taler Stabilisatoren an der Schwanzbasis.

Ausgehend von diesem „Urtyp" leiten sich die beiden Hauptentwicklungslinien ab. Die eine führt zu der karbonischen Ordnung der Pleuracanthodii (auch als Xenacanthi bekannt), die als einzige größere Haigruppe das Süßwasser besiedeln; die andere, wichtigere Entwicklungslinie verläuft über die Hybodonten bis zur Ordnung der Selachii mit den rezenten Haien i. e. S. Der wesentliche Fortschritt wird im Bau der Flossen erreicht. Diese verjüngen sich an der Basis auf drei Basalelemente, von denen die feinen Strahlen abgehen – ein Grundbauplan, wie er bis heute für alle Haie charakteristisch ist. Es

hängung am Schädel nur mit Hilfe des Hyomandibularknochens bewerkstelligt, eine Situation, die als Hyostylie bezeichnet wird.

Die modernen räuberischen Haie gehören zur Unterordnung der Galeoidea und besitzen gezähnte klingenartige Zähne. Ein typischer Vertreter ist *Carcharodon,* der Weißhai; ausgestorbene Arten dieser Gattung erreichen eine Länge von rund 27 m.

Als zweite wichtige Gruppe rezenter Haie ist die Unterordnung der Squaloidea durch einen Knochenstachel im vorderen Bereich der Rückenflossen gekennzeichnet. Diese bodenlebenden Formen besitzen ein großes Spiraculum, eine Afterflosse fehlt.

Haie
1 Hybodus, *eine im Mesozoikum häufige Haigattung, erreicht mehr als 2 m Länge.*
2 *Einer der ältesten bekannten Haie ist* Cladoselache *aus dem Oberdevon.*
Länge: bis zu 1,2 m

Hasenartige

Obwohl diese kleine Säugetierordnung (Lagomorpha) viele nagetierähnliche Merkmale aufweist, ist sie nicht mit den Nagern verwandt; die Merkmale sind konvergent entstanden. Die Lagomorphen tragen auf jedem Kiefer 2 Schneidezahnpaare (Nager: je 1 Paar), die vollständig von Schmelz umkleidet sind (Nager: nur Vorderseite). Eine Lücke trennt die Schneide- von den hochkronigen, querlamelligen Backenzähnen. Alle Zähne zeigen Dauerwachstum während des ganzen Lebens – was das Zerkleinern und Kauen harter Vegetation ermöglicht.

Die ältesten fossilen Lagomorphen kennt man aus dem mongolischen Paläozän. Aus diesen Formen entwickeln sich 2 Familien: die Leporidae (Kaninchen und Hasen) und die Ochotonidae (Pfeifhasen). Im Eozän erreichen die Lagomorphen Nordamerika, im Oligozän Europa, nach Afrika gelangen sie im Miozän, und Südamerika schließlich besiedeln sie während des Pleistozän. Die frühen Formen sind kleine, huschende Tiere, aus denen sich später schnellaufende und springende Typen entwickeln.

Heer, Oswald (1809–1883)

Schweizer Paläobotaniker. HEER wurde in Niederuzwil, zwischen Wil und St. Gallen, geboren und interessierte sich schon früh für Insekten und Pflanzen. Er studierte zunächst Theologie, entschied sich dann aber für die Annahme einer Konservatorstelle an einer privaten Insektensammlung in Zürich, wo er sich bald an der neu eröffneten Universität Zürich habilitierte. Kurz danach erhielt er eine Professur für Botanik und Entomologie an dieser Universität, wo er bis 1882 wirkte.

Die wissenschaftlichen Arbeiten von Oswald HEER sind vielseitig; er beschäftigte sich zunächst mit pflanzengeographischen Fragen der Alpen und mit der Käferfauna der Schweiz. Sein anschließendes Interesse an den fossilen Insekten, insbesondere des Tertiär von Öhningen, führte dann zur Abfassung eines seiner Hauptwerke, der „Flora tertiaria Helvetiae" (3 Bände, 1855–1859), in dem rund 500 Arten fossiler Pflanzen, meist anhand von Blättern, vor allem aus Öhningen, beschrieben sind. HEER beschäftigte sich dabei auch mit paläoklimatologischen und pflanzengeographischen Fragen. Besonders lebendig wirkt noch heute das 1865 erschienene Werk „Die Urwelt der Schweiz". Ein wesentlicher Markstein der paläobotanischen Forschung ist schließlich die 1868–1883 in 7 Bänden erschienene „Flora fossilis arctica", in der Abhandlungen über tertiäre, mesozoische und paläozoische Floren zusammengefaßt sind. Vor allem für das Klima der Vorzeit sind HEERS Arbeiten bahnbrechend geworden.

Heterostraci ↗Pteraspiden

Hirsche

Sie umfassen die beherrschenden waldlebenden Wiederkäuer (Cervidae) der nördlichen gemäßigten Breiten seit dem späten Känozoikum. Das auffallendste Merkmal dieser Gruppe ist ihr Geweih: knöcherne Auswüchse der Stirnbeine (außer beim Ren nur den Männchen zukommend), die jährlich neu wachsen und abgeworfen werden und somit eine erhebliche Belastung für den Stoffwechsel darstellen.

Die Ursprünge der Cerviden führen zurück bis ins frühe Känozoikum. Aus späten Eozän- und frühen Oligozänablagerungen Eurasiens kennt man die Gelocidae, eine Primitivgruppe kleiner Pflanzenfresser mit vierzehigen Füßen (die seitlichen Zehen sind schon verkleinert) und noch völlig geweihlosem Schädel. Von diesen Formen leiten sich die Dremotherien des späten Oligozän ab: zweizehige, aber noch geweihlose hirschartige Formen mit niederkronigen Mahlzähnen und oben kräftigen Caninus-Stoßzähnen. Unter den Dremotherien vermutet

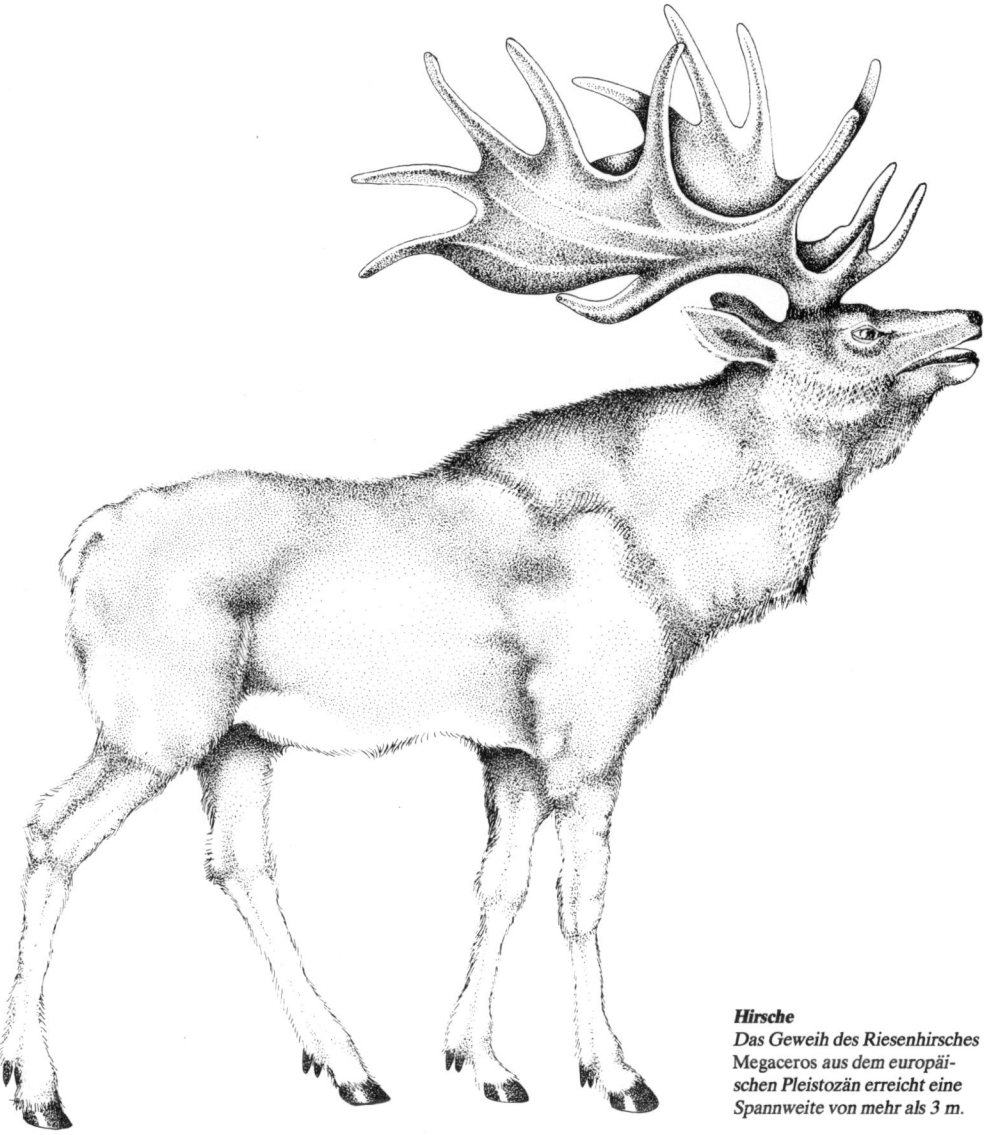

Hirsche
Das Geweih des Riesenhirsches
Megaceros *aus dem europäi-*
schen Pleistozän erreicht eine
Spannweite von mehr als 3 m.

man die Vorläufer der Cervoidea: Hirsche, Giraffen und die nordamerikanischen Blastomeryciden, die im frühen Miozän die westliche Hemisphäre von Asien aus erreichen und bis ins Pliozän überdauern. *Blastomeryx* ist ein kleiner Weidegänger ohne Geweih, dafür aber mit langen Stoßzähnen (Eckzähne), die vermutlich mehr im Kampf als zum Futtersammeln eingesetzt wurden.

Eine weitere nordamerikanische Gruppe hirschartiger Pflanzenfresser sind die im Oligozän und Miozän verbreiteten Protoceratidae. Sie tragen nicht nur Stirn- sondern auch noch sich verzweigende knöcherne Nasenbeinauswüchse.

Die echten Hirsche (Cervidae) können bis ins eurasische Miozän zurückverfolgt werden. Amerika erreichen sie erst im Pleistozän, und aus Afrika kennt man nur einige wenige im Atlasgebirge.

Die Muntjaks sind noch ziemlich

ursprüngliche Cerviden, und man kennt Formen dieser Gruppe, wie *Stephanocemas* aus dem Miozän Asiens. *Stephanocemas* ist ein mittelgroßer Hirsch mit kräftigen hauerartigen Eckzähnen und zwei langen Knochenstangen mit vielen Knochenzacken am Ende. Die heutigen Muntjaks sind kleine Hirsche mit vorstehenden Hauern und langen Knochenstangen (Rosenstökke), aus welchen das einspießige Geweih der Männchen jährlich neu auswächst.

Die Echthirsche (Cervinae) mit Rothirsch, Wapiti, Damhirsch u. a. sind in Europa und Nordamerika weit verbreitet. Sie sind die großen „Waldweidetiere" und wegen ihrer großen, verzweigten Geweihe gern gejagt. *Megaceros* ist ein ausgestorbener Riesenhirsch, der in den eiszeitlichen Steppen Europas lebte. Er ist kein Verwandter der Elche, sondern stammt von gewöhnlichen Hirschen ab und war in den gemäßigten Breiten Europas und Asiens bis nach China verbreitet. Sein Geweih gleicht dem des Damhirsches, erreicht allerdings eine Spannweite von über 3 m und ein Gewicht von mehr als 50 kg. Diese Riesenhirsche überlebten die Eiszeiten und starben erst etwa 500 v. Chr. aus.

Die bekanntesten Vertreter der Odocoileinae (Trughirsche) sind der Elch und das Ren, beide Bewohner der kaltfeuchten Wälder der nordamerikanischen und eurasischen Tundren. Der Elch besitzt ein meist zur Schaufel verbreitetes Geweih, während das Ren (auch die Weibchen!) lange, gebogene Stangen trägt.

Histologie

Die Untersuchung von Körpergewebe, bei Fossilien beschränkt auf Hartteile wie Knochen, Zähne und Schalen.

Die Oberfläche des Knochenpanzers der frühesten Wirbeltiere, der ↗Pteraspiden oder Heterostraci, ist entweder mit Wülsten oder Höckern besetzt. Mikroskopische Untersuchungen zeigen, daß von einer zentralen Pulpahöhle aus feine Röhrchen mit Endbüscheln und feinsten Verzweigungen zur Oberfläche ziehen. Die Struktur dieses Gewebes ist identisch mit dem Dentin der Wirbeltier-↗Zähne, dient jedoch bei den kieferlosen Wirbeltieren nur als Körperschutzschild. Die feinen Röhrchen lassen Wasser durch, so daß das Tier osmotische Änderungen feststellen kann.

Die Bildung von Dentin, einem mesodermalen Gewebe, muß zunächst unter der (ektodermalen) Epidermis ablaufen. Man weiß, daß beim lebenden Tier solche dentinbildende Haut um die Basis der Höcker oder Wülste herum vorliegt. Erleiden die Tiere einen Riß im Panzer, so breitet sich dieses häutige Netzwerk über die Bruchstelle aus und beginnt erneut Dentin zu bilden und so den Riß zuzuschmelzen. Wird der Panzer physikalisch oder chemisch gereizt, so bildet die Haut an dieser Stelle eine Blase aus, die die alten Dentinstrukturen überdeckt und erneut mit Dentinbildung beginnt, wodurch die alte Oberfläche zugedeckt wird. Bei den frühen Wirbeltieren findet die Neubildung von Dentin immer auf der alten Schicht statt, und oft werden die alten Strukturen so weit abgebaut, bis sie zu den neuen passen.

Diese Art der Regeneration scheint jener bei den Zähnen gerade entgegengesetzt gerichtet, denn hier folgen die neuen Zähne von unten nach (das Gebiß könnte nicht mehr funktionieren, müßten sich neue Zähne auf den Spitzen der alten bilden). Obwohl der Prozeß des Höcker- bzw. Zahnersatzes gerade in entgegengesetzter Weise abzulaufen scheint, kann das gesamte System der Zahnerneuerung bei Wirbeltieren auf die Heil- und Regenerationsmechanismen des Panzers der ersten Vertebraten zurückgeführt werden: Während der frühen Entwicklungsstadien bilden sich die Anlagen für die zweiten Zähne oberhalb der ersten Zahngeneration, und es ist nur eine Folge differentiellen Wachstums, daß die neuen Zähne unter die alten zu liegen kommen.

Bei großen grabenden Heterostraci wie *Psammosteus* werden die zum Graben benutzten Teile dauernd abgenutzt, und für sie wird ein anderer Heilmechanismus entwickelt: Die Haut zwischen den Höckern gibt dentinbildende Zellen ab, die in das darunterliegende Knochengewebe eindringen und dort einen harten, röhrchenarmen Dentintyp erzeugen. Dieses Fülldentin findet man bei einigen frühen kiefertragenden Fischen. Ein entsprechender Prozeß findet auch statt, wenn Zahngewebe rasch zerstört wird (z. B. durch den Bohrer des Zahnarztes). Die dentinbildenden Zellen werden dadurch angeregt, neues, sekundäres Dentin zu bilden. Bei den kiefertragenden Fischen entwickeln sich die Zähne aus den Dentinhöckern, die zunächst stark mineralisiert und ohne Kanäle gebaut sind, so daß sie ein glasiges Aussehen haben. Dieser gleiche Dentintyp wird auch auf vielen Fischschuppen entwickelt. Man nannte diese Substanz früher „Schmelz", heute Durodentin bzw. Ganoin, da sie zwar dem Schmelz ähnelt, sich aber völlig andersartig entwickelt. Echter Schmelz ist ein Produkt von Epidermiszellen und ein Charakteristikum der Tetrapoden (Amphibien, Reptilien, Säugetiere). Die Größe der Calciumphosphatkristalle sowie die organische Grundsubstanz unterscheiden sich grundsätzlich in den beiden Geweben. In den durch die erste Dentinschicht gebildeten Hohlraum werden nach innen zu weitere Dentinlagen abgeschieden, während der Schmelz von schmelzbildenden Zellen von außen aufgelagert wird.

Betrachtet man den inneren Teil des Panzers eines Pteraspiden, so findet man unter der überlagernden Dentinschicht ein dreidimensionales Gerüst, das ein schwammartiges Maschenwerk bildet. Darunter liegt eine kompakte, als Aspidin bezeichnete Lamellenschicht mit einigen vertikalen Kanälen, welche die Zwischenräume der Schwammschicht mit den inneren Geweben des Tieres verbinden. Man findet keine Beweise für Knochenzellen in diesen Lamellen, im kristallinen Material jedoch einige spindelförmige Hohlräume, die man zunächst für primitive Knochenzellen hielt. Man weiß heute, daß diese Spindelformen Artefakte sind, die bei der Fossilisierung entstehen. Andere Hinweise, wie das Auftreten Sharpey'scher Fasern, sprechen aber dafür, daß das (azelluläre) Aspidin ein Vorstadium echten Knochengewebes ist. Die organische Grundsubstanz ist ursprünglich wie beim Dentin aufgebaut, wird aber bei fortgeschritteneren Pteraspiden mit modernem Knochen identisch.

Die ↗Osteostraci, ↗Acanthodii, ↗Placodermi, Knochenfische und alle höheren Wirbeltiere besitzen Knochen mit Knochenzellen, und nur einige der höchstentwickelten ↗Actinoperygii haben azellulären Knochen entwickelt. Knochen zeigen meist eine großmaschige Struktur, aber mit zunehmender Verdickung werden die Zwischenräume kleiner, und man spricht von kompakten Knochen. Die Extremitätenknochen der Landwirbeltiere sind Hohlzylinder mit einem kompakten äußeren Mantel und einem schwammartigen (spongiösen) Inneren. Großformen wie ↗Dinosaurier und Huftiere entwickeln einen besonderen laminaten Kompaktknochen, der aus konzentrischen Schichten dünner Knochen besteht, die Zonen mit einem feinen Netzwerk von Blutgefäßen enthalten. Dieser Knochentyp verfügt über eine wirkungsvolle Blutversorgung, und er ist auch kräftiger als der typische Haverssche Knochen der höheren Wirbeltiere. Dieser besteht aus dichtgepackten, drehrunden Lamellensystemen mit zentralen Blutgefäßen, die als Haverssche Systeme bezeichnet werden. Der Haverssche Knochen besitzt jedoch einen enormen Vorteil: Er ist modellierbar. Das bedeutet, daß er auf veränderte Anforderungen mit Neubildung oder Abbau von Knochensubstanz reagieren kann: Über Blutgefäße einwandernde Knochenfreßzellen können Knochensubstanz abbauen, die bei Bedarf durch neue Haverssche Systeme ersetzt wird. Ein derartiger Umbau ist vor allem beim Wachstum der Knochen von Bedeutung.

Bei frühen Wirbeltieren bleibt Knochen auf den äußeren Panzer beschränkt, während das Innenskelett aus Knorpel besteht. Frühordovizische Heterostraci wie *Eriptychius* besitzen ein knorpeliges, verkalktes Innenskelett. Bei den ↗Haien und ihren Verwandten, die sekundär wieder ein knorpeliges Innenskelett aufweisen, sind die Wirbel auf verschiedene Weisen verkalkt; ursprünglich findet man nur Kalkkügelchen, höher entwickelte Formen zeigen konzentrisch oder radial angeordnete Zonen von abwechselnd verkalktem und unverkalktem Knorpel.

Die Schalen der ↗Eier von Vögeln und Reptilien lassen durch ihre Mikrostruktur die Entwicklung verschiedener Eitypen erkennen. In einigen Eischalen von Dinosauriern wurden auch Hinweise auf Hormonkrankheiten und „Streß" dieser Tiere entdeckt, die man vor der histologischen Untersuchung nie vermutet hätte.

Höhlenmalerei ↗Paläolithische Kunst

Hohltiere, *Coelenterata*
Wirbellose Tiere, deren Körperwand nur aus zwei Zellschichten (Ektoderm und Entoderm) besteht. Hierzu rechnet man die beiden Stämme der Cnidaria (Nesseltiere) und Acnidaria oder Ctenophora (Rippenquallen). Während die Cnidaria fossil gut bekannt sind, fehlen derartige Nachweise für die Ctenophora, da in dieser Gruppe keine

Hartteile entwickelt werden. Die ersten sicheren Cnidaria stammen aus dem späten Präkambrium und gehören zu den ältesten bekannten Tieren überhaupt.

Bei den Cnidariern existieren zwei Grundgestalten, die Meduse („Qualle") und der Polyp; die frühsten Formen sind überwiegend Medusen. Die zwei Zellschichten der Körperwand werden durch eine mittlere, strukturlose Substanz, die Mesogloea, getrennt, die bei den Medusen die Hauptmasse der Schwimmglocke bildet. Der Mund befindet sich bei dem im allgemeinen sessilen Polyp im Zentrum der nach oben gerichteten Fläche, bei der freischwimmenden Meduse in der Mitte der unteren, gewölbten Fläche (Subumbrella). Zahlreiche Tentakel mit speziellen Nesselzellen oder Nematocyten umstehen das Mundfeld und dienen dem Beutefang. Die Cnidaria zeigen nur eine geringe zelluläre Spezialisierung, als primitive Vielzeller (Metazoa) stehen sie in der Komplexität nur wenig über den Schwämmen.

Die drei wichtigsten Klassen der Cnidaria sind die Scyphozoa, die Hydrozoa und die Anthozoa. Bei den Scyphozoa dominiert die Medusengeneration, die durch Abschnürung (Strobilation) aus den kleinen Polypen oder Scyphistomen entsteht. Scyphozoa entwickeln kaum Hartteile, fossile Belege sind daher selten. Dennoch kennt man aus einem spätpräkambrischen Sandstein in Australien einen als *Kimberella quadrata* bezeichneten Abdruck, der wegen seiner offenkundigen Ähnlichkeit zu rezenten Nesselquallen als Scyphomeduse gedeutet wird. Auch andere spätpräkambrische Medusen werden den Scyphozoa zugeordnet, vereinzelte Nachweise finden sich später im ganzen Phanerozoikum.

Seltene, als *Bryonia* bezeichnete, röhrenförmige Fossilien aus dem Kambrium und Ordoviz repräsentieren vielleicht die äußere Wand eines Scyphopolypen, möglicher-

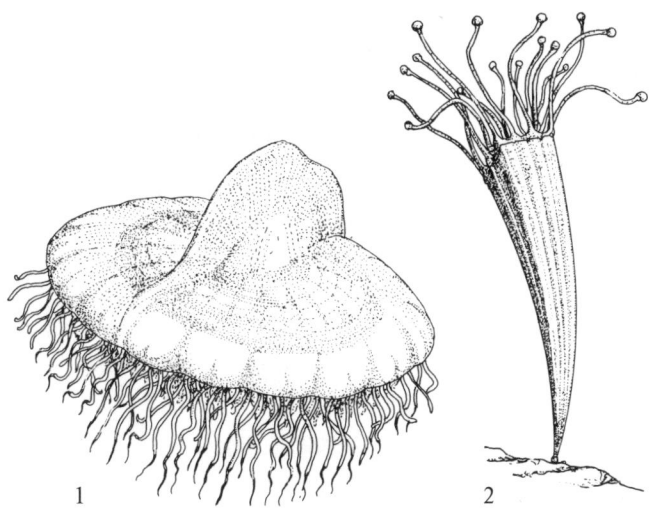

weise stehen auch die vom Kambrium bis in die Trias vorkommenden Conularien mit chitinig-phosphatischer Schale den Scyphozoa sehr nahe. Für die in Rekonstruktionen von *Archaeoconularia fecunda* wiedergegebenen Tentakel existieren keine direkten Beweise, ihre tatsächliche Verwandtschaft bleibt also unsicher; daß sie zu den Cnidaria gehören, ist sehr wahrscheinlich, möglicherweise auch als eigene Klasse.

Bei den Hydrozoa sind sowohl Polypen- als auch Medusenformen vertreten. Meist kommen beide Formen nebeneinander in einem Lebenszyklus vor, wobei der festsitzende Polyp durch Knospung die sich geschlechtlich fortpflanzenden Medusen erzeugt. Aus den Eiern entstehen bewimperte Planula-Larven, die sich schließlich am Boden festsetzen und erneut zu einem Polypen auswachsen. Durch fortgesetzte (ungeschlechtliche) Knospung entwickeln sich Kolonien; als Chondrophorina bezeichnete, komplizierte schwimmende Polypenkolonien (sie werden daher den Staatsquallen zugerechnet) gehören zu den ältesten bekannten Hydrozoen. Eine der verschiedenen spätpräkambrischen Formen ist *Eoporpita medusa; Archaeonectris benderi* kommt dagegen an der Grenze Ordoviz – Silur vor und *Plectodiscus cortlandensis* stammt aus dem Oberdevon. Eine derartige Kolonie besteht aus unterschiedlich spezialisierten Polypen. Der zentrale Freßpolyp (Gastrozooid) dient der Ernährung, die darauf in mehreren Kreisen folgenden Gonozooide der Reproduktion, und randlich stehen tentakelartige Dactylozooide (Tastpolypen). Ein gekammerter Schwimmkörper, der manchmal auch eine Art Segel trägt, bildet die Oberseite der Kolonie.

Sessile, benthische Hydrozoen-Kolonien sind heute im Flachwasser weit verbreitet (z. B. *Obelia geniculata),* sie werden aber nur selten fossil gefunden; *Desmohydra fle-*

xuosa aus dem Ordoviz ist eine der ältesten bekannten Formen. *Protulophila gestroi* aus dem Mesozoikum und Känozoikum ist nur erhalten, da die Serpuliden-Würmer, auf denen diese Art wächst, die Kolonie in ihre Kalkröhren einbauen. Im späten Mesozoikum erscheinen einige koloniale Hydrozoen mit massivem Kalkskelett, z. B. die Milleporiden (verbreitet auf rezenten Korallenriffen) und die Stylasteriden (bekannt seit der Oberkreide). Ebenfalls zu den kalkausscheidenden Hydrozoen gehört die typischerweise auf Schneckengehäusen wachsende Gattung *Hydractinia.* Erste sichere Nachweise stammen aus dem Känozoikum, vielleicht sind aber auch einige mesozoische Fossilreste zu dieser Gattung zu rechnen. Stromatoporen (Ordoviz – Eozän) und Chaetetiden (Kambrium – Miozän), einst als Hydrozoa klassifiziert, werden nun bei den Schwämmen eingeordnet. Bei den im Vergleich zu den Scyphomedusen meist kleineren Hydromedusen zeigt der Darm keine Aufteilung in vier Gastraltaschen, fossil kennt man nur wenige, unsichere Beispiele.

Den Anthozoa mit den ↗Korallen fehlt die Medusenform. Als Seeanemonen bezeichnete solitäre Polypen

Hohltiere
1 Plectodiscus, *eine Staatsqualle aus dem Oberdevon, gehört zu den Hydrozoa (etwa ²/₅ natürlicher Größe).*
2 Archaeoconularia *kommt in Europa und Nordamerika vom Unteren Ordoviz bis ins Silur vor (etwa ¹/₂ natürlicher Größe).*

ohne Skelett haben sich nur selten fossil erhalten, obgleich sie in der Vorzeit vermutlich zahlreich vorkamen; vielleicht entsprechen Spurenfossilien wie *Bergaueria* aus dem Kambrium und Ordoviz den in Sediment nachgebildeten Hohlräumen von sich eingrabenden Anemonen, vergleichbar der rezenten *Cerianthus lloydi.* Die beiden wichtigeren, fossil gut bekannten Unterklassen der Anthozoa sind die Octocorallia mit einem Horn- oder Kalkskelett (vielfach aus isolierten Elementen bestehend) und die echten Korallen (Zoantharia) mit kräftig entwickeltem Kalkskelett. Die Entwicklungsgeschichte der echten Korallen ist seit dem Kambrium wohl dokumentiert, demgegenüber kennt man vergleichsweise wenig fossile Octocorallia (Seefedern, Edelkoralle). Einige präkambrische Organismen wie *Glaessnerina longa* zeigen äußerlich gewisse Übereinstimmungen mit Seefedern, die älteste gesicherte Seefeder, *Pragnellia arborescens,* stammt aus dem Ordoviz.

Holozän

Letzter, auf das ↗Pleistozän folgender Zeitabschnitt des Quartär, der auch die Gegenwart umfaßt. Der Beginn vor rund 10 300 Jahren wird durch das Ende der letzten pleistozänen Vereisungen (↗Eiszeiten) markiert, d. h. in Nordamerika durch die Wisconsin-Eiszeit, in Europa durch die Würm-Eiszeit; das Holozän wird daher auch als Postglazial bezeichnet. Die Klima- und Florenentwicklung ist durch Pollenuntersuchungen gut bekannt.

Holzmaden

Berühmte Fossilfundstätte im Posidonienschiefer (Schwarzer Jura) von Süddeutschland (Schwäbische Alb). Holzmaden wurde seit den Arbeiten von Bernhard HAUFF und seinen Präparatoren zum weltweit bekannten Ort. Funde waren schon im 18. Jahrhundert, z. B. auch

↗SCHEUCHZER bekannt. Heute stehen die Steinbrüche von Holzmaden mit einer Reihe anderer, benachbarter Fundorte unter staatlichem Denkmalschutz.

Die bekanntesten Fossilien aus Holzmaden sind die von Ichthyosauriern (↗Fischsaurier), von denen auch Stücke mit noch im Mutterleib vorhandenen Embryonen bekannt sind. Bei einigen Exemplaren ist der Geburtsvorgang fossil überliefert. Ferner sind Stücke mit noch erhaltener „Haut" berühmt geworden, da hierdurch die Körperform der Fischsaurier einwandfrei rekonstruiert werden konnte. Seltener sind in Holzmaden Skelette von Meereskrokodilen, ↗Plesiosauriern und ↗Flugsauriern.

Neben den Fischsauriern sind besonders die Fische häufige Fossilien in Holzmaden. Vor allem von ↗Haien *(Hybodus)* sind hier sehr vollständige Skelette gefunden worden, sogar mit erhaltenem Körperumriß. Neben zahlreichen anderen Knochenfischen sind auch Quastenflosser (↗Choanichthyes) bekannt geworden.

Zu den aufsehenerregenden Funden aus der Gruppe der Wirbellosen gehören die maximal 13 m langen, in vielen Museen der Welt aufbewahrten ↗Seelilien.

Für die große Häufung von Fossilien im Posidonienschiefer von Holzmaden und Umgebung ist wohl ein auf entsprechende Meeresströmungen zurückzuführendes „Zusammenschwemmen" verantwortlich.

Hooke, Robert (1635–1703)

Englischer Physiker, Mathematiker und Versuchsleiter bei der Royal Society of London. Geboren in Freshwater, Isle of Wight, erhielt er seine erste Ausbildung im Elternhaus. Ab 1648 besuchte er die Westminster School, später hörte er Vorlesungen in Oxford, wo er als Wissenschaftlicher Assistent bei Robert BOYLE (1627–1691) tätig war.

HOOKE besaß ein breitgefächertes Interesse, und seine Beiträge zur Geologie und Paläontologie zeigen ein hohes wissenschaftliches Niveau. Er benutzte ein verbessertes Mikroskop und beschrieb als erster die Struktur fossilen Holzes. Seine wichtigsten paläontologischen Gedanken wurden erst posthum in seiner „Abhandlung über Erdbeben" (1705) veröffentlicht, die zum Großteil in den Jahren 1686 bis 1689 entstand, Teile datieren aber auch aus dem Jahre 1668. In diesem Werk beschreibt er den möglichen Nutzen von Fossilien für Zeiteinteilungen, die Variation und die Fortentwicklung der Arten und die Verwendung von Fossilien als Indikatoren für Klimaänderungen; ferner beschreibt er die Lobenlinie der Ammoniten.

Hunde

Sie gehören zur Familie der Hundeartigen (Canidae). Diese mittelgroßen ↗Raubtiere umfassen die ↗Wölfe, Füchse, Schakale und Kojoten. Die Hundeartigen sind weniger stark spezialisiert als ↗Katzen und ↗Hyänen und können wegen ihrer zahlreichen Nahrungsmöglichkeiten ganz unterschiedliche Lebensräume besiedeln.

Heute ist die Familie weltweit verbreitet, wobei sie ihre Präsenz in Australien und in der Antarktis dem Menschen verdankt. Hunde können sich an arktische Kälte ebenso wie an tropische Hitze anpassen und laufen schneller als die meisten Tiere. Indem sie auf den Zehen gehen, verlängern sie die schon gestreckten Extremitäten noch mehr. Jede Pfote zählt 4 klauentragende Zehen sowie vorne eine rudimentäre fünfte. Obwohl in erster Linie als Fleischfresser mit einem starken Reißgebiß ausgestattet, zeigen die Hundeartigen doch ein breitgestreutes Nahrungsspektrum, das pflanzliche und tierische Kost umfaßt, die sie mit ihren breiten, flachen Backenzähnen zermalmen. Die Caniden sind sehr intelligent und zeigen hervorragend entwickelten Hör- und Geruchssinn, während ihr optischer Sinn nur mäßig gut entwickelt ist.

Die ersten echten Hunde (z. B. *Hesperocyon*) treten im nordamerikanischen Oligozän auf. Es sind kleine, etwa Fennek-große Formen mit einigen Merkmalen, die sie als Nachfahren der Miaciden (Stammgruppe der Raubtiere) ausweisen. Als charakteristische Merkmale sind die verknöcherte Bulla, eine lange Schnauze und eine gutentwickelte Brechschere zu nennen. Aus dieser Stammgruppe gehen einerseits die miozäne Form *Enhydrocyon* hervor, ein großer hyänenähnlicher Hund, andererseits mehrere Gruppen höherentwickelter Hunde: Die Borophaginae sind im Miozän und Pliozän Nordamerikas häufig zu finden, einige wenige Vertreter überleben bis ins Pleistozän. Es sind ziemlich kurzschnauzige Hunde, deren Vorderschädel ähnlich angeschwollen aussieht wie bei manchen Hausformen. Hals und Extremitäten sind kurz, die Kiefer massiv und besetzt mit starken Eckzähnen sowie großen hinteren Prämolaren (ähnlich wie bei Hyänen). Diese „hyaenoiden" Caniden besetzen als knochenzermalmende Hunde die Nische der Hyänen in Amerika.

Die Amphicyoniden stellen eine erfolgreiche Gruppe dar, die in der Holarktis vom frühen Oligozän bis ins Pliozän und während des Miozän auch in Afrika auftritt. Diese Tiere weisen sowohl Hunde- als auch Bärenmerkmale auf, wofür *Daphoenodon* (mit wolfsähnlichen Maßen) aus dem nordamerikanischen Miozän ein typisches Beispiel ist. Sie sind in ihrer Stellung umstritten.

Alle lebenden Caniden können in die Unterfamilie Caninae eingereiht werden. Sie sind zurückverfolgbar bis ins Pliozän und weisen in den vergangenen 5 Millionen Jahren eine immens erfolgreiche Geschichte auf, während der sie in fast alle Teile der Welt vordrangen. Der kleine Eisfuchs *Alopex* findet sich in den arktischen Regionen der nördlichen Hemisphäre; südlicher, in den gemäßigten Breiten, findet man Füchse der Gattung *Vulpes.* Noch weiter südlich, in der Sahara, lebt der kleine Wüstenfuchs *Fennecus,* und in wüstennahen Gebieten Ost- und Südafrikas kommt der afrikanische Löffelhund *Otocyon* vor. Der Afrikanische Wildhund *Lycaon* ist in Afrika südlich der Sahara verbreitet und jagt in Rudeln von 6 bis 20 Tieren.

Südamerika erreichen die Caniden erst im Pleistozän. Begünstigt durch nur geringe Konkurrenz durch die wenig überlebenden hyänenähnlichen ↗Beuteltiere verbreiten sie sich rasch über den ganzen Kontinent. Der Waldhund *Speothos,* eine kleine, kräftige Gattung mit kurzen Beinen und kurzem Schwanz, wurde zuerst in einer brasilianischen Höhle gefunden. Der Mähnenwolf *Chrysocyon* aus den Pampas ähnelt einem Fuchs, hat aber extrem lange Beine. Zur Gattung *Canis* zählen

Hunde
1 Cynodictis, *ein ursprünglicher Vertreter der Hundefamilie, tritt ab dem Späteozän auf und ist im Unteren Oligozän weit verbreitet. Das Tier ist etwa fuchsgroß.*
2 Daphoenodon, *der "Bär-Hund" aus dem Unteren Miozän Nordamerikas, ist der größte Canide seiner Zeit.*
Länge: ca. 1,5 m
3 Canis dirus *erreicht die Größe moderner Wölfe und findet sich häufig in den Asphaltlagern von Rancho La Brea.*

die Wölfe, Kojoten, Schakale, Haushunde und der Dingo. Es gibt 2 lebende Wolfsarten: Eine lebt in den nördlichen Teilen Nordamerikas und Eurasiens, die zweite nur in den südlichen USA. Von ähnlicher Größe ist *Canis dirus* aus den pleistozänen Teergruben von ↗Rancho La Brea, wo man die Reste von über 2 000 Individuen entdeckte.

Den Kojoten, *Canis latrans,* findet man von Alaska bis Zentralamerika. Seine Hauptnahrung bilden Nagetiere. Die Schakale leben in Afrika (eine Art dringt nach Asien vor) und besetzen hier als mittelgroße Räuber die Nische, welche in den nördlichen Breiten dem Wolf zukommt. Der Dingo, *Canis dingo,* ist in Australien beheimatet; eine Wildart, die wahrscheinlich durch den Menschen dort eingeführt wurde. Der Haushund, *Canis familiaris,* war eines der ersten Haustiere. Haushunde kennt man von Starr Carr in Yorkshire (7 500 v. Chr.) und etwa zur gleichen Zeit aus dem Iran. Sie leiten sich anscheinend vom Wolf ab. Man findet sie jedoch nicht in paläolithischen Schichten, so daß man ihre Ursprünge im mesolithischen Asien, etwa 10 000 v. Chr., ansetzen kann.

Hundert- und Tausendfüßer

Sie bilden die Arthropoden-Gruppe der Myriapoda, die einen abgesetzten Kopf vor einem gleichartig segmentierten Körper tragen, wobei jedes Segment Extremitäten besitzt. In den Symphyla (Zwergfüßer) besitzen sie einen gemeinsamen Vorfahren mit den ↗Insekten. Die ersten Myriapoden (Archipolypoden) aus dem Oberen Silur *(Archidesmus)* und Unteren Devon *(Kampecaris)* Schottlands leben wahrscheinlich halb oder ganz im Wasser, spätere Formen sind landlebend. In Kohleflözen finden sich große Mengen von Myriapoden, besonders *Euphoberia* und *Acantherpestes* in Mason Creek (Illinois), in England und Mitteleuropa.

Ebenfalls in diesen Schichten findet man gelegentlich ein riesiges wirbelloses Tier, *Arthropleura,* ein Myriapode, der wahrscheinlich 1,8 m lang wurde; das vollständigste Fundstück mißt 80 cm. *Arthropleura* besaß als größter Landarthropode vermutlich keine Feinde.

Tausendfüßer (2 Beinpaare pro Körpersegment) leben auf zerfallendem organischem Material hauptsächlich als Pflanzenfresser oder auch Allesfresser. Von *Xylobius* wurde ein Ausguß in einer

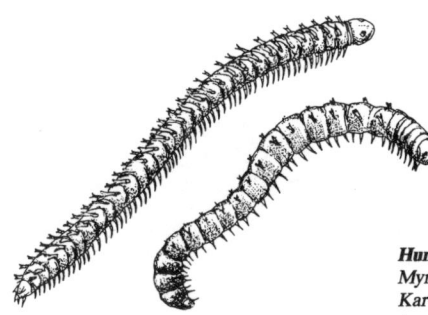

Hundert- und Tausendfüßer
Myriapoden aus dem Oberen Karbon Böhmens:
Acantherpestes gigas
(etwa ½ natürlicher Größe).
Acantherpestes ornatus
(etwa ¾ natürlicher Größe).

Kohleschicht gefunden. Hundertfüßer (1 Beinpaar pro Körpersegment) sind als Räuber mit Giftdrüsen und Klauen ausgerüstet. Den frühesten echten Hundertfüßer kennt man mit *Calciphilus* aus der Kreide Arizonas. Nach dem Karbon kennt man nur noch wenige fossile Myriapoden, einige Arten kommen im ↗Bernstein des baltischen Oligozän vor, darunter auch einige rezente Gattungen.

Hyänen

Große Aasfresser und Jäger mit massiven Prämolaren, mit denen sie Knochen zermalmen, um das Mark herauszuholen.

Es gibt 3 moderne Gattungen, *Crocuta* (Fleckenhyäne), *Hyaena* (Streifenhyäne) und der sonderbare, termitenfressende Erdwolf *Proteles.* Außerdem existieren etwa 8 ausgestorbene Gattungen aus dem späteren Känozoikum Eurasiens und Afrikas.

Hyänen sind außergewöhnlich kräftige Tiere mit längeren Vorder- als Hinterbeinen, einem kurzen Schwanz und sehr stark ausgebildeter Kiefermuskulatur. Unter den ↗Raubtieren werden sie nur von den größten Katzen und Bären an Größe übertroffen; sie jagen im Rudel und bringen so weit größere Beutetiere zur Strecke, als es ihnen einzeln möglich wäre. Die lebenden Hyänen findet man hauptsächlich in

Das Pliozän erlebt eine starke Radiation der Hyänen, die mit 12 Arten auftreten. In der *Ictitherium*-Gruppe sieht man die Vorfahren der rezenten *Hyaena*-Arten, die modernen *Crocuta*-Arten entwickeln sich aus der *Lycyaena*-Gruppe. Während des Pleistozän sind die Hyänen weitverbreitet, und in Afrika besetzen sie oft Nischen, die später von Großkatzen eingenommen werden. Die heute begrenzte

Hyänen
Eine der frühesten Hyänen,
Percrocuta, *aus dem Miozän*
Afrikas und Asiens, ähnelt sehr
der lebenden Fleckenhyäne
(Crocuta).

Afrika (einige in Asien), fossil kennt man sie jedoch neben Afrika auch in ganz Eurasien. Die Gruppe entwickelt sich aus Schleichkatzen-Vorläufern (↗Zibetkatzen) des frühen Miozän. Die Gattung *Herpestides* steht den gemeinsamen Vorfahren von Schleichkatzen und Hyänen sehr nahe. Die ersten echten Hyänen treten mit *Percrocuta* im Miozän Asiens und Afrikas und mit *Miohyaena (Progenetta)* im Miozän Europas auf. Diese Gattungen weisen beide robuste Prämolaren auf, und die Schneiden der Brechscheren sind nach Hyänenart vergrößert und verlängert.

Artenzahl und Verbreitung ist erst ein nacheiszeitliches Phänomen.
Die Höhlenhyäne, *Crocuta spelaea*, findet sich im eiszeitlichen Europa weit verbreitet. Von diesen Fleckenhyänen-Verwandten fand man in der Tornewton Höhle in Devon mehr als 20 000 Zähne. Von der eigenartigen Gattung *Proteles* kennt man keine direkten Vorläufer, die Stellung innerhalb der Hyänen ist umstritten.

Ichthyosauria ↗Fischsaurier

Ichthyostegalia
Eine Gruppe früher fossiler Amphibien; bekannt vor allem aus einem geologischen Horizont in Ostgrönland, der meist ins oberste Devon gestellt wird, möglicherweise aber bereits ins Unterkarbon gehört. Lange Zeit galten die Ichthyostegalia von Ostgrönland als die ältesten Amphibien; 1972 wurden aber in Victoria (Australien) in einem tieferen devonischen Horizont Amphibienspuren entdeckt, und 1977 wurde aus New South Wales, ebenfalls aus einem tieferen Horizont, ein primitiver Amphibienkiefer *(Metaxygnathus)* beschrieben.
Wie die ↗Labyrinthodontia und alle anderen Landwirbeltiere leiten sich die Ichthyostegalia mit sehr großer Wahrscheinlichkeit von den devonischen Crossopterygiern (↗Choanichthyes) ab, in einigen

Zu den primitiven, fischartigen Merkmalen von *Ichthyostega* gehören ein Schädel mit Resten einer gelenkigen Verbindung zwischen vorderem und hinterem Gehirnschädel, wie er auch für die Crossopterygier charakteristisch ist, ferner aber auch das Vorhandensein von zwei Elementen des Kiemendeckels (Operculum). Der Schwanz trägt eine dorsale, von Knochenstrahlen vom Fischtyp gestützte Flosse, die Wirbel umgeben als Ringe eine persistierende Chorda. (Bei den meisten Fischen und insbesondere den Tetrapoden wird die Chorda zunehmend durch die knöchernen Wirbelkörper ersetzt, embryonal wird sie aber stets angelegt.) Die Chorda reicht im Schädel bis zum Hinterrand des vorderen Gehirnschädels, so daß kein knöchernes Gelenk zwischen Schädel und Wirbelsäule existiert.
Mit den kräftigen, aber primitiven

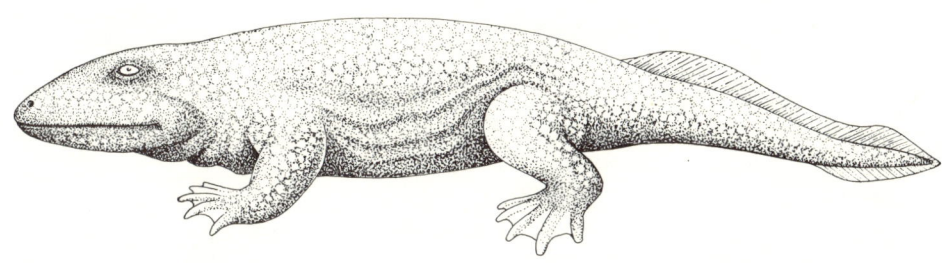

Merkmalen haben sie sich nur wenig von ihrer Ausgangsform entfernt. Andererseits erweisen sich die Ichthyostegalia in mancher Hinsicht als aberrant, und es ist unwahrscheinlich, daß von ihnen irgendwelche anderen Formen abstammen.
Die Gruppe basiert auf der Gattung *Ichthyostega,* repräsentiert durch zahlreiche, aber fragmentarische Fundstücke; wieviel Arten die Gattung umfaßt, ist daher noch unklar. *Ichthyostegopsis* und *Acanthostega,* zwei weitere, möglicherweise nicht sehr nahe verwandte Genera, gründen sich nur auf Schädelfunde.

Gliedmaßen konnte sich *Ichthyostega* sicher an Land fortbewegen. Als Ausgleich für die schwachen Wirbel bilden die massiven Rippen einen festen, starren Rumpf.

Insekten
Gewöhnlich kleine bis winzige ↗Gliederfüßer, deren Körper sich in drei Hauptteile gliedert: Kopf, Brust und Hinterleib. Nach der Larvalzeit ist bei den meisten Insekten die Anzahl der Segmente fixiert, und zwar 6 im Kopf, 3 in der Brust und 11 Segmente im Hinterleib. Ursprüngliche Insekten zeigen andere Zahlenverhältnisse. Der Kopf

Ichthyostegalia
Ichthyostega *aus dem späten Devon von Grönland gehört zu den ältesten bekannten Amphibien.*
Länge: ca. 1 m

trägt 1 Antennenpaar, 1 Paar Facettenaugen und 3 Paar Medianaugen (Ozellen), sowie 3 Paar zu Mundwerkzeugen umgebaute Laufbeine. Jedes Brustsegment bildet 1 Paar gegliederter Extremitäten aus, die beiden hinteren tragen außerdem Flügel. Dies sind Hautduplikaturen, die durch Adern versteift werden. Die Atemfunktion der zu Adern verfestigten Hämolymphkanäle wird durch ein Tra-

Insekten
1 Die Riesenlibelle
Meganeura *aus dem Karbon erreicht eine Flügelspannweite von 70 cm.*
2 Stenodyctia *entspricht dem Grundtyp eines ursprünglichen Insekts aus dem Karbon.*

cheensystem wahrgenommen. Am Hinterende werden die Genitalanhänge aus Extremitäten gebildet.
Fossil kennt man Insekten seit dem Devon, aber ihr fortgeschrittenes Stadium läßt vermuten, daß sie sich spätestens im Silur entwickeln und zwar aus einem Onychophorenähnlichen Vorläufer. Das früheste bekannte Insekt, *Rhyniella praecursor,* stammt aus einem devonischen Torfmoor, dem Rhynie Chert in Schottland. Bei diesem Tier handelt es sich um einen flugunfähigen Springschwanz. Die ersten flugfähigen Formen kennt man aus dem

Mittleren Karbon. Ihre Flügel führen wohl erst einfache Auf- und Abbewegungen aus und bleiben auch in Ruhe ausgestreckt, wie es noch moderne Libellen zeigen. Im Oberen Karbon werden dann faltbare Flügel entwickelt, die in Ruhe am Körper angelegt werden, sowie ein erweitertes Jugalfeld, um die Hubfläche zu vergrößern. In dieser Zeit haben die Insekten nur einige primitive Landwirbeltiere sowie andere Arthropoden als Feinde, so daß sie enorme Größen erreichen, wie z. B. *Meganeura* mit einer Flügelspannweite von 70 cm.
Die weitere Evolution der Insekten wird bestimmt durch wachsende Konkurrenz und entscheidend durch die Entwicklung der Landpflanzen. Im Mesozoikum existieren schon die meisten modernen Insektenordnungen; aber erst das Auftreten der ↗Angiospermen in der Mittleren Kreide führt zu einer enormen Vermehrung, und bestäubende Insekten wie Schmetterlinge und Bienen verbreiten sich stark. Einige känozoische Insektenfundorte offenbaren den Reichtum an Formen, so in ↗Monte Bolca (Italien), Estland (im baltischen ↗Bernstein), Aix-en-Provence (Frankreich), Florissant (Colorado) und Öhningen (Schweiz).
Meist findet man isolierte Flügel, da nur sie kräftig und flexibel genug sind, um erhalten zu bleiben. Auch Deckflügel von Käfern finden sich oft. Das Adermuster fossiler Flügel kann mit dem moderner verglichen werden und so als spezifisches Charakteristikum einzelner Gruppen zur Erhellung ihrer Entwicklungsgeschichte beitragen.
Bis heute sind mehr als 1 Million Insektenarten beschrieben, und man schätzt, daß heute 4–5 Millionen Arten existieren und bestimmt mindestens so viele in der Vergangenheit gelebt haben.

Insektenfresser, *Insectivora*
Die ursprünglichsten der lebenden plazentalen Säugetiere; zu ihnen

gehören die Igel, Maulwürfe und Spitzmäuse. Diese Ordnung läßt sich bis in die Kreide zurückverfolgen und ist deshalb von zentraler Bedeutung, weil sie sowohl die direkten Vorläufer der Fledermäuse, Raubtiere, Primaten und Nager umfaßt, als auch die indirekten Vorfahren fast aller anderen Plazentalier.

Die Nahrung der meist kleinen Insektenfresser besteht neben Insekten aus anderem Kleingetier (Wirbeltiere wie Wirbellose) wie auch aus Früchten und Knollen. Ihr Geruchs- und Hörsinn sind meist gut entwickelt – die Mehrzahl ist nachtaktiv –, während der optische Sinn nicht sehr leistungsfähig ist; einige Spitzmäuse entwickeln Echoorientierung. Einige der oft stacheligen Insektenfresser besitzen eine Giftdrüse, viele sind auf grabende, einige wenige auf aquatische Lebensweise eingerichtet. Die Ordnung ist ziemlich komplex zusammengesetzt und nicht leicht zu klassifizieren, da sie viele alte, divergierende Gruppen enthält. Man unterteilt sie in 2 Hauptgruppen, die Menotyphla und die Lipotyphla. Die Menotyphla (oder Proteutheria) umfassen die ursprünglichsten Formen, hierher gehören die Mehrzahl der frühkänozoischen Insektenfresser (7 oder 8 ausgestorbene Familien) sowie die rezenten Spitzhörnchen. Die Menotyphla sind durch einen Blinddarm charakterisiert sowie durch ein komplexes Arteriensystem, welches das Gehirn versorgt. Obwohl man von ihnen nur einige Backenzähne kennt, kann man hier auch die Pappotheriiden, vertreten durch *Pappotherium* aus der Mittleren Kreide von Texas, einreihen. Sie repräsentieren nicht nur die frühesten Insektenfresser, sondern möglicherweise sogar die frühesten Plazentalier. Aus der späten Kreide der Mongolei kennt man die Zalambdalestiden: *Zalambdalestes* selbst zeigt neben vielen ursprünglichen Merkmalen ein eigenartiges Vordergebiß mit

vergrößerten Eckzähnen und reduzierten Prämolaren. Die nahestehenden Leptictidae überleben bis ins späte Oligozän und enthalten anscheinend die Vorläufer der ⟋Primaten und der ⟋Nagetiere.

Unter den Deltatheridia der späten Kreide bis frühen Oligozäns Asiens und Nordamerikas findet man die Vorfahren der Raubtiere und Huftiere. Nagetierähnliche Insektenfresser sind die Apatemyiden

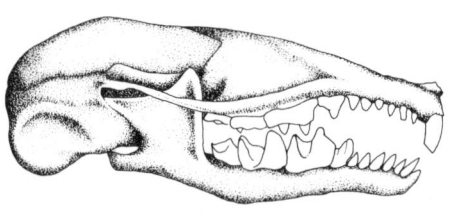

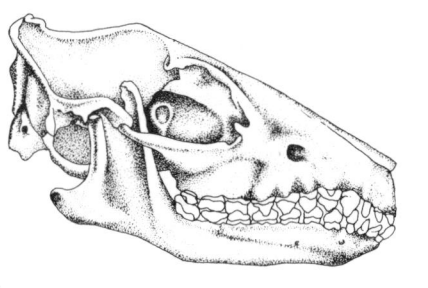

aus dem Eozän und Oligozän Europas und Nordamerikas. Die heute noch lebenden Tupaias oder Spitzhörnchen Südostasiens sind primatenähnliche Krallenkletterer. Von ihrer Geschichte ist wenig bekannt. Zur 2. Hauptgruppe der Lipotyphla gehören die meisten der spätkänozoischen Formen sowie alle lebenden Insektenfresser außer den Spitzhörnchen. Sie haben keinen Blinddarm mehr und eine vereinfachte Blutversorgung des Gehirns. Die Erinaceidae (Igel) können bis ins späte Eozän von Eurasien zurückverfolgt werden, auch heute noch liegt hier ihr Verbreitungsschwerpunkt; *Deinogalerix* aus dem italienischen Miozän ist ein dachs-

Insektenfresser
Oben: Der Schädel von Proscalops, *einem Maulwurf des Oligozän-Miozän, ist etwa 2,5 cm lang.*
Unten: Der Schädel von Anagale, *einem ursprünglichen Spitzhörnchen aus dem Unteren Oligozän der Mongolei, besitzt eine Länge von etwa 7 cm.*

großer Vertreter dieser Gruppe. Die Igelartigen bilden die zentrale Gruppe innerhalb der Insektenfresser, von der u. a. die Spitzmausartigen (einschließlich Maulwurfsartige) abstammen.

Von den meist grabend lebenden Maulwürfen kennt man zahlreiche gut erhaltene Fossilien, z. B. *Proscalops* aus dem Miozän der USA.

Invertebraten ↗Wirbellose

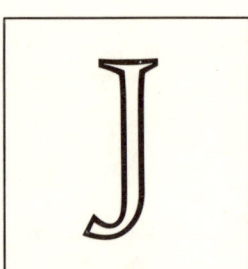

Javamensch

Ein früher Vorfahre des Menschen, 1891 nach sorgfältiger Suche von dem holländischen Anatom Eugène ↗DUBOIS auf Java entdeckt. Charles ↗DARWIN vermutete 1871 die Vorfahren des Menschen in Afrika, der Heimat der zwei großen Menschenaffen Gorilla und Schimpanse. Andere Fachleute empfahlen eine Suche in Südostasien, der Heimat des Orang Utan.

DUBOIS entdeckte bei Trinil, an den Ufern des Solo-Flusses, den oberen Teil eines Schädels, einen Zahn und einen Oberschenkelknochen. Der Schädel besitzt ein Volumen von 860 cm³ (moderner Mensch über 1 300 cm³). Weitere Primitivmerkmale sind die Überaugenwülste und der Knochenkamm in der Mitte des Schädels. DUBOIS nannte seinen Fund *Pithecanthropus erectus;* die Anerkennung seines Fundes als Vertreter der Hominiden erlebte er aber nicht mehr.

Das wahre Verdienst seiner Arbeit wird erst 1936 offenbar, als Gustav von ↗KOENIGSWALD bei Sangiran auf Java einen Unterkiefer von *Pithecanthropus erectus* findet, und im folgenden Jahr der Schädel eines Jugendlichen (der besser erhalten ist als das Trinil-Exemplar) von DUBOIS bei Modjokerto entdeckt wird. Man kennt inzwischen weitere

Teile des Skeletts; der von DUBOIS gefundene Oberschenkelknochen bleibt jedoch immer noch der einzige Beleg einer Hintergliedmaße des Javamenschen.

Die Javahominiden überdauern eine Zeitspanne beginnend vor 2 Millionen Jahren und endend etwa vor 750 000 Jahren. Während dieser Zeit werden Kiefer und Zähne immer moderner, das Gehirn erreicht schließlich ein Volumen von 1 000 cm³. Der Java-Mensch ist etwa so groß wie der moderne Mensch und den lebenden Hominiden so ähnlich, daß man ihn jetzt als *Homo erectus erectus* bezeichnet. (↗Mensch).

Jungsteinzeit ↗Neolithikum

Jura

Zweites der drei mesozoischen Systeme; der Jura beginnt vor etwa 195 Millionen Jahren und dauert rund 55 Millionen Jahre. Der Name leitet sich von den Jura-Bergen an der französisch-schweizerischen Grenze ab, wo Sedimente dieses Alters besonders gut repräsentiert sind.

Im Jura erfolgt eine weitere Öffnung der neuentstandenen ozeanischen Becken. Durch ↗Kontinentalverschiebung bricht der paläozoische Superkontinent ↗Pangaea weiter auseinander, und der Nordatlantische Ozean öffnet sich zwischen Nordwest-Afrika und dem östlichen Nordamerika. Auch der Südkontinent ↗Gondwana beginnt zu zerfallen. Die antarktisch-australische Landmasse beginnt sich vom südwestlichen Afrika abzuspalten, während Indien noch vorübergehend am Ostrand von Afrika verbleibt.

Die bereits in der Trias stark abgetragenen paläozoischen Gebirgszüge werden im Jura bis auf niedere Hügelketten eingeebnet. In einem überwiegend milden, subtropischen Klima ohne Hinweise auf polare Eiskappen wächst eine üppige Vegetation in sumpfigen Ebenen mit

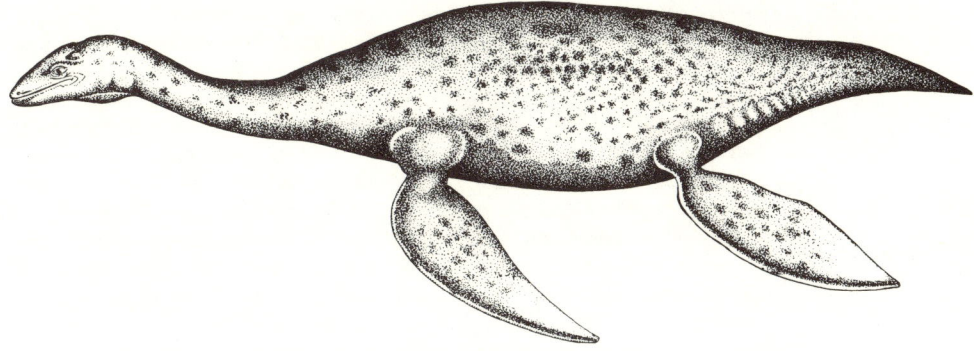

Jura
Cryptocleidus, *ein Plesiosaurier
aus dem Oberen Jura von England, erreicht eine Länge von
etwa 3,3 m.*

Seen und mäandrierenden Flüssen. Wüstenzonen werden flächenmäßig kleiner, die Niederschläge reichen aus, um dichte Wälder aus ↗Farnen, ↗Koniferen, zahlreichen ↗Bennettitatae, ↗Cycadatae, ↗Baumfarnen und aus den weltweit verbreiteten Ginkgoatae (Gattung ↗Ginkgo, Baiera) entstehen zu lassen. Obwohl Zuwachsringe bei einigen fossilen Baumstämmen auf ein saisonales Klima hinweisen, sind die Bedingungen insgesamt bemerkenswert gleichmäßig. Die jurassischen Floren zeigen weltweit eine beachtliche Einheitlichkeit, auch wenn die jeweiligen Arten nicht immer nahe verwandt sind. Die Insektenfauna der Wälder setzt sich zusammen aus den ersten Fliegen, Pflanzenwespen, frühen Schmetterlingen *(Palaeontina)*, Heuschrecken, Termiten, Käfern und Libellen. Ferner kommen verschiedene Spinnen und Hundertfüßer vor, in den Teichen und Seen leben beträchtliche Mengen an Süßwasserschnecken *(Viviparus)*, deren fossile Gehäuse Kalksteinlager wie in Purbeck (England) bilden können.

Unter den Wirbellosen Tieren des Meeres dominieren die ↗Ammoniten. Diese erfahren eine rasche Evolution und starke Verbreitung, so daß sie im Jura gute ↗Leitfossilien darstellen. Einige Gattungen leben am Seeboden, andere schwimmen nahe der Wasseroberfläche. Als weitere Cephalopodengruppe erleben auch die ↗Belemniten in den warmen Meeren einen Entwicklungshöhepunkt; einige Formen besitzen einen inneren Tintenbeutel und sind möglicherweise mit den Kalmaren verwandt.

Die ↗Brachiopoda beginnen abzunehmen, obwohl die glattschaligen Terebratuliden und die gerippten Rhynchonelliden in den jurassischen Meeren noch reichlich vorkommen. Sie werden aber zunehmend durch die ↗Muscheln verdrängt, die mit *Trigonia* und *Gryphaea* besonders zahlreich vertreten sind. Die bereits in der Trias auftretenden Hexacorallia werden nun (zusammen mit Hydrozoen) zu bedeutenden Riffbildnern in Flachwasserbereichen. Häufig finden sich auch Kalkschwämme (↗Schwämme) und gestielte wie freischwimmende ↗Seelilien. In etwas tieferem Wasser bilden sich Gemeinschaften aus ↗Seeigeln und Schlangensternen, das Erscheinen der ersten Krabben (↗Zehnfüßige Krebse) fällt ebenfalls in die Jurazeit. Ferner kommen verschiedene hummerartige Krebse vor, deren Reste sich in den ↗Lithographischen Plattenkalken von Solnhofen hervorragend erhalten haben. Von dort kennt man auch ↗Pfeilschwanzkrebse, die sich nicht wesentlich von den rezenten Formen unterscheiden.

Unter den Fischen dominieren die in der Trias erstmalig auftretenden Holostei. Das Maxillare des Ober-

140 Millionen Jahre

Oberer Jura (Malm)	? Berriasium	
	Tithonium	
	Kimeridgium	
	Oxfordium	
Mittlerer Jura (Dogger)	Callovium	
	Bathonium	
	Bajocium	
	Aalenium	
Unterer Jura (Lias)	Toarcium	
	Pliensbachium	
	Sinemurium	
	Hettangium	

195 Millionen Jahre

Die Schichtenfolge des Jura

kiefers wird bei diesen ↗Actinopterygii verkürzt, und die Schwanzflosse ist äußerlich fast symmetrisch gestaltet. Die relativ ursprünglichen Semionotiden tragen auf ihren Schuppen noch eine kräftige Ganoinschicht und besitzen in dem Knochenhecht *Lepisosteus* einen rezenten Verwandten. Hohe, seitlich abgeflachte Körper charakterisieren die Pycnodonten. *Aspidorhynchus* und *Belonostomus* erinnern oberflächlich (wenn auch nicht nahe verwandt) an moderne Hornhechte. Von den Amiiformes kennt man mit *Amia* eine moderne, im Süßwasser lebende Gattung, die

relativ spezialisierte Gattungen wie der langgestreckte *Diplodocus* und der massige *Brachiosaurus* treten im späten Jura auf. Die anpassungsfähigen ↗Coelurosauria bleiben häufig und reichen von dem kleinen *Compsognathus* bis zu dem etwa 2 m langen *Coelurus*. Große, räuberische Carnosauria behaupten ihre ökologische Nische ab dem Lias aufwärts sehr erfolgreich: *Megalosaurus* ist im Mittleren und Oberen Jura weit verbreitet; *Antrodemus* aus der ↗Morrison-Formation erreicht eine Länge von 10 m, einige Formen *(Ceratosaurus, Proceratosaurus)* entwickeln Nasenhörner.

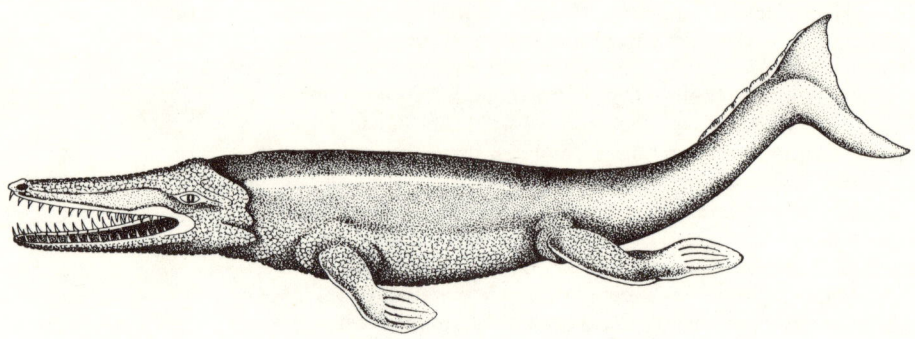

Jura
Das jurassische Meereskrokodil Metriorhynchus *mißt rund 3 m.*

Pholidophoriformes leiten offensichtlich über zu den mit *Leptolepis* und verwandten Formen erstmals im späten Jura erscheinenden Teleostei. Als Relikte älterer Fischgruppen kommen noch einige Palaeoniscoiden vor, ferner Subholostei und mit *Chondrosteus* eine frühe Gattung der Störe. Coelacanthier sind immer noch häufig (Gattung *Holophagus*), bei den Haien finden sich neben zahlreichen Hybodonten auch einige primitive rezente Formen wie *Heterodontus* und der Grauhai *Hexanchus*.
An Land herrschen unangefochten die Reptilien mit den zum Teil riesigen ↗Dinosauriern. Die Prosauropoden sterben aus, statt dessen erscheinen die echten ↗Sauropoda. Frühe Vertreter dieser Gruppe *(Cetiosaurus, Rhoetosaurus)* kennt man bereits aus dem Unteren Jura,

Im Mittelpunkt der ↗Ornithischia-Evolution stehen die ↗Ornithopoda; neben der recht großen Gattung *Camptosaurus* kommen auch einige winzige Formen *(Othnielia, Nanosaurus)* vor, denen *Dysalotosaurus* aus den ↗Tendaguru-Ablagerungen möglicherweise recht nahe steht. Die ↗Stegosauria repräsentieren eine frühe Sonderentwicklung der Ornithischia, deren Evolution sich von dem liassischen *Scelidosaurus* über *Dacentrurus* und *Lexovisaurus* bis zu den spätjurassischen Gattungen *Stegosaurus* und *Kentrosaurus* verfolgen läßt.
Die Thecodontia sterben noch in der Trias aus, zwei andere ↗Archosaurier-Gruppen sind aber gut vertreten. Die ↗Flugsaurier, bereits aus dem Lias bekannt *(Dimorphodon)*, werden im Oberen Jura recht häufig *(Rhamphorhynchus, Ptero-*

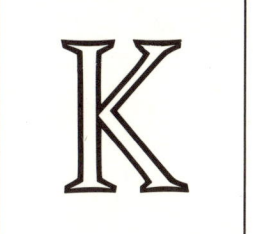

dactylus); bei den ↗Krokodilen kennt man die Mesosuchia mit den Goniopholiden der Flüsse und Seeufer, den langschnauzigen Steneosauriern und den marinen Thalattosuchia mit paddelartigen Extremitäten und einer hypozerken Schwanzflosse (z. B. *Metriorhynchus*).

↗Plesiosaurier und ↗Fischsaurier sind verbreitete Bewohner der Meere. Plesiosaurier mit langem Schädel und kurzem Hals (*Pliosaurus* und Verwandte) erreichen gewaltige Dimensionen – der Schädel von *Kronosaurus* muß eine Länge von 3 m erreicht haben. Mehr konservativ proportionierte Gattungen (z. B. *Thaumatosaurus)* entwickeln längere Hälse und verhältnismäßig kleinere Schädel.

Die Entwicklung der ↗Fischsaurier verläuft rasch. Neben den verbreiteten jurassischen Gattungen wie *Ichthyosaurus* und *Ophthalmosaurus* existiert eine Reihe überwiegend liassischer Formen, deren Fingerzahl in den Brustflossen reduziert wird (Stenopterygiidae); bei *Eurhinosaurus* ist der Unterkiefer kürzer als der Oberkiefer.

Die ↗Säugerähnlichen Reptilien sterben aus, ihre Abkömmlinge, die ↗Mesozoischen Säugetiere, überleben als unauffällige, kleine Tiere (z. B. *Docodon,* die Triconodonten, Symmetrodonten, Pantotherien, *Plagiaulax*). Die ersten, noch reptilähnlichen ↗Vögel erscheinen im Oberen Jura (*Archaeopteryx);* fossile Belege für Amphibien fehlen nahezu vollständig. Die Lepidosauria sind durch die ↗Rhynchocephalia (*Homoeosaurus),* einige vermutlich frühe Leguane (*Bavarisaurus, Euposaurus)* und einige wenige primitive, möglicherweise den Geckos nahestehende Formen (*Ardeosaurus, Broilisaurus)* vertreten.

Kaltblüter

Die lebenden niederen ↗Wirbeltiere (Fische, Amphibien und Reptilien) hängen als Kaltblüter oder Wechselwarme hinsichtlich ihrer Körpertemperatur von der Umgebungstemperatur ab.

Die Wärme, die der Stoffwechsel eines wechselwarmen Tieres erzeugt, ist nur ¼ so groß wie jene der Warmblüter (Vögel und Säugetiere). Die Stoffwechselaktivität alleine genügt deshalb nicht zur Aufrechterhaltung der Körpertemperatur eines ruhenden Kaltblüters. Das Meer bleibt selbst in hohen Breitengraden für Fische noch warm genug, aber auf das Verbreitungsgebiet von Amphibien und Reptilien wirken die winterlichen Temperaturen in nördlichen und südlichen gemäßigten Breiten streng begrenzend. Beide Gruppen sind heute im wesentlichen tropisch und subtropisch verbreitet, nur kleinere Formen mit Winterruhe können kältere Perioden überstehen. Krokodile besitzen z. B. ein Körpertemperaturoptimum von 35° C; es wird aufrechterhalten, indem sie sich nachts in Flüsse und Seen zurückziehen, wo sie von der kühlen Nachtluft isoliert sind. Am Morgen sonnen sie sich auf den Sandbänken und suchen oft bei großer Mittagshitze das schützende Wasser wieder auf. In ähnlicher Weise wechseln Eidechsen zwischen Sonnenbad und schützendem Schatten. Kurzzeitig können sie sich sehr schnell bewegen, aber 90 % der Zeit verbringen sie in energiesparender Ruhe. Schnelle Bewegung erfordert hohen Stoffumsatz, d. h. Oxidation von viel Kohlenhydraten und Fetten zur Energiegewinnung. Die träge wechselwarme Physiologie der lebenden Reptilien kann jedoch nur eine niedrige Stoffwechselrate aufrechterhalten. Die Lungen sind weniger verästelt als jene der Homoiothermen und können deshalb – infolge kleinerer Oberfläche – der Atemluft weniger Sauerstoff entnehmen. Das Herz besitzt nur eine Hauptkammer (außer Krokodil), wodurch sauerstoffarmes und -reiches Blut vermischt werden, statt in 2 getrennten Herzkammern unvermengt zu bleiben (wie im Herz der Vögel und Säuger).

Wahrscheinlich waren die ↗Dinosaurier und ↗Flugsaurier zusammen mit wenigstens einigen ihrer Vorfahren (den ↗Pseudosuchia) warmblütig; auch die ↗Säugerähnlichen Reptilien waren wahrscheinlich Warmblüter.

Eine Stütze für die Theorie der ↗Kontinentalverschiebung ergibt sich aus Fossilfunden von Reptilien in Breiten, die heute für das Überleben großer Kaltblüter zu kalt sind, in der Vergangenheit aber offenbar wärmer gewesen sein müssen.

Kambrium

Ältestes geologisches System des ↗Paläozoikum; der Name leitet sich von Cambria, der römischen Bezeichnung für Wales ab. Kambrische Gesteine wurden erstmals aus Nordwales beschrieben; inzwischen kennt man sie von allen größeren Kontinentalgebieten einschließlich der Antarktis.

Das Kambrium beginnt vor rund 570 Millionen Jahren und umfaßt etwa 70 Millionen Jahre. Die genaue Basis ist unsicher, wahrscheinlich wird sie schließlich auf einem Niveau festgelegt werden, in dem erstmals eine größere Menge an Fossilien mit mineralisiertem Skelett auftritt. Die Lage der Kontinentalflächen, Epikontinentalmeere und Ozeane im Kambrium ist nicht genau bekannt, wahrscheinlich ist der Nordamerikanische und der Baltische Kraton durch eine Ozeanzone getrennt (verschiedentlich als Proto-Atlantik, Iapetus-Ozean oder Kaledonischer Ozean bezeichnet), ähnlich wie heute durch den Atlantischen Ozean. Andere kambrische Kratone befinden sich im Bereich des Sibirischen und Südostasiatischen Schildes, ferner in ↗Gondwana, die sich im wesentlichen aus Afrika, Südamerika, Indien, Au-

stralien, der Antarktis und wahrscheinlich auch aus Teilen des südlichen Europa zusammensetzt. Die Lage dieser Gebiete auf der Erdoberfläche bleibt spekulativ. Dürftige palaeomagnetische Hinweise und einige allgemeine paläoklimatische Informationen deuten auf einen magnetischen Südpol am Nordwestrand von Afrika; „Norderde" und „Süderde" (Gondwana) sind durch weite Ozeanräume getrennt.

Über die Klimaverhältnisse im Kambrium ist weniger Genaues bekannt, die Temperaturen müssen aber deutlich höher gelegen haben als während der spätpräkambrischen Vereisung. Auch die große Verbreitung von Kalksteinen und Evaporiten deuten auf ein warmes Klima. Zu Beginn des Kambrium wird zum ersten Mal ein beträchtlicher Sauerstoffgehalt in der Atmosphäre erreicht.

Das entscheidende Charakteristikum der Lebewelt dieser Zeit liegt in dem relativ plötzlichen Erscheinen gleich zu Beginn dieser Periode von zahlreichen verschiedenen Metazoen mit hartem, mineralisiertem Skelett. Es wurde vermutet, daß dieser enorme entwicklungsgeschichtliche Fortschritt an einen bestimmten kritischen Sauerstoffgehalt gebunden war.

Verglichen mit den spärlichen Beweisen für Leben (insbesondere für Metazoen) im späten Präkambrium, liefert das frühe Kambrium eine erstaunlich vielfältige Fauna. Mehr als 900, durchweg marine Arten sind bekannt, dabei dominieren unzweifelhaft die ↗Trilobiten. Die früheste kambrische Fauna (Tommot-Stufe) besteht aus verschiedenen kleinen, überwiegend mit phosphatischen Gehäusen versehenen Organismen. Hierzu gehören die ältesten ↗Weichtiere (Monoplacophoren und ↗Schnecken) und die rätselhaften Hyolithiden; viele Formen zeigen aber keine klaren verwandtschaftlichen Beziehungen.

Aus dem frühen Kambrium stammt

auch die problematische Gattung *Fordilla;* im späten Kambrium erscheint mit *Plectronoceras* der erste Cephalopode. Die zu Beginn vorhandenen ↗Archaeocyatha sterben bereits im Mittleren Kambrium aus. Besonders gut entwickelt ist die Archaeocyathiden-Fauna in den Karbonat-Folgen von Nordamerika, Australien und der UdSSR; in der darauffolgenden Atdaban-Stufe finden sich die ersten Trilobiten, und diese werden alsbald vorherrschend. Die phosphatische Gehäuse tragenden inartikulaten ↗Brachiopoda, vor allem die Linguliden und Obolelliden, bilden ein weiteres wichtiges Element der kambrischen Fauna.

Alle rezenten Tierstämme mit Hartteilen, mit Ausnahme der ↗Moostierchen, besitzen kambrische Vertreter; es existieren selbst Hinweise auf frühe Wirbeltiere (↗Pteraspiden). Bei den ↗Stachelhäutern kennt man zahlreiche verschiedene „Versuchsformen"; einige sterben am Ende dieser Erdperiode wieder aus, manche zeigen nicht die für spätere Stachelhäuter typische pentamere Symmetrie. Die ältesten bekannten ↗Graptolithen gehören zu den sessilen Dendroidea und stammen aus dem Mittleren Kambrium; in kambrischen Gesteinen finden sich auch die ersten ↗Korallen.

Einfache, konische ↗Conodonten erscheinen erstmalig als seltene Bestandteile der kambrischen Mikro-

fauna. Zu den Mikroorganismen dieser Erdperiode zählen auch frühe ↗Foraminiferen und möglicherweise einige ↗Ostrakoden. Die Mikroflora besteht überwiegend aus Acritarchen, am besten bekannt aus spätkambrischen Gesteinen. Im übrigen beschränkt sich das pflanzliche Leben im wesentlichen auf ↗Algen.

Eine ausgezeichnete Erhaltung zeigt die mittelkambrische Fauna der ↗Burgess-Schiefer im südlichen Kanada. Sie enthält Vertreter von fast allen in anderen kambrischen Faunen gefundenen Tiergruppen, ferner aber auch zahlreiche, von anderen Fundorten unbekannte Formen, insbesondere viele Tiere mit Weichkörper. Häufig sind vor allem nicht zu den Trilobiten gehörende Arthropoden wie *Marella, Waptia, Burgessia* und *Canadaspis.* Diese werden vielfach zu den Trilobitoidea gestellt, repräsentieren aber möglicherweise getrennte, nicht sehr nahe verwandte Gruppen, die keiner der rezenten Arthropodentaxa zugeordnet werden können. *Olenoides serratus,* einer der dort vorkommenden Trilobiten, liefert genaue Informationen über die Körperanhänge der kambrischen Trilobiten und besitzt daher eine gewisse Bedeutung. Ein Großteil unserer Kenntnisse über die kambrischen ↗Würmer und ↗Schwämme basiert ebenfalls auf dieser Fauna: Es kommen priapuli-

500 Millionen Jahre

Oberes Kambrium		Acerocare
		Peltura
		Leptoplastus
		Parabolina
		Olenus
Mittleres Kambrium	Paradoxides	forchhammeri
		paradoxissimus
		oelandicus
Unteres Kambrium		Protoleniden
		Olennelliden
		ohne Trilobiten

570 Millionen Jahre

Die Schichtenfolge des Kambrium; als Leitfossilien für die Zoneneinteilung dienen Trilobiten.

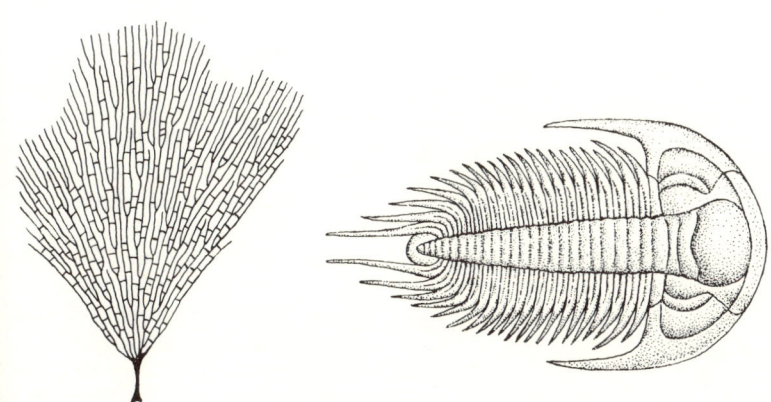

Kambrium
Links: Die zu den dendroiden Graptolithen gehörende Dictyonema kommt im Oberen Kambrium vor. Die Gattung hält sich bis ins Unterkarbon und zeigt eine nahezu weltweite Verbreitung
(natürl. Größe).
Rechts: Aus dem Mittleren Kambrium stammt der Trilobit Paradoxides.
Länge: 14 cm

149

de, polychaete und möglicherweise nemertine Würmer vor, ferner verschiedene Schwämme, einschließlich des Kieselschwammes *Vauxia.* Vorhanden sind auch monoplacophore und vielleicht aplacophore Weichtiere, selten Eocrinoiden und ↗Seelilien. Die ↗Hohltiere sind mit polypoiden und medusoiden Formen vertreten, ein Lophophorentier *(Odontogriphus)* wurde als möglicher Träger der Conodonten identifiziert. Man kennt ferner mögliche Protochordaten und Hemichordaten. Zahlreiche andere Formen der Burgess-Schiefer können keinem der rezenten Tierstämme zugeordnet werden. Sie repräsentieren vermutlich frühe „Experimentierstadien" der Metazoen, die sich, wie die Archaeocyathiden des frühen Kambrium, nicht erfolgreich etablieren konnten.

Kamele
Überfamilie (Cameloidea) wiederkäuender ↗Paarhufer, die heute durch Dromedar und Kamel (Trampeltier) sowie die südamerikanischen Formen *Lama* und *Vicugna* vertreten ist. Kamele haben eine Reihe einzigartiger Anpassungen an extreme Temperaturen entwickelt. Während des Winters können sie unter Umständen Monate lang ohne Wasser auskommen, wobei sie bis zu 25 % ihres Körpergewichts verlieren, um es in nur 10 Minuten wieder „aufzutanken". Das dicke Fell wirkt als Isolator gegen Wärmeaustausch; die Isolation wird etwas verringert durch die Fettansammlungen im Höcker. Bei großer Hitze steigt die Körpertemperatur bis auf 41° C, erst hier beginnt die Temperaturregelung durch Transpiration. Auch bei großem Wasserverlust bleibt das Blutvolumen erhalten und zirkulationsfähig. Sehr konzentriert wird dagegen der Harn. Die Kamele besitzen einen (von den Ruminantiern i. e. S. verschiedenen) 4-kammerigen Wiederkäuermagen. Die oberen Schneidezähne sind auf ein Paar reduziert, und die Backenzähne zeigen halbmondförmige (selenodonte) Kauflächenmuster auf den hohen Kronen. Ihre Sohlen (Sohlengänger) geben ihnen auch für weichen Untergrund genügend Standfläche.
Die Kamele entwickeln sich während des Känozoikum in Nordamerika und erreichen Südamerika, Eurasien und Afrika erst im Plio-Pleistozän.
Poëbrotherium ist ein oligozänes Kamel (von Schafsgröße) mit kurzen Beinen, Hufen und vollständigem Gebiß. Im Miozän existieren mehrere Linien, so die kleinen, leichtgebauten Gazellenkamele wie *Stenomylus,* oder die Giraffenkamele mit extrem langem Hals, z. B. *Oxydactylus,* und schließlich die zu den heutigen Formen weiterführende Linie mit *Procamelus.*
Camelops, das letzte nordamerikanische Kamel, lebt bis nach den

Kamele
Das langhalsige Alticamelus *aus dem Miozän und Pliozän Nordamerikas weidet Blätter und Zweige von Bäumen ab. Kopfhöhe: etwa 3 m*

Kamele
Camelops *aus dem nordameri-*
kanischen Pleistozän vereint
Merkmale von Kamel und
Lama.
Schulterhöhe: etwa 2 m

Eiszeiten und stirbt erst vor wenigen Jahrtausenden aus; dieses vermutlich einhöckrige Kamel zeigt Beziehungen zu den Lamas.

Vor dem Pleistozän gibt es in Südamerika keine Kamele. Dann passen sie sich jedoch an die extremsten Bedingungen an: So leben heute die Vicugnas in 5 750 m hohen Ebenen der Anden. In der Alten Welt kennt man das Kamel wild nur in Asien, als eiszeitliche Fossilien jedoch auch aus Europa und Ostafrika. Das heutige Sahara-Kamel wurde vom Menschen dort eingeführt.

Känozoikum

Nach dem Paläozoikum und Mesozoikum die dritte der drei erdgeschichtlichen Ären. Das Känozoikum umfaßt das ↗Paläozän, ↗Eozän, ↗Oligozän, ↗Miozän, ↗Pliozän, ↗Pleistozän und ↗Holozän; die Bezeichnung „Zeitalter der Säugetiere" nimmt Bezug auf das Vorherrschen dieser Tiergruppe in der ganzen Ära (↗Quartär, ↗Tertiär).

Karbon

In diesem Zeitabschnitt bilden sich die meisten Steinkohlenlager. Das Karbon beginnt vor etwa 345 Millionen Jahren und dauert 65 Millionen Jahre. Karbonische Gesteine finden sich auf allen Kontinenten, in manchen Ländern (wie z. B. Irland) bilden sie einen großen Anteil der oberflächennahen Gesteine.

Im Karbon liegen die Kontinente überwiegend auf der Südhemisphäre, der karbonische Äquator verläuft durch Nordamerika, Südgrönland, Europa und ostwärts bis Nordaustralien. Die Südkontinente Südamerika, Afrika, Indien, Australien und Antarktis hängen zusammen, der Südpol liegt im Bereich des heutigen Buenos Aires. Diese als ↗Gondwana bezeichnete Landmasse existiert vom ↗Devon bis ins ↗Perm. Das einheitliche und gleichförmige Klima des Devon differenziert sich zunehmend, und im späten Karbon entwickelt sich eine ausgedehnte südpolare Eiskappe, die die Sedimentation und Biologie aller fünf Südkontinente beeinflußt. Die nordamerikanische und europäische Platte driften in Richtung der mediterranen und nordafrikanischen Gebiete; dadurch beginnen sich in äquatorialen und nördlichen Bereichen der Protoatlantik und der

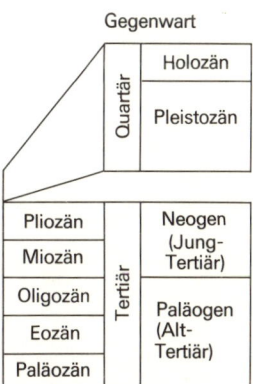

Die Schichtenfolge des
Känozoikum

151

280 Millionen Jahre

Ober-Karbon (Silesium)	Stephanium
	Westfalium
	Namurium
Unter-Karbon (Dinantium)	Viséum
	Tournaisium

345 Millionen Jahre

Die Schichtenfolge des Karbon

sich ostwärts von Südeuropa ausdehnende Ozean zu schließen. Diese Bewegungen der Kontinentalplatten führen in Süd- und Zentraleuropa, im östlichen Nordamerika und nördlichen Afrika zur Verwerfung, Verzerrung und Faltung der oberpaläozoischen Gesteine; die tektonischen Vorgänge werden als variszische (hercynische) Orogenese bezeichnet, die Hauptbewegungsphase liegt am Beginn des Oberkarbon.

Neben der Auffaltung der Sedimentgesteine zu Gebirgsketten, deren erodierte Reste in Europa von Südirland bis nach Böhmen verfolgt werden können, wird auch Vulkanismus beobachtet, z. B. Lava-Extrusionen und Granit-Intrusionen. Die Faltungen erfassen auch Gesteine der Kordilleren in den westlichen USA. Einige Wirkungen dieser Orogenese werden durch die jüngere alpine Faltung verdeckt, da die vor etwa 20 Millionen Jahren beginnende Phase ähnliche Gebiete betrifft.

Schon früh im Karbon werden zahlreiche Landflächen, insbesondere der Nordhemisphäre, von warmen Flachmeeren bedeckt, und es entwickelt sich eine vielfältige Lebewelt aus Wirbellosen, Fischen und Pflanzen. Kleine Amphibien, die erstmals im späten Devon das Land erobern, sind neben den Fischen die einzigen Wirbeltiere. Die Meere breiten sich aus über Westeuropa und Nordafrika, bis in die westliche UdSSR und ostwärts nach China, der Malaysischen Halbinsel und dem Rand von Australien. Ein Großteil von Südamerika bleibt Land, Nordamerika, insbesondere die inneren Teile, werden von vordringenden und zurückweichenden Meeren überflutet. Einige Beobachtungen sprechen für allgemein warme Meere. So finden sich ähnliche Invertebraten in weit getrennten Regionen; vor allem die ↗Korallen zeigen im frühen Karbon eine von arktischen bis in tropische Gebiete reichende Verbreitung; ihre rezenten Abkömmlinge sind auf tropische Gewässer beschränkt.

Schließlich werden einige Meere flacher, z. B. in Nordwesteuropa und in Teilen von Nordamerika, sie nehmen große, vom Festland stammende Schuttmengen auf. In diesen Zonen entwickeln sich Küstenseen und Lagunen mit Sumpfwäldern; die sich ansammelnde verrottende Vegetation wandelt sich in Torf um, aus dem nach der Einbettung bei entsprechendem Druck und Temperatur die Kohle hervorgeht (↗Fossile Brennstoffe). Während auf der Nordhemisphäre unter warmen, tropisch-subtropischen Bedingungen die Kohlewälder wachsen, kühlt sich das Klima auf den Gondwanakontinenten ab, und es kommt im späten Karbon zu einer ausgedehnten Vereisung. Eiszeitliche Bedingungen herrschen dort bis ins Perm und lassen eine charakteristische Südflora und Fauna entstehen. Eine zunehmend mannigfaltige und üppige Vegetation kennzeichnet die Karbonwälder; typisch sind mehr als 15 m hohe ↗Schachtelhalme und Schuppenbäume, von denen sich die rezenten ↗Bärlappe ableiten. In dieser Vegetation leben pulmonate Schnecken, Tausendfüßer und verschiedene Spinnentiere, die geflügelten Insekten erleben mit Schaben und frühen Libellen eine erste Blüte. Die feuchten spätkarbonischen Wälder beherbergen auch ↗Labyrinthodontia, die ersten landlebenden und zu dieser Zeit höchstentwickelten Wirbeltiere. Primitive ↗Reptilien, die ersten vollständig terrestrischen Wirbeltiere, entwickeln sich gegen Ende des Karbon.

Die Tümpel und Flußläufe der Kohlensümpfe werden von ↗Choanichthyes, ↗Coelacanthini und ↗Lungenfischen bevölkert. In den Meeren sind ↗Haie recht häufig, die zu den modernen Knochenfischen führenden ↗Palaeonisciformes waren bereits im Devon erschienen.

In marinen Karbonsedimenten finden sich Wirbellose als häufigste und vielfältigste Gruppe, manche Kalkgesteine bestehen fast vollständig aus Skelettresten von ↗Seelilien, ↗Korallen oder ↗Brachiopoda. Zahlreiche Organismen leben benthisch in oder auf dem Seeboden. Die Zusammensetzung der Bodenfauna hängt dabei stark von der Natur des jeweiligen Seebodens ab. Korallen, die meisten Brachiopoden, ↗Schnecken und viele ↗Muscheln benötigen ein hartes Substrat (Schalenreste oder kräftige Algen), während andere Muscheln, einige ↗Moostierchen und ↗Trilobiten ein weiches Sediment brauchen oder zumindest tolerieren. Weitere, verhältnismäßig häufige Fossilien des Karbon sind ↗Seeigel, Blastoiden, Goniatiten (↗Ammoniten), ↗Ostrakoden, ↗Foraminiferen und ↗Conodonten.

Unter den Foraminiferen erweisen sich die Endothyracea wegen ihrer raschen Evolution als stratigraphisch sehr wertvoll, im Unterkarbon insbesondere die Archaediciden, später vor allem die Fusulinen. Auch die vielfältigen Ostrakoden besitzen stratigraphische Bedeutung; die Trilobiten aber nehmen ab und sterben schließlich im Perm aus. Bei den Weichtieren sind Muscheln und Schnecken häufig, aber für Altersbestimmungen wenig hilfreich; demgegenüber können in kohleführenden Schichten nichtmarine Muscheln zur Parallelisierung einzelner Kohleflöze verwendet werden. Für die Stratigraphie des mittleren und späten Karbon werden auch häufig Goniatiten benutzt. Die Brachiopoden repräsentieren eine der sehr charakteristischen Tiergruppen des Karbon. Die stacheltragenden Productiden entwickeln recht bizarre Formen, vor allem auch solche, die in warmem Wasser und in einer Riffumgebung leben. Dank ihrer großen Verbreitung und Radiation lassen sich mit ihrer Hilfe sehr viele marine Sedimentgesteine stratigraphisch erfassen. Auch Korallen finden Verwendung in der Stratigraphie.

Am Ende des Karbon ziehen sich die Meere in vielen Teilen der Welt zurück und kündigen so die für manche Gebiete im Perm typischen kontinentalen Bedingungen an. In anderen Bereichen, z. B. im westlichen Nordamerika und in der westlichen UdSSR, herrschen marine Verhältnisse jedoch bis ins Perm.

Karru-Formation

Eine vom späten Karbon bis in den frühen Jura reichende, bis zu 9 000 m mächtige Gesteinsfolge im südlichen Afrika. Zutageliegende Schichten reichen von der Kap-Provinz bis nach Zaire und Tansania, im eigentlichen Karru-Becken bilden sie, mit dem Mittelpunkt in Lesotho, konzentrische ovale Folgen, wobei die jüngsten, vulkanischen Lagen sich im Zentrum befinden.

Die in einem flachen Becken abgelagerten Sedimente zeigen eine Folge von Glazialablagerungen, Sandsteinen und Schiefertonen überwiegend kontinentaler Entstehung mit zahlreichen Dolerit-Gängen und anderen Eruptivgesteinen. Die unteren Teile enthalten deutliche Hinweise auf eine starke Vergletscherung, die Durchschnittstemperatur scheint sich dann aber zunehmend zu erhöhen, so daß im Perm und in der Trias ein wesentlich wärmeres Klima herrscht.

Die reichhaltigste Fauna liefern die Beaufort- und Stormberg-Gruppe, aus den tiefer liegenden Oberen Dwyka-Schiefertonen stammen das kleine, halbaquatische Reptil *Mesosaurus,* der Fisch *Palaeoniscus,* verschiedene Krebse, Spuren von Wirbellosen und Baumstämme. Aus der zwischen der Beaufort- und Dwyka-Gruppe liegenden Ecca-Gruppe kennt man einen primitiven Dicynodonten *(Eodicynodon),* die terrestrischen Reptilien *Eccasaurus* und *Archaeosuchus,* Fischschuppen, Conchostracen und Muschelschalen sowie Spuren von Invertebraten und kleinen Wirbeltieren, ferner Pflanzenreste.

Die ausstreichende Beaufort-Gruppe begrenzt eine Fläche von etwa 600 000 Quadratkilometer und umfaßt in einem Oval die Stormberg-Gruppe. Zusammen enthalten diese Schichten die reichhaltigste bekannte Reptilien-Fauna aus Perm und Trias, mit ↗Säugerähnlichen Reptilien, ↗Cotylosauria, ↗Pelycosauria, Millerosauriern, Eosuchiern, Prolacertiliern, Sphenodontiden, Rhynchosauriern, ↗Thecodontia und Araeoscelidiern. Neben den Reptilien kommen auch zahlreiche andere Fossilgruppen vor, z. B. Amphibien, Süßwasserfische, ↗Gliederfüßer (darunter Krebstiere, tausendfüßerähnliche Formen und ↗Insekten), Süßwassermuscheln und Pflanzen (*Glossopteris*-Blätter und verkieselte Hölzer).

Die Molteno Beds an der Basis der Stormberg-Gruppe liefern außer dem Holosteer *Semionotus* keinerlei Tierreste, stattdessen eine reichliche und gut erhaltene Flora. Aus den sich nach oben anschließenden Red Beds und dem Cave Sandstone kennt man vorzügliche Reptilienfaunen; durch ihren fortschrittlichen Charakter unterscheiden sich diese aber deutlich von der Beaufort-Fauna. Die Evolution der Säugerähnlichen Reptilien erreicht ihren Höhepunkt mit dem Erscheinen der ersten echten Säugetiere, darunter der kleinen Gattung *Megazostrodon* aus den Red Beds. In der Stormberg-Gruppe finden sich auch ↗Ornithischia (z. B. *Heterodontosaurus, Fabrosaurus)*, ↗Pseudosuchia, frühe ↗Krokodile, Prosauropoden, Theropoden, höherentwickelte Cynodonten (einschließlich der Tritylodontiden), fossile ↗Fußspuren, Fische und Insekten.

Katzen, *Felidae*

Die Familie der Katzenartigen (Felidae) umfaßt die ausgestorbenen Unterfamilien der ↗Säbelzahnkatzen (Machairodontinae) und Nimravinae (mit unabhängig entwickelten Säbelzähnen), sowie die rezenten Unterfamilien Felinae (echte Katzen) und Acinonychinae (Geparde), deren Fossilgeschichte nur bis ins Pliozän zurückverfolgt werden kann.

Innerhalb der rezenten Feliden stehen nur die Geparde *(Acinonyx)* völlig isoliert als eigene Unterfamilie den restlichen lebenden Katzen

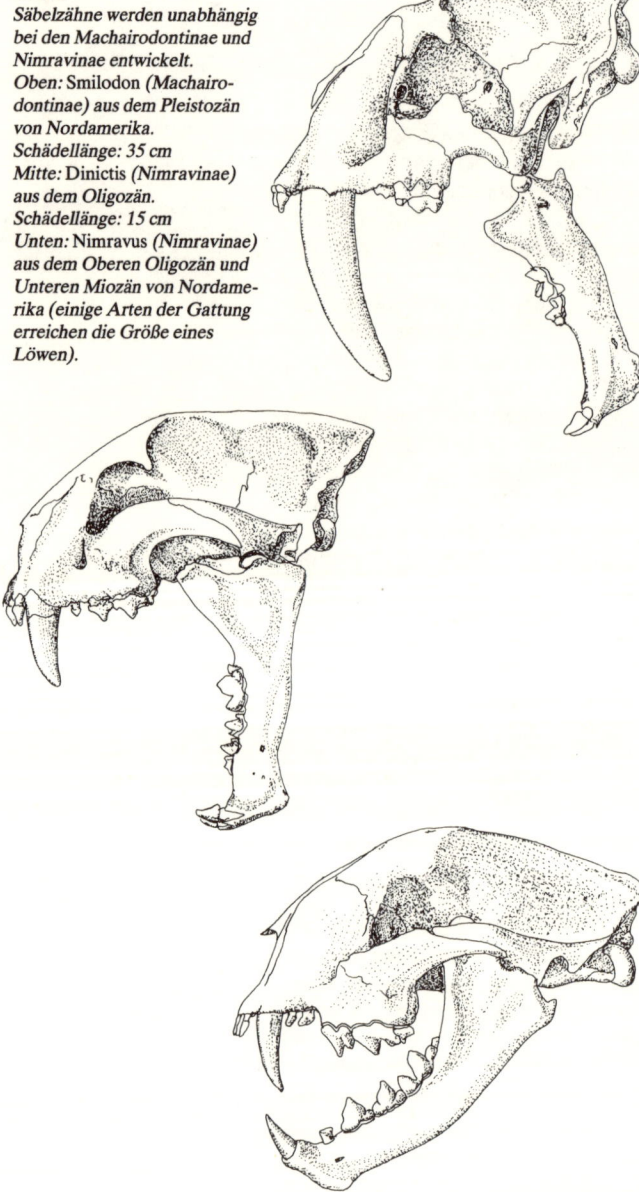

Katzen
Säbelzähne werden unabhängig bei den Machairodontinae und Nimravinae entwickelt.
Oben: Smilodon *(Machairodontinae) aus dem Pleistozän von Nordamerika.*
Schädellänge: 35 cm
Mitte: Dinictis *(Nimravinae) aus dem Oligozän.*
Schädellänge: 15 cm
Unten: Nimravus *(Nimravinae) aus dem Oberen Oligozän und Unteren Miozän von Nordamerika (einige Arten der Gattung erreichen die Größe eines Löwen).*

gegenüber, den Felinae. Sie enthalten die Felini (Kleinkatzen) und Pantherini (Pantherkatzen).
Während des mittleren Pleistozän lebt in Europa der mächtige „Höhlenlöwe" *Panthera leo spelaea* (um ⅓ größer als die heutigen Löwen); der „La Brea Löwe" *Panthera atrox* aus dem Spätpleistozän Nordamerikas ähnelt offensichtlich dem heutigen Jaguar, ist jedoch weit größer. Ein Riesengepard *(Acinonyx pardinensis),* so groß wie ein rezenter Löwe, kommt im Unteren Pleistozän Europas, Indiens und Chinas vor; er zeigt jedoch im Mittelpleistozän bis zu seinem Aussterben eine Tendenz zur Größenabnahme. Ebenfalls während des Mittelpleistozän treten Leopard *(Panthera pardus)* in Europa, Afrika und Asien), sowie Tiger *(Panthera tigris)* von enormer Größe auf.
Luchse findet man in Nordamerika schon im Unteren Pliozän. In Europa kennt man den Pardelluchs *(Lynx pardina)* aus dem Jungpleistozän, den Nordluchs *(Lynx lynx)* aus dem Oberen Pleistozän.
Felis lunensis aus dem Villafranchium Europas wird als Stammform von *Felis silvestris* (Wildkatze) angesehen. Der rezente Puma *(Felis concolor)* findet sich in ↗Rancho La Brea neben 2 nahe verwandten ausgestorbenen Arten *(Felis bituminosa* und *Felis daggetti).*
Die Felinae lassen sich von ursprünglichen Nimravinen ableiten (bedeutende Form: *Pseudaelurus* aus dem Miozän). *Felis* tritt erstmalig im Jungmiozän auf, die Pantherkatzen erscheinen im ältesten Quartär. Dies bestätigt die Annahme, daß letztere gegenüber den Kleinkatzen (= *Felis, Lynx, Puma, Neofelis)* die abgeleitete Gruppe bilden.

Kenya National Museum
Bis 1964 unter dem Namen Coryndon Memorial Museum bekannt (benannt nach Sir R. CORYNDON). Gegründet wurde das Museum 1909 durch die Ostafrikanische und Ugandische Naturhistorische Ge-sellschaft. Die Verantwortung für die paläontologische Sammlung und Forschung lag ursprünglich bei dem „Coryndon Zentrum für Vorgeschichte und Paläontologie". Es wurde 1962 gegründet, als die Verantwortung für die prähistorischen Fundorte bei Olorgesailie und Kariandusi dem Nationalmuseum übertragen wurde.
Bei seiner Gründung verließ Dr. Louis ↗LEAKEY das Museum und übernahm die Leitung des Zentrums. 1972 wurde es als Abteilung für Paläontologie dem Museum angeschlossen.

Kieferapparat
Gelenkige Struktur, die sich von den Kiemenbögen der ↗Fische ableitet. In der ursprünglichen Situation, wie man sie bei den ↗Kieferlosen (z. B. den ↗Pteraspiden) findet, folgt auf den ersten Kiemenbogen (= Mandibularbogen) ein zweiter, der sogenannte Hyoidbogen (ein eventuell vorhandener Prämandibularbogen spielt für die Kieferentwicklung keine entscheidende Rolle).
Eines der ersten Entwicklungsstadien auf dem Weg zur Kieferbildung zeigen die Amphiaspiden, eine Pteraspidengruppe aus dem sibirischen Devon. Bei diesen Formen besitzt die reduzierte Hyoidkieme eine runde Öffnung (Spiraculum), die es ermöglicht, Wasser von der Oberseite her über die Kiemen zu leiten und so zu verhindern, daß diese mit Sediment verstopft werden. Früher vermutete man, das Spiraculum (zwischen 1. und 2. Kiemenbogen) habe sich als Folge der Kieferentwicklung gebildet, es scheint jedoch tatsächlich schon bei Kieferlosen zu existieren. Die Reduktion der Hyoidkieme ermöglicht dem Mandibularbogen eine Ausweitung nach hinten und eine Kontaktaufnahme mit dem Hyoidbogen. Die beiden Bögen verbinden sich, der obere Teil des Hyoidbogens inseriert am Schädel, ebenso der obere Teil des Kieferbogens.

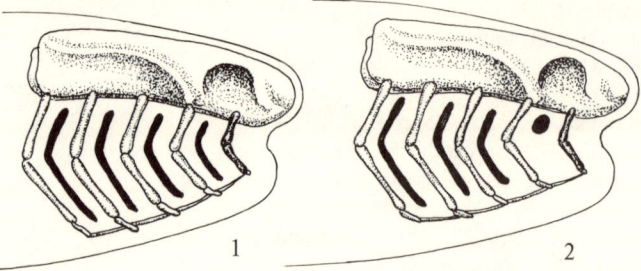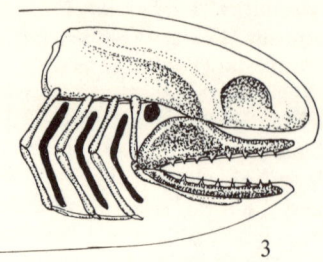

1   2   3

Kieferapparat
Die Entwicklung des Kieferap-
parates der Wirbeltiere.
1 Ein ursprüngliches kieferlo-
ses Wirbeltier (Agnatha), des-
sen Maul den Kiemendarm ab-
schließt; zwischen den Kiemen-
bögen stellen die Kiemenspal-
ten (schwarz) die Verbindung
zwischen Kiemendarm und Au-
ßenwelt her.
2 Im nächsten Entwicklungs-
stadium wird die vorderste Kie-
menspalte bis auf ein Spiracu-
lum reduziert.
3 Der vordere Kiemenbogen
bildet einen Kieferapparat; die
obere Hälfte dieses Kiemenbo-
gens wird Oberkiefer und über
das Hyomandibulare (obere
Hälfte des Hyoidbogens) hinter
dem Spiraculum am Schädel
befestigt; die untere Hälfte des
ersten Kiemenbogens wird zum
Unterkiefer.

Diese Art der Kieferbefestigung nennt man Amphistylie; sie findet sich bei den ↗Acanthodii und primitiven ↗Haien. Bei modernen Haien wird der Kiefer nur mittels Hyomandibulare (obere Hälfte des Hyoidbogens) am Schädel befestigt. Dies wird als Hyostylie bezeichnet. Die andere Möglichkeit, ausgehend von der Amphistylie, zeigen die Chimären: Sie befestigen den Kieferbogen direkt am Schädel, das Hyomandibulare wird frei. Diese Situation nennt man Autostylie. Auch die Landwirbeltiere zeigen diese Form der Kieferfixierung. Bei ihnen wird das freigewordene Hyomandibulare zu einem schalleitenden Knochen (↗Gehörorgane).
Innerhalb der ↗Actinopterygii beobachtet man eine Ablösung der Oberkieferknochen vom Schädel. Der ganze Kiefer wird sehr beweglich aufgehängt, so daß er vor- und zurückgleiten kann und außerdem einen enormen Öffnungswinkel (180°) bekommt. Durch schnelles Öffnen und Zurückgleiten wird das Maul zu einem „Saugmund", womit kleine Beutetiere verschlungen werden können.
Bei den Landwirbeltieren vergrößert sich ein Knochen des Unterkiefers (Dentale), und bei den Säugetieren bildet dieses Dentale den ganzen Unterkiefer; kleinere Knöchelchen (Quadratum des Oberkiefers, Articulare des Unterkiefers) werden zu Mittelohrknochen umfunktioniert.
Das Hyomandibulare beginnt also seine Entwicklung als Kiemenbogen, wird Kieferbefestigung und endet als schalleitendes Gehörknöchelchen.

Kieferlose, *Agnatha*

Kieferlose Wirbeltiere; die Klasse der Agnatha umfaßt mit den ↗Ostracodermen auch die ältesten bekannten Vertreter der Chordaten.

Kiemen

Atemorgane wasserlebender Wirbeltiere und Wirbelloser, die dem Wasser Sauerstoff entnehmen und Kohlendioxid abgeben.
Bei ursprünglichen Chordaten wie Manteltieren oder Lanzettfischchen bildet der Schlund einen Kiemendarm: Seine Wand entspricht einem feinen Gitterkorb, der von Kiemenspalten durchbrochen wird; das durch den Mund einströmende Wasser verläßt den Vorderdarm durch diese Wandöffnungen, wobei Sauerstoff und Kohlendioxid ausgetauscht werden können. Dieser Kiemendarm ist primär ein Nahrungsfilter, und die zurückbleibenden Partikel werden mit dem am Boden des Kiemendarms (Endostyl) erzeugten Schleimfilm in den Nährdarm befördert. Bei den lebenden ↗Kieferlosen sind Nähr- und Atemfunktion räumlich getrennt: Nahrung gleitet durch die obere Schlundregion, während der Gasaustausch auf den unteren Vorderdarmabschnitt beschränkt ist.
Bei ↗Osteostraci, ↗Anaspida und ihren lebenden Verwandten, den Neunaugen, bilden die Kiemenbögen einen einfachen Korb, die einzelnen Kiemen sind sackartige Ge-

bilde, in welche die Kiemenlamellen hineinhängen. Jeder Kiemensack hat eine enge Öffnung nach außen. Von diesem ursprünglichen Kiementyp unterscheiden sich die Kiemen der kieferlosen ↗Pteraspiden sowie aller kiefertragenden Fische deutlich.

Bei den Gnathostomen hängen die Kiemenlamellen, die Auswüchse der Kiemenbögen, nach außen und werden vom ausströmenden Wasser umspült. Zum Schutz der feinen Lamellen vor groben Partikeln tragen die Kiemenbögen innen einen rechenartigen Stäbchensaum (Siebfortsätze).

Innerhalb der Fische zeigen sich 2 Tendenzen bezüglich der Kieme. Das Septum eines Kiemenbogens, wie es bei ↗Haien deutlich ausgeprägt ist, wird reduziert. Bei den Teleosteern dagegen sind die beiden Kiemenlamellen eines Kiemenbogens nicht mehr durch ein Septum getrennt. Damit zusammenhängend wird die Schließfunktion beim Einatmen nicht mehr durch die Septen, sondern durch einen knöchernen Kiemendeckel, das Operculum, übernommen, wie man es bei Knochenfischen findet.

↗Lungenfische und ursprüngliche ↗Actinopterygii *(Polypterus)* tragen, ähnlich wie Amphibienlarven, äußere Kiemen. Diese haben sich aus der Haut der Kiemenregion entwickelt, zeigen jedoch keine direkte Beziehung zum eigentlichen Kiemensystem.

Kieselalgen, *Diatomeen, Diatomeae*
Einzellige, zum Teil Kolonien bildende ↗Algen mit Kieselsäureschalen, von denen eine wie der Deckel einer Schachtel über die andere greift. Der besondere Aufbau der Kieselsäureschalen bedingt eine beträchtliche Größenvariation innerhalb einer Population, die nicht mit dem Alter der Individuen korreliert ist. Für die Identifikation werden art- und gattungsspezifische Musterungen der Schale benutzt.

Kieselalgen sind im Süß- und Salzwasser verbreitet, gewöhnlich durchlaufen sie ihr Häufigkeitsmaximum im Frühjahr als Bestandteil der „Algenblüte". Geologische Bedeutung besitzen sie wegen der unlöslichen Kieselsäureschalen; derartige Schalenablagerungen bilden die Diatomeenerde oder Kieselgur. Diatomeenerde kommt in verschiedenen geologischen Systemen vor und erreicht an einigen Stellen (z. B. bei Dolgellau in Nordwales oder Blin in der Tschechoslowakei) große Mächtigkeit.

Diatomeenerde kann sehr verschieden genutzt werden. Ursprünglich überwiegend als Bestandteil von Dynamit verwendet, wird Kieselgur heute als Poliermittel, als Isolier-, Filter- und Packmaterial eingesetzt. Die regelmäßige Musterung der Schalen eignet sich auch zum Testen von Mikroskoplinsen.

Klimate der Vorzeit
Das gegenwärtige Weltklima scheint nicht typisch zu sein für die Klimaentwicklung der Vorzeit. Seit dem späten Präkambrium begrenzen verschiedene ↗Eiszeiten längere erdgeschichtliche Perioden, die sich, frei von polaren Eiskappen, durch ein verglichen mit heute gleichförmigeres Klima auszeich-

Kieselalgen
1 Diploneis aus dem Pliozän wird etwa 33 µm lang.
2 Cymbella kommt vom Pliozän bis in die Gegenwart vor. Länge: ca. 34 µm
3 Eunotia aus dem Pliozän mißt etwa 34 µm.
4 Actinoclava kommt in der Oberkreide vor. Durchmesser: ca. 220 µm

1

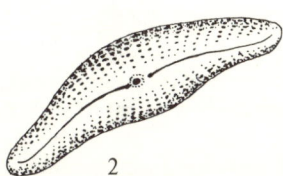

2

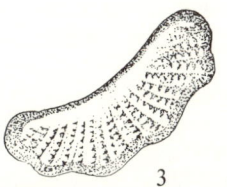

3

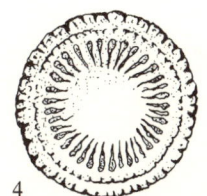

4

nen. Die Haupteiszeiten mit ausgeprägten saisonalen und breitengradabhängigen Klimagegensätzen sind das frühe Wendium (spätestes Präkambrium), das Obere Ordoviz, das Permokarbon und das Pleistozän.

Man weiß wenig über das nichtglaziale Klima im frühen Paläozoikum (Kambrium bis Unterkarbon), da die Landflora und Fauna, einer der empfindlichsten paläoklimatischen Indikatoren, sich erst kurz vor dem Karbon entwickelt. Einige Hinweise deuten aber auf ein ausgeglicheneres Klima als heute mit einer schwächeren Zonierung entlang der Breitengrade; die weltweit einheitliche Unterkarbonflora zeigt dies besonders gut. Demgegenüber steht die deutliche, breitengradabhängige Klimazonierung des späten Karbon und frühen Perm. Die Südkontinente, als Superkontinent ↗Gondwana um den Südpol gruppiert, erfahren eine ausgedehnte Vereisung, während auf großen Teilen der äquatornah liegenden nordhemisphärischen Kontinente warme, feuchte Wälder mit einer üppigen Vegetation gedeihen.

Die Ansammlung von Kohle deutet auf feuchte, aber nicht notwendigerweise warme Bedingungen, denn rezente Torfmoore (das erste Stadium der Kohlebildung) kommen in kühl-gemäßigten Zonen vor. Die Art der Karbonflora und das Vorhandensein großer Insekten lassen in diesem Fall ein warmes Klima vermuten. Durch die anhaltende Norddrift der Kontinente im Perm bis in die Roßbreiten werden die Karbonwälder durch Wüstengebiete und Flachmeere ersetzt; es kommt zur Ablagerung von winderodierten Sandsteinen und Evaporiten. Obwohl sich mit dem Mesozoikum ein Klimawechsel ankündigt, herrschen in vielen Gebieten derartige Verhältnisse bis in die Trias.

Das Fehlen polarer Eiskappen im Mesozoikum bedingt vermutlich eine geringere klimatische Zonierung. Man schätzt, daß bei einem eisfreien Globus der Unterschied in der Oberflächentemperatur zwischen Pol und Äquator etwa 22° C beträgt, während heute ein Unterschied von 42° C beobachtet wird. Die tropische und subtropische Zone wäre bei dieser Annahme breiter als heute, in den Polarregionen würden gemäßigte Bedingungen herrschen, das Klima wäre insgesamt wärmer und gleichförmiger. Verschiedene Beobachtungen, vor allem im Jura, stützen dieses Klimabild: Tillite (fossile Grundmoränen) oder andere Zeugen einer Vergletscherung fehlen; eine echte Zonierung wird in der jurassischen Flora nicht beobachtet; große Reptilien zeigen eine ausgedehnte Nord-Süd-Verbreitung; und hermatypische Korallen (Riffbildner) finden sich im Jura nordwärts bis zum 60. Breitengrad, während rezente Riffe nur bis zum 30. Breitengrad vorkommen, da hier die Wassertemperatur über 21° C liegt.

Ungeachtet der geringen Nord-Süd-Zonierung wird in der Trias und im Jura eine Klimadifferenzierung vom feuchten Osten zum mehr ariden Westen erkennbar. Die feuchten Ostgürtel sind möglicherweise die Folge von Monsunregen. Denn zu dieser Zeit bilden die beiden Superkontinente Laurasia und Gondwana die Nord- bzw. Südgrenze eines äquatorialen Meeres (↗Tethys) und zeigen so die für die Entstehung eines Monsunklimas günstigste Meer-Kontinent-Konfiguration.

Ein warm gemäßigtes Klima kennzeichnet auch das frühe Känozoikum; die sich anschließende Klimaverschlechterung erreicht ihren Höhepunkt in der pleistozänen Eiszeit: Über die Pole, große Teile von Nordeuropa und Nordamerika breiten sich Eisflächen aus. Während der maximalen Vergletscherung bedeckt das Eis mehr als 18,5 Millionen Quadratkilometer der Nordhemisphäre und reicht in Europa südwärts bis zum 49. Breitengrad. (Zum Vergleich: Die grönländische Eiskappe umfaßt heute nur etwa

1,75 Millionen Quadratkilometer.) Das vorherrschend kalte, feuchte Klima begünstigt das Vordringen der Gletscher und verschiebt die Klimagürtel in Richtung Äquator. In den nördlichen Teilen der heutigen Wüsten herrscht daher zu dieser Zeit, bedingt durch die Westwinde, eine Phase mit erhöhten Niederschlägen; dies zeigen auch die höhergelegenen Uferterrassen, z. B. am Lake Boneville in den USA.

Der Einfluß der Gletscher vermindert sich in Richtung Äquator zunehmend. Die Temperaturabnahme beträgt in den gemäßigten Zonen noch 8–13° C, in den Tropen weniger als 4° C. Erwärmungen in den Zwischeneiszeiten führen vermutlich zu Verhältnissen wie heute, die Tundren wandeln sich wieder in Eichen-Mischwälder um.

Eine befriedigende Erklärung für derartige Klimaveränderungen existiert noch nicht. Sicher spielen gebirgsbildende Vorgänge eine Rolle, es wurde auch versucht, die Klimawechsel mit Schwankungen der Erdrotation in Verbindung zu bringen.

Kloakentiere, *Monotremata*

Das Schnabeltier *(Ornithorhynchus)* und die Ameisenigel *(Tachyglossus* und *Echidna)* Australasiens stellen die ursprünglichsten lebenden Säugetiere dar, sie sind die letzten Überlebenden der Ordnung Kloakentiere (Monotremata). Sie legen Eier mittels ihrer Kloake und zeigen noch reptiliennahe Skelettmerkmale, weisen jedoch eindeutige Säugetiermerkmale auf, wie Milchdrüsen, Haare, 3 Gehörknöchelchen und ein sekundäres Kiefergelenk.

Die lebenden Kloakentiere zeigen zusätzlich sehr spezialisierte Eigenmerkmale ihrer ökologischen Nischen. Das wasserlebende Schnabeltier vereint otterähnliche Schwimmfüße mit einem biberähnlichen Schwanz und einem Entenschnabel. Die Kurzschnabeligel *(Echidna* in Australien und *Tachy-*

glossus in Neu-Guinea) ernähren sich von Insekten (hauptsächlich Ameisen und Termiten); in Anpassung an diese Lebensweise besitzen sie eine lange Zunge, lange zahnlose Kiefer und kräftige Grabklauen.

Die Kloakentiere stammen sicherlich aus der Frühzeit der Säugetiergeschichte (etwa Jura) und haben sich wohl früh von den Theria (höhere Säuger: ↗Beuteltiere und Plazentalier) getrennt; dafür spricht auch die eigene Ausbildung der Gehörknöchelchen. Fossil kennt man nur einige Zähne aus dem Mittleren Miozän Australiens.

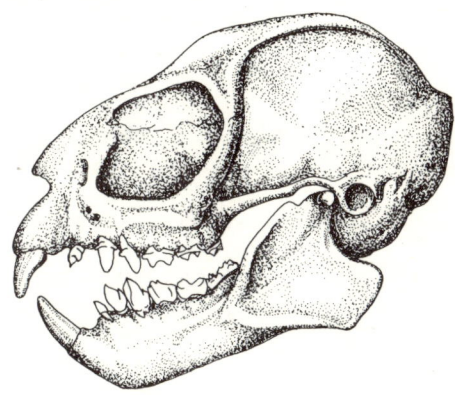

Koboldmakis, *Tarsiiformes*

Kleine ursprüngliche ↗Primaten, heute auf Südostasien beschränkt. Sie leben nachtaktiv und können mit ihren großen Augen binokular sehen, eine Fähigkeit, die beim Insektenfang von Nutzen ist; auch die Ohren sind groß, der Geruchssinn ist dagegen reduziert.

Koboldmakis leben auf Bäumen und bewegen sich hüpfend oder springend. Bei dieser Art der Fortbewegung werden normalerweise die Hinterextremitäten, insbesondere die Mittelfußknochen verlängert, um eine bessere Hebelwirkung zu erzielen. Da die Gliedmaßen beim Springen nur in einer Ebene bewegt werden (vor und zurück), d. h. Dreh- oder Seitwärtsbewegung nicht nötig ist (wie beim Greifen), verschmelzen Tibia und Fibula oft miteinander.

Koboldmakis
Schädel von Tetonius, einem Vertreter der Tarsiiformes aus dem unteren Eozän Nordamerikas.
Länge: etwa 4,5 cm

Auch bei den Tarsiiformes sind Schien- und Wadenbein verschmolzen; statt der Mittelfußknochen werden jedoch zwei Fußwurzelknochen (Tarsalia) zu einem zusätzlichen Zwischenstück verlängert, so daß mit der opponierbaren 1. Zehe weiterhin Äste ergriffen werden können. Um diese Fähigkeit zu erhalten, mußte die Verlängerung proximal vom Ansatz der Zehen erfolgen. Diesem typischen tarsalen Glied verdanken diese Tiere ihren Namen.

Die Gruppe kann bis ins Eozän von Nordamerika und Europa zurückverfolgt werden. Die Gattung *Tetonius* besitzt große Augen, kurze Kiefer, große Eckzähne, ursprüngliche Molaren und ein relativ großes Gehirn.

Die systematische Stellung der Tarsiiformes ist umstritten. Meist werden sie zusammen mit den ↗Lemuren und Loris als hochentwickelte Formen zu den Prosimiern (Halbaffen) gestellt. Einige vermuten unter ihnen die Vorfahren der echten Affen oder gar der Menschenaffen, andere betrachten sie als eigene Primatenlinie.

Koniferen
Die Gattung Metasequoia *galt als ausgestorben, bis 1944 in China lebende Exemplare entdeckt wurden. Die rezente* Metasequoia glyptostroboides *erreicht eine Höhe von 35 m.*

Koenigswald, Gustav von (*1902)
Deutscher Geologe und Paläoanthropologe, geboren in Berlin; er entdeckte auf Java Reste des prähistorischen Menschen. KOENIGSWALD beschäftigte sich von Kindheit an mit Fossilien und sammelte an klassischen Fundorten wie Mauer und Steinheim. In Berlin, Tübingen, Köln und München studierte er Geologie und Paläontologie.
1930 wurde er Paläontologe beim Geologischen Dienst in Java und publizierte seine in den Jahren 1931–32 entdeckten Hominidenfunde von Ngandong.

Koniferen, *Nadelgehölze*
Holzpflanzen mit charakteristischen männlichen und weiblichen Zapfen als Reproduktionsorgane.

Die frühesten Koniferen sind aus dem Karbon bekannt, schon auf diesem frühen entwicklungsgeschichtlichen Stadium lassen sich, getrennt durch die ↗Tethys, zwei unterschiedliche geographische Gruppen erkennen. Zur nördlichen Walchien-Gruppe gehören die Gattungen *Lebachia, Ernestiodendron* und *Walchia*. Es sind regelmäßig verzweigte Bäume, die Ästchen tragen spiralig angeordnete, nadel- oder schuppenförmige Blätter; an den Hauptstämmen sind diese zweizipflig.

In ihrem Erscheinungsbild gleichen die Walchien unserer rezenten „Zimmertanne" *Araucaria excelsa* von der Insel Norfolk. Männliche und weibliche Zapfen kommen auf der gleichen Pflanze vor, die männlichen sitzen an den Enden der Zweige, die weiblichen Zapfen stehen entweder ähnlich oder wachsen auf den vorletzten Ästen. Der weibliche Zapfen besteht aus spiralig stehenden Tragblättern, die in ihren Achseln die fertilen Kurztriebe tragen. Demgegenüber erscheint der männliche Zapfen wesentlich einfacher; an einem einzigen Kurztrieb stehen die spiraligen Mikrosporophylle. Dieses männliche Fruktifikationsorgan hat sich bei den modernen Koniferen nahezu unverändert erhalten. Bei den weiblichen Organen wird dagegen im Perm und Mesozoikum eine zunehmende Reduktion und Verschmelzung der Teile beobachtet, dennoch lassen auch die rezenten Koniferenzapfen ihre Entstehung aus einem zusammengesetzten Sporophyllstand („Blütenstand") noch erkennen. Die über 50 rezenten Koniferengattungen mit etwa 500 Arten umfassen 6 Familien: Pinaceae, Taxodiaceae, Cupressaceae, Podocarpaceae, Cephalotaxaceae und Araucariaceae. Koniferenwälder bedecken große Teile der Erdoberfläche. Zu dieser Gruppe gehören auch die größten bekannten Bäume (an einem *Sequoia*-Baum wurden über 112 m gemessen). Das größte Alter erreicht die in den kalifornischen Bergen vorkommende Grannenkiefer *(Pinus aristata)* mit mehr als 4 000 Jahren. Zahlreiche rezente Koniferenarten und Gattungen zeigen eine auffällig disjunkte Verbreitung. Dies wird allgemein als Hinweis auf eine lange Entwicklungsgeschichte gedeutet. In der Tat kennt man von den 6 rezenten Familien fossile Belege bis ins Mesozoikum. Die berühmte *Metasequoia glyptostroboides* galt lange Zeit als ausgestorben, fossile Blattreste stammen aus verschiedenen Teilen der Welt.

In einem Tempelgarten in China wurde 1944 schließlich noch eine lebende Baumgruppe entdeckt und die Art mit Hilfe der Samenzucht intensiv vermehrt. Heute besitzen die meisten Botanischen Gärten Exemplare dieses ↗Lebenden Fossils.

Kontinentalverschiebung,
Kontinentaldrift

Die Kontinentalverschiebungstheorie wurde erstmals 1915 und erneut 1922 von dem deutschen Geographen Alfred WEGENER (1880–1930) vorgeschlagen. Er vermutete im Karbon die Existenz eines Superkontinentes ↗Pangaea,

der in der Folgezeit durch Kontinentalverschiebung auseinanderbrach.

Die Komplementarität der Küstenlinien von Europa und Afrika einerseits und Nord- und Südamerika andererseits wurde bereits im 16. Jahrhundert erkannt. Die Vermutung, daß sich diese Kontinentalflächen einst unter Ausschaltung des Atlantiks zusammenfügten, wurde im 19. Jahrhundert geäußert, und im frühen 20. Jahrhundert begannen die Wissenschaftler die Bedeutung des in der Mitte des Atlantiks verlaufenden Mittelozeanischen Rückens zu erkennen. Der Verlauf dieser Kette spiegelt die Linie der den Atlantischen Ozean im Osten und Westen umgebenden Kontinentalränder wider. Man vermutete, daß die Kruste des Atlantischen Ozeans in dieser mittleren Zone entstand und daß dadurch die Kontinente auseinandergeschoben wurden.

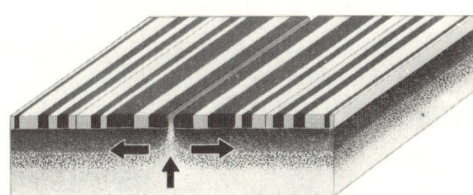

Die Hypothese einer Kontinentalverschiebung wurde von den Geophysikern größtenteils abgelehnt, da sie keine Erklärungsmöglichkeit für derartig großräumige Verschiebungen von Kontinentalkrusten sahen. Der Südafrikaner A. L. du TOIT (1878–1948) vereinigte 1937 das Konzept der Kontinentalverschiebung mit den Erkenntnissen der Paläobiogeographie der Tiere und Pflanzen. Er konnte zeigen, daß eine südliche Gondwana- und nördliche Laurasia-Provinz mit einer trennenden ↗Tethys wesentlich logischer erscheint, wenn zusammengedrängte Kontinente unter Ausschluß des Atlantischen und Indischen Ozeans zugrundegelegt werden.

Kontinentalverschiebung
Das paläomagnetische Muster gibt die Umpolungen des Erdmagnetfeldes wieder. Es bilden sich entsprechende Abfolgen zu beiden Seiten eines ozeanischen Rückens, in dessen Bereich magmatische Schmelzen aufsteigen.

Zur Erklärung der Kontinentaldrift vermuteten einige Geologen, vor allem Arthur HOLMES (1890 bis 1965), einen Konvektionsstrom im Inneren des Erdmantels. Ohne genaue Informationen über die Geschichte des ozeanischen Beckens war aber keine Entscheidung möglich. Eine 1958 durchgeführte Analyse der Hinweise auf globale tektonische Prozesse und Kontinentaldrift ergab folgendes Ergebnis: Die Kontinente passen besser zusammen, wenn zur Zeit der Pangaea eine im Durchmesser (nicht aber an Masse) kleinere Erde angenommen wird.

Zwei Forschungsschwerpunkte liefern in der Folgezeit wertvolle Resultate; der eine gilt den magnetischen Eigenschaften der Gesteine. Alle Gesteine mit magnetischen (z. B. eisenhaltigen) Mineralien zeigen einen Magnetismus, der in seiner Orientierung der Richtung des Erdmagnetfeldes während der Auskristallisation der Minerale entspricht. Derartige Gesteine reichen vom verfestigten eisenhaltigen Sandstein bis zur basaltischen Lava, die beim Abkühlen nach der Vulkaneruption oder nach dem Eindringen in die ozeanische Kruste erhärtet. Messungen des Paläomagnetismus ergeben häufig eine von heute verschiedene Orientierung des Erdmagnetfeldes.

Die Bestimmung des remanenten Paläomagnetismus von zunehmend älteren Gesteinen aus einem begrenzten geographischen Gebiet beweist, daß die magnetischen Pole der Erde im Laufe der Zeit ihre Position änderten. So wurde das Konzept der Polwanderung entwickelt; die Polwanderungskurven von Südamerika, Afrika und Indien stimmen aber nur überein, wenn diese Kontinente in Trias und Jura als Teil der Gondwana zusammengehörten und erst durch Kontinentalverschiebung getrennt wurden. Man beobachtete auch periodische Umpolungen des Erdmagnetfeldes, so daß der magnetische Nordpol vorübergehend an den geographischen Südpol zu liegen kam.

Der zweite Forschungsschwerpunkt betrifft das Alter und die Bildungsweise der ozeanischen Kruste. HOLMES vermutete die Ursache für die Kontinentalverschiebung im Erdmantel, der sowohl die spezifisch leichteren Kontinentalgebiete als auch die spezifisch schwereren ozeanischen Flächen unterlagert; ein System von Konvektionsströmen sollte die treibende Kraft darstellen. Die Idee wurde weitergeführt, als man erkannte, daß das weltweite System der mittelozeanischen Rücken den Entstehungsort der ozeanischen Kruste darstellt. Diese Rücken sind charakterisiert durch Erdbeben und einen großen Wärmestrom. Nach dem Konzept des „seafloor spreading" kommt es im Bereich der Scheitelzone zu gewaltigen Intrusionen basaltischer Schmelzen aus dem Erdmantel, der Ozeanboden dehnt sich aus, und die Kontinente driften auseinander.

Seismische Untersuchungen weisen darauf hin, daß in den zentralen und

Kontinentalverschiebung
Links: Beim „sea-floor spreading" wird die zentrale Spalte oft durch eine Transform-Verwerfung (Blattverschiebung) unterbrochen – die Bewegungsrichtung ist parallel zur Richtung der Verwerfung.
Rechts: Das Blockdiagramm zeigt Teile des oberen Mantels (Dichte 3,4 g/ccm), die Basaltschicht und die auflagernde ozeanische Kruste (simatisch) mit einer durchschnittlichen Dichte von 3,0 g/ccm. Die kontinentale Kruste (sialisch) besitzt eine Dichte von etwa 2,7 g/ccm.

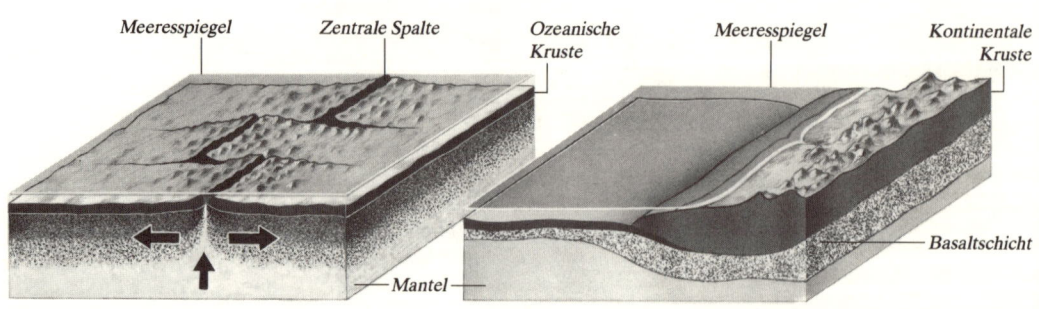

Meeresspiegel   Zentrale Spalte   Ozeanische Kruste   Meeresspiegel   Kontinentale Kruste

Mantel   Basaltschicht

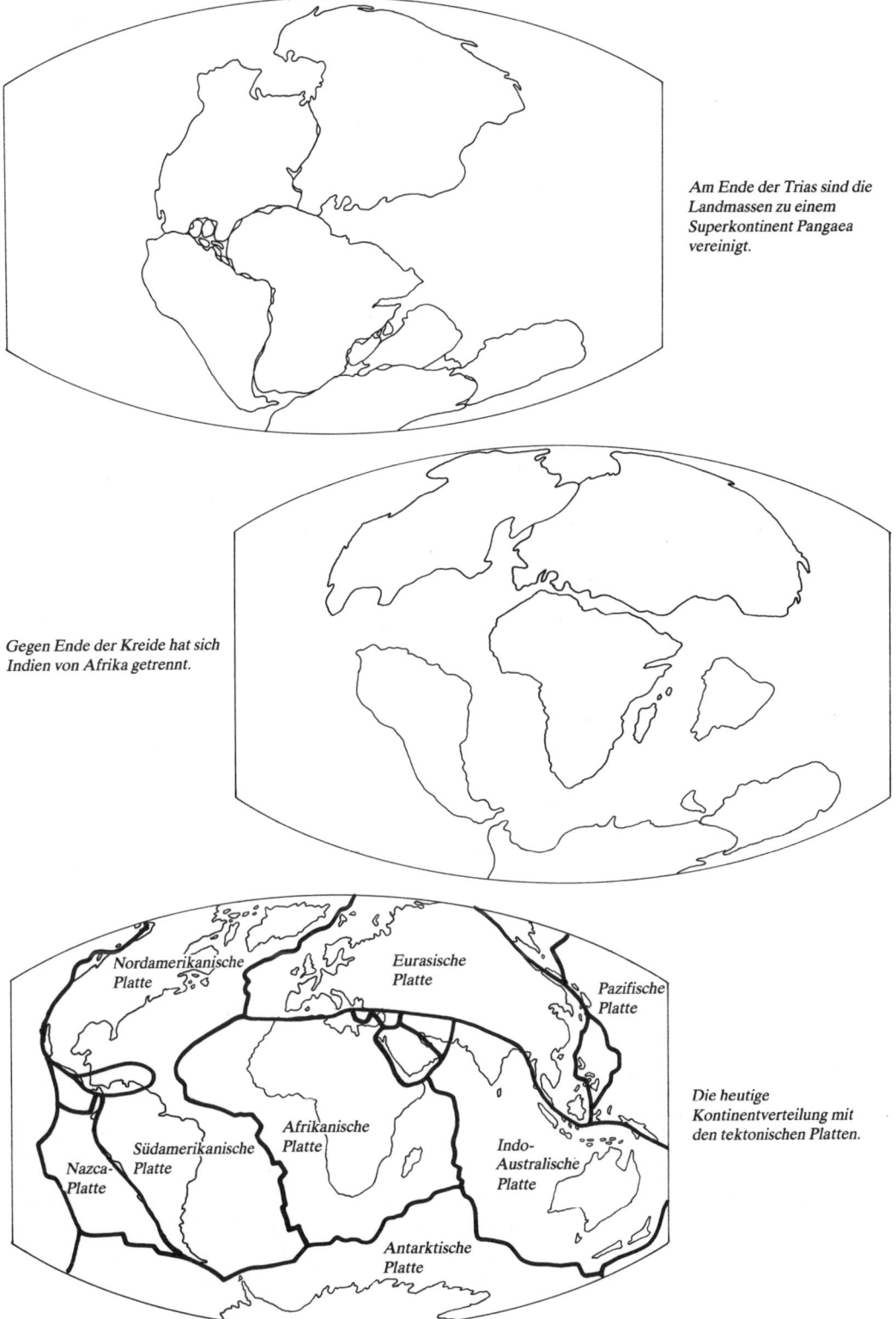

Am Ende der Trias sind die
Landmassen zu einem
Superkontinent Pangaea
vereinigt.

Gegen Ende der Kreide hat sich
Indien von Afrika getrennt.

Nordamerikanische
Platte

Eurasische
Platte

Pazifische
Platte

Die heutige
Kontinentverteilung mit
den tektonischen Platten.

Afrikanische
Platte

Nazca-
Platte

Südamerikanische
Platte

Indo-
Australische
Platte

Antarktische
Platte

nördlichen Randbereichen des Pazifiks alter Ozeanboden unter kontinentale (oder selbst ozeanische) Kruste sinkt. Diese Vorstellung wird durch bereits früher durchgeführte magnetische Messungen entlang dem Ozeanboden gestützt: Parallel zum mittelozeanischen Rükken verlaufen alternierend magnetisch nord- und süd-orientierte Krustenstreifen. Die wechselnde Folge von normal und anomal magnetisierter Kruste entspricht der bereits bekannten Umkehr des Erdmagnetfeldes; die sich im Bereich des mittelozeanischen Rückens neu bildende Kruste übernimmt dabei die jeweils zum Zeitpunkt der Erstarrung existierende magnetische Orientierung. Die Abfolge der magnetischen Streifen ist zudem auf beiden Seiten des Rückens identisch. Untersuchungen des Paläomagnetismus und des Ozeanbodens liefern also gute Beweise für eine Kontinentalverschiebung.

Behielt die Erde in den letzten 200 Millionen Jahren den gleichen Umfang bei, dann lassen sich die Daten entsprechend dem „sea-floor spreading" nicht mit der Kontinentalverschiebungstheorie in Übereinstimmung bringen; die Beobachtungen stützen aber die Vorstellung einer sich ausdehnenden Erde. Die Verbreitung der terrestrischen dicynodonten Reptilien in der Trias erscheint ungewöhnlich, wenn eine breite Tethys das zur Gondwana gehörende Indien von China in Laurasien trennt. Fügt man die Kontinente beim gegenwärtigen Erddurchmesser zu einer Pangaea zusammen, entsteht aber notwendigerweise ein solches Meer. Tatsächlich handelt es sich dabei aber um ein geometrisches Artefakt, denn bei einer stärkeren Oberflächenkrümmung, bedingt durch einen kleineren Erddurchmesser, passen zur Zeit der Pangaea auch Laurasia und Gondwana zusammen.

Es gibt Hinweise auf die Existenz eines weiten Pazifischen Ozeans bereits vor 200 Millionen Jahren.

Im Mittleren Jura beginnt sich in den südlichen Teilen der Nordatlantik zu öffnen, es entwickelt sich eine „spreading"-Achse zwischen dem Nordwestrand von Afrika und der entsprechenden Einbuchtung an der Ostküste der USA. Weiteres „sea-floor spreading" auch in nördlicheren Teilen trennt Nordamerika und Grönland von Nordwestafrika und Europa, der ozeanische Rücken dehnt sich schließlich bis in die arktischen Regionen aus und läßt die beiden Becken des Nordpolarmeeres entstehen. Der Südatlantik entwickelt sich erst in der tiefsten Kreide, zuerst am südlichsten Verbindungspunkt zwischen Südamerika und Südafrika. Auch die südliche „spreading"-Achse wandert nordwärts, Südamerika und Afrika driften auseinander und in der Oberkreide sind die Becken des Nord- und Südatlantiks vereinigt.

Die Bildung des Indischen Ozeans beginnt am Ende des Jura mit der gemeinsamen Abspaltung der Kontinente Australien und Antarktis von Indien und Afrika. In der Oberen Kreide ändert sich die Driftrichtung, und Australien und die Antarktis bewegen sich gegenüber Indien und Afrika nach Süden. Indien driftet nordwärts gegen den Südrand von Laurasia, durch den Zusammenprall entsteht der mächtige Stoß sialischer Gesteine unter Tibet. Später, im Känozoikum, bildet sich ein trennender Rücken auch zwischen Australien und der Antarktis, und durch Neubildung ozeanischer Kruste driften die beiden Kontinente auseinander. Dieser Rücken dehnt sich nordwestwärts durch den Indischen Ozean aus und spaltet von Afrika die arabische Halbinsel ab; es kommt zur Bildung des Golfs von Aden, das Rote Meer existiert ab dem Miozän. In dieser Phase entstehen auch das ostafrikanische Grabensystem und die Ketten des Himalaya.

Das Ausdehnungsverhalten des Pazifischen Ozeans zeigt, daß ein Großteil der präjurassischen Ozeankruste an den Kontinentalrändern subduziert (unterschoben) wurde; die Ursache liegt in der Ausdehnung des Pazifiks und in der durch die Bildung des Atlantiks bedingten Westdrift von Nordamerika. Das Subduktionsverhalten im Nordpazifik scheint eigentlich die Vorstellung von konstanten Erddimensionen zu stützen. Im Südpazifik existiert jedoch ein großes Gebiet, in dem sich neue ozeanische Kruste seit der späten Kreide bildet und nicht durch Subduktion kompensiert wird. Der Einschub dieser Krustenflächen und die zeitgleichen Flächen eines die Antarktis umgebenden Südozeans (mit Teilen des Südatlantischen und Indischen Ozeans) deuten auf eine sich ausdehnende Erde.

Koprolithen

Fossilisierte Exkremente von Tieren; der Name leitet sich ab von griechisch kopros (Kot) und lithos (Stein). Die Bezeichnung stammt von William ↗BUCKLAND, der 1824 bei seinen Arbeiten im Lias von Dorset als erster die wahre Natur dieser Gebilde erkannte.

Koprolithen können unterschiedlich groß und chemisch sehr verschieden zusammengesetzt sein; bei kleinen Kotkügelchen wird eine Unterscheidung von anorganischen Bildungen oder Eiern oft schwierig. Strukturen (spiralige oder ringförmige Muster), Inhalte (unverdaute Nahrungsfragmente) und vergesellschaftete Fossilreste erleichtern die Erkennung echter Koprolithen. Die Größe variiert von weniger als 5 mm bis zu mehr als 5 cm im Durchmesser; die äußere Form ist extrem vielgestaltig, sie hängt ab von der Tierart, der Absetzmethode und der Erhaltung. Die meisten Koprolithenanalysen ergeben einen überwiegenden Bestandteil an Calciumphosphat mit geringeren Mengen an unzersetzter organischer Substanz.

Koprolithen kommen vom Ordoviz bis in die Gegenwart vor, einige wenige Formen besitzen stratigraphischen Wert (z. B. *Favreina* im Portlandium von Haute Savoie, Frankreich). Manche marine (koprogene) Sedimente sind bekannt für ihren hohen Anteil an Kotballen; normalerweise werden aber Tierexkremente rasch zerstört und besitzen nur eine geringe Chance auf fossile Erhaltung. Ähnlich wie bei den ↗Spurenfossilien, zu denen die Koprolithen manchmal gestellt werden, wird zur Klassifizierung die binäre LINNÉsche Nomenklatur verwendet, die verursachenden Tiere bleiben aber meist unbekannt.

Korallen, *Anthozoa*

Als Klasse zu den ↗Hohltieren gestellte Gruppe wirbelloser Tiere mit Kalkskelett. Innerhalb der bedeutsamsten Unterklasse der Steinkorallen (Zoantharia) werden drei Hauptlinien unterschieden. Die Rugosa und Tabulata beschränken sich überwiegend auf das Paläozoikum, die heute weit verbreiteten Scleractinia (Hexacorallia) erscheinen erstmals in der Mittleren Trias.

Bei den Scleractinia wird das Skelett oder Corallum von der Fußscheibe des Polypen ausgeschieden. Einige Formen leben solitär, bei anderen bilden die Polypen durch Knospung Kolonien; dabei entsteht ein zusammengesetztes Corallum aus den von den einzelnen Polypen ausgeschiedenen Coralliten (z. B. bei *Cladocora caespitosa*). Vertikalen, radial verlaufenden Septen der Corallite entsprechen fleischige Unterteilungen (Mesenterien) im Gastralraum des Polypen. Diese Mes-

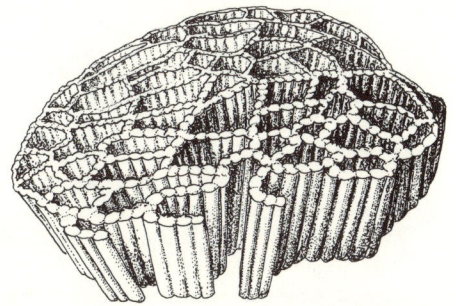

Korallen
Halysites *ist eine verbreitete tabulate Koralle im Ordoviz und Silur (leicht verkleinert).*

165

enterien erscheinen während des Wachstums des Polypen, und zwar stets in einem ganzzahligen Vielfachen von sechs, ein Muster, das sich auch in den Septen der Coralliten widerspiegelt.

Auch rugose Korallen besitzen gut entwickelte Septen, die Insertion ist aber unterschiedlich und neue Septen entstehen nur an vier Stellen im Corallit. Rugose Korallen leben kolonial oder solitär, die Tabulaten bilden aber stets Kolonien. Septen werden bei den Tabulaten unterdrückt, sie fehlen oder sind eher stachelartig denn als solide Platten ausgebildet. Statt dessen wird jeder Corallit von transversen Platten, den Tabulae, unterteilt.

Die ersten Korallen erscheinen im Kambrium, sie erfahren aber erst im Ordoviz mit den Tabulaten und Rugosen eine weite Verbreitung. Die Radiation der Tabulaten erfolgt etwas früher als bei den Rugosen, Formen wie *Halysites* oder *Favosites* finden sich vor allem in Kalksteinen und kalkhaltigen Schiefern des späten Ordoviz und Silur. Im frühen Silur durchlaufen die Rugosen eine rasche Entwicklung, bereits im Mittleren Silur werden sie zur dominierenden Gruppe, und sie behalten eine große Vielfalt bis zu ihrem Aussterben im obersten Perm oder in der untersten Trias. Solitäre Formen wie *Chonophyllum* und *Dalmanophyllum* kommen in einer Reihe von kalkhaltigen Gesteinen vor, koloniale rugose Korallen aber wie *Phillipsastrea* neigen zu einer Bindung an reinere Kalksteine, wo sie zusammen mit tabulaten Korallen an der Riffbildung beteiligt sein können.

Die Scleractinia entwickelten sich vermutlich eher aus einer Gruppe nackter Seeanemonen als aus rugosen Korallen. Ihre Mannigfaltigkeit nimmt im Mesozoikum und Känozoikum stetig zu, und sie befinden sich heute auf ihrem Entwicklungshöhepunkt. Als koloniale Korallen sind sie erfolgreicher als die Rugosen und entwickeln komplizierte Formen wie die Hirnkoralle *Platygyra lamellina*.

Krebstiere

Klasse der ↗Gliederfüßer; sie umfaßt die ↗Zehnfüßigen Krebse, ↗Ostrakoden, Branchiopoden, Ruderfußkrebse, Rankenfüßer u. a. Die Krebstiere entwickelten sich aus unbekannten Coelomaten mit metamerer Segmentierung (d. h. Gliederung des Körpers in hintereinanderliegende, sich ähnelnde Abschnitte). *Parvancorina* aus der präkambrischen Ediacara-Fauna Südaustraliens gilt als das älteste Krebstier. Es zeigt Anklänge an die Branchiopodenordnung Notostraca. Die heute verbreitetsten Formen (Ruderfußkrebse, Leuchtkrebse, Asseln und Flohkrebse) sind fossil kaum belegt; demgegenüber dienen die in Sedimenten häufigen Muschelkrebse (↗Ostrakoden) als gute Leitfossilien und Umweltindikatoren. Die frühesten Muschelkrebse aus dem Kambrium sind marin, im Silur erscheinen einige Brackwasserformen, und Süßwasservertreter kennt man ab dem Karbon. Wahrscheinlich entwickeln sich aus den ältesten kambrischen Formen (Leperdittidae, z. B. *Fordilla*) die echten Muschelkrebse und die zweischaligen Branchiopoden (Conchostraca). Die ersten Conchostracen findet man in unterdevonischen Meersedimenten. Sie entwickeln sich schnell zu charakteristischen Süßwasserformen und leben hier im Oberen Paläozoikum und Mesozoikum.

Weitere fossil reichlich vertretene Krebstiere sind die Phyllocarida. Hierzu gehören heute nur 4 lebende Gattungen; wahrscheinlich haben sich aber aus Vorfahren dieser Gruppe sowohl alle höheren Krebse entwickelt als auch die Rankenfüßer, die nach einer langen Entwicklungsgeschichte heute weit verbreitet sind.

Kreide (Gestein)

Feinkörniges, sehr reines Kalksediment; Kreide besteht typischerweise fast ausschließlich aus biogenem Calciumkarbonat mit geringen Anteilen an Schlamm und Schlicksanden. Zahllose Mikrofossilien, vor allem Coccolithen (kleine planktontische ↗Algen), bilden die Schreibkreideablagerungen der Oberen Kreidezeit. (Heute wird zur Herstellung der „Schreibkreiden" meist feinkörniger Gips verwendet.) In geringerem Ausmaß sind auch ↗Foraminiferen-Schalen beteiligt, die früher als Hauptbestandteil galten. Die Makrofauna der Kreide umfaßt ↗Brachiopoda (z. B. *Rhynchonella*), ↗Schwämme *(Cephalites)*, ↗Ammoniten *(Scaphites)*, ↗Seeigel *(Micraster)*, ↗Belemniten *(Belemnitella)*, ↗Schnecken *(Bathrotomaria)* und insbesondere ↗Muscheln wie *Neithea, Chlamys, Spondylus, Pycnodonte* und *Inoceramus*.

Kreide besitzt eine weiße, graue oder gelbliche Farbe und kompakte, krümelige Struktur. In die Sedimente eingeschaltet finden sich schichtparallele Lagen von Markasit- und Feuerstein-Konkretionen, letztere enthalten oftmals Makrofossilien.

Kreide ist weit verbreitet auf den Britischen Inseln (Schottland, Irland, England) und im nördlichen Deutschland (z. B. Rügen) und tritt als Zeuge einer ausgedehnten Transgression des Kreidemeeres z. B. auch in Frankreich, Dänemark und Schweden auf. Die Ablagerung des feinen Kalkschlammes erfolgte vermutlich auf festem Seeboden, in flachem, 50–150 m tiefem Wasser und in Nachbarschaft einer Landschaft mit flachem Relief.

Kreide(zeit)

Als letztes System des Mesozoikum beginnt die Kreide vor etwa 140 Millionen Jahren und dauert 75 Millionen Jahre. Der Name bezieht sich auf die aus dieser Zeit stammenden, in Europa, Teilen von Nordamerika und im westlichen Australien verbreiteten Kreideablagerungen. An einigen Stellen erreichen sie eine Mächtigkeit von über 300 m, die Sedimentationsrate betrug etwa 30 cm pro 30 000 Jahren. Früh in der Kreide beginnt sich der Südatlantik durch „sea-floor spreading" zwischen Afrika und Südamerika zu öffnen und die Kontinente der ↗Gondwana gleiten mehr und mehr auseinander. Auch der Nordatlantik verbreitert sich weiter, die ↗Tethys wird schmäler, und die Kontinente driften zunehmend in ihre derzeitige Position.

Das warme, gleichförmige Klima des Jura scheint sich anfangs fortzusetzen. In NW-Europa finden sich die ausgedehnten brackisch-limnischen ↗Wealden-Senken, Iguanodonten (↗Dinosaurier) kommen nordwärts bis nach Spitzbergen vor, und der Riffgürtel liegt bei etwa 45° N (in der Trias noch bei 55° N). In Nordamerika entwickeln sich kohlebildende Sümpfe, eine aride Zone befindet sich in Ostasien. Auch in den südlichen USA und in Südeuropa herrschen noch trockene Bedingungen. Der Wüstengürtel nimmt bereits die heutige Lage ein. In der Mittleren Kreide sedimentieren im Flachwasser ausgedehnte Grünsande, in tieferen Teilen kommt bläulicher Schlick zur Ablagerung. Die letzten 30 Millionen Jahre dieses Zeitabschnittes sind durch einen weitverbreiteten Meereseinbruch über sich absenkende Landflächen gekennzeichnet. Unter diesen Bedingungen bilden sich die typischen Kreideablagerungen; sie bestehen aus Resten von Coccolithen (↗Algen) – diese liefern die Hauptmenge an Kalk in der Schreibkreide –, kleinen Fragmenten von Molluskenschalen und aus kalkhaltigen Schalen von ↗Foraminiferen.

Ein Meeresarm erstreckt sich vom Golf von Mexiko nordwärts durch Nordamerika bis in die kanadischen Nordwest-Territorien; in deren Westen beginnen durch die austrische und laramische Faltungsphase die Rocky Mountains aufzusteigen. Im Bereich des überfluteten südlichen

65 Millionen Jahre

Ober-Kreide	Maastrichtium	Senon
	Campanium	
	Santonium	
	Coniacium	
	Turonium	
	Cenomanium	
Unter-Kreide	Albium	Gault
	Aptium	Neokom
	Barremium	
	Hauterivium	
	Valanginium	
	? Berriasium	

140 Millionen Jahre

Die Schichtenfolge der Kreide(zeit)

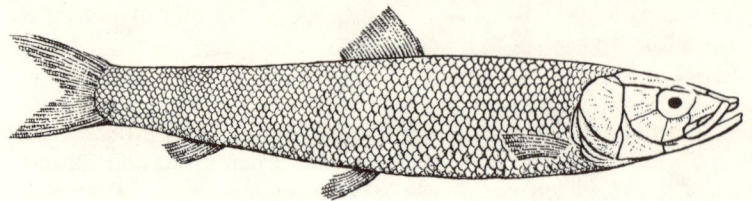

Alberta beträgt die Wassertemperatur zu dieser Zeit etwa 25° C, in
Dänemark rund 22° C, und nur in
einer Stufe fällt die Wassertemperatur bis auf 16° C.

An wirbellosen Tieren finden sich in
den Meeren reichlich ↗Muscheln,
darunter die eigenartig spezialisierten Rudisten, die entlang der Tethys
Riffe bilden; ferner die am Ende
der Kreide aussterbenden ↗Am-
moniten, anfangs mit aufspiralisierten Gehäusen, später mit teilweise
entspiralisierten *(Scaphites)* oder
völlig gestreckten Schalen *(Baculites).* Auch die ↗Belemniten nehmen ab, bei den ↗Brachiopoda
dominieren die Terebratuliden und
Rhynchonelliden.

Den Boden des Kreidemeeres besiedeln ↗Seeigel (Cidariden, *Echi-
nocorys, Micraster*), ↗Seesterne
und ↗Seelilien (neben gestielten
kommen auch freischwimmende
Formen vor). Die zahlreichen
↗Schwämme tragen mit ihren Kie-
selsäureskeletten zur Bildung von
Feuerstein-Konkretionen bei, wie
sie als Einschaltungen in Kreideablagerungen verbreitet auftreten. Bei
den ↗Moostierchen erscheinen die
ersten Cheilostomen; die Riff-
↗Korallen zeigen keine weite Verbreitung, es existieren aber viele
solitäre Formen (z. B. *Parasmilia*);
sehr lebhaft entfalten sich die Zehn-
fußkrebse.

Ab der Oberkreide treten bei den
↗Fischen die Teleostei in den Vor-
dergrund. Häufig sind lachs- und
heringverwandte Formen, zudem
verschiedene große Fische wie *Xi-
phactinus,* die möglicherweise den
Ahnen der rezenten, im Süßwasser
lebenden Osteoglossiden nahe stehen. Zeitweilig hielten sich einige
Palaeoniscoiden, und viele pycnodonte Holostei überleben bis ins

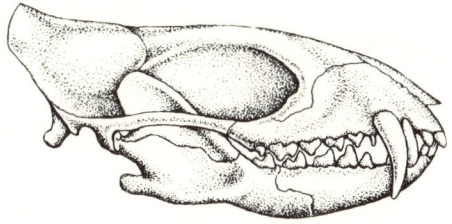

Känozoikum; dennoch bewirkt die starke Entwicklung der Teleostei eine abrupte Abnahme der in der frühen Kreide so erfolgreichen Holostei.

Die ↗Coelacanthini (z. B. *Macropoma*) durchlaufen noch eine letzte kurze Blüte, bevor sie fast vollständig verschwinden. Bei den ↗Haien erscheinen rezente Gattungen (z. B. *Carcharias, Isurus, Lamna*), und auch die ↗Rochen und Sägefische sind ähnlich vertreten wie heute.

Die Amphibienfauna beschränkt sich auf die noch heute existierenden Gruppen der Froschlurche und Schwanzlurche, die Reptilien behalten ihre dominierende Stellung. Die ↗Coelurosauria setzen ihre erfolgreiche Entwicklung fort, von ihnen leiten sich in der Unteren Kreide die räuberischen ↗Deinonychia und die zahnlosen Ornithomimiden ab. Die frühkretazischen ↗Carnosauria umfassen riesige Formen mit enorm verlängerten Dornfortsätzen der Rückenwirbel *(Acrocanthosaurus, Spinosaurus);* ausgehend von ihrem vermutlichen Entwicklungszentrum in der Mongolei besiedeln die Tyrannosauriden bis zum Ende des Zeitabschnitts Nordamerika, Südamerika *(Genyodectes)* und Indien *(Indosuchus).*

↗Sauropoda werden in Ostasien und Nordamerika selten. Sie erliegen offenbar der Konkurrenz durch die in diesen Gebieten häufigen ↗Hadrosaurier und ziehen sich nach Südamerika, Indien und Transsylvanien zurück.

Nur wenige ↗Stegosauria überschreiten die Jura-Kreide-Grenze, dagegen sind die ↗Ankylosauria, vor allem mit den Nodosauriern, in der ganzen Kreide sehr erfolgreich. Die ↗Ceratopsia entstehen in der Mongolei aus *Psittacosaurus*-ähnlichen ↗Ornithopoda und erreichen ihren Entwicklungshöhepunkt am Ende des Mesozoikum in Nordamerika. Es existieren einige Iguanodonten (z. B. *Craspedodon*), kleinere Ornithopoden sind durch die Gattung *Hypsilophodon* aus dem Wealden und später durch *Parksosaurus* und *Thescelosaurus* vertreten. Die eigenartigen Pachycephalosauriden mit einem kuppelartigen Schädel kommen vom Wealden bis zur Lance Formation vor.

Die ↗Flugsaurier erreichen enorme Größen *(Quetzalcoatlus* besitzt eine Flügelspannweite von 10 m), Schwanz und Zähne werden reduziert. Die ↗Krokodile umfassen Eusuchia (Alligator, Krokodil), einige Mesosuchia (Dryosaurier, Pholidosaurier, Goniopholiden, Notosuchiden), frühe Sebeciden und einige Thalattosuchier.

Kreide(zeit)
Das kleine plazentale Säugetier Deltatheridium *stammt aus der Oberen Kreide der Mongolei. Obwohl oft bei den Insektivoren eingeordnet, ist die Gattung vielleicht eher zu den Creodonten zu stellen. Schädellänge: 4,5 cm*

Kreide(zeit)
Scolosaurus *tritt in der oberen Oldman Formation von Alberta, Kanada, auf. Schädelreste wurden bisher nicht gefunden. Länge: mehr als 5 m*

Kreide(zeit)
Styracosaurus, *ein Vertreter der Ceratopsia, kommt in der Oberen Kreide von Nordamerika vor.*
Länge: ca. 6 m

⁊Eidechsen sind allgemein verbreitet, und bei den Lepidosauriern entwickeln sich die großen, vollständig an ein Leben im Wasser angepaßten, räuberischen ⁊Mosasaurier. Bei den ⁊Plesiosauriern entstehen elasmosauride Formen mit langem Hals, während die Pliosaurier mit kurzen Hälsen weiterhin existieren. Die ⁊Fischsaurier nehmen ab der frühen Kreide ab und sterben noch vor dem Ende der Periode aus. ⁊Schildkröten werden repräsentiert durch Pleurodira (darunter die rezent in Südamerika vorkommende Gattung *Podocnemis*) und Cryptodira (mit der großen marinen *Archelon*).

Die ⁊Vögel zeigen gegenüber dem oberjurassischen ⁊ *Archaeopteryx* eine deutliche Höherentwicklung. Einige besitzen noch Zähne (z. B. der flugunfähige Tauchvogel *Hesperornis,* ⁊Zahnvögel), der kleine *Ichthyornis* gilt als guter Flieger. Beide Formen kommen in der Niobrara-Kreide vor; zum Brüten wanderte *Hesperornis* offenbar nordwärts bis ans Ende des amerikanischen Binnenmeeres, denn es finden sich beträchtliche Mengen an Jungvogelresten in den Nordwest-Territorien (bei Banks Island,

Eglinton Island und entlang des Anderson und Harton River).

An kreidezeitlichen Säugetieren kennt man viele Multituberculaten und zu Beginn dieses Zeitalters Symmetrodonten. Die Pantotherien sind ausgestorben; aus ihnen hatten sich zuvor die echten Theria entwickelt, mit ⁊Beuteltieren, die den rezenten Opossums nahestehen, und plazentalen Säugetieren vom Typ der ⁊Insektenfresser. Am Ende der Kreide beginnt sich das Meer zurückzuziehen, und es existieren Hinweise auf ein kühleres, saisonal geprägtes Klima; dies war offenbar mitentscheidend für das ⁊Aussterben der Dinosaurier und für die Beendigung der Vorherrschaft der Reptilien.

Kriechtiere ⁊Reptilien

Krokodile
Die einzig überlebenden ⁊Archosaurier. Verschiedene Formen aus der Oberen Trias von Südafrika und China werden den Krokodilen zugeordnet; man weiß jedoch nur wenig über sie, und sie lassen sich auch kaum von den ⁊Pseudosuchia unterscheiden. *Protosuchus* aus der Oberen Trias von Arizona ist un-

zweifelhaft ein Krokodilier. Es handelt sich um ein kleines, 1 m langes Reptil mit einem kurzen, abgeflachten Schädel und beginnender Krokodilschnauze. *Protosuchus* bewegt sich quadruped, besitzt aber deutlich längere Hinter- als Vorderbeine.

Die typischen Krokodile des Jura und der Kreide sind die Mesosuchia. Sie besitzen schon einen sekundären Gaumen, der sie auch mit Beute im Maul atmen läßt. Eine der Gruppen sind die Goniopholidae mit breitem Maul und nur mäßig langer Schnauze. *Goniopholis* selbst, vom Oberen Jura bis in die Unterkreide in Europa sowie Nord- und Südamerika verbreitet, erreicht eine Schädellänge von 70 cm.

Eine Reihe kleiner, leichtgebauter Krokodile des Oberen Jura faßt man als Atoposauridae zusammen. Einer eigenen Familie zugeordnet wird der kurzschnauzige *Paralligator* aus der asiatischen Oberkreide; *Hsisosuchus* aus dem Oberen Jura von China und *Gobiosuchus* aus der mongolischen Spätkreide stehen ebenfalls isoliert. Die Notosuchidae umfassen mehrere kleine, kurzschnauzige Gattungen aus der Oberkreide von Südamerika. *Libycosuchus* aus nordafrikanischen Ablagerungen ungefähr gleichen Alters kann entweder als verwandte Form oder als Parallelentwicklung gedeutet werden. Am besten kennt man von den Mesosuchiern die Teleosauridae – langschnauzige fischfressende Formen, die auf den ersten Blick Gavialen ähneln. Aus Europa beschrieben werden die konservative Gattung *Pelagosaurus* aus dem Unteren Jura, der massig gebaute *Machimosaurus* aus dem Mittleren und Oberen Jura und aus dem Spätjura die verbreiteten Gattungen *Steneosaurus* und *Teleosaurus*. Weitere langschnauzige Formen sind die Pholidosauridae. Nach dem Aussterben der Teleosauridae erreichen sie in der Kreide eine große Verbreitung.

Als letzten Überlebenden der Me-

sosuchia kennt man die Congosauridae von der Unteren Kreide bis ins Mitteleozän. Die mutmaßlichen Nachfahren der Pholidosauridae mit schmalen, bis 2 m langen Schädeln bleiben auf Afrika begrenzt (*Dyrosaurus* und *Phosphatosaurus*). Als völlig ans Wasser angepaßte Krokodile kommen die Thalattosuchia vom Mittleren Jura bis in die Unterkreide vor. *Metriorhynchus* mit seinen paddelförmigen Gliedmaßen und seiner hypozerken ↗Schwanzflosse bleibt im wesentlichen auf das europäische Oxfor-

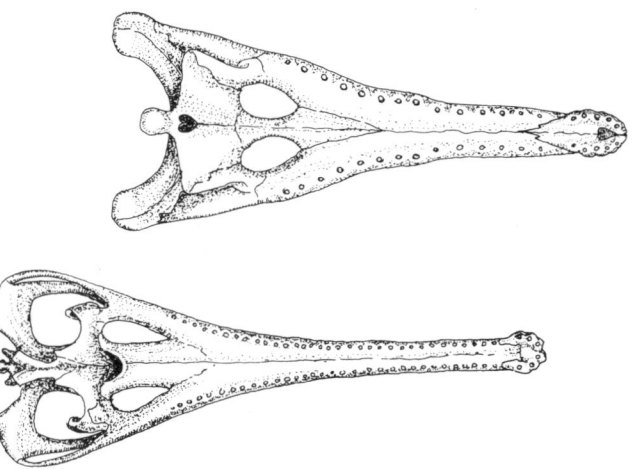

dium beschränkt; es sind aber auch Funde aus Südamerika bekannt. *Geosaurus* ist eine weiterentwickelte Gattung des Spätjura mit einer langen, schmalen Schnauze. Bis in die Unterkreide überdauert *Dakosaurus*, eine kurzschädlige, bis 4 m lange Form.

Einen hohen Schädel mit seitlich gelegenen Augenhöhlen entwickelt eine Gruppe der Spätkreide bzw. des Frühkänozoikum: die Sebecosuchia. Sie sind wohl hauptsächlich landlebend (*Sebecus, Baurusuchus*).

Die modernen Krokodile (Eusuchia) haben auch das Pterygoid in den sekundären Gaumen einbezogen. Zu den frühen Vertretern dieser Gruppe zählen *Hylaeochampsa*

Krokodile
Unterseite von Krokodilschädeln.
Oben: Der Eusuchier Tomistoma *zeigt ein völlig ausgebildetes sekundäres Gaumendach, an dessen Hinterende – im Bereich der Pterygoide – die inneren Nasenöffnungen liegen.*
Unten: Bei Steneosaurus *(Mesosuchia) liegen die Nasenöffnungen noch etwas weiter vorn, da der sekundäre Gaumen noch nicht bis hinten reicht.*

171

und *Bernissartia* aus den europäischen Wealden-Schichten sowie der ungewöhnliche *Stomatosuchus* aus der Oberkreide Ägyptens, der einen breiten, flachen, 2 m langen Schädel aufweist.

Die Crocodilidae treten in der frühen Kreide auf. Aus der Oberkreide stammt der bis zu 16 m lange *Deinosuchus,* und im frühen Känozoikum erscheint die Gattung *Crocodylus.* Seit dem Paläozän kennt man auch Alligatoren und Kaimane. Große Formen kommen im Mittleren Känozoikum Südamerikas vor, *Diplocynodon* ist bis ins Mittlere Pliozän in der Alten Welt weit verbreitet. Die Thoracosaurinae *(Tomistoma* u. a.) können bis in die Spätkreide zurückverfolgt werden; *Rhamphosuchus* aus der ↗Siwalik-Formation erreicht 18 m Länge. Gaviale kommen etwas später hinzu: Sie erscheinen im Eozän oder frühen Oligozän; vielleicht gehört auch *Ikanogavialis* als aberranter pliozäner Vertreter zu dieser Gruppe. In eine eigene Familie wird *Pristichampsus* gestellt, eine stark gepanzerte Form mit dinosaurierartigen Zähnen aus dem Eozän Europas und Nordamerikas.

Die Nettosuchidae schließlich sind nur durch *Mourasuchus* vertreten, ein riesiges flachköpfiges südamerikanisches Krokodil des Obermiozän-Pliozän. Es ist völlig ans Wasser angepaßt.

Laboratoriumstechniken

Mechanische und chemische Bearbeitung nach der Bergung von Fossilien. Die Behandlung umfaßt gewöhnlich das Entfernen der einbettenden Sedimente, Konservierung (Härten), Ausbesserung und Wiederherstellung von bröckeligem Material mit Hilfe von synthetischen Harzen, Anreicherung der fossilführenden Fraktion bei Mikrofossilien und Anfertigung von Dünn- bzw. Anschliffen.

Seit den Tagen, als Steinhauer mühsam das Gestein von Dinosaurierknochen entfernten, hat sich die Technik der Fossilpräparation beträchtlich fortentwickelt. Heute stehen den Präparatoren die verschiedensten Werkzeuge zur Verfügung: elektrische Bohrer und Vibrationsnadeln, preßluftgetriebene Meißel und Sägen, Ultraschall und Sandstrahlgebläse. Winzige Einzelheiten von Knochen oder Schalen können freigelegt und fast alle Gesteine bearbeitet werden.

Die Anwendung chemischer Methoden begann im 19. Jahrhundert, als verkieselte wirbellose Tiere mit Säuren vom Kalkstein freigeätzt wurden. In den 1940er Jahren brachte die Verwendung von verdünnten wäßrigen Lösungen von Essigsäure und Ameisensäure große Fortschritte bei der Präparation von Wirbeltieren; diese Säuren lösen Kalkstein, ohne im allgemeinen fossile Knochen anzugreifen.

Beim Freilegen mit Hilfe von Säuren wird der Kalksteinblock mit fossilen Knochen einen Tag lang in verdünnte Essigsäure (5–10 %) gelegt; der Kalk wird dabei einige Millimeter tief geätzt und der Knochen kommt zum Vorschein. Anschließend wird ausgiebig in Wasser gewaschen (etwa das Vierfache der Ätzzeit) mit nachfolgender Ofen- oder Lufttrocknung. Vor dem erneuten Eintauchen in Säure muß das freigelegte Knochenstück gereinigt und durch Auftragen einer verdünnten Lösung von säureresistentem Polybutylmethacrylat-Harz in einem organischen Lösungsmittel geschützt werden. Durch mehrmaliges Wiederholen dieser Behandlung kann so der gesamte Knochen freigelegt werden.

Je nach dem aufzulösenden Material müssen andere Säuren eingesetzt werden: Thioglykolsäure für die Entfernung von stark eisenhaltigen Substanzen, Flußsäure zur Ablösung pflanzlicher Kohlehäutchen von kieselsäurehaltigen Gesteinen und Brom-Salpetersäure zur Beseitigung von Pyrit. Das Aufweichen und Aufbrechen von Tonen und Schiefertonen gelingt manchmal durch Tränken mit Calgon-Lösungen (Natrium-Hexametaphosphat) oder Eintauchen in Wasserstoffperoxid; diese Behandlung ist oft notwendig, bevor derartiges Probenmaterial gesiebt und weiterbearbeitet werden kann.

Zur Konservierung und Ausbesserung von Fundstücken werden verschiedene Kunstharze verwendet; Harz und Lösungsmittel sind dabei auf die Porosität des zu behandelnden Materials abgestimmt. Subfossile Knochen, Zähne und bestimmte fossile Hölzer lassen sich leicht durch Eintauchen in eine verdünnte wäßrige Emulsion von Polyvinylazetat konservieren. Anschließendes langsames Trocknen und Aufbewahren unter nicht zu trockenen Bedingungen verringern dabei die Gefahr des Splitterns und Verziehens. Versteinerte Knochen und viele Wirbellosenfossilien bedürfen wenig oder gar keiner Behandlung; wenn notwendig, können in organischen Lösungsmitteln gelöste Harze wie Alvar, Butvar, Perspex oder Polystyrol verwendet werden.

Vielleicht das größte Problem bei der Präparation bieten pyritisierte Fossilien, da Pyrit (Eisendisulfid) an feuchter Luft leicht oxidiert. An Oxidationsprodukten entstehen unter anderem Schwefelsäure, und es kann zur vollständigen Zerstörung des Fundstückes kommen. Pyritisierte Fossilien werden daher unter trockenen Bedingungen aufbewahrt. Treten Zersetzungen auf, besteht die einzig wirkungsvolle Behandlung darin, die Säure durch Ammoniak-Gas zu neutralisieren und die angegriffenen Bereiche durch Überziehen mit Harzen wie Bedacryl zu konservieren. Bei feuchter Lagerung können aber auch Harze nicht die Zersetzung pyritisierter Fossilien verhindern.

Zur Nachbildung von Fossilien existieren zahlreiche Techniken. Vielleicht am häufigsten verwendet werden Hohlformen aus Silikon-Kautschuk, der Guß erfolgt in leichtem Polyester- oder Epoxid-Harz. Diese Gußmodelle sind bei Skelettrekonstruktionen leichter handhabbar als die fossilien Knochen selbst oder deren Gipsnachbildungen.

Labyrinthodontia

Unterklasse fossiler ↗Amphibien; ihre stratigraphische Verbreitung reicht vom Devon bis Ende der Trias, möglicherweise auch bis in den Jura.

Der Name nimmt Bezug auf die Zahnstruktur. Die Zähne zeigen im Querschnitt eine komplizierte, wellenförmige Faltung der Schmelzschicht und außen eine entsprechende Längsriffelung. Dieser

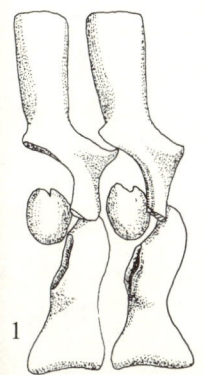 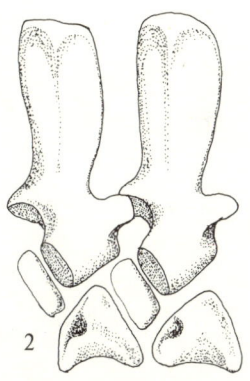 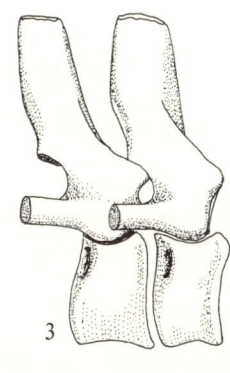

Labyrinthodontia
Wirbel der Labyrinthodontia:
1 Die primitive Form Ichthyostega *zeigt bereits typische temnospondyle Strukturen mit einem großen Interzentrum.*
2 Eryops, *eine forschrittliche Gattung der Rhachitomi, besitzt reduzierte Pleurozentra.*
3 Bei der hochentwickelten stereospondylen Gattung Mastodonsaurus *fehlen die Pleurozentra vollkommen.*

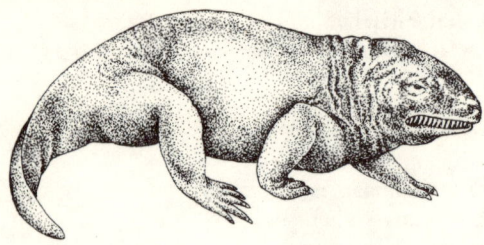

Labyrinthodontia
Seymouria aus dem Unterperm von Texas galt ursprünglich als primitives Reptil, gehört aber offensichtlich zu der Labyrinthodonten-Ordnung der Anthracosauria.
Länge: ca. 60 cm

Zahntyp findet sich noch bei den Crossopterygiern (↗Choanichthyes), zu denen mit großer Sicherheit auch die Ahnen der Labyrinthodonten gehörten.

Obwohl bei den Amphibien eingeordnet, unterscheiden sich die Labyrinthodonten deutlich von den rezenten ↗Froschlurchen, ↗Schwanzlurchen und Blindwühlen. Einige erreichen Längen bis zu 4 m, der Schädel ist massig, und seine äußeren Deckknochen bilden ein komplettes Dach, nicht nur für den knöchernen Gehirnschädel, sondern auch für die Kiefer-Muskeln. Durchbrochen wird dieses dermale Schädeldach nur von den äußeren Nasenöffnungen, den Öffnungen für die Augen und einer kleinen medianen Öffnung für das Pinealauge. Ein typischerweise honigwabenartiges Muster aus Höckern und Leisten überzieht die Schädeloberfläche. Die Extremitäten stehen wie bei den primitiven Reptilien seitlich, Oberschenkel und Oberarm liegen also nahezu

parallel zum Boden. Die relative Größe der Beine und die Länge des Rumpfes variieren stark, die meisten Formen tragen jedoch einen langen Schwanz. Im Gegensatz zu den rezenten Amphibien besitzen die Labyrinthodonten gut entwickelte knöcherne Rippen; bei einigen sind knöcherne Schuppen erhalten. Es ist unsicher, ob sie wie unsere rezenten Amphibien teilweise über die Haut atmen konnten.

Diese charakteristischen Labyrinthodonten-Merkmale sind alle von ihren Fisch- oder frühen Tetrapoden-Vorfahren ererbt; vermutlich repräsentieren die Labyrinthodonten keine natürliche Gruppe. Die meisten Formen gehören zur Ordnung der Temnospondyli; diese ist wahrscheinlich weder mit den primitiven und aberranten ↗Ichthyostegalia, noch mit den reptilartigen ↗Anthracosauria verwandt. Bei den Temnospondylen, wie bei den meisten Labyrinthodonten, besteht das Zentrum der Wirbel (Wirbelkörper) aus zwei Teilen, einem vorderen Interzentrum und einem hinteren Pleurozentrum. Bei frühen Formen besteht das Interzentrum aus einem halbmondförmigen Keil mit der Spitze nach dorsal, das Pleurozentrum dagegen bildet einen umgekehrten Keil und ist gewöhnlich zweigeteilt. Im Verlauf der Temnospondylen-Evolution gewinnt das Interzentrum an Bedeu-

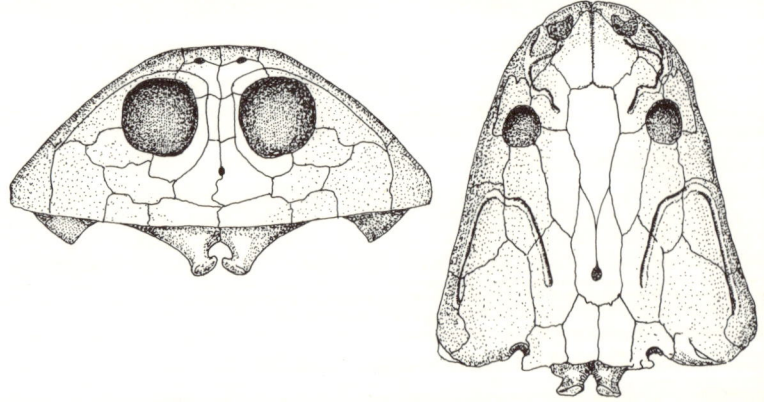

Labyrinthodontia
Schädel von kurzschnauzigen triassischen Labyrinthodonten.
Links: Plagiosaurus
Schädellänge: 15 cm
Rechts: Metoposaurus
Schädellänge: etwa 45 cm

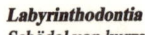

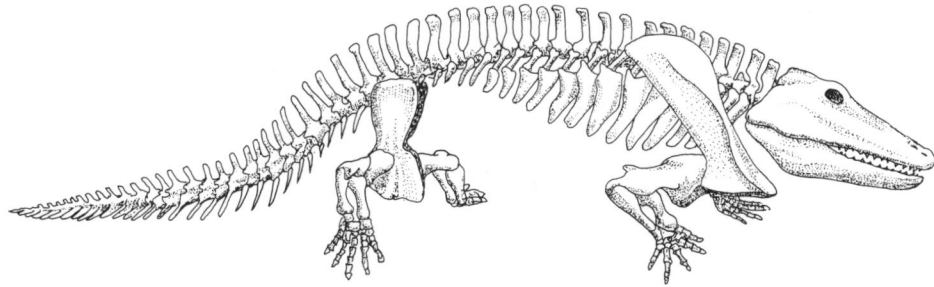

Labyrinthodontia
Eryops aus dem Unterperm
gehört zur Unterordnung der
Rhachitomi (Ordnung Temno-
spondyli).
Länge: etwa 1,5 m

tung, das Pleurozentrum verschwindet, und bei einigen späten Temnospondylen wird das Interzentrum zu einer dicken Scheibe.

Parallel zu dieser Entwicklung führen verschiedene Trends von den frühpermischen terrestrischen Vertretern mit kräftigen Extremitäten (z. B. *Eryops, Cacops)* zu großen, aber abgeflachten triassischen Formen mit schwachen Extremitäten wie *„Capitosaurus"* (korrekter *Parotosaurus*) und *Buettneria.* Eine eigenartige Gruppe der Trias repräsentieren die breitschädeligen Plagiosaurier, die sich im Wasser offensichtlich durch vertikale, wellenförmige Bewegungen des Körpers fortbewegten. Das Süßwasser bietet den Labyrinthodonten vermutlich eine letzte Zuflucht vor der Konkurrenz der Knochenfische. Sicher folgen aber nicht alle Temnospondylen einer Entwicklungslinie „landlebend" *(Eryops)* zu „wasserlebend" *(Capitosaurus);* die meisten großen Temnospondylen leben während der ganzen Entwicklungsgeschichte dieser Gruppe als sumpfbewohnende Räuber.

Allgemein wird eine Abstammung der Labyrinthodonten von devonischen Süßwasser-Crossopterygiern angenommen. Es wurde auch vermutet, daß alle rezenten Tetrapoden (einschließlich des Menschen) Labyrinthodonten-Vorfahren besitzen. Obgleich sich von den Labyrinthodontia vielleicht einige rezente Lissamphibia ableiten, erscheint es unwahrscheinlich, daß sie die Vorläufer der Reptilien, Vögel und Säuger repräsentieren.

Lacertilia ↗Eidechsen

Lagomorpha ↗Hasenartige

Lamarck, Jean-Baptiste de (1744–1829)

Französischer Paläontologe, geboren in Bazentin-de-Pitit; er gilt als Begründer der modernen Wirbellosen-Paläontologie. LAMARCK studierte Medizin, war jedoch stets an allen Naturwissenschaften interessiert. Er gehörte zuerst dem Militär an, bis ihn Verwundungen zum Ausscheiden zwangen. Er wandte sich zunächst der Botanik zu und gab 1778 die „Flore Française" heraus. Erst spät in seinem Leben beschäftigte er sich mit Wirbellosen und den Fossilien des Pariser Beckens. Die Ergebnisse veröffentlichte er (1815–1822) in der klassischen „Histoire naturelle des animaux sans vertèbres". Seine paläontologische Arbeit wurde sehr bereichert durch seine Kenntnisse der lebenden Wirbellosen.

LAMARCK ist auch wegen seiner Evolutionstheorie bekannt; er nahm an, daß erworbene Merkmale vererbt werden und so über Generationen erhalten bleiben können. Diese Theorie („Lamarckismus") fand bis ins 20. Jahrhundert immer wieder Anhänger, gilt aber heute allgemein als widerlegt.

Lamellibranchiata ↗Muscheln

Laufvögel, *Ratiten*

Zu diesen gewöhnlich recht großen, flugunfähigen Bodenvögeln gehören die Strauße (Struthioniformes),

175

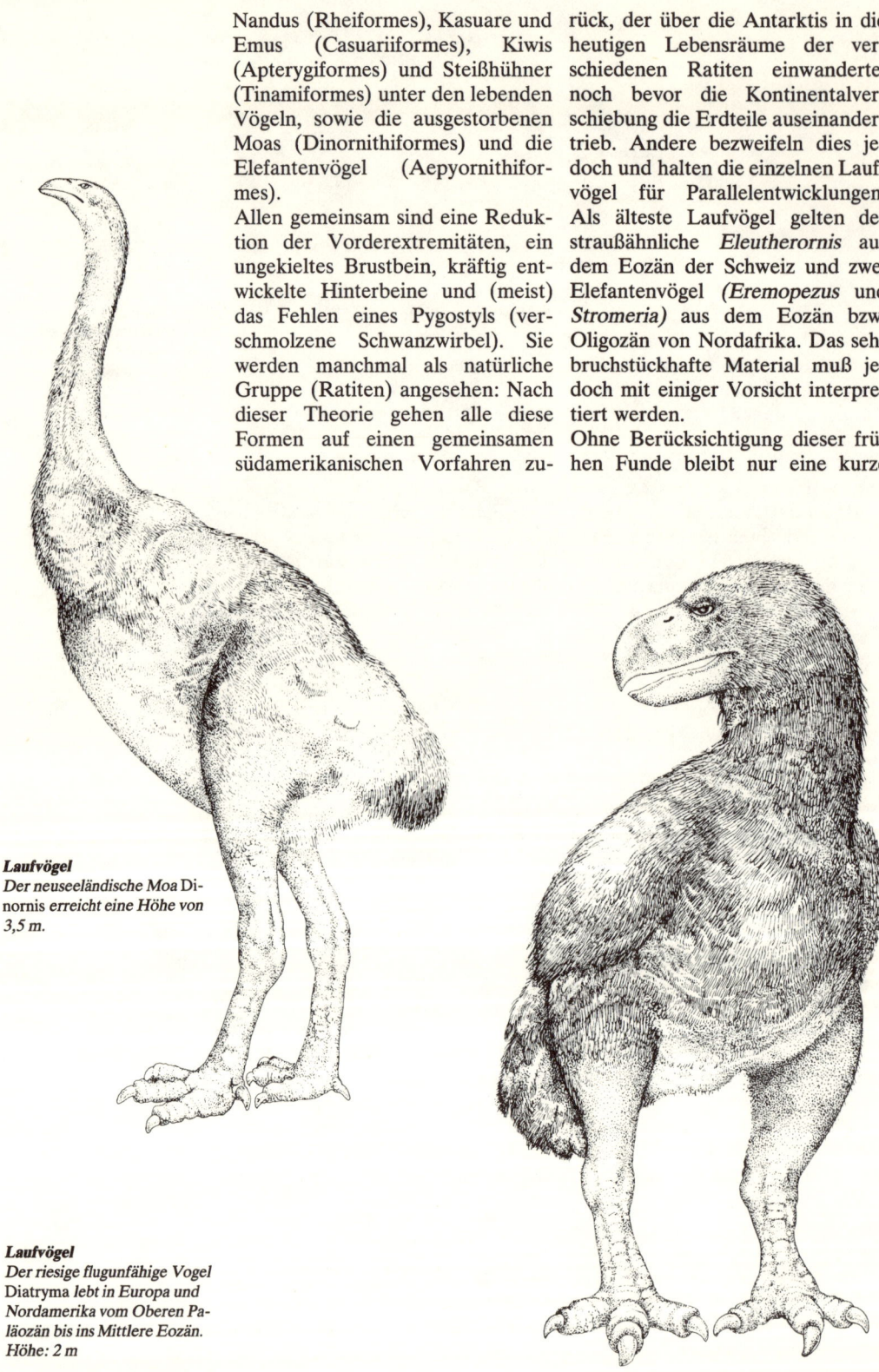

Nandus (Rheiformes), Kasuare und Emus (Casuariiformes), Kiwis (Apterygiformes) und Steißhühner (Tinamiformes) unter den lebenden Vögeln, sowie die ausgestorbenen Moas (Dinornithiformes) und die Elefantenvögel (Aepyornithiformes).

Allen gemeinsam sind eine Reduktion der Vorderextremitäten, ein ungekieltes Brustbein, kräftig entwickelte Hinterbeine und (meist) das Fehlen eines Pygostyls (verschmolzene Schwanzwirbel). Sie werden manchmal als natürliche Gruppe (Ratiten) angesehen: Nach dieser Theorie gehen alle diese Formen auf einen gemeinsamen südamerikanischen Vorfahren zu-

rück, der über die Antarktis in die heutigen Lebensräume der verschiedenen Ratiten einwanderte, noch bevor die Kontinentalverschiebung die Erdteile auseinandertrieb. Andere bezweifeln dies jedoch und halten die einzelnen Laufvögel für Parallelentwicklungen. Als älteste Laufvögel gelten der straußähnliche *Eleutherornis* aus dem Eozän der Schweiz und zwei Elefantenvögel *(Eremopezus* und *Stromeria)* aus dem Eozän bzw. Oligozän von Nordafrika. Das sehr bruchstückhafte Material muß jedoch mit einiger Vorsicht interpretiert werden.

Ohne Berücksichtigung dieser frühen Funde bleibt nur eine kurze

Laufvögel
Der neuseeländische Moa Di-nornis erreicht eine Höhe von 3,5 m.

Laufvögel
Der riesige flugunfähige Vogel Diatryma lebt in Europa und Nordamerika vom Oberen Paläozän bis ins Mittlere Eozän. Höhe: 2 m

Geschichte der Laufvögel: Die ersten Spuren finden sich wieder im Pliozän, im Pleistozän sind schon alle Ordnungen (außer den offensichtlich recht jungen Kiwis) vorhanden. Die auffallendsten Formen kennt man in den ausgestorbenen Moas Neuseelands und den Elefantenvögeln Madagaskars. Der größte Moa, *Dinornis maximus,* wird 3,5 m hoch; aber auch kleine Formen treten auf: *Anomalopteryx parva* erreicht nur 90 cm Höhe. Eine Riesenart unter den Elefantenvögeln ist *Aepyornis maximus* mit einer Höhe von 3 m. Man kennt außergewöhnlich große Eier dieses Vogels aus Sanddünen: Ein Exemplar faßt ein Volumen von mehr als 9 Litern, ein selbst für einen so großen Vogel beträchtlicher Wert. Man ist sich nicht klar darüber, warum diese zwei so erfolgreichen Gruppen ausgestorben sind. Vermutlich hat das Auftreten des Menschen in Neuseeland und seine Jagd auf Moas zu deren Verschwinden mit beigetragen. Viele der größeren Arten waren jedoch schon vor dem Erscheinen des Menschen im Niedergang begriffen, vielleicht infolge von Veränderungen des Lebensraumes, die durch Temperaturwechsel während des Pleistozän verursacht wurden.

Leakey, Louis Seymour
(1903–1972)

Britischer Paläontologe, geboren in Kenia. Er widmete sein Leben der Erforschung der Entwicklungsgeschichte des Menschen. LEAKEY studierte in Cambridge, verlor dabei aber nie seine Liebe zu Afrika; zwischen 1926 und 1935 nahm er an 4 wissenschaftlichen Expeditionen in diesen Kontinent teil.

LEAKEY kam zum ersten Mal 1931 mit der ↗Olduvai-Schlucht in Berührung, dem Ort, der heute untrennbar mit seinem Namen verbunden ist. Er wurde stets von seiner Frau Mary, später auch von seinem Sohn Richard unterstützt. Im Juli 1959 hatte die lange Suche

der Familie nach Fossilien des prähistorischen Menschen (die auch in den 60er Jahren weiterging) endlich Erfolg, als Mary LEAKEY einen Schädel von *Zinjanthropus* (jetzt *Australopithecus) boisei* fand. Die Funde der Familie LEAKEY aus der Olduvai-Schlucht und aus ganz Ostafrika veränderten vollständig die Vorstellungen von der Evolution des Menschen.

Jahrelang war LEAKEY Direktor des Zentrums für Frühgeschichte und Paläontologie (heute Teil des ↗Kenya National Museum), sein Werk als Sammler ist aber zweifellos sein bedeutendster Beitrag zur Paläontologie.

Lebende Fossilien

Pflanzen- oder Tiergruppen, die sich über Jahrmillionen ohne wesentliche Veränderungen erhalten haben. Eines der berühmtesten lebenden Fossilien ist *Latimeria,* der einzige heute noch lebende ↗Coelacanthini. Coelacanthier finden sich häufig in mesozoischen Schichten und verschwinden aus dem Fossilbestand mit dem Ende der Kreide. Die Entdeckung einer lebenden Gattung der Coelacanthier vor den Küsten Südafrikas und Madagaskars ergab die unschätzbare Gelegenheit, die Anatomie einer bis dahin nur fossil bekannten Tiergruppe genau zu untersuchen. Lebende Fossilien geben Aufschluß über die Phylogenie verwandter Gruppen; ihre weitgehend unveränderte Morphologie ist das Ergebnis einer mehr oder weniger konstanten Umwelt, oft über lange Zeiträume hinweg. Beispiele für lebende Fossilien kennt man unter Wirbeltieren, Wirbellosen und Pflanzen.

Die Brückenechse Neuseelands *(Sphenodon punctatus)* – noch vor kurzem von der Ausrottung bedroht – ist heute gesetzlich geschützt. Sie ist die einzig überlebende Art einer Ordnung (↗Rhynchocephalia) diapsider ↗Reptilien, die in der Trias weitverbreitet und vielfältig auftreten, danach jedoch an Bedeutung und Zahl verlieren. *Sphenodon* zeigt große Ähnlichkeit mit ihren triassischen und jurassischen Verwandten (z. B. *Homoeosaurus*) und scheint seit dem frühen Mesozoikum praktisch unverändert überlebt zu haben.

Als Beispiel einer wirbellosen Dauergattung sei *Neopilina galatheae*, ein ↗Weichtier, angeführt; sie gilt als einziger rezenter Vertreter der napfschneckenähnlichen Weichtierklasse Monoplacophora. Vor der Entdeckung im Jahre 1952 durch die dänische Galathea-Expedition in mehr als 3 000 m Tiefe vor der pazifischen Küste Mexikos kannte man die Monoplacophoren nur aus kambrischen bis devonischen Schichten. Der Bauplan der Weichteile dieses Monoplacophoren (die Gruppe ist wichtig für die Entstehung der Weichtiere überhaupt) lassen *Neopilina* („Urconchifer") als möglichen Vorläufer der ↗Schnecken erscheinen.

Araucaria (z. B. *Araucaria excelsa*, „Zimmertanne") und ↗*Ginkgo* sind ebenfalls lebende Fossilien. Die Ginkgoatae mit ihren zerschlitzten Blättern sind im Mesozoikum weltweit verbreitet; heute existiert nur noch eine Art *(Ginkgo biloba)*, die wildwachsend nur in Teilen Chinas und in Japan vorkommt. Die Blätter vieler fossiler Ginkgos sind nicht von solchen heute lebender Individuen zu unterscheiden.

Leitfossilien

Fossile Gattungen oder Arten, die in einem spezifischen geologischen Horizont vorkommen und dazu benutzt werden, gleich alte Ablagerungen verschiedener Orte miteinander in Verbindung zu bringen. Man findet häufiger fossile ↗Wirbellose als fossile Wirbeltiere. Viele Leitfossilien, besonders aus paläozoischen Gesteinen, gehören deshalb zur Wirbellosengruppe. Einige dieser charakteristischen Organismen zeigen fortschreitende Veränderungen im Laufe ihrer Entwick-

lung in den aufeinanderfolgenden geologischen Schichten. Die ↗Graptolithen geben dafür ein gutes Beispiel: Sie beginnen im Unteren Ordovizium mit 32-armigen Formen *(Clonograptus)*, werden 16-armig *(Loganograptus)*, 8-armig *(Dichograptus)*, 4-armig *(Tetragraptus)*, 2-armig *(Didymograptus)* und schließlich einarmig *(Monograptus)*.

Ein derartiges Entwicklungsmuster kann mit dem Auftreten jeder einzelnen Gattung in der geologischen Schichtabfolge an einem bestimmten Ort in Beziehung gesetzt werden. Damit können einander entsprechende Schichten in entfernten Vorkommen parallelisiert werden. Die sehr fossilreiche ↗Karru – Formation im südlichen Afrika enthält viele Reptilienreste. Die Perm-Trias – Schichten dieses Gebietes werden durch eine Abfolge ↗Säugerähnlicher Reptilien identifiziert. Während des Mesozoikum erleben die ↗Ammoniten ihre Blütezeit. Diese Cephalopoden werden häufiger als Leitfossilien benutzt, insbesondere im Unteren Jura (Lias) und in der Unterkreide (Neokom, Aptium, Albium). ↗Brachiopoda (z. B. Rhynchonelliden und Terebratuliden) sind für die spätere Kreide wertvoll, und Foraminiferen werden noch einmal am Ende des Mesozoikum zu wichtigen Leitfossilien, da eine Entwicklungsreihe der Nummuliten in der Kreide beginnt und durch das Eozän und Oligozän bis ins Miozän reicht.

In Nordamerika kann die gutdokumentierte känozoische Landfauna anhand bestimmter, besonders häufiger Säugetiergattungen in Zonen gegliedert werden. Das Untere Oligozän wird charakterisiert durch das Auftreten der ↗Brontotherien, im Mittleren Oligozän dominieren die ↗Oreodontiden, typisch für das frühe Obere Oligozän ist die Zwerghirschgattung *Protoceras*. Die erstaunlich häufigen Oreodonten erweisen sich als gute Leitfossilien auch im Unteren Miozän *(Pro-*

merycochoerus,   Merycochoerus)
und Mittleren Miozän *(Ticholep-*
tus), während Arten der Pferdegat-
tung *Merychippus* für das spätere
Mittel- und Obermiozän typisch
werden.

Das dreizehige Pferd *Hipparion* ist
eine verbreitete Form im Unteren
Pliozän von Eurasien. Die „*Hippa-*
rion-Fauna", reichlich vertreten in
den ↗Bonebeds von ↗Pikermi,
reicht von Spanien bis China.

Auch das südamerikanische Känozoikum ist anhand seiner Säugetierfauna in Zonen eingeteilt. Der ursprüngliche ↗Notoungulate *No-*
tostylops charakterisiert das Untere
Eozän, *Astraponotus* ist typisch für
das Mittlere Eozän. *Pyrotherium*
kennzeichnet das Untere Oligozän,
und *Colpodon* ist das charakteristische südamerikanische Säugetier
des Oberen Oligozän.

Lemuren und Loris

Sie gelten als die ursprünglichsten
der lebenden ↗Primaten. Die heute
auf Madagaskar beschränkten Lemuren sind primär nachtaktive
Baumbewohner. Zu den charakteristischen Merkmalen gehören lange
Extremitäten, ein fuchsartiges Gesicht mit seitlich sitzenden Augen
und ein primitives Gehirn; die unteren, nach vorne gerichteten Schnei-
de- und Eckzähne bilden einen
Kamm (die oberen Schneidezähne
sind klein oder fehlen). Rezente
Formen ernähren sich vorwiegend
von Früchten und Insekten. *Megal-*
adapis, ein riesiger, schwanzloser
Lemure von der Größe eines
Schimpansen, lebte während des
Pleistozän auf Madagaskar und
starb erst vor kurzem aus. Die
Lemuren verdanken ihr Überleben
auf Madagaskar der Isolation der
Insel, hier waren sie keiner Konkurrenz durch höhere Primaten ausgesetzt.

Loris leben im tropischen Afrika
(aber nicht auf Madagaskar) und in
Südasien. Sie zeigen manche Gemeinsamkeiten mit den Lemuren.
Sie sind meist klein, baumlebend

und nachtaktiv. Wie Lemuren ernähren sie sich von Früchten und
Insekten, besitzen aber einen kurzen Schwanz, ein verkürztes Gesicht
und nach vorne gerückte Augen, so
daß sie binokular sehen können.
Das Gehirn ist größer und weiter
entwickelt als das der Lemuren.

Die Suche nach den Vorfahren der
Lemuren und Loris führt zu den
Ursprüngen der Primaten. Die Einordnung dieser frühen Formen wird
erschwert, da üblicherweise nur
Zähne, wenige Schädel und noch
weniger Skelette gefunden werden.
Zahlreiche Arten werden aus dem
frühen Känozoikum beschrieben,
die meisten scheinen aber Seitenli-

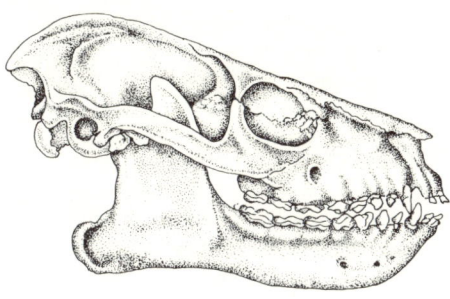

nien des zu den höheren Primaten
führenden Astes anzugehören. Fossilien aus dem Mittleren Känozoikum sind selten. *Purgatorius* aus der
Spätkreide von Wyoming wird als
erster Primat angesehen. Aus paläozänen Ablagerungen, vor allem
aus Nordamerika, kennt man mehrere spezialisierte und eigenartige
Formen, wie z. B. *Carpolestes* (mit
vergrößerten gezackten Prämolaren) und der eichhörnchenartige
Plesiadapis.

Eozäne Arten stehen den Vorfahren der lebenden Lemuren näher,
Notharctus aus Nordamerika erscheint schon sehr lemurenähnlich:
Er besitzt ein verlängertes Gesicht,
einen langen Schwanz, Greifhände,
normale   obere   Schneidezähne,
hauerartige Eckzähne und ein volles
Backenzahngebiß. Er lebt offenbar

Lemuren und Loris
Schädel des nordamerikani-
schen Lemuren Notharctus *aus*
dem Eozän
(etwa ⅚ natürlicher Größe).

als Baumbewohner in tropischen Wäldern, ähnlich wie seine heutigen Verwandten auf Madagaskar.

Leonardo da Vinci (1452–1519) Wissenschaftler, Ingenieur, Künstler und Genius der italienischen Renaissance. LEONARDO ist in Vinci geboren und arbeitete zunächst als Ingenieur beim Kanalbau in Norditalien. Wie William ↗SMITH mehr als 300 Jahre später in England erlangte auch LEONARDO viele seiner Kenntnisse über Fossilien und Ablagerungen bei diesen Arbeiten. Er widersprach der üblichen Ansicht über den Ursprung der Fossilien und der Vorstellung von einer großen Sintflut. Seine Notizbücher wurden jedoch von seinen Zeitgenossen nur wenig beachtet. Er erkannte Fossilien als die Reste ehemaliger Lebewesen, die häufig an Orten ihres Lebensraumes gefunden werden und dazu benutzt werden können, Veränderungen im Verhältnis von Meer und Land zu erkennen. Er begriff auch den Prozeß der ↗Fossilisierung und erklärte die Entstehung von Ausgüssen und Abdrücken.

Lepospondyli
Unterklasse kleiner, ausgestorbener ↗Amphibien mit einfachen Zähnen und einem Schädel, bei dem ver-schiedene ursprüngliche Deckknochen fehlen; zum Teil treten auch Abweichungen im übrigen Skelett auf. Der Name Lepospondyli nimmt Bezug auf ein (angebliches) Charakteristikum der Wirbel: Der eigentliche Wirbelkörper unter dem Neuralbogen besteht im Gegensatz zu den ↗Labyrinthodontia nur aus einem einzigen, spulen- oder sanduhrförmigen Knochen. Der Verbreitungsschwerpunkt der Gruppe liegt im Oberkarbon und Unterperm.

Es werden drei Ordnungen unterschieden, die aber nicht notwendigerweise nahe verwandt sein müssen. Die kleinen, schlangenähnlichen Aistopoda besitzen mehr als hundert Wirbel, einen vereinfachten, spitz zulaufenden Schädel, Extremitäten fehlen. Sie finden sich bereits in der unterkarbonischen Ölschiefer-Gruppe von Schottland, später in den Karbonbecken von Europa und Nordamerika. Möglicherweise repräsentieren sie keine echten Vertreter der Amphibien.

Die Ordnung der Nectridea tritt zuerst in den englischen Kohlebekken auf. Es sind gedrungene, molchartige Formen mit gut entwickelten Gliedmaßen, die charakteristischen Schwanzwirbel besitzen fächerförmige Neural- und Hämalbögen. Eine Familie mit der Gattung *Batrachiderpeton* trägt hinten am Schädel kleine Hörner. Große, verwandte Formen wie *Diplocaulus* aus dem amerikanischen Perm entwickeln grotesk verbreiterte, bis 30 cm messende Schädel.

Die Microsauria, die dritte und bedeutendste Ordnung der Lepospondyli, stammen aus den Steinkohlelagern, die frühesten Vertreter kennt man aber bereits aus dem schottischen Unterkarbon. Schlanke, aquatisch lebende Formen wie *Microbrachis* aus dem Oberkarbon (Stephan) nahe Prag galten allgemein als typisch; inzwischen weiß man, daß die meisten Microsaurier als kräftige, terrestrische Tiere rep-

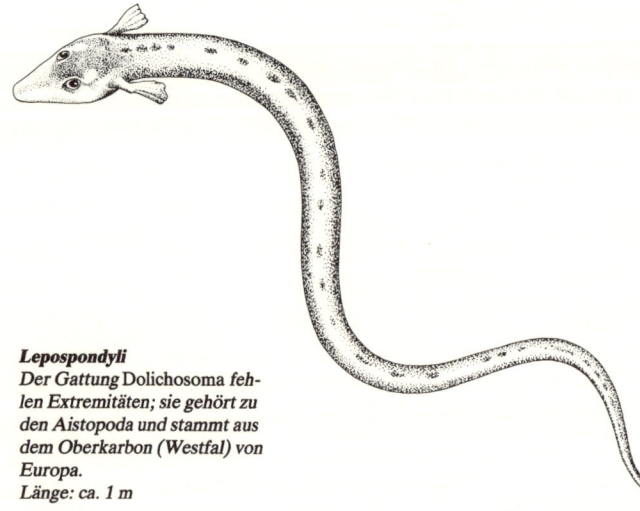

Lepospondyli
Der Gattung Dolichosoma *fehlen Extremitäten; sie gehört zu den Aistopoda und stammt aus dem Oberkarbon (Westfal) von Europa.*
Länge: ca. 1 m

tilähnliche Skelette besitzen, z. B. *Cardiocephalus* und *Pantylus* aus dem Unterperm der südwestlichen USA.

Alle Microsaurier besitzen äußerlich einen reptilähnlichen Schädel, das genaue Knochenmuster weist aber keinesfalls auf die Reptilien und läßt sich auch nicht von ihnen ableiten. Ihr unmittelbarer Ursprung ist unbekannt, möglicherweise führt von ihnen eine Linie zu den rezenten wurmähnlichen Blindwühlen. Nach neueren Untersuchungen sind auch die Wirbelkörper zusammengesetzt und zeigen Parallelentwicklungen zu denen der Reptilien und ↗ Anthracosauria.

Lhwyd (Lhuyd), Edward
(1660–1709)

Englischer Paläontologe, geboren in Cardiganshire; von ihm stammt das erste den Fossilien Englands gewidmete Buch. Er studierte in Oxford und wurde Assistent bei Robert PLOT (1640–1696), dem ersten Kustos am Ashmolean-Museum, Oxford, und Autor der „Naturgeschichte der Grafschaft Oxford" (1677). Ab 1687 arbeitete er ganz am Museum und übernahm 1691 von PLOT die Stelle des Kustos.

LHWYD sammelte zahlreiche Fossilien in der Umgebung von Oxford, seine Sammlung befindet sich noch heute im Ashmolean-Museum. In einem Brief an John RAY (1628–1705) von 1699 vermutete er, daß Fossilien entstehen durch „feuchte keimtragende Dämpfe", die von ihrem Ursprung im Meer in die Gesteine eindringen. Seine „Lithophylacii Britannici Iconographica" von 1699 ist der Beschreibung und Abbildung der britischen Fossilien gewidmet.

Limulus ↗ Pfeilschwanzkrebse

Lithographische Plattenkalke
Feinkörniger Kalkstein, der bei der Herstellung von Lithographien Verwendung findet und häufig außergewöhnlich gut erhaltene Fossilien enthält. Er bildet dichte, sehr homogene Platten und zeigt muscheligen Bruch; die Korngröße ist einheitlich und kleiner als beim Ton. Die wasserundurchlässigen Platten besitzen gelbliche oder graue, gelegentlich auch helle oder dunkelblaue Farbe.

Paläontologisch bedeutsam sind vor allem die Plattenkalke im Bereich von Solnhofen in Bayern. Sie stammen aus dem Kimmeridgium (Oberer ↗ Jura) und erreichen bei Solnhofen eine Mächtigkeit von 20–60 m.

Lithographische Plattenkalke werden auch in Frankreich (und benachbarten Gebieten von Italien), England (Weißer Lias von Bath, Somerset), Spanien, der UdSSR, Nordamerika und in verschiedenen anderen Ländern gebrochen.

Die Solnhofener Kalke lieferten eine Fauna mit ↗ *Archaeopteryx,* ↗ Flugsauriern, dem kleinen ↗ Dinosaurier *Compsognathus,* einem Sphenodontiden *(Homoeosaurus),* etwa 150 Fischarten, zahlreichen Insektenarten, ferner ↗ Pfeilschwanzkrebse, ↗ Ostrakoden und größere ↗ Krebstiere, Austern, ↗ Ammoniten, ↗ Belemniten und Kalmare, pelagische ↗ Seelilien *(Saccocoma pectinata* ist das einzige wirklich häufige Makrofossil), Quallen, ↗ Foraminiferen, ↗ Radiolarien, Coccolithen und ↗ Algen. Gewöhnlich nahm man an, daß die Solnhofener Kalke aus hin und wieder überfluteten Schlammflächen der Küste hervorgingen. Heute vermutet man eher eine permanente Überflutung der Sedimente, wobei der Kalkschlamm in warmen, flachen und oft stagnierenden Lagunen hinter den Schwamm- und Korallenriffen abgelagert wurde.

Litopterna
Im Känozoikum von Südamerika vorkommende, ausgestorbene Ordnung der Huftiere. Die Litopterna tragen Hufe mit einer durch die dritte Zehe verlaufenden Symmetrieachse (wie bei ↗ Unpaarhufern),

und gewöhnlich besitzen sie im Ober- und Unterkiefer einen vollständigen Satz Backenzähne (jederseits mit vier Prämolaren und drei Molaren).

Als letzte Vertreter dieser Gruppe halten sich die Macraucheniidae bis ins Pleistozän. *Macrauchenia,* die höchstentwickelte Gattung dieser Familie, zeigt Größe und Proportionen eines Kamels, besitzt aber dreizehige Füße und einen langschnauzigen Schädel, dessen Nasenöffnun-

dung zum Cuboid (mit dem er bei den ↗Condylarthra und ↗Notoungulata gelenkt), besitzt aber einen konvexen Kopf, der in das Naviculare (Kahnbein) paßt.

Ein wesentlich kleinerer Vorläufer von *Macrauchenia* ist *Scalibrinitherium* aus dem frühen Pliozän mit relativ niederkronigen Zähnen und weniger nach hinten verlagerten Nasenöffnungen. Die Gattung *Theosodon* aus dem Miozän wird etwas größer als ein Guanaco, be-

Litopterna
Das einzehige Thoaterium *gehört zur Familie der Proterotheriidae und stammt aus dem Unteren Miozän von Südamerika.*
Schulterhöhe: etwa 60 cm

gen nahezu über den Augenhöhlen sitzen. Entweder besaß das Tier also einen Rüssel oder war überwiegend wasserlebend, so daß dorsal gelegene Nasenöffnungen von Vorteil waren. Die Kiefer tragen einen vollständigen Satz von 44 Zähnen, die Backenzähne sind hochkronig. Charakteristische Fußgelenkstrukturen bei *Macrauchenia* und allen anderen Litopternen schließen Beziehungen zu den Unpaarhufern aus: Das Calcaneum (Fersenbein) bildet eine besondere Fläche für die Fibula (Wadenbein), der Astragalus (Sprungbein) verliert die Verbin-

sitzt extrem niederkronige Zähne, eine kurze Schnauze und vorne gelegene Nasenöffnungen. Ein langer Hals im Verhältnis zum kurzen Rumpf und schlanke Gliedmaßen fallen auf.

Die noch kleinere Gattung *Cramauchenia* aus dem Oberen Oligozän zeigt fast normal ausgebildete Nasenöffnungen und leitet sich offenbar von dem unteroligozänen *Coniopterium* ab. *Ernestohaeckelia* und *Ruetimeyeria* stammen aus dem Eozän, *Victorlemoinea* kann bis ins späte Paläozän zurückverfolgt werden.

Die Proterotheriidae, eine weitere Familie der Litopternen, entwickeln parallel zu den Pferden einzehige Extremitäten mit schließlich nur noch kleinen Resten der seitlichen Zehen – einen Spezialisierungsgrad, wie ihn selbst die modernen Pferde nicht erreichen.

Diese im Miozän zahlreichen „Pseudo-Pferde" scheinen am Ende des Pliozän auszusterben. Trotz ihrer hochentwickelten Gliedmaßenstrukturen besitzen die späteren sprüngliche Verbindung zu den Hand- und Fußwurzelknochen (inadaptive Reduktion). *Thoatherium* zeigt z. B. in den Hinterbeinen immer noch eine Gelenkverbindung zwischen dem Calcaneum und der Fibula, und der Astragalus steht in Verbindung mit dem Naviculare.

Das recht schlanke *Proterotherium* kommt vom Unteren Miozän bis ins Untere Pliozän vor, *Licaphrium* erscheint kräftiger gebaut; alle diese Gattungen, mit Ausnahme von

Litopterna
Macrauchenia *kommt im Pliozän und Pleistozän von Südamerika vor; es erreicht ungefähr die Größe eines Kamels.*

Proterotherien immer noch kurze, hohe Schädel mit niederkronigen Zähnen und zwei Schneidezähnen in jedem Kiefer, die oberen Eckzähne gehen verloren. Vollkommen einzehig ist das kleine *Thoatherium; Diadiaphorus* (Länge etwa 1,2 m) dagegen besitzt noch an jedem Fuß drei Zehen. Die Reduktion der Zehenzahl wird nicht begleitet von einer entsprechenden Anpassung in der Artikulation der Hand- und Fußwurzelknochen, wie sie bei den Pferden auftritt (adaptive Reduktion); statt dessen behalten die nicht benutzten seitlichen Zehen ihre ur- *Thoatherium,* entwickeln hauerartige Schneidezähne. Die oberoligozänen Gattungen *Prolicaphrium* und *Prothoatherium* repräsentieren vermutlich die Vorläufer der entsprechend benannten miozänen Formen, über die frühesten Vertreter dieser Familie weiß man aber wenig. *Ricardolydekkeria* aus dem Oberen Paläozän ist eine der ältesten Formen dieser südamerikanischen „Pseudo-Pferde".

Verhältnismäßig seltene oligozäne und untermiozäne Litopternen bilden die dritte Familie der Adianthidae. *Adianthus* besitzt hochkronige

Molaren und meißelartige Schneidezähne und Eckzähne.

Lorisiformes, *Loris* ↗Lemuren und
Loris

Los Angeles County Museum of Natural History

Naturhistorisches Museum für die
Region von Los Angeles, gegründet
1910. Die Entdeckung der bedeutenden Ablagerungen von ↗Ran-
cho La Brea trugen wesentlich zur
Entwicklung des Museums bei; es
unterhält heute eine Außenstation
bei La Brea, die den Besuchern das
Beobachten der Ausgrabung und
Präparation von Fossilien ermöglicht.
Das Los Angeles Museum enthält
weltweit die größte Sammlung spätpleistozäner Fossilien mit umfassenden Sammlungen an känozoischen
marinen Wirbeltieren (Haie, Knochenfische und Säugetiere) und Vögeln. Schwerpunkte liegen bei der
känozoischen und kreidezeitlichen
Wirbeltierfauna der westlichen
USA und von Mexiko. Der Ausstel-
lungsbereich mit der 1977 eröffneten „Hildergarde Howard Cenozoic
Hall" veranschaulicht die Entwicklungsgeschichte der Wirbeltiere.

Lungen

Organe zum Austausch von Sauerstoff und Kohlendioxid bei ↗Wir-
beltieren u. a.
Charakteristisch sind Lungen für
Amphibien, Reptilien, Vögel und
Säugetiere. Bei Vögeln erstrecken
sich Aussackungen der Lungen bis
in die Knochen, ähnlich luftgefüllte
Knochen entwickeln unabhängig
die ↗Flugsaurier.
Lungen werden zuerst bei devonischen Fischen entwickelt, die tropische, periodisch trocken fallende
Flüsse und Seen besiedeln. Schon
vor der völligen Austrocknung wird
das Wasser so sauerstoffarm, daß
Fische nicht mehr überleben können. Da die Atmosphäre Sauerstoff
enthält, überleben diejenigen wasserlebenden Organismen am besten, die über neuentwickelte Strukturen neben dem verarmten Was-
sersauerstoff auch Luftsauerstoff
nutzen können.
Viele spätdevonische Fische entwickeln ein zusätzliches Atemor-
gan: der ↗Placoderme *Bothriolepis*
z. B. trägt ein Paar runder Aussakkungen am Hinterende der Kiemenregion; der in Afrika lebende
Flösselhecht *Polypterus,* ein Verwandter der ↗Palaeonisciformes
(die ursprünglichsten ↗Actinopte-
rygii), besitzt ventral liegende, paarige Lungen. Ähnliches findet man
bei den afrikanischen und südamerikanischen ↗Lungenfischen (*Protopterus* und *Lepidosiren*) und bei
Rhipidistiern (↗Choanichthyes),
den Vorläufern der Amphibien: Die
Lunge entsteht hier als ventrale
Ausstülpung des Vorderdarmes.
Beim australischen Lungenfisch
(*Neoceratodus*) setzt die Lunge
ebenfalls ventral am Vorderdarm
an, das Hauptorgan liegt jedoch
oberhalb des Darmkanals.
Das ursprünglich vor allem als Lunge fungierende Organ wird bei den
Actinopterygiern zur Schwimmblase. Diese verliert völlig ihre Atemfunktion und wird Auftriebsorgan.
Bei ursprünglichen Formen behält
sie noch die Verbindung zum Vorderdarm, bei höherentwickelten ist
auch diese verschwunden. Die
Schwimmblase liegt über dem
Darm.

Lungenfische, *Dipnoi*

Gruppe der ↗Choanichthyes. Sie
besitzen als einzige lebende Fische
funktionierende Lungen, ein aus
dem Devon stammendes Merkmal.
Das typische Bild eines frühen Lungenfisches gibt *Dipterus* aus dem
Mittleren Devon wider. *Dipterus*
besitzt 2 Rückenflossen sowie fleischige Brust- und Bauchflossen, eine heterozerke ↗Schwanzflosse
und eine deutliche Analflosse. Die
ersten Lungenfische ähneln den
zeitgleichen Quastenflossern, entwickeln aber mit Ende des Devon
moderne Züge. *Scaumenacia* aus

dem Oberen Devon zeigt ein Zwischenstadium. Die vordere Rückenflosse ist fast reduziert, die hintere vergrößert und zum Schwanzende verschoben, der obere Lobus der Schwanzflosse enthält einen schmalen fleischigen Teil, die Analflosse liegt nahe am Unterrand der Schwanzflosse.

Bei modernen Lungenfischen wird der obere Lobus der Schwanzflosse von der hinteren Rückenflosse gebildet, die Analflosse wird Bestandteil des unteren Lobus: Es entsteht eine diphyzerke Schwanzflosse. In

vorliegt. Ein weiteres Merkmal, das die Verwandtschaftsbeziehung zu den anderen Wirbeltieren erschwert, ist die Knochenbedeckung des Schädels. Diese Schädelknochen können mit keinen anderen homologisiert werden und scheinen sich ganz eigenständig entwickelt zu haben.

Im Gegensatz zu einigen anderen Choanichthyes erlangen die Lungenfische nie die Möglichkeit, bei Austrocknung ihres Gewässers an Land zu klettern. Statt dessen graben sie sich in Schleimkokons ein

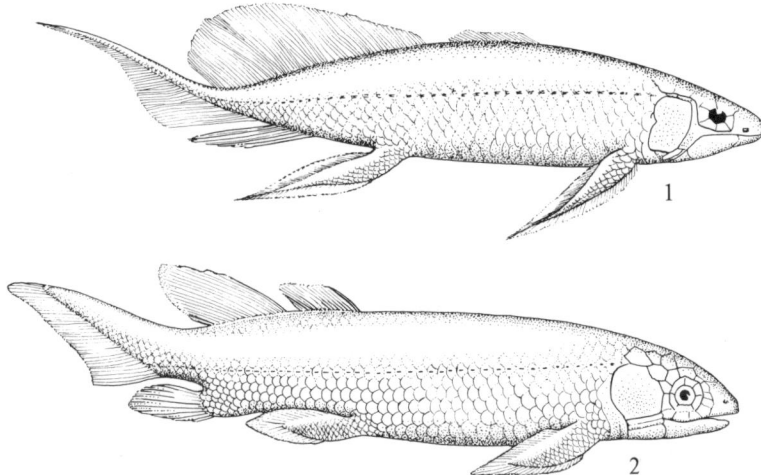

Lungenfische
1 Die „fortschrittliche" Gattung Scaumenacia *aus dem Oberen Devon konzentriert ihre medianen Flossen am Hinterende des Körpers.*
Länge: 15 cm
2 Bei Dipterus *aus dem Devon sind die medianen Flossen noch mit jenen der Quastenflosser vergleichbar.*
Länge: 36 cm

der weiteren Entwicklung werden Brust- und Bauchflossen zu einfachen, peitschenähnlichen Anhängen reduziert (z. B. bei der rezenten Gattung *Protopterus*) und scheinen in ähnlicher Weise wie die Gliedmaßen der höheren Wirbeltiere zu funktionieren.

Man hielt Lungenfische` für die möglichen Vorfahren der Amphibien, da sich die Nasengänge in die Mundhöhle öffnen, was als innere Nasenöffnung vom Tetrapoden-Typ gewertet wurde. Man weiß aber inzwischen, daß hierbei nur die Nasenausströmöffnung der Fische nach innen verlegt wurde und keine echte Choane oder 3. Nasenöffnung

und überdauern so die Trockenperiode. Aus dem Karbon kennt man auch fossile Schleimkokons, manche enthalten sogar Überreste eines Lungenfisches.

Lurche ↗Amphibien

Lycopodiatae ↗Bärlappe

Lyell, Sir Charles (1797–1875)
Britischer Geologe und Autor von „Principles of Geology" (1830 bis 1833), der vielleicht wichtigsten und einflußreichsten geologischen Veröffentlichung überhaupt. LYELL, geboren in Kinnordy, Schottland, besuchte Vorlesungen an der Ox-

185

ford University und traf dort auch mit William ↗BUCKLAND zusammen. Er studierte zunächst Jura, widmete aber nach dem Tod seines Vaters 1827 seine ganze Zeit und Energie der Geologie. Die Veröffentlichung der dreibändigen „Principles of Geology" machte LYELL berühmt; die Bedeutung dieses Werkes zeigen die bis 1875 nötig werdenden 12 Auflagen. Der entscheidende Gedanke wird im Untertitel dieses Buches deutlich: „Ein Versuch, die früheren Änderungen der Erdoberfläche anhand heute wirkender Ursachen zu erklären". LYELL begründet damit den Aktualismus und die moderne Geologie.

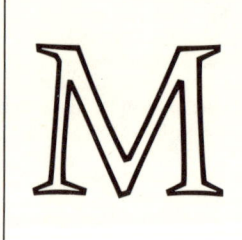

Mammalia ↗Säugetiere

Mammut
Ausgestorbene Elefanten (↗Rüsseltiere), die sich neben der *Loxodonta*-Gruppe (rezent: Afrikanischer Elefant) und *Elephas* (Indischer Elefant) als 3. Hauptlinie im jüngsten Miozän Afrikas aus ↗Mastodonten entwickeln. Die Elephantiden zeigen die Tendenz zur Hypsodontie (Hochkronigkeit) der Molaren und zur Vermehrung der Zahnlamellen mit Einlagerung von Zement im Kronenbereich. Die Zahl der Backenzähne wird auf einen reduziert, dieser kann jedoch bis zu 5mal gewechselt werden. Die Unterkieferstoßzähne sind reduziert, die oberen dagegen oft riesig und geschwungen.
Mit *Primelephas* aus dem Jungmiozän Kenias kennt man den frühesten Elephantiden: Er zeigt Übergänge im Gebiß vom brachyodonten (niederkronigen) Gomphotherienmolar zum hypsodonten (hochkronigen) Lamellenzahn der Elefanten.
Die Linie der *Loxodonta* ist von den dreien die am wenigsten spezialisierte; Fossilfunde sind nur aus Afrika bekannt. *Elephas* dagegen kennt man fossil aus Afrika, Europa und Asien. Zu dieser Gruppe gehört auch der riesige *Palaeoloxodon* (mit 4 m Schulterhöhe) aus England sowie eine Zwergart auf Malta u. a. Der Höhepunkt der Elefantenevolution wird mit der *Mammuthus*-Gruppe erreicht, einer Gattung mit Vertretern im pliozänen Afrika, besser bekannt aber durch ihre jungpleistozänen Kältesteppenformen Eurasiens und Nordamerikas. Während man im Pliozän noch weite Lamellenabstände findet, verdichten sie sich später (3. Molar mit bis zu 27 Lamellen) und bilden ein hochspezialisiertes Backengebiß.
Mammuthus primigenius ist das klassische Wollhaarige Mammut. Es kommt im späten Pleistozän häufig vor, von ihm fand man im Permafrost der Tundren z. T. vollständige, gefrorene Kadaver. Mammuts werden auch von altsteinzeitlichen Menschen gejagt, die letzten sterben vor etwa 12 000 Jahren aus.

Marder
Die Marder bilden als kleinste Säuger-Raubtiere die Familie der Mustelidae, phylogenetisch stehen sie an der Basis der Arctoidea (↗Raubtiere). Zu den Mardern gehören Nerz, Skunk, Iltis, Frettchen u. a.; typisch für diese Tiere sind ein langer, schlanker Körper und kurze Beine.
In der nördlichen Hemisphäre sind Marder als die dominierenden Kleinraubtiere weit verbreitet. Sie ernähren sich hauptsächlich von Nagern und Vögeln; in den Tropen besetzen die ↗Zibetkatzen ihre ökologische Nische. Ein Drittel aller Gattungen der Raubtiere gehören zu den Musteliden.
Die frühesten Vertreter der Familie findet man im Oligozän; ab dieser Zeit entwickeln sich 5 Hauptgruppen:
Gulo, der Vielfraß, ist ein außergewöhnlich großer Vertreter der Mu-

stelinae, der selbst einem Elch gefährlich werden kann. Die mit ihren kräftigen Vorderextremitäten auf Graben spezialisierten Dachse (Unterfamilie Melinae) leben als Allesfresser vor allem von Insekten und pflanzlicher Nahrung. Die Honigdachse (Mellivorinae) zeigen eine ähnliche Lebensweise in Afrika und einigen Teilen Asiens. Die Skunke (Mephitinae) sind heute auf Amerika beschränkt, besitzen aber känozoische Vorläufer in Eurasien; zur Abwehr bespritzen diese meist kleinen Tiere ihre Feinde mit einer stinkenden Flüssigkeit ihrer Analdrüsen.

Die verbreitetste Mardergruppe sind die Otter (Lutrinae). Als mittelgroße wasserlebende Raubtiere erfahren sie keine direkte Konkurrenz, sie besetzen diese Nische seit dem Erscheinen von *Potamotherium* im frühen Miozän. Als Anpassung an das Schwimmen besitzen sie ein wasserabweisendes Fell, kurze Beine, Schwimmfüße und einen kräftigen Schwanz. Ihr Geruchsinn ist weniger entwickelt, aber ihre Vibrissen (Schnurrhaare) sprechen auf Vibrationen (Fischbewegungen) an. Die meisten Otter bewohnen Seen und Flüsse, und zwar auf allen Kontinenten außer Australien und der Antarktis. Der Meerotter *Enhydra* lebt im Pazifik; er ernährt sich nicht von Fischen, sondern von Weichtieren.

Marsh, Othniel Charles
(1831–1899)
Amerikanischer Paläontologe und Erstbeschreiber zahlreicher Fossilien, vor allem aus mittleren und westlichen Teilen der USA. Er wurde in Lockport, New York, geboren, studierte an der Yale University und reiste dann nach Europa. 1866 wurde er Professor für Paläontologie an der Yale University sowie Direktor der Geologischen und Paläontologischen Abteilung am Museum, das sein Onkel, der reiche Philanthrop George PEABODY (1795–1869) gegründet hatte.

Als erbitterter Gegner von Edward ↗COPE war MARSH an den Expeditionen in die westliche USA beteiligt, die große Mengen an Wirbeltierfossilien aus Jura- und Kreideschichten von Wyoming und Colorado erbrachten. Oftmals finanzierte er Expeditionen aus eigener Tasche. Ab 1882 wurde er auch Wirbeltierpaläontologe des United States Geological Survey.

Marsupialia ↗Beuteltiere

Mastodonten
Eine Gruppe ausgestorbener ↗Rüsseltiere (je nach Autor in verschiedene Familien eingeteilt). Mastodonten bilden die beherrschenden pflanzenfressenden Großsäuger des Miozän; einige Formen überleben bis ins Plio-Pleistozän, sogar bis ins Holozän, vom Pliozän ab werden sie jedoch immer stärker von den Elefanten verdrängt.

Palaeomastodon tritt schon im frühen Oligozän Ägyptens auf, das nächste Rüsseltierfossil kennt man jedoch erst aus dem frühen Miozän Afrikas. Zu diesem Zeitpunkt haben sich schon 2 Linien entwickelt: die bunodonten und die zygodonten Mastodonten. Beide dringen von Afrika aus während des Miozän nach Eurasien und Nordamerika vor.

Die zygodonten Formen (Backenzähne mit Querjochen) reduzieren die unteren Stoßzähne, und die Unterkieferknochen werden elefantenähnlich. Die Backenzähne besitzen 3 Querjoche und wenig oder gar keinen Zement. *Zygolophodon* kommt im Miozän Eurasiens vor und gelangt schließlich auch nach Nordamerika.

Zur Gattung *Mastodon* gehören die großen zygodonten Mastodonten des Pleistozän; sie leiten sich von *Zygolophodon* ab. Ein amerikanischer Abkömmling (*Mastodon americanus*) erreicht 3 m Schulterhöhe, etwas weniger als ein Afrikanischer Elefant und deutlich weniger als die großen ↗Mammuts dieser Zeit. Dieser Bewohner der Kältesteppen trägt ein zottiges, braunes Fell, er stirbt erst in den letzten 10 000 Jahren aus.

Die aus dem Pleistozän von Süd- und Ostasien gut bekannten Stegodonten repräsentieren einen Seitenast der Zygodonten. Sie tragen lange, gekrümmte obere Stoßzähne, die unteren bleiben rudimentär. Die Backenzähne zeigen mit komplexen Querjochen ein an Elefanten erinnerndes Muster. Stegodonten galten früher als die Vorfahren der Elefan-

ten, Fossilfunde in Afrika belegen aber, daß sich die Elefanten aus bunodonten Gomphotheriiden entwickeln. Die Stegodonten müssen daher als Parallelentwicklung gedeutet werden.

Weit zahlreicher und mannigfaltiger zeigt sich die 2. Linie: die Bunodonten. Sie vergrößern die unteren Stoßzähne, oft zu schaufelähnlich verbreiterten Werkzeugen (Platybelodon). Die Backenzähne früher Arten von *Gomphotherium* weisen 3 Höckerreihen auf, die späteren

Mastodonten
Oben: Gomphotherium *(auch als* Trilophodon *und* Tetrabelodon *bekannt) ist der typische bunodonte Mastodonte des Miozän; die Gattung existiert vermutlich bereits im späten Oligozän und reicht bis ins Untere Pleistozän.*
Schulterhöhe: ca. 3 m
Unten: Stegomastodon *überlebt in Südamerika bis ins Pleistozän.*
Höhe: ca. 2,7 m

dagegen 4 Höckerreihen mit einem komplexen Muster; oft tragen sie eine Zementschicht auf der Mahlfläche, um die Abnutzung der relativ niederen Kronen zu verringern. *Gomphotherium* mit seinen großen Stoßzähnen breitet sich im frühen Miozän oder sogar schon im Oberen Oligozän nach Eurasien aus, man findet Reste dieser Tiere von Portugal bis Japan. Einige Gomphotherien mit breiten Stoßzähnen dringen nach Nordamerika vor, bunodonte Mastodonten gelangen im Unteren Pleistozän über Mittelamerika auch nach Südamerika; *Notiomastodon* und *Cuvieronius* kommen südwärts bis Argentinien vor. Während des Pliozän entstehen bei den Bunodonten Formen mit 4 und sogar 5 Höckerreihen *(Tetralophodon* und *Pentalophodon)* und reduzierten unteren Stoßzähnen. Aus dieser Gruppe entwickeln sich in Afrika die Elefanten mit den Mammuts; *Primelephas gomphotheroides,* der ursprünglichste Elephantide, stammt aus 5 Millionen Jahre alten

Mastodonten
Oben: Palaeomastodon *aus dem Unteren Oligozän Ägyptens erreicht eine Höhe von 2,3 m.*
Unten: Mastodon americanus, *ein Zeitgenosse der ersten Menschen in Nordamerika, wird etwa 3 m hoch.*

känozoischen Schichten und zeigt noch Merkmale der Gomphotherien.

Medusen, „Quallen"

Neben dem sessilen Polyp die zweite, freischwimmende Form, in der Cnidaria oder Nesseltiere (↗Hohltiere) vorkommen. Fossile Medusen sind selten; unter günstigen Bedingungen kann sich aber der Abdruck der Weichkörper erhalten. Einige präkambrische Fossilien gehören offensichtlich zu den Medusen.

Medusen
Brachnia *ist eine medusenähnliche Form aus dem Präkambrium von Australien; die Rekonstruktion zeigt den halbkontrahierten Zustand (etwa ²/₃ natürl. Größe).*

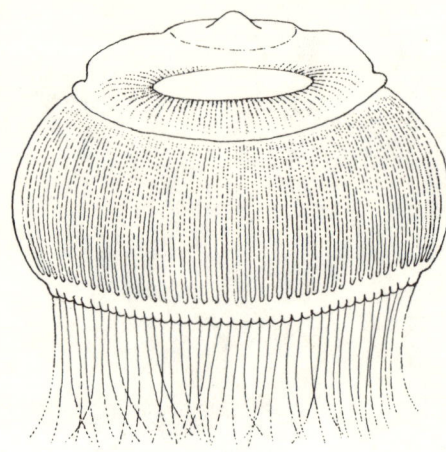

Mensch

Ein ↗Primat gleichen Ursprungs mit den Menschenaffen wie Schimpanse, Gorilla u. a. Die Primaten entwickeln sich wahrscheinlich vor etwa 70 Millionen Jahren aus einem Kleinsäuger zunächst zu baumlebenden Tieren, ähnlich den heutigen Halbaffen. Diese frühen Primaten verzeichnen einen großen Vorteil: Sie sind ziemlich unspezialisiert und können verschiedenste Umweltnischen besetzen. Allen gemeinsame Merkmale sind fünfzählige Hände und Füße, Nägel statt Krallen und die Entwicklung empfindlicher Fingerkuppen. Die Schnauze wird reduziert, die Augen wandern nach vorne, und die Hirngröße wächst, vor allem das Sehzentrum.

Mit *Aegyptopithecus* aus ↗Fayum in Ägypten kennt man einen 35–40 Millionen Jahre alten gemeinsamen Vorfahren der Menschenaffen und des Menschen. Dieses kleine, baumbewohnende quadrupede Tier ähnelt mit seinem schweren affenartigen Kiefer und seinen Zähnen schon sehr modernen Menschenaffen.

Während des Miozän breiten sich menschenaffenähnliche Formen (Dryopithecinen) über ganz Afrika, nach Europa und Asien aus. Einen dieser Dryopithecinen, *Dendropithecus,* hält man für einen direkten Vorläufer der Gibbons.

Während des Spät-Miozän ändert sich das Klima, und Wälder werden durch Savannen ersetzt. Die meisten Arten der Menschenaffen scheinen sich dieser Umweltänderung nicht anpassen zu können: Sie ziehen sich in die verbleibenden Wälder zurück. Aus den Arten jedoch, die zum Leben in der Savanne übergehen, entwickelt sich der Mensch. Einer der Dryopithecinen, *Ramapithecus,* wird als wahrscheinlicher Vorläufer der Hominiden angesehen. Man kennt Funde aus dem Mittleren Miozän von China, Ungarn, Kenia, der UdSSR und der Türkei. *Ramapithecus* erscheint noch sehr affenähnlich, besitzt aber einige Merkmale des Menschen. Besonders die Zähne zeigen Veränderungen: Eck- und Schneidezähne sind verkleinert, die Backenzähne haben steile Ränder und flache Kronen. Diese Änderungen der Zahnstrukturen deuten auf kleine Nahrungseinheiten hin. Nach einer Theorie der Menschheitsevolution leben *Ramapithecus* und seine Nachfahren, die frühen Hominiden, in einer unwirtlichen Umgebung und passen sich an diese an, indem sie Grassamen fressen. Dies würde die Reduktion des Vordergebisses und die großen, flachen Backenzähne erklären, die sich zum Zermahlen harter Samen gut eignen. Solche Ernährung erfordert, daß Samen per Hand gesammelt werden; es setzt daher eine Selektion ein auf größere Handfertigkeit und bessere Koordination mit dem Auge und damit auf Vergrößerung des Gehirns. Da dies alles im Sitzen möglich ist, liefert diese Theorie jedoch keine Erklärung für die Entstehung des aufrechten Ganges. Die Annahme, daß Aufstehen, um Feinde im hohen Gras auszuspähen, zur Bipedie geführt habe, wird von den wenigsten Anthropologen akzeptiert.

Den nächsten Fortschritt auf dem Weg zum Menschen bringen die Australopithecinen in Afrika vor etwa 5 Millionen Jahren. Diese „südlichen Affen" leben bis vor etwa 1 Million Jahre. Einige von ihnen repräsentieren vielleicht die Ahnen des Menschen, andere spezialisieren sich dagegen beträchtlich und sterben aus.

Raymond ↗DART, 1924 der Entdecker des ersten Australopithecinen, stößt auf Widerstand mit der Bewertung seines Fundes als „Hominide". Zu jener Zeit ist der ↗Piltdown-Mensch noch nicht „entlarvt", und man hält dessen Schlüsselmerkmale, menschengroßes Gehirn zusammen mit affenähnlichem Kiefer, für das entscheidende Modell der Menschheitsevolution. DARTs Australopithecine mit seinem affenähnlichen Schädel und leichtem Kiefer wird infolgedessen nicht als hominid, sondern als Affenfossil eingestuft.

Weiteres Material aus Südafrika sowie die Entdeckung des Piltdown-Schwindels führen schließlich zu gebührender Anerkennung der afrikanischen Funde.

Der von DART bei Taung gefundene Schädel eines etwa 6 Jahre alten Kindes wird *Australopithecus africanus* genannt. Später findet man weitere Australopithecinen an mehreren südafrikanischen Orten wie Sterkfontein, Makapan, Kromdraai und Swartkrans. Das Material läßt sich 2 Typen zuordnen: Der eine gleicht dem Taung-Fund und wird als grazile Form bezeichnet, der

andere Typ ist schwerer und robuster gebaut. Einige Forscher halten diese Typen für 2 Arten, andere für Mann und Frau einer Art mit extremem Geschlechtsdimorphismus. Inzwischen ist die „2-Arten-Theorie" anerkannt, und der grazile Typ wird als *Australopithecus africanus,* der robuste als *Australopithecus robustus* benannt.

Australopithecus africanus besitzt im wesentlichen die Zähne eines Menschen, die Eckzähne sind allerdings etwas größer als beim modernen Menschen. Sein Gehirn ist klein: Das Volumen von 400–450 cm³ entspricht dem Hirnvolumen eines Schimpansen und mißt nur $^1/_3$ des modernen Menschenhirns. Aus den wenigen Extremitätenfunden und dem Schädelbau kann man schließen, daß *Australopithecus africanus* aufrecht geht und etwa 1,25 m groß wird. Sein Körpergewicht wird auf 30 kg geschätzt.

Australopithecus robustus ist deutlich größer, von fast gleicher Größe und gleichem Gewicht wie der moderne Mensch, geht ebenfalls aufrecht, aber sein verhältnismäßig großer Schädel und sein großer Kiefer weisen entscheidende Unterschiede auf. Die Zähne sind oft abgenutzt durch die vermutlich vorherrschend pflanzliche Nahrung: Eine Vorstellung, die auch durch den großen Knochenkamm auf dem Schädel gestützt wird. Ein solcher Knochenkamm dient bei Gorillas als Ansatzstelle für die kräftige Kaumuskulatur und an eine solche Funktion denkt man auch bei *Australopithecus robustus.* Aufgrund dieser Unterschiede zwischen den beiden Australopithecinen vermutet man, *Australopithecus robustus* sei ein friedfertiger Vegetarier, *Australopithecus africanus* hingegen verzehre auch Fleisch (einer der Gründe, weshalb man ihn für den wahrscheinlichen Vorläufer des Menschen hält).

Ausgrabungen nördlicher in Afrika führen jetzt jedoch zur Alternativtheorie, daß keiner dieser zwei Ho-

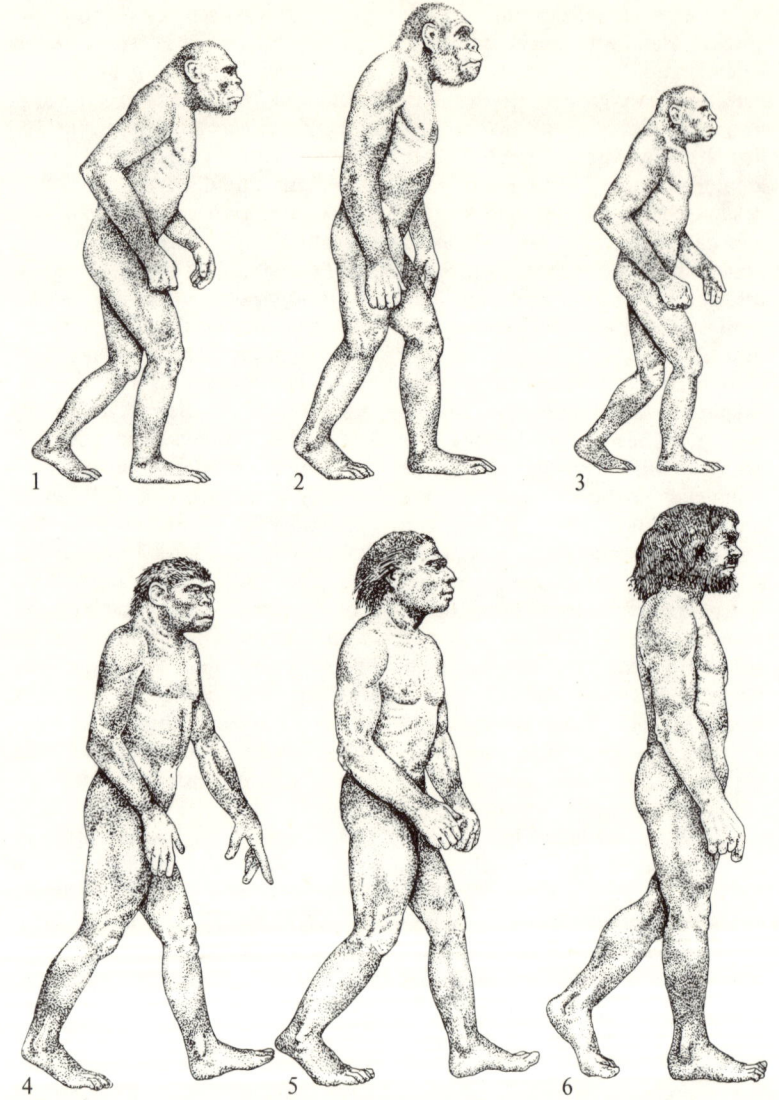

Mensch
Die Entwicklung zum modernen Menschen.
1 Australopithecus africanus
2 Australopithecus robustus
3 Homo habilis
4 Homo erectus
5 *Neandertaler* (Homo sapiens neanderthalensis)
6 *Cro-Magnon-Mensch* (Homo sapiens sapiens)

miniden als Vorläufer des Menschen in Frage kommt, sondern daß sie eine Seitenlinie darstellen. Ausgrabungen in der ↗Olduvai-Schlucht fördern unter den Überresten der Oldowan-Kultur („pebble tools") den Schädel eines Hominiden zutage, der eine Extremform von *Australopithecus robustus* zu sein scheint. Louis ↗LEAKEY nennt seinen Fund *Zinjanthropus,* später wird er als *Australopithecus boisei* bezeichnet. Sein Auftreten in Verbindung mit den Resten der Oldo-

wan-Kultur legt zunächst nahe, ihn für den Hersteller dieser Werkzeuge vor etwa 1,75 Millionen Jahren zu halten. Bei weiteren Ausgrabungen werden aber Knochen des moderner erscheinenden Hominiden *Homo habilis* („geschickter Mensch") gefunden; ihm wird heute meist die Oldowan-Kultur zugeschrieben. Der aufrecht gehende *Homo habilis* besitzt ein Hirnvolumen von 650 cm³ und erreicht eine Höhe von 1,2 m.

Ausgrabungen bei ↗Omo, Afar

und am ↗Rudolfsee bringen weitere Erkenntnisse über frühe Hominiden, verwirren aber das Bild.

Neben einer Vielzahl von *Australopithecus africanus*- und *Australopithecus robustus*-Resten findet man am Rudolfsee überraschenderweise einen Schädel (nur als Nummer „1470" bezeichnet) mit einem Hirnvolumen von 770 cm^3. Dieser Schädel ist älter als die Olduvai-Funde! Einzelne Skeletteile, die dem 1470-Typ zugeordnet werden, erinnern an den modernen Menschen. Aus allen diesen Funden schließt man, daß vor etwa 2 Millionen Jahren mehrere Arten von Hominiden in Afrika nebeneinander existieren, es ist unklar, aus welchen Formen sich der Vorläufer des modernen Menschen entwikkelt. Der beste „Kandidat" ist allerdings der 1470-Hominide.

Der nächste Entwicklungsschritt manifestiert sich in *Homo erectus,* dessen Hirnvolumen 850 cm^3 mißt. Das erste Exemplar stammt aus Indonesien (↗Javamensch), es finden sich jedoch weitere Vertreter dieses Typus, so auch der ↗Pekingmensch. *Homo erectus* scheint sich in Afrika entwickelt zu haben, Funde in Olduvai werden auf ein Alter von 1 Million Jahre datiert; von dort breitet er sich vermutlich nach Europa und Asien aus. Zu den europäischen Funden von diesem Typus gehört ein Unterkiefer bei Heidelberg. Von diesem *Homo erectus* nimmt man an, daß er zuerst Faustkeile benutzt und dann die Handbeil-Technologie des Acheuléen entwickelt. An den Ufern der Themse bei Swanscombe in England lebt vor etwa 250 000 Jahren ein Volk, das Handbeile verwendet. Die Reste eines dieser Individuen werden von manchen als fortgeschrittener *Homo erectus* angesehen, von anderen als frühester Vertreter des *Homo sapiens* betrachtet. Aus etwa der gleichen Zeit stammt ein anderer Schädel bei Steinheim (nahe Stuttgart), den man ebenfalls für einen späten *Homo erectus* oder frühen *Homo sapiens* hält. Sein Hirnvolumen beträgt fast 1200 cm^3. Besonders in Europa finden sich noch zahlreiche andere Schädel, die Merkmale zwischen *Homo erectus* und *Homo sapiens neanderthalensis* (↗Neandertaler) aufweisen. Diese Funde werden auf ein Alter von 70 000 bis 120 000 Jahre datiert. Die Zeit des Neandertalers in Europa liegt 70 000 bis 35 000 Jahre zurück. In diese Periode fällt ein Klimawechsel, bedingt durch die letzte pleistozäne Vereisung. Der Neandertaler überlebt bis in die Würm-↗Eiszeit; er jagt, nutzt Höhlen als Schutzraum, bekleidet sich und kennt das Feuer. Reste des Neandertalers werden zusammen mit der Moustérienkultur gefunden (↗Feuersteinwerkzeuge).

Vor 30 000 Jahren erscheint in Europa ein neuer Menschentyp, dem alle heutigen Menschen angehören: *Homo sapiens sapiens*. Die Werkzeugherstellung dieses Cro-Magnon-Menschen (bezeichnet nach einem Ort in Frankreich) unterscheidet sich von der des Neandertalers durch die Verwendung der Klingen-Technik. Der Ursprung von *Homo sapiens sapiens* bleibt unklar. Vielleicht breitete er sich vom Mittleren Osten und Äthiopien her aus, wo man 120 000 Jahre alte, relativ moderne Schädel findet. Ungeachtet seiner tatsächlichen Herkunft gilt der Cro-Magnon-Mensch als der Begründer der fortgeschrittenen Kulturen des Paläolithikum. Deren Weiterentwicklung im ↗Mesolithikum und ↗Neolithikum führt über die Einführung des Ackerbaus zur Bildung seßhafter Gemeinschaften.

Menschenaffen

Höhere ↗Primaten mit gut entwikkeltem Gehirn, halb aufrechtem Gang, Greifhänden und ohne Schwanz. In diese Gruppe gehören Gorilla, Schimpanse, Orang-Utan und Gibbon.

Gemeinsame Vorfahren von Menschenaffen und ↗Mensch fin-

Menschenaffen
Dryopithecus *erscheint in Afrika im Unteren Miozän.*

zu den Ahnen der Menschenaffen. Der kleine baumbewohnende Vierfüßer zeigt noch die lange vorstehende Schnauze eines Halbaffen, der schwere Unterkiefer ist jedoch schon affenähnlich. Die großen Eckzähne und der Molarenbau zeigen schon klare Affenstrukturen.

Während des Miozän durchlaufen die Menschenaffen eine adaptive Radiation in Afrika und breiten sich nach Europa und Asien aus. Diese fossilen Formen mit einem Alter von etwa 10–25 Millionen Jahren werden als Dryopithecinen bezeichnet. Die frühesten Vertreter dieser Gruppe kennt man aus Ostafrika: baumbewohnende, quadrupede Tiere mit kurzen Extremitäten. Unter ihnen vermutet man mit *Dendropithecus* auch den Vorläufer der Gibbons: Er zeigt schon in diesem frühen Stadium spezialisierte scharf schneidende Eck- und Schneidezähne.

Ein anderer Dryopithecine wurde *Proconsul* genannt, nach einem Schimpansen namens Consul im Londoner Zoo: Man sieht in *Proconsul* den Schimpansenvorläufer.

Nach dem Mittel-Miozän verschwinden diese afrikanischen Menschenaffen, werden aber in Europa und Asien im Zuge einer weiteren adaptiven Radiation durch mindestens 5 *Dryopithecus*-Arten ersetzt, die vor 10–14 Millionen Jahren in den europäischen und asiatischen Wäldern leben. Einer der mittelmiozänen Menschenaffen, *Pliopithecus,* ähnelt dem Gibbon. Da seine gibbonähnlichen Merkmale jedoch weniger gut entwickelt sind als jene des frühen *Dendropithecus,* wird er nicht in die zum Gibbon führende Entwicklungslinie gestellt.

Der Ursprung der großen Menschenaffen (Gorilla, Orang-Utan, Schimpanse) ist weniger klar, obgleich man 2 Arten des *Proconsul* als Ausgangspunkt ansieht: *Proconsul africanus* soll zum Schimpansen, *Proconsul major* zum Gorilla führen.

det man im Oligozän. Die besten Funde solch früher Formen stammen aus dem fossilreichen ↗Fayum in Ägypten. Man findet dort zwei Hauptgruppen; die eine, die Parapithecidae, erlöschen offenbar, ohne Nachfahren zu hinterlassen. Zur zweiten Gruppe gehören drei wichtige fossile Menschenaffen: *Oligopithecus, Propliopithecus* und *Aegyptopithecus.* Der nur in einem Fundstück vorliegende *Oligopithecus* ist von großer Bedeutung, da er offenbar zwischen Halbaffen und Affen vermittelt: Er weist Merkmale beider Gruppen auf. Dieses baumbewohnende Tier lebt in den Wäldern um Fayum vor etwa 35–40 Millionen Jahren.

Den nächsten Entwicklungsschritt zeigt *Propliopithecus.* Er erinnert noch sehr an *Oligopithecus,* trägt aber Zähne mit höher entwickelten Strukturen. Als recht unspezialisierte Form kann *Propliopithecus* als Vorläufer der ↗Affen gelten. *Aegyptopithecus* gehört vielleicht

Aus dem Mittleren Miozän stammen 2 bemerkenswerte Affen. *Oreopithecus* erscheint ungewöhnlich, da er Affen-, Menschenaffen- und Hominidenmerkmale vereint. Dieser Sumpfbewohner stirbt aus, ohne Nachfahren zu hinterlassen. *Gigantopithecus* ist der größte Primat überhaupt, auch er bleibt ohne Abkömmlinge.

Gegen Ende des Mittel-Miozän werden infolge Klimaveränderungen mehr und mehr Wälder durch Savannen ersetzt. Die Affen werden zusammengedrängt auf diese Wälder – mit Ausnahme jener Arten (darunter die Vorgänger des Menschen), die sich an die Savannen anpassen können.

Mesolithikum

Das Mittlere Steinzeitalter des ↗Holozän; mit dem Erscheinen von Mikrolithen in dieser Periode erreicht die Bearbeitung von Steinwerkzeugen durch den frühen Menschen ihren Entwicklungshöhepunkt.

Das Mesolithikum trennt die fortschrittlichen Jäger des ↗Paläolithikum von den Landwirtschaft treibenden Menschen des ↗Neolithikum. In dieser Zeit ändern sich durch Klimaveränderungen auch die Lebensbedingungen des Menschen. Die eiszeitlichen Gletscher ziehen sich endgültig zurück, mit heute vergleichbare klimatische Verhältnisse verwandeln die europäischen Tundren in dichte Wälder. Die großen Wildherden verschwinden, und Großsäuger kommen nur noch entlang von Flüssen und Seen oder in vereinzelten Waldlichtungen vor.

Die bestbekannte mesolithische Kultur ist das Maglemosien. Sie stammt von einem Volk, das entlang der Waldränder, Flüsse und Seen von Nordeuropa jagt und sich von Hirschen, Elchen, Vögeln, Fischen und Wasserpflanzen ernährt. Ihre Geräte bestehen aus flachen Feuersteinsplittern (Mikrolithe); diese finden Verwendung als Spit-

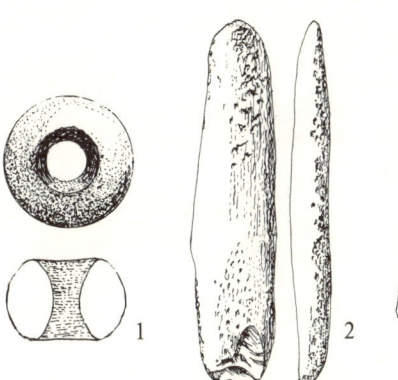 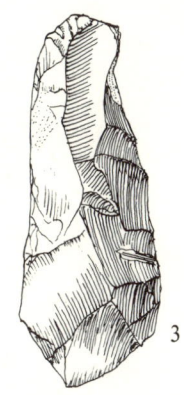

zen oder Widerhaken für die Jagd, als Werkzeug zum Bearbeiten von Knochen und Geweihen und als Schaber zur Verarbeitung der Tierhäute. Sie benutzen Pfeil und Bogen, die Pfeile tragen entweder Mikrolithspitzen oder flache Feuersteine; zum Fischen werden Netze und aus Knochen geschnitzte Haken verwendet.

Der einzige Hinweis auf Haustiere besteht in Funden von Hundeskeletten an einigen Stellen in England und Dänemark. Die mesolithischen Jäger, Fischer und Sammler sind im Gravieren sehr geschickt und bearbeiten Zähne, Knochen, Kieselsteine und in der baltischen Region auch ↗Bernstein. Die Verzierungen zeigen gelegentlich Tiere oder Menschen, meist aber abstrakte Muster aus Zickzack-Linien, Keilen und Schraffuren.

Mesosaurus

Kleine, süßwasserbewohnende Reptilien, deren Reste nur in unterpermischen Gesteinen von Südafrika und Brasilien gefunden wurden. Bei einer Länge von etwa 71 cm besitzt *Mesosaurus* eine lange, schlanke Schnauze mit einer reusenartigen Bezahnung, wie sie häufig bei fischfressenden Formen auftritt: Die Kiefer tragen, in Gruben eingesenkt, zahlreiche und verschieden lange Zähne. Auf eine aquatische Lebensweise deuten auch die breiten, paddelförmigen Gliedma-

Mesolithikum
Steingeräte:
1 „Keulen-Kopf" aus einem Sandsteinblock; der Querschnitt (unten) zeigt die sanduhrförmige Durchbohrung.
2 Hammer (Aufsicht von zwei verschiedenen Seiten).
3 Kernaxt mit geschärfter Schneidekante.

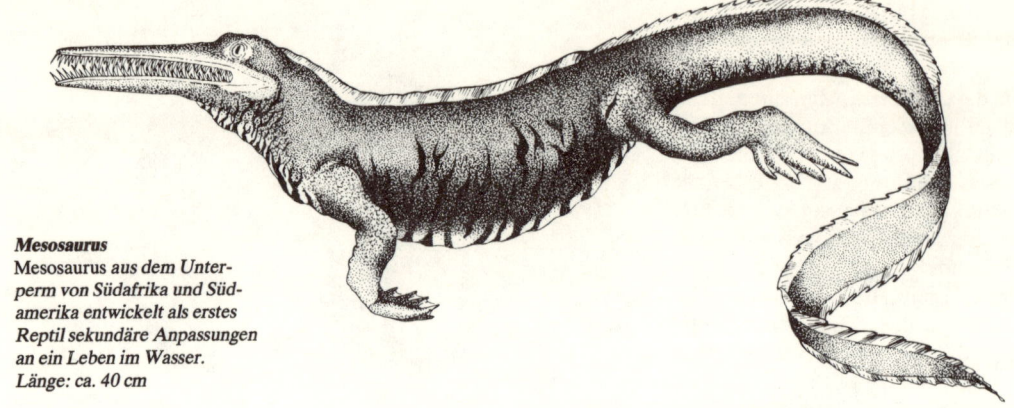

Mesosaurus
Mesosaurus aus dem Unter-
perm von Südafrika und Südamerika entwickelt als erstes
Reptil sekundäre Anpassungen
an ein Leben im Wasser.
Länge: ca. 40 cm

ßen – die hinteren sind etwas länger als die vorderen – aber auch der lange, seitlich abgeplattete Schwanz. Das einzige, tiefgelegene Schläfenfenster weist auf Beziehungen zu den ↗Pelycosauria, dies wird aber durch keine anderen Merkmale gestützt. Auch eine Verwandtschaft zu den ↗Fischsauriern ist unwahrscheinlich; denn bei diesen mesozoischen Formen sind die Vordergliedmaßen länger als die Hintergliedmaßen. *Mesosaurus* kann keiner der übrigen Reptilgruppen zugeordnet werden und wird daher in einer eigenen Ordnung (Mesosauria) geführt.

Die Verbreitung von *Mesosaurus* wurde bereits von WEGENER als Beweis für die Theorie der Kontinentalverschiebung gedeutet. Bisher nur in Südamerika und Südafrika gefunden, kann *Mesosaurus* als offensichtlich im Süßwasser lebende Form kaum den Südatlantik überquert haben. Sind dagegen Afrika und Südamerika vereinigt, wird die Verbreitung erklärbar.

Mesozoikum

Das Mesozoikum oder „Erdmittelalter" umfaßt die Systeme ↗Trias, ↗Jura und ↗Kreide. Es wird auch als „Zeitalter der Reptilien" bezeichnet, da in den 165 Millionen Jahren die Reptilien mit den ↗Dinosauriern an Land die dominierende Wirbeltiergruppe bilden; auch das Meer (↗Plesiosaurier, ↗Fisch-

saurier, ↗Mosasaurier) und der Luftraum (↗Flugsaurier) wird von den Reptilien erobert. Die Flora des Mesozoikum ist bis zur Kreide durch das Vorherrschen der ↗Gymnospermen charakterisiert.

Mesozoische Säugetiere

Älteste bekannte ↗Säugetiere; sie treten erstmals in der Ober-Trias von England *(Morganucodon)*, Südafrika *(Megazostrodon)* und China *(Sinoconodon)* auf. Diese spitzmausähnlichen Formen besitzen Backenzähne mit einem medianen Haupthöcker sowie einem kleinen Vorder- und Hinterhöcker, eine Anordnung, die durch die Alternation der Zahnreihen ein wirksames Zerreißen der Nahrung ermöglicht. Ein sekundäres Kiefergelenk existiert (neben dem primären) bei den Morganucodonten. Diese obertriassischen Säuger spalten in 2 Hauptlinien auf: einerseits in die Prototheria mit Triconodonta, Docodonta, Multituberculata und Monotremata (↗Kloakentiere), andererseits in die Theria mit Symmetrodonta und Pantotheria.

Triconodonten kennt man seit dem Mittleren und Oberen Jura Europas *(Triconodon)* und Nordamerikas *(Priacodon)*. Neben kleinen Insektenfressertypen entwickeln sich auch katzengroße, wahrscheinlich räuberisch lebende Formen. Ihren Namen verdankt die Gruppe den dreihöckrigen Backenzähnen.

Die Docodonten bleiben auf den Mittleren und Oberen Jura von Europa und Nordamerika beschränkt. Die oberen Backenzähne sind in Querrichtung verbreitert. Die Stellung der Docodonten zu anderen Gruppen ist ungewiß. Die Multituberculaten sind die erfolgreichste dieser frühen Gruppen. Man findet sie in Eurasien und Nordamerika vom Spätjura bis ins Früh-Eozän. Sie besitzen als einzige pflanzenfressende mesozoische Säugetiere ↗Nagetier-ähnliche Nagezähne und vielhöckrige Backenzähne. Sie übernehmen wohl die Nagetiernische der Tritylodontia (↗Säuger-ähnliche Reptilien) und werden von den Nagetieren im Paläozän verdrängt.

Die Triconodonten, Docodonten und Multituberculaten unterscheiden sich in einigen Merkmalen, z. B. im Bau des Innenohrs, von allen anderen Säugetieren mit Ausnahme der Monotremata (↗Kloakentiere); vermutlich repräsentieren diese die einzigen lebenden Nachfahren der Gruppe.

Die Symmetrodonta kennt man aus dem Jura von Nordamerika (z. B. *Eurylambda)* und Europa (z. B. *Spalacotherium)* sowie möglicherweise aus der frühen Kreide Asiens. Einige erreichen die Größe kleiner Raubtiere, die oberen Backenzähne tragen 3 in Dreiecksform angeordnete Höcker. Die interessanteste Gruppe für die weitere Entwicklung sind die Pantotheria, denn aus ihnen gehen die ↗Beuteltiere und Plazentalier hervor, d. h. alle lebenden Säugetiere mit Ausnahme der Monotremata. Die Backenzähne der Pantotheria sind ebenfalls dreieckig, die Spitze des (oberen) Trigons zeigt nach innen, die des unteren nach außen. Später kommt in den oberen Molaren noch ein einhöckriger Absatz (Talon) hinzu, in den unteren ein dreihöckriger Absatz (Talonid); die Molaren besitzen damit neben der scherenden auch eine mahlende Funktion.

Die frühesten Pantotheria erschei-

nen im Mittleren Jura (z. B. *Amphitherium),* während der Großteil im Oberen Jura Europas und Nordamerikas (z. B. *Melanodon* und *Dryolestes)* auftritt; ein isolierter Fund ist auch aus Ostafrika bekannt. Aus der frühen Kreide weiß man wenig über diese Gruppe. In

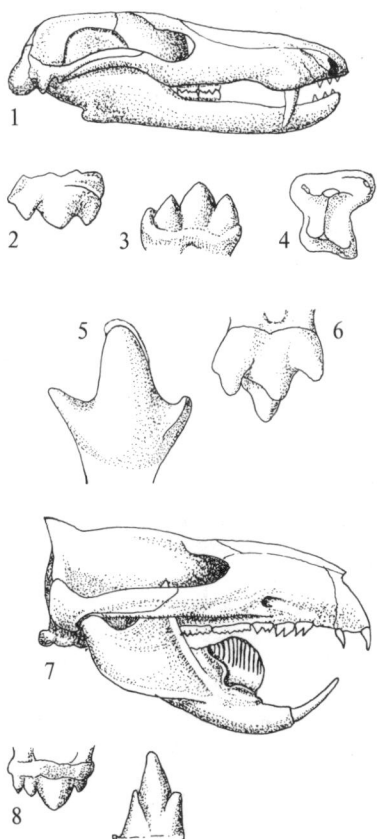

Mesozoische Säugetiere
Megazostrodon *aus der Oberen Trias Südafrikas ist eines der ursprünglichsten Säugetiere. Länge: etwa 10 cm*

Mesozoische Säugetiere
1 Schädel des Triconododonten Sinoconodon *aus der Oberen Trias Ostasiens.*
Schädellänge: 4 cm
2 Ein rechter oberer Molar (Außenansicht) des nordamerikanischen Triconodonten Priacodon *aus dem Oberen Jura.*
3 Ein linker unterer Molar (Außenansicht), ebenfalls von Priacodon.
4 Krone eines rechten oberen Molaren (Vorderrand links, Außenrand oben) von Docodon *aus dem Oberen Jura Europas.*
5 Linker unterer Molar (Außenansicht) von Dryolestes, *einem nordamerikanischen Pantotherier des Oberen Jura.*
6 Rechter oberer Molar (Außenansicht) von Melanodon, *einem nordamerikanischen Pantotherier des Oberen Jura.*
7 Schädel von Ptilodus, *einem paläozänen Multituberculaten Nordamerikas.*
Schädellänge: etwa 5 cm
8 Rechter oberer Molar (Außenansicht) von Eurylambda, *einem nordamerikanischen Symmetrodonten des Oberen Jura.*
9 Linker unterer Molar (Außenansicht) von Spalacotherium, *einem europäischen Symmetrodonten des Oberen Jura.*

197

der Mittleren Kreide wird sie durch ihre Nachfolger, die Beuteltiere und Plazentalier, ersetzt.

Beuteltiere besitzen am Außenrand der Backenzähne einen Sockel und weisen 4 Molaren auf. Nur 3 Molaren findet man bei den Plazentaliern, ihnen fehlt auch der Sockel. Während der späten Kreide entwickeln sich die Beuteltiere rasch zur beherrschenden Säugergruppe, die Plazentatiere schließen erst zum Ende des Mesozoikum auf. Die kreidezeitlichen Beuteltiere breiten sich von Nord- und Südamerika im frühen Känozoikum nach Europa und Australien hin aus. Mit dem Ende der Kreide sind es dann jedoch die Plazentalier, die sich auf der Nordhalbkugel besser anpassen können, so daß sie die frei gewordenen Nischen der ↗Dinosaurier und anderer Reptilien ausfüllen.

Messel

Neben dem ↗Geiseltal bedeutendste Fundstelle des Eozän nördlich von Darmstadt. Die fossilführenden Schichten sind Ölschiefer, die als Ablagerung eines großen Süßwassersees entstanden sind. Der Ölschiefer von Messel erreicht eine Mächtigkeit bis zu 190 m und wurde seit Ende des vorigen Jahrhunderts abgebaut.

Die Fauna des Ölschiefers von Messel zeigt einmal Tiere, die ständig im See gelebt haben, wie Süßwasser-Schwämme, Süßwasser-Schnecken und Fische, dann amphibisch lebende Tiere wie Frösche, Krokodile und Schildkröten und schließlich landbewohnende Tiere der Umgebung wie zahlreiche Vögel und Säugetiere. Aufgrund des Vorkommens der Pferdevorläufer *Propalaeotherium hassiacum* und *Propalaeotherium messelense* wird der Ölschiefer von Messel in das Mittlere Eozän (Lutetium) eingestuft.

Die reiche Flora enthält vor allem Vertreter von Walnuß-, Maulbeer-, Seerosen-, Magnolien- und Lorbeergewächsen sowie von Hülsenfrüchtlern.

Pflanzen- wie Tierreste (z. B. Krokodile) deuten auf ein verhältnismäßig warmes Klima während der Ablagerungszeit hin.

Mikropaläontologie

Forschungszweig der Paläontologie; Gegenstand der Untersuchungen sind extrem kleine Fossilien (Mikrofossilien), die im allgemeinen nur mit Hilfe eines Mikroskopes untersucht werden können. Der Forschungsbereich kann auch kleinere Formen oder Wachstumsstadien von Makrofossilien umfassen, z. B. ↗Graptolithen, ↗Schnecken und ↗Brachiopoda; umgekehrt erreichen einige Vertreter von typischen Mikrofossilgruppen, wie z. B. der ↗Foraminiferen, die Dimension von Makrofossilien.

Mikrofossilien treten meist in großer Zahl auf. Dies, zusammen mit ihrer geringen Größe und einem geeigneten Verbreitungs- und Evolutionsverhalten, macht die Mikrofossilien zu guten und allgemein benutzten Fazies- und paläoökologischen Indikatoren; sie besitzen ferner große Bedeutung für biostratigraphische Parallelisierungen. Wertvolle Hilfe leisten Mikrofossilien auch in der Prospektion, da Bohrkerne mit ihrer Hilfe stratigraphisch eingeordnet werden können. Die Verwendung der Rasterelektronenmikroskopie ab etwa 1960 brachte für morphologische und taxonomische Untersuchungen an Mikrofossilien bedeutende Fortschritte; eine verfeinerte Biostratigraphie war die Folge. Bei erreichbaren Vergrößerungen von mehr als 50 000 kann der Wert dieser Technik für die Mikropaläontologie kaum überschätzt werden.

Mikrofossilien finden sich in den verschiedensten Tier- und Pflanzengruppen, besitzen unterschiedliche chemische Zusammensetzungen und reichen mit einigen der ältesten bekannten Lebensformen bis ins Präkambrium. Foraminiferen (vom Kambrium bis heute vorkommende einzellige Tiere mit Kalkgehäusen)

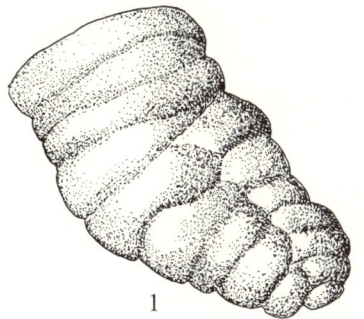 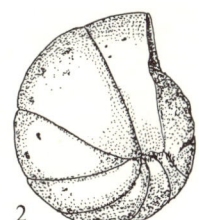 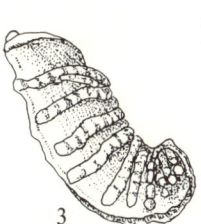 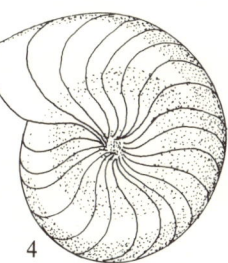

1   2   3   4

standen früher im Mittelpunkt der mikropaläontologischen Untersuchungen und sind auch heute die am intensivsten untersuchte Mikrofossilgruppe. Die zweite fossil bedeutsame Protozoengruppe bilden die ↗Radiolarien mit Kieselsäureskelett (Kambrium bis heute). ↗Ostrakoden oder Muschelkrebse (Krebstiere mit zweiklappigen, kalkhaltigen Schalen) reichen vom Kambrium bis in die Gegenwart und kommen als wichtiger Bestandteil in den meisten Ansammlungen von Mikrofossilien vor. Die zahnartigen, aus Kalziumphosphat bestehenden ↗Conodonten (Präkambrium oder Kambrium bis Trias) dienen zur Altersbestimmung und Parallelisierung von paläozoischen Gesteinen; ihre wahre Natur ist noch umstritten.

Zu den Mikrofossilien mit organischem Wandmaterial gehören die Acritarchen (künstliche Gruppe von Mikrofossilien unklarer systematischer Stellung, Kambrium bis Holozän), die Dinoflagellaten (einzellige Pflanzen, möglicherweise bereits ab dem Silur, im übrigen von der Trias bis in die Gegenwart) und die Chitinozoa (verwandtschaftliche Beziehungen ungeklärt, Ordoviz bis Devon). Zum Phytoplankton zählen auch die Coccolithen (dünne Kalkschuppen von planktontischen ↗Algen, Jura bis Gegenwart) und die ↗Kieselalgen. Die Fossilien mit organischem Wandmaterial haben zusammen mit der Pollen- und Sporenuntersuchung (Palynologie) die

bisher verwendeten Gruppen der Foraminiferen und Ostrakoden in einigen Gebieten der angewandten Paläontologie verdrängt.

Miozän

Längster Zeitabschnitt des Känozoikum; beginnt vor 22,5 Millionen Jahren und dauert 17,5 Millionen Jahre. Die aus dem Griechischen abgeleitete Bezeichnung Miozän bedeutet soviel wie „weniger Neues (Leben)", d. h. mit weniger rezenten Tierformen als im darauffolgenden Pliozän. In diese Zeit fallen enorme Veränderungen der Geographie und der Lebewelt.

Die Ozeane breiten sich kräftig aus, und die ↗Kontinentalverschiebung läßt in der Alpinen Orogenese große Gebirgsketten entstehen. Afrika bewegt sich nordwärts; dadurch wird die ↗Tethys bis auf einen schmalen Meeresarm eingeengt, das Atlas-Gebirge, die Alpen und die Karpaten steigen auf. Der Himalaya entsteht durch die Kollision von Indien mit Asien, die Anden durch die Westbewegung von Amerika gegen die Pazifischen Platten. Eine größere Eiskappe bedeckt im späten Miozän die Antarktis und bewirkt einen weltweit niedereren Meeresspiegel. Die Tethys (Mittelmeer) trocknet aus, es kommt zur Ablagerung von Evaporiten aus Anhydrit, Gips und Steinsalz, und ein Austausch der Landfaunen zwischen Afrika und Eurasien wird möglich. Gegen Ende des Miozän bricht der Atlantik durch die Straße von Gibraltar, schafft aber keine neue Verbindung zum Indischen Ozean. Südamerika und Nordamerika bleiben durchgehend getrennt, im späten Miozän gelingt aber einigen Säugetieren als „Inselspringer" die Überquerung der Karibischen See. Begleitet von ausgedehnten Lavaergüssen beginnt sich entlang von Afrika das ostafrikanische Grabensystem zu bilden.

Die miozäne Vegetation zeigt eine deutliche Zonierung und weist auf ein saisonales Klima. Im nördlichen gemäßigten Gürtel von Nordamerika gedeihen sommergrüne Laub- und Nadelholzwälder mit Eichen, Hickory, Platanen, Bergahorn, Ulmen, ↗Ginkgo, Metasequoia und Taxodium; vergleichbare Verhältnisse herrschen auch in Europa. In südlichen Teilen von Nordamerika dominieren halbtrockene Eichenwälder mit Feigen und Euphorbien. Ostafrika trägt eine Waldsavanne mit Galeriewäldern entlang den Flußniederungen. Wenn überhaupt, existieren nur wenige baumlose Prärien, ausgedehntes Grasland findet sich aber in den Savannenregionen.

In den Meeren lebt eine reiche, kalkbildende Mikrofauna und -flora mit planktontischen Globigerinen und großen benthischen ↗Foraminiferen. Häufig vertreten sind ↗Moostierchen, ↗Korallen, ↗Schnecken und ↗Seeigel. ↗Haie wie Carcharodon erreichen Längen von 20 m. In den tropischen Gewässern leben zahlreiche und verschiedene ↗Seekühe, bei den ↗Walen verbreiten sich die Odontoceti und Mysticeti. Aus dem Süßwasser kennt man viele ↗Insekten, einen Wal aus einem afrikanischen See und den eurasischen Riesensalamander Andrias, der wegen seiner Größe von mehr als 1 m von ↗SCHEUCHZER 1726 noch als menschliches Skelett gedeutet wurde.

Miozän
Die zu den Protoceratiden gehörende Gattung Syndyoceras *aus dem Unteren Miozän von Nordamerika besitzt etwa die Größe eines kleinen Hirsches.*

200

Mehr als ein Drittel der miozänen Vögel kann rezenten Gattungen zugeordnet werden. Bemerkenswert sind 1,5 m große ↗Pinguine aus den südlichen Kontinenten und die 2 m hohen, flugunfähigen, räuberischen Phrororhaciden von Patagonien.

Die miozäne Säugetierfauna zeigt im wesentlichen ein modernes Erscheinungsbild. Viele der archaischen frühkänozoischen Familien sind verschwunden und etwa die Hälfte der rezenten Familien ist vertreten. Säugetiere erreichen ihre größte Vielfalt im Miozän, reichhaltige Faunen kennt man von allen Kontinenten, mit Ausnahme der Antarktis. Die Entwicklung verschiedener Steppentiere und interkontinentale Wanderungen fallen als Charakteristikum auf.

Auf jedem Kontinent existieren laubfressende und grasfressende Säugetiere. Die Faunenzusammensetzung in Nordamerika gleicht dabei der in der heutigen afrikanischen Savanne. An laubfressenden oder sich gemischt ernährenden Ungulaten kommen Pferde der Gattung *Anchitherium* vor, aber auch ↗Ancylopoda, Pekaris, Protoceratiden, giraffenartige ↗Kamele (*Oxydactylus*) und ↗Mastodonten. Daneben entwickeln sich die Gras-

fresser als schnelle, relativ langbeinige Läufer mit hochkronigen Zähnen: bei den ↗Pferden z. B. die Gattung *Merychippus,* die ↗Nashörner unter anderem mit *Diceratherium* und *Teleoceras,* die ↗Oreodonten, Gabelantilopen, Kamele wie die Gattung *Protolabis* und ↗Rüsseltiere mit Formen wie *Gomphotherium*. Das ausgedehnte Grasland wird auch von den kleinen Säugetiergruppen der ↗Nagetiere und ↗Hasenartigen erobert; als Schutz vor Feinden übernehmen sie dabei eine halbunterirdische, grabende Lebensweise. Große hundeähnliche Amphicyoniden (*Daphoenodon*) und ↗Säbelzahnkatzen leben als Raubtiere von den Pflanzenfressern.

Eurasien zeigt eine vergleichbare Vielfalt (z. B. bei ↗Pikermi und in der ↗Siwalik-Formation); bei einigen Gruppen bestehen aber Unterschiede. Kamele und Oreodonten fehlen in Eurasien, ↗Schweineartige und ↗Anthracotheriidae gehören zu den häufigen laubfressenden Formen, und in dieser Region entstehen auch die ersten ↗Hirsche und ↗Giraffen. Die Raubtiere umfassen Schleichkatzen und die ersten ↗Hyänen.

Hervorragende Informationen über die afrikanische Fauna liefert der

Kenia-Graben mit seinen ausgedehnten vulkanisch-klastischen Sedimenten. Angetroffen werden dort Anthracotherien, Schweine, Giraffen, frühe Ruminantier (Wiederkäuer), Nashörner, Ancylopoden, *Gomphotherium*-verwandte Mastodonten und Deinotherien. Creodonten persistieren neben Schleichkatzen, Amphicyoniden und Katzen, die ↗Primaten sind zahlreich und vielgestaltig.

In Südamerika werden die ↗Zahnarmen mit ↗Gürteltieren, Glyptodonten und Ameisenfressern häufig, bleiben aber klein bis mittelgroß. Formenreichtum zeigen auch die ↗Notoungulata; die ↗Litopterna entwickeln pferdeähnliche Formen (z. B. *Thoatherium*). ↗Affen der Famiie Cebidae erscheinen; sie erreichen Südamerika vermutlich von Afrika aus, da in Nordamerika die Primaten ausgestorben waren. In Australien durchlaufen die ↗Beuteltiere eine adaptive Radiation ohne die Konkurrenz durch Säugetiere; über die Fauna ist im übrigen jedoch wenig bekannt.

Wie oben erwähnt, bilden interkontinentale Wanderungen ein hervorragendes Merkmal der Miozän-Fauna. Mit dem Austrocknen der Tethys erfolgt ein Austausch der Säugetierformen zwischen Afrika und Eurasien. Die bisher ausschließlich auf Afrika beschränkten Rüsseltiere wandern ab dem frühen Miozän nach Europa und Asien und später bis nach Nordamerika. Auch die Deinotherien erreichen Eurasien, nicht aber Amerika. Cercopithociden, Pongiden, Tubulidentaten und Hyracoiden (Schliefer) verlassen vermutlich Afrika ebenfalls im

Miozän. Umgekehrt gelangen eurasische Formen nach Afrika, z. B. Hasenartige, die Familie der Cricetidae unter den Nagetieren, Schleichkatzen, Katzen, Schweineartige, Zwergmoschustiere und die Familie der Giraffen und Rinderartigen.

In verschiedenen Wellen wandern Säugetiere von Amerika über die Landbrücke der Beringstraße nach Asien und weiter bis nach Europa. Im frühen Miozän werden von dieser Wanderung die Pferde der Gattung *Anchitherium* erfaßt, im späten Miozän das dreizehige Pferd *Hipparion*. In Eurasien und Afrika erscheint *Hipparion* vor etwa 11 Millionen Jahren und bietet so ein brauchbares Datum für Parallelisierungen; seine erfolgreiche Ausbreitung rund um die Welt gibt ein Bild von der Ausdehnung der Grassteppe.

Mississippian

Amerikanische Untergliederung des ↗Karbon, die dem europäischen Unterkarbon entspricht. Das Mississippian beginnt vor 345 Millionen Jahren und dauert 35 Millionen Jahre. Seinen Namen erhielt dieser Zeitabschnitt nach den marinen Kalksteinen im Tal des Mississippi (bei St. Louis, Burlington, Keokuk etc.), die in dieser Zeit von einem flachen, große Teile der USA bedeckenden Meer abgelagert wurden.

Diese Sedimente enthalten reiche Wirbellosenfaunen mit ↗Seelilien, ↗Korallen, ↗Moostierchen, ↗Weichtieren und ↗Gliederfüßern, aber auch einige Fischreste. Zu den nordamerikanischen Am-

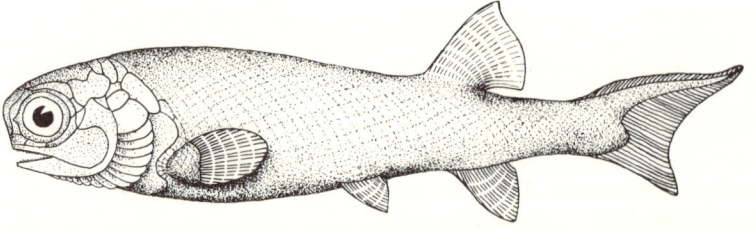

Mississippian
Cornuboniscus, ein Palaeoniscide aus dem Unterkarbon (entsprechend dem Mississippian) von Europa, besitzt einen fleischigen Teil an der Basis der Brustflossen – ein ungewöhnliches Merkmal für einen Actinopterygier.
Länge: ca. 5 cm

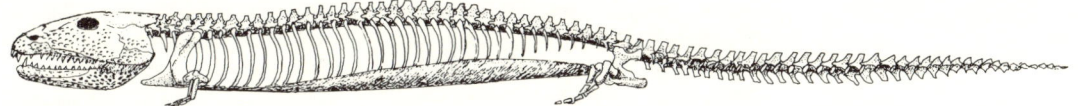

phibien aus dem Mississippian gehören *Proterorhinus* und *Greererpeton* von Greer, West-Virginia, und ein Anthracosaurier von Horton Bluff, Neuschottland; von dort kennt man auch Fußspuren von Amphibien.

Mollusca, *Mollusken* ↗Weichtiere

Monotremata ↗Kloakentiere

Monte Bolca
Fossilfundstätte nahe Verona in Norditalien; bekannt wegen der sehr gut erhaltenen Fischreste. Von dem harten Monte Bolca-Kalkstein aus dem Mitteleozän (Lutetium) werden mehr als 150 verschiedene Fischformen beschrieben; sie erinnern überwiegend an Arten, wie sie heute an den subtropischen Küsten des Indopazifiks auftreten. Die Ablagerungen entstanden offensichtlich im ruhigen Wasser einer Meeresbucht oder Lagune.
Späte pycnodonte Holostei bilden am Monte Bolca die einzige größere heute ausgestorbene Gruppe. Daneben umfaßt die Fauna etwa 15 ↗Hai- und ↗Rochenarten (z. B. Vertreter der Gattungen *Alopiopsis, Mesiteia, Dasyatis*) und die verschiedensten Teleostei, darunter Heringsarten *(Clupea)*, Aale *(Anguilla)*, Seenadeln *(Urosphen)*, Meerbrassen *(Sparnodus)*, Stachel-Makrele *(Exellia)*, Brandungsbarsch *(Cyclopoma)*, Schnapper *(Lutjanus)*, Fledermausfisch *(Platax)*, Soldatenfische *(Holocentrus)* und Speerfisch *(Blochius)*. Ebenfalls aus den Monte Bolca-Ablagerungen kennt man Drückerfische, Kugelfische, Grundeln, Seeteufel, Makrelen, Lippfische, „Korallenfische" und Borstenzähner.
Neben Krokodilresten *(Crocodylus*

bolcensis, Megadontosuchus arduini) und zahlreichen fossilen Insekten kommen auch einige Palmen und andere Pflanzen vor.

Moose, *Bryophyta*
Kleine, grüne Pflanzen, bei denen im Gegensatz zu den ↗Farnen, ↗Gymnospermen und ↗Angiospermen der Gametophyt die dominierende Generation darstellt. Offensichtlich als Folge der krautigen Natur der Moose bleiben die fossilen Belege lückenhaft und unbefriedigend. Zwei frühe Formen dieser Gruppe aus dem Karbon werden der Gattung *Muscites* zugeordnet. Der einzige weitere paläozoische Nachweis besteht aus gut erhaltenem Material aus dem Perm der Angara in der UdSSR mit Vertretern der Sphagnidae und Bryidae.
Ausgehend von diesen frühen Vorläufern von *Sphagnum* setzt sich die Linie im Mesozoikum fort; die Gattung *Sphagnum* selbst (und ihre Sporen) tritt im Jura und der Kreide auf. Diese fossilen Formen zeigen die Entwicklung des typischen *Sphagnum*-Blattes mit dem Netzwerk aus zwei verschiedenen Zelltypen.
Die zweite Gruppe permischer Moose zeigt Beziehungen zum modernen *Bryum*-Typ, sie besitzt aber andererseits Merkmale, die sie deutlich von den rezenten Formen trennen. Fossile Moose aus dem Känozoikum können meist rezenten Gattungen und Arten zugeordnet werden.

Moostierchen, *Bryozoa*
Kleine, sessile, polypenähnliche und in Kolonien lebende ↗Wirbellose. Jedes Individuum, das Zooid, besitzt ein eigenes Horn- oder Kalkgehäuse und mißt meist weniger als

Mississippian
Pholidogaster, *ein früher Vertreter der Anthracosaurier, kommt im Oberen Unterkarbon (entsprechend dem Oberen Mississippian) von Schottland vor.*
Länge: ca. 1 m

1 mm. Durch ungeschlechtliche Knospung wachsende Kolonien können bis 2 m Durchmesser erreichen, die meisten rezenten und fossilen Bryozoen bleiben aber klein. Jedes Zooid besitzt einen Mund und einen neben dem Mundfeld mündenden After, verbunden durch einen U-förmigen Darmkanal. Den Mund umgibt ein runder oder halbmondförmiger Lophophor mit zahlreichen dünnen, bewimperten Tentakeln. Durch diesen Besitz eines Lophophoren (Tentakelträger) gleichen die Bryozoen den zu Brutbehältern werden (*Multisparsa*). Die Kolonien zeigen die verschiedensten Wuchsformen.

Das erste sichere Moostierchen stammt aus dem Unteren Ordoviz, im Laufe dieses Erdzeitalters erscheinen die Stenolaemata und Gymnolaemata. Die Stenolaematen entwickeln sehr rasch eine große Vielfalt und werden zur beherrschenden Bryozoengruppe des Paläozoikum; eine typische Gattung des späten Paläozoikum ist *Fenestella*. Nur eine Ordnung der Stenolaematen überlebt die „Faunen-

Moostierchen
1 Stomatopora *kommt als sehr langlebige Gattung vom Ordoviz bis heute vor (vergrößert).*
2 Multisparsa *findet sich im Mittleren Jura von Frankreich (etwa 20fache natürl. Größe).*
3 *Die Abbildung zeigt eine Kolonie von* Multisparsa *in natürlicher Größe.*

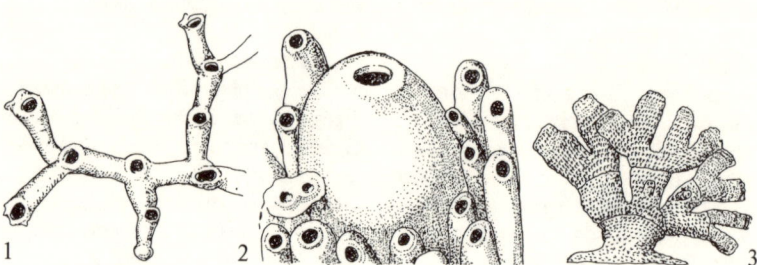

1   2   3

↗Brachiopoda und den Phoroniden (↗Würmer), diese drei Tiergruppen gelten als nahe verwandt.

Nahezu alle Bryozoen leben marin, nur die kleine Klasse der Phylactolaemata besiedelt das Süßwasser; die Vertreter dieser Klasse besitzen kein Kalkgehäuse und sind fossil nicht bekannt. Zwei andere, große und fossil gut bekannte Klassen bilden calcifizierte oder teilweise calcifizierte Zooecien (Gehäuse eines Zooids). Die Stenolaemata bauen zylindrische Zooecien (z. B. *Stomatopora, Multisparsa* und *Fenestella*), die Gymnolaemata eher kastenähnliche (z. B. *Flustra, Leptocheilopora* und *Myriapora*). Einige Bryozoen, vor allem Gymnolaematen, zeigen einen Zooid-Polymorphismus: Kleine Wehrzooide wachsen zwischen normalen Zooiden. Zur Brutpflege können Zooecien Brutkammern (Ovicellen) bilden (*Leptocheilopora*) oder selbst ganz

Krise" der Permo-Trias und reicht bis ins Mesozoikum und Känozoikum. Diese Gruppe der Cyclostomata enthält unter anderem die Gattungen *Stomatopora* und *Multisparsa* und einige rezente Vertreter. Die Gymnolaematen bleiben mit nur einer Ordnung im Paläozoikum und frühen Mesozoikum unbedeutend, ihre Vorherrschaft beginnt mit der Entwicklung der Ordnung Cheilostomata in der Kreide. Die rasch wachsende Vielfalt der Cheilostomen (mit *Flustra, Leptocheilopora* und *Myriapora*) läuft parallel zum Niedergang der Cyclostomen, bedingt vermutlich durch die zunehmende Konkurrenz dieser neuen Ordnung. Unter den rezenten Bryozoen besitzen die Cheilostomen den Hauptanteil.

Morrison-Formation
Ein oberjurassischer Schichtenkomplex aus Schiefertonen, Siltsteinen,

Sandsteinen, Kalksteinen und groben Konglomeraten; er erstreckt sich durch die westlichen USA von Montana südwärts durch Utah und Colorado bis nach New Mexiko. Benannt ist die Formation nach der Stadt Morrison in Colorado, da hier der Oxford-Absolvent und Schullehrer Arthur LAKES im März 1877 im Gestein einen ↗Dinosaurier-Wirbel entdeckte.

LAKES erkannte den Reichtum dieser Schichten an Dinosaurier-Knochen und sandte nun an Othniel ↗MARSH Fundstücke mit einem Gesamtgewicht von mehr als einer Tonne. Da eine Antwort zunächst ausblieb, sandte LAKES weitere Knochen an Edward ↗COPE. Sobald aber MARSH von dieser Entwicklung erfuhr, ließ er sofort über seinen Feldassistenten Benjamin MUDGE mit LAKES ein Exklusiv-Abkommen treffen; ein neu erschlossener Steinbruch erbrachte dann bald die ersten bekannten Reste von *Atlantosaurus* und *Stegosaurus*.

Im Sommer 1877 erschloß COPE bei Canyon City, Colorado, in der Morrison-Formation einen weiteren Aufschluß, der von O. W. LUCAS (ebenfalls Schullehrer) entdeckt worden war. Währenddessen begab sich MARSH nach Como Bluff, Wyoming, wo die beiden Eisenbahnangestellten William E. CARLIN und Bill REED ein Riesenfaultier entdeckt zu haben glaubten – es erwies sich dann aber als *Atlantosaurus*.

Der Fundort lieferte zahlreiche Dinosaurier-Reste; als Angestellte führten CARLIN und REED im Winter 1877/78 trotz Kälte und Schnee für MARSH die Ausgrabungen durch.

Im Jahre 1898 stieß eine Expedition des ↗American Museum of Natural History unter Leitung von Jacob WORTMAN (1856–1926) durch Zufall auf den „Bone Cabin Quarry" in Wyoming; hier liegen Knochen von oberjurassischen Dinosauriern direkt an der Oberfläche und waren von einem Schäfer zum Bau einer Hütte verwendet worden (daher der Name „Knochen-Hütte"). Von Earl DOUGLASS (1862–1931) entdeckte Morrison-Schichten bei Vernal, Utah, wurden später zum ↗Dinosaur National Monument.

Die Morrison Formation enthält eine Dinosaurier-Fauna mit verschiedenen ↗Sauropoda *(Atlantosaurus, Diplodocus, Camarasaurus)*, *Stegosaurus*, ↗Coelurosauria *(Coelurus)*, ↗Carnosauria *(Antrodemus, Ceratosaurus, Marshosaurus)* und ↗Ornithopoda *(Laosaurus, Dryosaurus, Camptosaurus)*, aber auch einige wenige ↗Krokodile *(Hoplosuchus, Goniopholis)* und Reste von ↗Mesozoischen Säugetieren (Triconodonten, Multituberculaten, Pantotherien).

Die Morrison-Formation kam vermutlich in einem sumpfigen Flachland zur Ablagerung; im Überflutungsbereich der mäandrierenden

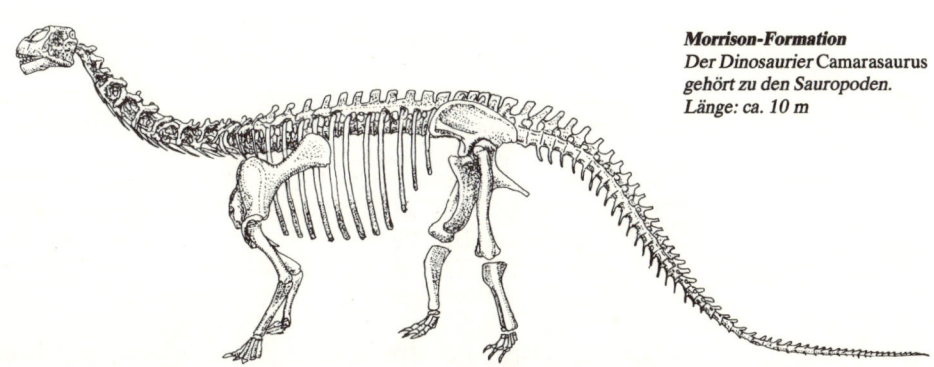

Morrison-Formation
Der Dinosaurier Camarasaurus
gehört zu den Sauropoden.
Länge: ca. 10 m

Flüsse sedimentieren Schluff und Schlick, in vereinzelten Seen akkumuliert feiner Ton. Eine fast exakte Parallelisierung existiert zwischen den Schichten der Morrison-Formation und den ↗Tendaguru-Ablagerungen in Ostafrika.

Mosasaurier

Ausschließlich in der Oberkreide vorkommende Echsenfamilie (↗Eidechsen); von allen anderen Echsen unterscheiden sie sich durch ihre gewaltige Größe (Längen von 5–10 m) und ihre vollständige Anpassung an das Wasserleben.

Der Körperumriß der Tiere zeigt einen langen Schädel auf kurzem Hals, einen gestreckten Körper und

große marine Räuber. Konkurrenz erfahren sie ferner von den ↗Plesiosauriern. Auch Cephalopoden bilden offensichtlich einen wichtigen Bestandteil der Mosasauriernahrung; man kennt Schalen von ↗Ammoniten mit als Bißspuren dieser Reptilien gedeuteten Abdrücken. Die Gattung *Globidens* besitzt Zähne mit ungewöhnlich runden Kronen, die geeignet sind, Muschelschalen zu knacken.

Die Mosasaurier kommen auf allen Kontinenten außer der Antarktis und Australien vor, in Neuseeland sind sie ebenfalls vertreten. Gehäuft treten sie in der Niobrara-Kreide von Kansas auf. In Nordwesteuropa kennt man sie aus der niederländi-

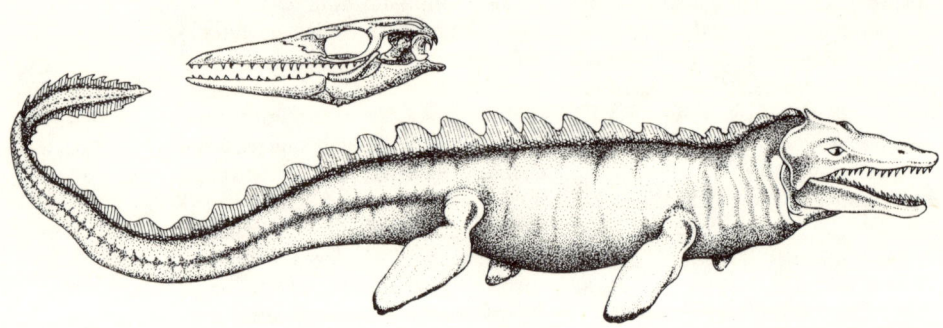

Mosasaurier
Oben: Der Schädel des Mosasauriers Clidastes *ist etwa 52 cm lang.*
Unten: Mosasaurier kommen in der oberkretazischen Niobrara-Kreide von Kansas häufig vor. Tylosaurus *ist einer der bekanntesten Vertreter dieser Gruppe.*
Länge: bis zu 8 m

einen langen, schlanken Schwanz, der seitlich abgeflacht ist und den Hauptantrieb erzeugt. Die paddelförmigen Extremitäten bestehen aus extrem kurzen Gliedmaßenknochen und 5 stark gespreizten Zehen, vielfach kommt es zur Ausbildung vermehrter Zehenglieder (Hyperphalangie). Vermutlich erfolgt eine Stützung durch Schwimmhäute. Der waranähnliche Schädel weist entlang dem Unterkiefer eine gutentwickelte Verbindung zwischen Angulare und Splenialknochen auf (Knochen des Unterkiefers). Ein weiterer Unterschied zu anderen Echsen zeigt sich bei den Zähnen: Sie sitzen hier in Zahnhöhlen. Die Mosasaurier ernähren sich im wesentlichen von Fischen und verdrängen dadurch die ↗Fischsaurier als

schen und englischen Kreide. Einige der bekanntesten Gattungen sind *Mosasaurus, Platecarpus, Tylosaurus, Clidastes, Liodon* und *Taniwhasaurus.*

Die Mosasaurier entwickeln sich vermutlich aus den Aigialosauriern, kleinen halb-wasserlebenden Waranverwandten aus jüngeren Kreideablagerungen, die sich ihrerseits von *Proaigialosaurus* aus dem Oberen Jura herleiten. Am Ende der Kreidezeit sterben die Mosasaurier aus.

Der erste Mosasaurier-Fund besteht aus einem riesigen, mehr als 1 m langen Kieferpaar mit enormen Zähnen. Der Fund wurde 1770 in einer Höhle in der Kreide Maastrichts (Südostholland) von Steinbrucharbeitern freigelegt und von dem Sammler Dr. HOFFMANN gekauft. Canon GODIN, der Eigentümer des Gutes, zu dem die Höhle gehörte, prozessierte jedoch erfolgreich um die Kiefer und bewahrte die gewonnenen Fossilien auf seinem Schloß auf. Die Stücke erlangten solche Berühmtheit, daß General PICHEGRU (1761–1804), Befehlshaber der französischen Armee, 1795 bei der Eroberung von Maastricht bewußt darauf verzichtete, das Schloß anzugreifen. Nachdem Maastricht gefallen war, ließ PICHEGRU das Fossil für die Republik sicherstellen. Canon GODIN hatte seine Stücke zwar noch eilends versteckt, seine Rettungsversuche waren jedoch vergeblich: General PICHEGRU hatte als Finderlohn 600 Flaschen Wein ausgesetzt; nach wenigen Stunden entdeckten einige Soldaten die Fossilien, die nun nach Paris mitgenommen und Georges ↗CUVIER zur Untersuchung übergeben wurden. Einige Jahre später benannte William CONYBEARE (1787–1857) das Reptil nach der Fundgegend als *Mosasaurus* („Meuse-Echse").

Muschelkrebse ↗Ostrakoden

Muscheln, *Lamellibranchiata, Bivalvia*
Ab dem Kambrium bekannte, ausschließlich wasserlebende ↗Weichtiere mit zweiklappigen Schalen. Die beiden Schalenhälften werden am dorsalen Rand durch ein horniges Ligament zusammengehalten, darunter liegt das sogenannte Schloß mit jeweils zur anderen Schalenhälfte passenden Zähnen und Gruben.
Adduktor-Muskeln dienen dem Schließen der Schalen, geöffnet werden sie durch das elastische Ligament bei nachlassender Muskeltätigkeit. Der nach unten vorstreckbare Fuß wird zum Graben, zur Fortbewegung oder zur Verankerung benutzt; Kopf und Radula fehlen. Muscheln ernähren sich von Mikroorganismen: Die Kiemen filtrieren die kleinen Nahrungspartikel und transportieren sie zum Mund.
Muscheln besitzen stratigraphischen Wert, Gattungen können jedoch eine Lebensdauer von mehr als 50 Millionen Jahren, Arten von 10 Millionen Jahren aufweisen. Schalenreste sind eine wichtige Quelle für biogene Kalksteine, und sowohl Austern wie Rudisten (Hippuritacea) bilden riffähnliche Ansammlungen. Die Hauptentwicklung der Muscheln liegt im Meer, dort dringen sie bis in die Gezeitenzone vor (Miesmuschel *Mytilus*). Sedimentbewohner können tief eingegraben leben (*Solen* und *Tellina*, mit langem Sipho) oder aber unmittelbar unter der Sedimentoberfläche (*Cardium* und *Trigonia*, mit kurzem Sipho). Einige bohren in Steinen (*Lithophaga*) oder Holz (Schiffsbohrwurm *Teredo*), stecken halbeingegraben im Sand (*Pinna*), verankern sich mit Byssusfäden (*Mytilus, Pteria*) oder verwachsen mit dem Substrat (*Ostrea, Spondylus, Hippurites*). Die Kammuschel *Pecten* schwimmt durch Öffnen und Schließen der Klappen.
Verschiedene Gruppen erobern das Süßwasser, darunter *Archanodon* (aus dem devonischen ↗Old Red Sandstone), *Carbonicola* (Karbon) und die Flußmuschel *Unio* (Trias – heute). Oft lassen sich an Hand fossiler Muscheln die Ablagerungsbedingungen rekonstruieren, insbesondere wenn noch verbundene Schalenklappen beweisen, daß die Tiere nach dem Tod nicht weit transportiert wurden.
Das Studium rezenter Formen trug wesentlich zum Verständnis der fossilen Muscheln und ihrer Evolution bei. Das Aussterben einer Gruppe läßt sich meist durch Konkurrenz mechanisch und biologisch besser angepaßter Formen (z. B. mit größeren Kiemen oder günstiger angeordneten Muskeln) erklären.
Die für die Klassifikation wichtigen Schalenmerkmale geben auch Aufschluß über die Lebensweise. Zu

Muscheln
*1 Pterotrigonia lebt als welt-
weit verbreitete Gattung vom
Oberen Jura bis in die Oberkreide
(etwa 2fache natürl. Größe).
2 Ribeiroidea aus dem Or-
doviz
(etwa 2fache natürl. Größe).
3 Die auch rezent vorkom-
mende Herzmuschel Vipricar-
dium erscheint erstmals in der
Oberen Kreide
(etwa ³/₄ natürl. Größe).
4 Die stratigraphische Verbreitung von Archanodon
reicht vom Oberdevon bis ins
Oberkarbon
(etwa ¹/₃ natürl. Größe).*

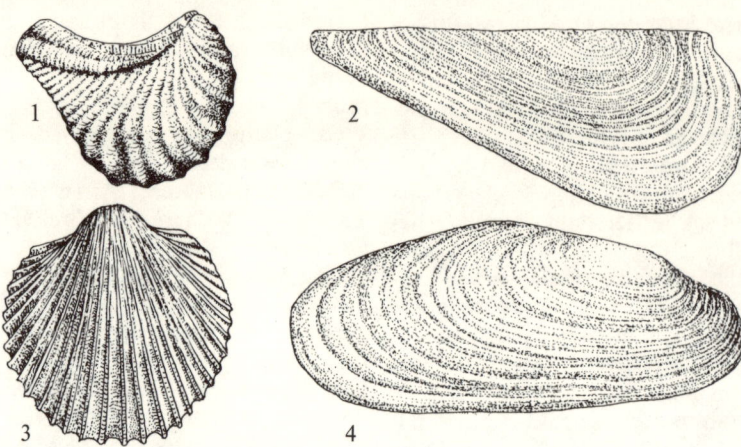

den taxonomisch wichtigen Merk-
malen gehören Art und Muster der
Schloßzähne und Zahl, Größe und
Lage der Muskelabdrücke. Eine
Einbuchtung des Mantelrandab-
druckes und ein Klaffen am Hinter-
rand der Schalen (wie bei *Solen* und
Osteomya) weisen auf einen langen
Sipho und auf eine eingegrabene
Lebensweise.

Alle großen Gruppen existieren bereits am Ende des Ordoviz, ein
wichtiges Unterscheidungsmerkmal
bildet dabei die Schalenstruktur mit
ihrer unterschiedlichen Schichtenabfolge verschiedener Formen von
Calciumkarbonatkristallen.

Als älteste Muschel (?) gilt *Fordilla
troyensis* aus dem Unteren Kambrium; ihren Entwicklungshöhepunkt erreicht die Gruppe im Känozoikum, mit einer rezenten Fauna
von schätzungsweise mehr als 7 000
Arten.

Von den großen, ehemals weltweit
verbreiteten Gruppen des Mesozoi-
kums überleben nur wenige bis in
die Jetztzeit; hierzu gehören *Astarte* aus den kalten nördlichen Meeren, *Trigonia (Neotrigonia* in Australien) und die seltene Tiefwasser-
form *Pholadomya*.

**Museo Argentino de Ciencias Na-
turales „Bernadino Rivadavia"**
Gegründet 1812 in Buenos Aires;
das Museum verfügt über Samm-

lungen und Forschungseinrichtun-
gen zur Naturgeschichte einschließlich der Archäologie. Seine größte
Entwicklung nahm es unter Her-
mann BURMEISTER (1807–1892).
Der größte Teil der ausgezeichneten Sammlung fossiler Wirbeltiere
ist Florentino ↗AMEGHINO zu verdanken, der ab 1902 das Museum
leitete und dessen Bruder Carlos
einen Großteil der Feldarbeiten,
vor allem in Patagonien, durchführ-
te. AMEGHINO hatte zuvor von
1886–1890 am Museo de la Plata
gearbeitet. Teile seiner Sammlung
verkaufte er für 16 500 $ an das
Museum.

**Muséum National d'Histoire Natu-
relle**
Französisches Nationalmuseum für
Naturgeschichte, gegründet 1635 in
Paris. Das erste Stadium in der
langen Geschichte des Museums
wurde mit der Errichtung des „Jardin Royal des Plantes Médicinales"
erreicht. In einer Neuordnung der
Verwaltung wurden 1718 die Funktionen des „Premier Médecin du
Roi" und des „Surintendant du
Jardin" getrennt. Von 1739–1788
war der große Naturforscher Georges ↗BUFFON mit der Leitung des
Gartens betraut. 1793 wurde das
Muséum d'Histoire Naturelle eingerichtet, die ursprüngliche Verwaltung bestand aus 12 Professo-

ren. Unter den leitenden Paläontologen sind u. a. zu nennen Jean-Baptiste ↗LAMARCK, Adolphe ↗BRONGNIART, Georges ↗CUVIER und Alcide ↗d'ORBIGNY.

Die paläontologischen Sammlungen erfuhren durch BUFFON eine enorme Erweiterung, das Museum bildet seither das Zentrum der französischen Paläontologie. Das Museum führt Forschungsarbeiten auf sämtlichen Gebieten der Naturgeschichte durch; es umfaßt ferner öffentliche Ausstellungsräume und das Musée de l'Homme.

Museum of Comparative Zoology

Eine von der Harvard University verwaltete Sammlung von Wirbeltierfossilien. Die 1846 von ↗AGASSIZ nach Nordamerika gebrachte Fossilsammlung und die damals an der Universität vorhandenen Fundstücke bildeten den Grundstock, aus dem das Museum hervorging. 1850 erhielt das Museum sein erstes Gebäude und ab 1858 eine Zuwendung von der Universität. Eine Schenkung über 50 000 Dollar aus dem Jahre 1858 von Francis C. GRAY war an die Bedingung geknüpft, das Museum unter der Bezeichnung „Museum of Comparative Zoology" zu führen.

Seine frühe Entwicklung verdankt das Museum vor allem den Arbeiten der beiden ersten Direktoren Jean AGASSIZ und dessen Sohn Alexander (1835–1910). 1876 wurde es direkt der Universität unterstellt. Die bemerkenswerte Sammlung fossiler Wirbeltiere umfaßt Fische aus Europa und Nordamerika und triassische Amphibien und Reptilien aus Südamerika.

Myriapoda ↗Hundert- und Tausendfüßer

Nacktfarne ↗Psilophyten

Nacktsamer ↗Gymnospermen

Nadelgehölze ↗Koniferen

Nagetiere, *Rodentia*
Größte Säugetierordnung (1700 Arten), die auch an Individuenzahl alle anderen Säuger überflügelt und weltweit (außer Antarktis) vorkommt.

Das auffallendste Merkmal bilden ihre „Nagezähne": Ober- und Unterkiefer tragen jeweils ein Paar Schneidezähne, womit Nüsse, Holz und selbst Knochen bearbeitet werden können. Diese Zähne schärfen sich durch Gebrauch selbst, da der härtere Schmelz auf den vorderen Teil, das sich schneller abnutzende Dentin auf die hintere Zahnseite beschränkt bleiben. Eine weitere Eigenheit der Schneide-, sowie manchmal auch der Backenzähne, stellt ihr Dauerwachstum dar; dadurch wird die kontinuierliche Abnutzung ausgeglichen. Eine Lücke nach den Schneidezähnen (die Eckzähne fehlen) und eine entsprechend bewegliche Kiefergelenkung ermöglichen auch ein Zermahlen der Nahrung; meist kommen seitliche und vor-und-zurück gerichtete Mahlbewegungen nebeneinander vor.

Die meisten Nagetiere sind kleine Tiere, sie umfassen aber die verschiedensten Lebensformen wie Hüpfer, Springer, Schnelläufer, Wühler, Schwimmer, Kletterer, Gleitflieger. Die Zwergmaus gehört zu den kleinsten Säugern überhaupt, sie erreicht etwa 5 cm Gesamtlänge und wiegt 5 Gramm. Die obere Grenze der Nager markiert das *Capybara,* das südamerikanische Wasserschwein, das über 1 m lang und mehr als 50 kg schwer wird. Einige ausgestorbene Nager hatten die doppelte Größe dieser Wasserschweine.

Die Nagetiere werden nach Zahnstruktur, Kieferbau oder Ausbildung der Kaumuskulatur klassifi-

Nagetiere
Epigaulus, eine gehörnte Form aus dem Unteren Pliozän der USA, erreicht etwa 26 cm Länge.

ziert. Neben den 350 rezenten kennt man mehr als 400 ausgestorbene Nagetiergattungen. Die meisten der etwa 45 Familien können 3 Hauptgruppen zugeordnet werden, der Rest wird in eine 4. Mischgruppe gestellt.

Zur ersten Hauptgruppe, den Sciuromorpha (Hörnchenverwandte), gehören die Hörnchen mit boden- und baumlebenden sowie gleitenden Formen (Flughörnchen). Zuweilen werden die Paramyidae hier eingereiht: Es sind dies die ältesten bekannten Nager, die Stammgruppe aller anderen Nagetiere. Man kennt sie aus dem Paläozän Nordamerikas und Europas, ebenso wie die hochspezialisierten, ausgestorbenen Mylagaulidae (z. B. *Epigaulus),* die ein knöchernes Horn auf dem Vorderschädel tragen.

Die größte Gruppe stellen die Myomorpha mit Ratten, Mäusen, Lemmingen, Wühlmäusen, Wüstenspringmäusen, Blindmäusen u. a. Einige entwickeln hochspezialisierte Backenzähne mit Querlamellen und Dauerwachstum. In vielen Ablagerungen findet man die charakteristischen Myomorpha-Zähne in so großer Zahl, daß man sie gerade wegen ihrer schnellen Evolution besser als alle anderen Säugetiere zum Vergleich von Sedimenten verschiedener Kontinente heranziehen kann.

Die Caviomorpha kennt man in Südamerika seit dem Oligozän. Ihre Backenzähne zeigen ein weites Querlamellenmuster und Dauerwachstum. Hierher gehören die Chinchillas, Agutis, Meerschweinchen, Biberratten und die Capybaras. Einige Fossilformen erreichen Ebergröße und mehr als 50 cm lange Schädel.

Zu den restlichen Familien gehören die Biber – in Europa und Nordamerika seit dem Oligozän bekannt –, die afrikanischen Stachelschweine und einige ausgestorbene Familien, unter anderen die im europäischen frühen Känozoikum häufigen Theridomyidae.

Národni Museum

Nationalmuseum der Tschechoslowakei, gegründet 1818 in Prag. Die Sammlung ist bekannt für ihren Reichtum an Fundstücken aus dem 19. Jahrhundert mit zahlreichem Typus-Material.

Die ↗STERNBERGsche Sammlung wurde schon früh erworben. Unter der Leitung von Dr. A. FRIC (1832 bis 1913) erhielt das Museum auch die Sammlung von Joachim ↗BARRANDE. Der erste Kustos der BARRANDEschen Sammlung, O. P. NOVÁK (1851–1892) wurde bekannt durch seine Arbeiten über ↗Trilobiten.

Nashörner

Umfassende Gruppe der ↗Unpaarhufer mit etwa 60 Gattungen, darunter nur noch vier rezente (zwei in Afrika, zwei in Südostasien). Heute sehr selten, kommen die Nashörner während fast des ganzen Känozoikum häufig und in vielen Formen vor, u. a. mit den größten je lebenden Landsäugetieren. Sie gehen aus einer mit den ↗Tapiren gemeinsamen Wurzelgruppe (Isectolophidae) hervor, die bis ins Eozän zurückverfolgt werden kann.

Man unterscheidet 3 Familien: Hyracodontidae, Amynodontidae und Rhinocerotidae. Sie besitzen alle das für die Nashörner typische Molarenmuster mit Außen- und Querjochen, unterscheiden sich jedoch untereinander in Einzelheiten dieses Musters, dem Reduktions- oder Spezialisationsgrad der Schneide- und Eckzähne, der Ausbildung von Hörnern – aus verkitteten Haarstrukturen – sowie in ihrer Lebensweise.

Die Hyracodontiden mit dem ponygroßen *Hyracodon* leben während des Eozän und Oligozän in Amerika und Asien. Sie zeigen viele Konvergenzen zu den ↗Pferden und bleiben kleine, hornlose Lauftiere. Ihre spatelförmigen Schneidezähne sind gleichmäßig groß, die Eckzähne erreichen nur geringe Größe, die hinteren Prämolaren werden molarisiert. Die Gliedmaßen sind verlängert und enden vorne wie hinten mit 3 behuften Zehen.

Zur gleichen Zeit wie die Hyracodontiden leben die Amynodontiden in Nordamerika und Europa. Diese Nashörner ähneln den Flußpferden des späteren Känozoikum: Sie sind hornlos, kurzbeinig, leben amphibisch, gehen auf dreizehigen Füßen und weisen kleine, spitze Schneidezähne sowie zu Hauern vergrößerte Eckzähne auf. Die Prämolaren sind reduziert, die Molaren dafür stark vergrößert. Beide Familien sterben mit dem Ende des Oligozän endgültig aus.

Die dritte, größte und erfolgreichste Familie dieser Gruppe, die Rhinocerotidae (eigentliche Nashörner), umfaßt alle nach dem Oligozän lebenden oder ausgestorbenen Nashörner, die auf mehrere Unterfamilien verteilt werden. Ihre Geschichte läßt sich bis ins Eozän zurückverfolgen; Fossilfunde sind aus Nordamerika, Eurasien und Afrika be-

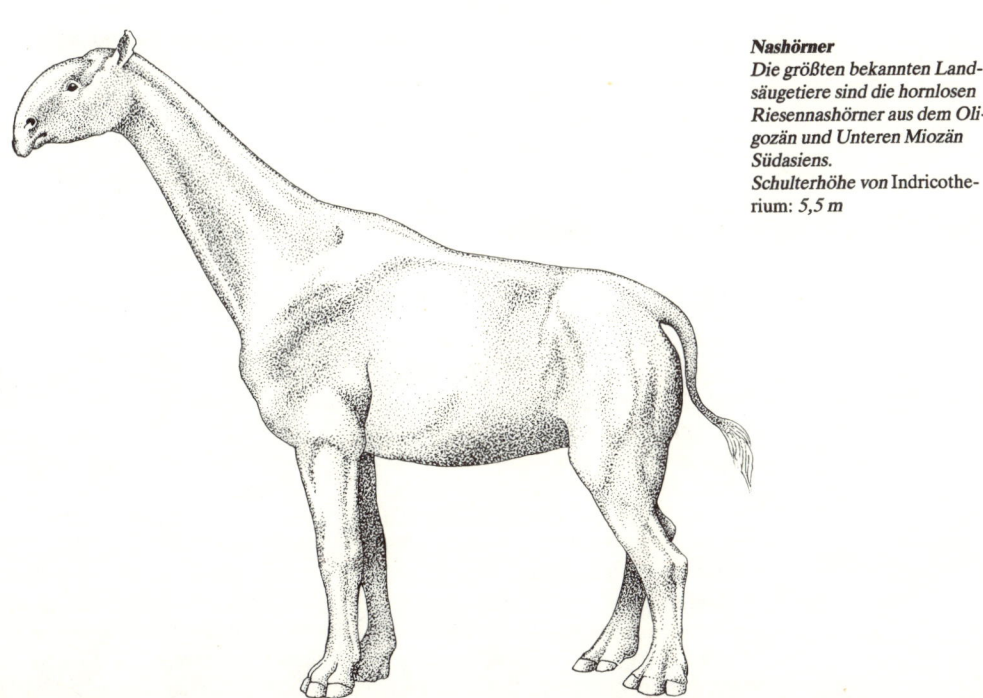

Nashörner
Die größten bekannten Landsäugetiere sind die hornlosen Riesennashörner aus dem Oligozän und Unteren Miozän Südasiens.
Schulterhöhe von Indricotherium: *5,5 m*

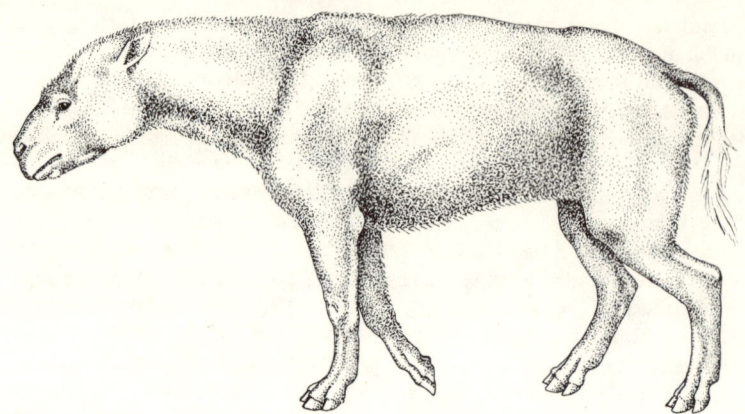

Nashörner
Mit 3 Zehen pro Fuß ist Hyra-codon, *ein Lauftier unter den oligozänen Nashörnern, an ein umherstreifendes Leben auf offener Ebene angepaßt.*
Länge: etwa 1,5 m

kannt. Die Ursprungsgruppe stellen die Caenopinae dar; sie entwickeln sich aus tapirähnlichen Vorfahren und überdauern bis ins Pliozän. Die Gattung *Caenopus* aus dem Oligozän zeigt kurze, kräftige Extremitäten, vorne 4 Zehen, einen letzten molarisierten oberen Prämolaren und niederkronige Backenzähne.

Eine kleine Unterfamilie des Oligozän und Miozän in Eurasien und Afrika bilden die Aceratheriinae. *Aceratherium* ist ein mittelgroßes hornloses Nashorn ohne Hauer, aber mit hochkronigen Zähnen – offenbar eine Anpassung an das sich im Miozän ausbreitende Grasland. Eine Untergruppe der Aceratheriinae sind die flußpferdähnlichen Teleoceratini, die hauptsächlich im Miozän Nordamerikas, Europas und Afrikas vorkommen.

Die Stellung der Indricotherien ist nicht sicher. Sie werden zu den Rhinocerotiden, Hyracodontiden oder in eine eigene Familie gestellt. Man findet die Indricotherien vor allem im Oligozän von Asien, hier besonders in der südlichen UdSSR und auf dem Indischen Subkontinent. Sie erreichen gigantische Ausmaße: bis zu 5,5 m Schulterhöhe; dazu im Vergleich: Die größten Elefanten kommen auf etwa 4 m, und eine Giraffe kann bis zum Kopf etwa 5 m erreichen. Die einhornigen Rhinocerotini (Panzernashör-ner, Gattung *Rhinoceros)* leben heute mit einer Art in Indien und einer weiteren auf Java. Das indische Panzernashorn ist die größte rezente Nashornart. Es lebt zwischen Elefantengras und in sumpfigen Schilfwäldern.

Die Elasmotheriinae sind eine hochgradig spezialisierte Gruppe der Rhinocerotidae aus dem asiatischen Plio-Pleistozän. *Elasmotherium* ist ein riesiges Steppennashorn mit einem Stirnhorn und Mahlzähnen mit komplexem Kauflächenmuster. Zu den zweihörnigen Dicerorhinini (Halbpanzernashörner) gehören das Sumatranashorn (Gattung *Dicerorhinus)* und die beiden afrikanischen Gattungen Spitzmaulnashorn *(Diceros)* und Breitmaulnashorn *(Ceratotherium)* sowie das Wollhaarige Nashorn aus dem Jung-Pleistozän (↗Pleistozän). Während die rezenten Vertreter in den Tropen vorkommen, war das Wollhaarige Nashorn an kalte Klimate angepaßt.

Nathorst, Alfred Gabriel
(1850–1921)
Schwedischer Paläobotaniker. NA-THORST wurde 1850 in Bergshammar in Södermanland geboren. Schon früh interessierte er sich für Botanik und Geologie; bereits als Student unternahm er Reisen zum Studium pflanzenführender Glazial-

ablagerungen in Nord- und Mitteleuropa. Nach seiner Promotion (1874) und der Habilitation in Geologie trat er in den Schwedischen Geologischen Dienst ein; 1884 übernahm er die Leitung der neu errichteten Abteilung für Archegoniaten und fossile Pflanzen am Naturhistorischen Reichsmuseum in Stockholm.

NATHORST veröffentlichte neben geologischen Arbeiten vor allem grundlegende paläobotanische Untersuchungen, von denen die Arbeit „Zur oberdevonischen Flora der Bäreninseln" (1902) besonders bedeutend ist. Durch die Erfindung des Kollodiumabdrucks und durch verfeinerte Mazerationstechniken gelangen NATHORST bahnbrechende Untersuchungen über die Pflanzen des Rhät und des Lias. Die paläobotanische Sammlung des Naturhistorischen Reichsmuseums in Stockholm erfuhr unter der Leitung von NATHORST einen bedeutenden Ausbau.

Naturhistorisches Museum Wien
Als Naturhistorisches Hofmuseum 1876 in Wien gegründet; die ursprünglichen Sammlungen hatte aber Kaiser Franz von Lothringen bereits 1748 von einem Privatsammler gekauft. Die anfängliche Sammlung umfaßte 30 000 Fundstücke aus den Bereichen der Mineralogie, Paläontologie und Zoologie.

Der paläontologische Aufgabenbereich ist aufgeteilt in die Abteilung für Geologie und Paläontologie und eine Abteilung für Botanik und Paläobotanik. Die Sammlungen enthalten vor allem zahlreiche Fundstücke aus dem 19. Jahrhundert. Die Ausstellungsräume zeigen verschiedene Skelettrekonstruktionen, unter anderem eine Moa und verschiedene Säugetiere von eiszeitlichen Fundorten in Österreich.

Natürliche Auslese, *Selektion*
Wichtiges Prinzip der Evolution, erstmals 1858 von Charles ↗DAR-

WIN und Alfred Russel WALLACE (1823–1913) bei einem Vortrag vor der Linnean Society of London vorgeschlagen. Aufmerksam gemacht durch das Werk von Thomas MALTHUS (1766–1834) über das Wachstum der menschlichen Population, weist DARWIN darauf hin, daß Lebewesen so viele Nachkommen erzeugen, daß beim Überleben aller die Population enorm wachsen müßte. Dies wird aber normalerweise nicht beobachtet; die Populationsgröße erweist sich im Gegenteil als recht stabil. Inter- und intraspezifische Konkurrenz um Nahrung, Geschlechtspartner, Raum und um andere, nur begrenzt verfügbare Faktoren begrenzen das Wachstum der Populationen. Infolge der Variabilität innerhalb Populationen werden einige Individuen mehr Nachkommen erzeugen können als andere. Handelt es sich um vererbbare Variationen (verursacht durch Mutationen), wird sich im Laufe der Zeit die Populationszusammensetzung ändern: Von den erfolgreicheren, d. h. besser angepaßten Formen werden mehr Nachkommen überleben, und diese werden die schlechter angepaßten Mitglieder der Population schließlich mehr und mehr verdrängen.

DARWINs Hauptproblem bei seiner Argumentation bestand in der Unkenntnis der Vererbungsmechanismen. Wie die meisten seiner Zeitgenossen sah er in der Vererbung das Mischen elterlicher Merkmale, ähnlich wie sich zwei Flüssigkeiten mischen. Wäre dies tatsächlich so, würden neu auftretende Variationen rasch „ausgedünnt"; damit sich also ein Merkmal in der ganzen Population verändert, müßte entweder die Natürliche Selektion sehr extrem arbeiten, oder aber die gleiche Variation müßte laufend neu entstehen. Gregor MENDEL (1822–1884) konnte 1866 zeigen, daß Merkmale über Generationen als Einheiten bestehen bleiben und nicht „verdünnt" werden; seine Arbeit wurde aber kaum beachtet und erst zu Beginn des 20. Jahrhunderts neu entdeckt.

Der Industriemelanismus beim Birkenspanner *(Biston betularia)* bildet eines der bekanntesten Beispiele für die Wirkungsweise der Natürlichen Selektion. Vor der Mitte des 19. Jahrhunderts waren nur weiße Formen mit schwarzen Flecken bekannt. Um 1850 wurde dann in Manchester eine schwarze Varietät gefangen, und heute beträgt in Stadtpopulationen der Anteil dieser melanistischen Formen oft 95 % und mehr. Der Birkenspanner sitzt bei Ruhe normalerweise mit ausgebreiteten Flügeln auf Baumstämmen, seine Tarnfärbung schützt ihn dabei vor Feinden. Bei geringer Luftverschmutzung tragen die Baumstämme meist Flechten, hier sind also die gesprenkelten Formen besser geschützt. Größere Luftverschmutzung vernichtet aber die

Flechten, und die Rinde der Baumstämme zeigt überwiegend eine schwarze Färbung; daher wird in Stadtbereichen die melanistische Form stark begünstigt. Eine Ausbreitung melanistischer Formen wurde auch in einigen ländlichen Gegenden beobachtet, da deren Larven gegenüber den Normalformen gewisse physiologische Vorteile besitzen. In diesem Fall überwiegen offenbar die physiologischen Vorteile den Nachteil der schlechteren Tarnung.

Natur-Museum und Forschungsinstitut Senckenberg

Gegründet 1817 in Frankfurt a. M., öffentliches Museum seit 1821. Unter den Gründungsmitgliedern der Gesellschaft war der Arzt und Naturforscher Johann Christian SENCKENBERG (1792–1772); finanzielle Unterstützung erfuhr das Museum auch von Johann Wolfgang von GOETHE (1749–1832).

Durch die Afrika-Expeditionen von Eduard RÜPPEL (1794–1884) wurden die ursprünglichen Sammlungen vergrößert. Das Museum trug wesentlich zur Förderung der Paläontologie in Deutschland bei und richtete 1939 das erste deutsche mikropaläontologische Labor ein.

Die Ausstellungen umfassen die gesamte Paläontologie; berühmt sind vor allem die Darstellungen von Wirbeltieren mit ↗Fischsauriern, ↗Plesiosauriern und einem mumifizierten ↗Hadrosaurier.

Nautilus ↗Ammoniten

Neandertaler

Ausgestorbener Hominide *(Homo sapiens neanderthalensis)* aus dem letzten Interglazial und Glazial. Die ersten Reste eines Neandertalers wurden 1856 in einer Höhle im Neandertal bei Düsseldorf gefunden.

Äußerlich erscheint der Neandertaler kleiner und gedrungener als der moderne Mensch, die Extremitätenknochen zeigen vergleichbare

Neandertaler
Ein männlicher Neandertaler erreicht durchschnittlich eine Größe von 1,7 m.

214

Länge, besitzen aber größere Gelenke. Zu den charakteristischen Schädelmerkmalen gehören ein kräftiger Überaugenwulst, ein stark reduziertes Kinn, ein relativ hoch gelegener Hinterhaupthöcker, ein großes Nackenmuskelfeld und ein langgestreckter, flach wirkender Gehirnschädel. Das Gehirnvolumen ist durchschnittlich etwas größer als beim modernen Menschen und erreicht bei einigen Funden 1600 cm³. Die Neandertaler gelten als Träger der Moustérien-Kultur (↗Feuersteinwerkzeuge). In dieser „Abschlag-Kultur" werden Abschläge von Feuersteinen als Schaber, Messer oder (an einen Stock gebunden) als Speerspitze verwendet.

Skelettreste von Neandertalern werden vor allem in Europa gefunden und stammen überwiegend aus der letzten Eiszeit (Beginn vor etwa 75 000 Jahren). Diese Klimabedingungen stellen hohe Anforderungen an die Anpassungsfähigkeit der Neandertaler-Menschen. Die Toten werden mit Grabbeigaben und Blumen bestattet, möglicherweise glaubten die Neandertaler an ein Weiterleben nach dem Tode.

Seit der ursprünglichen Entdeckung wurden Funde auch von den Britischen Inseln, der Tschechoslowakei, Israel, Italien, Spanien und der UdSSR berichtet. Der Fund von Israel vereinigt Merkmale des Neandertalers und des modernen Menschen; er gab daher Anlaß zu verschiedenen Spekulationen über die genaue Stellung des Neandertalers in der Entwicklungsgeschichte des Menschen.

Eine Theorie sieht in diesen Hominiden einen eigenen, heute ausgestorbenen Seitenzweig, der sich vor etwa 250 000 Jahren von der Hauptentwicklungslinie abspaltet. Einer anderen Version zufolge repräsentiert der Fund von Israel eine frühe Seitenlinie der Neandertaler, die schließlich zum modernen Menschen führt. Eine weitere, vielleicht die wahrscheinlichste Deutung geht davon aus, daß sich die Neanderta-

ler mit neuen, vom Osten nach Europa vordringenden *Homo*-Formen vermischen.

Aus der rekonstruierten Lage des Pharynx wurde geschlossen, daß der Neandertaler nicht den vollen Lautumfang des heutigen Menschen besaß.

Neolithikum, *Jungsteinzeit*
Die Jungsteinzeit wird durch die „neolithische Revolution" charakterisiert; gemeint ist die stufenweise Entwicklung des Ackerbaues.

Während im ↗Mesolithikum die Menschen in Europa und Asien noch als Jäger, Fischer und Sammler leben, beginnen Völker in Südwest-Asien allmählich Pflanzen zu kultivieren und Tiere zu zähmen (↗Domestikation). Dieser Übergang scheint in der Zeit von 9000 v. Chr. bis 7000 v. Chr. zu erfolgen. Die Technologie fußt noch auf den

Neolithikum
Gebrauchsgegenstände:
1 Hacke oder Axt mit polierter Steinklinge.
2, 3 Pfeilspitzen
4 Axt mit Steinklinge, einem Mittelteil aus einem Geweihstück und Holzgriff.

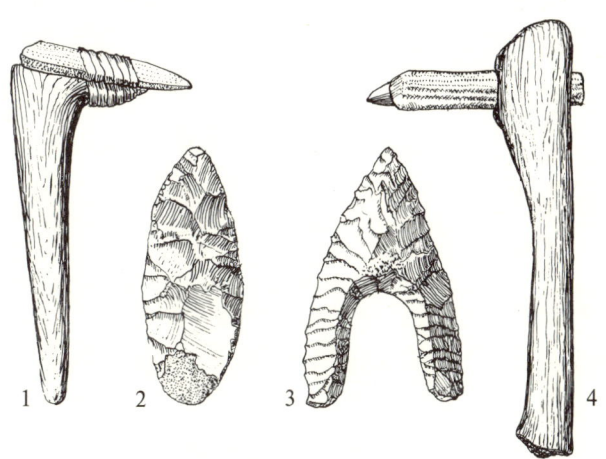

Errungenschaften des Mesolithikum, Feuerstein-Mikrolithe werden entsprechend den neuen Anforderungen angefertigt. Ähnliche Kultivierungs- und Domestikations-Zentren kennt man auch aus anderen Teilen der Welt – eines in China datiert etwa 5000 v. Chr., ein anderes in Mexiko etwa 1500 v. Chr.
Der „fruchtbare Halbmond" in Südwest-Asien trägt seinen Namen zu Recht. Dort finden sich die

Vorfahren unserer modernen Getreide, aber auch die Wildformen der Hausschafe und Hausziegen.

Der sich entwickelnde Ackerbau zwingt den Menschen zu einer seßhaften Lebensweise. Nachdem keine Notwendigkeit mehr für regelmäßige Wanderungen besteht, dienen nicht mehr Höhlen als Behausungen, sondern es werden solide Häuser gebaut – erst aus Holz, später aus sonnengetrockneten Ziegeln.

Das als Nahrung oder Saatgut verwendete Korn muß aufbewahrt werden. Zur Herstellung geeigneter Behälter entwickelt sich so die Töpferei. Die ersten Gefäße sind handgeformt und unverziert, gebrannt wurde vermutlich in einem einfachen Herd. Mit dem Gebrauch von Brennöfen und dem Anbringen von Verzierungen verbessert sich die Technik. Höherwertige Töpfereien werden später auf der Töpferscheibe gefertigt, komplizierte Muster werden durch Verwendung von farbigem Ton erreicht.

Zwischen den Gruppen eines Volkes gewinnt der Handel an Bedeutung. In Südwest-Asien ist eines der begehrtesten Materialien der in Anatolien vorkommende Obsidian. Mit Hilfe dieses strahlend schwarzen Gesteins konnten Archäologen Handelsrouten in Südwest-Asien und im Mittelmeergebiet rekonstruieren.

Die Technik des Ackerbaues dringt nach Europa und Asien vor, allerdings mit sehr geringer Geschwindigkeit: Für die Ausbreitung von Griechenland bis nach Dänemark werden nach Schätzungen etwa 3000 Jahre benötigt.

Nopsca, Franz Baron
(1877–1933)
In Hatzog, Rumänien, geborener Paläontologe; seine Forschungen galten den kreidezeitlichen Dinosauriern, ihrer Evolution und Klassifikation. Noch als Student beschrieb er mit *Limnosaurus* seinen ersten Dinosaurier, dessen Reste auf seinem Besitztum gefunden wurden. Die kretazischen Gesteine seines Heimatlandes Transsylvanien zeigen einen großen Reichtum an fossilen Dinosauriern. NOPSCA schrieb mehrere wissenschaftliche Beiträge über die verschiedenen Funde und auch allgemeinere Artikel zu Problemen der Klassifikation.

Nach dem ersten Weltkrieg wendete sich sein Schicksal; NOPSCAS Landbesitz wurde zwischen Ungarn und Rumänien aufgeteilt. Vorübergehend war er Präsident der geologischen Behörde von Ungarn, ständige Streitereien zwangen ihn aber zum Rücktritt. Nachdem er seinen Sekretär getötet hatte, beging NOPSCA Selbstmord.

Nothosauria
Zur Ordnung der Sauropterygia gehörende Unterordnung euryapsider ↗Reptilien.

Nothosaurier gehören zu den ersten Reptilien, die sekundär wieder das Meer erobern; sie zeigen die beginnende Entwicklung verschiedener Merkmale, wie sie später für die extremer spezialisierten ↗Plesiosaurier typisch werden. Der Hals ist länger als bei den meisten anderen Reptilien dieser Zeit, die lange Schnauze trägt in Anpassung an eine Ernährung von Fischen zahlreiche spitze Zähne. Am Schultergürtel fällt die kräftige Entwicklung der Knochen auf, die Hinterextremitäten bleiben in deutlichem Gegensatz zu den weniger spezialisierten Reptilien kürzer und schwächer als die Vorderextremitäten.

Die Gliedmaßen repräsentieren die ersten Stufen zur Entwicklung von paddelförmigen Flossen: Unterarm- und Unterschenkelknochen werden verkürzt, Zahl und Länge der Zehen- und Fingerglieder vergrößert, Hand und Fuß tragen Schwimmhäute. Den Hauptanteil der Antriebskraft liefert durch Seitwärtsbewegung aber vermutlich der lange, z. T. mit einer dorsalen Flosse versehene Schwanz.

Nothosauria
Nothosaurus *ist ein recht häufi-*
ger Vertreter dieser triassi-
schen Gruppe, aus der sich
vermutlich die Plesiosaurier
entwickeln.
Länge: ca. 3 m

Nothosaurier leben entlang den Küsten der ↗Tethys. Funde stammen aus England, den Niederlanden, Deutschland, der Schweiz, China und Japan, aber auch von den Nordufern der ↗Gondwana in Tunesien und Israel, ein einziger Beleg ist aus Indien bekannt. Meereshöhlenablagerungen im südwestlichen Polen enthalten neben Fischresten große Mengen an Nothosaurier-Knochen, offensichtlich sind diese Reptilien die vorherrschenden Bewohner der Küsten. Sie besiedeln wohl kaum das offene Meer wie die ↗Fischsaurier oder ihre eigenen Abkömmlinge, die Plesiosaurier; vermutlich leben sie als vom Land aus jagende Fischer und Aasfresser. Ein bemerkenswertes Fundstück aus der Schweiz wird von sieben kleineren Individuen umgeben; diese wurden zunächst als Jungtiere gedeutet, und man betrachtete die Nothosaurier daher als lebendgebärend, vergleichbar den Fischsauriern. Bei einer genaueren Untersuchung erwiesen sich aber das größere Tier und die kleineren Formen als zu verschiedenen Gattungen gehörig.

Am Ende der Trias sterben die Nothosaurier aus, als ihre vermutlichen Abkömmlinge kommen die Plesiosaurier aber noch bis in die Oberkreide vor.

Notoungulata
Ausgestorbene Ordnung südamerikanischer Huftiere des Känozoikum. Die formenreichen Notoungulaten umfassen drei Unterordnungen: die massigen Toxodonta (mit den klauentragenden Homalodotherien), die nagetierähnlichen Typotheria (mit den an Hasen und Kaninchen erinnernden Hegetotherien) und die Notioprogonia als primitive frühe Formen. Alle Notoungulaten zeigen eine Eigentümlichkeit der Gehörregion: Die umfangreiche Bulla steht mit einer zweiten Kammer im Squamosum in Verbindung. Ein allgemein breiter, schwerer Jochbogen fällt auf, an den oberen Molaren können sich zwischen den Hauptjochen Nebenhöcker entwickeln. Auf den unteren Molaren sitzt bei primitiven Gattungen das Entoconid in der Rundung des hinteren Halbmondes.

Die größten Notoungulaten gehören zu den Toxodonta. Im Pleistozän ist *Toxodon* in Südamerika offensichtlich das häufigste große Huftier. Das mächtige, etwa 3 m lange Tier besitzt einen schweren Schädel, dreizehige, huftragende Füße und einen kurzen Schwanz. *Toxodon* erscheint erstmals im Pliozän; zu dieser Zeit lebt auch die verwandte Gattung *Trigodon,* charakterisiert durch einen Knochenfortsatz auf dem Stirnbein. Die Toxodontenlinie läßt sich weiter zurückverfolgen über das miozäne *Nesodon* (mit zu Hauern umgebildeten oberen zweiten Schneidezähnen) und das oligozäne *Proadinotherium* bis zur Gattung *Oldfieldthomasia* aus dem Unteren Eozän. Den Toxodonten recht nahe stehen die beiden wenig bekannten Familien der Leontiniidae aus dem Oligozän und der Notohippidae. Die mittelgroßen und schwer gebauten Leontiniidae finden sich im Unteren Oligozän verbreitet *(Scarrittia, Leontinia)*; mit *Colpodon* aus dem Oberen Oligozän stirbt die Familie aus. Die Notohippidae besitzen an Pferde erinnernde Molaren, ihr Aussehen und ihre Lebensweise sind aber unklar.

Die vermutlich als Wurzelfresser lebenden Homalodotheriidae überleben nicht das Untere Pliozän. Die langen Vorderextremitäten tragen starke Scharrklauen, der Hinterfuß wird plantigrad (d. h. mit der ganzen Sohle) aufgesetzt. Die etwa 2 m lang werdende Gattung *Homalodotherium* aus dem Miozän besitzt einen mächtigen Schädel, dessen Nasenöffnungen weiter hinten liegen als gewöhnlich; dies deutet auf eine tapirähnliche Schnauze. Weitgehend ähnlich ist die früholigozäne Gattung *Asmodeus*. Die verschiedenen, typischeren Notoungulaten dieser Gruppe aus dem Paläozän-Eozän werden als Isotemnidae zusammengefaßt. Hierzu gehören *Periphragnis* mit kurzen, huftragenden Füßen und *Thomashuxleya*; letzterer fehlen die verhältnismäßig langen Vorderextremitäten der höherentwickelten Formen.

Die Unterordnung Typotheria enthält zwei Familiengruppen relativ kleinerer Notoungulaten. *Typothe-*

Notoungulata
Das massige Toxodon *(oben) aus dem Pleistozän wird etwa so groß wie ein Nashorn; demgegenüber erreicht* Thomashuxleya *(unten) nur eine Länge von ca. 1,5 m.*

rium kommt im Pliozän-Pleistozän vor, eine Art erreicht die Größe eines Schwarzbären. Der hohe Schädel bildet eine schmale, spitz zulaufende Schnauze, die ersten Schneidezähne im Ober- und Unterkiefer wachsen permanent, die wurzellosen Molaren sind hochkronig. Eckzähne fehlen, ebenso zwei obere und drei untere Prämolaren. Über *Pseudotypotherium* aus dem Pliozän und *Eutypotherium* aus dem Miozän führt die Linie zurück bis zur früholigozänen Gattung *Trachytherus;* diese besitzt noch alle Prämolaren.

Als weniger spezialisierte Familie der Typotherien sterben die Interatheriidae noch vor dem Pleistozän aus. Als pliozäner Vertreter dieser Gruppe besitzt *Protypotherium* ein vollständiges Gebiß mit 44 Zähnen, die hochkronigen Backenzähne sind wurzellos. Aus dem Miozän stammt das kurzbeinige *Interatherium,* charakterisiert durch den langen Schwanz, den kurzen, breiten Schädel und durch die vergrößerten oberen und unteren ersten Schneidezähne. *Guilielmoscottia* kennt man aus dem Eozän, *Transpithecus* und *Notopithecus* bereits aus dem Paläozän.

Verschiedene kleine hasenartige Formen mit verlängerten Hinterbeinen, kurzem Schwanz und wurzellosen, meißelartigen Schneidezähnen bilden die Familiengruppe der Hegetotheroidea. *Pachyrukhos* reicht vom späten Oligozän bis ins Obere Pliozän; die im Miozän häufige Gattung *Hegetotherium* wird etwas größer und erscheint erstmals im Oberen Oligozän. *Eohegetotherium* und *Eopachyrukhos* stammen aus dem Eozän, mehrere primitive Gattungen aus dem Paläozän werden als Archaeohyracidae zusammengefaßt.

Einige der ältesten und urtümlichsten Notoungulaten gehören zu den Notioprogonia, darunter die im Eozän verbreitete Gattung *Notosty-*

Notoungulata
Die klauentragende Gattung Homalodotherium *kommt im Miozän von Südamerika vor. Länge: ca. 2 m*

Notoungulata
Pachyrukhos *findet sich verbreitet im Miozän von Südamerika und erreicht etwa die Größe eines Kaninchens.*

219

lops und *Henricosbornia* aus dem Paläozän-Eozän. Als einzige Notoungulaten finden sich zwei Vertreter dieser Ordnung auch außerhalb von Südamerika: *Artostylops* im Unteren Eozän von Nordamerika, *Palaeostylops* im Oberen Paläozän der Mongolei.

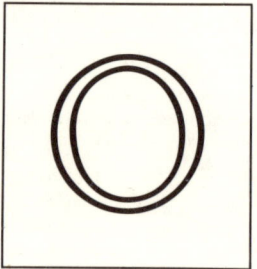

Oberkarbon ↗Pennsylvanian

Odontognathae ↗Zahnvögel

Ökologie

Die Ökologie erforscht die Wechselwirkungen der verschiedenen Lebewesen untereinander und mit ihrer leblosen Umwelt; Gegenstand der Untersuchung sind z. B. morphologische Anpassungen, Lebensweise, Lebensraum und die Beziehungen der Lebewesen zueinander, sowohl innerhalb einer Gruppe, als auch zwischen verschiedenen Gruppen.

Während die gegenwärtigen Umwelteinflüsse direkt beobachtet werden können, ist die Paläoökologie weitgehend auf die Interpretation fossiler Funde angewiesen. Ihre Ergebnisse enthalten daher immer einen Unsicherheitsfaktor, da die Weichteile der Organismen nur selten, die Hartteile oft nur unvollständig erhalten sind. Man erhält nie ein vollständiges Abbild des Lebens zu einem bestimmten Zeitpunkt. Oft sind die Organismen nicht an jenem Ort abgelagert, an dem sie lebten. Häufig findet man nur eine Vergesellschaftung organischer Einzelteile, deren Beziehung zur Fundstelle unsicher ist (Thanatozönose oder „Grabgemeinschaft"). Auch Schichten mit zahlreichen Fundstücken einer Gruppe geben kein eindeutiges Bild: So sind z. B. die ↗Gliederfüßer meist überrepräsentiert, da man auch die Skelette ihrer Häutungen vorfindet. Nur ausnahmsweise bleiben auch Organismen erhalten, die keine Hartteile besitzen, wie z. B. im ↗Burgess-Schieferton von Britisch-Kolumbien. In solchen Fällen liegt potentiell eine vollständige Lebensgemeinschaft vor; aber auch hier geht durch die Einbettungsvorgänge Information verloren. Paläoökologische Studien können prinzipiell nicht exakt sein, statistische Verfahren erlauben jedoch die Verarbeitung großer Datenmengen und besitzen breite Anwendbarkeit in der Paläoökologie.

Die Paläoökologie versucht zunächst, die Lebensweise der einzelnen Formen einer Lebensgemeinschaft zu erschließen. Eine Untersuchungsmethode beruht auf dem Vergleich mit lebenden Formen. So erlaubt z. B. das Verhältnis von Skelettform und Grabtiefe von Arten des rezenten Herzigels *Spatangus* (↗Stachelhäuter) die Unterscheidung zwischen tief- und flachgrabenden Formen des kreidezeitlichen Stachelhäuters *Micraster*. In gleicher Weise schließt man aus der Ähnlichkeit der Skelette von ↗Graptolithen und verwandten modernen Koloniebildnern, den Pterobranchiern – besonders der Gattung *Rhabdopleura* –, auf den unbekannten Weichkörper dieser rein paläozoischen Formen: Das Graptolithen-Einzeltier (Zooid) wird als Abbild von *Rhabdopleura* mit zwei Tentakelarmen rekonstruiert. Man vermutet gleichfalls, daß die einzelnen Zooide über elastische Auswüchse mit einem gemeinsamen Achsenstab (Stolo) in Verbindung stehen.

Der Bau der Fossilien liefert zudem zahlreiche Informationen. So bietet z. B. der zickzackförmige Bau des Schalenrandes der Rhynchonellida (↗Brachiopoda) mehrere Vorteile. Die Öffnung für einströmendes Wasser wird vergrößert (wichtig für Ernährung und Atmung), gleichzeitig jedoch der Abstand der Schalenenden beibehalten: Dadurch werden große Partikel ferngehalten; die Verlängerung des Mantelrandes bewirkt zudem eine Vergrößerung der dort angeordneten Sinnesfelder und damit eine verbesserte Sinneswahrnehmung.

Auch das Vorkommen von Fossilien in bestimmten Sedimenten oder Gesteinen kann paläoökologische Hinweise liefern. Graptolithen finden sich beispielsweise oft mit Pyriten in schwarzem Schiefer mit nur wenig anderen Fossilien und ohne Anzeichen von Grabtätigkeiten. Die Gesteins- und Erhaltungsart läßt auf Ablagerung in tiefem Wasser schließen, das Fehlen bodenbewohnender Organismen auf Fehlen von Sauerstoff. Dies alles fügt sich in das Bild von Graptolithen als planktontisch lebende Organismen. Oft liefern nur Lebensspuren Hinweise auf die Art der Weichteile und Gewebe fossiler Organismen; so kennt man Bewegungs- und Fraßspuren mariner Wirbelloser, Fußspuren von Dinosauriern usw. Leider sind die Bedingungen, wel-

folg man u. a. ihrer ↗Warmblütigkeit zuschreibt. Dieser Schlußfolgerung liegen verschiedene Hinweise zugrunde. Einer ergibt sich aus der Berechnung des Räuber-Beute-Verhältnisses in fossilen Lebensgemeinschaften. Ein kaltblütiger Räuber, z. B. ein Krokodil, braucht wegen seines niedrigeren Energieverbrauches viel weniger Nahrung als ein warmblütiges Reptil ähnlichen Gewichts. Daher reicht eine bestimmte Beutepopulation nur für eine kleinere warmblütige Räuberpopulation aus, verglichen mit kaltblütigen Räubern. Das Räuber-Beute-Verhältnis bei Dinosauriern liegt bei 1–3 % – ähnlich wie bei späteren Säugetierpopulationen und viel niedriger als bei kaltblütigen Reptilien.

Old Red, *Old Red Sandstone*
Fossilführende kontinentale Ablagerungen des ↗Devon; die Ausdehnung reicht vom östlichen Nordamerika über die kanadische Arktis bis nach Spitzbergen, Grönland und Westeuropa.

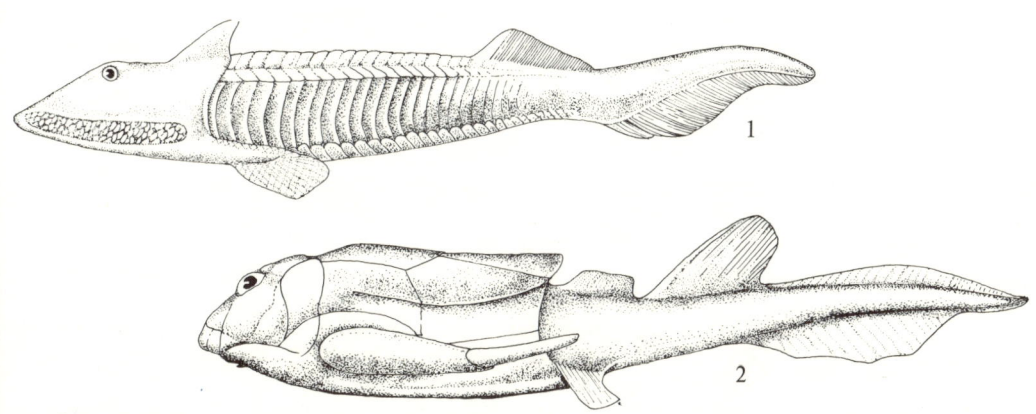

che die Erhaltung der Lebewesen einerseits, sowie von ↗Spurenfossilien andererseits begünstigen, verschieden, so daß man selten beides zusammen findet.

Beträchtliches Interesse haben die ↗Dinosaurier gefunden, deren Er-

Bereits zu Beginn der sich entwickelnden geologischen Wissenschaften in England erkannte man, daß hier die marinen Silursedimente und die karbonischen Kalke durch eine mächtige Gesteinsfolge aus überwiegend Sandsteinen getrennt

werden. Ähnliche sandige Ablagerungen existieren auch oberhalb der kohleführenden Schichten. Zur Unterscheidung der beiden Strata wurde das ältere als Old Red Sandstone („Alter Roter Sandstein"), das jüngere als New Red Sandstone bezeichnet.

Zuerst galten die Sandsteine des Old Red als fossilleer; bald wurden aber einige seltsame gepanzerte Fische entdeckt (↗Ostracodermen). Viele der ursprünglichen Funde gehen auf den Steinmetzen Hugh MILLER (1802–1856) zurück, der seine Arbeitskollegen ermahnte, sich lieber durch das Studium der Natur zu vervollkommnen, als sich mit der Tagespolitik zu beschäftigen. Sein Werk „The Old Red Sandstone, or New Walks in an Old Field" (Der Old Red Sandstone oder neue Wanderungen in einem alten Gebiet) erschien 1841 und wurde zu einem Klassiker der englischen geologischen Literatur.

Seit 1839 wird die geologische Zeit zwischen Silur und Karbon als Devon bezeichnet. Dennoch wurde der Begriff Old Red Sandstone beibehalten, um die kontinentalen Ablagerungen des Devon von den marinen zu unterscheiden.

Durch die Abtragung der kaledonischen Gebirgsketten akkumulieren mehrere tausend Meter mächtige Sedimente. Die Kaledoniden waren aufgestiegen bei der Kollision der zwei ursprünglich durch den Protoatlantik oder Iapetus-Ozean getrennten Kontinentalmassen der Nordamerikanisch-Grönländischen und Europäischen Plattform. Der dabei entstandene Old Red Kontinent umfaßt äquatoriale und tropische Breitengrade, seine Flüsse besiedeln ↗Kieferlose und (kiefertragende) Fische, die zuvor die Meere bewohnten.

Dokumente für einige wichtige phylogenetische Ereignisse in der Entwicklungsgeschichte der Wirbeltiere stammen aus dem Old Red von Westeuropa, dem östlichen Nordamerika, Spitzbergen, Grönland und der kanadischen Arktis entlang den Rändern des Old Red Kontinents. Fossile Fische dienen zur Parallelisierung der Schichten innerhalb dieser Provinz. Als sehr bedeutsam erweist sich auch die Möglichkeit, Wanderungsserien zu verfolgen und Evolutionszentren zu identifizieren, von denen diese Wanderungswellen ausgehen. Die Pferdeentwicklung in Nordamerika mit periodischen Migrationen nach Eurasien findet ihre Parallele unter zahlreichen Fischgruppen aus dem Old Red Sandstone.

Olduvai

Schlucht in Tansania, in der pleistozäne Sedimente mit Resten des frühen ↗Menschen entdeckt wurden.

Charles ↗DARWINs Vermutung, Afrika sei die Wiege des Menschen, erwies sich als richtig. Australopithecinen kennt man aus dem südlichen, vor allem aber aus dem östlichen Afrika mit Funden im Bereich des Ostafrikanischen Grabens, vom Viktoriasee, Rudolfsee und aus dem ↗Omo-Becken. Eine der berühmtesten Stellen aus diesem Gebiet ist Olduvai im Norden Tansanias, wo junge Flüsse eine Schlucht in einen fossilen See und vulkanische Schichten eingegraben haben. Die sechs identifizierten Schichten überstreichen einen Zeitraum von etwa 2 Millionen Jahren, der vom frühen bis ins späte Pleistozän reicht. Der fossile See am Rande der Serengeti existierte während dieser Zeit fast ununterbrochen und bot Lebensraum für eine reiche Tierwelt – und auch für die Vorfahren des Menschen.

Als erster Wissenschaftler kam 1911 ein deutscher Schmetterlingssammler nach Olduvai. Bald schon erwies sich dieses Gebiet als sehr reich an fossilen Tierknochen und primitiven Steinwerkzeugen, die unter der Bezeichnung Oldowan-Industrie bekannt wurden.

Der Name Olduvai ist inzwischen fest verbunden mit der Familie

↗LEAKEY, die hier 1931 mit Ausgrabungen begann. Diese wurden systematisch fortgeführt und förderten von Hominiden benutzte Wohn- und Arbeitsplätze zutage, die Tierknochen und Steinwerkzeuge enthielten. Stellen wurden gefunden, an denen Tiere getötet und geschlachtet wurden – erkennbar an den entsprechenden Werkzeugen und Tierskeletten.

1959 entdeckten die LEAKEYs den Schädel eines Hominiden, den sie als *Zinjanthropus boisei* benannten (Zinj ist die alte Bezeichnung für Ostafrika und Boise der Name des Geldgebers für die Ausgrabung). Der zusammen mit Olduvai-Steinwerkzeugen gefundene Schädel ist massiv, viel größer als die Fundstücke des südafrikanischen *Australopithecus robustus* und trägt sagittal einen mächtigen Knochenkamm. Die zu dieser Zeit überraschendste Tatsache war das Alter von *Zinjanthropus*. Die damals neue Kalium-Argon-Methode führte zu einem Alter von etwa 1,8 Millionen Jahren.

Heute ist allgemein anerkannt, daß es sich bei *Zinjanthropus* um einen Australopithecinen handelt, der sich vermutlich von *Australopithecus robustus* ableitet; er wurde daher in *Australopithecus boisei* umbenannt. Da man ihn zusammen mit einer Geräte-Industrie fand, vermutete man in ihm zunächst auch deren Urheber. Diese Vorstellung wurde jedoch bald verworfen, als man in der Schicht des *Austalopithecus boisei* auf einen weiteren Hominiden stieß: Die Knochenfragmente stammen von zwei Individuen und umfassen Teile von Kiefer, Schädel, Schlüsselbein, Unterschenkel, Fuß und einer Hand. Der Schädel weist ein Hirnvolumen von 650 cm^3 auf – weit mehr als jenes von *Australopithecus boisei*. Die anderen Bruchstücke lassen einen etwa 1,2 m großen, aufrechtgehenden Hominiden vermuten. Vermutlich war er der Hersteller und Benutzer der Olduvai-Werkzeuge,

er wurde daher von LEAKEY als *Homo habilis* („geschickter Mensch") bezeichnet. Er hat wohl gleichzeitig mit *Australopithecus boisei* gelebt und diesen vielleicht sogar gejagt.

Oligozän

Oberste Stufe des Alttertiär oder Paläogen (↗Känozoikum); der Zeitabschnitt beginnt vor 39 Millionen Jahren und dauert 16,5 Millionen Jahre. Die aus dem Griechischen abgeleitete Bezeichnung bedeutet soviel wie „wenig Neues", d. h. „Zeitalter mit wenig rezenten Lebensformen".

Das Oligozän erweist sich in vieler Hinsicht als Übergangsstufe zwischen den früheren und späteren Zeitabschnitten des Känozoikum. Verglichen mit dem darauffolgenden ↗Miozän werden nur wenige geographische Veränderungen verzeichnet, diese sind aber von großer Bedeutung. Australasien trennt sich endgültig von der Antarktis. Der nun vollständig die Antarktis umgebende Ozean bewirkt eine Abkühlung auch in anderen Meeresbereichen, kälteadaptierte Planktonfaunen und Floren dringen bis in äquatoriale Breiten vor. Nord- und Südamerika, bereits im Mittleren Eozän getrennt, bleiben isoliert, Eis bildet sich in der Antarktis auf Meeresniveau; die Temperaturen der Ozeane und auf dem Land sinken weltweit.

Die im Eozän so zahlreichen Nummuliten nehmen ab, im späten Oligozän werden sie von den großen miogypsiniden ↗Foraminiferen verdrängt. ↗Korallen, ↗Schnecken, ↗Muscheln, ↗Seeigel, Krabben und Entenmuscheln gehören zu den charakteristischen Bestandteilen der Meeresfaunen. ↗Wale, bekannt von Europa bis Neuseeland, umfassen die letzten Archaeoceten und die ersten Odontoceten (Zahnwale).

Auf dem Festland liefert die Flora Beweise für die Klimaveränderungen: Bereiche mit tropischer Vegetation im Eozän tragen nun mehr gemäßigte Pflanzengesellschaften. Bei Bembridge auf der Insel Wight werden unter anderem Reste von Kiefern, Schilf, Walnußbaum, Mohn und Geißblatt gefunden; dennoch liegt die Wassertemperatur offenbar hoch genug, um mittelgroßen Krokodilen einen Lebensraum zu bieten. Die Ausdehnung der Wälder nimmt ab, sie werden durch Waldsavannen ersetzt, in denen Gräser vorherrschend werden (wie in der Florissant-Flora von Colorado). So zeigen denn auch die Säugetiere eine Entwicklungstendenz von laubfressenden Formen zu Grasfressern mit entsprechenden Umbildungen der Zahnstrukturen.

Trotz nur spärlicher Fossilbelege breiten sich vermutlich auch die Insekten aus. Es existieren die meisten rezenten Ordnungen; Erwähnung verdient das Erscheinen der ersten sozialen Ameisen und Termiten, die nun die Entwicklung speziell an diese Nahrung angepaßter großer Säugetiere ermöglichen. Solange die Insekten einzeln aufgenommen werden müssen, überschreiten die insektenfressenden Säugetiere kaum die Größe einer Maus; mit der Evolution sozialer, in „Staaten" lebender Insekten wird aber das Verhältnis von Nahrungsaufnahme zu Energieaufwand günstiger. Diese insectivoren Säugetiere können daher eine beträchtlichere Körpergröße erreichen. Innerhalb der Säuger haben sich unabhängig voneinander mindestens 5 Gruppen an eine Ernährung von sozialen Insekten angepaßt: die Ameisenigel unter den ↗Kloakentieren, der Ameisenbeutler *Myrmecobius* unter den Beuteltieren Australiens, die zu den neuweltlichen ↗Zahnarmen gehörenden Ameisenbären (Myrmecophagidae), die tubulidentaten Erdferkel in Afrika und die Schuppentiere (Pholidota) aus Afrika und Asien.

Oligozäne Säugetierfaunen sind recht gut bekannt aus Eurasien und Amerika, weniger aus Afrika, sie fehlen fast vollständig in Australien. Meist zeigen sie ein charakteristisches Übergangsstadium: Verschiedene altertümliche, aus der späteozänen Radiation hervorgegangene Gruppen nehmen ab, gleichzeitig erscheinen bereits die neuen, im Miozän dominierenden Formen. Zu den im Aussterben begriffenen Taxa gehören Multituberculaten, primitive ↗Insektenfresser, die meisten ↗Condylarthra, frühe ↗Primaten, Uintatherien, zahlreiche ↗Creodonta, ursprüngliche Tapirartige und andere frühe ↗Unpaarhufer und ↗Paarhufer. Unter den zunehmend an Bedeutung gewinnenden Formen finden sich die ersten Mäuseartigen (↗Nagetiere), ↗Hunde, ↗Marder, ↗Katzen, ↗Nashörner, ↗Schweine und Pekaris. Ein teilweiser Austausch erfolgt zwischen Europa und Asien, obgleich die Turgai-Meerenge zumindest im frühen Oligozän noch existiert. Die Säugetiere von Europa und Nordamerika lassen deutliche Unterschiede erkennen, die engsten Beziehungen bestehen zwischen der amerikanischen und der ostasiatischen Fauna.

Bei den carnivoren Tieren des Oligozän fällt die Abnahme der Creodonten auf. Sie verschwinden vollkommen aus Amerika, persistieren aber in der alten Welt bis ins Miozän. *Hyaenodon,* ein Vertreter der „Scheinraubtiere" Hyaenodontia, repräsentiert immer noch eine wichtige räuberische Form, die echten Raubtiere mit Hunden (z. B. *Hesperocyon*), Mardern und Katzen beginnen aber erfolgreich zu konkurrieren. Einen bedeutenden evolutionären Fortschritt innerhalb der Nagetiere markiert das Erscheinen der ersten Muroidea (Mäuseartige; Myomorpha) und Caviomorpha (Meerschweinchenverwandte). Die Muroiden kommen heute mit den Mäusen und Ratten weltweit vor, die südamerikanischen Caviomorphen umfassen Agutis und Meerschweinchen.

Unpaarhufer treten nach wie vor

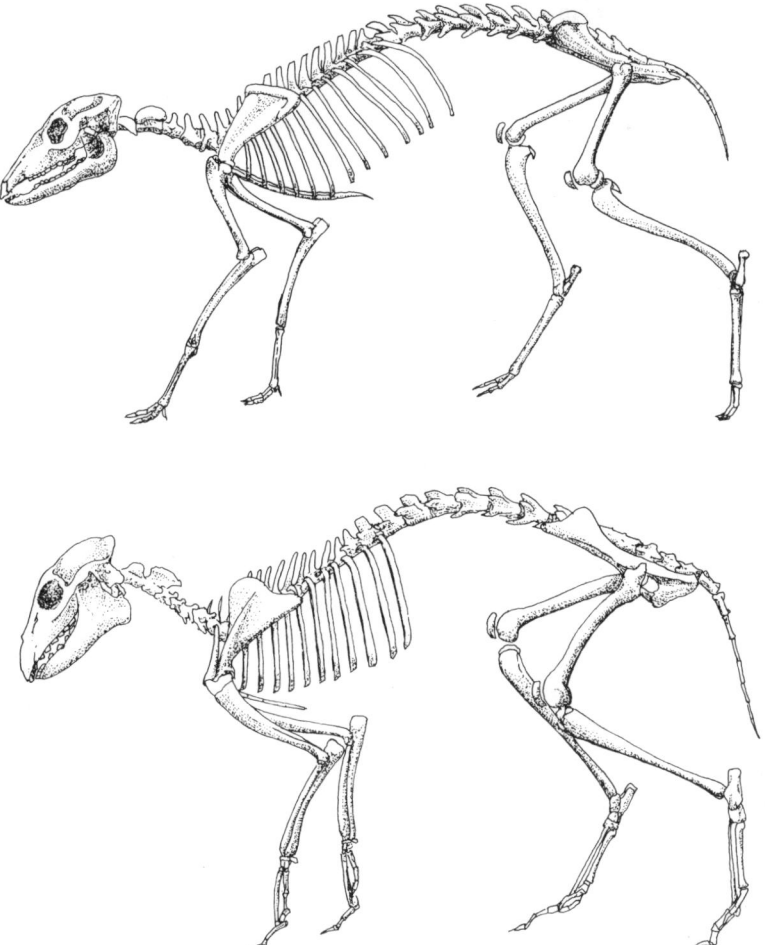

Oligozän
Oben: Leptomeryx, *ein primitiver Vertreter der zu den Paarhufern gehörenden Pecora (Stirnwaffenträger), erscheint im Unteren Oligozän.*
Länge ca. 60 cm
Unten: Als früher Wiederkäuer tritt Cainotherium *erstmals im Mittleren Oligozän von Europa auf.*
Länge ca. 30 cm

häufig und in großer Vielfalt auf. Nashornartige finden sich verbreitet, z. B. die als gute Läufer geltende Gattung *Hyracodon* (Hyracodontidae) in Amerika und amphibisch lebende Amynodonten wie *Caducotherium* in Europa und *Metamynodon* in Amerika. Zu den echten Nashörnern (Rhinocerotidae) gehören *Caenopus* in Amerika, *Aceratherium* in Europa und das riesige *Baluchitherium* in Asien. Die Pferde entwickeln sich erfolgreich in Nordamerika; in Europa beginnen die ↗Palaeotherien zu verschwinden. Echte Tapire *(Protapirus)* erscheinen im europäischen Oligozän, mächtige ↗Brontotherien leben in Nordamerika und Asien. Viele dieser Unpaarhufer entwickeln lophodonte (leistentragende) Zähne. Dadurch entsteht ein wirkungsvolles Laubfressergebiß und erlaubt den Tieren vermutlich auch, gewisse Mengen Gras aufzunehmen.

Die Paarhufer erreichen im Oligozän eine geringere Vielfalt als die Unpaarhufer, in einigen Gebieten beginnen sie sich aber rasch auszubreiten. ↗Anthracotheriidae mit niederkronigen (bunodonten) Zähnen kennt man zahlreich und vielgestaltig aus Asien, reichlich aus Europa, ferner aber auch von Nordamerika und Afrika. Schweine und

225

Pekaris treten erstmals im Oligozän von Europa auf, später erobern sie auch andere Kontinente. Kleine kaninchenartige Cainotherien sind in Europa weit verbreitet, frühe Ruminantier erscheinen und mit *Poëbrotherium* auch ein Vertreter der Kamele. Die dominierenden amerikanischen Paarhufer dieser Zeit bilden die ↗Oreodonten (*Merycoidodon*).

Infolge der andauernden Isolierung setzt sich in Südamerika die Entwicklung einer eigenen Fauna fort. Die Deseada-Fauna von Patagonien enthält zahlreiche räuberische Beuteltiere und erste Riesenfaultiere (↗Faultiere) und ↗Gürteltiere. An seltsamen Huftieren finden sich die kleinen ↗Litopterna, verschiedene ↗Notoungulata, ↗Astrapotheria und riesige elefantenähnliche Pyrotherien (↗Amblypoda). Von Australien kennt man als einziges oligozänes Säugetier einen Kletterbeutler *(Wynyardia)* aus Tasmanien, ein Hinweis, daß die Beuteltiere den Kontinent vermutlich bereits im Eozän erreichten.

Unsere Kenntnis der oligozänen Säugetiere Afrikas basiert ausschließlich auf der ↗Fayum-Fauna von Ägypten, mit ↗Mastodonten *(Palaeomastodon),* Hyracoiden, Nagetieren, Creodonten, Anthracotheria und Primaten; *Aegyptopithecus* gilt als möglicher Vorfahre sowohl der Menschenaffen wie des Menschen.

Omo-Becken

Das Omo-Becken enthält känozoische Sedimente mit fossilen Vertebraten aus dem Miozän – Pleistozän. Von seinem Ursprung in den Hochländern der Kaffa-Provinz in Südwestäthiopien fließt der Omo über 644 km südwärts und mündet am Nordufer in den ↗Rudolfsee.

Die obersten Schichten der Omo-Serie (Kibish Formation) stammen aus dem Oberen Pleistozän, abgelagert wurden sie beim Rückzug des Rudolfsees. Diese Sedimente lieferten drei unvollständige Schädel des *Homo sapiens,* ferner Reste von Wasserböcken, einen Büffel (möglicherweise ein Vorfahre des rezenten Kaffernbüffel *Syncerus caffer),* ↗Nashörner *(Diceros)* und Elefanten.

Die unterpleistozänen Schichten enthalten Reste des frühen Hominiden *Australopithecus,* ↗Rüsseltiere *(Deinotherium, Archidiskodon),* Nashörner *(Diceros),* ein dreizehiges Pferd *(Stylohipparion,* vermutlich eine Untergattung von *Hipparion),* Zebras *(Equus zebra),* eine ausgestorbene Flußpferdart, Schweine *(Omochoerus, Metridiochoerus, Phacochoerus),* ↗Giraffen *(Sivatherium* und eine ausgestorbene Art der rezenten Gattung *Giraffa),* ↗Affen, *(Dinopithecus),* zahlreiche Antilopen *(Gazella, Antidorcas, Alcelaphus, Oryx, Strepsiceros* usw.), ein ↗Kamel *(Camelus),* eine ↗Säbelzahnkatze *(Homotherium),* Krokodile, Schildkröten und einige Fische (z. B. *Polypterus, Potamotrygon, Tilapia).* Manche Formen finden sich noch heute in Afrika.

Auf tieferem Niveau im Omo-Becken existieren Sedimente des Burdigalium (tieferes Miozän). Diese ältere Fauna enthält ↗Mastodonten, das Nashorn *Aceratherium,* die zu den ↗Anthracotheriidae gehörende Gattung *Brachyodus,* ein Kaninchen *(Pliohyrax),* einen Traguliden *(Dorcatherium),* primitive Hirsche und Schweine *(Bunolistriodon).* Diese älteren Schichten belegen auch wiederholte vulkanische Aktivitäten.

Ophidia ↗Schlangen

Orbigny, Alcide Charles d'
(1802–1857)

Französischer Naturforscher, geboren in Couëron, der als erster den Wert der Mikrofossilien für die Stratigraphie erkannte. Er bereiste Südamerika (1826–1834) und sammelte zahlreiche naturgeschichtliche Belege, aufgrund derer er seine Vorstellungen über Verbreitungsgebiete in der Tierwelt abfaßte.

1853 erhielt er eine eigens für ihn geschaffene Professur für Paläontologie am ↗Muséum d'Histoire Naturelle in Paris. Seine weitgefächerten paläontologischen Forschungen befaßten sich hauptsächlich mit der mesozoischen Fauna; sie reichen von Arbeiten über ↗Foraminiferen bis zu Erstellung enzyklopädischer Werke wie der „Paléontologie Française", die nach seinem Tod fortgeführt wurde.

Ordoviz, *Ordovizium*

Nach dem ↗Kambrium das zweite System des ↗Paläozoikum. Diese zuletzt erkannte Periode (Beginn vor 500 Millionen Jahren, Ende vor 435 Millionen Jahren) wurde erst 1879 von Charles LAPWORTH (1842–1920) vom überlagernden Silur abgetrennt; der Name leitet sich ab von den Ordoviziern, einem keltischen Volksstamm aus Wales (Großbritannien), wo Gesteine dieses Alters erstmals identifiziert wurden.

Mächtige Abfolgen ordovizischer Sedimente (an manchen Stellen über 7 000 m) kennt man von allen größeren Kontinentalgebieten mit Ausnahme der Antarktis. Es existiert keine international anerkannte Grenze zwischen Kambrium und Ordoviz: Das Tremadocium wird manchmal ins oberste Kambrium gestellt, kann aber mit gleicher Berechtigung als die Basis des Ordoviz gelten; von Epikontinentalmeeren umgebene größere Festlandgebiete liegen in dieser Stufe im Bereich der nordöstlichen UdSSR, Nordamerika und ↗Gondwana (überwiegend gebildet aus Afrika, Teilen von Südeuropa, Südamerika, Indien, Australien und der Antarktis, mit einem ebenfalls eng assoziierten Baltischen Schild).

Etwas später, im Arenigium-Llanvirnium, bildet die baltische Region eine von der Gondwana durch einen mitteleuropäischen Ozean getrennte Masse, der Block der nordöstlichen UdSSR schließt an Nordamerika. Bei einem vermuteten Südpol

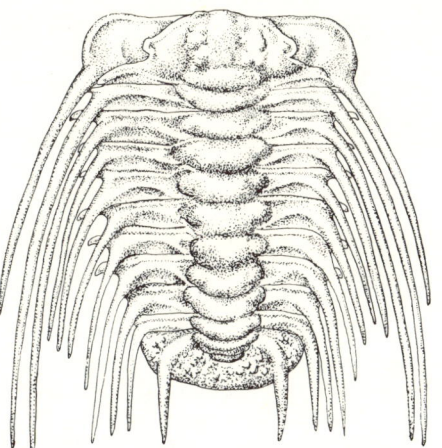

im nordwestlichen Afrika liegt dieses Gebiet der nordöstlichen UdSSR und Nordamerikas äquatorial, die baltische Region südlich des Äquators. Das Meer greift zunehmend auf die Kontinente über, im Caradocium erreicht die ordovizische Meeresausbreitung ihren Höhepunkt. Im Zusammenhang mit der beginnenden kaledonischen Orogenese verschmälert sich der Iapetus-Ozean zwischen Europa und Nordamerika beträchtlich, bevor auch der baltische Block und Gondwana sich annähern. Dieses Zusammenschließen isolierter Kratongebiete bewirkt eine deutlich schwächere regionale Gliederung der meisten Invertebratenfaunen und führt im Ashgillium zu einer im

Ordoviz
Selenopeltis, *ein Trilobit aus dem Ordoviz (ca. 1¹/₄ natürlicher Größe).*

Ordoviz
Onniella, *ein charakteristischer Brachiopode aus dem Mittleren und Oberen Ordoviz (ca. 5fache natürliche Größe).*

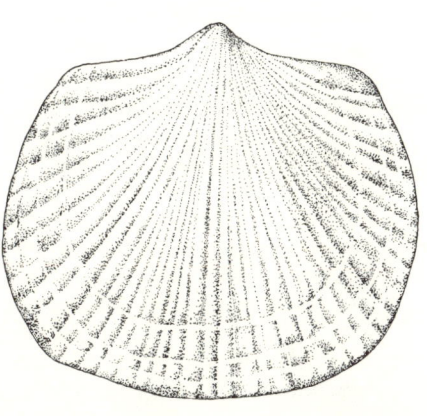

435 Millionen Jahre

Oberes	Ashgillium	Cincinnatian
	Caradocium	
Unteres	Llandeilium	Champlainian
	Llanvirnium	
	Arenigium	Canadian
	Tremadocium	

500 Millionen Jahre

Die Schichtenfolge des Ordoviz

wesentlichen kosmopolitischen Fauna.

Unter tropischen Bedingungen abgelagerte Kalksteine und Evaporit-Abfolgen weisen auf ein anfänglich warmes Klima. Gegen Ende des Zeitabschnittes, im Ashgillium, herrschen eiszeitliche Bedingungen mit einer Eiskappe um den Südpol im nordwestlichen Afrika. Beweise für diese Vereisung liefern die beeindruckenden Gletscherschrammen im Anti-Atlas und Hoggar-Massiv in Nordafrika. Glazialablagerungen werden auch aus der Normandie, Neuschottland und Südamerika beschrieben; die insgesamt bei den Invertebraten-Faunen beobachtbare Abnahme der Mannigfaltigkeit kann ebenfalls als Folge der eiszeitlichen Klimabedingungen gedeutet werden.

Die frühordovizische Fauna zeigt gegenüber dem Kambrium einen beträchtlichen evolutionären Sprung, es existieren die meisten paläozoischen Invertebratengruppen und damit bei den größeren Stämmen der Wirbellosen auch die Mehrzahl der Klassen und Ordnungen. Diese relativ plötzlich auftretende Vielfalt macht es schwierig oder oft unmöglich, die Ahnen vieler frühordovizischer Formen zu identifizieren. Wie im Kambrium leben die meisten bekannten Tiere im Meer.

Ähnlich ihrer Stellung im Kambrium, bilden ↗Trilobiten ein wichtiges Element auch der ordovizischen Tierwelt, mit charakteristischen Gruppen wie den Trinucleiden, Calymeniden, Asaphiden und Cheiruriden. An weiteren ↗Gliederfüßern finden sich hauptsächlich ↗Ostrakoden, gelegentlich auch andere Formen, insbesondere Phyllocariden. Vor allem in Flachwasserablagerungen sind articulate ↗Brachiopoda mit Orthiden und Strophomeniden reichlich vertreten, es kommen aber auch Pentameriden und Rhynchonelliden vor. Die in allen ordovizischen Gesteinen auftretenden inarticulaten Bra-

chiopoden bleiben mit den beiden wichtigsten Gruppen der Acrotretiden und Linguliden in ihrer Vielfalt relativ beschränkt. Als drittes wichtiges Faunenelement umfassen die ↗Graptolithen überwiegend planktontische Graptoloideen, im Tremadocium ist allerdings die dendroide *Dictyonema* vorherrschend. Im frühen Ordoviz (Arenigium) neigen die Gattungen zur Vielästigkeit, (z. B. *Zygograptus, Tetragraptus);* das Llanvirnium wird charakterisiert durch die zweiästige *Didymograptus,* und im späteren Ordoviz dominieren die biserialen Formen.

Eine auffallende Radiation im frühen Ordoviz führt bei den ↗Muscheln zum Auftreten aller größeren Gruppen. Mit zahlreichen verschiedenen Gehäuseformen und Längen bis zu 4,5 m erreicht bei den Nautiloideen (↗Ammoniten) die sich seit ihren Ursprüngen im späten Kambrium rasch entwickelnde Mannigfaltigkeit einen Höhepunkt. ↗Schnecken und andere, kleine Weichtiergruppen wie die Rostroconchen gehören zu den unbedeutenderen und weniger bekannten Elementen der ordovizischen Fauna.

↗Korallen, im Kambrium noch sehr selten, werden häufiger; es existieren rugose Streptalasmiden und koloniale Tabulaten, insbesondere gegen Ende des Zeitabschnittes. Bei den ↗Stachelhäutern erscheinen zahlreiche neue Taxa, Vertreter der meisten Gruppen, einschließlich der Cystoiden, ↗Seelilien und ↗Seeigel konnten nachgewiesen werden; ihre isolierten Skelettplatten finden sich relativ häufig in verschiedenen Kalksteinen. ↗Schwämme kennt man aus dem gesamten Ordoviz, besonders häufig treten Spiculae (Skelettelemente) der Hexactinelliden auf. Als der letzte größere Stamm der Wirbellosen erscheinen die ↗Moostierchen. Sie entwickeln sich sehr rasch und erreichen noch im Ordoviz ein erstes Maximum ihrer Vielfalt.

Die Flora des Ordoviz beschränkt

sich ausschließlich auf ↗Algen; erhalten haben sich zahlreiche verschiedene kalkausscheidende Formen, z. B. Dasycladaceen (Grünalgen).

↗Conodonten erlangen Bedeutung in zahlreichen Kalksteinabfolgen; zur Mikrofauna und Flora gehören ferner ↗Foraminiferen, Acritarchen und Chitinozoen. In mikropaläontologischen Präparaten finden sich zudem Knochenplatten und Dornen früher Wirbeltiere, vermutlich von ↗Kieferlosen.

Am Ende des Ordoviz fehlen also im wesentlichen nur die Insekten, höhere Wirbeltiere und Gefäßpflanzen. Die größte biostratigraphische Bedeutung besitzen die Graptolithen, Brachiopoden und Trilobiten.

ausdrücklich als „Oreodon Beds" bezeichnet.

Die Backenzähne sind vollständig erhalten, ein Diastema fehlt, und bei den meisten Gattungen gleichen die unteren Eckzähne den Schneidezähnen. Die Funktion dieser Eckzähne wird von den ersten Prämolaren übernommen, die den oberen meißelartigen Eckzähnen gegenüberstehen. Die vierhöckrigen, selenodonten Backenzähne weisen auf die Verwandtschaft zu den Ruminantiern.

Die letzten Überlebenden dieser Gruppe finden sich im Pliozän. *Ustatochoerus* kommt vom Oberen Miozän bis ins Mittlere Pliozän vor und repräsentiert den Endpunkt einer Entwicklungslinie der Ticholeptinae, die mäßig hohe Zahnkro-

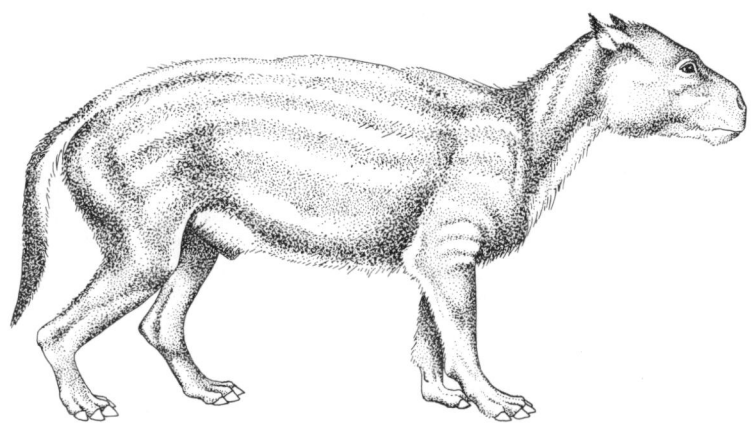

Oreodonten
Merycoidodon, *ein im Oligozän verbreiteter Vertreter, erreicht etwa die Größe eines Schafes.*

Oreodonten, *Oreodontidae, Merycoidodontidae*
Ausgestorbene Familie der ↗Paarhufer des nordamerikanischen Tertiär. Es handelt sich um schwerfällig gebaute, äußerlich schweineähnliche Tiere mit gewöhnlich kurzen Extremitäten, vierzehigen Füßen, langem Körper und einem großen Schädel auf kurzem Hals. Die Oreodonten erscheinen erstmals im frühen Oligozän und nehmen in der Folgezeit rasch zu, so daß man die ihre Reste enthaltenden Schichten

nen aufweist und offensichtlich als Weidegänger lebt. *Ticholeptus* selbst erscheint als der miozäne Vorläufer dieser Gattung; er verbindet damit die *Ustatochoerus*-Reihe mit den Merychyinae – einer miozänen Unterfamilie mit ebenfalls hochkronigen (hypsodonten) Mahlzähnen.

Ihre größte Entfaltung erreichen die Oreodonten im Miozän. Die Merycochoerinae (mit *Merycochoerus* und *Brachyrus*) zeigen einen kurzen Gesichtsschädel mit langer, beweglicher Schnauze sowie hochgelegene Augenhöhlen und Ohröffnungen; sie leben vermutlich semiaquatisch. Zu den Desmatochoerinae gehören *Megoreodon,* dessen Schädel bis zu 35 cm mißt, *Desmatochoerus* selbst und *Pseudodesmatochoerus* sowie die oligozänen Vorläufer *Subdesmatochoerus* und *Prodesmatochoerus.* Von der Unterfamilie Promerycochoerinae kennt man *Promerycochoerus, Mesoreodon* und *Promesoreodon;* auch die Eporeodontinae und die Phenacocoelinae, von denen einige Gattungen auffällige Gruben vor den Augenhöhlen zeigen, besitzen Vertreter im Miozän. Eine kleine miozäne Form mit kurzem Schädel und hypsodonten Molaren ist *Cyclopidius.* Ohröffnungen und Augenhöhlen liegen weit oben, die Prämolaren sowie die Eck- und Schneidezähne sind reduziert, der Schwanz kurz. Diese anscheinend wasserlebende Form läßt sich über *Leptauchenia* aus dem Spätoligozän – Frühmiozän zurückverfolgen bis zu *Pithecistes,* der wohl zentralen Gattung dieser Unterfamilie der Leptaucheniinae; als abweichender miozäner Zweig werden hierzu auch die Gattungen *Sespia* und *Megasespia* gestellt.

Zu den sehr häufigen Oreodonten des Oligozän gehört *Merycoidodon,* dem eine zentrale Bedeutung in der Entwicklungsgeschichte der Familie zukommt. Die typische Art dieser Gattung ist etwas kleiner als ein Nabelschwein, trägt einen kurzen Schädel mit einer Grube vor der Augenhöhle, fünfzehige Vorderfüße mit einem rudimentären ersten Finger und einen langen Schwanz. *Genetochoerus* lebt zur selben Zeit wie *Merycoidodon* und wird zur gleichen Unterfamilie gezählt (Merycoidodontinae), die in *Epigenetochoerus* und *Pseudogenetochoerus* mögliche Überlebende im Miozän besitzt.

Auf das Oligozän beschränkt bleiben die Oreonetinae mit den zwei kleinen Gattungen *Oreonetes* und *Limnenetes* und die Miniochoerinae mit *Miniochoerus, Platyochoerus* und *Parastenopsochoerus.*

Sehr nahe verwandt mit den Oreodontidae sind die Agriochoeridae, beide Gruppen werden daher von manchen Autoren als eigene Unterordnung der Oreodonta zusammengefaßt. Agriochoeridae kommen in Nordamerika vom Eozän bis ins Miozän vor. Sie besitzen Klauen an den Füßen, einen langen Schwanz, ein Diastema, fünfhöckrige obere Molaren und einen molarenartigen vierten Prämolar. *Agriochoerus* selbst erscheint im Miozän und Oligozän und hat wahrscheinlich in *Protoreodon* seinen Vorfahr im Oberen Eozän. Diese Form steht an der Wurzel der zwei Familien Agriochoeridae und Merycoidodontidae.

Ornithischia

Ausgestorbene Ordnung der ↗Archosaurier; zusammen mit den ↗Saurischia werden sie oft als ↗Dinosaurier bezeichnet.

Ornithischia („Vogelbecken-Dinosaurier") besitzen einen an Vögel erinnernden Beckengürtel. Ilium (Darmbein) und Ischium (Sitzbein) zeigen typische Reptilienbauweise, der Pubiskörper weist aber nach hinten und läuft in einem langen Fortsatz parallel zum Ischium; gleichzeitig kommt es zur Ausbildung einer nach vorne gerichteten Präpubis.

Die ältesten bekannten Ornithischia erscheinen in der Mittleren Trias *(Pisanosaurus),* in der Oberen Trias existieren bereits zwei Familien: die Fabrosauridae und die Heterodontosauridae. Beide bewegen sich im wesentlichen biped. Die ↗Ornithopoda, im Jura die zentrale Gruppe der Ordnung, behalten diese Fortbewegung bei, einige große Iguanodonten und die ↗Hadrosaurier scheinen aber gelegentlich zur Quadrupedie zurückzukehren, z. B. bei der Nahrungsaufnahme.

Die Unterordnung der ↗Stegosauria repräsentiert einen frühjurassischen Seitenzweig aus dem Bereich der Ornithopoden. In der Kreide erscheinen die ↗Ankylosauria, möglicherweise als Abkömmlinge der Stegosauria, etwas später die sich von psittacosauriden Ornithopoden ableitenden ↗Ceratopsia.

Ornithopoda

Zentrale Unterordnung der ↗Ornithischia; die im wesentlichen bipeden Ornithopoden erscheinen erstmals in der Mittleren Trias.

Die Familie der Heterodontosauridae reicht von der Mittleren bis in die Obere Trias und umfaßt kleine Ornithopoden mit differenzierter Bezahnung: Neben Vorderzähnen vom carnivoren Typ tragen die Kiefer eine Reihe spezialisierter Backenzähne. Zahlreiche Schädel von Heterodontosauriden besitzen eckzahnartige Zähne, man vermutet, daß es sich dabei um männliche Tiere handelt.

Als primitiver Vertreter der Heterodontosauridae gilt *Abrictosaurus* aus Südafrika. Ebenfalls aus dieser Region stammen die beiden folgenden Formen: Bei der höherentwickelten Gattung *Heterodontosaurus* deutet die Anordnung der Zähne auf dem Kiefer auf das Vorhandensein von Backentaschen, die ein Speichern von Nahrung in der Mundhöhle auch während des Kauvorganges ermöglichen; *Lycorhinus* nimmt eine Mittelstellung zwischen *Abrictosaurus* und *Heterodontosaurus* ein. *Pisanosaurus* wurde als einzige, schlecht bekannte Gattung aus der Mittleren Trias von Argentinien beschrieben.

Zur Familie der Fabrosauridae gehört nur die Gattung *Fabrosaurus* aus der Oberen Trias von Südafrika. Diese etwa 1 m langen Tiere besitzen kurze Vorderextremitäten und Backenzähne mit schmalen, spitzen Kronen, die Backentaschen fehlen. Eine durchgehend konservative, von der späten Trias bis ans Ende der Kreide reichende Ornithopoden-Linie repräsentieren die Hypsilophodontidae. Alle ihre Formen erreichen nur mäßige Größe oder bleiben klein. Lange Vordergliedmaßen deuten auf eine gelegentliche Rückkehr zur Quadrupedie. Im Oberkiefer ist das Prämaxillare noch zahntragend, Backentaschen existieren allgemein.

Die nur durch eine linke Unterkieferhälfte belegte Gattung *Tatisau-*

Ornithopoda
Iguanodon *ist eines der größten Tiere der unterkretazischen Wealden-Fauna.*
Länge: bis zu 8 m

231

rus aus der Oberen Trias von China muß möglicherweise zu dieser Familie gestellt werden. Zahlreicher kennt man die Hypsilophodontiden aus dem Oberen Jura: *Dysalotosaurus* aus ↗Tendaguru, *Echinodon* aus Südengland und *Laosaurus* aus der ↗Morrison-Formation.

Hypsilophodon kommt als typischer unterkretazischer Vertreter dieser Familie im europäischen Wealden und in Nordamerika vor. Die maximal 2,25 m messenden Tiere besitzen verlängerte Hinterextremitäten, deren Unterschenkelknochen die

Iguanodontidae eine stärker spezialisierte Familie. Charakteristische Merkmale dieser z. T. sehr großen Reptilien sind die funktionell dreizehigen Füße und eine Hand mit hufartigen Krallen an den Enden des zweiten, dritten und vierten Fingers, letzteres deutet auf häufige Rückkehr zur Quadrupedie. Zähne stehen in einer Reihe nur auf den Maxillaria und Dentalia, das Prämaxillare hat seine Bezahnung verloren.

Der bis 7 m lange *Camptosaurus* repräsentiert eine typische frühe

Ornithopoda
Hypsilophodon *aus der Unteren Kreide zeigt verschiedene Anpassungen an schnelles Laufen.*
Länge: bis zu 2,3 m

Oberschenkel an Länge übertreffen. Zweifellos stellen dies Anpassungen an schnelles Laufen dar. Der starre, durch verknöcherte Sehnen gestützte Schwanz dient vermutlich dazu, beim schnellen Laufen das Gewicht des nach vorne geneigten Körpers auszugleichen. Die kurzen vorderen Gliedmaßen tragen eine fünffingerige Hand mit einem möglicherweise teilweise opponierbaren fünften Finger.

Parksosaurus und *Thescelosaurus,* zwei massig erscheinende, mittelgroße Ornithopoden aus der Spätkreide von Nordamerika, gelten als die letzten hypsilophodontiden Formen.

Im späten Jura erscheint mit den

Form dieser Familie. Er tritt im Oberen Jura von Nordamerika und Europa auf und reicht offenbar bis in Schichten der Unteren Kreide, in denen nun aber die Gattung *Iguanodon* dominiert. Diese mit 8 m Länge sehr mächtigen Ornithopoden werden an dem abstehenden, pfriemenförmigen 1. Finger an jeder Hand leicht erkannt. Bekannte Fundorte von *Iguanodon* sind Bernissart in Belgien und die Insel Wight (England). *Tenotosaurus* aus Nordamerika und *Probactrosaurus* aus der Mongolei seien als weitere frühkretazische Formen genannt. Zu den letzten Vertretern der Iguanodontidae gehören der nur von spezialisierten Zähnen aus dem

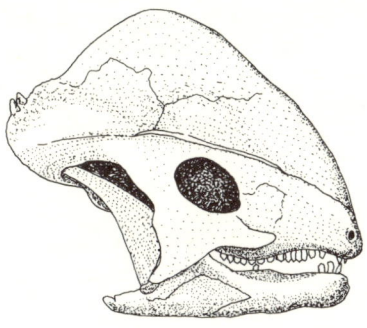

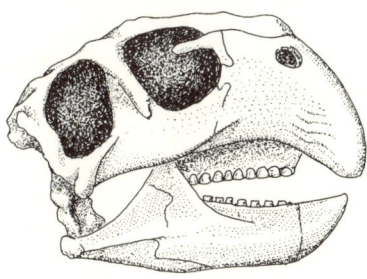

Ornithopoda
*Links: Der Schädel der ober-
kretazischen Gattung Stegoceras (Pachycephalosauridae) erreicht eine Länge von ca.
19 cm.
Rechts: Psittacosaurus aus der
Oberen Kreide von Ostasien
steht den Ahnen der Ceratopsia sehr nahe; die Schädellänge
beträgt ca. 15 cm.*

Santonium von Belgien bekannte *Craspedodon* und die Gattung *Rhabdodon;* letztere wird bis 4 m lang und findet sich in Europa bis zum Ende des Mesozoikum.

Das Endstadium der Ornithopodenentwicklung zeigen die ↗Hadrosaurier. Zwei weitere Ornithischia-Familien werden meist ebenfalls zu den Ornithopoden gestellt. Die Psittacosauridae umfassen kleine, etwa 1,5 m lange Dinosaurier mit schnabelähnlichen Schnauzen, ihre Verbreitung beschränkt sich auf die Untere Kreide von Ostasien *(Psittacosaurus, Protiguanodon)* und Europa *(Stenopelix).* Sie kehren zur quadrupeden Fortbewegung zurück und gelten als mögliche Vorfahren der ↗Ceratopsia.

Demgegenüber scheinen die Pachycephalosauriden die Bipedie beizubehalten. Als auffallendes Merkmal besitzen sie ein hochgewölbtes, mit knöchernen Knoten bedecktes Schädeldach. Ein charakteristisch verdicktes Schädeldach aus dem ↗Wealden der Insel Wight gehört vermutlich zu einem frühen Vertreter dieser Familie (Gattung *Yaverlandia), Stegoceras* stammt aus der Oberen Kreide von Kanada und China, der verhältnismäßig große *Pachycephalosaurus* bleibt auf die späte Kreide (Lance Formation) der USA beschränkt.

Osborn, Henry Fairfield
(1857–1935)
Amerikanischer Wirbeltierpaläontologe, Expeditionsleiter und Präsi-

dent des ↗American National Museum of Natural History. Er wurde in Fairfield, Connecticut, geboren und studierte an der Princeton Universität. Als Student organisierte er bereits seine ersten Expeditionen nach Colorado und Wyoming, um Fossilien zu sammeln. Er besuchte England und wurde Schüler des Evolutionsbiologen T. H. HUXLEY (1825–1895) sowie des Embryologen Francis BALFOUR (1851–1882). OSBORN kehrte an die Princeton Universität zurück und ging 1891 an das American Museum of Natural History. Dort übernahm er zunächst die Leitung der neuen Abteilung für Wirbeltierpaläontologie und wurde 1908 Präsident.

Seine Geschicklichkeit als Organisator war für das Museum von großem Nutzen. So führte OSBORN mehrere Großexpeditionen durch, darunter einige nach Zentralasien, und verfaßte mehr als 600 wissenschaftliche Arbeiten.

Osteostraci, *Cephalaspiden i. e. S.*
Eine ausgestorbene Ordnung der ↗Kieferlosen (↗Ostracodermen) aus dem Silur und Devon. Der Kopfschild der Osteostraci besteht aus einer einzigen Einheit, die Augen liegen dorsal nahe der Mittellinie. Zwischen den oft von einem verdickten Rand umgebenen Augenhöhlen liegt ein drittes Pinealauge, unmittelbar davor die unpaare Nasenöffnung – beides Hinweise auf die nahe Verwandtschaft zu den rezenten Neunaugen.

Hinter den Augen und an den seitlichen Rändern des Kopfschildes befinden sich die dorsalen und lateralen Sinnesfelder. Diese wurden ursprünglich als elektrische Organe gedeutet, tatsächlich handelt es sich aber um spezialisierte Bereiche des Gehör- und Gleichgewichtssystems. Kleine, bewegliche polygonale Platten bedecken die Sinnesfelder und stehen in Verbindung mit einem System sich verzweigender Lymphkanäle, die Ausstülpungen der Ohrregion darstellen. Schwingungen

Neben den dorsal liegenden Augen muß auch die Körperform als Anpassung an das Bodenleben gedeutet werden. Über einer flachen Unterseite erhebt sich die wenig gewölbte, im Querschnitt flach-dreieckige Dorsalseite von Kopf und Vorderrumpf. Die Tiere werden daher durch Wasserströmungen stets auf den Boden gedrückt; Auftrieb kann durch die heterozerke ↗Schwanzflosse in Verbindung mit paarigen Flossen erzeugt werden. Der auf den Kopfschild folgende

Osteostraci
Hemicyclaspis *lebt im Unteren Devon.*
Länge: 21 cm

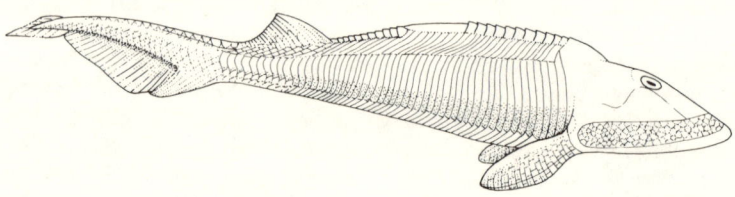

Osteostraci
Entwicklung des Kopfschildes (gezeigt ist jeweils die Aufsicht auf die Dorsalseite):
1 Tremataspis *besitzt keine Seitenhörner; ein großer Teil des Rumpfes wird ebenfalls von dem Panzer eingeschlossen.*
2 Didymaspis *zeigt die beginnende Entwicklung von Seitenhörnern.*
3 Kiaeraspis *mit deutlichen Seitenhörnern; der größte Teil des Rumpfes liegt frei hinter dem Schild.*
4 Bei Thyestes *verlängern sich die Seitenhörner.*
5 Cephalaspis *besitzt als typischer hochentwickelter Vertreter der Osteostraci paarige „Brustflossen".*

können so über die Sinnesfelder zum Ohr weitergeleitet werden.
Auf der Ventralseite des Kopfschildes liegen der Mund und zehn Paare getrennter Kiemenöffnungen. Der Boden des Ventralschildes besteht aus kleinen Platten; man vermutet daher, daß diese bewegliche Membran als Pumporgan der Atmung und Nahrungsaufnahme dient. Ähnlich wie bei Neunaugen, aber im Gegensatz zu den kiefertragenden Wirbeltieren, scheinen die Kiemen als Reihen von Taschen angeordnet, die erste vollständige Kieme ist, wie bei allen rezenten Vertebraten, die Hyoidkieme.

Körper erscheint fischartig. Auf jeder Seite ragt in Form einer Flossenfalte eine durchgehende Reihe von Schuppen vor, ferner finden sich meist zwei Rückenflossen, eine heterozerke Schwanzflosse und eine Art paariger „Brustflossen". Diese letzteren abgeplatteten und mit Schuppen bedeckten Anhänge entspringen seitlich am Hinterrand des Kopfschildes und werden gewöhnlich von spitzen Seitenhörnern (Cornua) überragt; über die innere Struktur ist nichts bekannt.
Die primitivste Form repräsentiert *Tremataspis*, bei der neben dem Kopf auch der Vorderrumpf vom

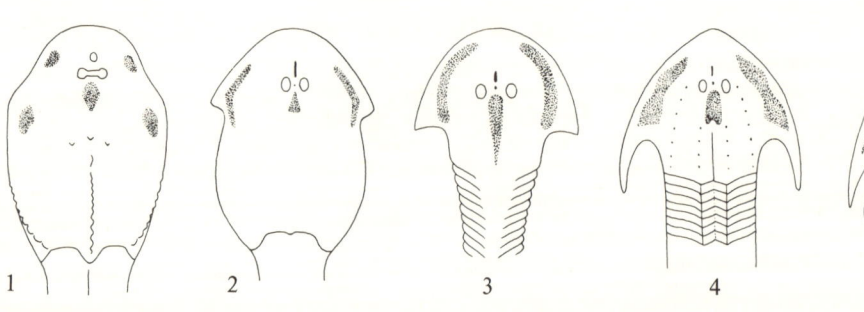

1   2   3   4   5

Panzer umgeben wird. Ventral- und Dorsalseite sind konvex, die Ventralfläche krümmt sich vorne nach oben. Bedingt durch diese Umrißform erzeugt jede Vorwärtsbewegung Auftrieb. Da paarige Flossen fehlen, können die Tiere, ähnlich den Kaulquappen, nur durch Bewegungen ihres vermutlich symmetrischen Schwanzes und Hinterrumpfes schwimmen. Trends in der Evolution der Osteostraci betreffen die Reduktion des Rumpfpanzers sowie die Entwicklung der „Brustflossen" mit schützenden Seitenhörnern und einer heterozerken Schwanzflosse. Parallel dazu entsteht auch das für die späteren Formen typische, im Querschnitt dreieckige Profil.

Einige Knochenfragmente aus dem ↗Ordoviz werden den Osteostraci zugeordnet, ihre maximale Entfaltung erreicht die Gruppe jedoch im späten Silur und frühen Devon, bevor sie noch im Laufe des Devon ausstirbt. Bei Funden aus Spitzbergen hat sich neben dem knöchernen Panzer auch verkalktes Bindegewebe im Kopfbereich erhalten. Alle Hohlräume, die im Leben Gehirn, Nerven und Blutgefäße umgeben, sind erkennbar. Durch sorgfältige Präparation und Analyse von Serienschnitten konnte daher auch die innere Anatomie detailliert untersucht werden.

Ostracodermen

Ausschließlich fossile kieferlose Wirbeltiere mit charakteristischem Knochenpanzer; auf dieses Merkmal nimmt auch die Bezeichnung Ostracodermen – „Schalenhäuter" – Bezug. Die ↗Kieferlosen (Agnatha) werden gewöhnlich in die beiden Gruppen der rezenten und der fossilen Formen eingeteilt. Die rezenten Agnathen, als Cyclostomen zusammengefaßt, umfassen die parasitischen Neunaugen und die aasfressenden Schleimfische (Myxine). Sie besitzen eine unpaare Nasenöffnung, Schuppen und paarige Flossen fehlen. Fossile Formen sind selten; das primitive Neunauge

Mayomyzon stammt aus dem Oberkarbon von Nordamerika.

Demgegenüber werden alle fossilen, einen Knochenpanzer tragenden Agnathen zu den Ostracodermen gestellt; dabei werden mit den Diplorhina und Monorhina zwei deutlich unterschiedliche Gruppen vereinigt, die bis auf das Fehlen der Kiefer und die Ausbildung eines Panzers wenig Gemeinsamkeiten zeigen. Die Unterklasse der Diplorhina, charakterisiert durch den Besitz zweier Nasenöffnungen, enthält als größte Gruppe die ↗Pteraspiden (Ordnung Heterostraci). Ihr Panzer besteht aus einem primitiven, als Aspidin bezeichneten knochenähnlichen Gewebe, dem Knochenzellen fehlen und das oberflächliche Verzierungen aus Dentin-Leisten oder Tuberkeln trägt. Bei den frühen Formen besteht der Panzer entweder aus einem Mosaik kleiner Platten (Tesserae) oder aber aus nur 4 größeren Platten (einer dorsalen, einer ventralen und paari-

Ostracodermen
1 Jamoytius, *ein primitiver früher Anaspide, kommt im Mittleren Silur von Schottland vor.*
Länge: ca. 27 cm
2 Thelodus *gehört zur Ordnung der Coelolepida; die stratigraphische Verbreitung reicht vom Mittleren Silur bis ins Unterdevon.*
Länge: ca. 18 cm

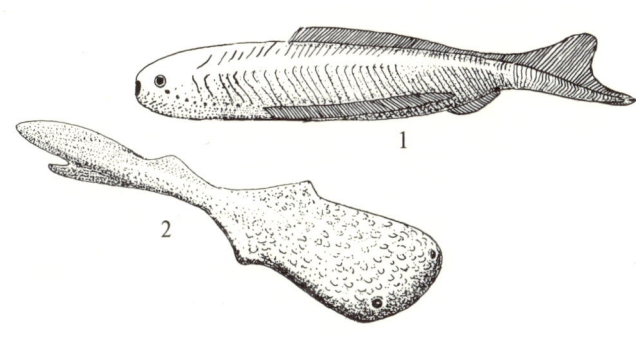

gen seitlichen Platten, die die Kiemenregion bedecken).

Alle Pteraspiden besitzen eine gemeinsame Öffnung für die Kiemen. Einige höherentwickelte Formen wie die Gattung *Pteraspis* zeigen ein bestimmtes Muster der Platten, wobei die größeren ihre Entstehung aus der Verschmelzung kleinerer Elemente erkennen lassen. Im Mittleren und Oberen Devon verbreitete Pteraspiden gehören zu den Psammosteiden, ein früher Vertre-

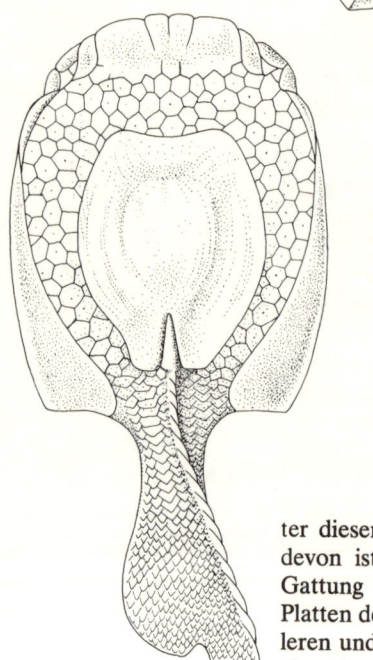

Ostracodermen
Aufsicht auf die Dorsalseite (rechts) und Ventralseite (unten) von Drepanaspis, *einem Vertreter der Heterostraci aus dem Unteren Devon.*
Länge: ca. 30 cm

Kiemenöffnungen und weit vorne liegende Augen. Wegen dem ähnlichen Feinbau der hohlen Schuppen werden die Thelodonten in die Nähe der Heterostraci gestellt, *Lepidaspis* kann als mögliche Zwischenform zwischen beiden Ordnungen gelten. Ihre Gesamtgestalt erinnert an Thelodonten, jede gezähnte Dentinleiste ist aber mit einer unterlagerten Knochenplatte verschmolzen. Die Gattung zeigt damit offenbar eine intermediäre Stellung zwischen Thelodonten und tesselaten Heterostraci.

Die Monorhina, die zweite Unterklasse der Ostracodermen, besitzen nur ein einziges Nasalorgan mit einer unpaaren Nasenöffnung. Bei den ↗Osteostraci, den bekanntesten Vertretern dieser Gruppe, besteht der Panzer aus Knochen mit normalen Knochenzellen. Knochen bildet auch die Tuberkelverzierungen, diese enthalten aber feine Zellenausläufer und zeigen damit eine dentinähnliche Struktur, die als Mesodentin bezeichnet wird. Infolge der Verknöcherung der Kopfregion kennt man auch Einzelheiten des Gehirns, der Hirnnerven und Blutgefäße. Osteostraci besitzen paarige „Brustflossen" und als besonderes Merkmal dorsale und laterale Sinnesfelder. Diese repräsentieren Sonderentwicklungen des Seitenliniensystems zur Wahrnehmung von Schwingungen.

↗Anaspida erinnern in ihrer Körperform stärker an Fische. Übereinstimmungen mit den Osteostraci bestehen in der Ausbildung nur einer Nasenöffnung und in den getrennten Öffnungen der einzelnen Kiementaschen. Frühe Anaspiden gehören vermutlich zu den Vorfahren der Neunaugen.

Die Galeaspiden bilden eine etwas aberrante Ostracodermengruppe aus dem Devon von China. Kopf und Kiemenregion werden von einem Knochenpanzer eingeschlossen, der äußerlich an gewisse sibirische Pteraspiden (Amphiaspiden) erinnert. Dennoch müssen sie zu

ter dieser Gruppe aus dem Unterdevon ist *Drepanaspis*. Bei dieser Gattung gleicht das Muster der Platten dem von *Pteraspis*, die mittleren und seitlichen Platten werden aber durch eine Zone kleiner polygonaler Tesserae getrennt – offenbar letzte Reste des primitiven tesselaten Baus ordovizischer Vorfahren.

Zu den Diplorhina gehören als zweite größere Gruppe die Thelodonten (Ordnung Coelolepida). Ihr Körper ist von kleinen Dentinschuppen bedeckt, die im mikroskopischen Bau den Verzierungen der Heterostraci identisch sind. Über die innere Anatomie dieser Gruppe weiß man wenig. Postero-lateral der Kopfregion ausgebildete Ecken scheinen als Stabilisatoren zu dienen, einige Gattungen besitzen möglicherweise mehrere getrennte

den Monorhina gestellt werden, da der Panzer auf der Dorsalseite nur eine unpaare Nasenöffnung trägt. Die größte Ähnlichkeit besteht zu den Osteostraci, sie besitzen aber nicht die für diese Gruppe typischen Sinnesfelder.

Ostrakoden, *Ostracoda, Muschelkrebse*

Mikroskopisch kleine ↗Krebstiere mit einem als zweiklappige Schale ausgebildeten Carapax, der Kopf, Brust, Beine und Weichteile des Tieres umschließt. Man kennt die Ostrakoden seit dem Kambrium; bis heute sind sie eine weit verbreitete Gruppe im Meer- wie im Süßwasser. Die phylogenetischen Ursprünge dieser ↗Gliederfüßer bleiben unsicher.

Die meisten Arten tragen Kalkschalen. Bemerkenswerte Ausnahmen zeigen sich im Kambrium-Ordovizium mit den Archaeocopida, einer problematischen Ordnung, die Schalen mit hohem Chitingehalt und geringer Verkalkung aufweist, und in den Myodocopida, die zum Teil völlig kalkfreie Schalen besitzen.

Eine ausgewachsene Schale ist durchschnittlich 1 mm lang und kann äußerlich glatt oder strukturiert sein. Die dickschaligen Leperditicopida, z. B. *Leperditia,* aus dem Paläozoikum, werden jedoch vier- bis fünfmal so groß, die freischwimmenden marinen Myodocopida entwickeln sogar 2–3 cm lange Formen.

Die Ostrakoden besiedeln erfolgreich alle Gewässerformen: Fossil kennt man sie aus Meer-, Brack- und Südwassersedimenten – eine ökologische Breite, die selten von anderen Gruppen erreicht wird. Marine Ostrakoden, z. B. die meisten Cytheracea, leben typischerweise am Meeresboden, zeigen eine beträchtliche morphologische Vielfalt und treten – fossil wie rezent – von der Uferlinie bis in große Tiefen auf. Die meisten freischwimmenden marinen Ostrakoden gehö-

ren zu den spezialisierten Myodocopida (Ordoviz bis heute). Andere, vor allem die glatten oder wenig strukturierten Podocopida, sind wichtige Indikatoren verschiedener Süßgewässer und werden intensiv für paläoökologische Studien genutzt, besonders der meso- und känozoischen Faunen.

Das Wachstum der Krebstiere verläuft über mehrere Larvenstadien, und infolgedessen kann jede Art in verschiedenen Schalenformen vorliegen. Sexualdimorphismus vergrößert bei vielen Ostrakoden den Schalenpolymorphismus noch zusätzlich. Dieser Dimorphismus kann wenig ausgeprägt sein wie z. B. bei Kloedenellacea, wo das Weibchen hinten nur eine Aufblähung zeigt, oder komplizierter und auffallender wie bei der wichtigen Gruppe der paläozoischen Palaeocopa (z. B. *Beyrichia, Primitiopsis, Eurychilina).* Das charakteristische Merkmal der Palaeocopa-Weibchen besteht häufig in einer Art Tasche, die möglicherweise der Aufbewahrung von Eiern oder kurzzeitig auch der Brut dient.

Der biostratigraphische Wert der Ostrakoden ergibt sich aus ihrer großen Häufigkeit und ihrer oft kleinen stratigraphischen Verbreitung in Verbindung mit einem Vorkommen, das oft die verschiedensten Sedimentarten umfaßt (Ton,

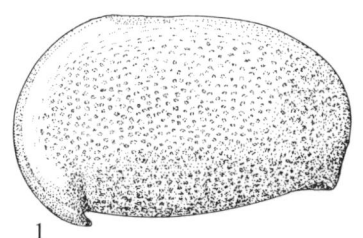

1

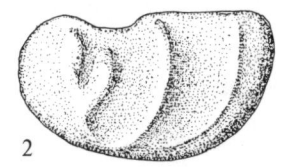

2

Ostrakoden
1 Cypridea lebt vom Mittleren Jura bis in die Untere Kreide (etwa 25mal vergrößert).
2 Tallinnella aus dem Ordoviz (etwa 14mal vergrößert).

Schiefer, Kalk, Sandstein). Die Unterteilung der Fossilformen basiert sowohl auf inneren Strukturmerkmalen (Muskelansatzstellen, Gelenkschloß, Kiemenblättchen) als auch auf äußeren Merkmalen des Carapax (Form, Umriß, Oberflächenstrukturen).

Ostrakoden besitzen somit große Bedeutung für die Parallelisierung nachkambrischer Systeme, und in vielen stratigraphischen Horizonten sind sie die wichtigsten Mikrofossilien.

Otolithen

Kalksteinchen in Ausweitungen des flüssigkeitserfüllten Labyrinths von Fischen. Sie wirken als Statolithen auf Sinnesfelder ein und ermöglichen räumliche Orientierung sowie Wahrnehmung von Beschleunigungen.

Vom Utriculus, dem zentralen Raum des Innenohrs, gehen drei Bogengänge aus, die senkrecht aufeinander stehen. Am Unterrand des Utriculus sitzt eine weitere Aushöhlung, der Sacculus, von dem wiederum eine Ausstülpung entspringt: die Lagena. Sie entwickelt sich bei den Säugetieren zur Hörschnecke. In jeder dieser Aussackungen lagert auf den Sinnesfortsätzen von Sinneszellen ein Otolith derart, daß er bei entsprechenden Bewegungen des Kopfes die Sinnesfortsätze abschert. Die unterschiedliche Reizung der Sinneszellen informiert den Fisch über seine Lage im Raum. Wegen der physikalischen Eigenschaften der Otolithen glaubt man auch, sie fungierten als Tiefenmesser.

Es gibt bei Fischen drei Typen von Otolithen: Der größte, als Sagitta bekannt, liegt im Sacculus und weist gewöhnlich deutliche Wachstumsringe auf, weswegen er zur Altersbestimmung des jeweiligen Fisches herangezogen werden kann. Kleinere Otolithen finden sich im Utriculus (Lapillus) und in der Lagena (Asteriscus). Da die meisten Arten charakteristische Otolithen ausbil-

den, können diese Gehörsteinchen der Identifizierung von Arten dienen.

Von vielen Großgruppen der hochentwickelten ↗Actinopterygii kennt man die frühesten Vertreter nur aufgrund ihrer Otolithen. So findet man die ältesten Heringknochen in der Kreide, Otolithen dieser Gruppe jedoch schon in Jurasedimenten; Kugelfische und Welse kennt man aus känozoischen Gesteinen, ihre Otolithen bereits aus der Kreide. Auch bei Lachsfischen treten die ersten fossilen Formen im Känozoikum auf, die entsprechenden Otolithen aber schon im Jura.

Außer Otolithen besitzen einige Fische noch besondere Knöchelchen, die mit dem Hören in Verbindung stehen: die Weberschen Knöchelchen. Sie verbinden Schwimmblase und Ohrregion, wobei sie als Schalleiter dienen. Es handelt sich um vier Einzelteile, die sich aus Wirbelteilen entwickelt haben: Ganz vorne liegt das Claustrum, gefolgt vom Scaphium, Intercalarium und dem großen Tripos.

Owen, Sir Richard

(1804–1892)

Englischer Anatom, Paläontologe und erster Direktor des ↗British Museum (Natural History). In Lancaster geboren, studierte OWEN Medizin und Chirurgie an der Universität Edinburgh und am St. Bartholomäus Hospital in London. 1827 wurde er Assistant Conservator am Hunterian Museum of the Royal College of Surgeons und 1836 dort der erste Professor für Vergleichende Anatomie und Physiologie. 1856 verließ er das College und wurde Superintendent der Naturgeschichtlichen Abteilungen am British Museum. 1881, im Zuge der Verlegung der naturhistorischen Sammlungen von Bloomsbury nach South Kensington, wurde er der erste Direktor.

OWEN leistete bedeutende Beiträge zur Erforschung der fossilen Wirbeltiere. Auf seinen Vorschlag von

Otolithen
1 Die geschwärzten Zonen der flüssigkeitserfüllten Ausweitungen des Innenohrs (stark vergrößert) von Aplodinotus *deuten die Lage der Otolithen an.*
2 Zwei Ansichten eines Otolithen aus dem Unteren Eozän. Sie gehören zum Grätenfisch Albula *und sind in natürlicher Größe abgebildet.*

1841 geht die Bezeichnung „Dinosaurier" zurück. Er beschrieb die Riesenvögel Neuseelands und fossile Säugetiere aus Großbritannien, Australien, Südamerika und Asien. Auch erkannte er die wahre Stellung von ↗ *Archaeopteryx*.

OWEN schrieb das erste englischsprachige Buch über Allgemeine Paläontologie und arbeitete an der großen Ausstellung prähistorischer Tiere im Crystal Palace mit. Er war ein Freund der Königlichen Familie und erhielt von Königin Victoria ein Wohnhaus im Richmond Park. Zahlreiche wissenschaftliche Auszeichnungen wurden ihm zuteil.

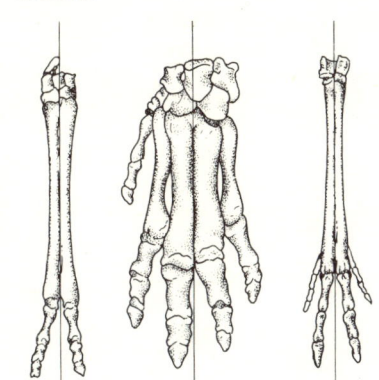

Vorderfuß

Procamelus   Bothriodon   Blastomeryx

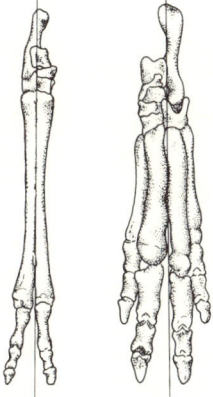

Hinterfuß

Paarhufer
Vorderfuß (obere Reihe) und Hinterfuß (untere Reihe) verschiedener Paarhufer mit eingezeichneter Längsachse. Von links nach rechts: das pliozäne Kamel Procamelus, *der Anthracotherier* Bothriodon *und der Palaeomerycide* Blastomeryx.

Paarhufer, *Artiodactyla*
Huftiere mit 2 oder 4 Zehen (Zehe 1 fehlt); hierzu zählen ↗Schweine und Flußpferde, ↗Kamele, ↗Hirsche, ↗Giraffen und ↗Rinderartige. Die Ordnung der Paarhufer enthält etwa 500 Gattungen (fossil und lebend) in 25 Familien. Nur die ↗Nagetiere stellen eine größere Säugetierordnung dar.

Die Abstammung der Paarhufer von den ↗Condylarthra ist keineswegs gesichert (im Gegensatz zu den ↗Unpaarhufern). Frühe und nicht-wiederkäuende Paarhufer, wie Schweine, Nabelschweine und Flußpferde, besitzen kurze Beine und vier Zehen. Höherentwickelte Formen, wie Antilopen und Rinder, weisen lange Extremitäten mit nur zwei Zehen auf (3. und 4. Zehe), die das gesamte Gewicht tragen (2. und 5. Zehe sind stark reduziert oder fehlen völlig). Die beiden auf die zwei tragenden Zehen folgenden Mittelfußknochen verschmelzen zum Kanonenbein. Bei allen Paarhufern besitzt der Astragalus (Sprungbein) zwei Gelenkrollen, die zum einen mit dem Schienbein, zum anderen mit den übrigen Knochen der Fußwurzel artikulieren. Dies ermöglicht eine verbesserte Vor- und Rückbewegung und erzeugt günstigere Druckverhältnisse. Das grundsätzliche Nahrungsproblem der Pflanzenfresser besteht im Abbau der Zellulose (dem Hauptbestandteil von Gras und Blättern), die allen Verdauungssäften widersteht. Säugetiere können Zellulose nur mit Hilfe von Bakterien im Magen-Darm-Trakt aufschließen. Bei den meisten Pflanzenfressern ist das Caecum, ein Teil des Dünndarms, das Zentrum des Zelluloseabbaus; bei den Paarhufern jedoch wird der Magen vergrößert und unterteilt, so daß bei Tylopoda und Pecora die Nahrung wiedergekäut und wiederverdaut werden kann.

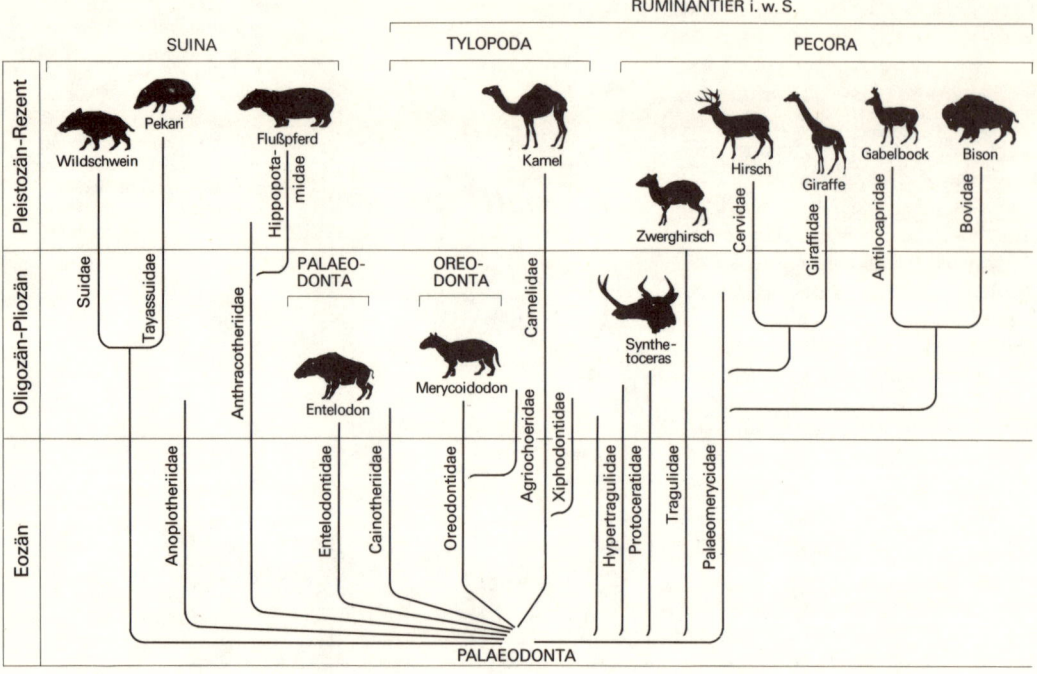

RUMINANTIER i. w. S.

SUINA · TYLOPODA · PECORA

Pleistozän-Rezent · Wildschwein · Pekari · Flußpferd · Hippopotamidae · Kamel · Zwerghirsch · Hirsch · Giraffe · Gabelbock · Bison · Cervidae · Giraffidae · Antilocapridae · Bovidae

Oligozän-Pliozän · Suidae · Tayassuidae · Anthracotheriidae · PALAEODONTA · Entelodon · OREODONTA · Merycoidodon · Camelidae · Synthetoceras

Eozän · Anoplotheriidae · Entelodontidae · Cainotheriidae · Oreodontidae · Agriochoeridae · Xiphodontidae · Hypertragulidae · Protoceratidae · Tragulidae · Palaeomerycidae

PALAEODONTA

Paarhufer
Das Diagramm zeigt die verwandtschaftlichen Beziehungen innerhalb der Paarhufer.

Wiederkäuende Paarhufer können so selbst minderwertige Nahrung gut verwerten.

Die ursprünglichen Paarhufer weisen ein noch vollständiges, unspezialisiertes Gebiß auf. In der weiteren Entwicklung werden die oberen Schneidezähne verkleinert oder völlig reduziert und durch eine harte Gaumenplatte ersetzt. Die Eckzähne der Schweine und Flußpferde werden stark vergrößert, in den meisten anderen Fällen jedoch reduziert. Zwischen Schneide- und Backenzähnen tritt eine Lücke auf: das Diastema. Bei den Molaren findet man zwei Typen: den niederkronigen, vielhöckrigen oder bundonten Zahn der meisten Schweine und den hochkronigen, selenodonten Zahn der Wiederkäuer mit sichelförmigen Höckern.

Neben der ursprünglichen Gruppe, den Palaeodonta aus dem Eozän und Oligozän Eurasiens und Nordamerikas, lassen sich drei Großgruppen der Paarhufer erkennen: Die Suina (mit Schwein, Nabel-

schwein und Flußpferd) zählen mit den ausgestorbenen ↗Anoplotheriidae und ↗Anthracotheriidae zu den ursprünglicheren Allesfressern. Die Schwielensohler (Tylopoda, einschließlich ↗Kamele), die ausgestorbenen Cainotherien (kleine, schlanke Formen des Eozän und Oligozän) und die ↗Oreodonten leben hauptsächlich als Laubfresser. Zu den Pecora (Ruminantia i. e. S.) zählen ↗Hirsche, ↗Giraffen und ↗Rinderartige. Sie sind am weitesten spezialisiert und umfassen sowohl Gras- wie Laubfresser.

Ein auffallendes Merkmal vieler Paarhufer sind die knochigen Auswüchse der Stirnbeine. Man findet Knochenzapfen bei Giraffen, Geweihe bei Hirschen und Hörner bei Antilopen und Rinderartigen.

Paläogeographie

Geographische Verhältnisse früherer Erdepochen lassen sich mit verschiedenen geologischen und geophysikalischen Mitteln rekonstruieren. Die Ausdehnung von Epi-

240

kontinentalmeeren (durch Transgression entstandene Flachmeere über kontinentaler Kruste) zu einer bestimmten Zeit wird erfaßt, indem die Sedimente mit der für diese Zeit charakteristischen Meeresfauna kartiert werden. Meeresränder können ermittelt werden an Hand der Verbreitung von Sedimenten, die Ablagerungsverhältnisse zeigen, wie sie heute normalerweise an küstennahe Flachwassersedimente gebunden sind. Solche Sedimente können als Hinweis auf ehemals nahegelegene Flußmündungen auch Brackwasser-Fossilien enthalten. Selten erhalten sich auch Reste von Steilküsten.

Ablagerungen in einem Salzsee, einem Flußdelta oder selbst in einem Süßwassersee können durch Vergleich mit entsprechenden heutigen Bildungen identifiziert werden, da Besonderheiten ihrer Zusammensetzung und Mikrostruktur über die gesamte Erdgeschichte nahezu gleich bleiben. Obgleich oft nicht mit heutigen Taxa verwandt, zeigen auch die Floren- und Fauneninhalte ähnliche morphologische Formen, da sie ähnliche ökologische Nischen besetzen. Gelegentlich findet man fossile Böden mit Pflanzenresten und Pilzmycelien.

Karten der erdmagnetischen Anomalien (↗Kontinentalverschiebung) geben Aufschluß über Ausdehnung und Ausbreitungsgeschwindigkeit ozeanischer Krusten während der letzten 200 Millionen Jahre. Ozeanische Gebiete existieren im Paläozoikum auch unterhalb von 200 Millionen Jahren, insbesondere im Bereich des Pazifiks. Keine dieser alten Krusten hat sich bis heute erhalten, ihre Existenz kann aber aus verschiedenen geologischen und geophysikalischen Beobachtungen erschlossen werden.

Im Laufe der Entwicklung der heutigen ozeanischen Becken kommt es zu globalen Veränderungen in der Verteilung der Landmassen und entsprechend auch der Land- und Meeresorganismen. Im frühen Mesozoikum sind die meisten heutigen Kontinentalgebiete Bestandteil eines großen Superkontinents ↗Pangaea. Ab dem Mittleren Jura zerbricht diese Landmasse zunehmend, und die Kontinente driften als Folge des „sea-floor spreading" auseinander (↗Kontinentalverschiebung). Der bei weitem größte Teil der Sedimente mit fossilen Beweisen für paläogeographische Veränderungen wurde in Ozeanen oder Epikontinentalmeeren abgelagert. Man kennt nur verhältnismäßig wenig Kontinentalablagerungen (limnische und terrestrische), die meisten entstanden nahe der Meeresküsten, z. B. Sanddünen-Sedimente, oder als Auffüllung großer, tektonisch bedingter intermontaner Becken (z. B. kretazische Sedimente der ↗Gobi).

Auf den Landflächen des Festlandes gebildete, terrestrische Sedimente finden sich nur vereinzelt, zudem besteht bei ihrer Bildung nur eine geringe Chance auf fossile Erhaltung von Organismenresten. Dies erklärt unsere im Vergleich zu den marinen Verhältnissen nur spärliche Kenntnis der Entwicklung und Verbreitung der Landfauna und Flora. Gebiete mit beträchtlicher tektonischer und vulkanischer Aktivität, wie der Ostafrikanische Graben, erzeugen bedeutende Folgen terrestrischer und limnischer Sedimente, einige werden durch Lavaströme vor Abtragung geschützt. Aufschlußreiche Funde für die Entwicklungsgeschichte der frühen Hominiden ab dem Miozän stammen vielfach aus solchen Sedimentfolgen in Ostafrika.

Das Evolutions- und Verbreitungsmuster von Tier- und Pflanzengruppen wird in vieler Hinsicht durch Faktoren der Geographie beeinflußt. So ist z. B. die starke Radiation der Beuteltiere in Australien zweifellos die Folge einer frühen Isolierung dieses Kontinents. Beuteltiere kommen heute noch in Südamerika vor. Die Ursprünge dieser Gruppe liegen also vermutlich in der späten Kreide, als Südamerika und Australien noch über die Antarktis verbunden sind und auch die klimatischen Verbindungen Wanderungen zwischen beiden Kontinenten ermöglichten.

Paläolithikum, *Altsteinzeit*

In dieser Zeit des Pleistozän entwickelt der Mensch verschiedene Steingerätekulturen (↗Feuersteinwerkzeuge); am Beginn stehen „chopper"-Geräte („Haumesser" aus Steinkernen), die sich über die Kulturen des Acheuléen und Moustérien zu den Klingen-Kulturen des Jung-Paläolithikum weiterentwikkeln; diese verwenden von Steinkernen losgeschlagene Abschläge als Werkzeug, z. B. als Spitzen, Klingen oder Stichel.

Zusammen mit den wenigen Überresten des Menschen selbst und der von ihm erbeuteten Tiere geben die Steingeräte Aufschluß über die Lebensweise und den technologischen Fortschritt der frühen Menschen. Die Einteilung in Alt-, Mittel - und Jung-Paläolithikum beruht auf der sich zunehmend verbessernden Herstellungstechnik der Steingeräte und Waffen.

Im gesamten, fast 2 Millionen Jahre dauernden Paläolithikum baut der Mensch kein Getreide an und hält keine Haustiere; er lebt ausschließlich als Jäger und Sammler. Als einziger rezenter Primate ernährt sich der Mensch zu einem großen Teil von Fleisch. Dieses Merkmal wird bereits früh in der Entwicklungsgeschichte erworben: *Homo habilis* erbeutet Vögel, Fische und Kleinwild, und nach dem zusammen mit dem ↗Peking-Menschen gefundenen Tierresten zu schließen, ist auch *Homo erectus,* trotz seiner primitiven Fertigungstechnik, ein erfolgreicher Jäger.

Diese Lebensweise führt zu einigen bedeutenden Neuentwicklungen auf dem Weg zur menschlichen Gesellschaft. Um große Tiere wie Elefanten jagen zu können, bedarf es der Zusammenarbeit mehrerer Indivi-

duen, die vermutlich einer großen Familiengruppe angehören. Die Sprache entwickelt sich, da die Koordination einer gemeinsamen Jagd eine exakte Kommunikation erfordert. Zudem werden die beiden Tätigkeiten des Jagens und Sammelns aufgeteilt: Der Mann übernimmt die Aufgabe des Jägers, die Frau sammelt eßbare Früchte, Wurzeln, Nüsse und Körner. Ein bereits vorhandener Sexualdimorphismus wird durch diese Arbeitsteilung weiter gefördert.

Zu den erfolgreichsten Völkern des Mittleren Paläolithikum gehört der ↗Neandertaler. Zeugnisse seiner Moustérien-Kultur findet man vom atlantischen Europa bis nach Mittelasien. Diese Kulturstufe liefert zum ersten Mal Hinweise auf religiöse Gebräuche und auf einen Glauben an ein Weiterleben nach dem Tode: Die Toten werden mit Pflanzen und Tieren als Grabbeigaben bestattet.

Die Kulturen des Jungpaläolithikum werden dem modernen Menschen *Homo sapiens sapiens* zugeschrieben. Diese Völker sind Schöpfer der Höhlenmalereien in Frankreich und fertigen recht kunstvolle Artefakte aus Steinen und Knochen.

Paläolithische Kunst

Malereien und Skulpturen als Zeugen menschlicher Kunst treten erstmals im Jung-↗Paläolithikum auf; aus dieser Zeit am bekanntesten sind die Höhlenmalereien. Sie stammen von Menschen, die zwischen 25 000 v. Chr und 10 000 v. Chr. in Höhlen in Europa und Afrika leben. Die Anfänge dieser Kunstform werden Völkern des Aurignacien zugeschrieben, sie wird fortgesetzt im Solutréen und erreicht ihre höchste Entwicklung im Magdalénien. Höhlenmalereien gehören als Kulturzeugnis zu Völkern des frühen Spätglazials, die ihren Nahrungsbedarf über die Jagd noch leicht und reichlich decken können. Diese Kunstperiode endet mit dem

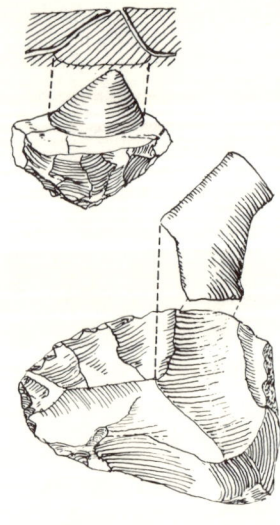

Paläolithikum
Oben: Schlagsteine können durch Abschlagen von Steinsplittern hergestellt werden. Unten: Zur Fertigung einer Feuerstein-Handaxt werden Steinsplitter abgeschlagen.

Wechsel vom kälteren spätglazialen Klima zu wärmeren Bedingungen: Als Folge dieser klimatischen Veränderung wird das Grasland mit seinen großen Wildherden zurückgedrängt, und es entstehen dichte Wälder.

Die Aurignacien-Kultur (einschließlich Gravettien) ist vor allem aus der Dordogne (Frankreich) bekannt. Zu den charakteristischen Artefakten gehören die berühmten „Venus-Statuetten", groteske Darstellungen nackter schwangerer Frauen, die in Zentraleuropa verbreitet gefunden wurden. Archäologische Zeugnisse des Aurignacien stammen auch aus der Tschechoslowakei und der südlichen UdSSR, diese östliche Kultur erscheint älter als die französische. Die Höhlenmalerei entsteht vermutlich als Weiterentwicklung der Kunstformen dieser frühen Völker, denen neben den Venus-Figuren auch in Knochen geschnitzte Abbildungen von Mammut und anderen Tieren zugeschrieben werden. Tierskulpturen werden aus Stein oder gebranntem Ton hergestellt, darunter auch zahlreiche Arten, die später in den Höhlenmalereien erscheinen.

In den eigentlichen Höhlengemälden werden die Tiere isoliert, in Herden oder als Jagdobjekt zusammen mit menschlichen Figuren dargestellt. Bemerkenswerte Sorgfalt wird auf die Wiedergabe von Details und die benutzten Farben verwendet, dabei läßt sich eine zunehmende Verbesserung der Technik erkennen. Die ersten Gemälde bestehen nur aus symbolischen Linien, Tierabbildungen erscheinen erst mit der Aurignacien-Kultur, deren Künstler besondere Betonung auf die Rückenlinie der Figuren legen. Mit der Verbesserung in der Darstellung der Gliedmaßen im späten Solutréen und frühen Magdalénien erhalten die abgebildeten Tiere ein natürlicheres Aussehen. Dieser Malstil findet sich in der Lascaux-Höhle; die Tiere sind zum Teil als bemalte Reliefs wiedergegeben.

Das mittlere und späte Magdalénien zeigt eine höherentwickelte Maltechnik in Verbindung mit der Herstellung von Gravuren, Reliefs und Skulpturen. Beispiele für diese Epoche liefern die Höhlen bei Cap Blanc (Dordogne) und Altamira (Spanien).

Höhlenmalereien kommen im gesamten Mittelmeerraum vor, insbesondere in Italien, ein Fundort liegt im südlichen Ural in der UdSSR; man kennt sie aber auch aus zahlreichen afrikanischen Ländern von Tansania bis nach Südafrika.

Welche Gründe den paläolithischen Menschen bewegt haben, Gemälde in Höhlen anzufertigen, bleibt unbekannt. Es könnte sich um Jagdzauber oder auch nur um Dekorationen gehandelt haben.

Palaeonisciformes, *Palaeonisciden*
Erste Knochenfische (Osteichthyes), die sich aus den altertümlichen ↗Acanthodii entwickeln; sie gehören zur Gruppe der Chondrostei unter den ↗Actinopterygii.

Aus silurischen Gesteinen kennt man nur einige Schuppen von Palaeonisciden, dagegen kommen gut erhaltene Fundstücke vom Unterdevon bis in die Kreide vor. Die Fische leben überwiegend als aktive Räuber; dies beweist auch ein Fundstück, das noch Reste eines als Beute genommenen Acanthodiers enthält.

Im Gegensatz zu den ↗Choanichthyes besitzen Palaeonisciden nur eine Rückenflosse. Die ↗Schwanzflosse ist heterozerk, die dicken Schuppen bestehen aus einer basalen Knochen- oder Isopedin-Lage, einer mittleren Lage aus Dentin oder Cosmin und einer äußeren Schicht aus einem schmelzähnlichen Material (Ganoin), weshalb ihre Träger auch als Ganoid-Fische bezeichnet werden. Der Gehirnschädel gleicht im wesentlichen dem der Acanthodii, beide Gruppen zeigen eine amphistyle Kieferaufhängung, bei der der Oberkiefer sowohl direkt als auch über das Hyomandibulare mit dem Gehirnschädel in Verbindung steht. Die erste (Hyoid-) Kieme wird zum Spiraculum (Spritzloch).

Die frühen Palaeonisciden leben als Süßwasserbewohner. Die meisten sind von gestreckter oder spindelförmiger Gestalt mit an der Basis verbreiterten, fleischigen Flossen. Ein rezentes Beispiel für dieses Stadium liefert der Flösselhecht *Polypterus* mit seinen Ganoid-Schuppen und fleischigen Brustflossen; die Rückenflosse besteht allerdings aus einer Reihe kleiner dreieckiger Flossen, die Schwanzflosse ist nahezu symmetrisch. *Polypterus* behält als Sonderheit unter den Actinopterygii ein Paar ventraler Lungen.

Der seitlich stark abgeflachte Körper trägt eine sehr lange Rückenflosse und weit vorne liegende, kleine Bauchflossen.

Paläontologie

Wissenschaft von der Lebewelt vergangener Erdepochen, wie sie durch Fossilien überliefert ist; die aus dem griechischen abgeleitete Bezeichnung Paläontologie bedeutet denn auch „Wissenschaft von den alten Lebewesen". Gegenstand der Untersuchung sind Fossilien (lateinisch: „etwas Ausgegrabenes"), also Reste oder Abdrücke von Organismen oder ihrer Lebensspuren.

Die Paläontologie steht zwischen den biologischen und geologischen

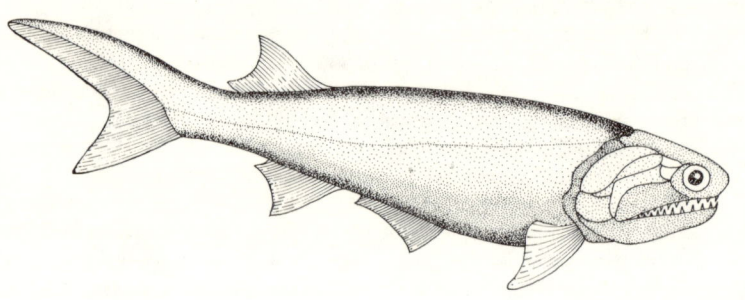

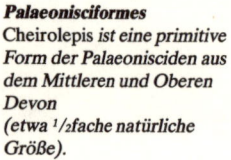

Palaeonisciformes
Cheirolepis *ist eine primitive Form der Palaeonisciden aus dem Mittleren und Oberen Devon*
(etwa ¹/₂fache natürliche Größe).

Früh in ihrer Entwicklungsgeschichte durchlaufen die Palaeonisciden eine beträchtliche Radiation. Es erscheinen zahlreiche Formen, einige besitzen wie die Gattung *Chirodus* hohe, seitlich abgeplattete Körper. Die ausgedehnte Rückenflosse von *Chirodus* verläuft vom höchsten Punkt in der Mitte des Körpers bis zur Schwanzbasis, die einzelnen Schuppen sind in Dorsoventralrichtung gestreckt. Eine andere Spezialisierung zeigt *Tarrasius*: Rücken- und Afterflosse verschmelzen mit der Schwanzflosse, die Bauchflossen gehen vollständig verloren, die Brustflossen bleiben aber wie bei *Polypterus* fleischig.

Der höherentwickelten Gattung *Dorypterus* fehlen die Schuppen.

Wissenschaften. Der Biologie näherstehende Teildisziplinen sind die Paläobotanik (Studium fossiler Pflanzen), die Paläozoologie (Studium fossiler Tiere), die ↗Mikropaläontologie (Studium mikroskopisch kleiner Fossilien) und die meist nicht zur Mikropaläontologie gerechnete Palynologie (Untersuchung von Sporen, Pollen, aber auch von Dinoflagellaten, Acritarchen und Chitinozoen). Die ebenfalls biologisch orientierte Forschungsrichtung der Paläobiologie gewann wegen des wachsenden Interesses an phylogenetischen Betrachtungen in letzter Zeit an Bedeutung. Demgegenüber zeigen die Biostratigraphie und die Paläoökologie stärkere Beziehungen zu den geologischen Wissenschaften. Die Biostratigraphie untersucht den Fossilieninhalt einzelner Strata mit dem Ziel ihrer stratigraphischen Einordnung und Parallelisierung; Untersuchungsgegenstand der Paläoökologie sind die Beziehungen der fossilen Organismen untereinander und zu ihrer Umwelt.

Der Mensch beschäftigt sich seit langem mit dem Problem der Entstehung und Natur der Fossilien. In der Steinzeit wurden Fossilien zu Schmuckzwecken gesammelt und wurden später Bestandteil der Mythen und des Brauchtums (↗Fossilien und Volkskunde). Große griechische und römische Gelehrte wie THEOPHRASTOS (368 v. Chr. – 284 v. Chr.), STRABON (54 v. Chr. – 24 n. Chr.) und PLINIUS der Ältere (23–79 n. Chr.) äußerten Vermutungen über die Natur der Fossilien und entwickelten sehr unterschiedliche Theorien. Im Mittelalter galten Fossilien allgemein als in der Erde durch eine „gestaltende Kraft" entstanden. Diese und ähnliche Ansichten hielten sich bis ins 17. Jahrhundert: Edward ↗LHWYD vermutete, daß Fossilien durch „feuchte, keimtragende Dämpfe" gebildet werden. Aber bereits in der Frühzeit der Paläontologie begannen einige Gelehrte, die wahre Natur der Fossilien und auch ihre Bedeutung zu erkennen, z. B. ↗LEONARDO da VINCI, Robert ↗HOOKE und Niels STENSEN (1638–1687).

Das zunehmende Interesse an der Geologie im 18. Jahrhundert zerstörte rasch die letzten Theorien von einer anorganischen Entstehungsweise der Fossilien; zu Beginn des 19. Jahrhunderts war ihre wahre Natur erkannt. Vermehrte Aufmerksamkeit schenkte man aber auch ihrer Verwendbarkeit zur Aufstellung relativer Zeitskalen und Parallelisierung von Schichten. Fossilien, zumindest der Invertebraten, wurden bald fester Bestandteil der Interpretation von Strata; die Forschungsdisziplin zur Untersuchung fossiler Organismen fand so ihre Stellung bei den geologischen Wissenschaften. Die Paläontologie dient auch heute noch als Hilfswissenschaft für die Stratigraphie, in großem Umfang werden aber auch biologische Fragestellungen untersucht. Diese Zwischenstellung der Paläontologie zwischen Geologie und Biologie wurde oft bedauert.

Die Vorherrschaft der geologischen Wissenschaften über die Paläontologie wurde im 20. Jahrhundert zunehmend in Frage gestellt, insbesondere seit dem zweiten Weltkrieg; besonders ausgeprägt war die geologische Orientierung in der Wirbellosen-Paläontologie. Seit den Anfängen der wissenschaftlichen Paläontologie interessierten sich aber auch Botaniker und Zoologen für diese Forschungsrichtung. Begründet wurde dieses Interesse mit den vergleichenden Arbeiten von Adolphe ↗BRONGNIART und Georges ↗CUVIER.

Als eigener Wissenschaftszweig existiert die Paläontologie seit dem frühen 19. Jahrhundert; die Bezeichnung „Paläontologie" wurde 1825 von H. M. D. de BLAINVILLE (1778–1850) in seinen „Manuel de Malacologie" vorgeschlagen und ersetzte zunehmend die alten Begriffe wie Oryctologie und Petrefaktenkunde.

Die Entwicklung der Paläontologie in England verdankt viel der Tätigkeit von James PARKINSON (1755–1850) und seinem Werk „Organische Reste einer früheren Welt" (1804–1811), das sich in seiner Allgemeinverständlichkeit an einen großen Leserkreis wandte. Diesem folgten eine Reihe von Büchern verschiedener Autoren, die vor allem durch ihre Illustration die Grundlage für eine paläontologische Wissenschaft legten.

Die wachsende Bedeutung der Biostratigraphie erforderte detaillierte Handbücher zur Bestimmung der Fossilien. Ein hervorragendes Beispiel aus dieser Zeit liefert das Werk der Familie ↗SOWERBY „Mineral Conchology" (1812–1846), das mit seinen sehr genauen farbigen Abbildungen bis heute gültigen Wert besitzt. Ihr Buch konnte das laufend anwachsende Fossilmaterial nicht bewältigen, und 1847 wurde die Palaeontographical Society eingerichtet, deren Monographien bis heute erscheinen.

Bis in die Mitte des 19. Jahrhunderts bestand Paläontologie im wesentlichen aus dem Sammeln und Beschreiben der Fossilien, in der systematischen Betrachtung dominierte die CUVIERsche Theorie von der Konstanz der Arten. Dies änderte sich mit dem Erscheinen von Charles ↗DARWINs „On the Origin of Species by Means of Natural Selection" (1859). Dieses Werk begründete die Evolutionstheorie und verstärkte das Interesse an der Paläontologie.

Auch die zweite Hälfte des 19. Jahrhunderts war eine Zeit großer Sammeltätigkeiten und Entdeckungen. Von Männern wie Othniel ↗MARSH und Edward ↗COPE wurden größere Sammel-Expeditionen in die inneren und westlichen Gebiete der USA durchgeführt; sie erbrachten große Mengen an Wirbeltierfossilien und trugen so zur Förderung der Wirbeltierpaläontologie in Nordamerkia bei. In dieser Zeit erschienen auch mehrere Lehrbücher mit dem Ziel, die gesamte Paläontologie zu erfassen; das bekannteste ist das „Handbuch der Palaeontologie" von Karl ↗ZITTEL, das den meisten anderen Dartstellungen des 19. Jahrhunderts als Grundlage diente.

In den ersten 40 Jahren des 20. Jahrhunderts erfuhr die allgemeine Bedeutung der Paläontologie wesentliche Veränderungen; bedingt durch die in großem Umfang durchgeführte Erdölprospektion lag der Schwerpunkt auf der Mikropaläontologie.

Eigene, von der Geologie losgelöste paläontologische Gesellschaften entwickelten sich verhältnismäßig spät, die älteste ist die oben erwähnte Palaeontographical Society. In den Vereinigten Staaten wurde 1908 die Paleontological Society gegründet und 1926, als Folge der wachsenden ökonomischen Bedeutung der Paläontologie, die Society of Economic Palaeontologists and Mineralogists. Heute besitzen zahlreiche Länder eigene paläontologische Gesellschaften, z. B. Argentinien, die Bundesrepublik Deutschland, England, Indien, Italien, Japan, Österreich, die UdSSR und die Schweiz.

Fossiliensammlungen besitzen oft eine lange und abwechslungsreiche Geschichte. Mehrere Museen besitzen größere Sammlungen aus dem 18. Jahrhundert, die meisten dieser frühen „Fossilienkabinette" sind jedoch in Privatbesitz oder gehören Wissenschaftlichen Gesellschaften. Die zunehmende Entwicklung der Museen, vor allem der Nationalmuseen, trug wesentlich zur Förderung und Erhaltung der Fossilsammlungen bei.

(↗American Museum of Natural History, ↗American National Museum of Natural History, ↗Australian Museum, ↗British Museum (Natural History), ↗Canadian National Museum of Natural Sciences, ↗Kenya National Museum, ↗Museo Argentino de Ciencias Naturales „Bernadino Rivadavia", ↗Muséum National d'Histoire Naturelle, ↗Museum of Comparative Zoology, ↗Národní Museum, ↗Natur-Museum und Forschungsinstitut Senckenberg, ↗Peabody Museum of Natural History, ↗Royal Ontario Museum, ↗South African Museum.)

Paläopathologie

Krankheiten und Verletzungen können an fossilem Material im allgemeinen nur untersucht werden, wenn sie Spuren am Skelett hinterlassen. Die meisten pathologischen Veränderungen sind die Folge von Verwundungen, die sehr wohl die Todesursache gewesen sein können. So weisen viele Pavianschädel aus pleistozänen Höhlen Südafrikas einen charakteristischen Doppelbruch auf, der die Folge eines rechtshändig mit einem stumpfen Werkzeug ausgeführten Schlages sein könnte. Sehr wahrscheinlich war dieses Werkzeug ein langer Antilopenknochen mit zwei Gelenkkugeln am Ende, und zweifellos war der Hominide *Australopithecus* der Benutzer dieser Waffe. Einige Australopithecinen scheinen selbst diesem Werkzeug zum Opfer gefallen zu sein.

Zu den beeindruckendsten Funden gehören die Fossilreste eines Australopithecinenkindes mit Schädelbrüchen, die nur von einem Leopard verursacht sein können, der das Kind mit dem Kopf im Rachen wegschleppte. Eine andere Kopfverletzung zeigt ein oligozäner Säbelzahntiger (*Nimravus*), dessen Schädel von einer anderen nordamerikanischen Säbelzahnkatze, *Eusmilus*, durchbohrt worden war. Trotz des in die Stirnhöhlen eingedrungenen Eckzahns verheilte die Wunde später. Eine krankhafte Veränderung unbekannten Ursprungs trägt der Oberschenkelknochen eines *Homo erectus erectus* (↗Java-Mensch). Der unregelmäßige Knochenauswuchs nahe des Femurkopfes wurde als Knochenkrebs gedeutet. Vielleicht wird der Befund besser erklärt mit der Verknöcherung eines Blutgerinnsels, das bei einer Verletzung mit starker innerer Blutung entstand.

Knochenbrüche, z. B. in den Schwänzen von ↗Sauropoda, sind leicht am gebildeten Wundkallus erkennbar. Werden Wunde und Bruch mit Bakterien infiziert, so kann dies leicht zu einer Entzündung der Knochenhaut führen. Ein derartiges Beispiel liefert ein ↗Hadrosaurier mit einem Abszeß, der mehrere Liter Eiter enthalten haben muß; offenbar litt das Tier gegen Ende seines Lebens an einer stark eiternden Wunde. Bei einigen Sauropodenschwänzen findet man selbst Knochenmarkentzündun-

gen. Eines der auffallendsten Beispiele für Entzündungen kennt man von *Homo rhodesiensis*. Die Bakkenzähne zeigen große Karieshöhlen, und der Kiefer weist Spuren von Zahnvereiterungen auf. Ein Abszeß im Schädel scheint auf ein größeres Gefäß in der Hirnschale gedrückt und den Tode des Individuums verursacht zu haben.

Die häufigste Erkrankung fossiler Knochen ist die Gelenkentzündung. Als Reaktion auf die Degeneration und Abnutzung der Gelenkflächen bilden sich an den Rändern charakteristische Knochenauswüchse, die sogar zur Verschmelzung zweier benachbarter Knochen führen können.

Das erste vollständig gefundene Skelett eines ↗Neandertalers stammt von einem alten, nahezu zahnlosen Mann, dessen Hals und Wirbelsäule stark durch Krankheit zerstört sind. Man schrieb deshalb den Neandertalern zunächst eine affenähnliche Figur und einen torkelnden Gang zu – eine Fehlinterpretation, die sich über ein halbes Jahrhundert hielt. (↗Aussterben)

Palaeotherien

Frühe Formen aus der Verwandtschaft der ↗Pferde, die als charakteristische Wirbeltiere des europäischen Eozön und Oligozän weit verbreitet sind.

Hyracotherium, der älteste bekannte Vertreter der Pferdelinie (Equoidea), tritt in Nordamerika und Europa auf. Während hieraus in der westlichen Hemisphäre leicht gebaute Formen entstehen (Equidenlinie), findet in Europa eine Entwicklung zu großen, schwergebauten Tieren statt, die niedrigkronige Zähne, drei- oder vierzehige Vorder- sowie dreizehige Hinterfüße beibehalten. Das reduzierte Nasenbein deutet auf eine bewegliche, tapirähnliche Schnauze.

Auf *Hyracotherium* scheint in der Alten Welt der früheozäne *Propachynolophus* (mit etwas höherkronigen Backenzähnen) zu folgen. Ab

Palaeotherien
Palaeotherium *aus dem Oberen Eozän und Unteren Oligozän Europas erreicht eine Schulterhöhe von etwa 75 cm.*

dieser Stufe findet man mehrere Seitenzweige der Entwicklung: *Anchilophus* (Mittleres und Oberes Eozän) bleibt klein und schlank, der zeitgleiche *Pachynolophus* lebt als Steppenbewohner, *Propalaeotherium* erreicht als größte Form dieser Gruppe eine Schädellänge von über 25 cm und ist bis nach China verbreitet.

Die typischen Sumpf- und Waldpalaeotherien des späten Eozän (*Palaeotherium, Lophiotherium*) gehen vermutlich aus einer *Propalaeotherium* nahestehenden Form hervor. Mit Beginn des Oligozän gehen die frühkänozoischen Wälder in Grasland über. *Palaeotherium* überlebt noch bis ins Untere Oligozän, ebenso die stärker spezialisierte Gattung *Paloplotherium (Plagiolophus)*; sie besitzt höherkronige Zähne, dreizehige Vorderfüße und vergrößerte mittlere Zehen. Danach sterben die Palaeotherien aus.

Paläozän

Erste Stufe des ↗Känozoikum; das Paläozän beginnt vor 65 Millionen Jahren und dauert 10 Millionen Jahre.

Bewegungen der Kontinentalplatten (↗Kontinentalverschiebung) in der ↗Kreide lassen Gebirgsketten wie die Rocky Mountains aufsteigen und öffnen den Atlantik; das Meer gelangt damit bis zum 50. Breitengrad. Etwa zu Beginn des Paläozän zieht sich das Meer aus vielen, in der Kreide überfluteten Bereichen zurück. Das England bedeckende Meer mit seinen Ablagerungen von ↗Kreidegestein wandert südwärts, und auch der Nordamerika in eine westliche und östliche Hälfte trennende Meeresarm weicht zurück; ähnliche Regressionen werden auch in zahlreichen anderen Gebieten beobachtet.

Die beträchtliche Ausdehnung des Festlandes nimmt seinerseits Einfluß auf Klima, Flora und Fauna. Es existieren Hinweise auf einen weltweiten Temperaturabfall an der Grenze Mesozoikum – Känozoikum, dieser ist aber offenbar nicht groß genug, um eine Vergletscherung zu initiieren, und die tropischen und gemäßigten Gürtel breiten sich bald erneut aus.

Paläozäne Sedimente und Faunen sind schlechter bekannt als die anderer känozoischer Stufen. Das Fehlen der im Mesozoikum dominierenden großen Reptilien fällt auf; ↗Dinosaurier, ↗Plesiosaurier, ↗Fischsaurier, ↗Flugsaurier, ↗Mosasaurier und die kreidezeitlichen ↗Zahnvögel sind ausgestorben.

Ablagerungen aus dem Paläozän finden sich meist entlang der Kontinentalränder, entweder nahe der Küstenzonen oder, häufiger, auf dem Kontinentalschelf. So kennt man z. B. paläozäne Sedimente aus dem Bereich der Tethys in fast allen Mittelmeerländern. Die einzigen größeren Kontinentalablagerungen des Paläozän kommen in Nordamerika und Zentralasien vor.

Eine bedeutende Veränderung erfährt die Landflora mit der beginnenden Vorherrschaft der ↗Angiospermen in der Mittleren Kreide. Gegen Ende der Kreide nehmen die bewaldeten Gebiete ab und werden durch savannenähnliche Lebensräume ersetzt; zu Beginn des Känozoikum werden diese jedoch nicht von Gräsern beherrscht, einige haben sich vermutlich als Steppe oder Halbwüste erhalten. Auf der Nordhemisphäre werden die mesozoischen Koniferen weitgehend durch Kiefern verdrängt, auf der Südhalbkugel gedeihen aber weiterhin die Araucariaceae und Podocarpaceae. Die Meere des Paläozän enthalten einige Formen aus dem Mesozoikum. So kommen z. B. die in der Kreide sehr verbreiteten ↗Belemniten noch vor, wenngleich nur sehr selten; sie sterben erst im Laufe des Eozän aus. ↗Ammoniten werden dagegen von ↗Schnecken und ↗Muscheln als den dominierenden Weichtieren verdrängt. Bedeutung erlangen die siphonostomen Schnecken (v. a. Cypraeidae, Fusi-

nidae, Volutidae, Conidae), bei den Muscheln die Veneridae und die Gattungen *Chama* und *Crassatella*; fast vollständig verschwinden Trigoniidae, Rudisten und *Inoceramus*. Bei den ↗Seeigeln fehlen die bekannten kreidezeitlichen Gattungen *Holectypus, Conulus, Cardiaster* und *Holaster*, sie werden durch Clypeasteroiden und Brissiden ersetzt. Unterschiede zur kretazischen Fauna bestehen auch bei den ↗Foraminiferen; die für die Parallelisierung mariner känozoischer Sedimente so bedeutenden Globigerinidae und planktontischen Foraminiferen nehmen zu.

↗Haie finden sich als häufigste Fischfossilien in paläozänen Sedimenten, mit Formen wie *Odontaspis, Lamna, Myliobatis* und dem riesigen *Carcharodon*. Einige Faunen enthalten auch Knochenfische, darunter Ganoidfische *(Amia, Lepisosteus)*, Störe *(Acipenser)*, Aale *(Albula)* und Lippfische *(Phyllodus)*. Zu den bemerkenswerten Vögeln gehört die flugunfähige Gattung *Diatryma*.

Säugetiere sind nur in Nordamerika, Europa und Zentralasien gut repräsentiert, einige isolierte Fundstücke stammen aus Südamerika und Afrika. Die bestbekannte europäische Fauna aus dem Paläozän ist im Pariser Becken erschlossen; sie besteht aus 40 % ↗Condylarthra (mit *Arctocyon* und *Pleuraspido-*

Paläozän
Champsosaurus *lebt als fischfressendes Reptil im Süßwasser. Die Gattung kommt in Nordamerika und Europa in der Oberen Kreide, im Paläozän und Eozän vor. Ihre Abstammung bleibt unklar; trotz des diapsiden Schädels gehört sie aber nicht zu den Krokodilen.*
Länge: ca. 1,5 m

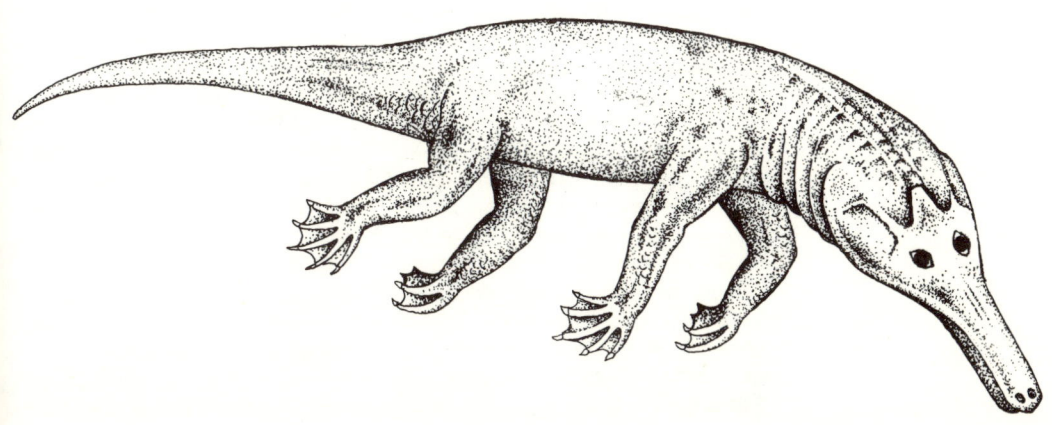

therium als häufigste Gattungen), 25 % Primaten (vor allem *Plesiadapis*) und einem Rest aus ↗Creodonta, Multituberculaten und ↗Insektenfressern. In der Säugetierfauna von Walbeck (DDR) bilden die Condylarthra 50 %, die Insektenfresser (insbesondere *Adapisorex*) 40 %, die Primaten und Creodonten die restlichen 10 %; Multituberculaten fehlen.

Die spätpaläozäne Säugetierfauna der Mongolei enthält kreidezeitliche Formen (Multituberculaten und

Das Studium der paläozänen Faunen erlaubt zwei allgemeine Aussagen. Zum einen folgt dem Aussterben der Dinosaurier eine rasche Ausbreitung der Säugetiere, um die freiwerdenden ökologischen Nischen zu belegen. Diese Radiation ist bei den älteren kreidezeitlichen Gruppen, den Beuteltieren und nichtplazentalen Säugetieren schwächer, während die plazentalen Säuger rasch Raubtierformen und Grasfresser entwickeln. Zum zweiten fällt zwischen den Faunen, die

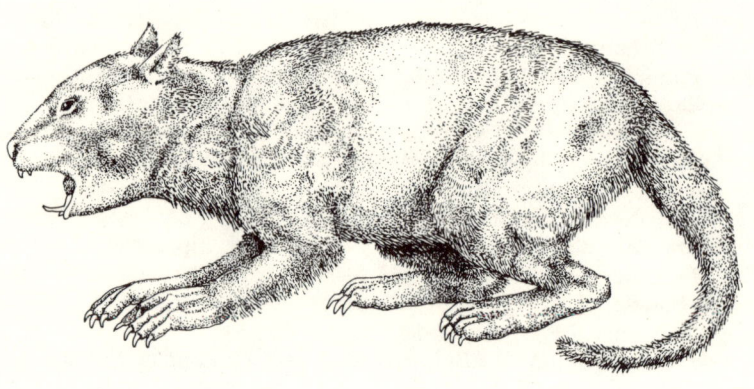

Paläozän
Ptilodus *und andere multituberculate Säugetiere sind verbreitete Bewohner der paläozänen Wälder von Europa und Nordamerika.*
Länge: ca. 30 cm von der Nase bis zur Schwanzbasis

Insektenfresser) und Einwanderer (Condylarthra, ↗Amblypoda, Pantodonten und ↗Notoungulata). In den intermontanen Becken der Rocky Mountains finden sich Säugetiere von Alberta bis nach Texas, zusammen mit Farnen, Palmen, Koniferen, Dikotyledonen, Insekten, Weichtieren, Fischen, Amphibien, Krokodilen und Eidechsen; alle Elemente dieser Fauna und Flora weisen auf ein warmes bis subtropisches Klima. Die Säugetiere gehören zu 14 Ordnungen und mehr als 100 Gattungen. Condylarthra erreichen einen Anteil von 30–40 %, Insektenfresser 15–20 %, Multituberculaten 10–20 %, Primaten 5–10 %, Creodonten 5–10 %, der jeweilige Rest besteht aus Beuteltieren, Nagetieren, Raubtieren und Pantodonten.

heute durch breite Meere getrennt werden, eine beträchtliche Ähnlichkeit, auch auf Gattungsniveau, auf. Nordamerika und Europa besitzen 70 % ihrer Säugetiergattungen gemeinsam, deutliche Entsprechungen existieren auch zwischen den Faunen von Zentralasien und Nordamerika und in gewissem Umfang selbst zwischen Südamerika und Afrika. Dies alles weist auf ausgedehnte Landverbindungen, die ihre Entstehung einem niederen Meeresspiegel und einer unvollständigen Trennung der Kontinentalblöcke verdanken.

Paläozoikum
Die Ära des „alten Lebens" in der Geschichte der Erde. Das Paläozoikum umfaßt die Systeme ↗Kambrium, ↗Ordoviz und ↗Silur (Un-

teres Paläozoikum), gefolgt vom ↗Devon, ↗Karbon, (↗Mississippian und ↗Pennsylvanian) und ↗Perm (Oberes Paläozoikum).

Pangaea

Theoretisch erschlossener Superkontinent, der entsteht, wenn die Kontinente, die Atlantik und Indischen Ozean einschließen, aneinandergerückt werden; seinen Namen erhielt er von Alfred WEGENER (1880–1930), auf den auch die Theorie der ↗Kontinentalverschiebung zurückgeht.

Legt man die heutigen Erdmaße zugrunde, gliedert sich Pangaea in einen Nordteil (Laurasia) und einen Südteil (↗Gondwana). Die beiden Kontinentalhälften werden dabei durch ein äquatoriales Meer fast vollständig voneinander getrennt; diese ↗Tethys öffnet sich östlich von Europa in einen Pazifik mit wesentlich größeren Ausmaßen als heute. Die Alpen-Himalaya-Kette besteht danach aus alter Kruste und Sedimenten der Tethys, aufgeworfen und gefaltet bei der Bildung des modernen Indischen und Südatlantischen Ozeans durch das Schrumpfen der Tethys.

Einige Geologen vermuten aber ein Anwachsen des Erdumfangs im Laufe der Erdgeschichte. Unter dieser Annahme kann, ausgehend vom Muster des „sea-floor spreading", ein Superkontinent rekonstruiert werden, der lückenloser zusammenpaßt und nicht durch eine Tethys unterteilt wird. Ein größerer Deformations- und Faltungsgürtel entlang der Hauptlinie der Alpen-Himalaya-Kette wird von einer verhältnismäßig kleinen, mittelmeerähnlichen Tethys eingenommen. Die bestehenden Faunen- und Florenunterschiede zwischen Laurasia und Gondwana lassen sich mit diesem Modell einer „expandierenden Erde" besser erklären.

WEGENER vermutete, daß die Pangaea im Karbon existiert und in der Folgezeit durch Kontinentaldrift zunehmend auseinanderbricht. Paläo-

magnetische Messungen und geologische Übereinstimmungen sowie die Datierung der Meeresböden zeigen, daß Pangaea bis in den frühen Jura besteht und erst im Mittleren Jura aufbricht. (↗Paläogeographie)

Panzerfische ↗Placodermi

Peabody Museum of Natural History

Gegründet 1866 von George PEABODY (1795–1869), verwaltet von der Yale Universität. PEABODY gründete auch das Museum of Archaeology and Ethnology an der Harvard Universität und finanzierte seinem Neffen Othniel ↗MARSH die Expeditionen zum Aufsammeln fossiler Wirbeltiere.

Die Sammlungen des Museums datieren bis ins 19. Jahrhundert. Bei den Wirbeltieren liegen Schwerpunkte bei den Säugetieren des Mesozoikum und des Eozän, ferner bei den Dinosauriern der westlichen USA. Die Sammlungen enthalten auch Material von ↗Fayum (Ägypten) und ↗Siwalik (Indien).

Peking-Mensch

Eine ausgestorbene Unterart von *Homo erectus (Homo erectus pekinensis)*, gefunden bei Choukoutien, 60 km südwestlich von Peking.

Die ersten Hinweise auf den frühen ↗Menschen in Ostasien erbrachten chinesische Drogisten, die aus Fossilien medizinische Pülverchen herstellten. 1903 wurden einige solcher Fossilien als Reste eines Menschenaffen oder eines Hominiden erkannt.

Nach der endgültigen Anerkennung des ↗Javamenschen als Hominiden begann man 1921 mit Ausgrabungen bei Choukoutien (Drachenberg), aber erst 1926 wurden 2 Hominidenzähne entdeckt, ein Jahr später fand man noch einen Bakkenzahn. Auf der Basis dieser Zähne beschrieb der Mediziner Davidson BLACK (1884–1934) einen neuen Hominiden: *Sinanthropus pekinensis.*

230 Millionen Jahre

| Perm |
| Karbon |
| Devon |
| Silur |
| Ordoviz |
| Kambrium |

570 Millionen Jahre

Die Systeme des Paläozoikum

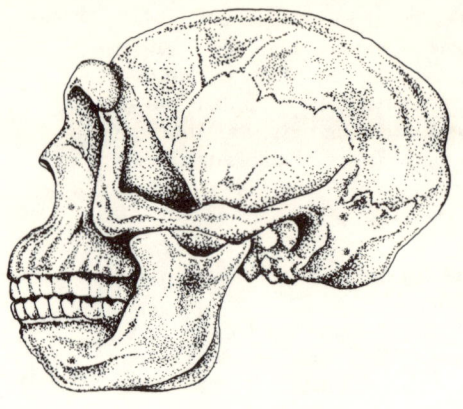

Der Peking-Mensch lebt vor etwa 0,5 bis 0,75 Millionen Jahren als Zeitgenosse des späten Javamenschen. Er ähnelt diesem in vieler Hinsicht, besitzt jedoch ein größeres Gehirn.

Pelycosauria

Eine Ordnung synapsider ↗Reptilien, die im Unterperm zu den dominierenden Landtieren werden. Die Pelycosauria trennen sich als eine der frühesten Reptiliengruppen von den zentralen ↗Cotylosauria ab und repräsentieren die erste Stufe der Entwicklungslinie Reptilien-Säugetiere.

Es werden drei Unterordnungen der Pelycosaurier unterschieden: die konservativen Ophiacodontia, die räuberischen Sphenacodontoidea und die pflanzenfressenden Edaphosauria. Ophiacodonten sind kriechende, kurzbeinige Reptilien mit im Verhältnis zu den Vordergliedmaßen verlängerten Hinterextremitäten. *Clepsydrops* tritt als früher Vertreter im oberen Oberkarbon auf, aus dem Unteren Perm stammt die immer noch ursprüngliche Gattung *Varanosaurus,* die eine Länge von etwa 1 m erreicht und sich vermutlich von ↗Palaeonisciformes ernährt.

In den texanischen Red Beds kommt *Varanosaurus* zusammen mit der morphologischen Nachfolgeform *Ophiacodon* vor. Diese wird

Peking-Mensch
Schädel eines ausgewachsenen weiblichen Homo erectus pekinensis.

Pelycosauria
1 Casea *gehört zu den pflanzenfressenden Pelycosauriern. Länge: ca. 1,2 m*
2 Dimetrodon *ist ein im Unterperm verbreiteter räuberischer Pelycosaurier. Länge: 3,3 m*

Choukoutien lieferte noch Fossilienreste von etwa 40 Individuen sowie ↗Feuersteinwerkzeuge, zahlreiche Tierknochen und Spuren von erstem menschlichen Feuergebrauch. Aus den erstaunlich vielen Tierknochenfunden schließt man, daß der Peking-Mensch als Jäger lebt. Seine Nahrung scheint aus Rotwild, Elefanten und Nashörnern zu bestehen, aber auch aus Früchten und Beeren. Auch Kannibalismus kommt vor, wie aus zerschlagenen und verkohlten Menschenknochen hervorgeht. Das Feuer besitzt zweifellos große Bedeutung zur Erzeugung von Wärme (der Peking-Mensch ist das einzige Zeugnis eines so frühen Hominiden außerhalb der Tropen) und zum Schutz vor Raubtieren.

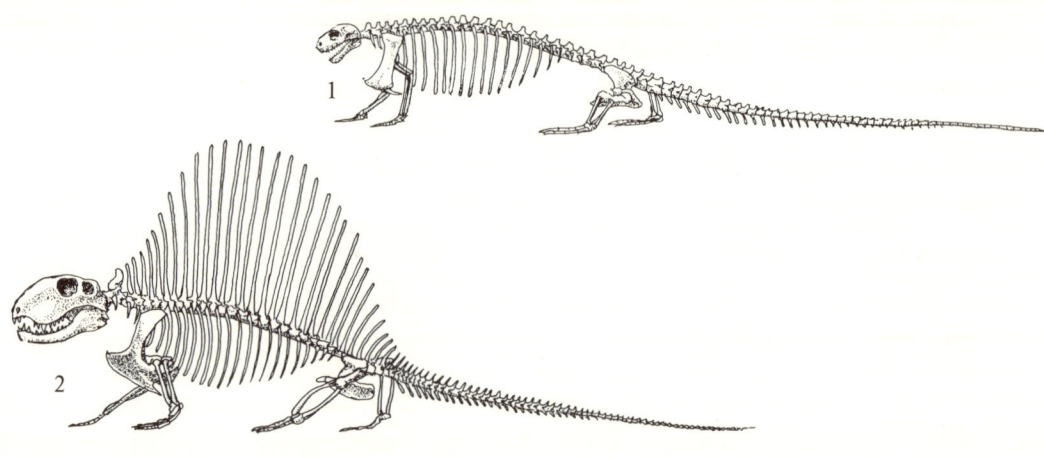

Pelycosauria
*Der pflanzenfressende Pelyco-
saurier* Edaphosaurus *erscheint
erstmals im oberen Oberkarbon und findet sich im Unterperm verbreitet.
Länge: ca. 3,3 m*

bis zu 3,75 m lang und besitzt einen hohen schlanken Schädel mit einer verlängerten Schnauze. Eine spezialisierte Gruppe innerhalb der Ophiacodonten bilden die Eothyrididae. Hierzu gehören die kurzschnauzige Gattung *Eothyris* mit zwei Paaren großer, eckzahnähnlicher Zähne und verschiedene andere, wenig bekannte Formen.

Die gewaltigsten Landraubtiere des Unterperm sind die Sphenacodonten. Die etwa 1 m lange, nordamerikanische Form *Varanops* repräsentiert eine frühe Stufe in der Entwicklung dieser Gruppe. Der Schädel bleibt niedrig, die Schnauze ist wenig verlängert und die Bezahnung kaum differenziert mit geradem Zahnrand.

Höherentwickelte Sphenacodonten besitzen hohe, langschnauzige Schädel, deren oberer Zahnrand am Übergang Prämaxillare-Maxillare plötzlich aufwärts verläuft und so eine deutliche Stufe bildet; in diesem Bereich sitzen die zwei Paare mächtiger Pseudoeckzähne. Die Zähne sind weniger zahlreich, aber stärker differenziert, die vorderen Zähne werden schneidezahnartig. Die Gliedmaßen erscheinen schlanker als bei Ophiacodonten.

Noch verhältnismäßig kleine Pseudoeckzähne charakterisieren die primitive Gattung *Haptodus* aus dem oberen Oberkarbon von Kansas und dem Unterperm von Europa. *Sphenacodus* aus Neumexiko zeigt eine etwas stärker differenzierte Bezahnung und leicht verlängerte Dornfortsätze der Wirbel. Mit *Dimetrodon* wird der Höhepunkt der Sphenacodonten-Linie erreicht. Diese in den Red Beds von Texas und Oklahoma verbreitete Form mißt bis zu 3,5 m, besitzt mächtige, dolchförmige Pseudoeckzähne und enorm verlängerte Dornfortsätze der Wirbel; diese im Leben vermutlich durch eine Membran verbundenen Dornfortsätze dienten vielleicht der Temperaturregulation. *Ctenosaurus* aus dem Buntsandstein (Untere Trias) von Rheinhausen bei Göttingen kann als Spätform dieser Familie gelten.

Morphologisch ursprüngliche, pflanzenfressende Pelycosaurier werden zu den Nitosauridae (Edaphosauria) gestellt. Diese Tiere erreichen Längen bis zu 3,3 m und besitzen spitze, gekrümmte Zähne. Als typische Vertreter seien *Nitosaurus* aus Neumexiko und *Mycterosaurus* aus Texas genannt.

Edaphosaurus, bereits aus dem oberen Oberkarbon bekannt, gilt als der charakteristische pflanzenfressende Pelycosaurier des nordamerikanischen Unterperm. Der kurze, niedere Schädel zeigt gerade Zahnränder ohne die Ausbildung einer „Stufe", die Zähne sind groß und stumpf, und auch der Gaumen trägt eine starke Bezahnung. Die deutlich verlängerten Dornfortsätze bilden ein „Rückensegel" und tragen besondere Knötchen oder Queräste.

Eine zweite Familie höherentwickelter pflanzenfressender Pelycosaurier bilden die Caseidae. Die Gattung *Casea* aus Texas mißt etwa 1,2 m und besitzt einen kleinen Schädel mit auffallend großen äußeren Nasenöffnungen, die in einer etwas rostrumartig verlängerten Schnauze liegen. *Cotylorhynchus,* eine ähnliche, mit 3,75 m Länge aber deutlich größere Form, überlebt mit anderen Caseiden bis ins Mittlere Perm.

Die Pelycosauria entwickeln sich vermutlich über unbekannte Zwischenformen aus captorhinomorphen Cotylosauriern. Die ↗Säugerähnlichen Reptilien leiten sich mit sehr großer Wahrscheinlichkeit von den Sphenacodonten ab.

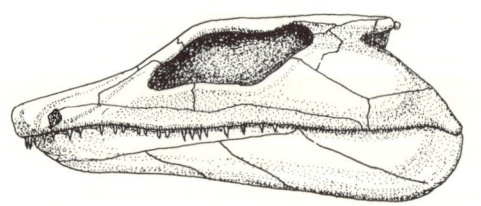

nen Pflanzenresten der Sumpfwälder entstehen und die Süß- und Brackwassersedimente umfassen.

Im frühen Pennsylvanian liegen große Teile von Nordamerika in einer Mulde, die im Osten und Süden von Gebirgsketten begrenzt wird und in deren Norden Kanada aufragt. Ein Flachmeer mit reichlich ↗Foraminiferen bedeckt den zentralen Teil des Beckens, die Küstenlinien wandern abwechselnd vor und zurück, und in den feuchten Niederungen gedeihen, gelegentlich vom Meer überflutet, die Kohlewälder mit einer Fauna aus Amphibien, Reptilien und verschiedenen Insektenarten (z. B. Riesen-Libellen).

Die ältesten Ablagerungen des Pennsylvanian in Nordamerika bergen keine Fossilien; dagegen kennt man bei Joggins und North Sydney (Neuschottland) Reste von Wäldern aus dem Unteren Pennsylvanian, deren Stämme (größtenteils von *Sigillaria*) sich in senkrechter, natürlicher Stellung erhalten haben. Nach dem Absterben zerfiel das Innere der Baumstämme und wurde mit Schlamm und Sand aufgefüllt; in diesem Sediment finden sich manchmal fossile kleine Amphibien (z. B. *Dendrerpeton, Calligenethlon*) und frühe Reptilien (z. B. *Hylonomus*), die offenbar in den alten Baumstümpfen lebten.

Skelette von Amphibien des Mittleren Pennsylvanian treten in Konkretionen bei Mazon Creek, Illinois, auf (z. B. *Amphibamus*), zusammen mit einem vermutlichen frühen Reptil *(Cephalerpeton);* das gleiche Alter besitzen die Amphibienreste aus der Kannelkohle von Linton, Ohio *(Stegops, Leptophractus, Saurerpeton* und *Macrerpeton).*

Oberes Pennsylvanian ist an verschiedenen Stellen in Pennsylvania, West Virginia und Ohio repräsentiert, letzteres lieferte die Dunkard-Fauna mit dem Pelycosaurier *Edaphosaurus;* hierzu gehört aber auch die Danville-Fundschicht am Vermillion River in Illinois. Danville ist heute ausgebeutet, es liefer-

Pennsylvanian
Der Schädel des Labyrinthodonten Megalocephalus *aus dem Unteren und Mittleren Pennsylvanian mißt 30,5 cm. Die sehr großen Augenhöhlen dieser Amphibiengattung beherbergen möglicherweise neben den Augen auch eine Gesichtsdrüse.*

Pennsylvanian

Amerikanische Untergliederung des ↗Karbon, die ungefähr dem europäischen Oberkarbon entspricht; das Pennsylvanian beginnt vor etwa 310 Millionen Jahren und dauert 30 Millionen Jahre. Die Bezeichnung leitet sich ab von den Kohlerevieren in Pennsylvania, die in dieser Zeit aus den abgestorbe-

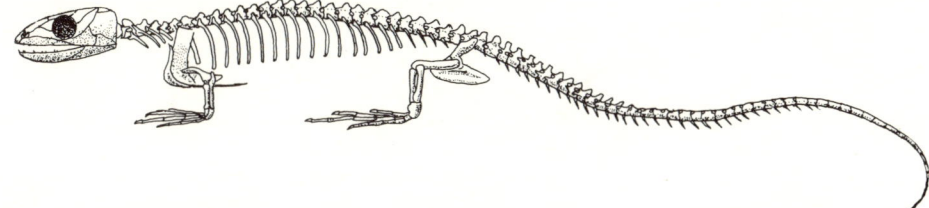

te die Reste eines Pelycosauriers *(Clepsydrops),* verschiedene Amphibien (*Cricotus, Diplocaulus, Lysorophus* und einen Diadectiden) und einige Fische. Das Danville Material kam offenbar in einem Fluß oder Tümpel zur Ablagerung; alle gefundenen Fossilien sind wasserlebende Formen.

Gegen Ende des Pennsylvanian wird das Klima zunehmend arider, das darauffolgende Perm beginnt in Texas mit roten Schiefern und Sandsteinen.

Perissodactyla ↗ Unpaarhufer

Perm

Letztes System des Paläozoikum, benannt nach der Provinz Perm im Ural, wo Gesteine dieses Alters ausgedehnt entwickelt sind. Das Perm beginnt vor 280 Millionen Jahren und dauert 50 Millionen Jahre.

Der alte Superkontinent ↗ Pangaea besteht nach wie vor, es herrschen aber nicht mehr die gleichförmigen klimatischen Bedingungen, die im vorangegangenen ↗ Karbon zur Entwicklung der weitverbreiteten Kohlewälder führten. Die variszische Gebirgsbildung setzt sich mit schwächeren Bewegungen fort (z. B. in den argentinischen Kordilleren, in den Appalachen und im Ural), und ein starker Vulkanismus tritt in Erscheinung. In Europa und Nordamerika wechseln zunächst mehrfach trockene und feuchte Verhältnisse ab, es dominieren aber zunehmend die trockenen, kontinentalen Klimate.

Gegen Ende des Perm verschwindet der für das ältere Paläozoikum so charakteristische Meeresarm durch das östliche Nordamerika, und auch

das die Great Plains bedeckende innerkontinentale Meer wird infolge Verdunstung salzreicher und trocknet aus, so daß nur eine ausgedehnte Wüste zurückbleibt.

Ein asiatischer Trockengürtel reicht vom Ural bis zum oberen Jangtsekiang, und auf den Südkontinenten erstrecken sich, als Folge der Permokarbonischen ↗ Eiszeit, die Gletscher von den Eiskappen der Hochplateaus bis in die Niederungen. Spuren dieser Vereisung finden sich in Südamerika, Afrika, Indien, Australien und der Antarktis; sie weisen darauf hin, daß diese Kontinente im Perm zu einer einheitlichen ↗ Gondwana zusammengefügt sind. Später im Perm ziehen sich die Gletscher der Südhemisphäre zurück; in einigen Teilen der Gondwana herrschen humide Bedingungen, andernorts erscheinen Wüsten. Die Flachwasserbereiche der Meere, insbesondere entlang der Küsten der Tethys, enthalten eine mannigfaltige Wirbellosenfauna mit einem derartigen Reichtum an globulären und spindelförmigen ↗ Foraminiferen, daß manche Kalksteine ausschließlich aus ihren Schalen bestehen. ↗ Moostierchen treten riffbildend auf, die verbreiteten ↗ Brachiopoda erreichen mit den stacheltragenden Productiden ihre maximale Größe und entwickeln mit *Richthofenia* auch korallenähnliche Formen.

Neben den Brachiopoden gehören ↗ Muscheln zu den häufigsten Fossilien (z. B. *Eurydesma* der Südhalbkugel). Im offenen Meer entwickeln sich die ↗ Ammoniten sehr rasch, es herrschen aber glattschalige Gehäuse vor; die Goniatiten sterben erst am Ende des Perm aus. ↗ Belemniten treten erstmals auf,

Pennsylvanian
Skelettreste von Hylonomus, *der ältesten bekannten Reptilgattung, fand man in einem fossilen Baumstumpf eines Steinkohlenwaldes des Unteren Pennsylvanian in Neuschottland.*
Länge: ca. 1 m

230 Millionen Jahre

		Untere Beaufort-Serie der Karru-Formation
Ober-Perm	Zechstein (Thuringium)	
Unter-Perm	Oberes Rotliegendes (Saxonium)	
	Unteres Rotliegendes (Autunium)	

280 Millionen Jahre

Die Schichtenfolge des Perm

255

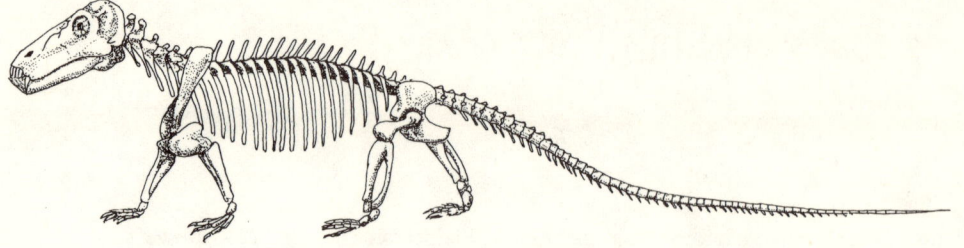

Perm
Titanophoneus, *ein primitiver Vertreter der Reptilgruppe Dinocephalia, kommt im Mittelperm der UdSSR vor.*
Länge: 2 m

andererseits erlöschen einige alte Gruppen, wie die ↗Trilobiten, die rugosen ↗Korallen und fenestellide Bryozoen. Auch die Fusuliniden und Productiden reichen nicht bis in die Trias.

Meeresfische waren gegen Ende des Karbon offenbar verbreitet ausgestorben, es überleben u. a. einige primitive Haie (z. B. *Ctenacanthus* und *Janassa).* Im Süßwasser werden die ↗Palaeonisciformes häufig, die Vorherrschaft erlangen damit die ↗Actinopterygii, vor allem mit den Chondrosteern. Noch vor Beginn der Trias erscheinen die ersten Holostei, und einige Actinopterygii beginnen ins Salzwasser vorzudringen. Die ↗Coelacanthini und ↗Lungenfische sind noch vertreten, die Rhipidistier unter den ↗Choanichthyes sterben jedoch im frühen Perm aus (eine der spätesten Formen ist *Ectosteorhachis),* ebenso die letzten ↗Acanthodii *(Acanthodes).* Bei den Haien verzeichnen die Pleuracanthen nach dem Unterperm einen Rückgang, in Australien überleben sie aber bis in die späte Trias hinein.

Mit dem ungünstigeren Klima nehmen auf dem Land die Schuppenbäume und riesigen ↗Schachtelhalme an Zahl wie Größe ab. ↗Farne, ↗Baumfarne und ↗Pteridospermen bleiben auf der Nordhalbkugel häufig, während sich entlang des Gondwana-Eisschildes die charakteristische ↗*Glossopteris*-Flora ausbildet. Mit Käfern, Zikaden und Wanzen erscheinen moderne Ordnungen der Insekten, bei den Wirbeltieren sind im frühen Perm die Amphibien weiterhin erfolgreich. Rhachitome ↗Labyrinthodontia sind ursprünglich mit Formen wie dem massigen *Edops* (Schädellänge 45 cm) vertreten, doch wird diese frühe Gruppe bald durch höherentwickelte Gattungen ersetzt, in Nordamerika z. B durch *Eryops* (Länge 1,5 m), in Europa durch *Actinodon.*

Im Perm existieren noch verschiedene andere Entwicklungslinien der Labyrinthodonten. Die kleinen Dissorophiden (z. B. *Cacops)* tragen einen Rückenpanzer und leben überwiegend terrestrisch; die abgeleiteten fischfressenden Trimerorhachiden besitzen flache Schädel mit kurzer Schnauze; von den langschnauzigen Archegosauriden lassen sich vermutlich die späteren Trematosaurier ableiten. Gegen Ende des Perm beginnt mit *Rhine-*

Perm
Discosauriscus *gehört zu den Seymouriamorphen und findet sich im Unteren und Mittleren Perm von Europa (etwa natürliche Größe).*

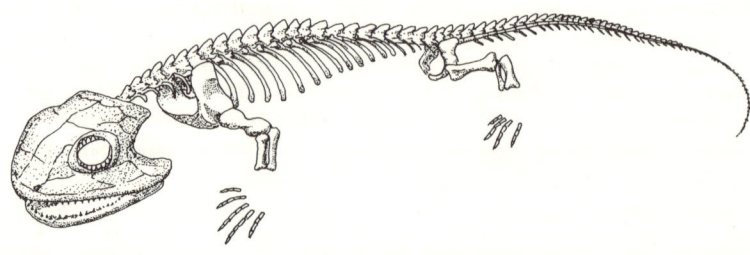

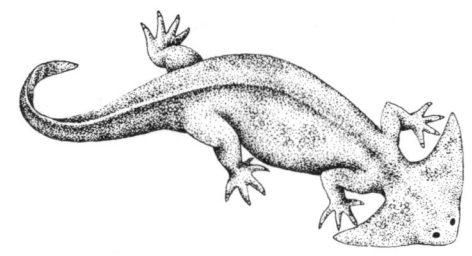

suchus und Verwandten die Entwicklung des neo-rhachitomen Labyrinthodonten-Typs, der schließlich zu den charakteristischen Stereospondylen der Trias führt. Im späten Perm erscheinen erste Vertreter der Plagiosaurier (z. B. *Peltobatrachus* aus Ostafrika) und frühe Formen der Brachyopiden *(Trucheosaurus* aus Australien).

Embolomeri (z. B. *Archeria*) sind im frühen Perm verbreitet, nehmen danach aber rasch ab, ähnlich wie die Seymouriamorphen, im Unterperm unter anderem vertreten durch *Diadectes* und *Seymouria*. Noch vor dem Beginn der Trias sterben die letzten ↗Anthracosauria aus (z. B. die abgeleitete Gattung *Kotlassia* aus der UdSSR), ebenso die wenigen überlebenden ↗Lepospondyli.

Die Landfauna des Perm wird jedoch von ↗Reptilien beherrscht. Neben der primitiven Wurzelgruppe der ↗Cotylosauria (mit Pareiasauriern, Procolophoniden und, im frühen Perm, Captorhinomorphen) erreichen die Synapsiden mit den ↗Pelycosauria in den trockenen Red Beds von Nordamerika und der Alten Welt eine erste Blüte. Die fossilreiche ↗Karru-Formation im südlichen Afrika und entsprechende Schichten an anderen Stellen belegen eine erstaunliche Fülle an ↗Säugerähnlichen Reptilien im späten Perm.

Massige Dinocephalia finden sich zahlreich in mittelpermischen Sedimenten, im Oberen Perm sind Dicynodonten die häufigsten Tetrapoden. Zu den räuberischen Formen gehören die vom Mittel- bis Oberperm verbereiteten Gorgonopsiden und die Therocephalia als die dominierenden Räuber des Mittelperm, vor allem durch *Whaitsia* und Verwandte vertreten. Gegen Ende des Perm erscheinen einige frühe Cynodonten.

Andere Reptilgruppen, die in der ↗Trias oder im späteren ↗Mesozoikum zu den vorherrschenden Wirbeltieren werden, kommen in permischen Ablagerungen nur selten vor. Mit *Youngina* und ähnlichen südafrikanischen Gattungen finden sich frühe Diapsiden, es treten auch einige primitive Euryapsiden auf (z. B. *Araeoscelis, Protorosaurus),* die kaum Hinweise auf die Anpassungen an ein Wasserleben zeigen, wie sie ihre Nachfolgegruppen ↗Nothosauria und ↗Plesiosaurier entwickeln.

Pfeilschwanzkrebse, *Xiphosura*
Die auch rezent bekannten Pfeilschwanzkrebse bilden zusammen mit den ↗Eurypterida die Klasse Merostomata. Als chelicerate ↗Gliederfüßer besitzen sie zwei Hauptkörperabschnitte: das vordere Prosoma (Cephalothorax) und das hintere Opisthosoma. Oberseits sitzen auf dem Prosoma zwei seitliche Facettenaugen, unterseits ein Paar Cheliceren sowie fünf Schreitbeinpaare mit ebenfalls kleinen Scheren am Ende und beborsteten Laden an der Basis. Der Hinterkörper besteht aus sechs oder sieben verschmolzenen Segmenten (frühere Vertreter hatten weit mehr Segmente) mit sechs Beinpaaren. Das Ende bildet ein langer Schwanzstachel.

Die Pfeilschwanzkrebse sind bis auf wenige Formen ausgestorben, es gibt heute noch drei Gattungen mit fünf Arten. Ihre lange Geschichte beginnt mit *Paleomerus* im Unteren Kambrium der USA. Diese Gattung ist möglicherweise der Vorläufer auch der Eurypterida. Im Karbon besitzen die Pfeilschwanzkrebse etwa das Aussehen des rezenten *Limulus (Belinurus, Eu-*

Perm
Die abgeleitete Amphibiengattung Diplocaulus *lebt als Tümpelbewohner im oberen Oberkarbon und Unteren Perm von Nordamerika.*
Länge: ca. 60 cm

257

proops, Palaeolimulus), einige höherentwickelte Pfeilschwanzkrebse kennt man aus dem Mesozoikum, vor allem aus dem Solnhofener ↗Lithographischen Plattenkalk des Oberen Jura. Die moderne Gattung *Tachypleus* erscheint erstmals im Miozän von Europa, die beiden anderen rezenten Gattungen *(Car-*

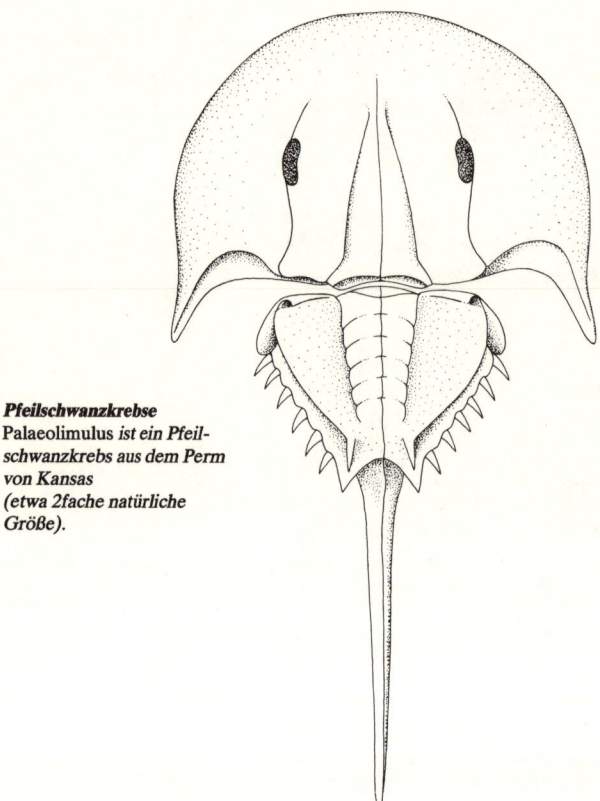

Pfeilschwanzkrebse
Palaeolimulus *ist ein Pfeilschwanzkrebs aus dem Perm von Kansas
(etwa 2fache natürliche Größe).*

cinoscorpius und *Limulus)* sind nicht fossil belegt.
Der an der Ostküste Nordamerikas lebende *Limulus polyphemus* entwickelt sich über drei Jugendstadien: das Trilobiten-Stadium, das Synxiphosura-Stadium und das *Euproops-*Stadium. Das Auftreten des Trilobiten-Stadiums war einer der Hinweise auf die nahe Verwandtschaft von ↗Trilobiten und Pfeilschwanzkrebsen.

Pferde

Häufigste rezente ↗Unpaarhufer mit einer etwa 60 Millionen Jahre alten Entwicklungsgeschichte.
Von *Hyracotherium (Eohippus)* kennt man einzelne Backenzähne bereits aus dem Oberen Paläozän von Baja California; dieses Urpferdchen breitet sich dann im Unteren Eozän in Nordamerika und nach Nordwesteuropa aus. Die Tiere erreichen eine Schulterhöhe von 25–50 cm und besitzen vierzehige Vorder- und dreizehige Hinterfüße. Die niederen Zahnkronen deuten auf weiche Nahrung hin. Dem kurzen Hals folgt ein gewölbter Rücken mit geringer Beweglichkeit zwischen den Lendenwirbeln und ein langer, dicker Schwanz. Die Zehen enden in kleinen Hufen, das Hauptgewicht wird jedoch vom Fußballen getragen. Vermutlich kann *Hyracotherium* wie ein Pferd traben und galoppieren.
In der Alten Welt entwickeln sich aus *Hyracotherium* die ↗Palaeotherien (über die Formen *Pachynolophus* und *Anchilophus*), während in Nordamerika mit den Equiden eine eigene Linie entsteht. Hier folgt auf *Hyracotherium* im Mittleren Eozän das hundegroße *Orohippus*, im Oberen Eozän *Epihippus,* dessen Mittelzehe sich zu vergrößern beginnt, und im Unteren und Mittleren Oligozän *Mesohippus* mit funktionell dreizehigen Vorderfüßen und einer Höhe von 60 cm.
Vom späten Oligozän an beschränkt sich die Evolution der Pferdegruppe (Equoidea) auf Nordamerika, wo die Equidenlinie fortgeführt wird: *Miohippus* überdauert hier bis in das Untere Miozän; das Auftreten von *Parahippus* fällt mit der ersten Verbreitung der Gräser zusammen, und mit der zunehmenden Bedeutung dieser harten Nahrung beginnen die Pferde hochkronige (hypsodonte) Zähne zu entwickeln. *Parahippus* geht im wesentlichen auf der Mittelzehe, die seitlichen Zehen sind aber noch vorhanden.
Vermutlich von *Miohippus* zweigt

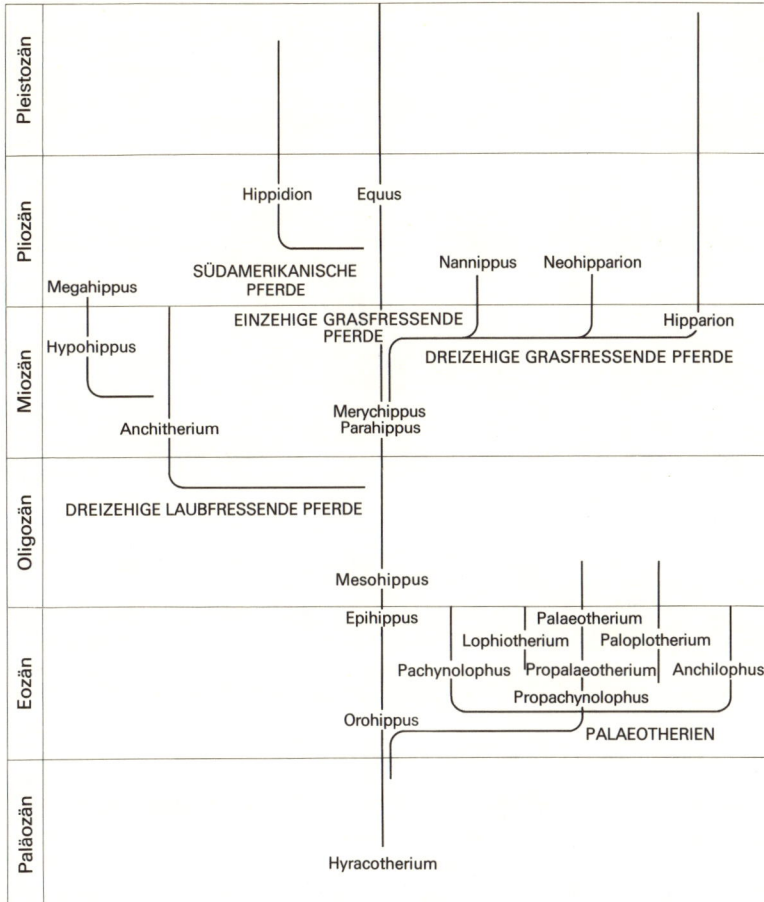

Entwicklung der Pferde

eine Linie ab, die niedere Zahnkronen behält und als Laubfresser lebt: *Anchitherium* tritt im Miozän Nordamerikas und der Alten Welt auf, dessen Nachkommen *Hypohippus* und *Megahippus* überleben bis ins Untere Pliozän, wo diese konservative Gruppe ausstirbt.

Die zu hypsodonten Formen führende Hauptlinie verläuft über *Merychippus,* einem etwa 1 m hohen Pferd aus dem Mittleren und Oberen Miozän und Unteren Pliozän von Nordamerika. Die Mahlzähne dieses Tieres sind länger als die von *Parahippus,* die Kronen sind stets zementverstärkt, und der primitive Fußballen ist fast völlig verschwunden. Die Untergattung *Merychippus (Merychippus)* führt zu verschiedenen hypsodonten Pferden des Pliozän (*Hipparion, Neohipparion, Nannippus*), die Untergattung *Merychippus (Protohippus)* zu *Pliohippus* und schließlich zur Gattung *Equus.*

Hipparion erscheint im Mittleren Miozän Nordamerikas und gelangt über die Beringstraße nach Asien. In Afrika überlebt die Gattung bis ins Pleistozän, während sie andernorts offenbar der Konkurrenz durch *Equus* unterliegt und mit Ende des Pliozän ausstirbt. *Neohipparion* ist eine schlank gebaute verwandte Form aus dem nordamerikanischen Unteren und Mittleren Pliozän, das kleine, gazellenähnliche *Nannipus* besitzt ungewöhnlich hochkronige Zähne.

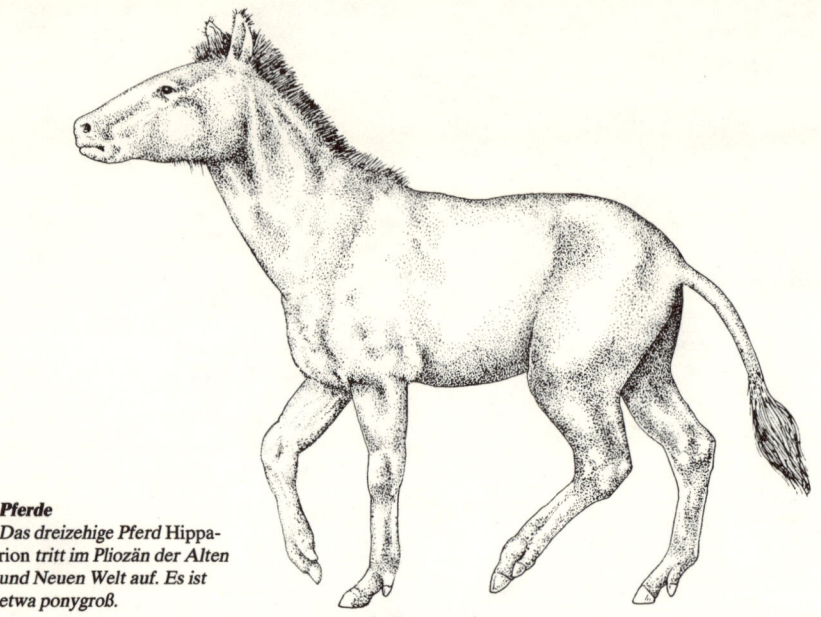

Pferde
Das dreizehige Pferd Hipparion *tritt im Pliozän der Alten
und Neuen Welt auf. Es ist
etwa ponygroß.*

Das erste einzehige Pferd ist *Pliohippus* aus dem Unteren und Mittleren Pliozän von Nordamerika, bei
dem neben den tragenden Mittelfußknochen nur noch zwei kleine
Seitenstrahlen ausgebildet sind. Aus
der Untergattung *Pliohippus
(Astrohippus)* entwickelt sich gegen
Ende des Pliozän das moderne
Pferd *(Equus)*.
Während des Pliozän erhalten die
beiden amerikanischen Kontinente
wieder Verbindung. Die Equiden
breiten sich nach Südamerika aus
und bilden dort eine Reihe spezialisierter, kleiner bis mittelgroßer Formen: *Hippidion* ist die größte unter
ihnen, *Onohippidion* entwickelt
kräftige Extremitäten, *Parahippa-
rion* lebt vermutlich in den Bergen.
In Nordamerika existiert während
des Pleistozän eine große Vielfalt an
Pferden, die von *Equus tau* (von der
Größe eines Shetland-Ponys) bis
zum riesigen *Equus giganteus*
reicht. Noch vor dem Ende des
Pleistozän sterben aber alle diese
Formen ohne ersichtlichen Grund

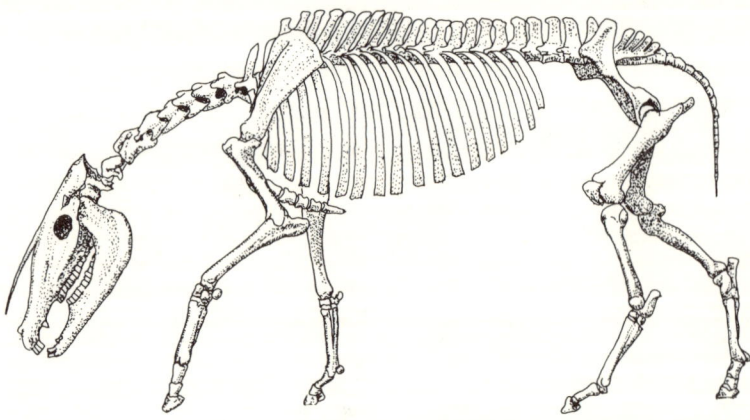

Pferde
Hippidion *aus dem südamerikanischen Pleistozän stirbt in
der Mitte dieses Zeitabschnittes aus, als moderne Pferde
(Equus) aus Nordamerika ein-
wandern.
Schulterhöhe: etwa 1,5 m*

aus, die weitere Pferdeevolution verläuft nun in der Alten Welt. Das etwa 1,5 m große *Equus stenonis* gilt als typischer Vertreter dieser schwergebauten europäischen Formen und reicht bis ins Pleistozän. Der Ursprung unserer Hauspferde *(Equus caballus)* ist weitgehend un-bekannt. Während des Pleistozän sind in Süd- und Südostafrika Zebras weit verbreitet, Onager oder Pferdeesel *(Equus hemionus)* findet man von Palästina bis Zentralasien, Indien und China, Esel *(Equus asinus)* kommen in Nord- und Ostafrika vor.

Pflanzen

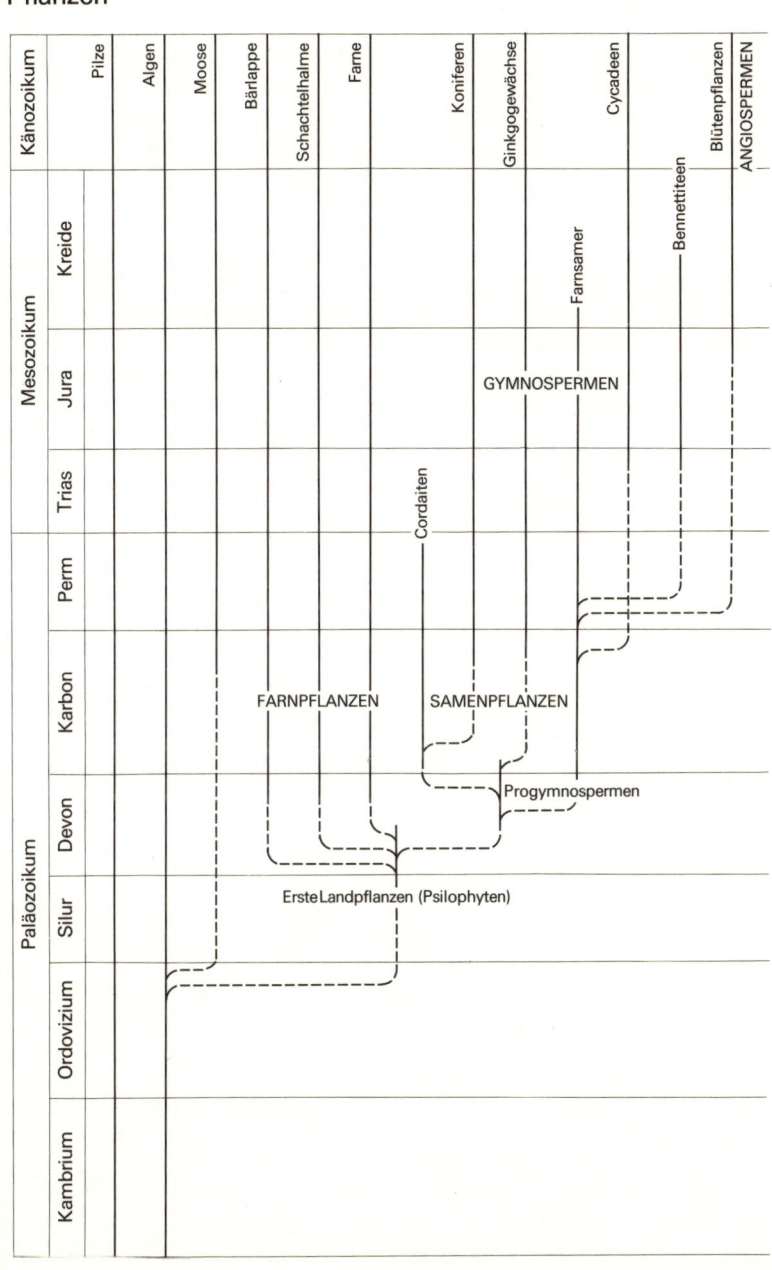

Pflanzen

Organismen, die meist durch den Besitz von Blattgrün (Chlorophyll) ausgezeichnet sind und ihren Energiebedarf über die Photosynthese decken; einige Pflanzen oder Pflanzengruppen leben aber auch saprophytisch (z. B. Pilze) oder parasitisch, ihnen fehlt daher im allgemeinen das Chlorophyll. Mit Ausnahme zahlreicher einzelliger ↗Algen sind Pflanzen unbeweglich; höhere Pflanzen (Kormophyten) zeigen charakteristischerweise die Ausbildung von Wurzeln, Sproßachse und Blättern.

Die Grenze zwischen Tier- und Pflanzenreich ist nicht immer eindeutig zu ziehen: Viren und die Mehrzahl der ↗Bakterien sind nicht zur Photosynthese befähigt; Pilze zeigen in der Chemie ihrer Zellwand Übereinstimmungen mit dem Tierreich; bei den einzelligen Algen und Protozoen existieren alle Übergänge zwischen Pflanzen- und Tiermerkmalen.

Die Evolution der Pflanzen verläuft, wie bei den Tieren, nicht als kontinuierliche Linie von einer Form zur nächsten, sondern als Abfolge intensiverer Entwicklungsphasen in einzelnen Gruppen. Oft folgt einer starken Radiation das Aussterben aller oder großer Teile dieser Gruppe. Innerhalb einer Pflanzengruppe läßt sich das Entwicklungsmuster vielfach gut verfolgen, demgegenüber sind die Übergänge zwischen größeren Gruppen schlechter bekannt, sie erfolgen aber häufig in Perioden mit starken Umweltveränderungen.

Die ältesten Pflanzen sind Algen aus 3,2 Milliarden Jahre alten Gesteinen. Sie erzeugen Sauerstoff und zusammen mit einigen Pilzen und Bakterien organisches Material, beides notwendige Voraussetzungen für die Entwicklung der Tiere. Dieses Anfangsstadium in der Entwicklung des Lebens dauert etwa 2,5 Milliarden Jahre. Die Evolution der Algen verläuft weiter im Wasser, wo sie auch heute noch den Hauptanteil der Pflanzen stellen. Zu Beginn des ↗Devon oder kurz zuvor entwickeln sich aus ihnen die ersten Landpflanzen. Der Eroberung des Landes folgt eine rasche Entwicklung im Devon, Karbon und Perm, es erscheinen die ↗Psilophyten, ↗Bärlappe, Calamiten, ↗Farne, ↗Pteridospermen und andere frühe ↗Gymnospermen. In dieser Phase der pflanzlichen Evolution entwickeln einige Gruppen riesige Formen (vor allem die ↗Schachtelhalme mit den Calamiten und die Bärlappe mit den Schuppenbäumen), die nach relativ kurzer Zeit im Mittelperm aussterben, deren rezente Nachfolgeformen aber klein bleiben.

Im späten Perm wird eine Zunahme der Gymnospermen erkennbar, und diese Pflanzengruppe dominiert bis zum Ende des Jura. Aus diesem „Zeitalter der Gymnospermen" kennt man *Glossopteris* (↗*Glossopteris*-Flora), ↗Cycadatae, ↗Bennettitatae, ↗*Ginkgo*, aber auch einige Vorfahren unserer modernen ↗Koniferen. Die Bennettiteen entwickeln an ↗Angiospermen erinnernde Blüten, wegen ihrer stark abgeleiteten Stellung können sie aber nicht als deren Vorläufer gelten.

Der letzte Abschnitt in der pflanzlichen Evolution beginnt in der Kreide mit der Entwicklung der Angiospermen, die im gesamten Känozoikum die vorherrschende Pflanzengruppe bilden.

Phytosauria

Ausgestorbene, vermutlich auf die Obere Trias beschränkte Unterordnung der ↗Thecodontia; ein angebliches Vorkommen in der Unteren Trias von Deutschland muß mit Vorsicht interpretiert werden: Das einzige Fundstück eines *Mesorhinosuchus* (manchmal fälschlicherweise als *Mesorhinus* bezeichnet) ist von zweifelhafter Herkunft, gehört möglicherweise nicht zu den Phytosauriern und wurde im Zweiten Weltkrieg zerstört.

262

Die Unterordnung enthält amphibisch lebende Räuber, die in Größe, Bau und Lebensweise an Krokodile erinnern, mit ihnen aber offenbar nicht näher verwandt sind. Phytosaurier tragen stets einen Panzer aus Knochenplatten, die den Rücken und gelegentlich auch die Bauchseite bedecken; wie meist bei den ↗Archosauriern sind die hinteren Gliedmaßen länger als die vorderen. Von den Krokodilen unterscheiden sich die Phytosaurier vor allem durch die Lage der äußeren Nasenöffnungen: Diese liegen nicht am Ende der langen Schnauze, sondern weit hinten am Schädel,

mispähre beschränkt, einige Zähne und Panzerplatten von Phytosauriern kennt man aber auch aus Madagaskar.

Pikermi
Nahe Athen gelegene Fundstelle mitelpliozäner ↗Bonebeds mit großen Mengen an Säugetierresten; sie liegen auf drei verschiedenen Niveaus, eingebettet in roten Mergel mit Einschaltungen von Gerölllagen und gelegentlichen Lagen aus gelbem Sand.
Die einzelnen Bonebeds sind kaum mehr als 30 cm mächtig und enthalten die Knochen in wirrer Ansamm-

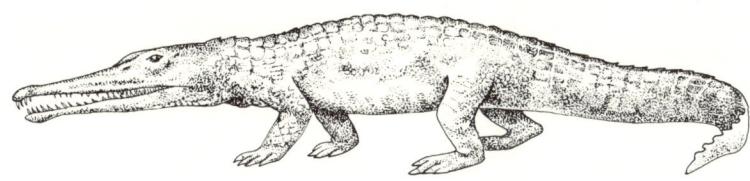

Phytosauria
Rutiodon *kommt in der Oberen Trias von Nordamerika und Europa vor und wird etwa 3 m lang.*

kurz vor oder zwischen den Augen in einer kraterartigen Erhöhung; die Tiere können so atmen, ohne große Teile des Schädels über die Wasseroberfläche heben zu müssen. Die gestreckte hohe Schnauze entsteht daher durch eine Verlängerung der Prämaxillare, nicht der Nasenbeinknochen wie bei Krokodilen. Die spitzen Zähne repräsentieren Anpassungen an die Fischnahrung, das Becken ist primitiv, offenbar ist ein besonderes Intertarsalgelenk ausgebildet (↗Thecodontia).
Die Phytosaurier entwickeln sich vermutlich aus unbekannten Pseudosuchiern der Mittleren bis Oberen Trias und sterben ohne Nachkommen zu hinterlassen aus. Mit Funden vor allem in den USA, Deutschland und Indien ist ihre geographische Verbreitung fast vollständig auf die heutige Nordhe-

lung. In großer Fülle finden sich vor allem isolierte lange Knochen, recht häufig aber auch komplette Gliedmaßen; offenbar wurden zahlreiche Kadaver noch vor der vollständigen Verwesung eingebettet. Man kennt recht vollständige Wirbelsäulen, meist allerdings ohne Rippen, selten kommen auch Reste ganzer Pferde- oder Antilopengruppen vor.
Die Säugetierfauna von Pikermi enthält zahlreiche Pferde (*Hipparion*) und Nashörner (*Diceros, Dicerorhinus*), Giraffiden (*Helladotherium, Samotherium, Palaeotragus*), Antilopen (*Tragoreas, Tragocerus, Gazella, Palaeoreas, Palaeoryx*), einzelne Fundstücke von *Deinotherium* und *Mastodon, Mesopithecus*-Schädel, Panzer von Schildkröten, eine Hyäne (*Ictitherium*), einen Caniden (*Simocyon*), die Säbelzahnkatze *Metailurus,* ein großes Stachelschwein, eine skunkähnliche

Form *(Promephitis)* und einen Marder *(Mustela)*. Reste von Pflanzen, kleinen Nagetieren, Insektenfressern und Fledermäusen fehlen. Die Kadaver dieser Tiere wurden vermutlich durch Wasserströme in einen See geschwemmt und dort eingebettet. Die Fauna zeigt stärkere Beziehungen zu Afrika als zu Europa und repräsentiert die typische eurasische *Hipparion*-Fauna des Pontium. Ähnliche Bonebeds kommen auf der nahegelegenen Insel Samos vor.

Piltdown-Mensch

Ein vermeintlicher „Übergangsmensch" *(„Eoanthropus")*, beschrieben aufgrund von Funden bei Piltdown in Ost-Sussex, England. 1912 brachte der Rechtsanwalt und Amateurarchäologe Charles DAWSON (1864–1916) einige Schädelfragmente zu Sir Arthur Smith ↗WOODWARD vom British Museum (Natural History), die angeblich aus einer Kiesgrube bei Piltdown stammten. Weitere Ausgrabungen von DAWSON, WOODWARD und dem französischen Paläontologen Pierre TEILHARD de CHARDIN (1881–1955) förderten noch andere Schädelbruchstücke sowie einen Unterkiefer zutage.

WOODWARD schloß aus den Funden, *„Eoanthropus"* habe ähnliche Hirngröße wie der moderne ↗Mensch, hingegen affenähnliche Zähne und Kiefer. Aufgrund dieser Entdeckung wurde der von Raymond ↗DART in Südafrika gefundene Taung-Schädel (mit menschenähnlichem Kiefer und Zähnen, aber mit kleinem Gehirn) als ↗Menschenaffen-Fossil eingeordnet, das nicht auf der Entwicklungslinie zum Menschen liegt.

Während man weitere Schädel wie jenes erste Fundstück von DART entdeckte, fanden sich keine weiteren Piltdown-ähnlichen Stücke mehr, und es mehrten sich die Zweifel an der Authentizität von *„Eoanthropus"*. 1953 endlich deckte der Fluortest den Schwindel auf:

Die Schädelbruchstücke stammen von einem modernen Menschen, der vorsätzlich abgeänderte Unterkiefer von einem Menschenaffen. Kurz vor seinem Tod äußerte J. A. DOUGLAS (1884–1978), Professor für Geologie an der Universität Oxford von 1937 bis 1950, seine Vermutung, W. J. SOLLAS (1849–1963), der vor ihm den Geologielehrstuhl innehatte, sei der Urheber des Schwindels.

Pinguine

Flugunfähige Vögel der Ordnung Sphenisciformes, die während ihrer gesamten Entwicklungsgeschichte auf die Südhalbkugel beschränkt bleiben. Fossil kennt man sie von Australien, Neuseeland, Südamerika, den Seymourinseln (nahe der Antarktis) und Südafrika. Die Pinguine sind eine der ältesten Vogelgruppen, erste Spuren stammen aus dem Oberen Eozän. Ihr Ursprung ist jedoch unbekannt. Selbst die frühesten Formen zeigen schon modernen Bau und Habitus, sie unterscheiden sich von heutigen Vertretern einzig durch ihre Größe und eine größere ökologische Spannbreite.

Manche Autoren vermuten, daß die Pinguine von flugunfähigen Landvögeln abstammen, die sich an das Wasserleben angepaßt haben; andere halten sie für Abkömmlinge flugfähiger Meeresvögel, vielleicht der Ordnung Procellariiformes (Albatrosse und Sturmvögel). Diese Ahnen benutzten ihre Flügel vermutlich auch zum Schwimmen, und infolge wachsender Größe (was allgemein für ein Leben im Wasser als günstig gilt) werden sie zunehmend schlechtere Flieger. Irgendwann ist der Punkt erreicht, an dem es vorteilhafter wird, die Schwimmeigenschaften anstelle der Flugtauglichkeit der Flügel zu verbessern.

Zu den interessanten Merkmalen der fossilen Pinguine gehört ihre ungewöhnliche Größe. *Pachydyptes* und *Anthropornis* erreichen als größte Formen eine Höhe von 1,6 bzw. 1,5 Metern. Dagegen wird unser heutiger Kaiserpinguin (Aptenodytes forsteri) lediglich etwa 90 cm hoch.

Placodermi

Ausgestorbene Klasse früher kiefertragender Fische mit einem mehrteiligen Panzer, der Kopf und Vorderrumpf schützt; Placodermi erscheinen erstmals im Silur, ihre Blütezeit liegt im Devon.

↗Arthrodira, die größte Gruppe der Placodermi, bilden die wichtigsten Räuber des Devon. Ihren Namen (etwa mit „Gelenkhalsfische" zu übersetzen) erhielt diese Ordnung wegen der Art und Weise, in der der Kopfschild, der die Kiefer

zialisierungen, die diese Gruppe mit den rezenten ↗Chimaeriformes verbinden. Man vermutet daher, daß sich unter den Placodermi die Vorfahren auch der anderen Chondrichthyes (↗Haie und ↗Rochen) befinden.

Die anderen Placodermengruppen entfernen sich genügend von dem basalen Arthrodirenmuster, um als eigene Ordnungen gelten zu können. Bei Phyllolepis, einer kleinen, dorsoventral stark abgeplatteten Form, ist der Rumpfpanzer bis auf eine einzige dorsale und ein Paar lateraler Platten mit kurzen Seitenstacheln reduziert. Der Kopfpanzer besteht aus einer deutlich vergrößerten dorsalen Zentralplatte, um-

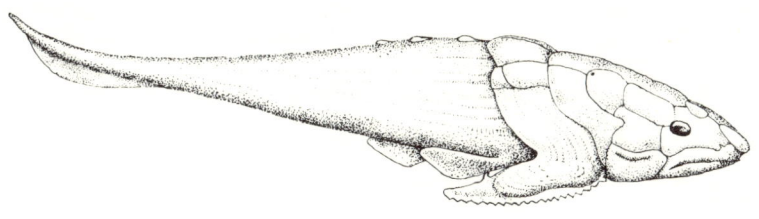

Placodermi
Lunaspis *gehört zu den Petalichthyiden und kommt im Unteren Devon vor.*
Länge: 27 cm

mit den charakteristischen Schneidklingen trägt, über Kugelgelenke mit dem Rumpfschild artikuliert. Die Arthrodiren repräsentieren vermutlich die basale Gruppe der Placodermi. Durch eine genaue Untersuchung der Anordnung der Knochenplatten im Panzer können in den meisten Fällen die von ihnen ausgehenden Entwicklungslinien zu anderen Gruppen verfolgt werden. Eine als Ptyctodonten bezeichnete Gruppe der Arthrodiren zeigt eine auffallende Reduktion des Panzers, die meisten wichtigen Platten lassen sich aber dennoch identifizieren. In dieser Unterordnung entwickeln die Männchen Klammerorgane in der Beckenregion, und die Gattung Ctenurella zeigt verschiedene Spe-

geben von einem Ring wesentlich kleinerer Platten. Zuerst sah man in dieser Gattung einen Vertreter der pteraspiden ↗Ostracodermen, später erkannte man aber ihre Verwandtschaft zu den Arthrodiren. Es existieren keine Hinweise auf die Lage der Augen und des Mundes, und es bleibt schwierig, die Lebensweise von Phyllolepis zu erschließen; möglicherweise belegen die Tiere die ökologische Nische der im Oberen Devon bereits ausgestorbenen Ostracodermen und ernähren sich von kleinen Nahrungspartikeln oder leben als Sedimentfresser.

Die Petalichthyiden (z. B. Lunaspis), besitzen gekrümmte, starke Seitenstacheln. Trotz der unterschiedlichen Körperproportionen können die einzelnen Knochen des Panzers mit dem basalen Arthrodiren-Muster in Beziehung gebracht werden, mit Ausnahme der Vorderseite des Kopfes, wo ein Mosaik kleiner Platten ausgebildet ist. Die Augen liegen dorsal, der aus dem Panzer ragende Teil des Körpers ist im Unterschied zu den meisten Placodermi mit großen Schuppen bedeckt.

Eine Gruppe der Placodermi, die Rhenanida, zeigt Spezialisierungen, wie sie parallel auch die Meerengel unter den Haien und die Rochen entwickeln. Bei diesen abgeplatteten Fischen vergrößern sich die Brustflossen halbkreisförmig und reichen nach hinten bis zu den Bauchflossen. Der Brustpanzer ist bis auf eine schmale knöcherne Zone reduziert, ein Mosaik aus kleinen Tesserae oder Tuberkeln bedeckt den Kopf, von denen einzelne mit entsprechenden Arthrodiren-Platten homologisiert werden können. Man nimmt allgemein an, daß die Rhenaniden einen blind endenden Seitenzweig darstellen und daß es sich bei den auffallenden Ähnlichkeiten, z. B. der Gattung *Gemuendina,* zu den Meerengeln um extreme Konvergenzerscheinungen handelt.

Vielleicht die absonderlichsten Placodermi sind die Antiarchi. In dieser Gruppe wird der Brustpanzer vergrößert, so daß er die vordere Hälfte des Körpers einschließt, während die Knochenplatten des Kopfes reduziert werden. Der kleine schwache Mund liegt ventral, die Augen und die Nasenöffnungen dorsal in der Mitte. Diese Fische leben als bodenbewohnende Sedimentfresser und erweisen sich vor allem im Oberen Devon als erstaunlich erfolgreich, da sie nun die ökologische Nische der ausgestorbenen Ostracodermi belegen. Reste von Antiarchen wurden auch in der Arktis und Antarktis gefunden.

Bei frühen Formen der Antiarchen ist der aus dem Panzer ragende Körperabschnitt mit Schuppen bedeckt, dieser bleibt jedoch bei späteren Vertretern nackt. Zu den ungewöhnlichsten Merkmalen dieser Gruppe gehört die Struktur der Brustflossen. Sie sind vollständig in einen Panzer eingeschlossen und artikulieren über ein sonderbar gebautes Kugelgelenk mit der Schulter. Im Unterschied zu den normalen Verhältnissen bei Wirbeltieren sind also bei den Antiarchen, ähnlich wie bei den Arthropoden, alle Nerven und Muskeln der Gliedmaßen in ein Skelett eingeschlossen.

Placodontia

Ordnung mariner ↗Reptilien, die zur Unterklasse Euryapsida gehören; man kennt sie nur aus triassischen Gesteinen entlang den Küsten der ehemaligen ↗Tethys von Deutschland, der Schweiz, Palästina und Tunesien.

Es sind kräftige Tiere mit einem Knochenpanzer und paddelförmigen Gliedmaßen; die Finger und Zehen sind durch Schwimmhäute verbunden. Die stark gewinkelten Rippen geben dem Körper ein kastenförmiges Aussehen. Ursprünglichere Formen besitzen einen Panzer aus einem Mosaik kleiner Knochenplatten, bei *Henodus* jedoch, dem letzten Vertreter der Placodontier, ist ein vollständiger knöcherner Carapax entwickelt. Diese „falsche Schildkröte" gleicht den echten auch darin, daß die Zähne reduziert sind.

Die typischen Placodontier, z. B. *Placodus*, sind mit großen, flachen, Zähnen ausgestattet, vergleichbar denen der ↗Rochen. *Placodus* nimmt mit 3 Paar vornstehenden Zähnen (ähnlich Schneidezähnen) Muscheln vom Meeresboden auf, um sie zwischen 6 weiter hinten im Maul angeordneten flachen Zahnplatten zu zermalmen. Die höherentwickelte Form *Placochelys* besitzt zu Paddeln umgeformte Gliedmaßen, die Vorderzähne sind reduziert. Die Muscheln werden mit der pinzettenartig ausgezogenen Schnauze aufgenommen und mit

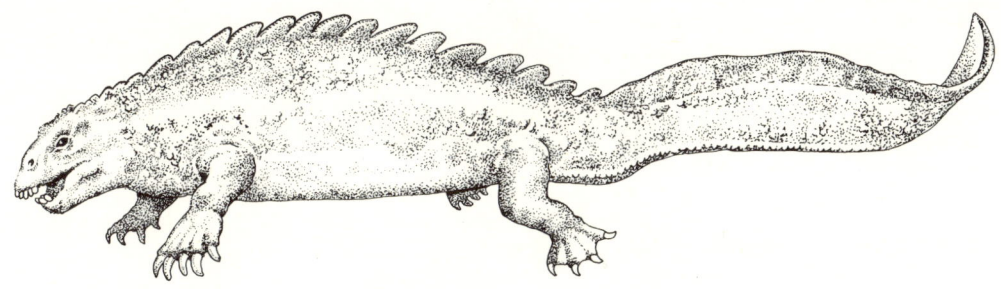

den ovalen und runden Zahnplatten zerdrückt.

Reptilien erobern im Laufe der Trias die Meere und entwickeln unterschiedliche Lebensformen und Ernährungsweisen; die Placodontier belegen dabei die ökologische Nische von Muschelfressern. Gegen Ende der Periode erfahren sie jedoch Konkurrenz durch die ↗Actinopterygii, die kräftige Mahlkiefer entwickeln und zusammen mit Rochen in diese Nische drängen. Die Placodontier werden daher rasch verdrängt. Ihr letzter Vertreter, die Gattung *Henodus*, weicht in die Schildkrötennische aus, allerdings ohne andauernden Erfolg, denn auch sie stirbt mit der zunehmenden Verbreitung der echten Schildkröten aus.

Pleistozän

Untere Abteilung des ↗Quartär; die aus dem Griechischen abgeleitete Bezeichnung bedeutet soviel wie „am meisten rezentes (Leben)". Das Pleistozän beginnt vor rund 1,8 Millionen Jahren und endet etwa 10 000 Jahre vor heute.

Das Pleistozän wird beherrscht von den ↗Eiszeiten, in denen ausgedehnte Eisschilde in der Antarktis und rund um die arktische Region entstehen. Das Eis breitet sich in Richtung des Äquators aus, bis große Teile von Nordamerika und Eurasien bedeckt sind. In den Bergen bilden sich große Gletscher. Als Folge der Bindung enormer Wassermengen durch das Festlandeis sinkt während der maximalen Vereisung der Meeresspiegel um rund

100 m. Auch die Meeresströme und die Luftzirkulation werden stark beeinflußt, die Vegetationsgürtel verschieben sich in Richtung Äquator.

Im Pleistozän findet keine große Lageverschiebung der Kontinente statt, es werden nur kleine Veränderungen beobachtet. Das ostafrikanische Grabensystem, das sich von Rhodesien nordwärts durch das Rote Meer bis nach Kleinasien erstreckt, wird in diesem Zeitabschnitt aktiv, verbunden damit sind gewaltige Lavaergüsse in Ostafrika und Äthiopien. Beim Abschmelzen der Eiskappen steigt der Meeresspiegel erneut, wird aber teilweise dadurch kompensiert, daß sich auch die Landmassen, infolge abnehmender Auflast, heben; dieser Aufstieg setzt sich in Skandinavien und Nordkanada, aber auch in der Himalaya-Kette noch heute fort. Feinkörniger Staub vor den Eisschilden wird durch starke Winde über weite Strecken transportiert und lagert sich als Löß, z. B. in Nordamerika und Mitteleuropa, ab. Die Gletscher hinterlassen typische Spuren wie U-Täler, Geschiebe mit erratischen Blöcken, Gletscherschrammen und Moränen.

Beweise für abwechselnd kalte und warme Bedingungen liefern die Fauna und die Analyse der Isotopenzusammensetzung mariner ↗Foraminiferen-Schalen. In den Meeren kommen die beiden Sauerstoffisotope O–16 und O–18 in einem konstanten Verhältnis vor. Sinken die Temperaturen, so gefriert das Wasser mit dem leichteren

Placodontia
Placodus, ein ursprünglicher Vertreter der aquatisch lebenden Placodontier, kommt in der Unteren und Mittleren Trias von Europa vor.
Länge: ca. 2 m

Pleistozän
*Das Wollhaarige Mammut
(Mammuthus primigenius)
schützt sich durch ein dichtes
Fell gegen Kälte.
Schulterhöhe: ca. 3,7 m*

Isotop O–16 früher, in den Ozeanen reichert sich das schwerere O–18 an. Tiere, die Sauerstoff in ihre Schalen einbauen (z. B. die Foraminiferen), enthalten daher in kaltem Wasser einen höheren Anteil an O–18. Bohrkerne von Ozeanböden, die die Sedimentationsgeschichte wiedergeben, erlauben die Aufstellung von Temperaturkurven.

Mit dem Ende der letzten Eiszeit vor etwa 10 000 Jahren wird das Klima zunehmend wärmer und erreicht ein Maximum vor etwa 5 000 Jahren; seither sinken die Temperaturen wieder und leiten möglicherweise zu einer neuen Eiszeit über.

Die Marin- und Süßwasserfaunen des Pleistozän gleichen in ihrer Zusammensetzung den rezenten, obgleich sich ihre Verbreitung in den Breitengraden unterscheidet. Der Reichtum an pleistozänen Säugetierresten ist manchmal erstaunlich. Die Drachenhöhle in Österreich z. B. lieferte Skelettfragmente von rund 50 000 Höhlenbären, und auch bei ↗Rancho La Brea wurden große Mengen an Säugetierknochen entdeckt. Gelegentlich haben sich im Bodeneis über mehr als 10 000 Jahre alte, tiefgefrorene, vollständige Kadaver von ↗Mammut und ↗Nashörnern erhalten.

Nur wenige Säugetierarten reichen

zurück bis ins früheste Pleistozän, obgleich die meisten heutigen Familien sich bis ins Miozän zurückverfolgen lassen. Das verbreitete Aussterben im Pleistozän betrifft vor allem zahlreiche Großformen. Dies hängt möglicherweise zum Teil mit dem Auftreten des ↗Menschen zusammen. Auf einigen Inseln erscheinen jedoch „Zwergfaunen", z. B. winzige Flußpferde und Elefan-

Abkömmlinge pliozäner Formen, mit Eichhörnchen, Erdmännchen, Bibern, ↗Hunden, Bären, Wieseln, Pferden, Pekaris, ↗Hirschen und Gabelböcken. Alle diese Gruppen besitzen auch heute noch Vertreter auf dem Kontinent, die Pferde sterben dort allerdings am Ende des Pleistozän aus und werden erst später durch den Menschen wieder eingeführt. Auch ↗Tapire und

Pleistozän
Wollhaariges Nashorn (Coelodonta antiquitatis)
Höhe: ca. 2 m

ten auf Malta. In mittleren Breiten wechseln Säugetierfaunen der kalten und warmen Klimate ab, entsprechend der Abfolge der Eiszeiten und Zwischeneiszeiten.

Die Nordhemisphäre trägt im Pleistozän eine holarktische Fauna, wobei der niedere Meeresspiegel vielen Arten eine Ausbreitung von Nordamerika bis Eurasien ermöglicht (z. B. Mammut, Moschusochse, Rentier, Bison, ↗Pferde und Bären); eine Ausnahme bildet das Wollhaarige Nashorn der Alten Welt, das die Beringstraße nicht überquert. Die nordamerikanischen Faunen sind reich und vielfältig. Die meisten Faunenelemente enthalten

↗Kamele kommen zu dieser Zeit in Nordamerika vor, während heute erstere nordwärts nur bis Mittelamerika vordringen und die den Kamelen verwandten Lamas auf Südamerika beschränkt bleiben. Zu den ohne Nachkommen ausgestorbenen Formen des nordamerikanischen Pleistozän gehören die ↗Säbelzahnkatzen und ↗Mastodonten. Es gelangen auch einige Neuankömmlinge nach Nordamerika: von Südamerika aus die Glyptodonten und Riesenfaultiere (↗Faultiere), von Asien das Mammut und verschiedene Boviden (Bison, Steppenantilope, Moschusochse und Schaf).

Europa besitzt eine ähnlich mannigfaltige Säugetierfauna. Zahlreiche spätpleistozäne Arten leben heute noch, die kälteadaptierten Formen weiter im Norden (z. B. Rentier, Moschusochse, Bär, Polarfuchs, Vielfraß, Luchs und Lemminge), die wärmeliebenden Arten weiter südlich (z. B. ↗Affen, ↗Hyänen, ↗Zibetkatzen und Flußpferde). Heute ausgestorben sind Höhlenlöwe, Höhlenbär, Auerochse, Mammut und Wollhaariges Nashorn – alles Großformen, die zum überwiegenden Teil vom frühen Menschen gejagt werden. Im europäischen Pleistozän existieren verschiedene Nashorn- und Mammutarten. *Mammuthus primigenius* (Wollhaariges Mammut) und *Coelodonta antiquitatis* (Wollhaariges Nashorn) bewohnen die kalte Tundra, *Palaeoloxodon antiquus* (Waldelefant) und *Dicerorhinus kirchbergensis* (Waldnashorn) die wärmeren Gebiete. Steingeräte zeugen von der Existenz des Menschen in Europa im frühen Pleistozän, aus dem Mittleren Pleistozän kennt man Hominidenreste von Heidelberg und Swanscombe. Später bewohnt der ↗Neandertaler in großer Zahl das Mittelmeergebiet und dringt schließlich auch in andere Teile Europas vor.

Die Geschichte der Säugetierfaunen im Pleistozän von Asien ist in der UdSSR, in China und Indien gut dokumentiert. Viele europäische Arten entstehen vermutlich in Asien und wandern dann westwärts, z. B. die Mammuts und Nashörner. Zu den bestbekannten Sedimentfolgen gehört die ↗Siwalik-Formation in Indien; mittelpleistozäne Ablagerungen in China und Indonesien lieferten Reste des ↗Peking- bzw. ↗Java-Menschen; aus dem späteren Pleistozän kennt man Hominidenzeugnisse auch von anderen Stellen.

Die rezenten Faunen des tropischen Afrikas zeigen große Übereinstimmungen mit denen des Pleistozän. In Südafrika erbrachten Höhlen in Transvaal interessante Säugetiergesellschaften, bekannt vor allem wegen des Vorkommens früher Hominiden, insbesondere Australopithecinen. Louis ↗LEAKEY entdeckte zusammen mit seiner Familie gewaltige Mengen an pleistozänen Säugetieren bei ↗Olduvai in Tansania, am ↗Rudolfsee in Nordkenia und an anderen Stellen; ähnliche Faunen kennt man auch aus dem Gebiet Afar in Äthiopien. Bei den meisten dieser Fundorte handelt es sich um Ablagerungen aus Flüssen oder Seen, zusammen mit reichlich vulkanischem Material, so daß eine absolute ↗Altersbestimmung mit Hilfe der Radioisotopenmethode möglich wird. Mancherorts reichen die Sedimentfolgen zurück bis zu einem Alter von 3,5 Millionen Jahren. Zu den häufigsten Säugetieren gehören Elefanten, Schweine, ↗Rinderartige und Flußpferde, es treten aber auch Affen, Hunde, Zibetkatzen, ↗Katzen, Hyänen, Pferde, ↗Ancylopoda, Nashörner und ↗Giraffen auf. Einige der Schweine und Rinder erreichen gigantische Größen: Bei dem Rind *Pelorovis* beträgt der Abstand zwischen den beiden Hornspitzen mehr als 2 m, das Schwein *Afrochoerus* erreicht die Größe eines Nashorns. Neben den verbreitet vorkommenden Australopithecinen leben Formen, die dem modernen Menschen deutlich näherstehen, und man findet eine Aufeinanderfolge der von den frühen Hominiden benutzten Geräte.

Die pleistozäne Säugetierfauna Australiens, am besten aus Südaustralien bekannt, besteht fast vollständig aus ↗Beuteltieren. Eine Untergliederung in eine früh- und spätpleistozäne Fauna ist nicht möglich, es lassen sich aber drei Beuteltiergruppen erkennen: zum einen die Arten, die auch heute noch in dem Gebiet leben, das sind die Känguruhs und Beuteldachse; zweitens Arten, die heute eine stark eingeschränkte Verbreitung aufweisen wie der Koala und der Tasmanische Teufel (*Sarcophilus*); drittens die ausgestorbenen Arten mit verschiedenen Großformen wie *Sthenurus* (ein Riesenkänguruh) und *Diprotodon* (das größte bekannte Beuteltier), ferner mit dem Beutelwolf (*Thylacinus*) und dem Beutellöwen (*Thylacoleo*). Neuseeland besitzt keine Säugetiere, statt dessen riesige ↗Laufvögel wie die Moas.

Die Pampas Argentiniens lieferten reiche pleistozäne Säugetierfaunen. Das Vordringen nordamerikanischer Formen nach Südamerika wirkt sich entscheidend auf die einheimische Fauna aus. Zahlreiche ihrer Formen werden durch Neueinwanderer mit ähnlichen ökologischen Nischen verdrängt. Zu den Einwanderern gehören Pferde, Tapire, Hirsche, Kamele (Lamas), Pekaris, Waschbären, Wiesel, Hunde, Säbelzahnkatzen und Gomphotherien. Mehrere endemische südamerikanische Familien und Ordnungen bleiben häufig und werden im Pleistozän vielgestaltig, überleben aber nicht bis in die Gegenwart. Beispiele dafür liefern die Toxodonten und Typotherien unter den ↗Notoungulata, die ↗Litopterna, Riesenfaultiere, Glyptodonten und die räuberischen Beuteltiere Borhyaenidae. Andere Gruppen überleben, nehmen aber zahlenmäßig stark ab, darunter die Beuteltiere, die nagetierähnlichen Caenolestiden, die Baumfaultiere, ↗Gürteltiere und Ameisenbären. Die Cebidae unter den Affen und die Caviomorphen unter den Nagetieren halten sich nahezu unverändert. Das einzige überlebende große Nagetier ist das Wasserschwein.

Plesiosaurier, *Plesiosauria*

Gruppe ausgestorbener, aquatisch lebender euryapsider ↗Reptilien, sie gehören als Unterordnung zur Ordnung der Sauropterygia.

Plesiosaurier leben im freien Meer und kommen vom Ende der Trias bis zum Ende der Kreide vor. Sie besitzen einen tonnenförmigen Körper, einen kurzen Schwanz und paddelförmige Gliedmaßen zum

Plesiosaurier
Peloneustes *aus dem Oberen Jura von England wird etwa 3 m lang.*

271

Plesiosaurier
Elasmosaurus *aus der Oberen*
Kreide von Nordamerika be-
sitzt einen stark verlängerten
Hals, der einen wesentlichen
Teil seiner Gesamtlänge von
10 m ausmacht.

Schwimmen. Zwei Plesiosauriergruppen können unterschieden werden: langhälsige Formen mit kleinem Kopf und kurzhälsige mit großem Kopf (Pliosaurier).
Bei den langhälsigen Plesiosauriern
tragen die Kiefer zahlreiche nadel-
förmige Zähne, die sich zum Ergreifen von Fischen hervorragend eignen. Die Vorderextremitäten sind,
wie bei den ↗Nothosauria, größer
als die hinteren, der Schwanz behält
zwar eine Rückenflosse, wird aber
stark reduziert. Eine zunehmende
Verkürzung betrifft den Oberschen-
kel- und Oberarmknochen, und damit auch die Muskeln des Becken-
und Schultergürtels, die die Gliedmaßen bewegen. Derartig gebaute

Flossen können rasch bewegt werden, erzeugen aber einen schwächeren Schlag. Eine andere stufenweise
Veränderung erfolgt im Schultergürtel. Das Schulterblatt wird zu
einer umfangreichen, flachen Platte,
die sich über das Schultergelenk
verlängert, so daß die Muskeln die
Flossen mit gleicher Stärke nach
vorne wie nach hinten bewegen
können. Langhälsige Plesiosaurier
erreichen eine hohe Manövrierfähigkeit, indem die Paddel der einen
Seite z. B. nach vorne, die der
anderen gleichzeitig nach hinten
schlagen. Auch der Hals wird zunehmend länger, den Höhepunkt
erreicht diese Entwicklung in dem
oberkretazischen *Elasmosaurus* mit

272

mehr als 70 Halswirbeln. Mit ihren langen Hälsen sind Plesiosaurier hervorragend an ein Leben nahe der Wasseroberfläche angepaßt. Auf der Suche nach Beute können sie sowohl durch das Wasser schlängeln, als auch ihren Kopf über die Wasseroberfläche erheben und von dort auf ihre Beute herabstoßen.

Lange Zeit nahm man an, daß sich Plesiosaurier durch Rudern fortbewegen. Eine genaue Untersuchung der Extremitätenmuskeln (rekonstruiert nach den erhaltenen Muskelansatzstellen) und der Hydrodynamik führte aber zu einem anderen Ergebnis. Bei einigen Fundstücken zeigen Hautabdrücke, daß die Gliedmaßen tragflächenartig gebaut sind mit einer im Querschnitt spitz zulaufenden Hinterkante. Derartige Gliedmaßen sind zum Rudern wenig geeignet, wirken aber wie die Vorderextremitäten der Seelöwen oder die Flügel der Pinguine, so daß das Schwimmen fast zu einem „Unterwasser-Fliegen" wird. Soll, wie oben beschrieben, plötzlich gewendet werden, können die Flossen, ähnlich wie die Flügel der Kolibris, auch eine nach hinten gerichtete Schubkraft erzeugen.

Auch die kurzhälsigen Plesiosaurier zeigen eine fortschreitende Veränderung und Entfernung von ihren Nothosaurier-Vorfahren. Der Hals wird kürzer (mit nur 20 Halswirbeln), der Kopf zunehmend größer und erreicht schließlich bei den größten, bis 12 m messenden Formen ein Viertel der Gesamtlänge. Die großen Zähne eignen sich besser zum Ergreifen von Tintenfischen als von Fischen; auf eine Ernährung von Cephalopoden weisen auch die im Magen einiger Fundstücke gefundenen zahllosen Chitinhäkchen von Tintenfischtentakeln.

Der Schultergürtel dehnt sich nicht weit über das Schultergelenk aus, offensichtlich besitzt hier der Rückziehmuskel die größere Bedeutung. Der Oberschenkel- und Oberarmknochen bleibt lang, entsprechend setzen auch die bewegenden Muskeln an ihnen weiter entfernt vom Becken- bzw. Schultergürtel an, so daß ein kräftigerer, aber weniger schneller Schlag als bei den langhälsigen Plesiosauriern möglich wird. Die Körperform der Pliosaurier erscheint sehr kompakt und stromlinienförmig. Sie sind angepaßt an schnelles, ausdauerndes Schwimmen und weniger an plötzliches Vorschnellen und hohe Manövrierfähigkeit wie ihre langhälsigen Verwandten. Die Nahrung besteht offenbar überwiegend aus Cephalopoden, die sie in der Tiefe erbeuten. Der Erfolg beider Plesiosauriergruppen während des größeren Teils des Mesozoikum erklärt sich damit, daß beide unterschiedliche ökologische Nischen in den Meeren belegen und sie so die gegenseitige Konkurrenz vermeiden.

Pliozän

Letzter Zeitabschnitt des ↗Tertiär, der vor 5 Millionen Jahren beginnt und 3,2 Millionen Jahre dauert; die aus dem Griechischen abgeleitete Bezeichnung bedeutet „mehr rezentes (Leben)".

Die Kontinente befinden sich zu dieser Zeit in einer Lage nahe der heutigen. Die Verbindung von Nord- und Südamerika über die Landenge von Panama führt zu einem Austausch der Landfaunen und einer Trennung der marinen Faunen des Pazifischen und Atlantischen Ozeans. Die Alpenkette steigt weiter auf, begleitet in vielen Gebieten von einem Wiedereinsetzen des Vulkanismus. Eiskappen entwickeln sich auf der Nordhemisphäre und lassen einen kalten Strom entstehen, der entlang der Labrador-Küste fließt und den warmen Golfstrom auf seine gegenwärtige Lage verschiebt. Insgesamt sinken die Temperaturen in den Meeren und auf dem Land. Zahlreiche marine Planktonformen sterben aus, das rezente Plankton der Ozeane erscheint als Relikt aus dem Pliozän. Die meisten Gattungen der pliozänen marinen Wirbellosen existieren noch heute, viele einzelne Arten sind aber ausgestorben. Häufig und mit verschiedenen neuen Gattungen kommen Zahn- und Bartenwale vor: Die Squalodontidae und Schnabelwale (Ziphiidae) werden weitgehend von Pottwalen und Delphinen verdrängt; bei den Bartenwalen verschwinden die Cetotheriidae des Miozän, ihre Stelle übernehmen Finnwale (Balaenopteridae) und Glattwale (Balaenidae). Im Süßwasser fällt eine Radiation und Mannigfaltigkeit der Mollusken und Fische auf, besonders in den Seen des Ostafrikanischen Grabens, da hier verhältnis-

Pliozän
Deinotherium *gilt als typische pliozäne Form, seine stratigraphische Verbreitung reicht aber vom Unteren Miozän bis ins Mittlere Pleistozän. Diese großen Rüsseltiere, mit nach unten hinten gerichteten Stoßzähnen im Unterkiefer, repräsentieren einen blind endenden Seitenzweig.*
Schulterhöhe: ca. 3 m

mäßig rasche, kleinräumige Veränderungen wiederholt neue ökologische Nischen entstehen lassen.

Die Landpflanzen des Pliozän gleichen auf Gattungsniveau den heutigen. Koniferenwälder beherrschen die Tundren- und Gebirgsregionen, laubabwerfende Wälder die Mittelgebirgs- und Hügelregionen. Im Inneren der Kontinente verdrängen steppenartige Grasländer die Wälder. Dies führt zum Aussterben zahlreicher laubfressender Tiere; die Einheitlichkeit der Steppenlandschaft bedingt aber auch eine größere Einheitlichkeit der Säugetiere, die sich an diese Nahrung anpassen. Das letzte laubfressende ↗Pferd stirbt im Pliozän aus, bei den laubfressenden ↗Nashörnern, ↗Tapiren, Pekaris, ↗Kamelen und ↗Rüsseltieren wird eine starke Abnahme beobachtet.

Als auffälligstes Merkmal der pliozänen Säugetierfaunen gelangen die ↗Rinderartigen mit Rindern, Schafen, Ziegen, Antilopen und Gazellen zur Vorherrschaft und breiten sich über die sich ausdehnenden Kontinentalsteppen aus. Pliozäne Säugetiere kennt man von allen Kontinenten mit Ausnahme der Antarktis; reiche Faunen lieferten Fundorte in Argentinien, Texas, Nebraska, ↗Siwalik, China, der südlichen UdSSR, Frankreich, Kenia und Südafrika. Zwischen Nordamerika und Eurasien erfolgt nur ein geringer Austausch, offenbar verhindern die Wälder der Beringstraße Wanderungen der Steppenfaunen zwischen Zentralasien und Nordamerika.

Zu den in Nordamerika vorherrschenden Gruppen gehören Gabelböcke (Antilocapridae), Equiden, Kamele, Hirsche, Pekaris und Gomphotherien, während die Rinderartigen erst im Pleistozän von Asien nach Nordamerika gelangen. Im Pliozän sterben die letzten Nashörner der westlichen Hemisphäre und die letzten Protoceratiden aus, Raubtiere umfassen ↗Säbelzahnkatzen, ↗Marder und ↗Hunde (darunter der sich von Knochen ernährende Canide *Osteoborus),* unter den verbreiteten ↗Nagetieren kommen zahlreiche Erdmännchen, Cricetiden und Biber vor.

Die im Pliozän erneut entstehende Landbrücke zwischen Nord- und Südamerika ermöglicht Riesenfaultieren, ↗Gürteltieren und Opposums ein Vordringen bis in die vor. Rinderartige, vor allem Antilopen, sind vielfältig und häufig vertreten, daneben kommen ↗Hirsche, ↗Giraffen, Pferde, Nashörner, ↗Ancylopoda und Deinotherien vor.

In Afrika ersetzen frühe Elefanten die Mastodonten, Hirsche fehlen, die Rinderartigen erlangen aber in Zahl und Mannigfaltigkeit große

Pliozän
Tetralophodon, *ein typischer Mastodonte des Pliozän, kommt in der Alten Welt und in Nordamerika vor.* Höhe: bis zu 2,5 m

südlichen USA. Andererseits wandern Waschbären, Hunde, ↗Bären, Pekaris, Kamele, Pferde und ↗Mastodonten nach Südamerika und verdrängen zunehmend zahlreiche einheimische Formen; räuberische Beuteltiere, Zahnarme, ↗Notoungulata und caviomorphe Nagetiere bleiben im Pliozän erfolgreich.

In Eurasien reicht eine einheitliche Fauna von Spanien bis nach China und dringt selbst nach Afrika Bedeutung. Ein wichtiges Merkmal der afrikanischen Fauna ist auch das Emporkommen der höheren ↗Primaten einschließlich des frühen ↗Menschen. Die in Savannenwäldern lebenden Australopithecinen kennt man aus Südafrika, Tansania, Kenia, Äthiopien und dem Tschad.

Australien bleibt isoliert, so daß die Beuteltiere weiterhin die Fauna beherrschen. Als einzige Einwanderer gelangen Nagetiere nach Australien, vermutlich über von Südostasien verdriftetes Treibholz.

Pollenanalyse

Bestimmung und Auswertung der in Torfschichten und Sedimenten enthaltenen Pollenkörner, die Bezeichnung wird aber vielfach auch auf die entsprechende Untersuchung der (Mikro-)Sporen angewandt. ↗Farne, ↗Gymnospermen und zahlreiche ↗Angiospermen produzieren Sporen bzw. Pollenkörner, die mit Hilfe des Windes verfrachtet werden; dabei können solche Mengen transportiert werden, daß man geradezu von „Pollen- oder Schwefelregen" spricht. Diese Pollenkörner lagern sich ab, werden eingebettet und können sich unter günstigen Bedingungen, vor allem in Torfmooren, aber auch in anderen Sedimenten erhalten.

Die äußere Wand eines Pollenkorns oder einer Spore besteht aus Sporopollenin, der widerstandsfähigsten natürlichen Substanz, die man kennt. Umriß, Größe und Verzierung der Pollenkörner und Sporen erlauben meist die Identifizierung der entsprechenden Gattung, in vielen Fällen auch der Art. Die Anreicherung und Isolierung der Pollenkörner aus Sedimenten erfolgt entweder durch chemisches Aufschließen der Gesteine oder durch mechanisches Aufbrechen und anschließende Flotation.

Die Vegetations- und Klimaentwicklung der letzten 2 Millionen Jahre wurde vor allem mit Hilfe der Pollenanalyse erforscht. Die Pollenkörner der zu untersuchenden Sedimente werden extrahiert, identifiziert und die Häufigkeiten der einzelnen systematischen Einheiten bestimmt. Die Interpretationen gehen dabei von vier Grundannahmen aus: daß die Pollenkörner in der Atmosphäre gleichmäßig verteilt sind und die Pollenhäufigkeiten in den Sedimenten so ein repräsentatives Bild der umgebenden Vegetation liefern; daß für ein beliebiges Klima die Pollenmenge pro Fläche annähernd gleich ist; daß die Häufigkeit einer Pollenart proportional ist der Häufigkeit der Art in der Vegetation; und daß in allen Ablagerungen die älteren Schichten unter den jüngeren liegen.

Ausgehend von diesen Annahmen werden die Pollendaten als sogenanntes Pollendiagramm dargestellt. In dieser Darstellung werden die Pflanzenformen und ihre Häufigkeit entlang der horizontalen Achse aufgetragen, die Probeentnahmestellen entsprechend ihrer zeitlichen Aufeinanderfolge entlang der vertikalen Achse. Aus diesem Diagramm kann die Vegetationszusammensetzung zu einer bestimmten Zeit, aber auch ihre Entwicklung abgelesen werden, und man erhält so auch Hinweise auf die klimatischen Verhältnisse.

Porifera ↗Schwämme

Präkambrium

Zeit zwischen der Bildung der Erde und dem Beginn des ↗Kambrium, gegliedert in ein älteres Archaikum und ein jüngeres Proterozoikum. Das Alter der Erde wird auf etwa 4,6 Milliarden Jahre geschätzt, das Kambrium (ein genauer Basishorizont ist allerdings noch nicht definiert) beginnt vor rund 570 Millionen Jahren. Das Präkambrium umfaßt also etwa 87% der gesamten Erdgeschichte und dauert siebenmal so lang wie der Zeitraum zwischen Kambrium und Gegenwart (Phanerozoikum).

Gesteine des Mondes, der vermutlich gleich alt ist wie die Erde, besitzen ein radiometrisches Alter von mehr als 4 Milliarden Jahren, wenige sind jünger als 3,2 Milliarden Jahre; für die ältesten datierbaren Erdgesteine erhielt man ein Alter von rund 3,8 Milliarden Jahre. Diese alten Granite aus Südwestgrönland sind in Sedimente intrudiert, die nun metamorphosiert sind. Die Sedimentfolge enthält, neben anderen Gesteinstypen, auch

Konglomerate mit Geröllen von noch älteren Gesteinen, um wieviel älter aber die Sedimente und die Gerölle sind als die datierten Granite, ist unbekannt.

Im Präkambrium kommen alle Gesteinsarten vor. Obgleich metamorphe Gesteine vorherrschen, finden sich auf Kratonen auch einige verhältnismäßig wenig veränderte Sedimentfolgen, da diese Zonen weitgehend stabil und undeformiert bleiben. Einige dieser Sedimentfolgen erreichen große Mächtigkeit, ein kleiner Teil lieferte ↗Spurenfossilien und chemische Fossilien.

Der älteste direkte Lebensbeweis mit mikroskopischen Fossilien stammt aus der Fig-Tree-Serie nahe Barberton, Südafrika. An dieser Stelle fand man in schwarzen, kohlenstoffhaltigen Cherts verschiedene zylindrische, bakterienähnliche Formen und sphäroidische, an Algen erinnernde Strukturen. Die stäbchenförmigen Gebilde, als *Eobacterium isolatum* bezeichnet, werden bis 0,7μm lang und besitzen die Dimensionen von Bakterien; die sphäroidischen Formen *(Archaeosphaeroides barbertonensis)* messen im Durchmesser bis 20 μm und erinnern an moderne Blaualgen. Ihr Alter wird auf etwa 3,2 Milliarden Jahre geschätzt, da die den Chert unterlagernden Gesteine ein Alter von 3,36 Milliarden Jahren besitzen, die darüber liegenden von 3,1 Milliarden Jahren. Neuerdings wurden in den erwähnten Sedimenten von Grönland ebenfalls mutmaßliche Organismen von hefeähnlicher Struktur gefunden.

An den Küsten des Lake Superior im westlichen Ontario streicht die 1,9 Milliarden Jahre alte Gunflint-Eisenformation über eine Distanz von mehr als 150 km aus. Nahe der Basis lieferten schwarze, 8–25 cm mächtige Cherts verschiedenartige Mikrofossilien, darunter Filamente (einige septiert), die einen Durchmesser bis zu 1,5μm und eine Länge von einigen Hundert Mikrometern erreichen und an rezente Blaualgen erinnern, ferner bis zu 16μm messende Sphäroide, sternförmige filamentöse Strukturen und pilzförmige Körper.

Im Northern Territory von Australien kommen schwarze Cherts neben Kalkstein, Dolomit und Sandsteinen in der Bitter-Springs-Formation vor, deren Alter allgemein mit 1 Milliarde Jahre angegeben wird. Rund 30 verschiedene Fossilformen wurden von dort beschrieben. Die stets kleinen Gebilde bestehen aus blaualgenähnlichen Filamenten, kolonialen Bakterien, möglichen Pilzfäden und Kugeln, die rezenten Grünalgen gleichen. Eine Reihe von Fossilien zeigt in einer Abfolge, wie sich Zellen mit Kern möglicherweise mitotisch teilen.

Die Ediacara-Fauna aus Südaustralien ist an Quarzite gebunden, die deutlich unter gesichert kambrischen Gesteinen liegen. Da die Basis des Kambrium nicht endgültig definiert ist, wäre es denkbar, daß die um 700 Millionen Jahre alten Ediacarafossilien schließlich ins unterste Kambrium gestellt werden. Dennoch unterscheidet sich die Fauna von allen späteren und kann wohl als präkambrisch gelten. Eine identische oder teilweise identische Fauna kennt man aus ähnlichen Gesteinen mit ähnlichem Alter von Südafrika, Sibirien und England. Es handelt sich ausschließlich um Tierfossilien, die aber nur schwer modernen Stämmen zugeordnet werden können. Es kommen medusen- und seefederähnliche Organismen vor, ferner mutmaßliche Anneliden (möglicherweise mit einem Arthropodenvorfahren) und ein seltsames scheibenförmiges Tier mit einer dreiseitigen Symmetrie. Diese vier wesentlichen Vorkommen präkambrischer Organismen passen gut zu den theoretischen Vorstellungen von der Entstehung und frühen Entwicklung des Lebens.

Die Formen aus der Fig-Tree-Serie belegen, daß der erste Schritt in der Entwicklungsgeschichte des Lebens mindestens vor 3,2 Milliarden Jahren erfolgt ist: der Übergang von einfachen organischen Verbindungen zu sich selbst reproduzierenden Verbindungen.

Der 1,9 Milliarden Jahre alte Gunflint Chert enthält Blaualgen und chemische Fossilien wie Pristan und Phytan, die möglicherweise die Abbauprodukte des Chlorophylls darstellen. Es entsteht eine Vielfalt an Lebensformen, die vermutlich an verschiedene ökologische Nischen oder chemische Bedingungen angepaßt sind.

Wie die Organismen aus der Bitter-Springs-Formation zeigen, existiert wohl bereits vor 1 Milliarde Jahren die eukaryotische, d. h. mit einem Kern ausgestattete Zelle. Die Evolution einer derartigen Zelle mit einem spezialisierten Kern, der das genetische Material enthält, ist die notwendige Voraussetzung für die Entwicklung höherer Lebensformen.

Auf der Stufe der *Ediacara*-Fauna sind die Zellen zu Geweben organisiert, d. h., vor rund 700 Millionen Jahren existieren echte Vielzeller.

Primaten, *Primates*

Säugetierordnung, zu der neben den ↗Menschenaffen, ↗Affen und Halbaffen (↗Lemuren und Loris, ↗Koboldmakis) auch der Mensch gehört. Die Primaten entstehen vor etwa 70 Millionen Jahren aus kleinen, spitzhörnchenähnlichen Säugetieren. Das Fossilmaterial belegt mehrere adaptive Radiationen, von denen aber keine die Vorfahren der rezenten Primaten enthält.

Obwohl die frühen Primaten als Baumbewohner leben, bleiben sie und ihre Abkömmlinge bemerkenswert unspezialisiert. Es existieren einige Merkmale, die die meisten Primaten charakterisieren. Alle besitzen fünf Finger, die Hände und oft auch die Füße eignen sich zum Greifen, Krallen sind durch Nägel ersetzt. Das Baumleben erfordert kaum einen leistungsfähigen Geruchssinn, entsprechend werden Nase und Riechhirn verkleinert. Stattdessen gewinnen die Augen an Bedeutung, vor allem in Verbindung mit dem vermehrten Gebrauch der Hand. Die Augen werden größer und wandern nach vorne, so daß ein binokulares Gesichtsfeld entsteht, auch die zugehörigen Hirnteile werden enorm vergrößert. So können in der Hand gehaltene Objekte wie Nahrung gut untersucht, aber auch zum Springen der nächste Ast anvisiert und die Entfernung geschätzt werden.

Die Tragzeiten der Primaten sind mit 4 bis 9 Monaten verhältnismäßig lang, und auch nach der Geburt hängen die Jungen weiter von der Mutter ab, die zunächst Nahrung und Schutz gewährt. Die verlängerte Jugendzeit führte vermutlich auch zu einer größeren Lernfähigkeit, so daß auch Traditionen ausgebildet werden, repräsentiert aber auch einen wesentlichen Faktor für die Entwicklung der für Primaten charakteristischen komplexen Sozialverbände.

Die erste fossil belegte Primatengruppe ist 60 Millionen Jahre alt (z. B. *Plesiadapis* aus dem Paläozän) und scheint zwischen ursprünglichen Säugetieren und modernen Halbaffen zu stehen. Etwas jüngere, 35 bis 50 Millionen Jahre alte fossile Primaten gleichen bereits in vielen Merkmalen modernen Halbaffen. Die Adapiden z. B. ähneln den rezenten Loris, Pottos und Buschbabies. Eine andere fossile Gruppe zeigt Beziehungen zu den Koboldmakis, die heute auf die Inselwelt Südostasiens beschränkt sind. Halbaffen waren einstmals in der Neuen und Alten Welt weit verbreitet, kommen heute aber nur noch in wenigen Gebieten vor.

Protozoen, *Protozoa*

Einzellige Tiere; sie bestehen überwiegend aus zähflüssigem Cytoplasma mit normalerweise nur einem Kern. Manche besitzen eine äußere Schale oder Testa, zahlreichen Gruppen fehlen aber derartige

278

Primaten

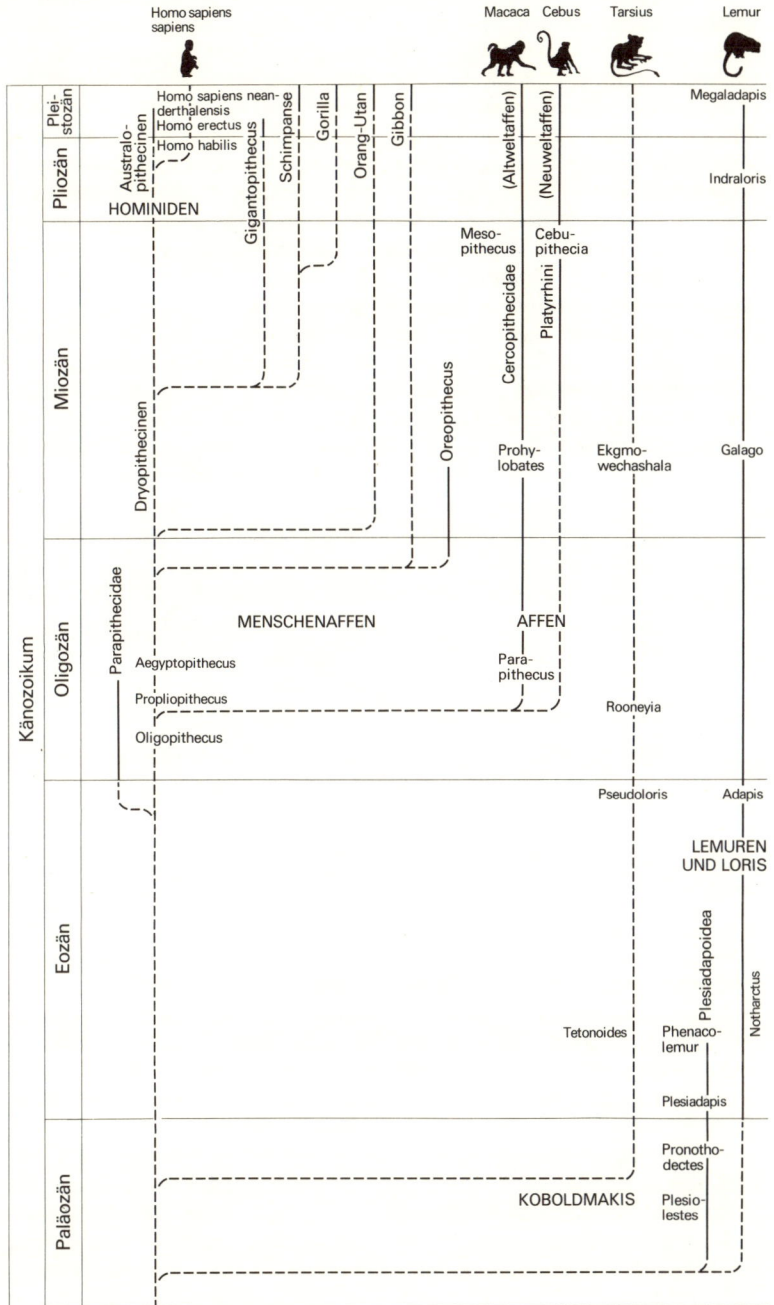

„Hartteile", und sie bleiben daher fossil unbekannt. Protozoen leben typischerweise solitär, gelegentlich kommen aber auch lockere Aggregate und Kolonien vor. Die Größe variiert von weniger als 5 μm im Durchmesser bis zu einigen Zentimetern, vielfach wechseln geschlechtlich und ungeschlechtlich erzeugte Generationen mit einem deutlichen Schalendimorphismus ab.

Protozoen repräsentieren die primitivste Stufe der eukaryotischen Organismen, von denen sich alle vielzelligen Tiere ableiten. Die ältesten fossilen Beweise für eukaryotische Zellen besitzen ein Alter von rund 1 Milliarde Jahren, geochemische Hinweise lassen vermuten, daß dieser Schritt bereits vor 2 Milliarden Jahren erfolgt sein könnte.

Heute besiedeln Protozoen nahezu alle Lebensräume, sie leben im Meer-, Brack- und Süßwasser und selbst als Parasiten des Menschen. Man findet sie in allen Tiefen der Ozeane, in warmen wie in kalten Gewässern, man kennt planktonti-

Verbreitung und rasche Entwicklung der planktontischen Foraminiferen machen sie zu ausgezeichneten ↗Leitfossilien postjurassischer Strata. Größere Foraminiferen mit einem Durchmesser von 5 – 20 mm und mehr deuten auf eine Sedimentation in warmem Flachwasser und sind wichtige Gesteinsbildner, vor allem im Perm, der Kreide und im Eozän (z. B. Nummulitenkalke der Tethys).

Pseudosuchia

Eine Unterordnung der nur fossil bekannten ↗Thecodontia, von der sich vermutlich alle späteren ↗Archosaurier ableiten. Eine Charakterisierung der Pseudosuchia durch

Pseudosuchia
Euparkeria *kommt in der Unteren Trias von Südafrika vor.*
Länge: ca. 65 cm

sche und benthische Formen. Einige Sedimente der mittleren Tiefseebereiche bestehen fast vollständig aus Protozoenschalen (Radiolarien- und Globigerinen-Schlamm), die langsam durch das Absinken abgestorbener planktontischer Organismen akkumulieren.

Das fossilie Material an Protozoen (mit mehr als 20 000 Arten) wird bei weitem beherrscht von den kalkschaligen, im Meer- und Brackwasser lebenden ↗Foraminiferen, die vom Kambrium bis in die Gegenwart vorkommen. An weiteren fossilen Gruppen besitzen nur noch die ein Kieselsäureskelett tragenden ↗Radiolarien (Kambrium – Gegenwart) Bedeutung. Die große

spezifische Merkmale bereitet Schwierigkeiten, hierzu gehören aber alle Thecodontia, die weder zu den ursprünglicheren Proterosuchia noch zu den abgeleiteteren ↗Phytosauria und Aetosauria gestellt werden können. Wahrscheinlich bilden die Pseudosuchia eine künstliche Gruppe aus Familien und Gattungen, die sich unabhängig aus älteren Formen entwickelt haben. Ihre stratigraphische Verbreitung reicht von der Unteren Trias bis zum Ende dieses Zeitabschnitts, in der Mittleren Trias repräsentieren sie die einzige Archosauriergruppe von Bedeutung.

Wie ihre Proterosuchia-Vorfahren leben die Pseudosuchia ausschließlich carnivor. Die konischen, seitlich abgeplatteten Zähne tragen gezähnte Kanten und leicht nach hinten gekrümmte Spitzen. Einige Pseudosuchia laufen biped, die Größe reicht von der ursprünglichen Gattung *Euparkeria* mit 65 cm Länge bis zu dem mächtigen, 5 m messenden *Prestosuchus.*

Die meisten Pseudosuchia zeigen, ebenso wie die verwandten Aetosauria und Phytosauria, eine „halbverbesserte" Gliedmaßenstellung und insbesondere ein komplexes Intertarsalgelenk mit Kugelgelenk und nach hinten gerichtetem Fortsatz des Calcaneus (↗Thecodontia).

Allgemein nimmt man an, daß sich aus den Pseudosuchia direkt die Aetosauria, Phytosauria und alle späteren Archosaurier-Ordnungen (↗Krokodile, ↗Saurischia, ↗Ornithischia und ↗Flugsaurier) entwickeln. Obwohl vielleicht zu Unrecht, werden üblicherweise auch die Vögel in der Liste ihrer direkten Abkömmlinge aufgeführt.

Wie die Pseudosuchia repräsentieren möglicherweise auch die Saurischia zwei oder mehr getrennte und unabhängig entstandene Entwicklungslinien. Einige Autoren glauben Übergangsformen zwischen Pseudosuchia und Krokodilen und zwischen Pseudosuchia und einigen Saurischia gefunden zu haben; der genaue Ursprung aller anderen Archosaurier-Gruppen und der Vögel bleibt nach wie vor im Dunkeln. Von einigen Wissenschaftlern wird selbst abgelehnt, daß sich die Dinosaurier überhaupt aus dem Bereich der Pseudosuchia ableiten lassen, da bei ihnen ein im Vergleich zu dem Knöchelgelenk der Pseudosuchia einfacher gebautes Intertarsalgelenk vorkommt. Sie postulieren daher die Existenz einer bisher unbekannten frühen Archosauriergruppe, aus der sich die Dinosaurier entwickeln.

Die Einteilung der Pseudosuchia in Familien erfolgt unterschiedlich, drei Gruppen sind aber wohl be-

gründet. Die kleinen, leicht gebauten Euparkeriidae der späten Untertrias gelten gewöhnlich als der Ausgangspunkt der Archosaurier-Radiation. Die wesentlich größeren, vor allem in der Mittleren Trias verbreiteten Prestosuchidae besitzen ökologische Bedeutung, da sie als sehr erfolgreiche Räuber vermutlich einen wichtigen Bestandteil des Selektionsdruckes darstellen, der schließlich in der zweiten Hälfte der Trias zu einer intensiven Tetrapoden-Radiation führt. Zu den mittel- bis obertriassischen Ornithosuchidae gehören einige höherentwickelte Formen, die manchmal auch zu den frühesten carnivoren Dinosauriern gestellt werden.

Pseudosuchia
Longisquama *aus der Unteren Trias von Turkestan gehört als stark spezialisierte Form vermutlich zu den Pseudosuchia. Die Gattung trägt entlang dem Rücken eine Reihe federartiger Auswüchse mit V-förmigem Querschnitt und ist mit gekielten, sich überlappenden Schuppen bedeckt.*
Länge: ca. 15 cm

Psilophyten, *Nacktfarne*

Alte und ursprüngliche Pflanzengruppe; der Name leitet sich ab von einer auf der Halbinsel Gaspé (Kanada) vorkommenden Fossilform. Diese als *Psilophyton* bezeichnete Pflanze besitzt gefurchte Stämmchen mit zentralem Leitbündel und kleinen „Blättchen". Tatsächlich ist *Psilophyton* nicht ganz so ursprünglich wie einst angenommen. Die Verzweigungen erfolgen nicht, wie zuerst angegeben, ausschließlich dichotom, und das Gefäßsystem ist gut entwickelt und verhältnismäßig komplex.

In der Ordnung Psilophytales werden alle ähnlich primitiven und ausgestorbenen Pflanzen zusammengefaßt, es lassen sich aber zwei getrennte Gruppen erkennen. In der einen sind die Stämmchen blattlos, verzweigen sich dichotom und tragen terminal die Sporangien; als typische Beispiele gehören hierher die Gattungen *Rhynia* (aus dem Rhynie Chert von Schottland) und *Horneophyton*. Die andere Gruppe enthält Formen wie *Zosterophyllum,* deren Stämmchen mit Anhängseln (Blättchen) und Sporan-

gien besetzt sind. Bei einem Teil dieser Gruppe wird die dichtome Gabelung ungleichwertig und es entstehen kompliziertere Strukturen.

Heute unterscheidet man innerhalb der Psilophytales drei Familien: die Rhyniaceae (mit *Rhynia*), die Zosterophyllaecae (z. B. *Zosterophyllum*) und die Trimerophytaceae *(Psilophyton)*.

Die ausgezeichnete Erhaltung von *Rhynia* und vergesellschafteten Pflanzen im devonischen Rhynie Chert ermöglichte ein detailliertes Studium auch der inneren Anatomie. *Rhynia* wird daher oft als Archetyp der frühen Landpflanzen gewählt; sie erhielt damit eine wohl kaum gerechtfertigte Bedeutung.

Pteraspiden, *Heterostraci*

Ausgestorbene ↗Kieferlose (↗Ostracodermen), die in die Ordnung Heterostraci der Klasse Agnatha gestellt werden.

Pteraspiden sind die ältesten fossilen Wirbeltiere. Fragmente kennt man bereits aus dem Kambrium von Wyoming; vollständigeres Material wurde aus dem frühen Ordoviz von Australien beschrieben, verhältnismäßig häufig kommen sie im Silur und Devon von Europa vor.

Diese primitivsten bekannten Wirbeltiere tragen einen Knochenpanzer; die Anordnung der Platten, die Kopf und Vorderrumpf bedecken, dient zur Klassifizierung der Pteraspiden in verschiedene Gruppen. Hinterrumpf und Schwanz tragen knöcherne Schuppen, der untere Lobus der Schwanzflosse ist stärker entwickelt als der obere. Seitliche Bewegungen einer derartigen Schwanzflosse bewirken ein Senken der hinteren Körperregion und ein Heben der vorderen. Bewegt sich das Tier vorwärts, wird der Vorderrumpf auch durch die konvexe Ventralfläche des Kopf-Rumpfpanzers vom Boden emporgehoben, die Breite des Carapax gewährt dabei eine gewisse Stabilität und verhindert ein seitliches Abkippen. Sei-

Psilophyten
Zwei unterdevonische Psilophyten aus Wales:
1 Zosterophyllum, a) Achsen,
b) Sporangien
(etwa natürliche Größe).
2 Stämmchen von Psilophyton
(etwa natürliche Größe).

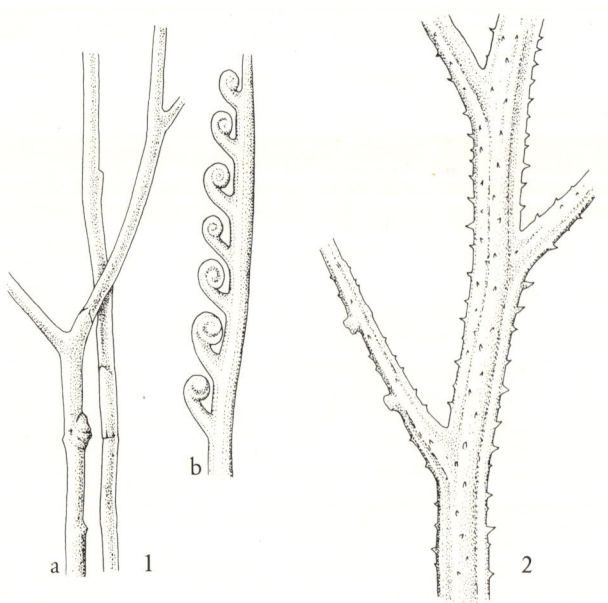

b

a　　1　　　　　　　　　　2

tenflossen fehlen, so daß die Tiere offenbar nur über eine geringe Manövrierfähigkeit verfügen.

Wie alle Ostracodermen leben die Pteraspiden als Sedimentfresser: Schlamm wird aufgenommen oder angesaugt, um daraus organisches Material zu gewinnen. Zum Aufnehmen des Sediments bildet bei *Pteraspis* eine Serie von oralen Platten eine Art Schippe oder Schaufel. Diese Gattung entwickelt zudem Stabilisatoren in Form von seitlich vorstehenden Cornualplatten und einem großen Dorsalstachel.

len; in diesem Merkmal gleichen die Pteraspiden stärker den späteren kiefertragenden Wirbeltieren als den übrigen Kieferlosen, die nur ein unpaares Nasalorgan besitzen. Erhalten haben sich auf der Innenseite des Carapax auch Eindrücke von Somitenmuskeln, einschließlich solcher präotischer Somiten, die bei späteren Wirbeltieren in die Augenregion wandern und dort die äußeren Augenmuskeln bilden.

Bei einer Pteraspidengruppe, den aus Sibirien bekannten Amphiaspiden, wird die erste oder Hyoid-Kieme zu einem Spiraculum umge-

Pteraspiden
Pteraspis *lebt im Unteren Devon.*
Länge: ca. 23 cm

Einige Pteraspidenfundstücke zeigen auf der Innenseite größerer Knochenplatten die Eindrücke von Weichteilen. Entlang der Mittellinie des ventralen Carapax verläuft z. B. eine Struktur, die dem Endostyl entsprechen muß, einem Organ, das bei primitiven Chordaten als drüsige Flimmerrinne am Boden des Kiemendarmes dem Einstrudeln der Nahrung dient. Bei höheren Wirbeltieren wird dieses Organ zur Schilddrüse. Auf der inneren dorsalen Fläche finden sich die Eindrücke zweier Bogengänge des Innenohrs, der Eindruck des dritten Bogengangs fehlt, da dieser horizontal verläuft. Auf der Mittellinie liegt der Abdruck des Gehirns, das aus drei größeren Anschwellungen des Neuralrohrs besteht: den Riechloben, einem Mittelhirn mit einem Pinealorgan und einem Hinterhirn. Die Vorderseite des Carapax zeigt die Eindrücke paariger Nasenhöh-

wandelt; damit ist der erste Schritt zur Entwicklung von ↗Kiefern vollzogen. Inzwischen wird allgemein angenommen, daß sich alle kiefertragenden Wirbeltiere letztlich von Pteraspiden ableiten.

Pteridospermen, *Farnsamer*
Große und vielgestaltige, heute ausgestorbene Gruppe von ↗Gymnospermen, die vom Devon bis ins Mesozoikum vorkommt. Es sind Holzpflanzen mit eher schlanken Stämmen und großen, meist farnartig gefiederten Blättern. Die Samen bilden sich entweder direkt an den Wedelblättern oder an ihren umgewandelten Homologen.

Die zahlreichen Farnbeblätterungen im Karbon gehören teilweise zu echten Farnen, zum Teil aber auch zu Pteridospermen. Die meist isoliert gefundenen Wedel werden entsprechend ihrer Form in Form-Gattungen eingeteilt, bei dieser künstlichen Gliederung entstehen aber oft sehr heterogene Gruppen. Die Familie Lyginopteridaceae z. B. enthält mindestens 8 Stammgattungen (darunter *Lyginopteris* und *Heterangium*), einige Wedelgattungen (die bedeutendste ist *Sphenopteris*), etwa 14 Samengattungen (darunter *Eosperma* und *Lagenostoma*) und einige Gattungen für die pollentragenden Organe (v. a. *Telangium* zeigen die gleiche innere Anatomie wie die Stämme von *Lyginopteris oldhamia;* charakteristische Dornen kommen ebenfalls auf beiden Organen vor und bestätigen zudem, daß hierher auch der als *Lagenostoma lomaxi* beschriebene Same gehört. Die Art der pollentragenden Organe ist weniger sicher bekannt, vermutlich gehören sie aber zum *Crossotheca*-Typ.

Pteridospermen
1 Wedel von Rhodea, *einer Pteridosperme aus dem Unteren Karbon von Wales (etwa 2fache natürliche Größe).*
2 Die farnartige Beblätterung Alethopteris *kommt häufig im mitteleuropäischen Oberkarbon vor*
(etwa natürliche Größe).

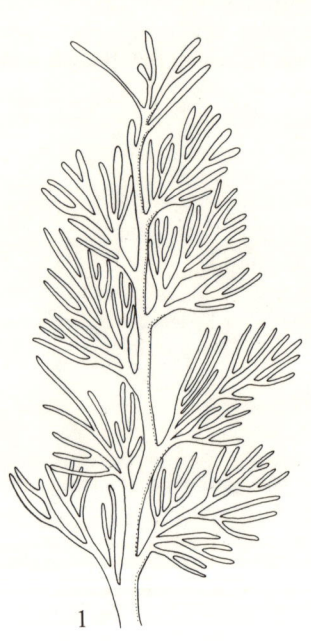

1

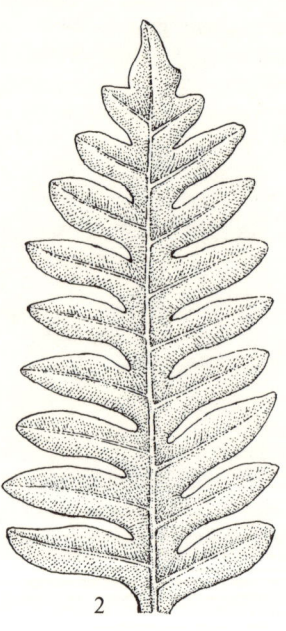

2

und *Crossotheca*). Alle Versuche, eine typische Pteridosperme zu rekonstruieren bleiben spekulativ, obwohl Stämme und Wedel recht einheitlich erscheinen.
Das Bild einer paläozoischen Pteridosperme läßt sich dennoch am besten an der Gattung *Lyginopteris* rekonstruieren. Stämme von *Lyginopteris oldhamia* sind in „coal-ball"-Material von Yorkshire sehr häufig. Die oft 4 cm Durchmesser erreichenden und bis auf die kleinsten Fundstücke holzigen Achsen tragen die Blätter in spiraliger Anordnung. Als *Sphenopteris hoeninghausi* bezeichnete Wedelblätter

Im Mesozoikum erreicht die Pteridospermenlinie mit den Caytoniales ihren Höhepunkt. Bei ihrer Entdeckung vermutete man in ihnen zuerst das langgesuchte Verbindungsglied zu den ↗Angiospermen, heute rechnet man sie zu den pteridospermen Gymnospermen.

Pterosaurier ↗Flugsaurier

Quartär

Geologischer Zeitabschnitt, der das ↗Pleistozän und das ↗Holozän umfaßt; als jüngstes System beginnt das Quartär vor etwa 1,8 Millionen Jahren und reicht bis zur Gegenwart. Vom vorangehenden Tertiär unterscheidet es sich im allgemeinen durch das Vorhandensein von Zeugnissen des Menschen.

Quenstedt, Friedrich August
(1809–1889)
Deutscher Geologe und Paläontologe, geboren in Eisleben. QUENSTEDT wurde 1837 auf den damals neu geschaffenen Lehrstuhl für Mineralogie und Geognosie der Universität Tübingen berufen. In mehr als 50jähriger Forschungsarbeit widmete er sich vor allem der Gliederung und der fossilen Lebewelt der Schichtgesteine, besonders des Jura, von Württemberg und schuf bahnbrechende Lehr- und Handbücher. Die wichtigsten Werke sind „Das Flözgebirge Württembergs" (1843), „Petrefaktenkunde Deutschlands" (7 Bände, 1846 bis 1854), „Der Jura" (1858) und „Die Ammoniten des Schwäbischen Jura" (3 Bände, 1883–1888), denen seine besondere Liebe galt. Auf

QUENSTEDT geht die Gliederung des süddeutschen Jura in Schwarzer, Brauner und Weißer Jura sowie die Unterteilung dieser Formationen mit griechischen Buchstaben (α bis ζ) zurück.

Radiolarien

Mikroskopisch kleine, ausschließlich marine ↗Protozoen, deren Schale bei lebenden Tieren von Cytoplasma eingehüllt wird. Die Schale oder Testa besteht normalerweise aus amorpher Kieselsäure und zeigt eine komplizierte gitterartige Skruktur.
Im allgemeinen besitzen Formen aus tieferem und kälterem Wasser größere, weniger vielgestaltige und massiver gebaute Schalen als Vertreter des wärmeren und oberflächennahen Wassers. Rezente Radiolarien leben planktontisch und kommen in allen Meeren, in allen Tiefen und auf allen Breitengraden vor. Die meisten bewohnen die oberflächennahen Wasserschichten,

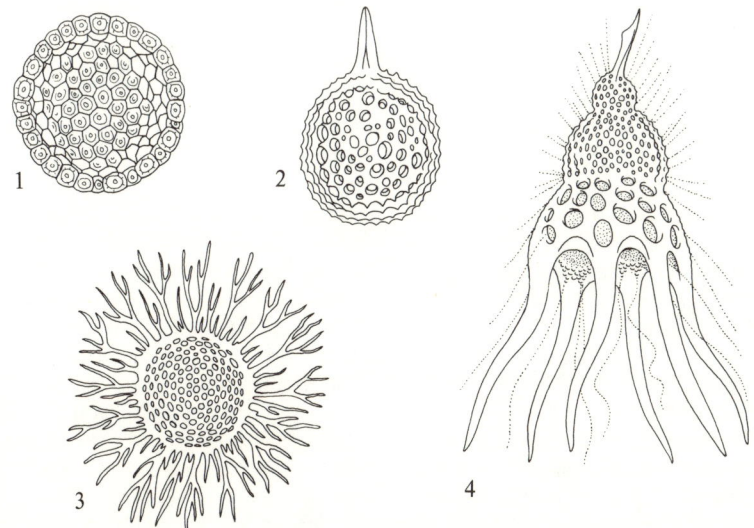

Radiolarien
1 Kolonie von Sphaerozoum, *einer vom Ordoviz bis in das Holozän vorkommenden Gattung*
(etwa 12fache natürliche Größe).
2 Dorysphaera *reicht vom Ordoviz bis ins Miozän*
(etwa 125fache natürliche Größe).
3 Heliocladus *kommt vom Eozän bis in das Holozän vor*
(etwa 100fache natürliche Größe).
4 Cryptoprora *kennt man vom Eozän bis in das Holozän*
(etwa 150fache natürliche Größe).

verbreitet durch Strömungen, Wind und Wellen. Die größte Artenvielfalt wird in warmen Gewässern erreicht, charakteristisch für das kältere Wasser der höheren Breitengrade sind eine hohe Individuendichte bei geringer Artenzahl.

Durch langsame Akkumulation der Schalen gebildete Radiolarien-Schlicke gehören zu den Merkmalen der abyssalen Zonen heutiger Ozeane. Geologisch ältere radiolarienreiche Horizonte müssen aber nicht notwendigerweise als Tiefseesedimente entstanden sein. Sie können auch kieselsäurereiches Flachwasser anzeigen (z. B. nahe vulkanischer Zentren), wie es für manche Radiolarite angenommen wird.

Neuseeland, Kuba und Trinidad und große Gebiete jurassischer Gesteine von Kalifornien. Die älteste gut erhaltene Fauna stammt aus dem Unteren Ordoviz von Spitzbergen.

Rancho La Brea

Asphaltgruben bei Los Angeles, in denen sich Tausende von Tieren des späten Pleistozän erhalten haben. Öl der darunterliegenden pliozänen Schichten wird durch Gas an die Oberfläche gepreßt und füllt dort Gruben mit Teer, der sich durch Oxidation und Entweichen flüchtiger Bestandteile schließlich in Asphalt umwandelt. Bei diesem Prozeß wird der Teer außerordent-

Rancho La Brea
Ein häufig in Rancho La Brea gefundenes Tier ist die Säbelzahnkatze Smilodon. *Schulterhöhe: etwa 1 m*

Wegen ihrer großen Vielfalt und Häufigkeit bereitet die Taxonomie der weltweit und vom Kambrium bis in die Gegenwart verbreiteten Radiolarien Schwierigkeiten; einige sehr kleine Formen müssen mit Hilfe der Rasterelektronenmikroskopie untersucht werden. Radiolarien finden daher in der Biostratigraphie nur begrenzt Anwendung; die meisten ausführlichen Arbeiten beziehen sich auf postpaläozoische (insbesondere känozoische) Strata. Zu den bemerkenswerten Vorkommen gehören die tertiären Mergel von Barbados, das Oligozän von

lich klebrig, und Tiere, die Wasser suchen oder sich zu weit auf die erstarrende Asphaltfläche hinauswagen, können in dem viskosen Teer gefangen werden.

Zu den häufigsten Tieren, die man in Rancho La Brea findet, gehören Pflanzenfresser wie ein ↗Pferd *(Equus occidentalis)*, ein ↗Kamel *(Camelops hesternus)* und ein ausgestorbener Bison *(Bison antiquus)*. Angelockt von den wehrlosen Pflanzenfressern werden Raubtiere wie ↗Säbelzahnkatzen *(Smilodon californicus)* und der Direwolf *(Canis dirus)* und fallen selbst dem Teer zum Opfer. Es sind jedoch meist junge oder sehr alte, oft auch verletzte Tiere, die andere Beute nicht mehr schlagen können. Seltenere Tiere dieser Fundstelle sind der La Brea-„Löwe" *(Felis atrox)*, ein Kojote *(Canis orcutti)*, der ausgestorbene Kurzschnauzenbär *(Tremarctotherium simum)*, ein Grizzlybär *(Ursus horribilis)*, ein Schwarzbär

Raubtiere

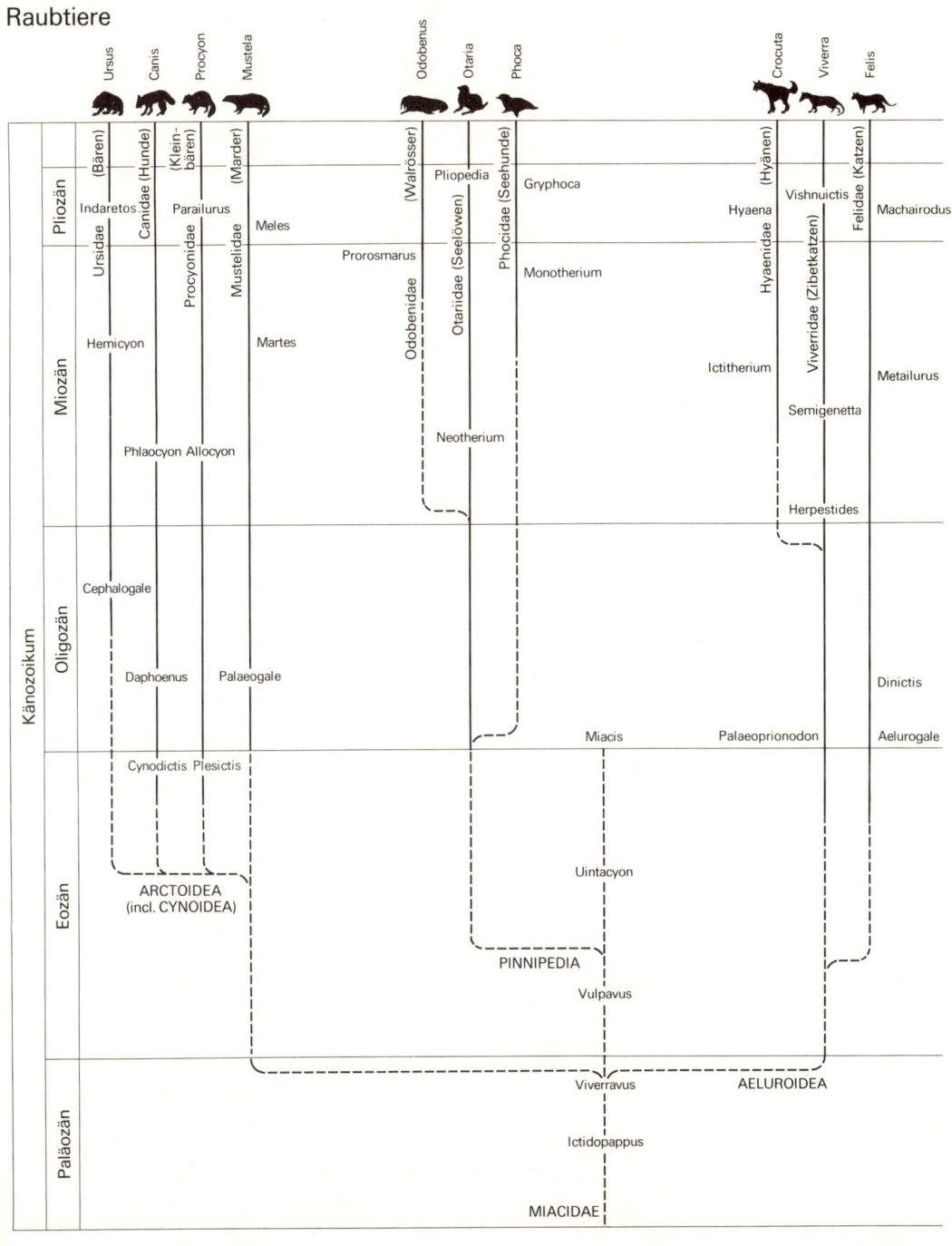

287

(Ursus optimus), Stinktiere, Wiesel, Dachse, Pumas (darunter zwei ausgestorbene Arten), ein Luchs, Ratten, Mäuse, Erdhörnchen, Kaninchen und Hasen, die Wüstenspitzmaus *(Notiosorex)*, Hirsche, eine Gabelbockantilope *(Breameryx minor)*, das amerikanische *Mastodon*, das Kaisermammut und ↗Faultiere *(Glossotherium* und *Nothrotherium)*. An Vögeln findet man einen riesigen, kondorartigen Geier *(Teratornis)*, Falken, Steinadler und Weißkopfseeadler, echte Kondore, Gänse, Enten, Reiher, Störche *(Ciconia maltha)*, Eulen, Tauben, Kraniche, Truthühner, Raben, Hühner und viele Sperlingsvögel.

Zur Zeit der ausgedehnten Teergruben wachsen an dieser Stelle Kiefern, Zypressen, Holunder und Zürgelbaum zwischen kleinen Teichen und Flüssen. Das recht kontinentale Klima gleicht dem heutigen, abgesehen von den heute niedrigeren Temperaturen.

Die Funde aus den Teergruben sind in einem Museum bei Los Angeles zu sehen (↗Los Angeles County Museum).

Ratitae ↗Laufvögel

Raubtiere, *Carnivora*
Ordnung der plazentalen Säugetiere, die sich aus 2 Unterordnungen zusammensetzt: Landraubtiere (Fissipedia) und Robben (Pinnipedia).

Zu den Landraubtieren gehören die Arctoidea (↗Bären, ↗Marder) einschließlich der Cynoidea (↗Hunde, ↗Wölfe) und die Aeluroidea (↗Katzen, ↗Säbelzahnkatzen, ↗Hyänen, ↗Zibetkatzen). Die Carnivora bilden eine natürliche Gruppe und leiten sich von den Miaciden ab, einer Gruppe kleiner, schlanker, langschwänziger Raubtiere, die die Wälder des Paläozän-Eozän bewohnen und wahrscheinlich auf Bäumen leben, da 1. Finger und 1. Zehe opponierbar sind.
Miacis tritt im Eozän Nordamerikas, Europas und Asiens auf. Eine

andere recht weit verbreitete Form ist *Viverravus.* Als paläozäne Vertreter dieser Gruppe seien *Ictidopappus, Simpsonictis* und *Didymictis* genannt. Die Miaciden repräsentieren den ersten Entwicklungsschritt auf dem Weg vom ursprünglichen Säugetier (Insektenfresser) zum Raubtier.

Die Robben (Walrosse, Robben, Seelöwen) sind seit dem Miozän nachgewiesen. Man kennt sogar eine Gattung aus dem Unteren Pliozän Westsibiriens *(Semantor),* die noch einen langen Schwanz und zum Laufen geeignete Extremitäten besitzt. Die Robben stammen von arctoiden Landraubtieren ab.

Reptilien
Reptilien erreichen als erste ↗Wirbeltier-Gruppe die vollkommene Unabhängigkeit vom Wasser. Der entscheidende Schritt dazu ist die Entwicklung des Amnioteneies: Der Embryo liegt in einer flüssigkeitsgefüllten Amnionhöhle und ernährt sich von den im Dottersack gespeicherten Nahrungsstoffen; Abfallstoffe des Embryos werden in der Allantois gespeichert. Die feste äußere Schale gibt mechanischen Schutz und verhindert ein Austrocknen, ihre poröse Struktur erlaubt aber dennoch einen Gasaustausch von Sauerstoff und Kohlendioxid; das der Schale anliegende Chorion und die Allantois wirken dabei als Lunge.

Diese Neuerwerbungen zwingen die Reptilien nicht mehr, zur Eiablage wie die ↗Amphibien ins Wasser zurückzukehren. Im Mesozoikum werden sie zu den dominierenden Landwirbeltieren, einige besiedeln sekundär das Wasser, andere entwickeln Flugvermögen.

Als ursprünglichste Reptilien entwickeln sich aus Amphibien im frühen Oberkarbon die ↗Cotylosauria. Diese frühen Formen besitzen einen Schädel ohne Schläfenöffnungen (anapsider Schädel) und gleichen darin den rezenten ↗Schildkröten.

Ausgehend von dieser primitiven Situation entwickeln die Reptilien verschiedene Schläfenfenster, um bessere Ansatzstellen für die stärker werdende Kiefermuskulatur zu erhalten. Die Synapsida (↗Pelycosauria, ↗Säugerähnliche Reptilien) erscheinen im Oberkarbon und besitzen ein tiefgelegenes Schläfenfenster, oben begrenzt durch das Postorbitale und Squamosum. Aus dieser Unterklasse entwickeln sich vermutlich die ↗Säugetiere.

Nur ein einziges Schläfenfenster existiert auch bei den ↗Nothosauria und ihren Abkömmlingen, den ↗Plesiosauriern, hier bilden aber Postorbitale und Squamosum die untere Begrenzung. Ein solch hochgelegenes Schläfenfenster charakterisiert die Unterklasse Euryapsida. Hierzu gehören neben den oben genannten Formen auch die ↗Placodontia und einige primitive terrestrische Gattungen aus Perm und Trias *(Protorosaurus, Trilophosaurus, Araeoscelis, Tanystropheus)*.

Die ↗Fischsaurier zeigen ebenfalls ein einziges hochgelegenes Schläfenfenster, den unteren Rand bilden aber das Postfrontale und Supratemporale, eine Anordnung, die als parapsid bezeichnet wird. Diese vollkommen aquatisch lebenden, marinen Reptilien werden entsprechend in eine eigene Unterklasse Ichthyopterygia gestellt.

Als erfolgreichste Reptilgruppe erweisen sich die Diapsiden. Ihr Schädel weist zwei Schläfenöffnungen auf, die durch das Postorbitale und Squamosum getrennt werden. Diesen Bautyp besitzen die beiden Unterklassen Lepidosauria (↗Eidechsen und ↗Schlangen) und Archosauria. Alle rezenten Reptilien sind kaltblütig (↗Kaltblüter), es existieren aber Hinweise, daß sowohl die Säugerähnlichen Reptilien wie die ↗Archosaurier zu den ↗Warmblütern gehören.

Rhynchocephalia

Neben den ↗Schildkröten, ↗Krokodilen und Squamaten (↗Eidechsen und ↗Schlangen) die vierte heute noch lebende Ordnung der ↗Reptilien; sie enthält mit der Brückenechse *Sphenodon punctatus* nur einen einzigen rezenten Vertreter.

Die Rhynchocephalia gehören ebenso wie die Squamaten zu den Lepidosauriern und besitzen den für diese Unterklasse typischen diapsiden Schädel, im Unterschied zu den Eidechsen aber mit zwei vollständigen Jochbögen. Die Zähne sind wie bei manchen Eidechsen akrodont, d. h. fest mit der Oberfläche des Kieferrandes verwachsen. Als charakteristisches Merkmal bildet der Oberkiefer einen etwas überhängenden Schnabel.

Als wichtigste Familien gehören hierzu die Sphenodontidae mit der Gattung *Sphenodon* und die Rhynchosauridae, die sich aber möglicherweise unabhängig aus frühen Diapsiden entwickelt haben.

Die ältesten Sphenodontidenfunde stammen aus der unteren Trias von Südafrika und der UdSSR. Vermutlich besitzen Sphenodontiden und Eidechsen einen gemeinsamen Vorfahren unter den Eosuchiern. Die

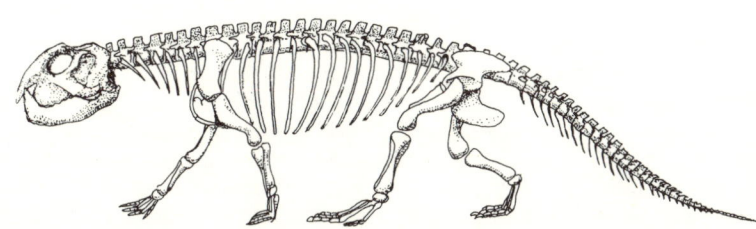

Rhynchocephalia
Rhynchosaurier wie die Gattung Scaphonyx kommen in der Mittleren Trias der Gondwana sehr häufig vor.
Länge: ca. 1 m

Familie umfaßt kleine Tiere mit verhältnismäßig schwach ausgeprägtem Schnabel und gilt als typisch für die Rhynchocephalia. Einige Gattungen kennt man aus Trias und Jura, z. B. *Homoeosaurus* aus dem Oberen Jura von Bayern, danach fehlen aber sichere Belege für Rhynchocephalia bis auf die rezente Gattung *Sphenodon*.

Die Brückenechse oder Tuatara erinnert äußerlich an eine Eidechse, wird etwa 65 – 70 cm lang und lebt heute nur noch auf einigen Inseln vor der Küste der Nordinsel von Neuseeland. Einst über ganz Neuseeland verbreitet, wurde die heute unter Schutz stehende Art vom Menschen nahezu ausgerottet.

In der Unteren Trias von Südafrika erscheinen erstmals auch die Rhynchosauridae, *Noteosuchus* in der *Lystrosaurus*-Zone der ↗Karru-Formation und *Mesosuchus* und *Howesia* in der darüberliegenden *Cynognathus*-Zone. Sehr rasch entwickeln sich die Rhynchosaurier in der Mittleren und späten Trias, sie sterben aber am Ende dieses Zeitabschnittes aus. Man kennt verhältnismäßig wenige und meist recht ähnliche Gattungen, sie scheinen aber beträchtliche Individuenzahlen erreicht zu haben, z. B. *Stenaulorhynchus* als häufiger Rhynchosaurier der mitteltriassischen Manda-Formation von Tansania. Rhynchosaurier erscheinen größer und schwerer gebaut als Sphenodontiden, der Schädel erreicht Längen von mehr als 30 cm. Sie leben offenbar als Pflanzenfresser, besitzen einen deutlich, ausgeprägten, zahnlosen Schnabel und weiter hinten kleine, dichtstehende Zähne auf den Kiefern und dem Munddach. Im Unterschied zu den typischen Rhynchocephalia sitzen die Zähne aber in tiefen Höhlen und sind in mehreren Reihen angeordnet. Die Spezialisierungen des postcranialen Skeletts lassen vermuten, daß sich die Rhynchosaurier unabhängig und wesentlich früher aus den Eosuchia entwickelt haben als die gemeinsamen Vorfahren der Sphenodontiden und Eidechsen. Es wurde auch versucht, *Noteosuchus* mit dem frühen thecodonten ↗Archosaurier *Proterosuchus* in Verbindung zu bringen.

Weitere, mit unterschiedlicher Sicherheit zu den Rhynchocephalia gestellte Familien sind die mitteltriassischen Claraziidae und die oberjurassischen Sapheosauridae und Pleurosauridae aus Europa.

Riffe

Bevorzugt im Bereich tropischer Flachmeere von kalkausscheidenden Organismen gebildeter Gesteinskörper. Man findet fast ebenso alte Barriereriffe, Saumriffe und Atolle wie Tiere, die ein Kalkskelett absondern und dadurch ein Kalkgerüst in der Brandungszone aufbauen, das ein Vorriff von einer geschützten Rückriff-Lagune abtrennt. Das älteste mit dem Großen Barriereriff vor Australien vergleichbare Riff stammt aus dem Devon und liegt ebenfalls in Australien. Während rezente Riffe überwiegend von kalkbildenden ↗Korallen (Steinkorallen) und Kalk-↗Algen aufgebaut werden, besteht das devonische Canning Basin Riff aus Stromatoporen (einer ausgestorbenen Gruppe kalkbildender ↗Schwämme), Runzelkorallen (Rugosa), Bödenkorallen (Tabulata) und Stromatolithen (in ihrer Bildung auf Algen zurückgehende, schalige Kalksteine). An der Riffkante sind überwiegend die Stromatoporen beteiligt.

Stromatoporen-Riffe gehören zu den charakteristischen Merkmalen des Silur und vor allem des Devon. Auch Stromatolithen können riffbildend auftreten, insbesondere im Präkambrium. Die Riffe des Mesozoikum und neuerer Zeiten sind mehr und mehr Produkte von Steinkorallen und Kalkalgen.

Matten- oder hügelförmige organische Gebilde (Biostrome bzw. Bioherme) kommen, nicht notwendigerweise an Flachwasser gebunden,

in allen dem Archaikum (↗Prä-
kambrium) folgenden geologischen
Zeitabschnitten vor. Sie entstehen
durch verschiedene kalkausscheidende Organismen, z. B. stromato-
lithenerzeugende Algen ab dem
Proterozoikum, ↗Archaeocyatha
im Unteren und Mittleren Kambrium, verschiedene Korallen ab
dem Ordoviz und Rudisten (↗Mu-
scheln) in der Kreide. Diese Strukturen können in Größe und Komplexität stark variieren und reichen
von mehreren Quadratkilometern
bis zu rund 1 m im Durchmesser,
gewöhnlich werden sie aber alle zu
den Riffen gerechnet.

Rinderartige, *Bovidae*

Familie der ↗Paarhufer mit etwa
50 rezenten Gattungen und zahlreichen ausgestorbenen Formen. Mit
den Antilocapridae (Gabelböcke)
bilden sie die Überfamilie Bovo-
idea, deren Ursprünge bis ins Miozän zurückreichen. Sie breiten sich
jedoch erst im Pliozän weltweit aus:
zunächst auf der Nordhalbkugel,
dann nach Südasien und Afrika. Sie
erreichen aber nie Südamerika oder
Australien und werden erst durch
den Menschen dort eingeführt. Die
Rinderartigen besetzen fast alle
Grasweidenischen, nur Pferde und
Zebras konkurrieren mit ihnen. Der
Erfolg dieser Wiederkäuer hängt
stark mit ihrem hervorragenden
Verdauungssystem zusammen: dem
vierkammerigen Magen, der Zellulose verwerten kann. Die hochkronigen (hypsodonten) Zähne mit
doppelt-sichelförmigem (selenodonten) Kronenmuster können der
schnellen Abnutzung durch die Kieselsäure der Gräser gut widerste-
hen. Die oberen Schneidezähne
fehlen, die oberen Eckzähne sind
reduziert oder fehlen ebenfalls. Die
unteren Schneidezähne drücken
oben gegen eine harte Gaumenplatte.
Die Füße weisen die typischen
Paarhufer-Klauen auf (zwei behufte
Zehen, seitliche Zehen stark reduziert). Das Kanonenbein erlaubt

nur Bewegungen in einer Ebene
und verringert das Risiko von Ver-
drehungen auf unebenem Boden.
Gewöhnlich besitzen die männlichen und weiblichen Tiere Hörner:
paarige Knochenauswüchse des
Schädeldachs mit einer hornigen
Scheide. Bei Rinderartigen werden
diese Hörner nie abgeworfen oder
ersetzt und sind nie verzweigt; demgegenüber tragen Gabelböcke verzweigte Hörner mit periodisch ge-
wechselter Hornscheide.
Der Ursprung der Boviden ist unklar. Aus dem späten Miozän Euro-

Rinderartige
Gazella brevicornis *ist eine Antilope aus dem Pliozän mit
einer Schädellänge von etwa 15
cm.*

pas und Asiens kennt man aber
einige kleinwüchsige Formen mit
einfachen Hörnern (z. B. *Palaeo-
oreas*), die urtümlichen Zwerghir-
schen (Traguloidea) nahezustehen
scheinen.
Zu den Gabelböcken zählt der
Springbock Nordamerikas. Vom
Miozän an breiten sich hier die
Gabelböcke unabhängig von den
Rinderartigen aus. In ihren Anpassungen zeigen sie Parallelen zu den
Antilopen der Alten Welt. Wie
bereits erwähnt, besitzen die
Springböcke gabelförmig geteilte
knöcherne Stirnzapfen, deren
Hornscheide (nicht aber der Knochenzapfen wie bei den ↗Hirschen)

jährlich gewechselt wird. Die Hörner der pleistozänen Gattungen sind bemerkenswert kompliziert, wogegen die der lebenden Springböcke degeneriert erscheinen.

Die Rinderartigen umfassen zahlreiche Unterfamilien: Alcelaphinae (Kuhantilopen und Gnus) sind fossil wenig belegt, heute jedoch sehr zahlreich in Afrika. Es sind große Tiere mit langen Vorderbeinen, schräg abfallendem Hinterteil und langem Schädel, die in großen Herden auf offener Savanne leben.

Antilopinae, die Gazellen, sind klei-

gewöhnlich großen, auseinanderstrebenden Hörnern. Der Ur (*Bos primigenius*) kommt als riesiges Rind im Pleistozän und Nach-Pleistozän vor und wird erst 1627 vom Menschen ausgerottet.

Er gilt als Stammform des Hausrindes und wird, wie aus Höhlenmalereien hervorgeht, bereits vom Menschen des ↗Paläolithikum gejagt. Bei dem riesigen *Pelorovis* aus dem Pleistozän von Afrika beträgt die Entfernung zwischen den Hornspitzen mehr als zwei Meter. Die mittelgroßen Caprinae (Böcke) tragen

Rinderartige
Die pliozäne Antilope Palaeoreas *erscheint während des späten Miozän in Europa und dringt während des Unteren Pliozän nach Asien und Nordafrika vor.*

ne bis mittelgroße Antilopen, die mit ihren langen Beinen schnell die offene Savanne und Wüste durcheilen können. *Gazella brevicornis* ist aus dem späten Miozän bei ↗Pikermi, Griechenland, bekannt. Die Boselaphinae repräsentieren eine alte Gruppe, die bis ins frühe Miozän zurückreicht und in Europa fossil gut belegt ist. Heute sind sie beschränkt auf den Indischen Subkontinent (Nilgauantilope, Vierhornantilope).

Zu den Bovinae (Wildrinder) gehören Büffel, Bisons und Rinder, mit

oft spiralig gewundene Hörner. Zu ihnen gehören Steinböcke, Ziegen und Schafe. Cephalophinae, die Ducker Afrikas, sind kleine Antilopen mit kurzen Hörnern, die in Wald und dichtem Busch umherstreifen.

Die Hippotraginae (Pferde- und Säbelantilopen) kommen in großer Zahl im Pliozän Eurasiens vor und sind heute in Afrika vertreten durch *Oryx*, Mendes- und Säbelantilope. Die gewöhnlich langen Hörner sind nach hinten gewunden. Diese Formen bevorzugen Savannen und offene Wüsten. Neotraginae, die Dik-diks, sind fossil selten erhalten, finden sich jedoch häufig in Afrika. Die Ovibovinae, große Rinder mit massiven, abgeflachten Hörnern, erscheinen im Pliozän Asiens, dann auch im Pleistozän Eurasiens und Nordamerikas. Sie werden heute vertreten durch den Moschusochsen. Reduncinae (Wasser- und Riedböcke) kommen als mittelgroße Antilopen im asiatischen Pleistozän verbreitet vor. In Afrika gehört heute der Wasserbock in diese Gruppe. Hier trägt nur das Männchen Hörner. Die Rupicaprinae (Gemsenartige) umfassen Gemsen und Schneeziegen. Sie finden sich in Bergzonen Nordamerikas und Eurasiens. Saiginae (Saiga-Antilopen), kleine Antilopen mit einer besonders aufgewölbten Nase, bewohnen die Tundren Nordamerikas und Eurasiens während des Pleistozän, bleiben heute jedoch auf die Kirgisensteppe beschränkt.

Die Tragelaphinae umfassen viele Fossilformen. Einige, wie *Palaeoreas*, gehen zurück bis ins eurasische Miozän. Heutige Vertreter sind Kudus, Elenantilope u. a. Typischerweise sind die Hörner spiralig verdreht und erwecken zusammen den Eindruck einer Leier.

Rochen

Knorpelfische (Chondrichthyes) der Ordnung Batoidea. Die Rochen werden mit den ↗Haien als Elasmobranchii zusammengefaßt. Die meisten bodenlebenden Formen ziehen Wasser über ein Spritzloch ein (nach oben verlagerte erste Kiemenspalte) und lassen es über die Kiemen und durch Kiemenöffnungen an der Unterseite wieder ausströmen. Die Schwanzflosse ist reduziert, der Schwanz zu einem abgesetzten, peitschenartigen Organ verkleinert, das manchmal einen Giftstachel trägt. Die Rückenflossen sind höchstens noch rudimentär vorhanden, während die Bauchflossen gut entwickelt sind. Die Brustflossen werden enorm

verbreitert zu meist dreieckigen Seitenlappen, die vom Kopf bis zum Körperende verlaufen können. Die Fortbewegung erfolgt durch wellenförmige Bewegungen dieser Brustflossen. Die meisten Rochen fressen Kleintiere (Weichtiere und Krebse), die zwischen flachen Pflasterzähnen zerrieben werden. In ihrer Form gleichen die Rochen manchen ↗Placodermi (z. B. *Gemuendina*); dabei handelt es sich aber um konvergente Entwicklungen in Anpassung an ähnliche Lebensweise.

Die Geschichte der Haie und Formen wie *Squatina* legen nahe, daß sich die Rochen während des Jura aus Haien entwickelt haben. Die jurassische Gattung *Squatina* zeigt den Weg der Entwicklung: Die Brustflossen sind bereits stark entwickelt, jedoch nicht am Kopf festgewachsen. Der Körperquerschnitt ist noch rund, nicht abgeflacht wie bei Rochen.

Im Paläozän tritt mit *Eotorpedo* ein stärker spezialisierter Rochen auf. Bei dieser Gattung sind Teile der Muskulatur zu elektrischen Organen umgebildet.

Rodentia ↗Nagetiere

Romer, Alfred Sherwood
(1894–1973)

Amerikanischer Paläontologe und Autor bedeutender Lehrbücher: Vertebrate Paleontology (1933), Man and the Vertebrates (1933), The Vertebrate Body (1949) und The Osteology of the Reptiles (1956). ROMER studierte am Amherst College und an der Columbia University. 1923 wurde er außerordentlicher Professor an der Universität Chicago, von 1946–1961 war er Direktor des ↗Museum of Comparative Zoology.

Neben den Lehrbüchern publizierte ROMER auch eigene Forschungsarbeiten, häufig über selbst aufgesammelte Fundstücke. Seine Beiträge befassen sich mit der Evolution der Fische, Reptilien und Amphibien und insbesondere mit den Ursprün-

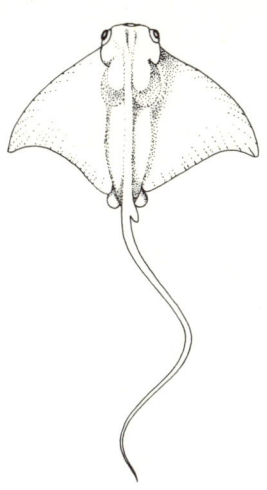

Rochen
Myliobatis, der rezente Adlerrochen, besitzt eine bis in die Obere Kreide zurückreichende Fossilgeschichte. Er wird – einschließlich Schwanz – etwa 4,5 m lang.

gen der großen Wirbeltierklassen. Im deutschsprachigen Raum ist RO-MER vor allem durch die „Vergleichende Anatomie der Wirbeltiere" (1. Aufl. 1959) bekannt geworden.

Royal Ontario Museum

Gegründet 1912 in Toronto als Universitätsmuseum; Anregungen zu einem »Lyceum of Natural History and Fine Arts« reichen allerdings zurück bis 1833. Seine heutige Bezeichnung erhielt das Museum 1968 mit der Loslösung der Verwaltung von der Universität. Dennoch bestehen auch heute noch enge Beziehungen zwischen beiden Organisationen.

Das Royal Ontario Museum ist das größte öffentliche Museum in Kanada und gleichzeitig ein wichtiges Forschungsinstitut mit umfangreichen Fossilsammlungen, insbesondere reich an nordamerikanischen Wirbeltieren.

Rudolfsee

Der Rudolfsee, auch Turkanasee genannt, liegt in Nordkenia und war ursprünglich wesentlich größer als heute. Das alte Seebett lieferte eine verwirrende Fülle an Fossilien, von denen viele noch rätselhaft bleiben. Hominidenreste wurden von Richard LEAKEY, dem Sohn von Louis ↗LEAKEY entdeckt; das als erstes ausgegrabene Fundstück gehört vermutlich zu *Australopithecus boisei*. Man fand Schädel mit und ohne den offenbar für die männlichen Individuen charakteristischen sagittalen Kamm und war somit zum ersten Mal imstande, die Geschlechter zu unterscheiden. Wie bei ↗Olduvai kommen diese Fossilien zusammen mit Steingeräten vor, man begann daher am Rudolfsee mit der Suche nach einem Hominiden vom Typ des *Homo habilis*.

1972 fand man einen in zahlreiche Stücke zerbrochenen Schädel, der sich nach sorgfältiger Rekonstruktion als moderner erwies als der von *Homo habilis*. Das Gehirnvolumen beträgt 770 cm³ und liegt damit im Bereich des späteren *Homo erectus*. Dieser Schädel mit der Fundnummer 1470 wird zur Gattung *Homo* gestellt, erhielt aber bisher keinen Artnamen. Vermutlich ist der 1470-Schädel älter als alle Olduvai-Hominiden. Später aufgefundene fossile Knochen werden entweder *Australopithecus boisei* oder dem 1470-Typ zugeordnet. Von besonderem Interesse sind die Hüftknochen des 1470-Typs, da sie sehr denen des modernen Menschen gleichen und einen aufrechten Gang vermuten lassen.

Seither wurde das Bild am Rudolfsee durch weitere Funde noch komplizierter. Ein Teil des Materials ähnelt *Australopithecus africanus* von Südafrika, andere Reste erinnern an *Homo habilis* von Olduvai. Ausgrabungen in etwa einer halben Million Jahre älteren Schichten lieferten Fragmente von *Australopithecus boisei* zusammen mit Knochen eines Hominiden, der sich kaum vom echten Menschen unterscheiden läßt. Auch Handaxt-Geräte kommen auf diesem Niveau vor. Die Bedeutung der Funde vom Rudolfsee liegt in dem gleichzeitigen Vorkommen so vieler Hominiden und in dem Auftreten des offenbar hochentwickelten 1470-Typs zu so früher Zeit.

Rüsseltiere, *Elefanten i. w. S., Proboscidea*

Zur Säugetierordnung der Proboscidea gehören die Elefanten, das Mammut und die ↗Mastodonten. Der Haupttrend in der Evolution der Proboscidea ist das Anwachsen des Körpergewichts. Ein afrikanischer Elefant wiegt etwa 6,5 Tonnen, einige pleistozäne Elefanten erreichen sogar 8 Tonnen. *Moeritherium* aus dem Eozän Ägyptens, die älteste bekannte Ahnenform, wiegt dagegen nur etwa 200 kg, d. h., innerhalb von etwa 50 Millionen Jahren wird das Gewicht um das 33fache größer. Das Volumen steigt mit der dritten, die Oberfläche je-

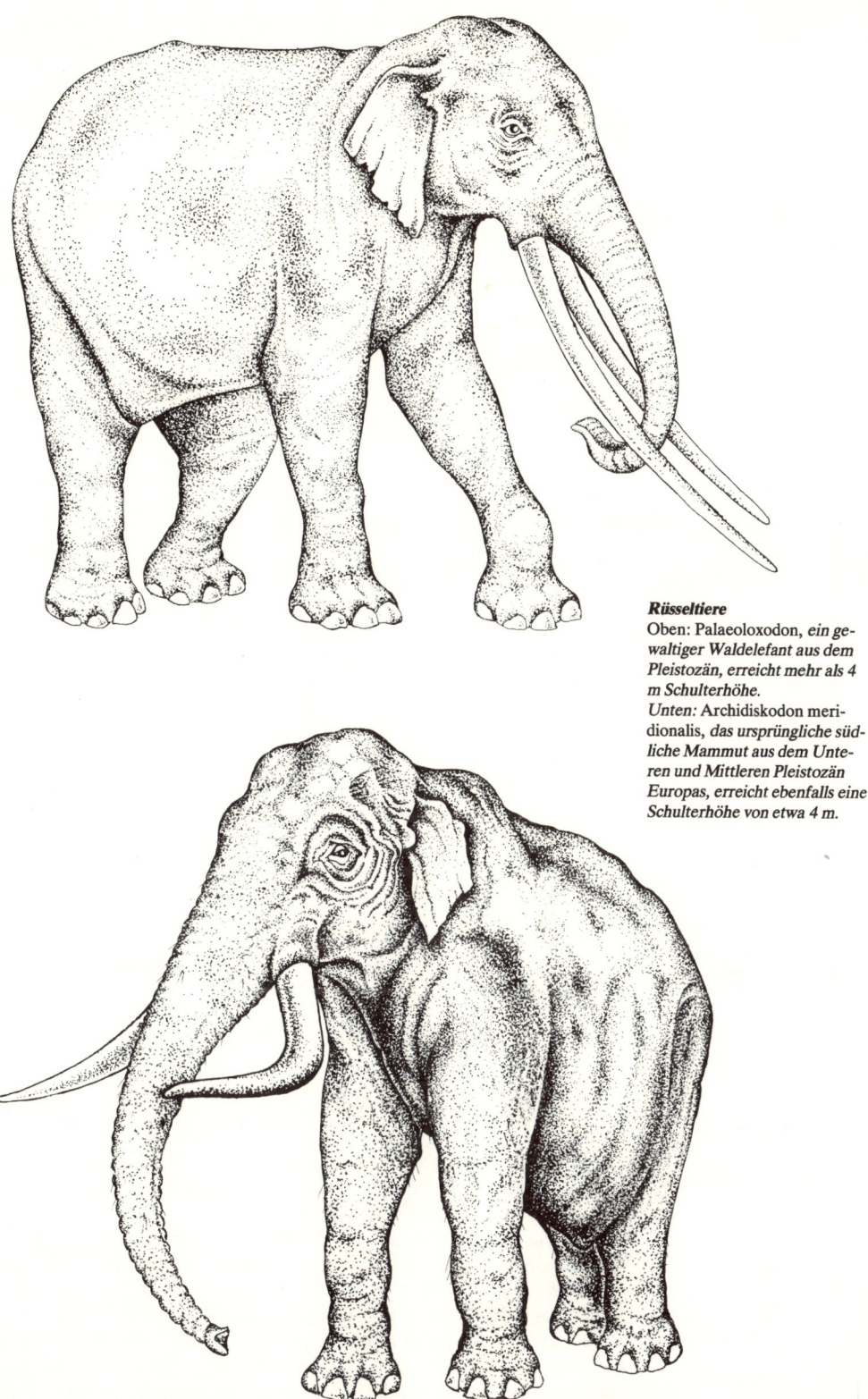

Rüsseltiere
Oben: Palaeoloxodon, *ein ge-*
waltiger Waldelefant aus dem
Pleistozän, erreicht mehr als 4
m Schulterhöhe.
Unten: Archidiskodon meri-
dionalis, *das ursprüngliche süd-*
liche Mammut aus dem Unte-
ren und Mittleren Pleistozän
Europas, erreicht ebenfalls eine
Schulterhöhe von etwa 4 m.

doch nur mit der zweiten Potenz einer Größe, so daß der 33fachen Gewichtszunahme eine nur 11fache Zunahme der Körperoberfläche entspricht. Die daraus entstehenden Kühlprobleme lösen die Elefanten mit Hilfe ihrer großflächigen und wenig voluminösen Ohren.

Die frühesten Rüsseltiere zeigen Ähnlichkeit mit Schweinen oder kleinen Flußpferden. Die von nun an zu beobachtende Gewichtszunahme bedingt aber auch einen Umbau der Gliedmaßen: Die Beine

Moeritherium bis *Elephas* steigt die Länge der Vorderextremitäten um das 3,5fache und der Durchmesser des Humerus (Oberarmknochen) gar um das 28fache an. Elefanten können wegen ihrer Größe nicht mehr galoppieren, mit ihren langen Beinen erreichen sie dennoch beträchtliche Geschwindigkeiten.

Der Energieverbrauch eines Säugetieres ist ungefähr proportional seinem Volumen, während die Nahrungsmenge, die aufgenommen werden kann, ungefähr proportio-

Rüsseltiere
Stegodon *aus dem Pliozän und frühen Pleistozän Asiens ist ein echter ursprünglicher Elefant mit einer Schulterhöhe von etwa 3 m.*

werden länger, ihr Durchmesser vergrößert sich, und ihre Achse wird gerade gestreckt, so daß das Gewicht direkt auf den Knochen lastet (säulenartige Beine). Mit bis zu 2 Tonnen Gewicht auf einem Bein könnten diese nicht mehr wie die Hinterbeine eines Hundes S-förmig konstruiert bleiben. Von

nal zur Kaufläche steigt. Während *Moeritherium* als ausgewachsenes Tier eine Reihe von sechs Backenzähnen auf jeder Kieferseite besitzt, wird die Kaufläche bei Elefanten etwa verdreifacht und zusätzlich konzentriert auf je einen festen Zahn pro Kieferseite. Sind die Zähne abgenutzt, werden sie ersetzt und zwar bis zu fünfmal (die also insgesamt sechs Zähne pro Kieferseite entsprechen den drei Milch-Prämolaren und drei Dauer-Molaren). Während für *Moeritherium* ein Alter von etwa 15 Jahren angenommen wird, kann ein Elefant bis 75

Die Lebensdauer eines Zahnes hängt jedoch auch von seiner Höhe und Stärke ab; die Zähne von *Moeritherium* sind flach gebaut, Elefanten besitzen dagegen hochkronige Zähne, die durch die typische Querlamellenstruktur eine

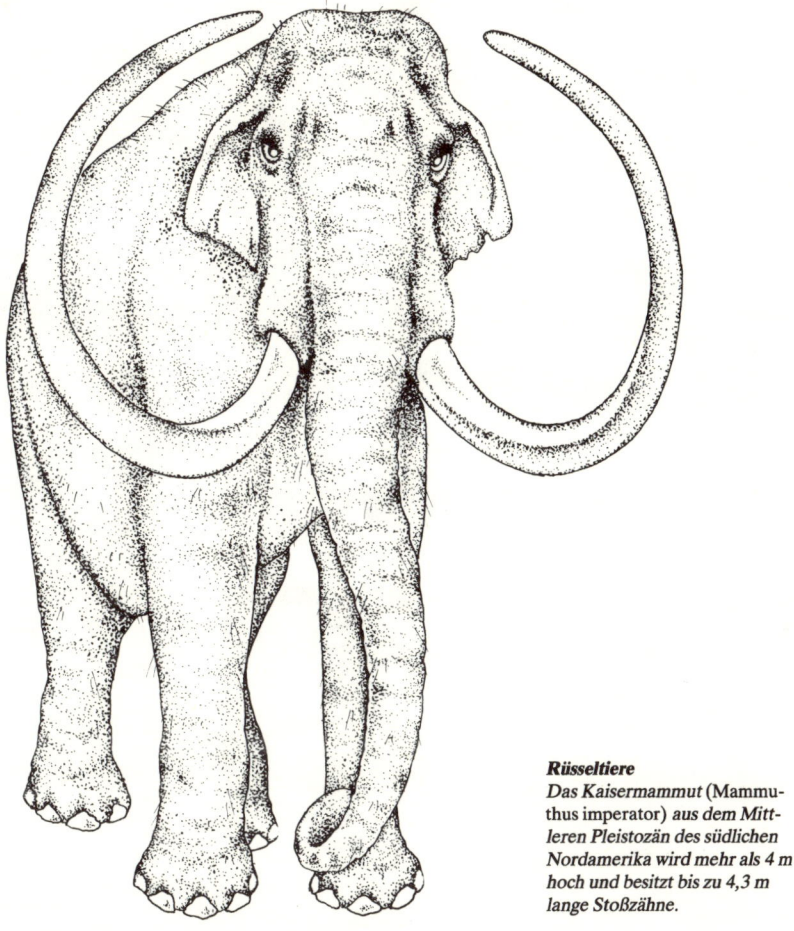

Rüsseltiere
Das Kaisermammut (Mammuthus imperator) *aus dem Mittleren Pleistozän des südlichen Nordamerika wird mehr als 4 m hoch und besitzt bis zu 4,3 m lange Stoßzähne.*

Jahre alt werden. Im Laufe dieser, verglichen mit *Moeritherium* fünffachen Lebenszeit wechselt ein Elefant auch fünfmal so häufig seine Zähne. Die dreifache Vergrößerung der Kaufläche würde aber dennoch nicht ausreichen, die der 33fachen Volumenausdehnung entsprechende Nahrungsmenge zu verarbeiten.

100fache Volumenvergrößerung erreichen. Dies ermöglicht den Tieren, auch hartes Gras als Nahrung aufzunehmen.
Ein Charakteristikum der Rüsseltiere ist die Umbildung zweier Schneidezähne zu Stoßzähnen. Während die frühen Formen damit noch Nahrung sammeln, werden

die Stoßzähne bei späteren Gattungen vor allem im Sozialverhalten, zur Dominanzsicherung, eingesetzt. Einzelne Stoßzähne können bis zu 50 kg wiegen, und ein Paar davon plus vier große Backenzähne und der Rest des Schädels können sich im Extrem zu einer halben Tonne addieren. Es wäre unmöglich, ein solches Gewicht am Ende eines langen Halses, wie jenem bei Giraffen, zu tragen; und da Elefanten

Subungulaten

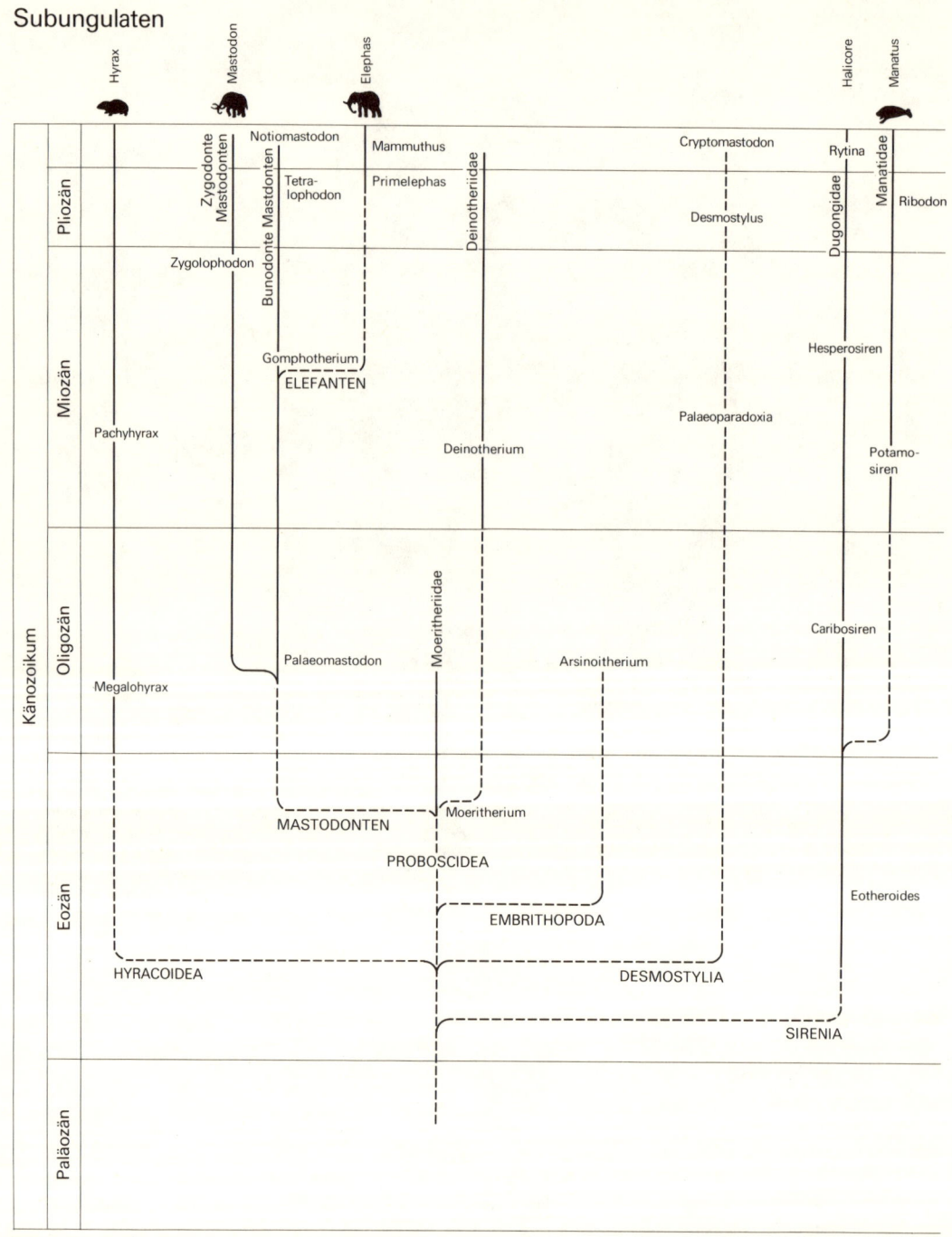

andererseits lange Beine „brauchen", erscheint die Entwicklung eines Rüssels notwendig, um den Tieren ein Trinken zu ermöglichen.

Bis vor etwa 25 Millionen Jahren ist Afrika das Zentrum der Proboscidea-Evolution, dann beginnen Rüsseltiere nach Europa und Asien vorzudringen und später auch nach Amerika. Mit dem Pleistozän haben die Elefanten den Großteil der Welt besiedelt und dabei auch Südamerika und Inseln Südostasiens erreicht, nur Australien wird nicht besiedelt. Die beherrschenden Rüsseltiere des Miozän sind die Mastodonten, die jedoch im Pleistozän durch Mammuts abgelöst werden. Diese sind um die Tundren (Kaltsteppen) verbreitet; das Kaisermammut erreicht eine Schulterhöhe von mehr als 4 Metern. Die Mastodonten entwickeln sich aus kleinen schweineähnlichen Moeritheriidae und Palaeomastodonten des afrikanischen Eozän und Oligozän. Die Stegodontidae bilden einen Seitenzweig der Mastodontenlinie, und eine weitere interessante Seitenlinie der Proboscidea-Evolution führt zu *Deinotherium,* einem elefantenähnlichen Säugetier, das keine Oberkieferstoßzähne besitzt. *Deinotherium* erscheint im afrikanischen Miozän, dringt von dort nach Europa und Asien vor und überlebt in Afrika bis ins älteste Pleistozän, wo die letzten Deinotherien aussterben.

Säbelzahnkatzen

Ausgestorbene ↗Katzen (Felidae), die sich durch stark vergrößerte obere Eckzähne auszeichnen; sie sind die auffälligsten Raubtiere des Känozoikum. Säbelzähne werden unabhängig voneinander bei zwei Unterfamilien der Katzen entwickelt, und zwar bei den echten Säbelzahnkatzen, den Machairodontinae

(inkl. Hoplophoneinae), und bei den „falschen Säbelzahnkatzen", den Nimravinae. Diese säbelartigen Zähne werden als Stichwaffe in zähhäutige Beute geschlagen, meist riesige pflanzenfressende Säugetiere (z. B. ↗Mastodonten, Elefanten, ↗Brontotherien und ↗Nashörner). Das Kiefergelenk ist über einen stabförmigen Fortsatz nach unten verlagert, so daß das Maul genügend weit geöffnet werden kann. Einige Säbelzahnkatzen entwickeln am Unterkiefer Wülste, die den Säbelzahn bei geschlossenem Maul schützen.

Der Ursprung der Machairodontinae ist unbekannt, offenbar entwickeln sie sich aber im Laufe des Eozän. Mit *Dinictis* aus dem nordamerikanischen Oligozän kennt man eine Form, die vermutlich der Basis der echten Säbelzahnkatzen, der echten Katzen (Felinae) und der „falschen Säbelzahnkatzen" nahe steht. Dieses pumagroße Tier zeigt kurze, schlanke Gliedmaßen und teilweise einziehbare Krallen. Die „Säbel" sind nur wenig länger als die unteren Eckzähne.

Bei *Hoplophoneus* dagegen, einem kräftigen Zeitgenossen von *Dinictis* im nordamerikanischen Oligozän, finden sich schon typische Säbelzähne mit schützenden Wülsten am Unterkiefer und weitgehend reduzierte untere Eckzähne.

Noch stärker spezialisiert ist *Eusmilus,* der im späteozänen Eurasien auftritt und während des Oligozän nach Nordamerika vordringt. Dieses riesige Raubtier ist mit enormen Säbeln ausgestattet, die durch große Wülste am Unterkiefer geschützt werden. Die unteren Eckzähne sind auf Schneidezahngröße verkleinert. Im Miozän werden die Säbelzahnkatzen in Nordamerika selten, im Gegensatz zur Alten Welt *(Metailurus),* wo sie mit dem löwengroßen *Machairodus* bis ins Pliozän reichen.

Die charakteristische Säbelzahnkatze des europäischen Unteren Pleistozän ist *Megantereon* (von der

Säbelzahnkatzen
Oben: Hoplophoneus, *ein nordamerikanischer Machairodont, lebt vom Unteren Oligozän bis ins Untere Miozän. Die Gattung umfaßt Tiere von der Größe eines Rotluchses bis zu der eines großen Pumas.*
Unten: Eusmilus, *eine frühe leopardengroße Säbelzahnkatze, erscheint im Oberen Eozän der Alten Welt und dringt im Oligozän nach Nordamerika vor.*

China während des Mittleren Pleistozän und in Nordamerika im Oberen Pleistozän. *Homotherium* hat ungewöhnlich lange Vorderextremitäten und jagt wohl junge Elephantiden, wie die vergesellschaftet gefundenen Knochen junger Mammuts zeigen. Im Oberen Pleistozän erscheint der kurzschwänzige *Smilodon* (↗Rancho La Brea) in Nordamerika. Dieser letzte Vertreter der Säbelzahnkatzen trägt keine Schutzwülste mehr am Unterkiefer, trotz riesiger oberer Eckzähne. Wahrscheinlich führt das Verschwinden der großen pflanzenfressenden Säugetiere – der Hauptnahrung der Säbelzahnkatzen – zu deren Aussterben.

Die Nimravinae erscheinen mit dem Eozän und sind im Oligozän Nordamerikas *(Nimravus, Archaelurus, Dinaelurus)* und Europas *(Aelurogale)* weit verbreitet. Der charakteristische Nimravine der Alten Welt im Miozän und Pliozän ist *Pseudaelurus,* der schließlich Nordamerika erreicht und dort neben *Nimravides* lebt. Die Nimravinae persistieren nicht bis ins Pleistozän.

Sahni, Birbal (1891–1949)
Indischer Paläontologe und Begründer der Paläobotanik in Indien. Geboren in Bhera, Indien, erhielt SAHNI seine Ausbildung in seinem Heimatland und an der Cambridge University, wo er mit Sir Albert ↗SEWARD zusammentraf.

Größe eines Kleinpanthers), die sich während des Mittelpleistozän vom Mittelmeergebiet nach Afrika und Asien ausbreitet und wahrscheinlich über die Beringstraße Nordamerika erreicht; aus ihr entwickelt sich dort der mächtige *Smilodon.*

Neben *Megantereon* lebt im Villafranchium (Unteres Pleistozän) die „Schwertzahnkatze" *Homotherium.* Sie besitzt seitlich abgeflachte, rasiermesserscharfe Eckzähne von mäßiger Länge sowie zu dünnen Schneideklingen umgeformte Backenzähne. Diese Form lebt in

1919 übernahm er die Leitung der botanischen Abteilung an der Lucknow-Universität in Indien und erhielt später dort die erste Professur. Im Jahre 1946 gründete er das „Birbal Sahni Institute of Palaeobotany", weltweit das einzige Institut dieser Art.

SAHNI war ein guter Kenner der indischen Pflanzenwelt, sein Interesse galt der Geologie und Botanik. Seine vielfältigen paläobotanischen Arbeiten befassen sich unter anderem mit den „Saline Series" der Punjab Salt Range und mit der ↗ Glossopteris-Flora.

Sammeltechnik

Der wissenschaftliche Wert eines Fossils hängt zu einem Teil von Informationen ab, die beim Aufsammeln gewonnen werden. Name des Fundstücks, Fundort und geologische Bezeichnung der Fundschicht werden in ein Feldbuch eingetragen, ein Zettel mit den gleichen Angaben wird zusammen mit dem Fossilstück in einen Leinen- oder Plastiksack gegeben. Fossilien von verschiedenen Gesteinsarten, verschiedenen Fundorten oder unterschiedlichen stratigraphischen Horizonten sollen nicht vermischt, sondern in getrennten Beuteln aufbewahrt werden. Im Feldbuch werden ferner Skizzen der Gesteinsfolge angefertigt.

Zur Sammelausrüstung gehören eine gute Karte von dem entsprechenden Gebiet, eine Lupe mit 10facher Vergrößerung, Bleistifte, ein wasserfester Tintenschreiber und ein Metermaß. Etwas Verbandmaterial für kleinere Verletzungen sollte ebenfalls mitgenommen werden.

Die zum Sammeln verwendeten Geräte hängen von der Gesteinsart ab, in der sich die Fossilien befinden. Als sehr nützlich erweist sich stets ein Geologenhammer. Meißel aus gutem Stahl, ein schwerer Hammer, kleine oder große Schaufeln und Spaten, Messer und Siebe können benötigt werden, je nachdem ob es sich bei den fossilführenden Schichten um harten Kalkstein oder weichen Ton handelt. Normalerweise sollten Fossilien nicht im Gelände, sondern nur zu Hause oder im Labor gereinigt werden. Klebstoffe und Härter dürfen, wenn überhaupt, nur mit großer Vorsicht verwendet werden, da die Fundstücke später noch gereinigt und präpariert werden müssen. Es sollten nur wasserlösliche oder auf Lösungsmitteln basierende Klebstoffe benutzt werden, niemals Kunstharze. Zerbrechen Fossilien während der Ausgrabung, werden die Bruchstellen markiert und die Fragmente erst später im Labor wieder zusammengefügt und geklebt.

Zu den häufigsten Fossilfunden gehören Schalen, Pflanzen- und Wirbeltierreste. Findet man wirklich große Fossilstücke, wie ein vollständiges Ichthyosaurierskelett oder eine Platte mit Resten einer Crinoidenkolonie, dann müßen diese in eine schützende Hülle eingebettet werden. Dazu wird die Fläche zuerst mit feuchtem Seidenpapier bedeckt, danach folgen mehrere Lagen grober Leinwand, die zuvor mit einer Mischung aus gebranntem Gips und Wasser getränkt wurde. Um größere Festigkeit zu erzielen, werden Holzlatten beigefügt und der Block anschließend vorsichtig unterhöhlt. Das freigelegte Gestein wird laufend mit in Gipswasser getränkten Leinen geschützt. Schließlich kann die ganze Platte umgedreht und für den Transport weiter verstärkt werden. Der ganze Vorgang erfordert sehr viel Geschick und Geduld. Jedes einzelne Fundstück bereitet spezielle Bergungsprobleme, und man erprobt laufend neue Techniken, z. B. die Anwendung eines sich ausdehnenden Polyurethanschaumes.

Das Aufsammeln von Fossilien ist nicht immer ungefährlich. Steinbrüche, Felswände, Steilküsten u. ä. sind vor allem nach Regen, Sturm oder Frost stark steinschlaggefährdet. An solchen Stellen, ebenso wie in Stollen, sollte daher immer ein Schutzhelm getragen werden.

Vor Beginn der Fossilsuche muß die Erlaubnis des Landeigentümers eingeholt werden. Landschaft und Eigentümer dürfen durch die Sammeltätigkeit nicht geschädigt werden.

Sarcopterygii ↗Choanichthyes

Säugerähnliche Reptilien, *Synapsida*

In der Permo-Trias vorherrschende Unterklasse der Reptilien. Verdrängt von den ↗Archosauriern, sterben die Synapsiden schon früh

sie im wesentlichen konservativ; es existieren keine fliegenden, bipeden oder echt aquatischen Formen.

Das kennzeichnende Merkmal dieser Reptilgruppe ist der synapside Schädelbau, d. h. das Vorhandensein nur einer Öffnung in der Schläfenregion zur Befestigung der Kiefermuskeln. Als weiteres Charakteristikum gilt ihr „Experimentieren" mit der Temperaturregulation. Während Säugetiere und Vögel physiologisch imstande sind, ihre Körpertemperatur unabhängig von der Außentemperatur auf einem konstanten und optimalen Niveau

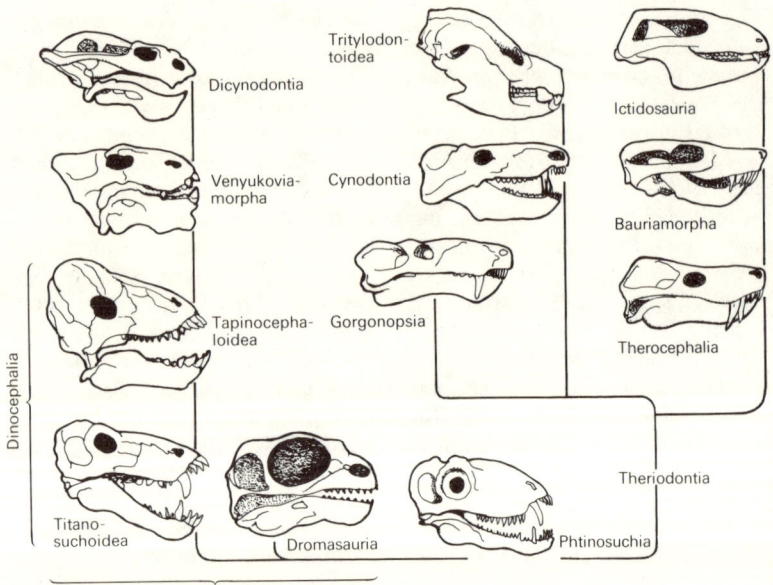

Säugerähnliche Reptilien
Die Entwicklungslinien der säugerähnlichen Reptilien der Ordnung Therapsida.

im Mesozoikum aus, von ihnen leiten sich aber die Säugetiere ab, die schließlich im Känozoikum die ↗Dinosaurier als die dominierenden Landwirbeltiere ablösen.

Die Säugerähnlichen Reptilien reichen in der Größe von einer kleinen Eidechse bis zu einem Nashorn und umfassen sowohl pflanzenfressende wie carnivore Gruppen. Zahlreiche Merkmale entwickeln sie parallel zu den Säugetieren, dennoch bleiben

zu halten (↗Warmblüter), werden Reptilien den ↗Kaltblütern zugerechnet.

↗Pelycosauria, die ältesten Säugerähnlichen Reptilien, werden als dominierende Synapsiden im Mittelperm von den Therapsida verdrängt. Zu dieser Ordnung gehören als wichtigste Unterordnungen die Theriodontia und die Anomodontia mit den Dinocephalia und Dicynodontia. Das ursprünglichste Sta-

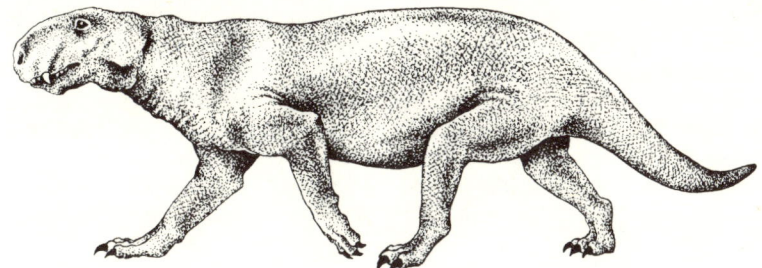

dium repräsentieren die Dinocephalia. Es sind, wie z. B. *Moschops*
aus dem Perm von Südafrika, große,
plump gebaute, pflanzenfressende
Tiere mit meißelartigen, schneidenden Zähnen. Der Name Dinocephalia bedeutet „Großköpfe" und bezieht sich auf die im Verhältnis zum
Körper mächtigen Schädel mit oft
verdickten Knochen.

Die in der Größe sehr unterschiedlichen Dicynodonten erscheinen be-

ten Extremitäten, kommt in Südamerika, Südafrika, Indien und der
Antarktis vor. Diese Regionen werden heute durch breite Ozeane
voneinander getrennt, sind aber in
der Trias Bestandteil einer noch
weitgehend zusammenhängenden
↗Gondwana, so daß ein derartiges
Verbreitungsmuster möglich wird.

Die Theriodonten gleichen von allen Reptilien am meisten den Säugetieren. Wie der Name Theriodon-

weglicher und leben ebenfalls herbivor. Als charakteristisches Merkmal
fehlen ihnen alle Backenzähne, so
daß die Kiefer denen der Schildkröten gleichen. Ein Teil der Individu-
en, z. B. von *Dicynodon,* trägt im
Oberkiefer ein Paar hauerartige
Eckzähne; dies läßt einen Sexualdimorphismus vermuten, wie er rezent bei einigen Säugetieren auftritt. *Lystrosaurus,* eine Gattung mit
offenbar ans Schwimmen angepaß-

tia – »Säugetierzähner« andeutet,
erinnert ihre Bezahnung, bestehend
aus Schneidezähnen, Eckzähnen
und Backenzähnen, an die Säugetiere, denen sie auch in manchen
anderen Skelettmerkmalen nahestehen. Die zahlreichen und vielfältigen Formen lassen sechs Gruppen
erkennen.

Die carnivoren, eidechsenartigen
Gorgonopsia enthalten Formen wie
Lycaenops aus dem späten Perm

von Südafrika und zeigen noch primitive, von den Pelycosauriern ererbte Merkmale. Als erfolgreicher Räuber besitzt dieses Tier aber bereits eine differenzierte Bezahnung. Die permischen Therocephalia (z. B. *Lycosuchus*) leben ebenfalls räuberisch und lassen in vieler Hinsicht Parallelentwicklungen zu den zeitgleichen Gorgonopsia erkennen.

Die Cynodontia ersetzen in der frühen Trias mit verschiedenen fuchsartigen Formen wie *Cynognathus* die Gorgonopsia als vorherrschende carnivore Gruppe; sie bele-

Synapside Reptilien

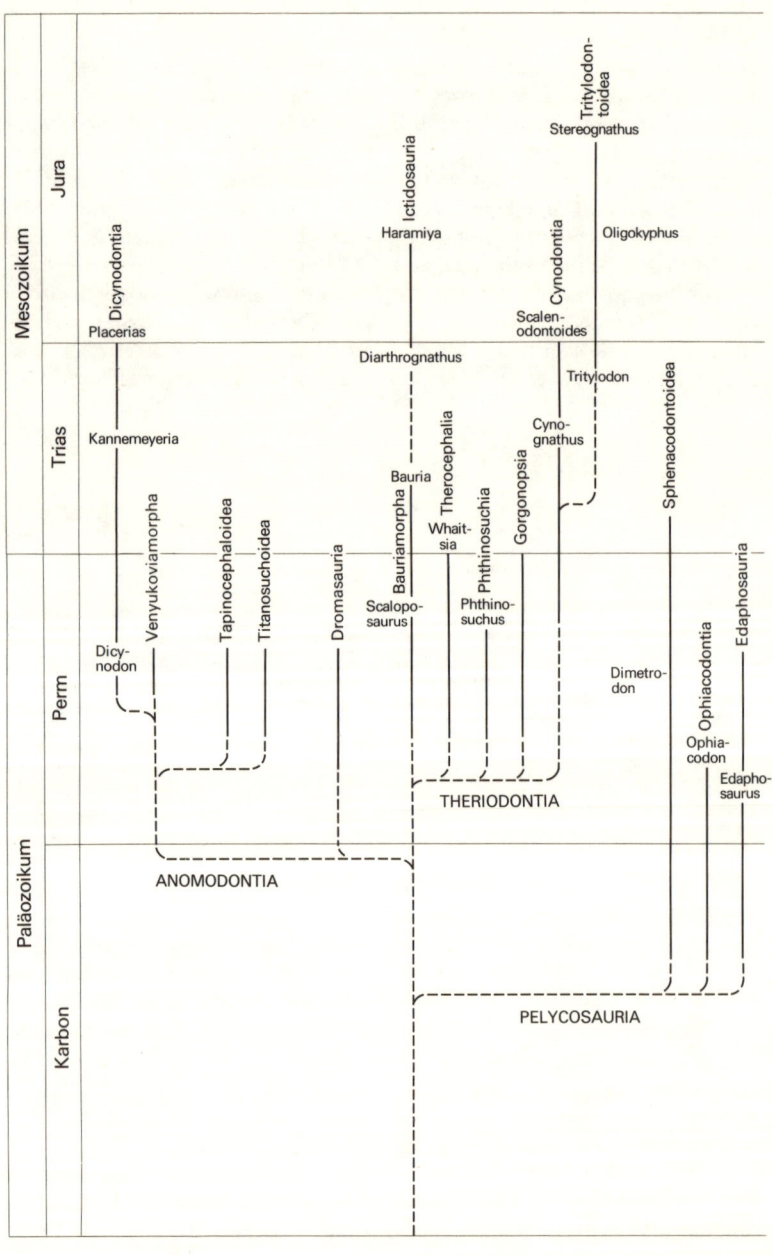

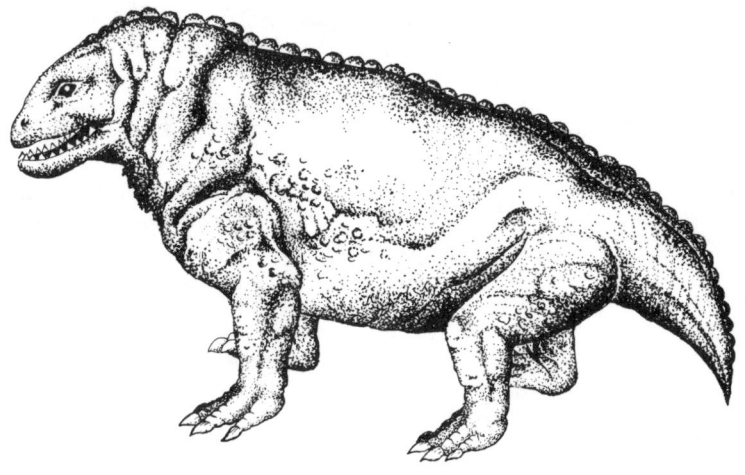

Säugerähnliche Reptilien
Säugerähnliche Reptilien
Moschops *aus dem Mittleren
Perm von Südafrika gehört zur
Überfamilie der Tapinocephal-
oidea innerhalb der Dinoce-
phalia.*
Länge: 2 m

gen vermutlich die ökologische Nische unserer rezenten Schakale.
Ebenfalls zu den Cynodonten gezählt werden Formen wie *Thrinax-
odon,* der den Säugetiervorfahren in
vieler Hinsicht sehr nahe steht;
vermutlich entwickeln sich die Säugetiere aus diesem Verwandt-
schaftskreis. Cynodonten zeigen
sehr viele Säugermerkmale, so daß
besser die verbleibenden Reptilcha-
rakteristika genannt werden. Der
Unterkiefer enthält außer dem großen Dentale noch einige kleine
Knochen, das Mittelohr besitzt nur
ein einziges Gehörknöchelchen,
und die Wirbelsäule kann nicht
gekrümmt werden. Wegen des letzten Merkmals vermutet man, daß
diese Tiere nicht auf die Seite liegen
können, um ihre Jungen zu säugen,
wie es für Säugetiere typisch ist.
Die Bauriamorpha lassen zahlreiche
Parallelentwicklungen zu den Cynodonten erkennen. Im Gegensatz
zum Unterkiefer erscheinen Schädel und Bezahnung säugerähnlich.
Die Gruppe erlischt in der frühen
Trias, aus ihr entwickeln sich aber
vermutlich die Ictidosauria, kleine
spättriassische Formen aus Südafrika, mit *Diarthrognathus* als bestbe-

Säugerähnliche Reptilien
Lystrosaurus, *ein frühtriassi-
scher Vertreter der Dicynodon-
tia, lebt vermutlich halbaqua-
tisch und kommt in Afrika,
Asien, Südamerika und der
Antarktis vor.*
Länge: ca. 1 m

kanntem Vertreter. Der Gattungsname bezieht sich auf die doppelte Artikulation der Kiefer: Neben dem für die Reptilien typischen Gelenk zwischen Quadratum und Articulare existiert auch das die Säugetiere charakterisierende Gelenk zwischen Squamosum und Dentale. Für dieses wichtige Merkmal der Kiefergelenkung repräsentiert *Diarthrognathus* damit ein Übergangsstadium zwischen Reptilien und Säugetieren.

Eine aberrante Seitenlinie nagetierähnlicher Theriodonten bilden die Tritylodontoidea. Sie halten sich deutlich länger als alle anderen Theriodonten und werden erst etwa im Mittleren Jura von multituberculaten Säugetieren verdrängt. *Oligokyphus* aus dem frühen Jura von England erinnert an eine große Maus; da der Rücken gekrümmt werden kann, ist dieses Tier vermutlich imstande, sich einzurollen, um seine Jungen zu wärmen und zu säugen.

Viele Theriodonten verfügen wahrscheinlich über eine gewisse Temperaturkontrolle, einige besitzen möglicherweise auch ein Haarkleid; ihnen fehlt aber der säugertypische Bau des Gehörorgans und, mit Ausnahme vielleicht von *Oligokyphus*, die Milchdrüsen. Im Laufe der Trias entwickeln sich aber offenbar aus einigen Theriodonten echte Säugetiere von geringer Größe.

Säugetiere

Behaarte, warmblütige Wirbeltiere (↗Warmblüter), die ihre Jungen nach der Geburt säugen. Die große Mehrzahl ist lebendgebärend. Die plazentalen Säugetiere (Eutheria) ernähren den Embryo über eine Plazenta in der Gebärmutter. ↗Kloakentiere legen jedoch noch Eier, und ↗Beuteltiere gebären ihre Jungen in einem sehr frühen Entwicklungsstadium, das Hauptwachstum erfolgt erst in einem besonderen Hautbeutel.

Die ↗Mesozoischen Säugetiere können bis in die frühe Trias zurückverfolgt werden. Die Pantotherien des Jura hält man für die Ausgangsgruppe der Beuteltiere und Plazentatiere (Theria), die beide in der späten Kreide erscheinen. Von den ursprünglichen Plazentaliern, den ↗Insektenfressern, stammen direkt oder indirekt wohl alle anderen Eutherier ab. Erste ↗Primaten wie ↗Lemuren und Loris und ↗Koboldmakis findet man im Eozän; Miaciden, die Vorläufer der ↗Raubtiere, treten im Paläozän – Eozän auf. Aus frühen Huftieren (↗Condylarthra) entwickeln sich die ↗Paarhufer und ↗Unpaarhufer, ferner die ↗Litopterna, ↗Astrapotheria und ↗Notoungulata, die im südamerikanischen Känozoikum stark verbreitet sind. ↗Nagetiere und ↗Zahnarme erscheinen während des Oberen Paläozän, ebenso wie *Eurymlus,* der erste Vertreter der ↗Hasenartigen. Die ↗Amblypoda, eine Gruppe großer, im Eozän stark verbreiteter Huftiere, scheinen sich im Paläozän aus den Condylarthra zu entwickeln. Eine eigene Entwicklungslinie führt zu den ↗Rüsseltieren, ↗Seekühen und ↗*Arsinoitherium.* Auch die ↗Wale stammen wohl von den Condylarthra ab. Eine Sackgasse führt zu den ↗Creodonta, die vermutlich aus *Deltatheridium* und Verwandten aus der Oberen Kreide hervorgehen.

Während in der Oberen Kreide, im Paläozän und Eozän die Plazentalier eine riesige Vielfalt hervorbringen, sind die meisten Ordnungen heute im Rückgang begriffen – als Folge des überragenden Erfolges der Primaten mit dem ↗Menschen.

Saurischia

Ausgestorbene Ordnung der Unterklasse ↗Archosaurier; sie bilden zusammen mit den ↗Ornithischia die künstliche Gruppe der ↗Dinosaurier.

Saurischia („Eidechsenbecken-Dinosaurier") besitzen ein dreistrahliges, für Reptilien typisches Becken. Innerhalb dieser Ordnung werden zwei Hauptentwicklungslinien erkennbar: die Theropoda („Säugetierfüßer") mit den bipeden ↗Coelurosauria, ↗Deinonychia und ↗Carnosauria, ferner die Sauropodomorpha („Eidechsenfüßer") mit den Prosauropoda der Trias und den quadrupeden ↗Sauropoda aus Jura und Kreide.

Wahrscheinlich enthalten die Saurischia mehr als eine Abstammungslinie der ↗Pseudosuchia-Vorfahren. Die Coelurosauria repräsentieren die zentrale Gruppe der Theropoda, ob sich die Carnosauria direkt aus ihnen ableiten, ist aber ungewiß. Auch ist nur schwer vorstellbar, daß sich die massigen Prosauropoden und ihre Nachfolger, die Sauropoden, aus einer gemeinsamen Theropodengruppe entwickeln.

Sauropoda

Quadrupede, langhälsige ↗Saurischia; hierzu gehören die größten bekannten Landtiere überhaupt. Sauropoden besitzen einen kleinen Schädel, einen kurzen Rumpf mit säulenartigen Beinen und einen langen, peitschenförmig endenden Schwanz, der vermutlich der Abwehr von Feinden dient. Sie leben wahrscheinlich als Pflanzenfresser und gelten allgemein als halbaquatische Reptilien, die teilweise untergetaucht in Flüssen oder Seen Schutz vor Feinden suchen und mit ihrem langen, über die Wasseroberfläche ragenden Hals dennoch Nahrung aufnehmen können.

Fossile Pfadspuren von Sauropoden, bei denen Schwanzabdrücke fehlen, deuten darauf hin, daß diese

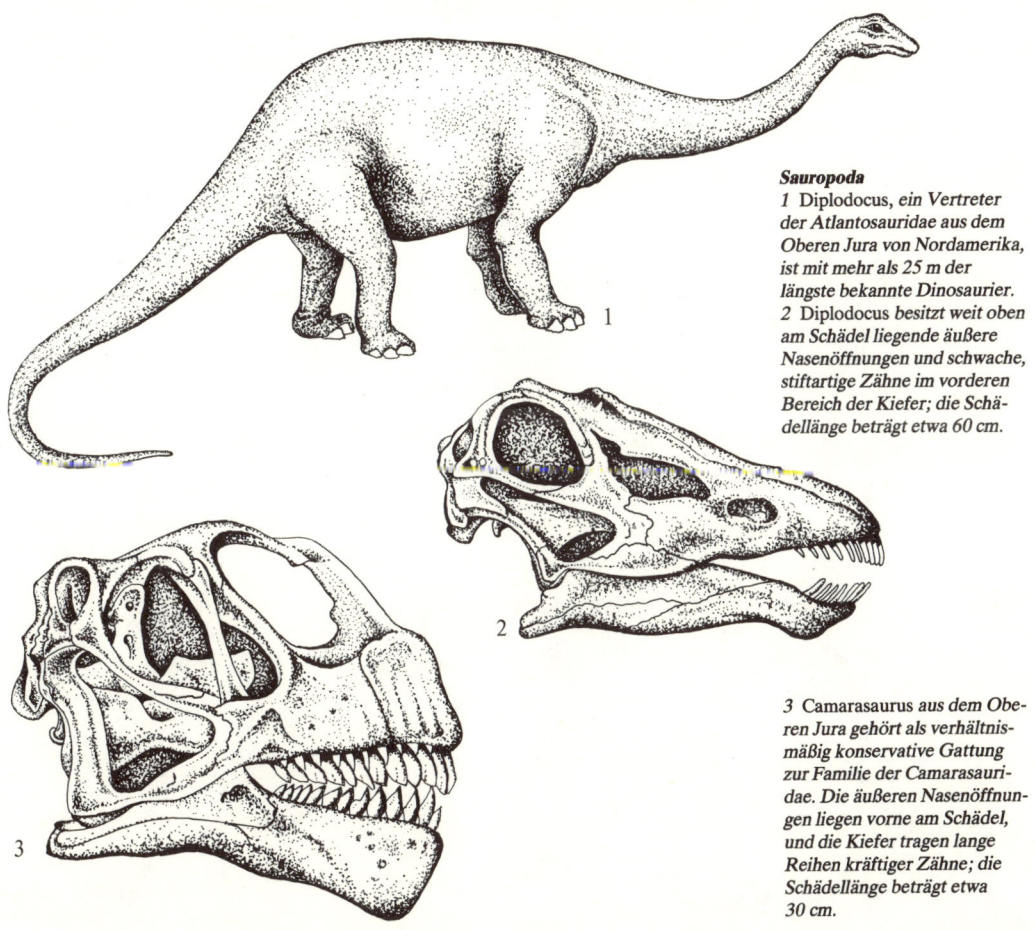

Sauropoda

1 Diplodocus, *ein Vertreter der Atlantosauridae aus dem Oberen Jura von Nordamerika, ist mit mehr als 25 m der längste bekannte Dinosaurier.*
2 Diplodocus *besitzt weit oben am Schädel liegende äußere Nasenöffnungen und schwache, stiftartige Zähne im vorderen Bereich der Kiefer; die Schädellänge beträgt etwa 60 cm.*

3 Camarasaurus *aus dem Oberen Jura gehört als verhältnismäßig konservative Gattung zur Familie der Camarasauridae. Die äußeren Nasenöffnungen liegen vorne am Schädel, und die Kiefer tragen lange Reihen kräftiger Zähne; die Schädellänge beträgt etwa 30 cm.*

Sauropoda
Der massige Brachiosaurus *kommt im Oberen Jura von Nordamerika, Portugal, der Sahara und Ostafrika vor und wird etwa 25 m lang. Von Dry Mesa, Colorado, kennt man ein Schulterblatt und andere Knochen, die ein Gewicht von 100 Tonnen vermuten lassen.*

Tiere tatsächlich im tiefen Wasser waten und der Schwanz infolge des Auftriebes nicht auf den Boden sinkt. Dennoch bestehen gewisse Zweifel, ob Wirbeltiere mit Lungen in größerer Wassertiefe noch atmen können, da der Druck auf Brust und Lunge mit wachsender Tiefe rasch zunimmt. Eine alternative Interpretation geht von einer mehr terrestrischen Lebensweise aus und deutet die langen Hälse als Anpassung,um auch die Wipfel hoher Bäume abäsen zu können.

Mit den Prosauropoda erscheinen in der Mittleren Trias die ersten Vertreter der Unterordnung Sauropodomorpha. Als recht typische Familie dieser Gruppe lassen die Anchisauridae noch Reste der Bipedie ihrer ↗Pseudosuchia-Vorfahren erkennen. Sie erreichen Längen von 2–3 Metern, erscheinen leicht ge-

baut mit kurzen Vorderextremitäten, einem langen Hals und Schwanz und einem großen Schädel. Die Kiefer tragen kleine, spatelförmige Zähne. Anchisauriden kommen in Südafrika, Südamerika, Nordamerika, Europa und Asien vor, einigermaßen vollständige Skelette kennt man aber nur von einigen Gattungen (z. B. *Efraasia, Gyposaurus* und *Yaleosaurus*).

Einige größere und schwerer gebaute Prosauropoden werden als Plateosauridae zusammengefaßt. Sie erreichen eine Länge von 8 m und bewegen sich überwiegend quadruped, die Vorderextremitäten bleiben aber verkürzt. *Plateosaurus* kommt häufig in der Oberen Trias von Europa vor, *Lufengosaurus* in China.

Die unmittelbaren Vorfahren der Sauropoden sind vermutlich unter den nur unvollständig bekannten Melanorosauridae der Mittleren und Oberen Trias zu suchen. Bei diesen großen, offenbar vollkommen quadrupeden Prosauropoden bleiben die vorderen Gliedmaßen nur wenig kürzer als die hinteren. Ihre Verbreitung reicht von Afrika über Europa bis nach Asien; sie sterben noch vor dem Unteren Jura aus.

Die Sauropoda, die zweite Infraordnung der Sauropodomorpha, enthalten zwei Familien.

Die Camarasauridae als die stärker konservative Gruppe besitzen kurzschnauzige Schädel, deren äußere Nasenöffnungen vor den Augenhöhlen liegen; die spatelförmigen Zähne reichen auf den Kieferrändern weit nach hinten, die Dornfortsätze der Halswirbel sind wenig entwickelt, und die Schwanzwirbel besitzen platycoele Zentra.

Eine frühe, ursprüngliche Unterfamilie repräsentiert *Cetiosaurus* aus dem Jura mit nur mäßig verlängertem Hals. Die Unterfamilie der Brachiosaurinae enthält mit *Brachiosaurus* und verwandten Formen die mächtigsten bekannten Sauropoden, deren Körpergewicht auf 80 bis 100 Tonnen geschätzt wird; als für Sauropoden ungewöhnliches Merkmal sind hier die vorderen Gliedmaßen länger als die hinteren. Verschiedene wenig bekannte, spätjurassische bis spätkretazische Gattungen aus Ostasien werden als Euhelopodinae zusammengefaßt, eine eigene Unterfamilie bildet der mächtige, etwa 10 m lange *Camarasaurus* aus der nordamerikanischen ↗Morrison-Formation.

Bei den höherentwickelten Sauropoda der Familie Atlantosauridae wandern die Nasenöffnungen am Schädel nach oben, die schwachen Zähne konzentrieren sich auf die vorderen Bereiche der Kiefer, die Wirbelzentra am Beginn des Schwanzes zeigen procoelen Bau (vorne konkav, hinten konvex). Auch hier werden mehrere Unterfamilien unterschieden.

Die Titanosaurinae umfassen verschiedene, auf fragmentarischem Material beruhende Gattungen, deren stratigraphische Verbreitung vom Oberen Jura *(Tornieria)* bis zum Ende des Mesozoikum reicht. Von *Antarctosaurus* kennt man einen Oberschenkelknochen von 2,3 m Länge.

Der bekannte *Atlantosaurus,* auch als *Apatosaurus* oder *Brontosaurus* bezeichnet, wird einer eigenen Unterfamilie zugeordnet. Der schlanke *Diplodocus* erreicht eine Länge von bis zu 25 m und wird zusammen mit *Barosaurus, Amphicoelias* und *Uintasaurus* zu den Diplodocinae gestellt. Die Dicraeosaurinae enthalten die Gattungen *Dicraeosaurus* (↗Tendaguru) und *Nemegtosaurus* (Mongolei).

Schachtelhalme, *Equisetatae*
Eine Klasse der Farnpflanzen (Pteridophyta); heute nur noch durch einige Arten der kleinwüchsigen Gattung *Equisetum* vertreten, entwickeln die Schachtelhalme im Karbon echte Baumformen (z. B. *Calamites*).

Da fossile Schachtelhalme meist nur als Bruchstücke gefunden werden, sind genaue Angaben über die maximale Größe der Calamiten nur schwer möglich, einige müssen aber eine Höhe von etwa 30 m erreicht haben. Calamiten besitzen hohle Stämme mit einem Innendurchmesser bis zu 30 cm. Die Beblätterung besteht aus Wirteln mit 4 bis 60 Blättchen, diese zeigen aber keine Tendenz zur Verschmelzung und zur Bildung von Scheiden wie bei der rezenten Gattung *Equisetum.*

Die Zapfen stehen entweder einzeln an den Nodien, terminal in Gruppen, oder aber an besonderen Ästen. Nach der Struktur werden Zapfen vom Typ *Calamostachys* und *Palaeostachya* unterschieden.

Bei beiden wechseln Wirtel aus tischchenförmigen peltaten Sporangiophoren ab mit Wirteln steriler Brakteen (Tragblättchen).

Der Bau dieser Sporophyllzapfen bestätigt die Verwandschaft zwischen den Schachtelhalmen der Ordnung Equisetales und den Hyeniales und Sphenophyllales. Die Sphenophyllales oder Keilblattgewächse mit der im Karbon weit verbreiteten Gattung *Sphenophyllum* besitzen breitere, keilförmige und oft gelappte Blättchen, ihre Stämmchen bleiben recht dünn. Vermutlich handelt es sich nicht um

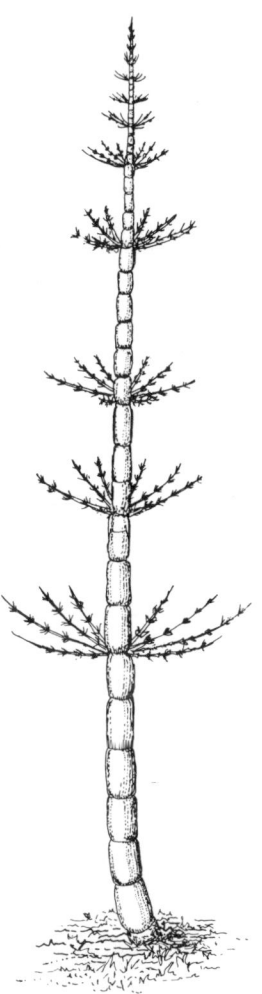

Schachtelhalme
Calamiten bilden einen wichtigen Bestandteil der Karbonwälder von Europa und Nordamerika; einige werden bis zu 30 m hoch.

309

aufrechte, sondern um kriechende oder kletternde Pflanzen.

Nach dem Ende des Karbon sterben die großen Calamiten rasch aus. Kleinere, moderner erscheinende Schachtelhalme wie die Gattung *Equisetites* persistieren durch das ganze Mesozoikum und gelten als Vorläufer der rezenten Gattung *Equisetum.*

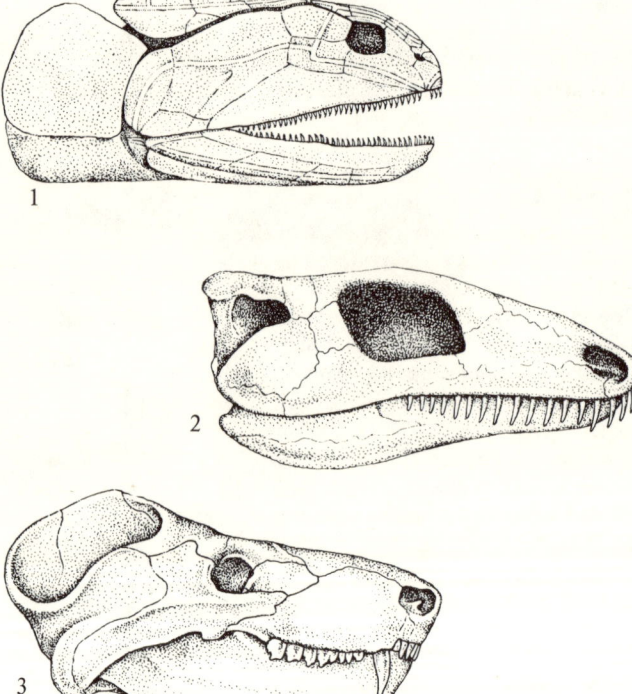

1

2

3

Schädel
Entwicklung des Wirbeltier-schädels:
1 Der ursprüngliche Fleisch-flosser (Choanichthyes) Osteo-lepis tritt im Mittleren und Oberen Devon auf.
2 Der Anthracosaurier Sey-mouria aus dem Unteren Perm Nordamerikas.
3 Cynognathus (Säugerähnli-che Reptilien) aus der Unteren und Mittleren Trias Südafrikas.

Schädel
Kopfskelett (Cranium), durch dessen Besitz sich die ↗Wirbeltiere von den anderen Chordatieren unterscheiden. Die Bezeichnung Craniota („Schädeltiere") wird oft dem Begriff „Wirbeltiere" vorgezogen.
Der ursprüngliche Gehirnschädel besteht aus Knorpel, auf den Hautknochenplatten aufgelagert werden. Der Schädel der höheren Wirbeltiere setzt sich aus Elementen des ursprünglichen Knorpelschädels so-

wie aus äußeren Hautknochen zusammen. Man kann an der Entwicklung des Schädels die verschiedenen Lebensweisen ihrer Träger ablesen. Kiemenatmende Fische mit Seitenliniensystem zeigen ein besser entwickeltes Schädelhinterteil, da Hör- und Gleichgewichtsorgan ihre Hauptsinne sind und, zusammen mit den Kiemen, im rückwärtigen Teil des Schädels liegen. Der Geruchssinn ist hier noch unbedeutend.
Mit dem Übergang aufs Land ändert sich die Bedeutung der einzelnen Sinnesorgane drastisch. Die Kiemen werden vollständig durch Lungen ersetzt und verschwinden, das Seitenliniensystem wird ebenfalls reduziert. Der Geruchssinn dagegen wird äußerst wichtig und gut ausgebildet, um die geringeren Konzentrationen der Luftbestandteile wahrnehmen zu können. Diese Veränderungen spiegeln sich in den Hirnteilproportionen wider: Der hintere Anteil wird verkleinert, das Riechhirn vergrößert.
Mit der Eroberung des Landes durch Reptilien tritt eine weitere große Änderung im Schädelbau auf: Die Zähne dienen jetzt nicht einzig dazu, entgleitende Beute festzuhalten (wie bei Fischen), sondern sie müssen auch geeignet sein, große kämpferische Reptilien zu töten. Der ganze Kieferapparat wird gestärkt, einschließlich der ihn bewegenden Muskulatur. Da diese ihre Ansatzstellen in dem beengten Raum zwischen Hirnkapsel und Schädeldach hat, muß bei Ausdehnung der Muskulatur das Schädeldach an den Seiten geöffnet werden. In diesem Bereich des Schädeldaches gibt es 2 Berührungspunkte von je 3 Knochen, und genau an diesen entwickeln sich die seitlichen „Schläfenfenster". ↗Schildkröten behalten ein geschlossenes Schädeldach (anapsid), dessen untere und hintere Ränder können aber stark eingebuchtet sein, so daß für die vergrößerte Kau- und Halsmuskulatur genügend Ansatzstellen ge-

schaffen werden. Bei den ↗Fisch-
sauriern und ↗Plesiosauriern tritt
nur die obere Öffnung auf (eury-
apsid), bei den ↗Säugerähnlichen
Reptilien dagegen nur die untere
(synapsid). Die Vorläufer der ↗Ei-
dechsen und ↗Archosaurier ver-
wirklichen beide Öffnungen (di-
apsid). Sowohl die späteren Eidechsen als auch die ↗Schlangen öffnen
das Schädeldach noch weiter, und
bei modernen Schlangen werden
selbst die Jochbögen und hinteren
Augenhöhlenbegrenzungen reduziert. Die heutigen Reptilien werden üblicherweise nach ihren Schä-
delfenstern klassifiziert.

Bei den Säugetieren muß der Schädel ein immer größer werdendes
Gehirn aufnehmen. Der Menschen-
schädel setzt sich aus einer verhältnismäßig großen Hirnschale sowie
relativ schwachen Kieferknochen
zusammen. Dies ist u. a. deswegen
möglich, weil der Mensch Greifhände entwickelt, die den Kiefer der
Aufgabe des Festhaltens entledigen.

Scheuchzer, Johann Jakob
(1672–1733)
Schweizer Paläontologe, geboren in
Zürich; er wird oft als Begründer
der Paläontologie in der Schweiz
betrachtet. Von ihm stammt das
Herbarium Diluvianum (1709), eines der ersten Bücher mit Abbildungen fossiler Pflanzen, und er
unterstützte die Arbeiten von John
↗WOODWARD, dessen Werk er ins
Lateinische übertrug.

Als Professor an der Universität
Zürich unternahm SCHEUCHZER
mehrere Reisen und förderte das
Interesse an dem Studium fossiler
Organismen. Beeinflußt durch
WOODWARD wurde er zu einem der
vehementesten Vertreter der „Sintfluttheorie". Ein im Tertiär bei
Öhningen (Süddeutschland) gefundenes Skelettfragment beschrieb er
in seinem Spätwerk Physica Sacra
(1731) als „Homo diluvii testis", als
„betrübtes Beingerüst" von einem
„verfluchten Sünder, so in der Sintflut ertrunken". Erst Georges ↗CU-

VIER erkannte, daß es sich bei
diesem „Beingerüst" um einen fossilen Riesensalamander handelt, der
zu Ehren seines Entdeckers den
Namen Andrias scheuchzeri erhielt.

Schildkröten, Chelonia
Eine Ordnung der Reptilien, charakterisiert vor allem durch die
Entwicklung eines massiven Rük-
kenpanzers. Die Schädel späterer
Formen zeigen vielfach Einkerbun-
gen und Reduktionen, besitzen aber
niemals Schläfenöffnungen und entsprechen damit dem anapsiden Typ
(↗Reptilien). Die Schildkröten
werden daher zusammen mit den
↗Cotylosauria in die Unterklasse
der Anapsida gestellt. Übergangsformen fehlen; Eunotosaurus, ein
kleines Reptil aus dem Mittelperm
von Südafrika mit stark verbreiterten Rippen, wird von manchen
Autoren als Schildkrötenvorläufer
betrachtet, man rechnet aber inzwischen diese Gattung meist zu den
captorhinomorphen Cotylosauriern
und lehnt nähere Beziehungen zu
den Schildkröten ab.

Die ersten Schildkröten erscheinen
in der Oberen Trias von Deutschland (Proganochelys) und besitzen
bereits einen vollständig entwickelten Panzer, dessen einzelne Elemente eine Homologisierung mit
denen rezenter Schildkröten erlauben. Diese frühen Formen können
vermutlich Kopf und Gliedmaßen
nicht unter den Panzer zurückziehen, sie besitzen noch kleine Zähne
auf dem Munddach und entlang der
Kieferränder.

Aus den Proganochelydia entwikkeln sich die Amphichelydia, die
typischen ursprünglichen Schildkröten des Mesozoikum. Als bemerkenswert konservative Überfamilie
der Amphichelydia erscheinen die
Pleurosternoidea aus Jura und Kreide. Hierzu gehören die massigen
Thalassemyidae, ihre vermutlichen
Vorläufer, die Plesiochelyidae, die
Apertotemporalidae als wahrscheinlich hochspezialisierter Seitenzweig und die Pleurosternidae

als die verbreiteten Wasserschild-
kröten des mittleren Mesozoikum.
Die Baenoidea, die zweite Überfamilie der Amphychelydia, überleben bis ins Känozoikum. Die Gattungen *Baena* und *Chisternon* kommen im Eozän von Nordamerika
vor, die mächtige *Meiolania*, ungewöhnlich durch den 60 cm breiten,
horntragenden Schädel, reicht in
Australien bis ins Pleistozän. Die
spätkretazische Gattung *Eubaena*
scheint den Vorfahren der Cryptodira nahezustehen. Als charakteri-

Anapside Reptilien

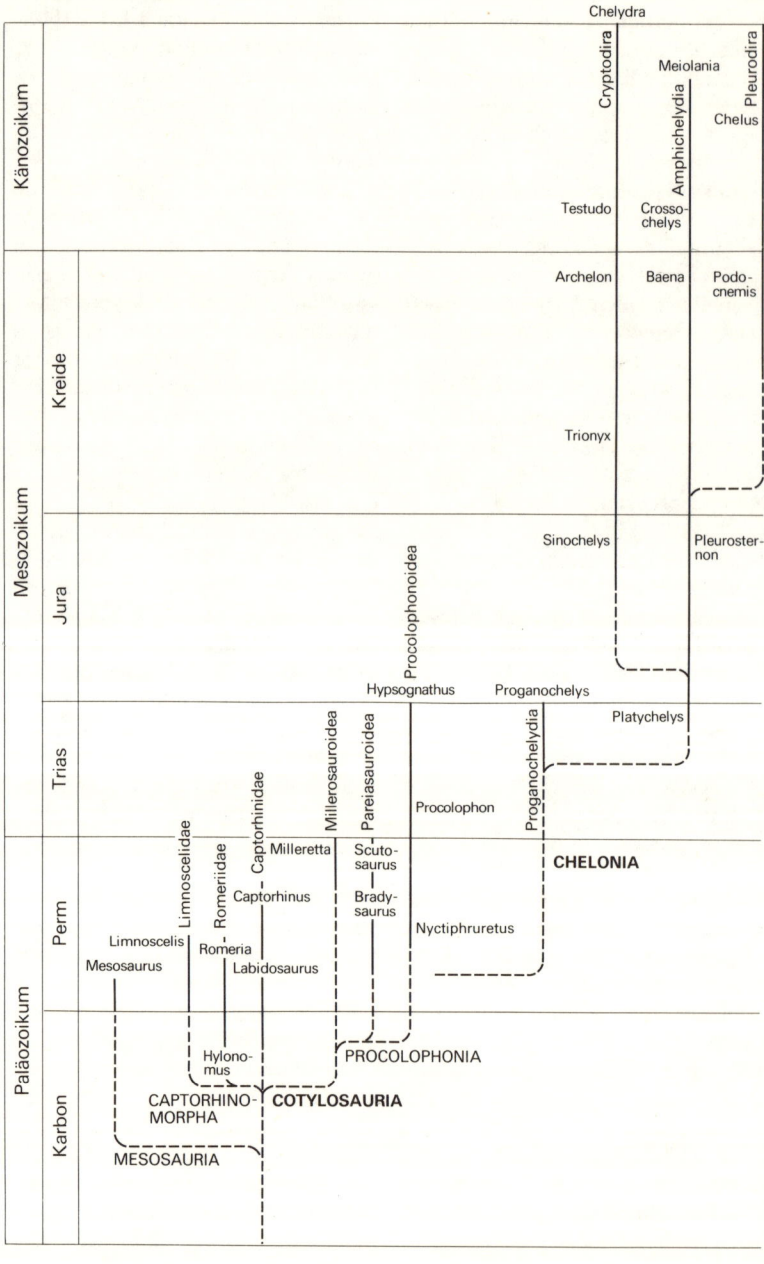

stisches Merkmal können die Cryptodiren ihren Kopf unter den Panzer zurückziehen, indem sie den Hals in eine senkrechte S-förmige Schleife legen. Die Cryptodiren verdrängen alsbald die Amphichelydia und bilden die erfolgreichste rezente Schildkrötengruppe.

Zu den primitivsten rezenten Cryptodiren gehört die „Tabasco-Wasserschildkröte" *Dermatemys* von Mittelamerika. Zusammen mit einigen fossilen verwandten Formen rechnet man sie zu einer Familie Dermatemydidae innerhalb der Überfamilie Testudinoidea, die auch die beiden Familien Chelydridae und Testudinidae umfaßt. Die Chelydridae, eine ab dem Eozän bekannte aquatisch lebende Gruppe, enthält die Schnappschildkröte *Chelydra* (rezent nur in Amerika), ferner die kleine, die Sümpfe der Neuen Welt bewohnende *Kinosternon* und deren Vorläufer, rezent repräsentiert durch die mittelamerikanische Gattung *Staurotypus.* Die Testudinidae erscheinen erstmals im Oberen Jura *(Scutemys)* und entwickeln sich im Laufe des Känozoikum zu der heute artenreichsten Schildkrötenfamilie mit den Landschildkröten *(Testudo),* Sumpfschildkröten *(Emys, Clemmys, Terrapene)* und den Großkopfschildkröten *(Platysternon)* Südostasiens.

In der Überfamilie der Chelonioidea werden die großen Meeresschildkröten vereinigt. Sie entwickeln sich vermutlich aus einer basalen, den Ursprüngen der Chelydridae nahestehenden Cryptodiren-Gruppe. Konservative spätkretazische und eozäne Formen mit nur geringer Reduktion des Panzers werden als Toxochelyidae gruppiert; die Protostegidae mit der massigen oberkretazischen Gattung *Archelon* und Verwandten besitzen einen nur schwach verknöcherten Panzer und gehören vielleicht in die Ahnenlinie, die zur Überfamilie der Lederschildkröten (rezent nur *Dermochelys)* führt. Die Suppenschild-

kröte *(Chelonia)* und die unechte Karettschildkröte *(Caretta)* reichen zurück bis in die Oberkreide; zusammen mit anderen rezenten Meeresschildkröten (z. B. Karettschildkröte *Eretmochelys)* und verschiedenen ausgestorbenen Gattungen des späten Mesozoikum und frühen Känozoikum bilden sie die Familie der Cheloniidae.

Der Gattung *Carettochelys,* rezent auf Neuguinea beschränkt, fehlen die Hornschilde. Verwandte Formen kennt man fossil vom Oberen

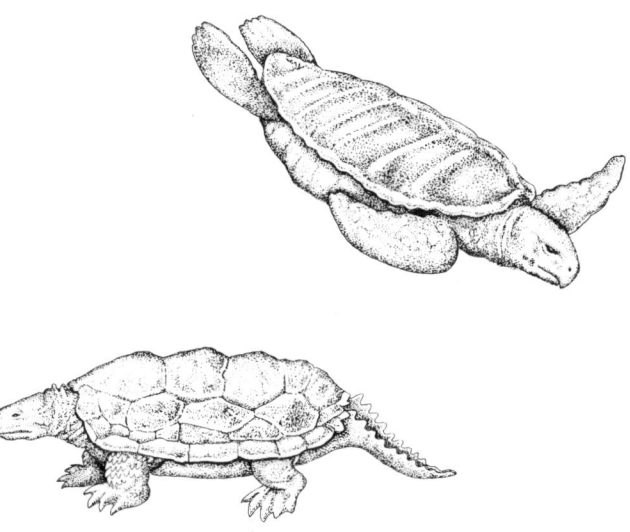

Jura bis ins Oligozän, *Carettochelys* selbst erscheint im Miozän. Der aberrante Bau all dieser Gattungen rechtfertigt die Aufstellung einer eigenen Überfamilie (Carettochelyoidea). Auch die Weichschildkröten der Überfamilie Trionychoidea (z. B. *Trionyx)* besitzen keine Hornschilde, Rücken- und Bauchpanzer (Carapax bzw. Plastron) sind nicht fest miteinander verwachsen. Rezent mit etwa 20 Arten vertreten, erscheinen die Weichschildkröten erstmals im späten Jura.

Als weniger erfolgreich als die Unterordnung Cryptodira erweisen sich die Pleurodira, die beim Einziehen des Kopfes den Hals seitlich

Schildkröten
Oben: *Die kretazische marine Schildkröte* Archelon *erreicht eine Länge von fast 4 m.*
Unten: Proganochelys, *ein früher Vertreter der Schildkröten, kommt in der Trias von Europa vor und wird etwa 1 m lang.*

unter die Ränder des Panzers legen. Heute bewohnen sie ausschließlich die Süßgewässer der Südkontinente, zeigen aber in der Kreide eine wesentlich größere Verbreitung: Die rezente Gattung *Podocnemis* kommt in der Kreide in Nordamerika und Europa vor. Die Pelomedusidae enthalten konservative Pleurodiren wie *Podocnemis* und sind fossil gut belegt. Von den aberranten Chelyidae kennt man nur wenige Fossilformen; die heute in Australien lebende *Chelodina* tritt dort bereits im Oligozän auf.

Schindewolf, Otto Heinrich
(1896–1971)

Deutscher Geologe und Paläontologe. Geboren in Hannover, war SCHINDEWOLF ab 1927 an der Geologischen Landesanstalt in Berlin tätig. 1948 nahm er einen Ruf auf den Lehrstuhl für Geologie und Paläontologie an der Universität Tübingen an, den er bis zu seiner Emeritierung innehatte. Seine umfassenden paläomorphologischen und morphogenetischen Untersuchungen, vor allem über fossile ↗Korallen und ↗Ammoniten, waren auch der Ausgangspunkt für eingehende theoretische Überlegungen zum Zusammenhang von Paläontologie und Stammesgeschichte. Diese Gedanken sind in seinem 1950 erschienenen Werk „Grundfragen der Paläontologie" niedergelegt und wirkten auf die weltweite Diskussion außerordentlich befruchtend.

Schlangen, *Ophidia*

Eine Unterordnung der Reptilien; sie bilden zusammen mit den ↗Eidechsen die Ordnung Squamata innerhalb der Unterklasse Lepidosauria.

Schlangen erscheinen fossil als letzte größere Reptilgruppe, die frühesten Formen kennt man aus der späten Kreide. Der Schädelbau entspricht dem diapsiden Typ (↗Reptilien). Während die Eidechsen nur den unteren Jochbogen reduzieren,

ist bei den Schlangen auch der obere, bestehend aus Postorbitale und Squamosum, verlorengegangen. Durch Auflösung des Kieferapparates in einzelne verschiebbare Spangen wird dessen Beweglichkeit zusätzlich erhöht, die Schlangen sind dadurch imstande, auch große Beute zu verschlingen.

Zu den weiteren Charakteristika der Schlangen gehören der Verlust der Gliedmaßen und Extremitätengürtel (nur in seltenen Fällen bleiben Reste des Beckengürtels und der Hinterextremitäten erhalten) und eine extreme Verlängerung von Rumpf und Schwanz durch Ausbildung zusätzlicher Wirbel.

Fossil finden sich Schlangen recht selten: Ihre leicht gebauten Schädel zerbrechen rasch und entgehen damit meist einer Fossilisierung; isolierte Wirbel können nicht immer eindeutig Schlangen zugeordnet werden. Über die Herkunft dieser Reptilgruppe besteht daher weitgehende Unklarheit. Man vermutet, daß sich Schlangen ursprünglich als wühlende Formen aus Eidechsen entwickeln, obgleich moderne Vertreter überwiegend oberirdisch leben. Ihre Vorfahren stehen möglicherweise den Varanoidea (Varane) nahe, da auch in dieser Gruppe bewegliche Kieferstrukturen vorkommen. *Simoliophis* aus der Oberkreide und *Palaeophis* aus dem Eozän besitzen varanenähnliche Wirbel, aber einen schlangenartigen Körper und repräsentieren vielleicht eine Übergangsgruppe.

Die Ophidia werden meist in drei Überfamilien eingeteilt, alle drei besitzen rezente Vertreter. Die Typhlopoidea, bereits aus dem Eozän bekannt, sind kleine, wurmartige, meist unterirdisch wühlende Schlangen. Die Booidea, mit Boas, Pythons und vielen kleineren Formen, erscheinen ebenfalls im Eozän, einige zweifelhafte Formen wie *Dinilysia* stammen aus der späten Kreide. Die Colubroidea umfassen mit höherentwickelten Formen die Mehrzahl der rezenten Schlangen;

314

sie treten gesichert erstmals im Miozän auf.

Schlotheim, Ernst Friedrich von (1764–1832)

Deutscher Paläontologe, geboren in Almenhausen; SCHLOTHEIM war Minister in Gotha und gilt als Wegbereiter der Paläontologie in Deutschland. Er besaß eine umfangreiche Fossilsammlung, von der heute noch wesentliche Teile im Museum für Naturkunde in Berlin (Ost) existieren. Von großer Bedeutung für die Paläobotanik ist sein Werk „Beschreibung merkwürdiger Kräuter-Abdrücke und Pflanzen-Versteinerungen" (1804), in dem Pflanzenfossilien aus dem Karbon abgebildet und auf wissenschaftlicher Basis verglichen und beschrieben werden. „Die Petrefaktenkunde" (1820–1823), ein Katalog seiner Sammlung, war in Deutschland das erste paläontologische Werk, in dem die binäre Nomenklatur verwendet wurde.

Schnecken, *Gastropoda*

Klasse der ↗Weichtiere; ihr Körper zeigt die typische Gliederung der Mollusken in einen Kopf mit Augen und Tentakeln, einen Eingeweidesack, der meist vollständig in einer Schale verborgen liegt, einen Mantel, von dem aus die Schale gebildet wird und einen Fuß, der als Kriech- und Graborgan dient. Wie bei den meisten Mollusken (mit Ausnahme vor allem der ↗Muscheln) trägt der Boden der Mundhöhle eine als Radula bezeichnete Reibplatte, mit deren Hilfe Nahrung geraspelt und zerkleinert werden kann. Die Anordnung der inneren Organe zeigt eine deutliche Asymmetrie.

Die Schalen sind meist in einer rechtsläufigen Spirale aufgerollt, ihnen fehlen aber die für Tintenfische (↗Ammoniten) typischen Septen. Die Schalen können mützenartig (Napfschnecke *Patella*), planspiral oder helixartig aufgerollt sein. Bei einigen fossil wenig bedeutsamen Gruppen wie den Flügelschnecken

Pteropoda treten verschiedene Abweichungen auf; die Schale kann auch nach innen verlagert oder sekundär reduziert werden (z. B. Wegschnecken, Seehasen).

Die Ursprünge der Schnecken liegen im Meer; die kleinen Gattungen *Aldanella* und *Helcionella* mit spiraligem Gehäuse reichen zurück bis ins frühe Kambrium. Schnecken besitzen im Meer eine Tiefenverbreitung ähnlich den ↗Muscheln, besiedeln aber sehr erfolgreich auch das Brack- und Süßwasser und als einzige Molluskengruppe auch das Land.

Nichtmarine Lebensräume werden von verschiedenen Gastropodenlinien erobert. Die Napfschnecken Patellidae, ab dem Jura vertreten, und die känozoischen Littorinen leben in der Gezeitenzone und sind

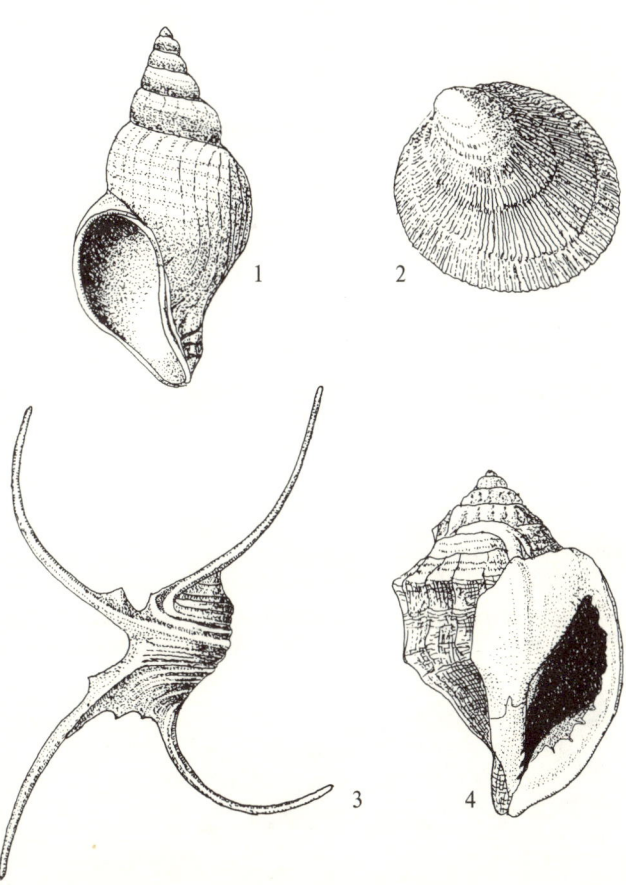

Schnecken
1 Die rezente Neptunea *kommt fossil im späten Känozoikum vor (etwa ⅓ natürlicher Größe).*
2 Symmetrocapulus aus dem Jura (etwa natürlicher Größe).
3 Tessarolax aus der Kreide (etwa natürlicher Größe).
4 Galeodea, ein frühkänozoischer Gastropode (etwa natürlicher Größe).

nur zeitweise der Trockenheit ausgesetzt. Die ebenfalls känozoischen Pomatiasidae (*Pomatias*) leben als nahe Verwandte der Littorinen terrestrisch. Im Purbeckian (Oberer Jura oder Untere Kreide) von Südengland bildet die Sumpfdeckelschnecke *Viviparus* Kalksteinbänder, die nahe verwandten Cyclophoridae sind terrestrisch. Die meisten Landschnecken gehören aber nicht wie die eben genannten Formen zu den Prosobranchia, sondern werden als eigene Unterklasse der Pulmonata zusammengefaßt. Ihnen fehlen die typischen Molluskenkiemen, stattdessen ist die Mantelhöhle in eine Lunge umgewandelt. Landschnecken kommen besonders vielfältig in feuchten tropischen Gebieten vor, da hier Wasserverlust und Austrocknung ein geringeres Problem darstellen. *Maturipupa* aus dem Karbon, eine der ältesten bekannten Landschnecken, lebt denn auch in den sumpfigen Kohlewäldern unter nahezu idealen Bedingungen. Pulmonaten finden sich vor dem Känozoikum nur selten und enthalten Landformen wie *Helix* und *Achatina*, aber auch Süßwasserformen wie *Lymnaea, Planorbis* und die ausgestorbene *Filholia*. Die ursprünglichen, Brackwasser bewohnenden Ellobiidae reichen zurück bis ins Mesozoikum. Landschnecken besitzen als Vegetations- und Klimazeugen großen Wert, vor allem in Zusammenhang mit den pleistozänen Vereisungen.

Viele Schnecken leben herbivor, im Mesozoikum entwickeln sich aber mindestens drei sehr erfolgreiche räuberische Gruppen. Mit Ausnahme der Naticacea besitzen alle eine Siphonalkerbe oder einen Siphonalkanal, wie er auch bei pflanzen-

fressenden Formen vorkommt, z. B. bei den im Mesozoikum weltweit verbreiteten und heute auf den Nordatlantik beschränkten Aporrhaidae. Die Tonnacea, z. B. *Cassis* und das Tritonshorn *Tritonium*, attackieren Stachelhäuter, die Buccinacea (Wellhornschnecke *Buccinum, Clavilithes, Neptunea*) und Volutacea (*Athleta*) ernähren sich auch von anderen Mollusken, marinen Würmern und Arthropoden. Die Giftschnecken Conacea können mit einem zu einer Art Harpune umgewandelten Radulazahn Beutetiere stechen und mit Gift lähmen; kleine Formen (Turridae) erbeuten gewöhnlich Würmer, größere Arten (*Conus*) auch Fische.

Muricacea (*Pterynotus*) und Naticacea (*Sigatica*) bohren runde Löcher in Schalen anderer Mollusken, dabei sind die Bohrlöcher der Muricaceen gezackt, die der Naticaceen gleichmäßig abgeschrägt. Derartige Bohrungen finden sich vor der späten Kreide selten, werden aber im Känozoikum häufig.

Wie bei den Muscheln nimmt auch bei den Gastropoden die Vielfalt mit dem Beginn des Känozoikum deutlich zu. Von den etwa 37 000 rezenten Arten gehören 17 000 zu den Pulmonaten, die restlichen leben überwiegend marin.

Schuppen

Die charakteristische Bedeckung der Fischhaut. Schuppen entstehen ursprünglich durch Ausscheidung von Calciumsalzen, dienen später als Phosphatspeicher und erhalten schließlich eine Schutzfunktion als Knochenpanzer.

↗Haie besitzen scharfe, spitzige, zahnähnliche Placoidschuppen. Sie bestehen im wesentlichen aus Den-

Schuppen
Die Querschnitte zeigen:
1 den Hautknochenpanzer eines Placodermen, bei dem auf basalen Lamellenknochen eine schwammartige Knochenlage (Spongiosa) folgt, außen bedeckt von Dentikeln;
2 eine für frühe Choanichthyes charakteristische Cosmoidschuppe: basaler Lamellenknochen, gefolgt von einer Spongiosa, darüber eine Cosminschicht; diese ist mit einer dünnen Schmelzlage überzogen;
3 die Ganoidschuppe eines frühen Strahlenflossers mit mehrschichtiger Ganoidlage auf der Cosminschicht und dem basalen Lamellenknochen – spätere Strahlenflosser reduzieren Ganoin- und Cosminschicht;
4 die Placoidschuppe (Dentikel) eines Haies mit der Dentinschicht um eine Zentralhöhle; das Dentin wird von einem System von Kanälchen durchzogen, nach außen folgt eine „Schmelz"-Lage.

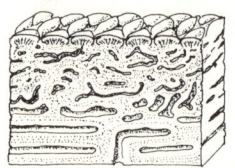 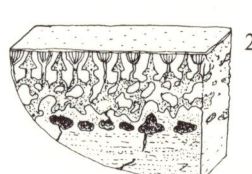 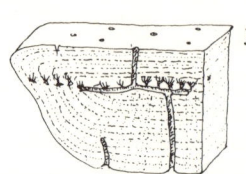 

tin, dem eine glänzende „Schmelz"-Schicht (Selachierschmelz, Vitrodentin) aufgelagert ist. Eine solche Schuppe entsteht durch Verschmelzen vieler winziger, zahnähnlicher Strukturen (als Lepidomorien bekannt), die komplexe Schuppen bilden, indem sie um eine Zentraleinheit aggregieren.

Die Schuppen der Knochenfische ähneln ursprünglich jenen der frühen Haie und bestehen aus zahlreichen kleinen, von einer „Schmelz"-Schicht überzogenen Dentineinheiten. Bei Knochenfischen wird der „Schmelz" oft als Ganoin bezeichnet, die Fische entsprechend als Ganoidfische. Die Schuppenbasis bilden dünne Knochenschichten. Die ursprünglichsten ↗Actinopterygii, die ↗Palaeonisciformes, bilden drei Lagen aus: eine dicke äußere „Schmelz"-Schicht (Ganoin), eine dünne Dentinschicht (Cosminschicht) und eine basale Knochenschicht (Isopedinlage). Die höher entwickelten Holostei reduzieren die Cosminschicht, ihre schweren Schuppen bestehen nur aus der äußeren Ganoin- und der inneren Knochenschicht. Die modernen Strahlenflosser, die Teleostei, reduzieren auch die dicke Ganoinschicht und behalten nur die Isopedinlage als Schuppe bei.

Bei den ↗Choanichthyes und ↗Lungenfischen findet man ebenfalls drei Schichten in der Schuppe (Cosmoidschuppe): Zuunterst eine Knochenschicht, gefolgt von einer Dentinschicht und außen wiederum einer dünnen „Schmelz"-Lage. Winzige Oberflächenporen geben diesem Schuppentyp ein mattes Aussehen, im Unterschied zum glasigen einer Ganoidschuppe. Bei den heutigen Lungenfischen sind die äußeren Schichten wieder reduziert, die Schuppen bestehen aus dünnen Knochenplatten (Leptoidschuppe).

Schwämme

Einfache wasserlebende, vielzellige Tiere, die in mancher Hinsicht an koloniebildende Einzeller erinnern,

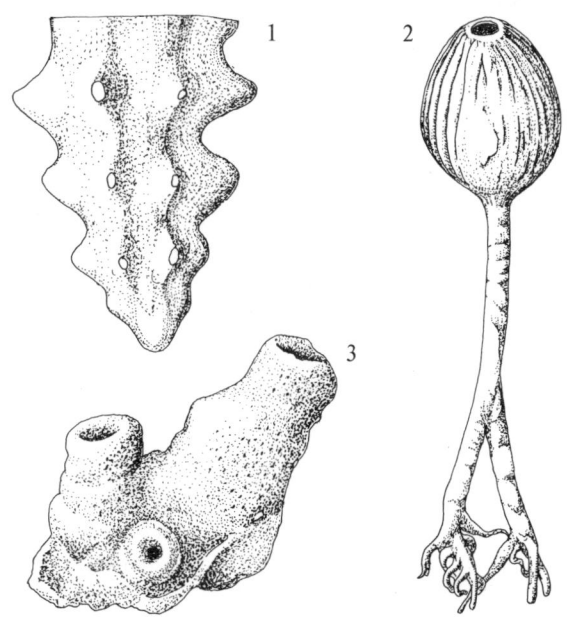

aus denen sie sich vermutlich im Präkambrium entwickelt haben. Im Mittelkambrium existieren viele Gattungen, darunter *Protospongia* aus England sowie *Chancelloria* und *Vauxia* aus Nordamerika. Die Schwämme erleben ihre Blütezeit in der Kreide. Man kennt heute über 1000 fossile Gattungen, von denen weniger als 20 unter den heute lebenden 1400 Gattungen vertreten sind.

Die Schwämme sind aus zwei Zellschichten aufgebaut, dem inneren Gastrallager und dem äußeren Dermallager. In diesen Schichten finden sich Zellen verschiedener Funktionen: Skelettbildner, Plattenzellen, Kragengeißelzellen, Urzellen (die alle anderen Zellen bilden können) u. a. Die Zellschichten nehmen im einfachsten Fall Becherform an. Durch Poren wird das Wasser hereingestrudelt, mittels Kragengeißelzellen filtriert und durch die gemeinsame Ausströmöffnung wieder abgegeben. Bei komplexeren Schwämmen entsteht nun ein feines Netzwerk von zu- und abführenden Kanälchen, das durch Skelettele-

Schwämme
1 Der Glasschwamm Hydnoceras *lebt vom Oberen Devon bis ins Karbon (etwa ¼ natürlicher Größe).*
2 Corynella *tritt von der Trias bis in die Kreide auf (etwa ¾ natürlicher Größe).*
3 Der Steinschwamm Siphonia *kommt ab der Mittleren Kreide vor (etwa ½ natürlicher Größe).*

mente – Kalk, Silikat oder Spongiolin – gestützt wird.

Schwämme können einzeln oder in Kolonien leben. Sie können vasenförmig (z. B. *Ventriculites*), birnenförmig (*Siphonia*), blattförmig (*Elasmostoma, Verruculina*), verzweigt (*Peronidella, Thamnospongia*), unregelmäßig oder krustenartig gebaut sein. Der Durchmesser schwankt zwischen 1 cm und mehr als 1 m. Die Einteilung der Schwämme basiert hauptsächlich auf Bau und Eigenschaften ihrer Skelettelemente.

Bei den Kalkschwämmen (Calcarea), wie *Corynella* und *Amblysiphonella*, findet man Calciumkarbonat-Nadeln, bei Hexactinellida und Demospongea dagegen Kieselsäureelemente. Die Hexactinellida, wie der devonische Glasschwamm *Hydnoceras*, erzeugen sechsstrahlige Kieselnadeln. Die meisten fossilen Demospongea (wie *Jerea, Astylospongia*) gehören zu den Stein-

Tiefsee leben, etwa zwischen 200 und 600 m unterhalb der Wasseroberfläche. Sie sind weltweit verbreitet.

Zwei in ihren Verwandtschaftsbeziehungen schlecht bekannte, bisher meist den ↗Hohltieren zugeordnete Gruppen mögen ebenfalls zu den Schwämmen gestellt werden. Die Stromatoporen bilden krusten- oder baumförmige Kolonien und besitzen ein kalkiges Skelett (Coenosteum) mit ursprünglich trabekulärem Aufbau. Die Chaetetiden gehören als ebenfalls koloniale, kalkausscheidende Organismen möglicherweise in die Nähe der Stromatoporen.

Schwanzflosse

Wichtigstes Antriebsorgan der wasserlebenden ↗Wirbeltiere. Bei den ursprünglichsten Wirbeltieren, den ↗Pteraspiden findet man noch keine paarigen Stabilisierungsflossen, der untere Teil der Schwanzflosse

Schwanzflosse
1 Eine heterozerke Schwanzflosse ist typisch für Haie, ursprüngliche Lungenfische, frühe Strahlenflosser und die älteren Fleischflosser.
2 Eine diphyzerke Schwanzflosse findet man bei späteren Fleischflossern.
3 Verkürzte Form der heterozerken Schwanzflosse (1).
4 Eine homozerke Schwanzflosse, abgeleitet von (3), ist charakteristisch für spätere Strahlenflosser.

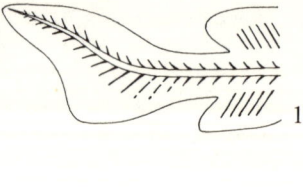
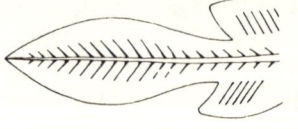
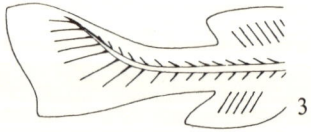
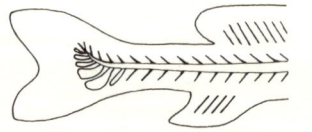

schwämmen (Lithistida), deren Nadeln über unregelmäßige Äste ineinander verhakt sind und so ein festes Netzwerk bilden.

Einzig die Familie Spongillidae ist vom Meer ins Süßwasser übergegangen. Im Meer leben die meisten Kalkschwämme in warmem Flachwasser (oberhalb 200 m), während die Hexactinellida und die Demospongea in der kühleren, ruhigeren

ist ausgeweitet (hypozerk). Seitliches Bewegen eines solchen Schwanzes führt dazu, daß dieser hinuntergedrückt und der vordere Teil des Tieres emporgehoben wird. Außer für Vorwärtsbewegung sorgt eine solche Schwanzflosse somit dafür, daß sich das Tier nicht im Bodenschlamm des Gewässers verstrickt.

Auch die freischwimmenden ↗Anaspida bilden einen deutlich hypozerken Schwanz, besitzen aber seitliche Flossenfalten. Auch hier erzeugt die Schwanzflosse Vor- und Aufwärtsbewegung.

Andere ⁊Kieferlose, die ⁊Osteostraci, weisen einen heterozerken Schwanz auf, bei dem die Körperachse in den oberen Schwanzteil ausläuft. Hier bewirkt seitliches Bewegen, daß sich der Schwanz hebt, der Vorderkörper absenkt. Dadurch kann sich das Tier nahe am Substrat halten. Doch eine heterozerke Schwanzflosse findet man immer zusammen mit paarigen beweglichen Brustflossen, die der Abwärtsbewegung durch Änderung ihres Anstellwinkels entgegenwirken können. Osteostraci besitzen gewöhnlich ein Paar horizontaler Schwanzlappen an der ventralen Ansatzstelle der Schwanzflosse. Diese verhindern, daß der untere Lobus der Schwanzflosse in Sediment gerät und unnötig abgenutzt wird.

Alle frühen kiefertragenden Fische (⁊Haie, ⁊Placodermi, frühe ⁊Actinopterygii und ⁊Choanichthyes) bilden heterozerke Schwanzflossen aus. Haie und ursprüngliche Strahlenflosser wie Störe behalten diesen Schwanztyp bei.

Mit der Entwicklung von ⁊Lungen, die später bei Strahlenflossern zur Schwimmblase werden, muß die Schwanzflosse nicht länger für Auftrieb, nur noch für Vortrieb sorgen. Die höherentwickelten Fleischflosser (⁊Choanichthyes) und die ⁊Coelacanthini bilden einen diphyzerken Schwanz aus, bei dem die fleischige Körperachse bis in die Schwanzspitze ausläuft und oben und unten von zwei gleichgroßen Schwanzlappen verbreitert wird. Bei den Strahlenflossern wird die fleischige Achse verkürzt und eine symmetrische (homozerke) Schwanzflosse ausgebildet, die nur von Stützstrahlen aufgespannt wird.

Schwanzlurche, *Urodela*
Eine der drei rezenten Ordnungen der ⁊Amphibien. Üblicherweise werden die ⁊Froschlurche, Schwanzlurche und Blindwühlen als Lissamphibia zusammengefaßt und den ausgestorbenen ⁊Labyrinthodontia und ⁊Lepospondyli gegenübergestellt. Man kennt aber keine gemeinsamen Vorfahren dieser drei Lissamphibia-Gruppen, einige Autoren vermuten daher bereits ab den Fischen eine getrennte Entwicklung der Froschlurche und Schwanzlurche.

Die Urodelen unterscheiden sich von den Froschlurchen durch einen gut ausgeprägten Schwanz, vier ähnlich entwickelte Gliedmaßen (diese können aber bei einigen Arten reduziert werden) und ein Kaulquappenstadium, das, abgesehen von den äußeren Kiemen und den unvollständig ausgebildeten Extremitäten, weitgehend den Adultformen gleicht. Urodelen erscheinen ursprünglicher als die Froschlurche, im Skelett wird aber ein beträchtlicher Teil des Knochen durch Knorpel ersetzt.

Schwanzlurche treten erstmals auf im Oberen Jura von Wyoming an der berühmten Dinosaurier-Fundstelle von Como Bluff. Von dort wurde *Comonecturoides marshi* beschrieben, eine Art, die möglicherweise dem rezenten höhlenbewohnenden Grottenolm (*Proteus*) verwandt ist. Einige fossile Schwanzlurche kennt man aus Israel, *Hylaeobatrachus*, ebenfalls den Grottenolmen nahestehend, aus der Unterkreide von Belgien und aus den USA einige Sireniden, verwandt dem rezenten Armmolch *Siren* von Nordamerika. Vertreter anderer Urodelenfamilien kommen in känozoischen Sedimenten vor, z. B. der Riesensalamander *Andrias* ab dem Oligozän.

Von den Blindwühlen (Gymnophiona oder Apoda) liegen so gut wie keine Fossilbelege vor: Als *Apodops* wurde 1972 aus dem Paläozän von Brasilien ein einziger charakteristischer Blindwühlenwirbel beschrieben. Die unterirdisch

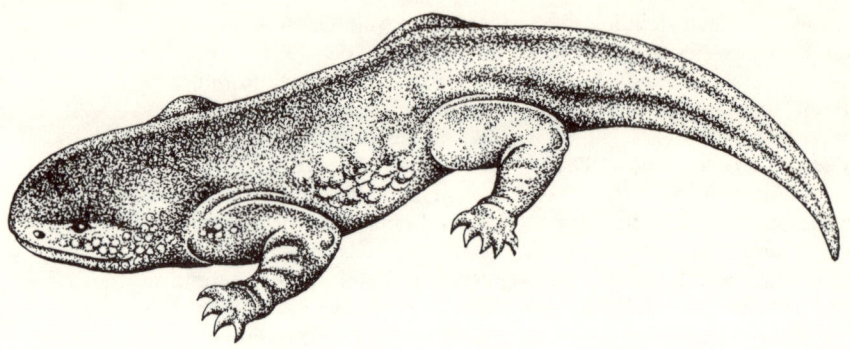

Der Riesensalamander Andrias *erscheint erstmals im Oligozän und lebt heute mit je einer Art in Japan und China. Länge: ca. 1 m*

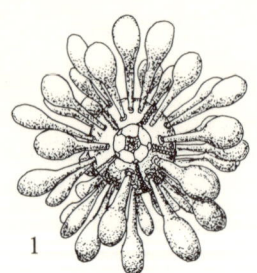

1

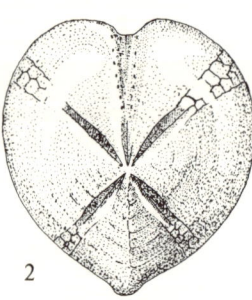

2

Seeigel
1 Der Lanzenseeigel Tylocida-ris *tritt von der Oberen Kreide bis ins Untere Eozän auf (etwa ¹/₂ natürlicher Größe). 2 Der Herzigel* Micraster *kommt von der Oberen Kreide bis ins Paläozän vor (etwa ²/₃ natürlicher Größe).*

wühlenden Gymnophionen besitzen keine Extremitäten, fast keinen Schwanz, degenerierte Augen und kein Kaulquappenstadium. Ihre Verwandtschaft zu den Anuren und Urodelen bleibt zweifelhaft, möglich ist auch eine Abstammung von Microsauria-ähnlichen Lepospondyli.

Schweine und Flußpferde, *Suina*
Unterordnung der ↗Paarhufer mit Schweinen, Nabelschweinen und Flußpferden. Sie weisen alle niederkronige (bunodonte) Zähne auf, kurze Beine sowie an jedem Fuß vier behufte Zehen. Der Magen ist üblicherweise dreigeteilt, die Nahrung ist entweder rein vegetarisch – wie bei Flußpferden – oder umfaßt auch Nichtvegetarisches, wie bei den meisten Schweinen.
Die echten Schweine (Suidae) sind auf die Alte Welt beschränkt und können bis ins Früholigozän zurückverfolgt werden. Ihre oft riesigen, wurzellosen Eckzähne wachsen während der ganzen Lebenszeit; die vielhöckrigen Backenzähne ähneln jenen anderer Allesfresser wie ↗Bären und ↗Mensch. Der letzte Molar wird stark verlängert.
Die Nabelschweine oder Pekaris besetzen heute in Amerika die Nischen der echten Schweine in der Alten Welt. Ihre Eckzähne werden nicht vergrößert, das Molarenmuster bleibt einfach, und sie weisen ein ursprüngliches Kanonenbein auf. Vorläufer der Pekaris sind aus dem eurasischen Oligozän und Mio-

zän bekannt, Funde liegen auch aus pliozänen Schichten Südafrikas vor. Aus dem Pleistozän Südamerikas kannte man schon lange die Gattung *Catagonus*; man hielt sie für ausgestorben, bis in Paraguay lebende Populationen entdeckt wurden.
Die einzigen wasserlebenden Paarhufer (und auch die größten Vertreter dieser Ordnung) sind die Flußpferde. Ihre Herkunft ist unsicher: Vielleicht stammen sie von ↗Anthracotheriidae oder von Nabelschweinen ab. Die ältesten, charakteristisch dreilappigen Flußpferdmolaren findet man im Mittleren Miozän Ostafrikas. Diese Gruppe entwickelt sich während des späten Känozoikum weiterhin in Afrika und dringt im Pleistozän nach Eurasien vor. Die nördlichsten Funde stammen aus Durham in Nordostengland.

Seeigel, *Echinoidea*
Klasse der ↗Stachelhäuter, die ab dem Ordovizium vorkommt. Man unterscheidet zwei Hauptgruppen: Regularia und Irregularia.
Ein Vertreter der Regularia ist *Stereocidaris* aus der Kreidezeit. Die radiärsymmetrische, brötchenförmige Schale dieses Tieres ist besetzt mit beweglichen Stacheln. Mund und After liegen einander gegenüber: der Mund am Boden, (hier sitzt die „Laterne des Aristoteles" mit ihren fünf harten Kalkkiefern), umgeben vom häutigen Peristom, der After an der Spitze

der Schale, ebenfalls von einem häutigen Kreis eingeschlossen, dem Periproct. Um diesen Kreis schließen 10 Platten einen weiteren Ring: 5 radiärsymmetrisch angeordnete Genitalplatten, dazwischen 5 Platten ohne Genitalporen. Auf einer der Genitalplatten liegt die Madreporenplatte, die Öffnung des Wassergefäßsystems nach außen. Beginnend zwischen den Genitalplatten läuft eine Doppelreihe von Ambulakralplatten vom After zum Mund. Hier sitzen die Ambulakralfüßchen, die Ausstülpungen des Wassergefäßsystems (↗Stachelhäuter) darstellen. Jeweils zwischen zwei Plattenreihen mit Ambulakralfüßchen verläuft ebenfalls eine Doppelreihe von Skeletteilen. Auf diesen Interambulakralplatten sitzen, gelenkig befestigt, Stacheln. Diese Kalkgebilde können durch Muskeln an ihrer Basis bewegt werden.

Ein Beispiel für die Irregularia ist *Micraster*, ebenfalls aus der Kreide. Diese Tiere haben oft eine grabende Lebensweise entwickelt und dabei der ursprünglichen Radiärsymmetrie bilateralsymmetrische Züge hinzugefügt. *Micraster* ist solch eine grabende, herzförmige Form. Die Kerbe des „Herzens" entspricht einer der Ambulakralreihen, die zu einer Grube läuft. Diese stellt die Vorderseite beim Grabvorgang dar. Die Kieferzähne werden reduziert, als Nahrung werden Kleinstteile mit Hilfe von Ambulakralfüßchen in den Mund genommen. Die Ambulakral- und Interambulakralreihen verlaufen weiterhin von der obersten Spitze zum Mund. Allerdings liegt jetzt der After nicht mehr an diesem oberen Punkt, sondern auf dem Hinterende der Schale. Die blütenblattähnliche Anordnung der Ambulakralreihen auf der Oberseite der Schale gab *Micraster* („kleiner Stern") den Namen. Das Tier gräbt sich einen senkrechten Tunnel zu diesen Ambulakralzonen frei, so daß es beim Graben atmen kann.

Seekatzen ↗Chimaeriformes

Seekühe, *Sirenia*
Ordnung der Säugetiere, die sich aus den Dugongidae und Manatidae (*Trichechidae*) zusammensetzt. Dugongs leben in küstennahen Gewässern vom Roten Meer bis Australien und fressen Wasserpflanzen, während die Manatis in Flüssen Nord- und Südamerikas sowie Westafrikas leben, die Verbindung zum Atlantik haben.
Protosiren ist eine ursprüngliche Form des ägyptischen Eozän und hat in der ebenfalls ursprünglichen Gattung *Prorastomus* einen auf Ja-

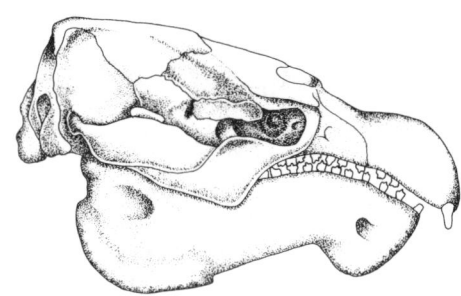

maika lebenden Zeitgenossen. *Eotheroides* aus dem ägyptischen Eozän weist noch rudimentäre Hinterextremitäten auf, scheint aber auf der Entwicklungslinie zu den Dugongs zu liegen, die besonders im Mittelmeerraum häufig auftreten: im Oligozän mit *Halitherium*, im Miozän mit *Halianassa* und im Pliozän mit *Felsinotherium.* Von der Fossilgeschichte der *Manatis* ist wenig bekannt. Von den Seekühen insgesamt nimmt man eine basale Beziehung zu den ↗Rüsseltieren an. Die Trennung dieser Großgruppen dürfte allerdings bereits im Paläozän erfolgt sein.

Seelilien, *Crinoidea*
Klasse der ↗Stachelhäuter, die gewöhnlich in Stiel, Kelch und Arme gegliedert sind. Da die meisten fossilen Crinoiden mit ihrem Stiel am Meeresboden festhaften und oft

Seekühe
Die Seekuh Protosiren *aus dem Mittleren Eozän Europas und Nordafrikas besitzt einen Schädel mit typischen Merkmalen der Sirenia, wie ein massives, schnabelartiges Maul und nach hinten verlegte äußere Nasenöffnungen (etwa 1/5 natürlicher Größe).*

blumenartig aussehen, wurden sie als „Seelilien" bezeichnet. Auch die rezenten, meist freischwimmenden Seelilien durchlaufen ein gestieltes Stadium. Im Paläozoikum sind die Seelilien sehr häufig, werden jedoch während des Mesozoikum durch die freilebenden Stachelhäuter (z. B. ↗Seesterne und ↗Seeigel) ver-

fünf rankenartige Fortsätze aus (Zirren), mit denen sich das Tier festklammern kann. Die Kelchwand besteht aus zwei Ringen von je fünf Platten: zum Stiel hin fünf Basalplatten, darüber die fünf Radialplatten, von denen jeweils ein Arm ausgeht. Auf der Kelchoberseite liegen Mund und After. Jeder Arm

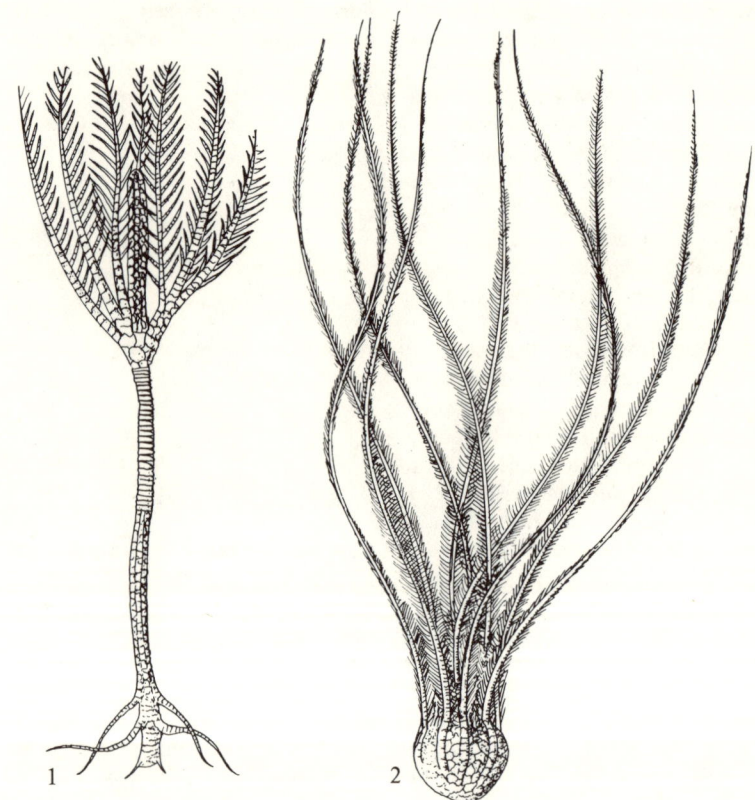

Seelilien
1 Botryocrinus, *eine gestielte Seelilie, kommt im Silur vor (etwa ¹/₂ natürlicher Größe).*
2 *Die freischwimmende Seelilie* Uintacrinus *stammt aus der „Niobrara Chalk" (Oberkreide) von Kansas (etwa ¹/₄ natürlicher Größe).*

drängt und verschwinden immer mehr.
Pentacrinites ist eine Seelilie aus dem Jura Englands und Deutschlands. Das Tier scheint sich an Treibholz zu heften, oft findet man ganze Kolonien. Der bis zu mehrere Meter lange Stiel besteht aus fünfeckigen Kalkscheibchen, die durch elastische Fasern miteinander verbunden sind. In bestimmten Abständen bilden diese Stielglieder

von *Pentacrinites* verzweigt sich mehrfach, und fast jedes Armglied trägt einen kurzen Seitenzweig: das Fiederchen (Pinnula). Die Arme bilden so in ihrer Gesamtheit einen feinvernetzten Nahrungsfangapparat.
Heute lebende Verwandte von *Pentacrinites* leben vor allem in tieferen Meeren, wo sie sich an Felsen anheften. Kleinstlebewesen, die in die Fangarme treiben, werden mit

Schleim überschüttet und gefangen. Zweifellos war dies auch die Lebensweise von *Pentacrinites*.

Man teilt die Seelilien in vier Unterklassen ein: *Pentacrinites* vertritt die Articulata, die alle vorpaläozoischen Seelilien umfassen. Andere Articulata, die rezenten Haarsterne (Comatulida), haben den Stiel reduziert und heften sich mit einem direkt unter dem Kelch gelegenen Zirrenkranz fest.

Die vorwiegend fossile Unterklasse Inadunata (z. B. *Botryocrinus*) ähnelt den Articulata, hat jedoch den Mund mit Skelettplatten bedeckt. Außerdem sitzt bei ihnen der After

Seeskorpione ↗Eurypterida

Seesterne und Schlangensterne

Seesterne (Asteroidea) und Schlangensterne (Ophiuroidea) bilden als zwei Klassen der ↗Stachelhäuter eine natürliche Einheit (Asterozoa). Ihre gemeinsame Ursprungsgruppe sind die fossilen Somasteroiden. Fossil findet man Seesterne und Schlangensterne verhältnismäßig selten, man kennt sie jedoch sicher ab dem Ordoviz. Seesterne bewegen sich mit Hilfe der Ambulakralfüßchen ihrer breiten, unbeweglichen Arme, während die Schlangensterne ihre langen, dünnen

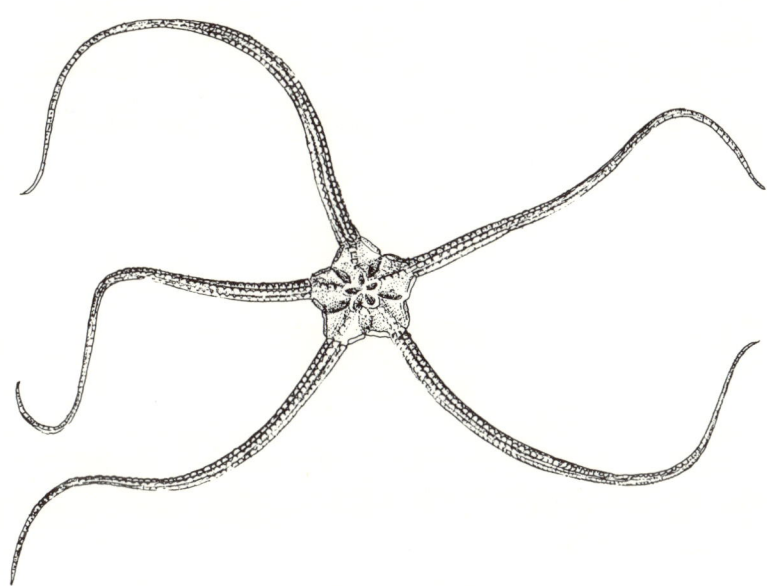

Seesterne und Schlangensterne
Der Schlangenstern Palaeocoma *lebt im Unteren Jura von England*
(etwa natürliche Größe).

auf einer langen Röhre erhöht. Die beiden anderen Unterklassen sind die Flexibilia (z. B. *Forbesiocrinus*) und die Camerata (z. B. *Actinocrinus*), die beide die Armansätze weitgehend in den Kelch integriert haben. *Echmatocrinus* aus dem Mittleren Kambrium ist die früheste und ursprünglichste bekannte Seelilie. Es ist eine kleine sessile Form ohne klare Abgrenzung zwischen Kelch und Stiel.

Armstrahlen wie „Beine" zur Fortbewegung einsetzen.

Selektion ↗Natürliche Auslese

Seward, Sir Albert Charles
(1863 – 1941)
Englischer Paläobotaniker, geboren in Lancaster. SEWARD studierte an der Cambridge University, wurde 1890 dort Dozent für Botanik und 1906 Professor. Seine Interessen

galten der Botanik und Geologie, bereits früh erhielt er Anregungen durch den Paläobotaniker W. C. WILLIAMSON (1816 – 1895). In seinen ersten Arbeiten beschäftigte er sich mit Pflanzen des Permokarbon von Indien, später lag sein Forschungsschwerpunkt bei der Pflanzenwelt des Mesozoikum.

Insgesamt publizierte SEWARD etwa 160 wissenschaftliche Beiträge, darunter der Katalog mesozoischer Pflanzen im British Museum (Natural History) und zwei maßgebende Lehrbücher: „Fossil Plants" (1898 – 1919, in vier Bänden) und „Plant Life through the Ages" (1931). SEWARD erhielt zahlreiche wissenschaftliche Ehrungen und wurde 1936 geadelt.

Silur

Letztes der drei geologischen Systeme des Unteren ↗Paläozoikum; das Silur beginnt vor etwa 435 Millionen Jahren und dauert 40 Millionen Jahre. Benannt wurde

Nichtmarine Folgen finden sich selten, obgleich sich die Geographie nur wenig von der des darauffolgenden ↗Devon unterscheidet; ein schmaler Meeresarm nahe der Linie des heutigen Atlantiks trennt aber Nordamerika, Grönland und Nordwestschottland vom übrigen Nordwesteuropa mit dem südöstlichen Neufundland und Neuschottland.

In vieler Hinsicht setzt die Lebewelt des Silur die Entwicklung des ↗Ordovizium fort, es erscheint keine neue größere Wirbellosengruppe. Bedeutende Veränderungen betreffen aber die ↗Wirbeltiere und Pflanzen. Die ↗Kieferlosen erreichen im Mittleren und späten Silur eine beträchtliche Vielfalt und besiedeln Brack- und Süßwasser. Es erscheinen die ersten kiefertragenden Fische, sie bleiben aber bis zum Devon selten und undifferenziert. Im Silur kommen die frühesten gesicherten Landpflanzen vor, obwohl auch Funde aus dem Ordoviz und selbst dem Kambrium genannt

Silur
Anastrophia, *ein Vertreter der* **Rhynchonelliden (Brachiopoden), kommt vom Silur bis ins** Unterdevon vor (*etwa 2fache natürliche Größe*).

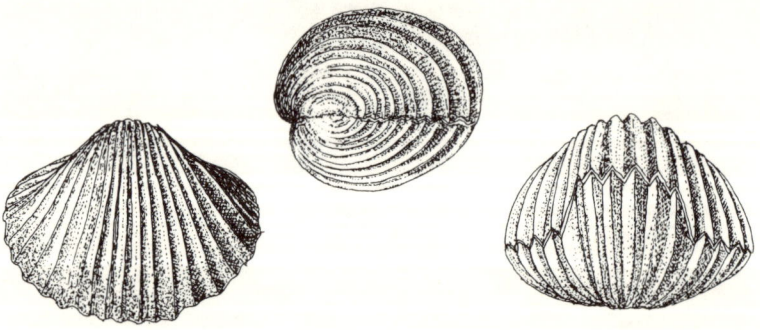

dieser Zeitabschnitt nach dem keltischen Volksstamm der Silurer, der zur Zeit der Römer im südöstlichen Wales lebt; dort wurden erstmals Gesteine silurischen Alters untersucht. Das Silur umfaßt die Stufen (in der Reihenfolge abnehmenden Alters) Llandoverium, Wenlokkium, Ludlowium und Pridolium.

Silurische Gesteine kommen auf allen heutigen Kontinenten mit Ausnahme der Antarktis vor.

werden; eine stärkere Entwicklung erfahren aber auch sie erst im Laufe des Devon.

In den Flachwasserbereichen gedeiht eine reiche Bodenfauna aus ↗Brachiopoda, ↗Korallen, ↗Moostierchen, ↗Trilobiten, ↗Weichtieren und ↗Stachelhäutern (vor allem ↗Seelilien). Bei den pelagischen Organismen erlangen die ↗Graptolithen große Bedeutung. Pelagisch leben vermutlich auch die Conodonten-Tiere, die ihnen als Mikrofossilien zugeschriebenen ↗Conodonten zeigen aber nicht mehr die Vielfalt wie im Ordoviz. Als weitere, benthische oder pelagische ↗Mikrofossilien findet man in silurischen Gesteinen ↗Foraminiferen, ↗Ostrakoden, Chitinozoen und Acritarchen. Für Schichtenparallelisierungen dienen international insbesondere Graptolithen und Conodonten als ↗Leitfossilien. Basierend vor allem auf den vorherrschenden einzeiligen Monograptiden, werden im Silur über 30 Graptolithenzonen unterschieden.

Lokal können auch Brachiopoden und Trilobiten für relative Altersbestimmungen herangezogen werden. Die Brachiopoden entwickeln sich im Silur weiter, als besonders charakteristisch erscheinen die Pentameriden. Die Trilobiten bleiben mit Calymeniden, Cheiruriden, Phacopiden und Illaeniden vielfältig, lassen aber dennoch die für das jüngere Paläozoikum typische Abnahme erkennen.

Eine andere Gruppe der ↗Gliederfüßer, die ↗Eurypterida oder Seeskorpione, erreichen ihren Entwicklungshöhepunkt im Silur und Devon. Diese räuberischen Formen des Brack- und Süßwasser werden über 2 m lang und ernähren sich vermutlich von frühen Fischen. Die Korallen finden als stark umweltabhängige Organismen für Parallelisierungen wenig Anwendung. Vielfältig werden die Rugosen; die tabulaten Korallen bleiben zwar in karbonatischer Umgebung häufig, nehmen aber allmählich ab. Die Bryozoen bilden einen verbreiteten Bestandteil der Riffkomplexe. Bei den Mollusken herrschen die Cephalopoden vor, während sich die ↗Schnecken und ↗Muscheln nur langsam entwickeln. Die Seelilien werden häufiger und treten erstmals gesteinsbildend auf (Crinoiden-Kalke).

Faunenprovinzen lassen sich im Silur nicht deutlich erkennen. Die meisten Gruppen sind kosmopolitisch mit nur geringen lokalen Unterschieden; offenbar existieren keine größeren Wanderungsschranken. Allerdings zeigen Ostrakoden, die meist ein benthisches Larvenstadium durchlaufen, eine regionale Gliederung in circumäquatorialen Gebieten. Beschränkte, für die höheren Breitengrade charakteristische Faunen kennt man aus dem südlichen Südamerika, Süd- und Westafrika (Malvinokaffrische Provinz) und aus dem südlichen Sibirien (*Tuvaella*-Provinz, benannt nach einem orthiden Brachiopoden).

Sirenia ↗Seekühe

Siwalik-Formation
Vom Mittleren Miozän bis ins Obere Pleistozän reichende Gesteinsfolge im Bereich des Potwar-Plateau, Indien; diese etwa 20 000 Quadratkilometer große Hochfläche wird im Norden begrenzt durch die Kala Chitta und Margala Hills, im Süden durch die Salt Range, im Osten durch den Fluß Jhelum und im Westen durch den Indus.

Die an fossilen Säugetieren reichen Siwalik-Sedimente wurden offenbar in einem schnell fließenden, in viele Rinnen aufgegliederten Flußsystem abgelagert. Abwechselnde Folgen von Sandsteinen, Silt und Tonen belegen mehrere Sedimentationszyklen unter unterschiedlich feuch-

Silur
Goniophyllum *ist eine charakteristische Koralle des Unteren und Mittleren Silur (etwa natürliche Größe).*

395 Millionen Jahre

Ober-Silur	Pridolium
	Ludlowium
Mittel-Silur	Wenlockium
Unter-Silur	Llandoverium

435 Millionen Jahre

Die Schichtenfolge des Silur

ten Bedingungen. Das gesamte Gebiet bildet im Jungtertiär eine Vortiefe südlich der sich hebenden Himalaya-Gebirgskette.

Die Siwalik-Sedimentfolge beginnt mit der mittelmiozänen Kamlial-Schichtengruppe; die erste bedeutende Säugetierfauna enthält aber erst die Chinji-Schichtengruppe aus dem Oberen Miozän. Die Umweltverhältnisse scheinen denen eines subtropischen Waldes zu entsprechen. Die Fauna enthält die ↗Primaten *Sivapithecus* und *Ramapithecus*, mindestens einen späten Vertreter der ↗Creodonta (*Dissopsalis*), ↗Hyänen (*Percrocuta, Miohyaena*), kleine Raubtiere (*Martes, Vishnuonyx, Amphicyon, Sivaelurus, Vishnucyon*), einen ↗Ancylopoden, Schweine (*Listriodon, Conohyus, Lophochoerus*), einen Vertreter der ↗Anthracotheriidae (*Merycopotamus*), ↗Giraffen (*Giraffokeryx*), ↗Rinderartige (*Protragocerus, Miotragocerus, Kubanotragus* und *Sivoreas*), kleine ↗Säbelzahnkatzen (*Sivasmilus, Sansanosmilus, Paramachaerodus*), frühe Felinen (*Vishnufelis, Vinayakia*) und Cricetidae (↗Nagetiere), ähnlich denen, wie sie zur gleichen Zeit auch in Europa gefunden werden. Das im Pliozän der Alten Welt verbreitete dreizehige ↗Pferd *Hipparion* scheint zu fehlen.

Die Fossilfunde der pliozänen Nagri-Schichtengruppe lassen einen zunehmenden Übergang zu Wald- und Buschland erkennen, mit einzelnen Flecken offenen Graslandes. Grasfressende Arten kommen in verhältnismäßig geringer Zahl vor, große Säugetiere sind selten, Baumbewohner nicht häufig.

In der Nagri-Fauna treten *Sivapithecus, Ramapithecus, Merycopotamus* und *Miotragocerus* noch auf, die Creodonten, Ancylopoden und Giraffen scheinen aber zu verschwinden. *Hipparion* ist nun vertreten, daneben aber auch das ↗Rüsseltier *Deinotherium*, verschiedene Schweine (*Schizochoerus, Propotamochoerus, Hippopo-*

tamodon, Conohyus), Traguliden (*Dorcabune, Dorcatherium*), Rinderartige (*Selenopartax*) und zahlreiche Nagetiere. Die Raubtierformen umfassen Säbelzahnkatzen (*Megantereon*), Felinen (*Vinayakia*), Hyänen (*Percrocuta, Palhyaena, Miohyaena*) und ↗Marder.

In der Dhok-Pathan-Schichtengruppe aus dem Oberen Pliozän sterben *Miotragocerus* und verschiedene andere Rinderartige offenbar aus, stattdessen erscheinen Riedböcke, zusammen mit einer *Prostrepsiceros*-ähnlichen Form und einigen ↗Hirschen. Gefunden wurden auch Säbelzahnkatzen (*Propontosmilus, Paramachaerodus*), Felinen (*Mellivorodon*) und verschiedene Gattungen der Schweinegruppe (*Sus, Sivachoerus, Hippohyus, Sivahyus*). Die Nagetiere aus Dhok Pathan unterscheiden sich deutlich von ihren Nagri-Vorläufern; in dieser Schichtengruppe erscheint mit *Presbytis sivalensis* auch der erste Vertreter der Cercopithecidae (↗Affen) in der Siwalik-Formation. Die Krokodile umfassen Gaviale und das ausgestorbene *Crocodylus palaeindicus*.

Auf Dhok Pathan folgen die Tatrot-Schichtengruppe aus dem Villafranchium (Unteres Pleistozän) und die oberpleistozänen Pinjor-Beds; sie enthalten einen großen Felinen (*Sivapanthera*) und die etwa tigergroße *Felis cristata*.

Skelett

Das Skelett der ↗Wirbeltiere ist zweierlei Ursprungs: Deckknochen, die sich vom alten Hautschuppenpanzer der Ostracodermen herleiten, werden ergänzt durch ein Endoskelett, das aus Knorpel oder Ersatzknochen besteht. Die lebenden ↗Haie leiten sich von gepanzerten ↗Placodermi her, von denen sie noch Reste des ehemaligen Knochenpanzers in Form ihrer Placoidschuppen aufweisen. Die Haie behalten das ursprüngliche Knorpelskelett bei, während bei den höheren Wirbeltieren das knorpelige

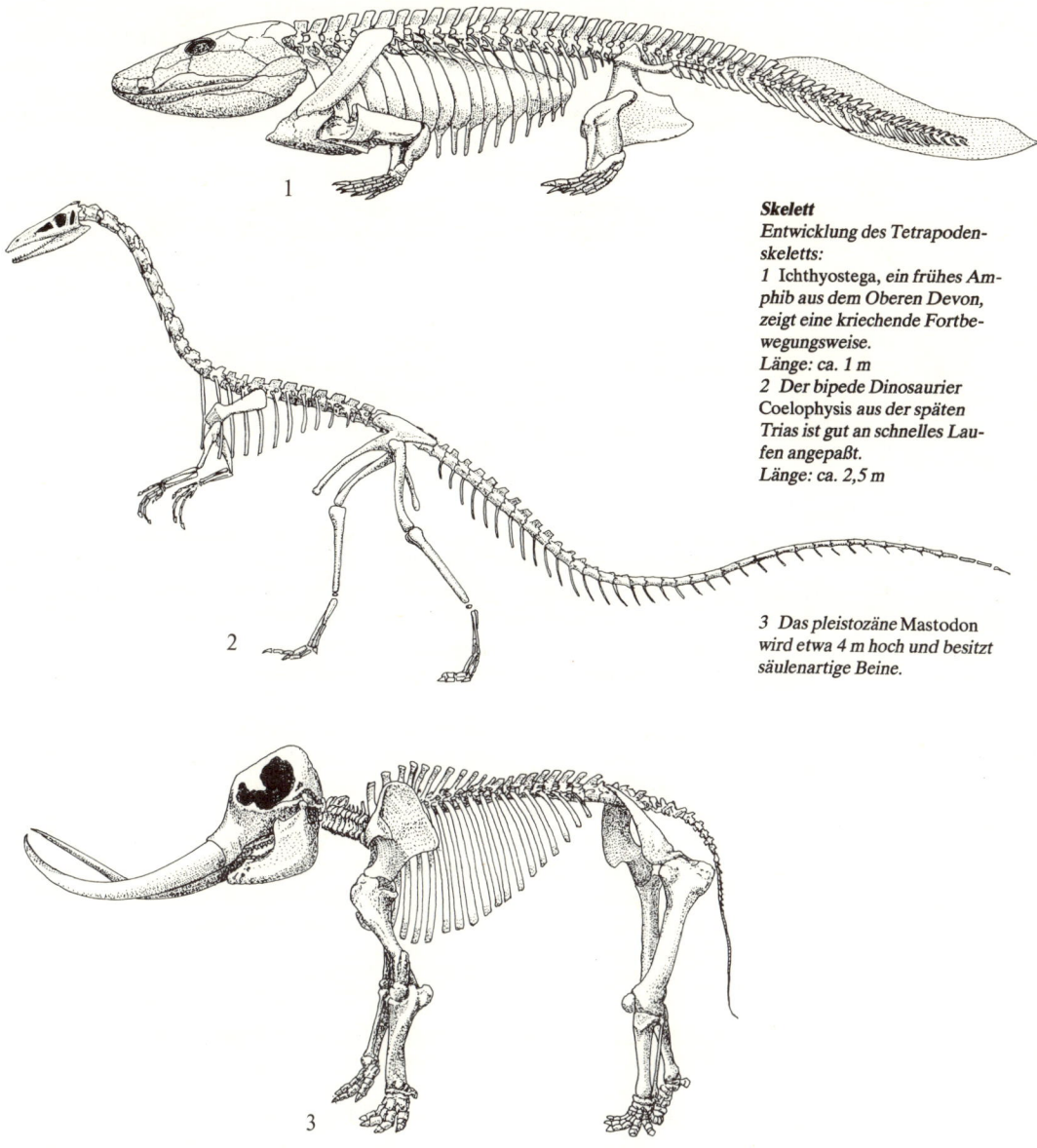

*Entwicklung des Tetrapoden-
skeletts:
1 Ichthyostega, ein frühes Amphib aus dem Oberen Devon,
zeigt eine kriechende Fortbewegungsweise.
Länge: ca. 1 m
2 Der bipede Dinosaurier
Coelophysis aus der späten
Trias ist gut an schnelles Laufen angepaßt.
Länge: ca. 2,5 m*

3 Das pleistozäne Mastodon
*wird etwa 4 m hoch und besitzt
säulenartige Beine.*

Endoskelett nur embryonal angelegt, dann jedoch durch Knochen
ersetzt wird (Ersatzknochen).
Knorpel wird bei jungen Individuen
deshalb beibehalten, weil er das
einizige harte Stützmaterial ist, das
sich ausdehnen kann, ohne die Ver-
netzungen der Skelettelemente mit
Muskeln, Nerven und Blutgefäßen
zu unterbrechen. Einen solchen
Wechsel des Stützgewebes kann
man schon bei den kieferlosen
↗Osteostraci beobachten, deren
Kopfregion innen zunächst mit Bindegewebe erfüllt ist, das später
jedoch durch Knochen (abstam-
mend von den inneren Schichten
des Hautknochenpanzers) ersetzt
wird.
Das Endoskelett umfaßt zwei
Hauptelemente: eine Hirnkapsel
(Neurocranium) und eine Reihe

von Wirbeln, die ↗Wirbelsäule. Bei Fischen dient die Wirbelsäule als Antagonist zu den segmentalen Schwimmuskeln. Die Entwicklung paariger Flossen mit eigenem Endoskelett führt zur Bildung von Schulter- und Beckengürtel. Beide erlangen Verbindung zur Wirbelsäule, der Schultergürtel mittels Muskelaufhängung, der Beckengürtel direkt.

Mit dem Übergang aufs Land werden erhebliche Änderungen nötig. Der Körper kann jetzt nicht mehr im Wasser treiben, sondern muß gestützt werden durch die vier Extremitäten. Damit die Wirbelsäule nicht unter dem großen Gewicht zusammenbricht, werden die einzelnen Wirbelkörper über Gelenke miteinander verbunden. Vorwärtsbewegung wird auf diesem Entwicklungsstadium noch durch seitliches Schlängeln des ganzen Körpers bewirkt, wodurch die waagrecht abgespreizten Gliedmaßen nach vorne geführt werden. Bei höheren Wirbeltieren wird die Wirbelsäule steifer und fester, die Extremitäten werden senkrecht unter den Körper gestellt.

Diese Verbesserungen ermöglichen längere Schritte bei größerer Geschwindigkeit. Unterscheiden sich die Längen der Vorder- und Hinterextremitäten sehr voneinander, kann sich eine Tendenz zur Bipedie durchsetzen, z. B. bei räuberischen ↗Dinosauriern. Bipedie tritt auch auf bei baumlebenden Tieren, die sich hangelnd fortbewegen. Beim Übergang zum Bodenleben können diese Tiere einen aufrechten Stand und schließlich auch, wie der Mensch, einen aufrechten Gang entwickeln. Bei größeren Wirbeltieren, wie Elefanten und ↗Sauropoda werden die Gliedmaßen als massive, säulenartige Beine ausgebildet, um das enorme Gewicht tragen zu können. Das andere Extrem, die Gewichtsersparnis, zeigen fliegende Wirbeltiere: Knochen riesiger Flugsaurier sind weniger als 1 mm dick. Auch an verschiedensten anderen

Körperstellen können Endoskelettteile entstehen. So entwickeln einige ↗Rinderartige ein knöchernes Herzkreuz, und viele Säugetiere bilden Penisknochen aus (z. B. ↗Raubtiere, ↗Wale, ↗Nagetiere und Fledermäuse). Das vielleicht auffälligste Beispiel der Knochenevolution findet sich bei den ausgestorbenen südamerikanischen Glyptodonten, die einen dicken Knochenpanzer ausbilden, der einen wirklich undurchdringlichen Schutzschild darstellt. Dies ist etwas völlig Neues bei den Säugetieren und entwickelt sich ganz unabhängig vom Knochenpanzer vieler früher Reptilien.

Smith, William (1769–1839)
Englischer Geologe, geboren in Churchill, Oxfordshire, als Sohn eines Hufschmieds; er gilt als der Begründer der Geologie in England. Mit 18 Jahren begann SMITH eine Ausbildung als Bergingenieur und arbeitete in den ersten Jahren in den Kohlegruben und bei Kanalbauten von Somerset, wobei er überwiegend mit der Entwässerung befaßt war und so die verschiedenen Strata kennenlernte. Bei seinen Untersuchungen der Gesteine und Fossilien reiste er zu Pferde rund 100 000 Meilen quer durch England.

Sein bedeutender Beitrag zur Geologie bestand darin zu erkennen, daß Sedimentgesteine mit Hilfe ihres Fossilinhaltes identifiziert werden können. Von ihm stammt die erste „Formationentabelle" und die erste geologische Karte überhaupt in England. 1815 erstellte er die erste geologische Karte von England und Wales.

Solnhofen ↗Lithographische Plattenkalke

South African Museum
Gegründet 1855 in Kapstadt; Vorschläge zur Errichtung eines Museums wurden aber bereits 1825 unterbreitet.

Mit Hilfe einer staatlichen Zuwendung wurde 1883 das erste Fundstück aus der ↗Karru-Formation geborgen. Heute besitzt das Museum weltweit eine der besten Reptilsammlungen aus der Karru-Formation. In der ausgedehnten Wirbeltiersammlung befindet sich auch ein ausgestorbener Büffel mit einer Spannweite der Hörner von 3 m.
Die Wirbellosensammlung gewinnt langsam an Bedeutung und ist Gegenstand einiger Forschungsprojekte. Ein Paläontologie-Saal wurde 1970 eröffnet und gibt einen Überblick über die erdgeschichtliche Vergangenheit von Südafrika, insbesondere über Pflanzen und Tiere der Karru-Formation und quartäre Fossilien der Kap-Provinz.

Sowerby
Eine im 19. Jahrhundert berühmte englische Naturforscherfamilie. Als erster der Familie publizierte James SOWERBY (1757–1822) naturgeschichtliche Bücher, darunter „Mineral Conchology" (1812–1846) – ein Werk, das vor allem wegen seiner ausgezeichneten Abbildungen auch heute noch in der paläontologischen Forschung Beachtung findet. Das Buch wurde von seinem ältesten Sohn, James de Carle SOWERBY (1787–1871), fortgeführt. Als weiterer Beitrag zur Paläontologie fertigte James SOWERBY auch Abbildungen für andere Wissenschaftler an, die sich mit Wirbellosen, Paläobotanik und Mikropaläontologie beschäftigten.
Die anderen Mitglieder der Familie trugen wenig zur Paläntologie bei, mit Ausnahme von George Brettingham SOWERBY (1812–1884). John William SALTER (1820–1869), der bei J. de Carle SOWERBY in die Lehre ging und später seine Tochter heiratete, wurde 1854 Paläontologe beim Geological Survey of Great Britain.

Spinnentiere, *Arachnida*
Eine die Spinnen und Skorpione umfassende Klasse der ↗Gliederfü-

ßer, die als landlebende Cheliceraten (Scherenfüßer) charakterisiert sind und deren Körper sich in ein vorderes Prosoma und ein hinteres Opisthosoma gliedert. Das Prosoma trägt sechs Beinpaare, das erste ist zu Cheliceren (Scheren) umgebildet. Üblicherweise werden vier Paare zum Laufen benutzt, das den Cheliceren folgende Paar dient als Taster (Pedipalpen). Das Opisthosoma zählt maximal 12 Segmente, die in der Entwicklung der Spinnentiere jedoch verschmelzen oder zum Teil verloren gehen. Skorpione bilden mit mindestens fünf Segmenten einen Schwanz aus, während die meisten Spinnen ein verschmolzenes Opisthosoma aufweisen.
Der früheste Skorpion, *Palaeophonus* aus dem Unteren Silur Schwedens, Schottlands und der USA, lebte noch im Wasser. Die späteren Spinnentiere gehen alle auf das Land, nur sekundär kehren einige wieder ins Wasser zurück. Einige frühe Skorpione sind, wegen ihrer enormen Größe, auf das Wasser angewiesen. So z. B. *Brontoscorpio anglicus* aus England, der etwa 80 cm lang wird. Zwei Gattungen sind aus dem devonischen Rhynie Chert in Schottland beschrieben.
Aus europäischen Kohlebecken kennt man viele Spinnen mit segmentiertem Hinterleib, während aus nach-paläozoischen Schichten kaum noch Funde vorliegen. Es ist nicht sehr verwunderlich, daß nur wenige Spinnenfossilien gefunden werden, denn diese Tiere besitzen nur eine dünne Kutikula. Größere Schwierigkeiten bereitet eine Erklärung für die mangelnden fossilen Belege der robusten Skorpione.

Spurenfossilien
Strukturen im Sediment, die durch tierische Aktivitäten wie Kriechen, Rennen, Schwimmen, Fressen und Graben entstanden sind. Solche Spuren früher lebender Tiere sind z. B. fossile Pfade, Grab- und Bohrlöcher.
Man kennt Spurenfossilien (Ichno-

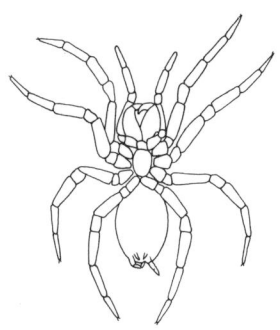

Spinnentiere
Die fossile Spinne Eodiplurina *kommt im Oligozän von Colorado vor*
(etwa 6fache natürliche Größe).

fossilien) hauptsächlich aus Meeressedimenten, besonders gut vertreten finden sie sich dabei in den abwechselnd groben und feinen Lagen der Flysch-Sedimente. Spurenfossilien kommen auch in den meisten anderen Sedimentfazies vor, auch kontinentalen, jedoch weniger häufig und vielfältig.

Die ältesten Spurenfossilien stammen aus dem Präkambrium (z. B. die Kriechspur von *Bunyerichnus* aus Südaustralien). Viele sind für das bloße Auge unsichtbar und nur durch moderne Techniken (wie z. B. Röntgenaufnahmen) zu entdecken.

Spuren können entweder auf der Oberfläche eines Substrates oder in dessen Innerem entstehen. Die geringste Chance auf Erhaltung besitzen Oberflächenspuren in flachem Wasser, da sie Wellen und Strömungen ausgesetzt sind. Ruhige tiefe Gewässer begünstigen dagegen Fossilisierung feinster Spuren.

Da man üblicherweise nicht weiß, welcher Organismus welche Spuren verursacht hat, ergeben sich Probleme der Benennung und Klassifikation. Meist wird zwar die binäre Nomenklatur nach LINNÉ verwandt (↗Taxonomie), einige Paläontologen benutzen aber andere Bezeichnungen oder ökologisch definierte Begriffe. Auch die Klassifikation variiert. So werden verschiedentlich Systeme benutzt, die auf der Morphologie, dem tierischen Verhalten, dem Fundort oder der Erhaltungsform der Spurenfossilien basieren.

Das Studium der Spurenfossilien (Paläoichnologie) liefert Hinweise auf Existenz und Zusammensetzung bodenbewohnender Lebensgemeinschaften. So erhielt man aus Spurenfossilien am Übergang Präkambrium – Kambrium gute Hinweise zur Evolution der Metazoen (Vielzeller). Manchmal besitzen Spurenfossilien lokale Bedeutung als Leitfossilien. Der Grabgang *Arenicolites franconicus* z. B. ist charakteristisch für eine 4 cm starke Muschel-

kalkschicht in weiten Gebieten Süddeutschlands. Formen von *Cruziana,* die man Trilobiten und ihren Verwandten zuschreibt, werden zur Unterscheidung kambrischer und ordovizischer Bereiche in Wales benutzt. Die sorgfältige Untersuchung von Spurenfossilien hilft oft, die Geschichte von Ablagerungen aufzuklären; Ansammlungen von Spurenfossilien bilden ein wichtiges Untersuchungsobjekt und „Werkzeug" der Paläoökologie und Paläogeographie. (↗Fußspuren)

Stachelhaie ↗Acanthodii

Stachelhäuter, *Echinodermata*
Stamm der ↗Wirbellosen, der die rezenten Klassen ↗Seeigel, ↗Seesterne, Schlangensterne, ↗Seelilien und Seegurken umfaßt. Diese radiärsymmetrischen Formen sind die einzigen fünfstrahligen Coelomaten. Sie besitzen ein feines Wassergefäßsystem (Ambulakralsystem), das aus einem zentralen Oralring besteht, von dem meist fünf Radiärkanäle ausgehen. Diese bilden kleine Ambulakralfüßchen aus, die u. a. der Fortbewegung, Atmung, Nahrungsaufnahme, Reizaufnahme und Exkretion dienen. Vom oralen Gefäßring zieht der „Steinkanal" bis an eine Öffnung der Oberseite, den Hydroporus. Dieser besteht aus einer oder vielen Poren, die eine besondere Skelettplatte durchbohren: die Madreporenplatte. Die mesodermalen Skelettelemente bestehen hauptsächlich aus Calciumkarbonat. Fossil sind die ausschließlich marin lebenden Stachelhäuter ab dem Unteren Kambrium belegt. Sie werden weit unten an die Entwicklungslinie zu den ↗Wirbeltieren gestellt.

Die Holothuroidea oder Seegurken haben zylindrische, „gurkenförmige" Gestalt. Am vorne liegenden Mund beginnen die fünf Längsstreifen des Ambulakralsystems (Ambulakralfelder) und ziehen fast bis zum After am anderen Ende. Die Ambulakralfüßchen der Mundregion

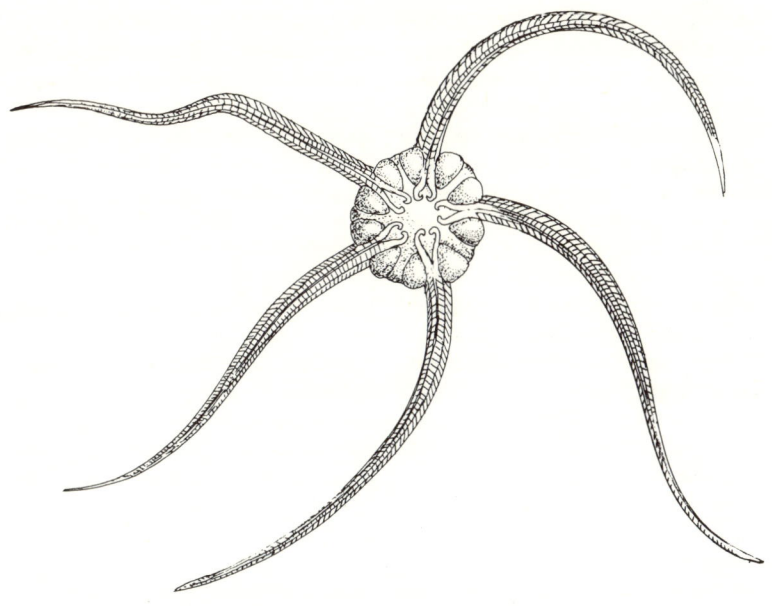

Stachelhäuter
Ophioderma *ist ein Schlangen-*
stern aus dem Oberen Jura
Englands
(ungefähr ⁴/₅ der natürlichen
Größe).

sind zu großen Tentakeln (zur Nahrungsaufnahme) umgebildet. Das
Kalkskelett besteht aus unzähligen
kleinen Skleriten, die als wichtige
Mikrofossilien in der ↗Stratigra-
phie ausgewertet werden.
Viele Stachelhäuter kennt man nur
fossil. Die Helicoplacoidea aus dem
Unteren Kambrium Nordamerikas
sind spindelförmige Tiere ohne Anzeichen einer pentameren Symmetrie. Es existiert nur ein einziges,
gespaltenes und spiralig um den
Körper verlaufendes Ambulakral-
feld. Eocrinoidea (Unteres Kam-

brium bis Ordovizium), und Cystoidea (Ordovizium bis Silur) sind
schlecht bekannte Gruppen. Sie
können gemeinsam mit den Blastoidea als Blastozoa zusammengefaßt
werden, da alle charakeristische, als
Brachiolen bezeichnete, schlanke
Arme besitzen.
Die vom Silur bis ins Perm vorkommenden Blastoidea ähneln äußerlich den Seelilien: Die fünfstrahlig
symmetrischen Tiere tragen eine
Theca auf langem Stiel. Vermutlich
der Atmung dienen dünnwandige
Abschnitte (Hydrospiren) an den

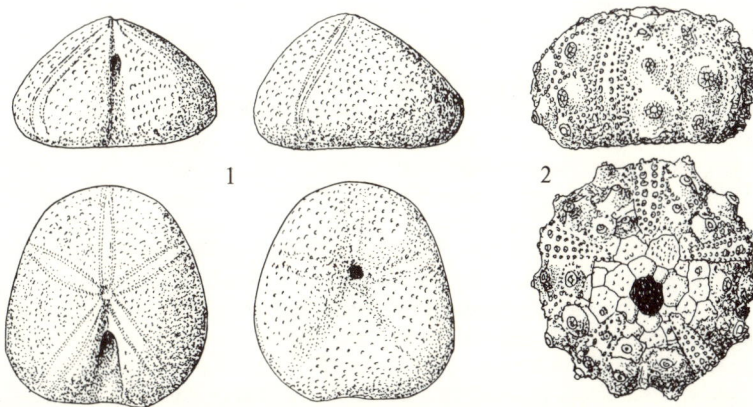

Stachelhäuter
1 Vier Ansichten von Nucleo-
lites, *Mittlerer Jura bis Obere*
Kreide
(ungefähr natürliche Größe).
2 Der Seeigel Acrosalenia *lebt*
vom Jura bis in die Untere
Kreide
(ungefähr natürliche Größe).

331

Nahrungsrinnen. Die Cystoidea besitzen verschiedene spezialisierte Atmungsstrukturen, die die Vorläufer der Hydrospiren sein könnten, was auf enge Verwandtschaft mit den Blastoidea hinweist. Die Eocrinoidea sind ursprüngliche Formen ohne spezialisierte respiratorische Strukturen.

Die Edrioasteroidea leben vom Unteren Kambrium bis zum Unteren Karbon als kleine, armlose sessile Formen. An der Oberseite liegen der zentrale Mund mit dem fünfstrahligen Ambulakralsystem, der After, Genitalporus und Hydroporus. Edrioasteroiden stellen vielleicht die Ursprungsgruppe dar für die Echinoidea (Seeigel), Holothuroidea (Seegurken) und Asterozoa (Seesterne und Schlangensterne). Paracrinoidea bilden eine kleine Gruppe frühpaläozoischer Stachelhäuter mit verzweigten einreihigen Armen (nicht Brachiolen) und ohne Andeutungen einer fünfstrahligen Symmetrie. Die Carpoidea (Kambrium bis Devon) sind seltsam asymmetrische Formen mit typischem Stachelhäuterskelett, aber ohne Radiärsymmetrie.

Eine Klasse besonderer Bedeutung sind die Calcichordata. Der Name zeigt an, daß diese in einen Körper (Theca) und Schwanz (Stiel) gegliederten Stachelhäuter Übereinstimmungen mit den Chordaten aufweisen und als deren Grundgruppe angesehen werden können.

Cothurnocystis ist ein ursprünglicher Calcichordat. Man findet ihn im Ordoviz von Schottland und Frankreich sowie im Mittleren Kambrium der USA. Links dorsal in ihrer Theca liegen verschließbare äußere Spalten, die man als Kiemenspalten interpretiert (auch die Larven des primitiven Chordaten Branchiostoma besitzen nur linksseitige Kiemenspalten). Das Tier besitzt einen postanalen Schwanz (wie alle Chordaten), vermutlich mit segmentalen Muskelblöcken, einer medianen Chorda und einem dorsalen Neuralrohr (mit segmenta-

len Ganglien). Hohlräume am Anfang des beweglichen Schwanzes werden als Hirnhöhlen bezeichnet. *Cothurnocystis* bewegte sich warscheinlich rückwärts über den Meeresboden, wobei das Schwanzende in den Schlamm greift. Ein höher entwickelter Calcichordate ist *Mitrocystella* aus dem Ordoviz Frankreichs und der Tschechoslowakei. Dieses Tier besitzt ebenfalls Körper und Schwanz, aber bereits innere Kiemenspalten, die in einen Peribranchialraum münden. Das Nervensystem zeigt viele Übereinstimmungen mit den Wirbeltieren (Tel-, Diencephalon, Lobi optici, Medulla u. a.); man findet paarige Augen sowie ein Seitenliniensystem.

Stammreptilien ↗Cotylosauria

Stegosauria
Unterordnung der ↗Ornithischia, die als erste Gruppe der ↗Dinosaurier Platten und Stacheln entwickelt. Ihren Namen erhielten die Stegosaurier nach der oberjurassischen Gattung *Stegosaurus* aus der nordamerikanischen ↗Morrison-Formation. Diese bis 9 m langen Tiere bewegen sich quadruped, ihre vorderen Gliedmaßen sind aber kürzer als die hinteren; sie besitzen einen kleinen Kopf und entlang dem Rücken bis zum Schwanz zwei alternierende Reihen von Knochenplatten, am Schwanzende sitzen zwei Paare mächtiger Stacheln. Die größten Platten befinden sich im Hüftbereich, die darunterliegenden Sakralwirbel zeigen eine deutliche Vergrößerung des Neuralkanals. Offenbar bildet das Rückenmark an dieser Stelle in Form einer Anschwellung ein zusätzliches „Sakralgehirn", dessen Volumen das des eigentlichen Gehirns um ein mehrfaches übertrifft. Ein ähnliches, aber kleineres Nervenzentrum findet sich im Schulterbereich. Rekonstruktionen von *Stegosaurus* gehen überlicherweise von einer senkrechten Stellung der Rückenplatten aus, es wurde aber auch schon eine

Stegosauria
Scelidosaurus aus dem Unteren Jura von Südengland gehört als frühe Form vermutlich ebenfalls zu den Stegosauriern. Länge: ca. 4 m

flache Lage vermutet. Da diese Platten reichlich mit Blutgefäßen versorgt werden, dienen sie vielleicht eher der Temperaturregulation als dem Schutz vor Feinden.

Als weitere oberjurassische Form kommt der bis 5 m lange *Kentrosaurus* bei ↗Tendaguru in Ostafrika vor. Diese Gattung besitzt nur kleine Dorsalplatten entlang dem Hals und Vorderkörper, der hintere Teil des Rückens und der Schwanz tragen acht Paare langer Stacheln. Nur unvollständig bekannt ist *Dacentrurus* aus dem späten Jura von Europa. Die Vorderextremitäten erscheinen für einen höherentwickelten Stegosaurier verhältnismäßig

lang, der Rückenpanzer besteht offenbar nur aus Stacheln. Die beiden genannten Gattungen der Alten Welt leiten sich vermutlich von *Lexovisaurus* ab. Dieser Stegosaurier kommt im frühen Oberjura von England und Frankreich vor, besitzt sowohl Platten wie Stacheln und relativ mächtige Vorderextremitä-

Stegosauria
Stegosaurus kommt als typischer Vertreter der Stegosauria im Oberen Jura der nordamerikanischen Morrison-Formation vor und erreicht eine Länge von 9 m.

ten. Aus dem Mittleren Jura kennt man nur *Chialingosaurus* aus China, eine schlanke Form mit im Verhältnis langen Vorderbeinen und kleinen, plattenartigen Stacheln.

An der Basis des Unteren Jura tritt in England mit *Scelidosaurus* ein kleiner, ursprünglicher Ornithischier auf. Er erreicht eine Länge von 4 m, bewegt sich vielleicht noch teilweise biped, die Zehen tragen Klauen und nicht Hufe wie bei den spätjurassischen Stegosauriern. Auf dem Rücken befinden sich zahlreiche Reihen kleiner gekielter Platten, mit zusätzlichen Reihen an den Seiten. Die Merkmale lassen vermuten, daß diese Gattung als ältester Vertreter bereits zu den Stegosauriern gehört und ein frühes Evolutionsstadium repräsentiert, das den überwiegend bipeden ↗Ornithopoda noch recht nahe steht.

Einige angebliche Stegosaurier sind aus der frühen Kreide bekannt; das stets bruchstückhafte Material kann aber nicht mit Sicherheit dieser Gruppe zugeordnet werden. Vielleicht entwickeln sich aus den Stegosauriern die in der späten Kreide verbreiteten ↗Ankylosauria.

Steinzeit ↗Mesolithikum, ↗Neolithikum, ↗Paläolithikum.

Sternberg, Kaspar Graf
(1761–1838)
Tschechischer Paläobotaniker; er wurde in Serowitz geboren und studierte Theologie.

STERNBERG interessierte sich ursprünglich für die rezente Flora, wandte sich aber dann der Beschreibung fossiler Pflanzen aus dem Karbon der Tschechoslowakei zu. In seinem siebenbändigen Hauptwerk „Versuch einer geognostisch-botanischen Darstellung der Flora der Vorwelt" (1820–1832) bemühte er sich um die Eingliederung der fossilen Arten in die Klassifikation der rezenten Formen.

Stigmaria
Formgattung zur Charakterisierung der großen unterirdischen Teile von *Lepidodendron*- und *Sigillaria*-Bäumen (↗Bärlappe). Stigmarien sind kräftige, sich ausschließlich dichotom verzweigende „Wurzelträger", an denen in spiraliger Anordnung die wesentlich dünneren eigentlichen Wurzeln oder Appendices stehen. Diese gehen bei der Fossilisierung meist verloren und hinterlassen auf den Stigmarien charakteristische Narben. Die Appendices zeigen eine innere Anatomie, wie man sie ähnlich bei der rezenten Gattung *Isoëtes* findet, einem an feuchte Standorte angepaßten, altertümlichen Bärlappgewächs.

Strahlenflosser ↗Actinopterygii

Stratigraphie
Wissenschaftszweig der Geologie, der sich mit der Aufeinanderfolge der Schichten (Strata), ihrem Gesteins- und Fossilinhalt beschäftigt. Sedimentgesteine werden meist in Schichten abgelagert, so daß bei ungestörter Lagerung die tieferliegenden älter sind als die höherliegenden (stratigraphisches Grundgesetz). Zu diesen geschichteten Gesteinsfolgen können auch Eruptivgesteine beitragen, z. B. in Form von extrudierten Lavaströmen, als pyroklastische Produkte von Vulkaneruptionen oder als Intrusionen. Bei der geologischen Kartierung wird die Verteilung der Gesteine in einem Gebiet aufgenommen und die Abfolge interpretiert. Die verwendeten Einheiten basieren auf den im Gelände beobachteten charakteristischen Eigenschaften der Gesteine (lithostratigraphische Einheit). Die Grundeinheit der Lithostratigraphie ist die Formation („Schichten"), die sich in ihrer gesamten Ausdehnung durch bestimmte Eigenschaften von den über- und unterlagernden Strata unterscheidet. Erkennbare feinere Einheiten einer Formation werden als Folge („member") oder Bank („bed") bezeichnet.

Als eines der größten Probleme

erweist sich die zeitliche Parallelisierung der Gesteine von verschiedenen Gebieten. Lithologische Vergleiche (basierend auf den Gesteinseigenschaften) sind dabei nur beschränkt hilfreich, da Strata nach den Seiten in Mächtigkeit und Beschaffenheit stark variieren können. Welches Sedimentgestein gebildet wird, hängt von den Sedimentationsbedingungen und den anschließenden diagenetischen Veränderungen ab. Daher ist es unmöglich, auf rein lithologischer Grundlage die in einem tiefen Meeresbecken abgelagerten Schiefertone mit den zur gleichen Zeit im Flachwasser der Kontinentalschelfe gebildeten Kalksteinen zu parallelisieren. Neben diesem lateralen „Facieswechsel" wird oft eine diachrone, über die gesamte Ausdehnung nicht gleichzeitige Bildung der Formationen beobachtet. So wandern z. B. bei der Transgression eines Meeres auch die Flachwassersedimente im Laufe der Zeit.

Im frühen 19. Jahrhundert benutzte William ↗SMITH neben Gesteinsmerkmalen auch Fossilien zur Unterscheidung und Charakterisierung von Schichten. Bald wurde erkannt, daß Fossilien neben der Identifizierung von Gesteinen auch die Erstellung einer über die lokalen Gegebenheiten hinausreichenden relativen Zeitskala ermöglichen (Biostratigraphie). Die Grundeinheit der Biostratigraphie ist die Biozone. Sie wird charakterisiert durch das Vorkommen bestimmter Fossilarten oder -gattungen (↗Leitfossilien) und wird nach oben und unten von anderen Biozonen mit anderen Leitfossilien begrenzt. Für Zoneneinteilungen eignen sich besonders weitverbreitete und sich rasch entwickelnde Fossilgruppen. Basierend auf ↗Graptolithen wird z. B. in England das ↗Silur in mehr als 30 Biozonen eingeteilt, jede umfaßt etwa einen Zeitraum von 1 Million Jahre. Durch Kombination der Biozonen mit den im Gelände erkannten lithologischen Einheiten werden zuverlässige Parallelisierungen und Interpretationen möglich. Die Biostratigraphie allein beschäftigt sich nur mit der Untergliederung einer Sedimentfolge nach Fossilien, ohne Berücksichtigung der Lithologie und Mächtigkeit der Strata.

Die überlieferten Gesteine repräsentieren meist nicht die gesamte Zeit ihrer Bildung. Oft fehlen in einem stratigraphischen Verband Schichten (Schichtlücke), z. B. wenn die Sedimentation vorübergehend aussetzt oder ältere Schichten wieder abgetragen werden. Man verfügt aber über eine Hierarchie zeitstratigraphischer (chronostratigraphischer) Einheiten, die auf alle innerhalb eines Zeitraums gebildeten Gesteine angewendet wird, unabhängig von dem Vorkommen oder Fehlen charakteristischer Fossilien. Auf der Grundlage der lithostratigraphischen Einheiten entstehen so abstrahierte Zeiteinheiten, das Llandoverium z. B. bezeichnet allgemein die unterste der vier Stufen des Silur. Eine internationale Kommission für Stratigraphie definiert Grenzhorizonte für die wichtigeren chronostratigraphischen Einheiten. Diese Festlegung erfolgt an einem Gebiet, in dem die entsprechenden Schichten umfangreich entwickelt und durch reichlich Fossilien gut charakterisiert sind; in allen anderen Gebieten muß diese Grenze durch Parallelisierung mit diesem Bezugspunkt gezogen werden. Die erste derartige Grenze wurde 1972 bei Klonk in der Tschechoslowakei für den Übergang Silur – Devon definiert.

Für das Präkambrium müssen andere Abgrenzungs- und Parallelisierungsverfahren herangezogen werden, da Fossilien im wesentlichen fehlen. Untergliederungen sind hier notgedrungen gröber und basieren auf Kriterien wie Perioden und Art von Faltungen und Metamorphosen und magmatischer Aktivität. Das grobe Alter von Eruptivgesteinen und Metamorphosevorgängen kann mit Hilfe radiometrischer Methoden bestimmt werden. Auch paläoklimatische Zeugen erweisen sich als nützlich für Parallelisierungen im Präkambrium: Spätpräkambrische Glazialablagerungen wie Tillite kommen in Westirland, im schottischen Hochland, in Skandinavien und auch an anderen Stellen in Europa vor (↗Klimate der Vorzeit). Die Paläoklimatologie findet jedoch vor allem im Quartär Anwendung. Die Untergliederung des ↗Pleistozän basiert auf Klimaschwankungen, die sich im Fossilinhalt (vor allem Pollen) der Sedimente widerspiegeln (↗Pollenanalyse).

Die Stratigraphie liefert auch Angaben über die Verteilung von Land und Meer im Laufe der Erdgeschichte und über die Gestalt der Kontinente. (↗Paläogeographie)

Synapsida ↗Säugerähnliche Reptilien

Tapire

Ursprünglichste rezente ↗Unpaarhufer, die heute auf Südostasien sowie Mittel- und Südamerika beschränkt sind. Tapire leben in Gebüschen und Wäldern von Meereshöhe bis zu 4500 m und benutzen ihre rüsselartig verlängerte Oberlippe zum Ablösen der pflanzlichen Nahrung. Bei den kurzen, stämmi-

gen Gliedmaßen sind die beiden Unterarm- und ebenso die zwei Unterschenkelknochen nicht miteinander verwachsen. Im Gegensatz zu den dreizehigen Hinterextremitäten besitzen die Vorderfüße noch vier Zehen, jede endet mit einem Huf. Der obere Eckzahn ist reduziert, ein Schneidezahn ist eckzahnförmig. Vorder- und Backenzähne werden durch eine Zahnlücke getrennt, die hinteren Praemolaren sind molarisiert. Die niederkronigen Backenzähne weisen je zwei Querleisten auf.

Der früheste echte Tapir ist *Protapirus* aus dem Oligozän Europas und Nordamerikas. Weitere, nicht sehr häufige Fossilfunde von Tapiren stammen aus dem Mittleren und späten Känozoikum der nördlichen Hemisphäre sowie aus dem Pleistozän Mittel- und Südamerikas.

Im Eozän leben viele tapirähnliche und tapirverwandte Gruppen, z. B. *Homogalax* in Nordamerika und *Lophiodon* in Europa. *Hyrachyus* aus dem nordamerikanischen Eozän steht den Vorfahren der ↗Nashörner sehr nahe.

Tarsiiformes ↗Koboldmakis

Tausendfüßer

↗Hundert- und Tausendfüßer

Taxonomie

Wissenschaft von der Klassifikation der Organismen. Die Klassifikation ordnet Individuen einer Hierarchie von Taxa (taxonomische Gruppen, Singular: Taxon) zu, die mit Namen entsprechend dem Nomenklatursystem belegt werden.

Eine Klassifikation kann im Prinzip willkürlich, unter Auswahl beliebiger Merkmale erfolgen. In der Praxis wird aber versucht, die taxonomischen Grenzen in Übereinstimmung mit den natürlichen Diskontinuitäten zwischen verschiedenen Organismenformen festzulegen. Diskontinuitäten zwischen verschiedenen Tier- und Pflanzenformen sind begründet in den Diskontinui-

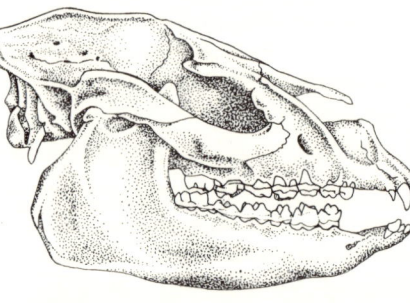

Tapire
Der frühe Tapir Protapirus *erscheint im Unteren Oligozän Europas. Schädellänge: etwa 30 cm*

täten der Umwelt: Organismen entwickeln unterschiedliche Anpassungen, um unterschiedliche ökologische Nischen zu belegen. Taxonomische Arbeit besteht zu einem großen Teil in der Beschreibung neuer Taxa und der Umgruppierung von Taxa unter Berücksichtigung neuer Erkenntnisse.

Die volkstümlichen Namen für Tiere und Pflanzen genügen nicht den wissenschaftlichen Anforderungen der Eindeutigkeit, Stabilität und internationalen Einheitlichkeit. Die Benennung von Taxa erfolgt daher nach bestimmten Regeln, die in einem internationalen Code der botanischen und zoologischen Nomenklatur festgelegt sind.

Als Grundlage für die Benennung von Organismen dient die von Carl von LINNÉ (1707–1778) eingeführte „binäre Nomenklatur". Danach erhalten die Organismen jeweils einen lateinischen Gattungs- und Artnamen, meist wird auch der Name des Erstbeschreibers beigefügt. Als Beispiel: Der Löwe trägt den wissenschaftlichen Namen *Felis leo* LINNÉ. Gattungen enthalten meist mehr als eine Art, so gehört z. B. zur Gattung *Felis* auch der Tiger *Felis tigris*. Dem übergeordnet sind verschiedene supraspezifische Taxa (z. B. Familie), ebenso existieren infraspezifische (z. B. Unterart). Das Schema zeigt das vollständige System am Beispiel des Löwen.

Taxon	Beispiel
Reich	Animalia (Tiere)
Stamm (Phylum)	Chordata (Tiere mit Chorda)
Klasse (Classis)	Mammalia (Säugetiere)
Ordnung (Ordo)	Carnivora (Raubtiere)
Familie (Familie)	Felidae (Katzen)
Gattung (Genus)	*Felis*
Art (Species)	*Felis leo*

Eine größere Flexibilität wird erreicht durch zwischengeschaltete Rangstufen wie Unterstamm, Überfamilie u. ä.

Als Bezugsstandard für die Benennung dient der Typus. Der Typus einer Art oder Unterart ist ein bestimmtes Belegstück (Holotyp), der einer Gattung eine Typusart und der einer Familie oder Unterfamilie eine Typusgattung. Höhere Taxa besitzen keine Typen. Wird ein Taxon neu beschrieben, so muß der Typus und bei Arten auch der Aufbewahrungsort des Holotyp angegeben werden, um spätere Vergleiche zu ermöglichen.

Zur Klassifikation sind im wesentliche drei Methoden im Gebrauch: die phänetische, kladistische und phyletische. Die phänetische Methode beschäftigt sich mit den phänotypischen Ähnlichkeiten zwischen Taxa. Bei dem Verfahren werden unter gleicher Gewichtung zahlreiche Merkmale quantifiziert und die Daten mit Hilfe statistischer Methoden sortiert. Bei der kladistischen Methode werden Gruppen monophyletisch angeordnet, für die Zugehörigkeit zu einer dieser Gruppen ist entscheidend der Besitz eines gemeinsamen, auf den Vorläufer zurückgehenden Merkmals. Taxa werden definiert durch Angabe einer Reihe von Knoten- oder Verzweigungspunkten auf einem Abstammungsschema (Kladogramm, Dendrogramm), die Verwandtschaft wird charakterisiert durch den Abstand zum gemeinsamen Ursprung. Die phyletische Klassifikation versucht die natürliche, durch die Evolution entstandene Gruppierung zu erkennen. Bei der Aufstellung verwandtschaftlicher Beziehungen wird dabei einigen Merkmalen größerer Wert beigemessen als anderen, zudem werden stratigraphische Beziehungen stark hervorgehoben.

Tendaguru
Dorf, 56 km landeinwärts von der ostafrikanischen Küstenstadt Lindi;

hier wurde 1907 von dem deutschen Ingenieur W. B. SATTLER in oberjurassischen Sedimenten ein reiches Vorkommen von ↗Dinosaurier-Resten entdeckt.

Tendaguru gehört heute zu Tansania, das vor dem ersten Weltkrieg Bestandteil von Deutsch-Ostafrika war. Werner JANENSCH (1878–1969), ein Spezialist für fossile Reptilien am Berliner Museum, führte 1909 eine Expedition zu der

ein ähnliches Alter und eine ähnliche Fauna wie die ↗Morrison-Formation in Nordamerika. Die zahlenmäßig bei Tendaguru am stärksten vertretene Dinosauriergruppe sind die ↗Sauropoda mit der häufigen Gattung *Brachiosaurus*. Diese riesige Form kommt außerdem in der Sahara, in Portugal und in der Morrison-Formation vor. Offenbar existiert am Ende des Jura quer über diese Gebiete eine ein-

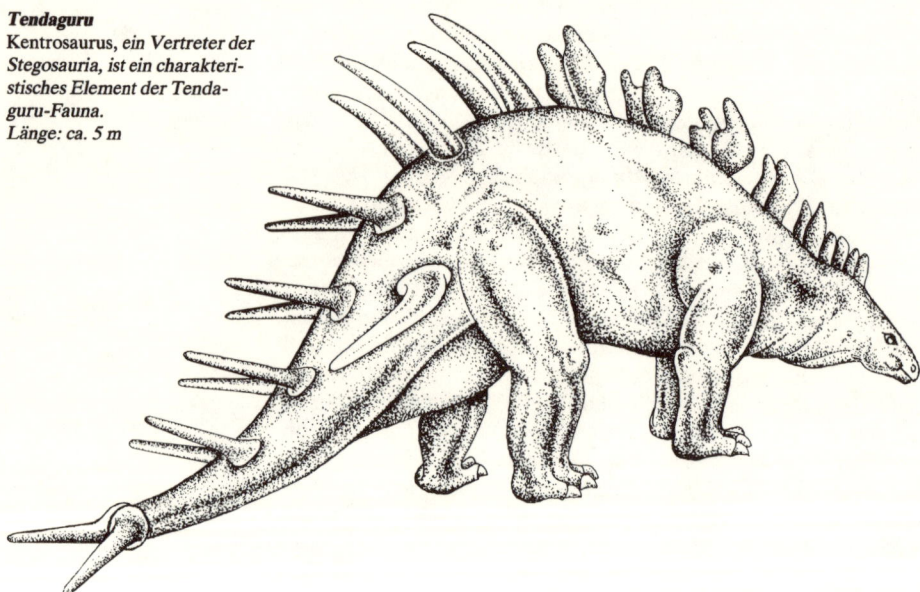

Tendaguru
Kentrosaurus, ein Vertreter der *Stegosauria,* ist ein charakteristisches Element der Tendaguru-Fauna.
Länge: ca. 5 m

neu entdeckten Dinosaurier-Fundstätte. Die Knochen waren auf einer beträchtlichen Fläche rund um den Tendaguru-Hügel durch Verwitterung teilweise freigelegt. Um die nahezu vollständigen, dicht unter der Oberfläche liegenden Skelette zu bergen, mußten zahlreiche Gruben in dem dichten Gestrüpp angelegt werden. Mit Hilfe der billigen Arbeitskraft der Eingeborenen konnten in den Jahren 1909–1912 enorme Mengen an Dinosaurier-Knochen gesammelt werden. Eine englische Expedition führte von 1924–1929 weitere Aufsammlungen durch.

Die Tendaguru-Schichten besitzen

heitliche Dinosaurierfauna, und das Auseinanderdriften der Kontinente (↗Kontinentalverschiebung) hat wohl kaum begonnen. Ausschließlich auf Tendaguru beschränkt bleibt der Sauropode *Dicraeosaurus; Barosaurus,* eine verwandte Form von *Diplodocus,* tritt außerdem in der Morrison-Formation auf.

Die ↗Stegosauria werden repräsentiert durch *Kentrosaurus,* die ↗Coelurosauria durch *Elaphrosaurus* und die ↗Ornithopoda durch den bipeden *Dysalotosaurus.* Mit *Rhamphorhynchus* kommt ein aus dem europäischen Oberjura bekannter ↗Flugsaurier vor. Gefunden wurden ferner 14,5 cm lange Zähne eines ↗Carnosauriers *(Megalosaurus ingens),* der etwa die Größe des spätkretazischen *Tyrannosaurus* erreicht haben muß.

Die Dinosaurierknochen befinden sich in Süßwasserablagerungen; offenbar lebten diese Reptilien an den Ufern eines Flusses, an dessen Mündung eine Sandbank lag. Zwischen die Dinosaurier-Schichten eingeschaltete marine Sedimente belegen ein periodisches Vordringen des Meeres.

Tertiär

Geologisches System, das das ↗Paläozän, ↗Eozän, ↗Oligozän, ↗Miozän und ↗Pliozän umfaßt. Die Bezeichnung geht auf G. ARDUINO (1714–1795) zurück, der die Erdgeschichte einteilte in „Montes primitivi" (entspricht Präkambrium), „Montes secundarii" (entspricht Mesozoikum) und „Montes tertiarii" (entspricht Känozoikum). Mit dem Tertiär beginnt das ↗Känozoikum.

Tethys

Ein Ost-West gerichtetes Meer, das in seiner Anlage bis ins Paläozoikum zurückreicht und zur Zeit der ↗Pangaea den südlichen ↗Gondwana-Kontinent im Norden begrenzt. Die Kruste und Sedimente dieses alten Meeres werden im späten Mesozoikum und Känozoikum zu den alpidischen Gebirgen aufgefaltet, die vom Atlasgebirge in Nordafrika über die Alpen, Karpaten, die Türkei und den Mittleren Osten bis zum Himalaya reichen. Das heutige Mittelmeer repräsentiert den stark eingeengten Rest der Tethys.

Bei Rekonstruktionen der Pangaea unter Beibehaltung der heutigen Erddimensionen entsteht eine Tethys, die sich vom westlichen Mittelmeer ostwärts bis zum Pazifik fortlaufend verbreitert. Legt man eine sich expandierende Erde zugrunde, befindet sich die Tethys im Bereich einer größeren Scherzone zwischen der Gondwana und dem Nordteil der Pangaea (Laurasia).

Unabhängig von diesen Überlegungen bildet die Tethys eine wichtige Barriere für die Landfaunen und andererseits einen Wanderungsweg für die Meeresfaunen. Vor allem im Paläozoikum werden innerhalb Europas auch andere Meeresarme im Bereich tektonischer Gürtel als Wanderungsrouten benutzt. In der Trias verhindert die Tethys andererseits aber nicht die Einwanderung der für die Gondwana typischen dicynodonten Reptilien nach China. Im späten Jura und in der Unteren Kreide bildet der nördliche Teil der Tethyszone eine scharfe Barriere für Wanderungen mariner Ammonitenfaunen.

Thecodontia

Ausgestorbene Ordnung diapsider Reptilien; sie bilden die basale Gruppe der ↗Archosaurier. Der Name nimmt Bezug auf die charakteristische thecodonte Zahnbefestigung, bei der die Zähne (wie bei den Säugern) in Zahnhöhlen sitzen. Bis auf die oberpermische Gattung *Archosaurus* stammen alle anderen Vertreter der Thecodontia aus der Trias. Die Ordnung umfaßt überwiegend große, schwere Reptilien, einige Formen aus der frühen und Mittleren Trias sind die größten Tiere dieser Zeit. Die meisten bewegen sich quadruped, einige werden mit den Ursprüngen der Dinosaurier oder Vögel in Verbindung gebracht.

Wie für die Archosaurier typisch, bleiben die vorderen Gliedmaßen deutlich kürzer als die hinteren. Der diapside Schädel besitzt neben den zwei Schläfenfenstern auf jeder Seite zusätzlich noch vor jeder Augenhöhle ein Präorbitalfenster. Normalerweise existieren 25 Präsakralwirbel (davon 7 oder 8 Halswirbel) und nur 2 Sakralwirbel. Das Acetabulum (Gelenkgrube des Hüftgelenks) der Thecodontia zeigt nicht die große zentrale Durchbrechung wie bei ihren ↗Dinosaurier-Nachfahren (↗Saurischia und ↗Ornithischia). Dem Oberschenkelknochen fehlt ein besonders nach innen gewendeter Kopf, er übertrifft die Unterschenkelknochen an Länge; ebenso ist auch der Oberarm länger als der Unterarm. Hand und Fuß besitzen alle fünf Finger bzw. Zehen, die äußeren können aber reduziert werden.

Die Thecodontia werden gewöhnlich in vier Unterordnungen eingeteilt, deren früheste und ursprünglichste bilden die Proterosuchia aus

kennt man aus Nordamerika (*Desmatosuchus, Typothorax*), Europa (*Stagonolepis, Aetosaurus*) und Südamerika (*Aetosauroides, Argentinosuchus*).

Der bedeutendste evolutionäre Trend innerhalb der Thecodontia und ihrer Archosaurier-Nachfahren betrifft die Stellung und Bewegungsart der ↗Gliedmaßen, insbesondere der Hinterextremitäten. Wie die meisten frühen Reptilien, aber auch rezente Formen (z. B. Schildkröten, Eidechsen), besitzen

Thecodontia
Stagonolepis *gehört zu den herbivoren Aetosauria und kommt in der Oberen Trias von Europa vor.*
Länge: ca. 3 m

dem Oberen Perm und der Unteren Trias. Aus diesen entwickeln sich vermutlich die Pseudosuchia, die erstmals in der späten Untertrias erscheinen und bis zum Ende der Trias vorkommen. Die ↗Pseudosuchia bilden keine einheitliche Gruppe und umfassen verschiedene Thecodontier, die keiner der anderen Unterordnungen zugeordnet werden können. Vermutlich entwickeln sich aber aus diesem Bereich die späteren Archosaurier-Ordnungen und die beiden Thecodontia-Unterordnungen der Aetosauria (manchmal auch nur als Familie der Pseudosuchia betrachtet) und ↗Phytosauria. Die schwer gepanzerten terrestrischen Aetosaurier leben als einzige Thecodontiagruppe offenbar herbivor. Nach ihrem Erscheinen in der Mittleren Trias breiten sie sich später stark aus; Vertreter

Proterosuchia eine kriechende Fortbewegungsweise, wobei Oberarm und Oberschenkel seitlich gerichtet sind. Eine teilweise verbesserte Anordnung zeigen die anderen Unterordnungen (ebenso z. B. die rezenten Krokodile): Ellbogen und Knie wenden sich nach unten und innen, so daß der Körper zur schnelleren Fortbewegung vom Boden hochgehoben werden kann. Das Endstadium dieser Entwicklung erreichen die Dinosaurier und höherentwickelte Säugetiere, bei denen Oberarm und Oberschenkel nicht mehr seitlich, sondern senkrecht unter dem Körper stehen.

Viele anatomische Merkmale der Thecodontia, z. B. das nicht durchbrochene Acetabulum, hängen mit ihrer „halbverbesserten" Haltung und Bewegungsweise zusammen. Besonders charakteristisch ist das spezielle Intertarsalgelenk, ein krokodilähnliches Merkmal: Das fest mit dem Fuß verbundene Fersenbein (Calcaneus) trägt einen nach hinten gerichteten Fortsatz („Ferse") und bewegt sich über ein Kugelgelenk gegen das Sprungbein (Astragalus), das mit den Unterschenkelknochen verbunden ist.

Tiefseesedimente

Viele tiefere Teile der Ozeane werden von ausgedehnten, feinen Schlicken bedeckt, die überwiegend aus Resten von Phytoplankton (z. B. ↗Kieselalgen) und Zooplankton (z. B. ↗Radiolarien, ↗Foraminiferen) bestehen. Solche Ablagerungen bilden sich heute charakteristischerweise langsam und in größerer Entfernung vom Land; sie enthalten meist wenig terrigenes Material.

Der Schlicktyp variiert entsprechend den Mikroorgamismen. Einige enthalten sehr viel Kieselsäure (Radiolarien-, Diatomeenschlamm), andere vor allem Kalk (Foraminiferen-, Coccolithen-, Pteropoden-Schlamm) oder zeigen eine gemischte Zusammensetzung. Während kieselsäurehaltige Schalen recht beständig sind, werden Kalkschalen unterhalb einer Tiefe von 4000–6000 m aufgelöst. Unterhalb dieser Tiefen finden sich daher nur noch Radiolarien- oder Diatomeenschlamm, oder, als häufigstes Sediment, ein Roter Ton, der den Lösungsrückstand eines (kalkreichen) Foraminiferenschlamms darstellt. In einigen Gebieten, vor allem im mittleren und östlichen Pazifik, bedecken Manganknollen den Tiefseeboden. Sie werden als schalige Gebilde aus manganreichen Lösungen ausgeschieden.

Der häufigste Typ des Kalkschlamms ist der Globigerinenschlamm, der überwiegend aus den Schalen der Foraminiferengattung *Globigerina* besteht. Er bedeckt große Teile des Indischen, Pazifischen und insbesondere des Atlantischen Ozeanbeckens, erreicht seine größte Fülle in den tropischen Zonen und reicht nördlich bis zum Polarkreis. Neben planktontischen Foraminiferen und wenigen kieseligen Resten enthält der Globigerinenschlamm lokal auch Anreicherungen von pelagischen Heteropoden und Pteropoden (↗Schnekken), vor allem auf den flacheren Flanken der ozeanischen Rücken. Entdeckt wurde der Pteropodenschlamm im Atlantischen Ozean durch die Challenger Expedition (1872–76). Eine andere Kalkschlammvariation wird überwiegend aus den als Coccolithen bezeichneten Hartteilen der Coccolithophorida (↗Algen) gebildet. Die Sedimentationsrate für diese Kalkschlammformen beträgt nach Schätzungen 1–3 cm pro 1000 Jahren.

Bei den kieseligen Sedimenten kommt am verbreitetsten der Radiolarienschlamm vor. Radiolarien bilden manchmal mehr als 75 % dieser Ablagerungen, als zusätzliche kleinere Bestandteile treten Foraminiferen, Kieselalgen und Schwamm-Nadeln (Spiculae) auf. Radiolarien können aber als Mikrofossilien auch in den Hintergrund treten, z. B. bei dem Diatomeenschlamm der Beringsee und der Antarktis.

Es ist zweifelhaft, ob alle fossilen Ablagerungen von kieseligem oder kalkhaltigem Schlamm in tiefem Wasser entstanden sind. Bei dem klassischen känozoischen Radiolarienschlamm von Barbados scheint es sich tatsächlich um Tiefseesedimente zu handeln, die später gehoben wurden. Zahlreiche fossile Radiolarien-„Cherts" (z. B. im Ordoviz von Schottland) wurden aber vermutlich in nur mäßig tiefem Wasser gebildet, das vom Land einen beschränkten Zustrom an Detritus erhielt.

Torf

Teilweise fossilisierte Reste von Pflanzengesellschaften, gebildet an der Stelle ihres Wachstums; Torf ist eine typische Bildung der Moore und repräsentiert den Anfang einer

Inkohlungsreihe, an deren oberem Ende die Kohle steht.

Moore entstehen z. B. bei der Verlandung von Seen oder durch Versumpfung eines Waldes. Das sich im Laufe dieses Prozesses ansammelnde Material an abgestorbenen Pflanzenresten kann sich durch Inkohlung unter weitgehendem Sauerstoffabschluß zu Torf umwandeln. Dabei werden aber nicht alle Strukturen zerstört, so daß durch Bestimmung der Pflanzenreste die Entwicklung eines Moores verfolgt werden kann.

Bei einem über einem verlandenden See entstandenen Moor findet man, entsprechend den Verlandungsstadien, zuunterst Schilftorf, darüber Seggentorf; die in diesem Stadium sich befindenden Moore werden als Schilf- bzw. Seggenmoore bezeichnet. Bei genügend niederschlagsreichem Klima können sich nun Torfmoose der Gattung *Sphagnum* ansiedeln. *Sphagnum*-Arten wachsen apikal kontinuierlich weiter, während die basalen Teile absterben.

nen Sphagnummoore uhrglasförmig über ihre Umgebung hinauswachsen, wobei die gesamte alte Vegetation erstickt. In diesem Stadium verlieren die Moore den Kontakt zum Grundwasser und müssen ihren Wasser- und Nährstoffbedarf ausschließlich über Flugstaub und Niederschlagswasser decken. Solche nährsalzarmen Moore werden als Hochmoore bezeichnet, im Gegensatz zu den grundwasserbeeinflußten Flachmooren (z. B. Schilfmoor, Seggenmoor).

Torfmoore besitzen große Bedeutung für Klima- und Vegetationsrekonstruktionen, da der im Torf erhaltene Pollen die Vegetationsentwicklung in der Umgebung des Moores widerspiegelt.

Trias

Erstes geologisches System des ↗Mesozoikum, so genannt wegen der in Süddeutschland beobachteten Dreigliederung in Buntsandstein, Muschelkalk und Keuper. Die Trias beginnt vor etwa 230 Millio-

Trias
Plateosaurus *ist ein charakteristischer Prosauropode der europäischen Obertrias.*
Länge: ca. 8 m

Infolge ihrer starken Schwammwirkung bleiben die abgestorbenen Reste von Wasser bedeckt und wandeln sich in Torf um. Durch fortwährende Akkumulation eines derartigen Sphagnumtorfs können nen Jahren und dauert 35 Millionen Jahre. Sie leitet das Zeitalter der Reptilien ein, markiert aber auch das Ende verschiedener alter, paläozoischer Linien, insbesondere der ↗Labyrinthodontia, ↗Cotylo-

sauria und der meisten ↗Säuger-
ähnlichen Reptilien.

Die Kontinente bleiben in der Trias
noch zu einem Superkontinent
↗Pangaea zusammengefügt, in der
späteren Trias führt aber eine

Die marine Wirbellosenfauna beginnt mit dem Ende des Paläozoikum moderner zu werden. Alle
wichtigen rezenten Gruppen der
↗Stachelhäuter sind vertreten, es
erscheinen die ersten Hexacorallia

Trias
Ornithosuchus, *ein mächtiger*
Pseudosuchier, kommt in der
Oberen Trias von Schottland
vor.
Länge: ca. 3,70 m

Bewegung der ↗Gondwana im Ge-
genuhrzeigersinn zur Öffnung der
Tethys. Es herrschen warme, überwiegend trockene Bedingungen
mit ausgedehnten Wüstengebieten,
Wanderdünen und schuttbedeckten
Bergen. Vereinzelt existieren Seen
und Salzsümpfe, gelegentlich auch
kohlebildende Sümpfe; die ausgedehnten Ablagerungen von roten
Sandsteinen und Mergeln deuten
aber auf ein im wesentlichen arides
Klima. Hinweise auf Eiskappen fehlen, große Landgebiete zeigen ein
verhältnismäßig flaches Relief, äußerst beständige Witterungen scheinen zu dominieren. In den offenbar
ebenfalls warmen Meeren kommen
häufig riffbildende ↗Korallen und
Kalkalgen vor. In einem flachen
Meeresarm der Tethys, der sich
quer durch Deutschland und Teile
von Frankreich erstreckt, wird in
der Mittleren Trias der an Schalenresten reiche Muschelkalk abgelagert, an anderen Stellen finden sich
ausgedehnte Ablagerungen dolo-
mitischer Kalksteine.

(heute repräsentiert durch Steinkorallen und Seeanemonen). Einige
ältere Formen der ↗Brachiopoda
persistieren noch, gleichzeitig kommen auch frühe Terebratuliden und
Rhynchonelliden vor. ↗Belemniten
werden zunehmend häufiger, bei
den ↗Ammoniten nehmen die Formen mit ceratitischer Lobenlinie
(Lobengrund zerschlitzt, Sattel
ganzrandig) zu (z. B. *Ceratites).* In
flacherem Wasser treten ↗Mu-
scheln (z. B. *Myophoria)* und marine Schnecken verbreitet auf.

Es existieren noch einige ursprüngliche ↗Palaeonisciformes; im Verlauf der Trias werden aber die
Subholostei zu den dominierenden
↗Actinopterygii. Als charakteristische Gattungen sind zu nennen
Cleithrolepis mit seitlich stark abgeflachtem Körper, *Saurichthys* als
räuberische Form mit langen Kiefern und die konservativen Vertreter *Parasemionotus* und *Perleidus.*
Mit dem Erscheinen der echten
Holostei *(Semionotus* und *Furo)*
gegen Ende der Trias nehmen die

alten Formen aber rasch ab. ↗Haie werden seltener, man kennt Hybodonten aus marinen und Pleuracanthen aus Süßwasserablagerungen. Die ↗Coelacanthini halten sich erfolgreich, in den Tümpeln der ariden Kontinente sind ↗Lungenfische zahlreich, z. B. *Ceratodus,* eine nahe verwandte Gattung des rezenten australischen Lungenfisches *Neoceratodus.*

Die Landflora der Nordkontinente besteht aus ↗Farnen, Cyca-

sierten Tritylodonten charakterisieren die Obere Trias *(Oligokyphus, Bienotherium);* Dicynodonten nehmen trotz ausgedehnter Verbreitung ab, erreichen aber mit der 2 m langen Gattung *Kannemeyeria* beträchtliche Größe. Gegen Ende der Trias entwickeln sich, vermutlich aus Cynodonten oder Ictidosauriern, die ersten eindeutigen Säugetiere *(Eozostrodon, Sinoconodon).* Als dynamischste Reptilgruppe der Trias erweisen sich die ↗Archosau-

Trias
Die zu den Krokodilen gehörende Gattung Protosuchus *stammt aus der Oberen Trias von Arizona.*
Länge: ca. 1 m

195 Millionen Jahre

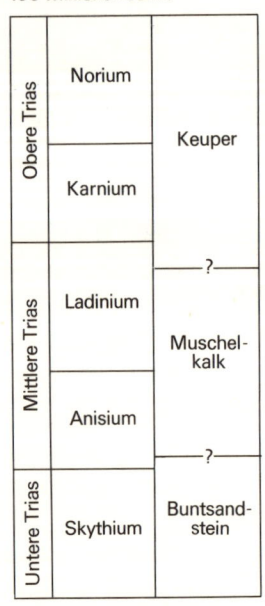

Obere Trias	Norium	Keuper
	Karnium	
Mittlere Trias	Ladinium	?
		Muschelkalk
	Anisium	?
Untere Trias	Skythium	Buntsandstein

230 Millionen Jahre

Die Schichtenfolge der Trias

deen (↗Cycadatae), Bennettiteen (↗Bennettitatae) und ↗Koniferen, während in der Gondwana eine andersartige Flora mit ↗Pteridospermen gedeiht. Trotz der trockenen Bedingungen kommen auf dem Land Labyrinthodonten zahlreich vor, darunter verschiedene späte neorhachitome (z. B. *Rhinesuchus),* aber auch voll entwickelte stereospondyle Formen. Letztere umfassen die *Capitosaurus*-Gruppe, die kurzschädeligen Brachyopoiden, *Metoposaurus* mit verwandten Formen und die bemerkenswerten Rematosaurier, die als einzige Amphibien jemals erfolgreich das Salzwasser erobern.

Die Reptilien beginnen ihre erfolgreiche Entwicklung. An alten paläozoischen Gruppen persistieren procolophonide Cotylosauria und zahlreiche ↗Säugerähnliche Reptilien: Cynodonten und Bauriamorphen leben ausschließlich carnivor, die Gomphodonten werden als Seitenzweig der Cynodonten zu Pflanzenfressern mit zum Mahlen geeigneten Zähnen, die kleinen, hochspeziali-

rier. Die basale Gruppe der ↗Thecodontia wird in der frühen Trias sowohl durch die quadrupeden Proterosuchia *(Chasmatosaurus, Erythrosuchus)* als auch durch die ersten bipeden Pseudosuchia *(Euparkeria)* vertreten. In der Mittleren und Oberen Trias entwickeln sich die Pseudosuchia stark, und es kommen zwei weitere Thecodontiagruppen hinzu. Die schwer gepanzerten, quadrupeden Aetosauria erreichen Längen bis zu 3 m; die krokodilähnlichen ↗Phytosauria beschränken sich fast vollkommen auf die Nordhemisphäre, *Mystriosuchus* wurde aber auch aus Madagaskar beschrieben.

In der Mittleren Trias haben sich aus Pseudosuchia-Vorfahren bereits frühe ↗Dinosaurier entwickelt. ↗Saurischia werden repräsentiert durch Prosauropoden (↗Sauropoda) und ↗Coelurosauria, die ↗Ornithischia-Evolution beginnt mit den ersten ↗Ornithopoda *(Heterodontosaurus* mit verwandten Formen und *Fabrosaurus).* An einigen Stellen, insbesondere im Connecti-

344

cut Valley, finden sich häufig fossile Dinosaurier-↗Fußspuren, unter anderem von Coelurosauriern und Prosauropoden. Plateosaurier besiedeln im Rhät offenbar in Herden die Wüstengebiete von Europa.

Zu den weiteren Reptilgruppen, die in der Trias ihren Aufstieg beginnen, gehören die ↗Krokodile *(Protosuchus* aus Arizona), ↗Flugsaurier *(Eudimorphodon* aus Italien), ↗Plesiosaurier *(Nothosaurus)* und ↗Fischsaurier *(Mixosaurus, Shastasaurus).*

Einige auffällige Reptilformen sterben noch in der Trias aus, darunter die sich von Mollusken ernährenden ↗Placodontia, die Rhynchosaurier (↗Rhynchocephalia) und die Protorosaurier; die letztgenannte Gruppe, vertreten durch *Tanystrophaeus,* enthält eidechsenähnliche, ursprüngliche Vertreter der Unterklasse Euryapsida.

Die frühen Lepidosaurier umfassen neben der unspezialisierten Gattung *Prolacerta* auch den Gleitflieger *Kuehneosaurus,* dessen ausgebreitete Rippen vermutlich eine Flughaut tragen. Ursprüngliche ↗Schildkröten werden durch die etwa 1 m Länge erreichende *Proganochelys* vertreten.

Es existieren Hinweise, basierend vor allem auf Pollen- und Sporenuntersuchungen, daß einige bisher als obertriassisch betrachtete Gesteine tatsächlich in den Unteren Jura gestellt werden müssen. Diese Annahme gilt für Teile der Newark-Serien und für die Glen Canyon-Gruppe, und vermutlich ist auch die obere Stormberg-Gruppe in Südafrika (↗Karru-Formation) posttriassisch. Diese neue Einordnung der Gesteine bedingt auch eine Veränderung in der stratigraphischen Verbreitung einiger Fossilgruppen, so würden z. B. die Prosauropoden bis in den Jura persistieren.

Trilobiten

Eine Klasse ausgestorbener, ausschließlich mariner ↗Gliederfüßer.

Trilobiten sind die beherrschenden Meerestiere des Unteren ↗Paläozoikum und überleben mit abnehmender Zahl bis ins Mittlere Perm. Es ist nicht geklärt, weshalb sie aussterben, sicher aber stellt die Konkurrenz durch Fische und ↗Weichtiere einen wichtigen Faktor dar.

Die Bezeichnung Trilobiten („Dreilapper") bezieht sich auf die Längsgliederung des Exoskeletts in eine zentrale Spindel und zwei Seitenflügel. Am Kopfschild (Cephalon) entsprechen der Spindel die gewölbte Stirn (Glabella), den Seitenteilen die flachen Wangen (Genae). Ein wichtiges systematisches Merkmal ist die Gesichtsnaht, die jede der Wangen unterteilt in eine an die Glabella anschließende „Feste Wange" und in eine randliche „Freie Wange". Die Unterseite des Kopfschildes wird von einzelnen Platten bedeckt, deren auffälligste das Hypostom ist. Es liegt entweder vor dem Mund oder bedeckt diesen.

Der Brustabschnitt (Thorax) besteht aus unterschiedlich vielen Segmenten (Anzahl bei jeder Art konstant), die mit ihren Nachbargliedern durch Nocken und Pfannen verbunden sind, so daß der Körper gebeugt oder sogar asselartig eingerollt werden kann.

Der Schwanzschild (Pygidium) besteht ebenfalls aus einer unterschiedlichen Anzahl miteinander verschmolzener Segmente. Die Seitenflügel von Brust und Schwanzschild können zu Dornen ausgezogen sein, das Pygidium kann einen terminalen Schwanzstachel ausbilden. Jedes Segment trägt ein Gliedmaßenpaar, das nur bei dem vor dem Mund gelegenen Segment durch Antennen ersetzt ist. Die Extremitäten sind typische Spaltbeine mit einem inneren Laufbein und einem äußeren Kiemenbein. Diese Spaltbeine schaffen auch die Nahrung, bestehend aus Kleinstlebewesen, zum Mund; von dort gelangt diese in den im Bereich der Glabella gelegenen und mit Blind-

345

säcken versehenen Magen, und schließlich über einen Darmtrakt entlang der Spindel bis zum letzten Pygidiumsegment.

Das Außenskelett kann Wülste und Höcker tragen. Da letztere teilweise perforiert sind, vermutet man hier Sinneshaare. Die Komplexaugen können vom Appositions- oder Superpositionsaugentyp sein. Es gibt auch die Tendenz zur Reduktion des Sehvermögens, z. B. bei den

schen Ähnlichkeit werden die Trilobiten üblicherweise in die Nähe der ↗ Pfeilschwanzkrebse gestellt; diese durchlaufen in ihrer Entwicklung sogar ein „Trilobiten"-Stadium. Sehr stark an Trilobiten erinnern aber auch die Cephalocarida, eine ursprüngliche Gruppe der ↗ Krebstiere. Beziehungen zu den Crustaceen wurden noch wahrscheinlicher mit der Entdeckung eines möglichen frühen Larvenstadium von ei-

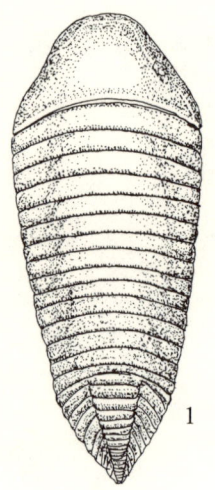 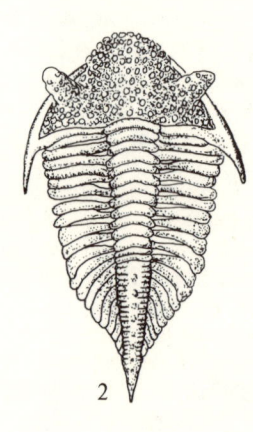 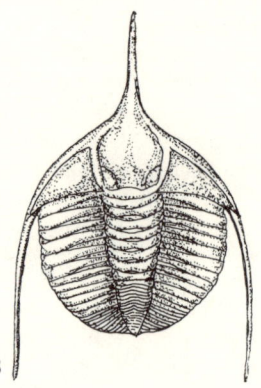 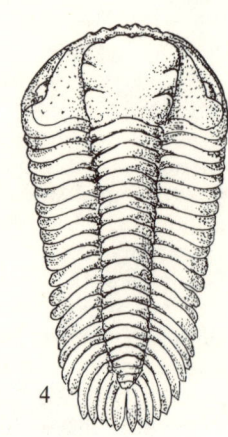

1   2   3   4

Trilobiten
*1 Trimerus lebt als grabende Form vom Mittleren Silur bis ins Mitteldevon
(etwa ¼ natürlicher Größe).
2 Encrinurus, ein Bodenbewohner mit großem Kopf und gestielten Augen, kommt vom Mittleren Ordoviz bis ins Silur vor
(etwa 1,5fache natürliche Größe).
3 Ampyx ist ein leichtgebauter, schwimmender Trilobit aus dem Unteren und Mittleren Ordoviz
(etwa natürliche Größe).
4 Pliomera lebt im Mittleren Ordoviz. Die Zähnchenreihe an der vorderen Kopfseite greift beim Einrollen des Tieres in die freien Anhänge des Schwanzteiles
(etwas verkleinert).*

Olenidae und Shumardiidae. Andere Trilobiten, wie die Cyclopygidae, bilden riesige Augen aus. Wahrscheinlich sind dies planktontische Formen, die eines guten Lichtsinnes bedürfen.

Man findet Trilobiten in fast allen frühpaläozoischen Ablagerungen kontinentaler Randmeere, Sedimente der tieferen Bereiche enthalten auch planktontische Formen. Einzelne Gattungen sind oft an bestimmte Temperaturen, Wassertiefen, Sauerstoffgehalt und Meeresböden gebunden. So ist die *Illaenus-Cheirurus*-Gesellschaft typisch für Flachwasserkalksteine (besonders nahe Riffen), während die Gattung *Olenoides* in feinkörnigem Schlamm mit niederem Sauerstoffgehalt zu finden ist.

Aufgrund ihrer großen morphologi-

nem Trilobiten, das der Nauplius-Larve der Krebse gleicht.

Nur selten findet man vollständig erhaltene Trilobiten, so im kambrischen ↗ Burgess-Schiefer. Auch im Wenlock-Kalk (Mittleres Silur) bei Dudley, England, haben sich vollständige Stücke erhalten. Neben dem Exoskelett geben auch versteinerte Lebensspuren, wie Fährten und Grabspuren, Auskunft über die Lebensweise der Trilobiten.

Unpaarhufer, *Perissodactyla*
Eine Säugetierordnung huftragender Tiere (bestehend aus ↗Pferden, ↗Nashörnern und ↗Tapiren), bei denen der mittlere Strahl der Extremitäten (3. Mittelhand- bzw. Mittelfußknochen mit 3. Finger bzw. Zeh) die Last des Körpers trägt. Während der Hinterfuß bereits bei eozänen Formen dreizehig ist (1. und 5. Zehe reduziert), vollzieht sich dieser Vorgang am Vorderfuß

pomorpha gestellt. Die Tapire und Nashörner bilden die Unterordnung Ceratomorpha, die Chalicotherien werden als ↗Ancylopoda abgetrennt.
Die Unpaarhufer bilden eine einheitliche Säugetiergruppe, die von paläozänen ↗Condylarthra abstammt. Bei Funden aus dem Eozän ist es schwierig, zwischen einem ursprünglichen Pferd *(Hyracotherium),* einem frühen Nashorn, wie

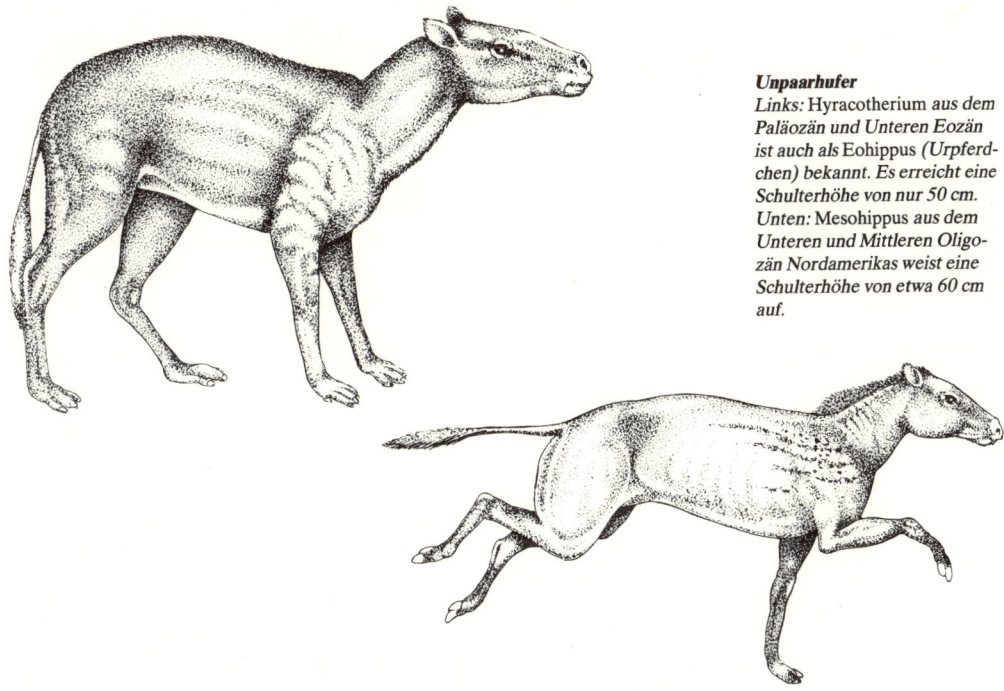

Unpaarhufer
Links: Hyracotherium *aus dem Paläozän und Unteren Eozän ist auch als* Eohippus *(Urpferdchen) bekannt. Es erreicht eine Schulterhöhe von nur 50 cm.*
Unten: Mesohippus *aus dem Unteren und Mittleren Oligozän Nordamerikas weist eine Schulterhöhe von etwa 60 cm auf.*

erst später. Die ursprünglichen Tapire besitzen an den Vordergliedmaßen noch vier Zehen, bei den restlichen Unpaarhufern wird ab Ende des Oligozän auch vorne Dreizehigkeit erreicht. Höherentwickelte Unpaarhufer zeigen eine spezialisierte Bezahnung. Sie verfügen über hochkronige Backenzähne sowie über molarisierte Prämolaren.
Die Pferde und ↗Palaeotherien des altweltlichen Eozän und Oligozän werden zusammen mit den ↗Brontotherien in die Unterordnung Hip-

Hyrachyus, und einigen der zeitgenössischen tapirähnlichen Formen (Lophiodonten) zu unterscheiden.

Unterkarbon ↗Mississippian

Urodela ↗Schwanzlurche

Urvogel ↗Archaeopteryx

347

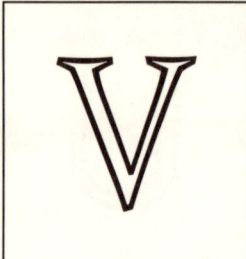

Versteinerte Wälder

Flächen mit zahlreichen, in situ fossilisierten Baumstämmen. Es handelt sich in der Tat um in Stein umgewandelte Wälder. Die Versteinerung beruht vor allem auf Kieselsäure oder Calciumkarbonat; dabei kann die Struktur mit allen Details erhalten bleiben, oder aber das pflanzliche Gewebe wird nur durch Minerale in kristalliner Form ersetzt. Zwei Voraussetzungen müssen für die Bildung von echten Versteinerungen gegeben sein: verzögerter Abbau und Zufuhr von mineralreichem Wasser.

Holz besteht im wesentlichen aus kleinen Hohlräumen und Röhren, die nur durch wenig festes Material begrenzt und zusammengehalten werden. Auch die einzelne Zelle bildet einen nur von einer dünnen Wand umgebenen Raum. Im Leben ist das Holz mit Flüssigkeiten gefüllt, nach dem Tode beginnt das Gewebe zu zerfallen. Die Abbaurate wird bestimmt durch die Faktoren Temperatur, Feuchtigkeit und Sauerstoffzufuhr. Steht kein Sauerstoff zur Verfügung, können Mikroorganismen das pflanzliche Material nicht abbauen, und das Holz überdauert lange Zeit. Wird ein Wald durch steigendes Wasser oder vulkanische Aktivität begraben, so sind die ersten Bedingungen für eine Versteinerung erfüllt. Erfolgt außerdem eine Zufuhr von mineralreichem Wasser, so dringt dieses in die Hohlräume des Holzes ein, und die Minerale kristallisieren aus.

Der genaue Vorgang, wie pflanzliches Gewebe durch Minerale ersetzt wird, ist nicht voll verstanden. Unter idealen Bedingungen bleiben auch die feinsten Strukturen erhalten, in anderen Fällen gehen diese verloren und es sind nur Mineralkristalle erkennbar. Ist das Holz bereits teilweise zerfallen, können sich in der Mitte freie Kristalle entwickkeln, z. B. Amethystkristalle in einer kieseligen oder Calcitkristalle in einer Kalk-Versteinerung.

Das wissenschaftliche Interesse an Versteinerten Wäldern reicht zurück bis in die Mitte des 19. Jahrhunderts, als im Victoria Park, Glasgow, ein „Fossiler Hain" aus dem Karbon entdeckt und ausgegraben wurde. Bekannt sind vor allem die Versteinerten Wälder aus der Trias von Arizona (Petrified Forest National Monument) und aus dem Rotliegenden (Unterperm) von Karl-Marx-Stadt (DDR).

Versunkene Wälder

Reste von Wäldern, die unmittelbar nach der letzten Eiszeit auf den flachen Gebieten des Kontinentalschelfs wuchsen; sie finden sich stets assoziiert mit Torfschichten.

Entlang der Küsten der Britischen Inseln kennt man etwa hundert Stellen mit Versunkenen Wäldern. Bei Niedrigwasser werden die dunkelbraunen Torfschichten mit den aufrechten Stümpfen von Birken und Kiefern sichtbar. Daneben sind Versunkene Wälder auch durch Torf und Holzstücke belegt, die von den Fischern beim Dredgen in der Nordsee zutage gefördert wurden. ↗Pollenanalysen ergeben für diese Wälder ein Alter von etwa 9000 Jahren, sie gehören also in einen als Boreal bezeichneten Zeitabschnitt der Nacheiszeit. In dieser Zeit herrschen im Bereich der Versunkenen Wälder warme und trockene kontinentale Bedingungen, in den Wäldern dominieren Birken und Kiefern. Vor allem im Westen existieren große Haselbestände, wie aus den großen Pollenmengen hervorgeht.

Mit dem Abschmelzen der Festlandeismassen steigt auch der Meeresspiegel, so daß der Kontinentalschelf mit seiner Vegetation mehr und mehr überflutet wird. Vermutlich existieren mehrere solche Zyklen.

Vertebraten ↗Wirbeltiere

Vögel, *Aves*

Klasse der ↗Wirbeltiere, deren Vertreter durch den Besitz von

Federn charakterisiert sind. Federn leiten sich vermutlich von den Schuppen der Reptilien-Vorfahren der Vögel ab. Der älteste bekannte Vogel ist ↗ *Archaeopteryx* aus dem Oberen Jura. Die bruchstückhaften Überreste von ↗ Zahnvögeln aus

hen im Eozän eigene spezialisierte Ordnungen, die noch vor Ende des Pleistozän wieder aussterben. Hierzu gehören die Odontopterygiformes. Es sind langflüglige Seevögel mit zahnähnlichen knöchernen Stiften entlang den Kiefern und kom-

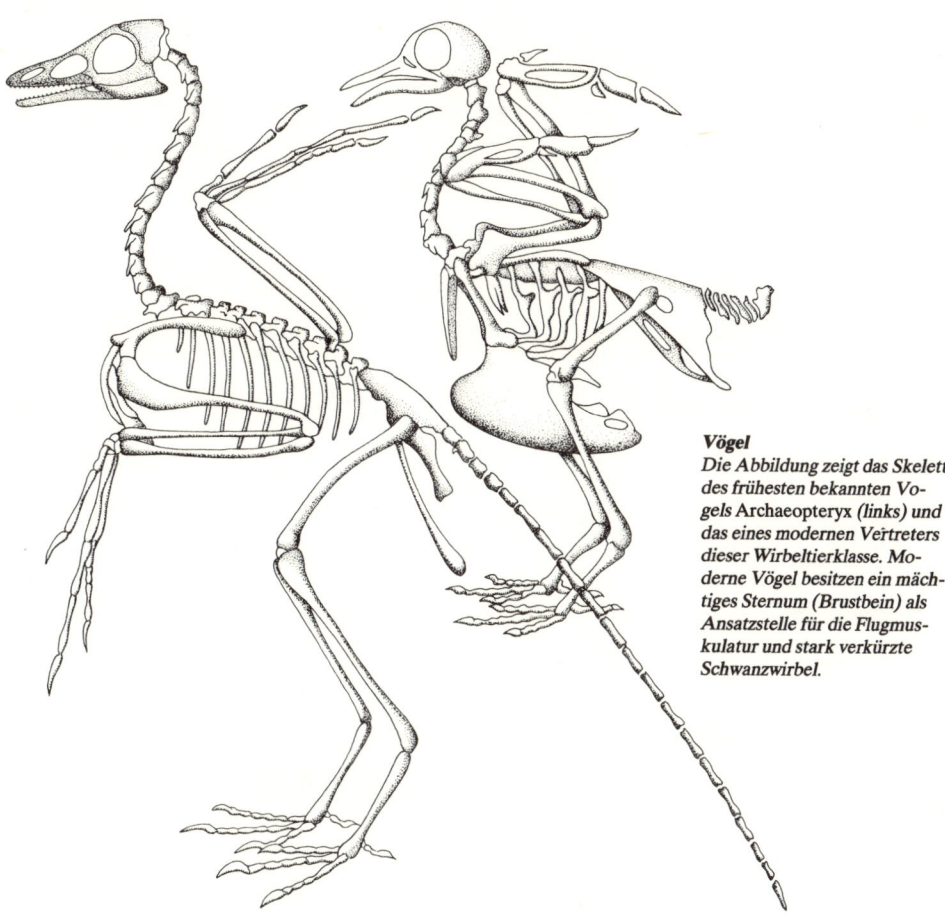

Vögel
Die Abbildung zeigt das Skelett des frühesten bekannten Vogels Archaeopteryx *(links) und das eines modernen Vertreters dieser Wirbeltierklasse. Moderne Vögel besitzen ein mächtiges Sternum (Brustbein) als Ansatzstelle für die Flugmuskulatur und stark verkürzte Schwanzwirbel.*

der Kreide geben meist wenig Anhalt über ihre Beziehung zu den modernen Formen. Mit Beginn des Känozoikum sind dann bereits einige moderne Ordnungen vertreten, ihre Ursprünge müssen also im späten Mesozoikum liegen.

Am Ende des Eozän existiert schon die Hälfte der etwa 20 Ordnungen lebender Vögel. Gleichzeitig entste-

men im Unteren Eozän von England sowie im Miozän von Neuseeland und Nordamerika vor. Während des Eozän erscheinen auch große flugunfähige Vögel; eine Art, *Diatryma steini,* erreicht eine Höhe von 2 m. Außer durch die Größe fällt *Diatryma* besonders durch den großen, papageienähnlichen Schnabel auf, der vielleicht auf räuberi-

Vögel

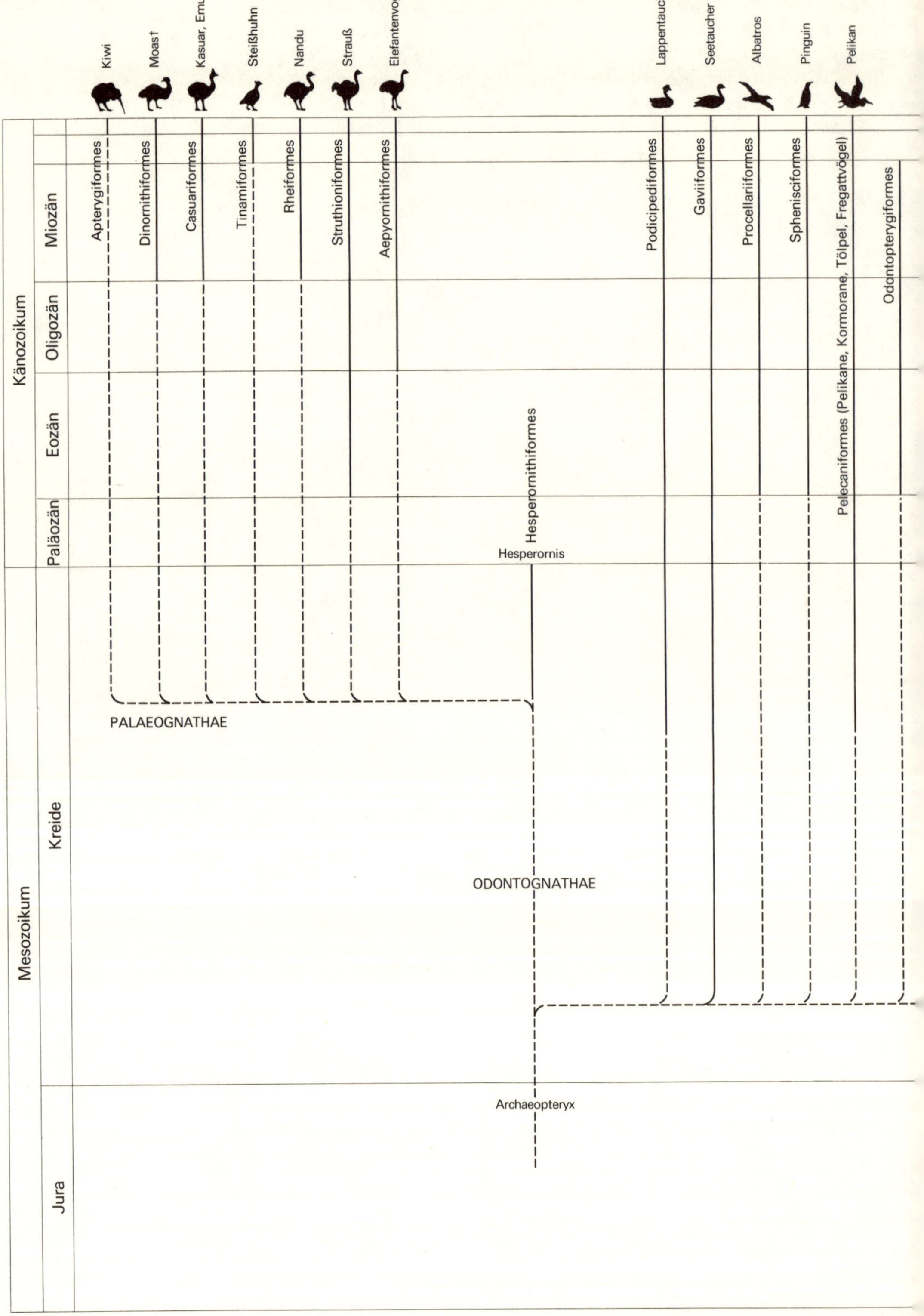

Kiwi · Moas† · Kasuar, Emu · Steißhuhn · Nandu · Strauß · Elefantenvogel† · Lappentaucher · Seetaucher · Albatros · Pinguin · Pelikan

Apterygiformes · Dinornithiformes · Casuariformes · Tinamiformes · Rheiformes · Struthioniformes · Aepyornithiformes · Podicipediformes · Gaviiformes · Procellariiformes · Sphenisciformes · Pelecaniformes (Pelikane, Kormorane, Tölpel, Fregattvögel) · Odontopterygiformes

Känozoikum — Miozän · Oligozän · Eozän · Paläozän

Mesozoikum — Kreide · Jura

Hesperornithiformes

Hesperornis

PALAEOGNATHAE

ODONTOGNATHAE

Archaeopteryx

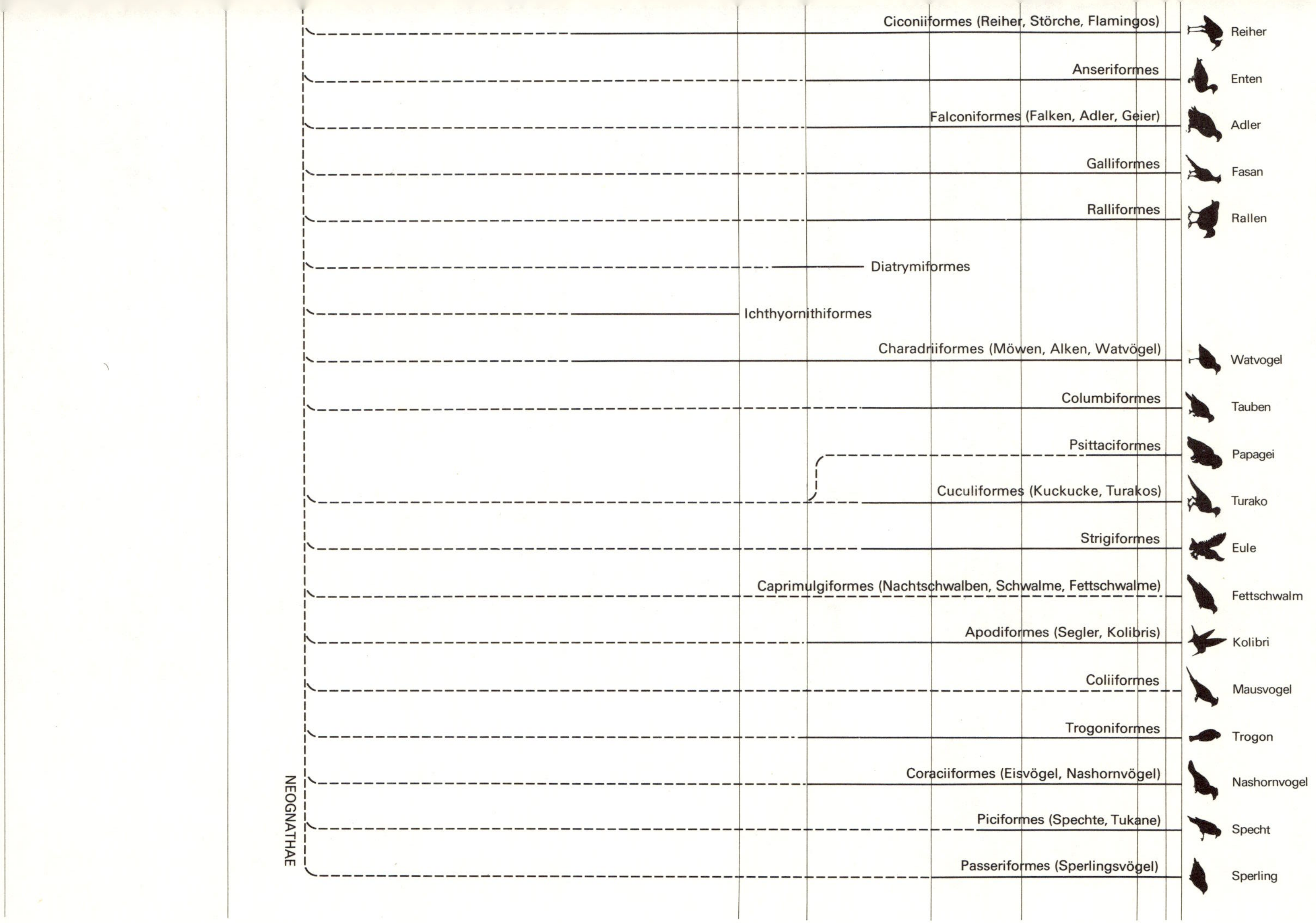

Reiher — Ciconiiformes (Reiher, Störche, Flamingos)

Enten — Anseriformes

Adler — Falconiformes (Falken, Adler, Geier)

Fasan — Galliformes

Rallen — Ralliformes

Diatrymiformes

Ichthyornithiformes

Watvogel — Charadriiformes (Möwen, Alken, Watvögel)

Tauben — Columbiformes

Papagei — Psittaciformes

Turako — Cuculiformes (Kuckucke, Turakos)

Eule — Strigiformes

Fettschwalm — Caprimulgiformes (Nachtschwalben, Schwalme, Fettschwalme)

Kolibri — Apodiformes (Segler, Kolibris)

Mausvogel — Coliiformes

Trogon — Trogoniformes

Nashornvogel — Coraciiformes (Eisvögel, Nashornvögel)

Specht — Piciformes (Spechte, Tukane)

Sperling — Passeriformes (Sperlingsvögel)

NEOGNATHAE

sches Verhalten hinweist; allerdings kann ein derartiger Schnabel auch zum Abreißen pflanzlicher Nahrung dienen. Bei anderen Ordnungen wird ebenfalls eine Tendenz zur Entwicklung von Laufformen erkennbar. *Neocathartes* z. B., ein Geier aus dem Eozän von Wyoming, scheint seine Beute oder Aas im Laufen zu suchen.

Etwa 25% der modernen Vogelfamilien besitzen fossile Vertreter im Oligozän. Die augenfälligsten Vögel dieser Zeit sind die Phororhaciden der Neuen Welt. Diese Laufvögel kommen noch im Miozän häufig vor, wo *Phororhacos longissimus* eine Höhe von 2 m erreicht. Der Adlerschnabel dieser Gattung läßt keinen Zweifel daran, daß es sich um einen Räuber handelt, der sich wahrscheinlich von ziegengroßen Säugetieren ernährt.

Im Miozän nimmt die Anzahl der Vögel zu, mehr als 30% der Gattungen haben heute lebende Vertreter. Auch diese Periode ist gekennzeichnet durch große Vögel wie Phororhaciden und odontopterygiforme Seevögel. Letztere gipfeln in *Osteodontornis,* mit einer Flügelspannweite von etwa 5 m der größte bekannte Flugvogel.

Im Pliozän sind schon 75 % der Vogelwelt heute lebenden Gattungen zuzuordnen, einige Funde sind von heutigen Formen nicht zu unterscheiden. Es entwickeln sich auch einige neue Arten, besonders bei den Alken; mindestens zwei kalifornische Arten von *Mancalla* leben als flugunfähige, pinguinähnliche Schwimmvögel.

Mit Beginn des Pleistozän können etwa 25% der bestimmbaren Vogelreste heute lebenden Arten zugeordnet werden; am Ende des Zeitabschnitts liegt dieser Anteil bei 80%. Viele Gruppen, besonders auf Inseln isolierte, bringen Riesenformen hervor. So kennt man einen Riesenschwan und einen Geier aus dem Mittelmeerraum, einen riesigen Storch von Java, einen anderen, ähnlich großen Storch aus den Teer-

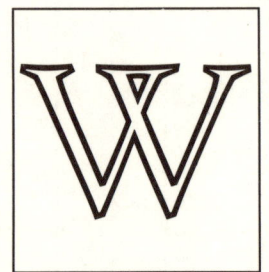

gruben von ↗Rancho La Brea, die auch den enorm großen, kondorähnlichen Geier *Teratornis* mit einer Flügelspannweite von 4,3 m enthielten.

Walcott, Charles (1850–1927)
Amerikanischer Paläontologe, geboren in New York Mills. Ohne Universitätsstudium trat er 1879 in den Dienst des neugegründeten United States Geological Survey und wurde 1894 dessen dritter Direktor.

Seine ersten Fossilien, insbesondere Trilobiten, sammelte WALCOTT im Gebiet der Trenton Falls im Staat New York. Er fand das erste Trilobitenfundstück mit erhaltenen Gliedmaßen, und seine Forschungen begründeten den Wert und die Bedeutung dieser Gruppe.

WALCOTT war ein sehr geschickter Verwalter; 1907 wechselte er vom United States Geological Survey zur Smithsonian Institution.

Wale, *Cetacea*
Säugetierordnung, die die größten je lebenden Tiere umfaßt. Der moderne Blauwal wird bis zu 30 Meter lang und über 100 Tonnen schwer. Die meisten Wale sind Meerestiere, einige Delphinarten leben jedoch in Flüssen Südamerikas, Indiens und Chinas.

Wale sind vollständig an ein Leben im Wasser angepaßt, sie verlassen es nicht einmal zum Gebären der Jungtiere. Durch ihre fischförmige Gestalt (Hinterextremitäten reduziert, Vordergliedmaßen flossenförmig) sowie die kräftige Schwanzflosse sind sie zu guten Schwimmern geworden. Eine dicke Speckschicht schützt vor Auskühlung, und spezielle physiologische Anpassungen ermöglichen große Tauchtiefen. Licht- und Riechsinn sind nur sehr schlecht oder fehlen völlig, hingegen ist der Hörsinn hervorragend entwickelt: Die Wale benutzen ein sehr weitreichendes Ultraschallortungssystem. Wohl damit zusammenhängend findet man bei den Walen ein kompliziert aufgebautes Gehirn und eine Intelligenz, die an die der Primaten heranreicht. Die Ordnung der Wale setzt sich zusammen aus den Urwalen (Archaeoceti), den Zahnwalen (Odontoceti) und den Bartenwalen (Mysticeti).

kennt einen Wal aus einem kenianischen See des Miozän.

Die Bartenwale treten im Oligozän auf und erlangen riesige Ausmaße (z. B. Blauwal). Alle Zähne sind reduziert und durch verhornte Gaumenleisten (Barten) ersetzt. Die Barten fungieren als Planktonreusen. Hauptnahrung ist der Krill (Kleinkrebse).

Man kennt nur wenige fossile Wale, die meisten aus küstennahen Ablagerungen. An ihren charakteristi-

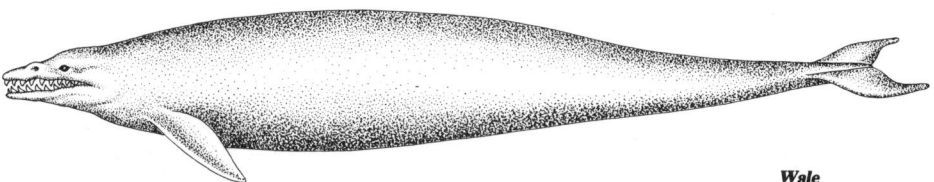

Wale
Basilosaurus, *ein früher Wal, kommt in den Meeren der Nordhalbkugel während des Oberen Eozän häufig vor. Länge: über 15 m*

Die Ursprünge der Wale sind ungewiß, denn man findet bei den ältesten Formen (aus dem Eozän) schon viele Spezialisationen der modernen Wale und völlige Anpasssung an das Wasser. Aufgrund des Baues der Schädelbasis glaubt man, die Wale leiteten sich von den primitiven (mesonychiden) Urhuftieren (↗Condylarthra) her. Alle frühkänozoischen Wale sind Archaeoceti und treten weitverstreut auf, so in England, Ägypten, Westafrika, den östlichen USA und Neuseeland. Einige (wie *Basilosaurus)* werden über 15 Meter lang, und sie tragen alle eine typische, heterodonte Säugerbezahnung. Aus den Archaeoceti entwickeln sich die beiden anderen Unterordnungen.

Die Zahnwale (mit den Killerwalen, Delphinen und Schweinswalen) erscheinen im Eozän und weisen in jedem Kiefer eine Reihe einfacher, einhöckriger Zähne auf. Sie machen Jagd auf Fische, Seevögel, Robben und sogar andere Wale. Einige dringen ins Süßwasser vor, und man

schen Rippen, Wirbeln, Ohrknochen und Kiefern lassen sich diese in allen Teilen der Erde vorkommenden Tiere jedoch leicht erkennen.

Warmblüter
Warmblütig sind ↗Vögel und ↗Säugetiere, da sie ihre Körpertemperatur innerhalb enger Grenzen konstant halten können. Sie benutzen dazu die Wärme, die in Muskeln und inneren Organen durch den Abbau (Oxidation) von Kohlenhydrat und Fett erzeugt wird.

Die heute lebenden Reptilien sind ↗Kaltblüter (poikilotherm). Es existieren aber Hinweise dafür, daß die ↗Säugerähnlichen Reptilien und die ausgestorbenen ↗Archosaurier warmblütig (homoiotherm) waren. Der bipede Bau von ↗Carnosauria, ↗Coelurosauria und ↗Deinonychia läßt auf einen hohen Aktivitätsgrad schließen. Auch das Gehirn von Deinonychiern und Ornithomimiden ähnelt in vieler Hinsicht dem der Vögel, mit gutentwickelten

Hirnhemisphären und ausgedehnten optischen Loben.

Ein kaltblütiges Reptil kann nur sehr begrenzt schnelle Dauerbewegungen ausführen. Man findet jedoch bei räuberischen bipeden ↗Dinosauriern die mechanisch zum Dauerlaufen geeignetste Hinterbeinkonstruktion aus langem Unterschenkel und verhältnismäßig kurzem Oberschenkel.

Es ist vielleicht bedeutsam, daß die einzig überlebenden Archosaurier, die ↗Krokodile, ein fast vierkammriges Herz besitzen, während bei den übrigen Reptilien die Herzkammern nicht getrennt sind. Das Krokodilherz ist einem Zwischenstadium zum Vogel- und Säugerherz vergleichbar; bei letzteren sind linke und rechte Herzhälfte völlig getrennt, so daß sauerstoffarmes Blut nur in die Lungen gepumpt wird.

Einige quadrupede Dinosaurier können vermutlich ebenso schnell laufen wie ihre warmblütigen Säugetiernachfolger. ↗Sauropoda besitzen, vergleichbar den Elefanten, starke säulenartige Beine, die das enorme Gewicht tragen. ↗Ceratopsia erscheinen ähnlich beweglich wie ein Nashorn, einige der kleinen bipeden ↗Ornithopoda können offensichtlich mit enormer Geschwindigkeit laufen, und selbst die riesigen ↗Hadrosaurier bewegen sich recht schnell fort. ↗Flugsaurier müssen genügend Energie zum Fliegen und zur Aufrechterhaltung der Körpertemperatur bereitstellen. Mindestens einer von ihnen, *Sordes pilosus* aus dem Oberen Jura von Kasachstan, scheint über eine fellartige Körperbedeckung zu verfügen. Histologische Untersuchungen deuten darauf hin, daß die Säugerähnlichen Reptilien Warmblüter sind, die ihre Körpertemperatur aber vielleicht niedriger als die Säugetiere einregeln.

Wealden

Unterkretazische Sedimente, die in Südost-England und in angrenzenden Gebieten von Europa auftreten; die Wealden-Serien bestehen aus 750 m mächtigen, in Süß- und Brackwasser abgelagerten Sanden und Tonen. Der Name leitet sich ab von „Weald of Surrey" (Sussex und Kent, England) – einem einst dicht bewaldeten Gebiet, das zwischen den parallelen Kreidehügeln von English North und South Downs liegt. Die Schichten sind zu einem grob Ost-West gerichteten Hügelland emporgehoben, und das überlagernde Kreidegestein ist bis auf die Sedimente der Unterkreide abgetragen.

Die Wealden-Serien werden grob gegliedert in die unteren Hastings-Beds und den oberen Weald-Clay (clay = Ton); die weitere Unterteilung der Hastings-Beds umfaßt (von unten nach oben): Fairlight-Clays, Ashdown-Sand, Wadhurst-Clay und Tunbridge-Wells-Sand. Parallelisierungen mit marinen Schichten an anderen Stellen bleiben unsicher, man nimmt aber an, daß die Hastings-Beds ungefähr dem Valanginium und Hauterivium entsprechen, der Weald-Clay dem Barremium (↗Kreidezeit).

Für die Wealden-Serien vermutet man verschiedentlich eine Sedimentation in einem See, Flußdelta oder einem sich senkenden, beckenförmigen Graben, der unregelmäßig Verbindung zum Meer erhält und von Horsten umgeben wird. Offenbar herrscht ein warmes Klima mit deutlich ausgeprägten jahreszeitlichen (und möglicherweise tageszeitlichen) Niederschlagsrhythmen.

Als häufige Fossilien finden sich im Wealden Süßwassermollusken, ↗Ostrakoden, ↗Insekten, ↗Fische, ↗Schildkröten, ↗Krokodile, verschiedene ↗Dinosaurier (vor allem *Iguanodon*), ↗Flugsaurier und gelegentlich ↗Mesozoische Säugetiere. An fossilen Pflanzen kommen ↗Farne, ↗Baumfarne, ↗Schachtelhalme, ↗Koniferen und frühe ↗Angiospermen vor. Bemerkenswert sind ferner Dinosaurier-↗Fußspuren, fossile Trockenrisse,

Regentropfen-Eindrücke und Rippelmarken.

„The Weald" ist vor allem verbunden mit dem Namen Gideon MANTELL (1790–1852), der 1825 aus dem Wealden von Sussex den Dinosaurier *Iguanodon* beschrieb. Diese Gattung ist mit zahlreichen vollständigen Skeletten auch in den Wealden-Sedimenten bei Bernissart, Belgien, vertreten.

Weichtiere, *Mollusca*
Stamm ↗Wirbelloser Tiere, die gewöhnlich Kiemen in einer Mantelhöhle tragen. Außer Cephalopoden (z. B. ↗Ammoniten und ↗Belemniten), ↗Schnecken und ↗Muscheln, gehören in diese Gruppe auch die Polyplacophora (Chitonen oder Käferschnecken), die ziemlich ursprünglich sind und im späten Kambrium erscheinen, sowie die napfschneckenförmigen Monoplacophora, die vom Beginn des Kambrium an auftreten.

Die seit der Unteren Trias ausgestorbenen Bellerophontaceen mit planspiralem Gehäuse werden jetzt als Monoplacophora betrachtet.

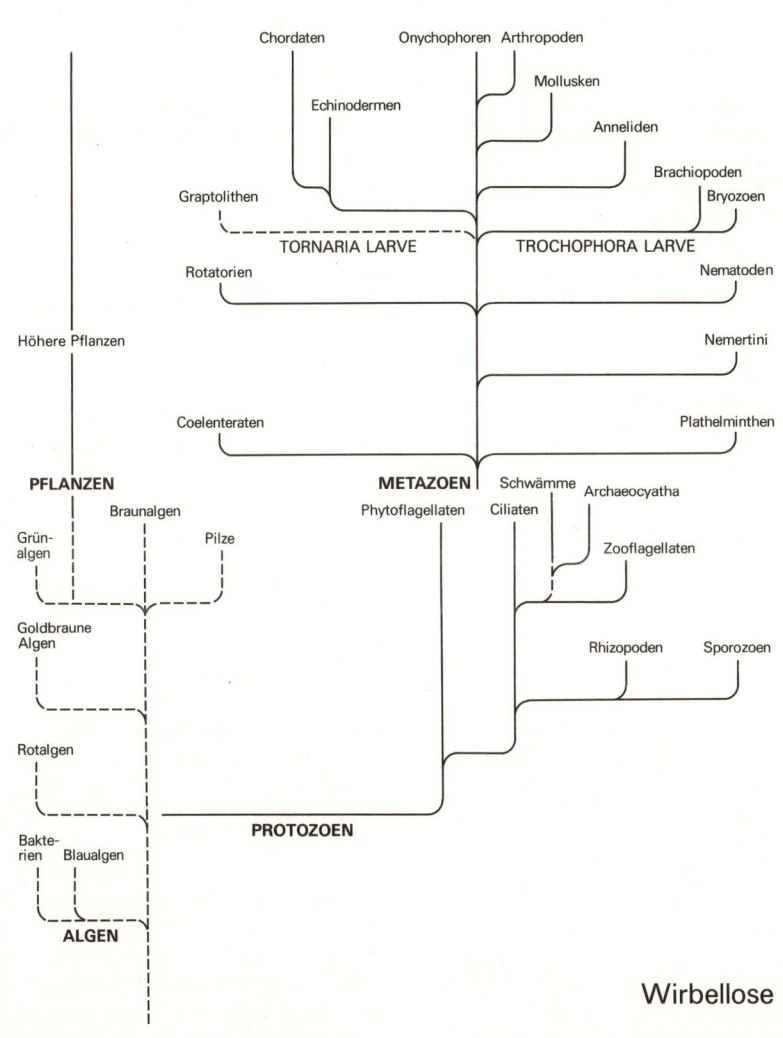

Wirbellose

Von ihnen nehmen wahrscheinlich die Cephalopoden im späten Kambrium ihren Ursprung.

Im frühen Kambrium erscheinen die Rostroconcha, die als Abkömmlinge der Monoplacophora gelten. Die Hälften ihrer muschelähnlichen Schalen sind dorsal so verbunden, daß sie ein sattelförmiges Aussehen bekommen. Möglicherweise sind sie Vorläufer der Muscheln. Die letzten Vertreter dieser Gruppe (Conocardiacea) sterben im späten Perm aus. Einige schlecht erhaltene Röhren aus dem Ordoviz könnten von frühen Scaphopoden (Kahnfüßer) stammen. Sichere Vertreter dieser Gruppe kennt man ab dem Devon, erst im Känozoikum werden sie jedoch zahlreich.

Wirbellose, *Invertebraten*

Tiere ohne Chorda und ↗Wirbelsäule. An der Basis der Wirbellosenevolution stehen einzellige Flagellaten. Von Choanoflagellaten (Kragengeißelzellen) scheinen sich die Schwämme in einen nicht

weiterführenden Seitenzweig entwickelt zu haben.

Die Hauptlinie der Wirbellosen führt über die ↗Hohltiere, Strudelwürmer, Schnurwürmer, Fadenwürmer, Rädertiere und andere zu einer Gabelung, an der Gruppen mit einer Trochophoralarve (mit einem vor der Mundöffnung um den Körper verlaufenden Wimperkranz) einerseits zu ↗Moostierchen und ↗Brachiopoda, andererseits zu ↗Weichtieren, Anneliden (↗Würmer) und ↗Gliederfüßern führen. Die ↗Stachelhäuter mit einer Tornaria-ähnlichen Larve (Wimperband um den Mund herum) liegen dagegen an der Entwicklungslinie zu den Chordaten.

Wirbelsäule

Für die ↗Wirbeltiere charakteristisches Achsenskelett. Die Wirbelsäule besteht meist aus einzelnen Knochen, den Wirbeln, die gelenkig miteinander verbunden sein können.

Die Ausbildung einer Wirbelsäule folgt (phylogenetisch und ontogenetisch) der Anlage einer Chorda dorsalis. Dies ist ein steifer Stab aus turgeszentem Gewebe vakuolenreicher Zellen, der als wichtiges Merkmal der Chordatiere bei allen Mitgliedern dieser Gruppe vorkommt. Die Chorda ist ursprünglich die einzige Stützstruktur der Wirbeltiervorläufer. Bei ursprünglichen Fischen, wie bei den lebenden Kieferlosen, ist die Chorda voll ausgebildet und von kleinen Knorpelblöcken umgeben – ein frühes Stadium auf dem Weg zur Wirbelbildung. Bei den kiefertragenden Fischen wird die Chorda weitgehend durch die Wirbel verdrängt. Der Hauptkörper des Fischwirbels ist ein bikonkaver (amphicoeler) Zylinder, der mit dem benachbarten Wirbel durch Chordagewebe verbunden ist. Bei den höchstentwickelten Wirbeln ist die Chorda verschwunden; bei erwachsenen Säugetieren z. B. findet man Reste nur noch in Form des gallertigen Kerns

Wirbelsäule
Bei ursprünglichen Wirbeln (1) führt durch den Wirbelkörper noch ein Kanal (gepunktet) für die Chorda (der über dem Wirbelkörper gelegene Kanal umschließt das Rückenmark). Es treten auch andere Typen der Wirbelkörper auf: 2 procoel: vorne konkav, hinten konvex; 3 opisthocoel: vorne konvex, hinten konkav; 4 acoel: vorne und hinten plan bis leicht konkav, mit Zwischenwirbelscheiben (2 und 3 bei Amphibien und Reptilien, 4 bei Säugetieren).

der Zwischenwirbelscheiben (Bandscheiben), dem Nukleus pulposus. Entlang der Chorda verläuft dorsal das Rückenmark. Es wird durch einen knorpeligen oder knöchernen Neuralbogen geschützt. Seitlich setzen die dorsalen Rippen an, die die Körpermuskulatur in einen dorsalen und ventralen Hauptteil gliedern. Bei Fischen bilden sich zusätzlich ventrale Rippen aus, die die Leibeshöhle umgreifen und die sich im Schwanz zu den Hämalbögen verbinden. Sie schützen ventrale Blutgefäße.

Die Wirbelsäule eines Fisches muß der seitlichen Schlängelbewegung dieses wasserlebenden Tieres genügen. Die Anordnung der Schwimmmuskulatur stellt sicher, daß alle Bewegungen nur in seitlicher Richtung verlaufen. Bei einigen späteren Knochenfischen ist die Chorda von einem dorsalen Neuralbogen, sowie einem ventralen, halbmondförmigen Knochenstück, dem Hypozentrum, umgeben. Dazu kommt noch das dorsal dahinter gelegene Pleurozentrum. Dieses Stadium charakterisiert die Rhipidistier unter den ↗Choanichthyes und führt schließlich zu Verhältnissen, wie sie bei den ersten Landwirbeltieren, den Amphibien auftreten.

Die Wirbelsäule des frühen Amphibs *Ichthyostega* gleicht im wesentlichen derjenigen eines Fleischflossers, die Neuralbögen stehen aber aufrecht und liegen nicht mehr nach hinten geneigt. Gleichzeitig entstehen an den Neuralbögen vorne und hinten Gelenkfortsätze, die vorne aufwärts (Präzygapophyse) und hinten abwärts (Postzygapophyse) gerichtet sind. Diese Gelenkungen begrenzen vertikale Bewegungen, erlauben jedoch noch seitliche Auslenkungen.

Mit dem Übergang aufs Land sind drastische Änderungen der Wirbelsäule verbunden. Das vordere Hypozentrum wird stark reduziert, und das Pleurozentrum entwickelt sich zum Hauptbestandteil des Wirbelkörpers der Amnioten. Bei höher entwickelten Amphibien wird dagegen das Hypozentrum zum Wirbelkörper.

Im Laufe der weiteren Entwicklung der Wirbeltiere ergeben sich zusätzliche Anpassungen der Wirbelsäule, z. B. an das Fliegen bei ↗Flugsauriern und ↗Vögeln. Bei den ↗Säugetieren lassen sich deutlich verschiedene Abschnitte der Wirbelsäule erkennen, die aus spezialisierten Wirbeltypen bestehen wie Hals-, Brust-, Lenden-, Kreuzbein- und Schwanzwirbel.

Wirbeltiere, *Vertebrata*
Unterstamm der Chordatiere; letztere umfassen bilateralsymmetrische Formen, die in ihrem Lebenszyklus ein Kiemendarmstadium durchlaufen, eine Chorda dorsalis als elastischen Stützstab und ein dorsal davon gelegenes Neuralrohr besitzen. Ursprüngliche Chordaten haben eine vom Schwanz bis zum Vorderende durchlaufende Chorda (z. B. *Amphioxus,* hier ist die Chorda jedoch extrem lang ausgebildet), während bei den Wirbeltieren ein ↗Schädel ausgebildet wird (daher auch die Bezeichnung Craniota für diese Gruppe) sowie eine ↗Wirbelsäule aus einzelnen Wirbeln. Diese bilden Fortsätze aus, die dem Schutz des Rückenmarks, aber auch der Befestigung von Rippen, Schulter- und Beckengürtel dienen.

Es werden acht Wirbeltierklassen unterschieden. Die ältesten Wirbeltiere gehören zur Klasse der Agnatha oder ↗Kieferlosen (↗Ostracodermen). Im Silur erscheinen die ↗Placodermi (ursprüngliche Fische mit Kiefer) und im Mittleren Devon die Chondrichthyes (Fische mit Knorpel- statt Knochenskelett, z. B. ↗Haie, ↗Chimaeriformes und ↗Rochen). Die Knochenfische (Klasse Osteichthyes) umfassen die Strahlenflosser (↗Actinopterygii) und die Fleischflosser (↗Choanichthyes). Aus Fleischflossern entwickeln sich im Devon die ↗Amphibien, ihrerseits die Ausgangsgruppe der ↗Reptilien, die sich

Wirbeltiere

	Fische	Säugetiere	Reptilien	Vögel	Amphibien
Känozoikum					
Mesozoikum — Kreide					
Mesozoikum — Jura					
Mesozoikum — Trias					
Paläozoikum — Perm					
Paläozoikum — Karbon					
Paläozoikum — Devon					
Paläozoikum — Silur					
Paläozoikum — Ordovizium					
Paläozoikum — Kambrium					

während des Karbon abtrennen. Eine Gruppe von Reptilien führt im Jura zu den ↗Vögeln (Aves), eine weitere Linie führt über die ↗Säugerähnlichen Reptilien zu den ↗Säugetieren (Mammalia), die man seit der späten Trias kennt. Die Ursprünge der Wirbeltiere sind nicht bekannt, vermutlich entwikkeln sie sich jedoch aus anderen Chordatieren. Neben den Vertebraten existieren drei weitere, wasserlebende Chordatengruppen: *Amphioxus* und Verwandte (Acrania, Cephalochordata), deren Chorda bis zur Körperspitze verläuft; die Tunicaten oder Manteltiere, die zwar meist sessil leben, aber eine freischwimmende Larve mit Chorda und Neuralrohr besitzen, und die pelagischen Copelata.

Zur Frage der Herkunft der Chordaten gibt es mehrere Hypothesen. Eine recht gut begründete leitet die Chordaten von freilebenden Archicoelomaten ab, die den Hemichordaten (Pterobranchier, Eichelwürmer oder Enteropneusten und ↗Graptolithen) nahestehen. Diese stimmen mit den Chordaten sehr gut im Bau des Kiemendarms und des Dorsalnerven überein. Auch die Mesodermentstehung als Aussakkungen des Urdarms sowie die Bildung des Coeloms (Leibeshöhle) aus solchen Mesodermsäcken stimmt bei Chordaten und Hemichordaten überein.

Diese Art der Coelombildung findet sich auch bei ↗Stachelhäutern. Mit den Calcichordaten kennt man Tiere, die sowohl Stachelhäutern als auch Chordaten ähneln und ebenfalls in der Nähe der Hemichordaten wurzeln. Dies paßt zu der Vorstellung, daß sich die Chordaten aus Hemichordaten entwickelt haben.

Wölfe

Die kräftigsten lebenden Caniden (↗Hunde), heute durch *Canis lupus* vertreten, eine stark in Rassen aufgegliederte Art, zu der sowohl der eurasische Wolf als auch der nordamerikanische Grauwolf gezählt werden kann.

Im Pleistozän kommt der Direwolf (*Canis dirus*) von Mexiko nordwärts bis Florida, das Mississippital und Kalifornien vor.

Woodward, Arthur Smith
(1864–1944)
Englischer Wirbeltierpaläontologe.

Geboren in Macclesfield, England, studierte er an der Universität Manchester und arbeitete ab 1882 am British Museum (Natural History); 1901 wurde er Direktor der Geologieabteilung.

Seine erste Stellung am Museum erhielt WOODWARD in der Abteilung für Wirbeltierpaläontologie, wo er in den Jahren 1887–1901 sein umfangreiches Verzeichnis fossiler Fische anfertigte. Dieses Werk ist bemerkenswert wegen der Veränderungen, die in der Klassifikation fossiler Fische eingeführt wurden.

WOODWARD publizierte mehr als 600 wissenschaftliche Beiträge – vorwiegend, aber nicht ausschließlich, über fossile Fische. Seine Forschungen ermöglichten ihm weltweite Reisen. Er beschrieb die fossilen Fische von Südafrika, Brasilien, Grönland und Spitzbergen.

WOODWARD erhielt viele wissenschaftliche Ehrungen und trug auch zur Diskussion über den ↗Piltdown-Menschen bei.

Woodward, John (1665–1728)
Englischer Paläontologe, der eine der ältesten Klassifikationen der Fossilien schuf. Die frühen Jahre seines Lebens bleiben im Dunkeln; seine anfängliche medizinische Ausbildung erhielt er unter Peter BARWICK, Arzt bei Karl II. Während dieser Zeit begann er mit dem Studium von Fossilien und wurde auch bekannt mit Edward ↗LHWYD. WOODWARD wurde Professor für Medizin am Gresham College, London, und förderte das Interesse an den geologischen Wissenschaften. Bekannt sind seine Werke „Essay towards a natural history of the Earth" (1695) und „An attempt towards a natural history of the fossils of England" (1729).

WOODWARD war von der Sintfluttheorie überzeugt und sah in den Fossilien Reste ehemaliger Lebewesen – eine Ansicht, zu der er auch den Schweizer Paläontologen Johann ↗SCHEUCHZER bekehrte.

Durch ein Vermächtnis in seinem Testament schuf er eine Dozentur an der Cambridge University, den späteren Lehrstuhl für Geologie (Woodwardian Chair in Geology).

Würmer
Künstliche Zusammenfassung der verschiedensten wirbellosen Tiere mit unterschiedlichen Bauplänen und Lebensräumen. Die zwei wichtigsten Gruppen bilden die Annelida (Ringelwürmer) mit segmentiertem Körper – hierzu zählen die Polychäten, Oligochäten (z. B. Regenwurm) und Egel – und die unsegmentierten Würmer wie Strudel- und Bandwürmer.

Die meist im Meer lebenden Würmer besiedeln überwiegend Flachwasserzonen bis in 40 Meter Tiefe, einige bauen Röhren (*Serpula*) auf irgendeinem Gegenstand oder graben sich in den Schlamm; freischwimmende Arten kommen bis in 5500 Meter Tiefe vor. Nichtmarine Arten graben sich in Erde und Sand, leben in Brack- oder Süßwasser oder parasitieren in anderen Tieren.

Unsegmentierte Würmer kennt man fossil nur als Abdrücke in feinen Sedimenten wie dem ↗Burgess-Schiefer aus dem Mittleren Kambrium von British Columbia (*Amiskwia*) oder dem jurassischen Solnhofener Kalk (↗Lithographische Plattenkalke) Deutschlands (*Hirudella*).

Anneliden sind bilateralsymmetrische Tiere mit einem Kopf, einem Körper aus vielen gleichartigen Segmenten und einem besonderen Endsegment. Die hochentwickelte innere Organisation umfaßt Verdauungs-, Kreislauf-, Atem-, Nerven- und Fortpflanzungssysteme. In ihrer (allerdings homonomen) Segmentierung und im Nervensystem ähneln sie den Gliederfüßern. Man ist der Ansicht, daß sich letztere aus Ringelwürmern entwickelt haben. Es gibt Anneliden von wenigen mm bis zu 3 m Länge und 25 mm Durchmesser.

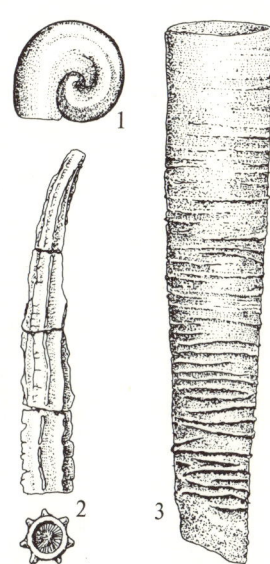

Würmer
Fossilreste von Polychäten:
1 Spirorbis tritt ab dem Ordoviz auf
(ca. 7fache natürliche Größe).
2 Röhre und Schließdeckel (Operculum) von Sclerostyla aus dem Eozän
(ungefähr natürliche Größe).
3 Keilorites aus Ordovizium und Silur
(ungefähr natürliche Größe).

Die Mehrzahl der fossilen Anneliden gehört zu den Polychäten. Ihre Reste bestehen v. a. aus den chitinigen Kiefern (Scolecodonten) freilebender Errantier und den Röhren, Opercula (Röhrendeckel) und Grablöchern festsitzender Sedentarier. Die Röhren der meisten Gattungen bestehen aus Kalk (*Ditrupa, Rotularia, Pomatoceros*), man findet jedoch auch, wie bei *Terebella,* aus Schalen, Sand und Steinen zusammengeklebte Röhren.

Von Spuren abgesehen sind die ältesten bekannten Würmer *Spriggina* und *Dickinsonites* aus dem späten Präkambrium von Ediacara in Südaustralien. Vom Mittleren Kambrium kennt man aus dem Burgess-Schiefer viele Gattungen wie *Miskoia, Canadia* und *Ottoia*, die eine gesteigerte Vielfalt bekunden.

Scolecodonten (von Errantiern) fin-

Von Oligochäten hat man nur einige zweifelhafte Funde, so *Protoscolex* aus Ordoviz und Silur.

Obgleich Würmer in allen geologischen Schichten vorkommen, sind sie stratigraphisch nur von begrenztem Wert.

Zahnarme, *Edentata*

Auf die Neue Welt beschränkte Ordnung der Säugetiere; sie umfaßt die altertümliche, wenig bekannte Unterordnung der Palaeanodonta und die Unterordnung der Xenarthra mit den Loricata (↗Gürteltiere und Glyptodonten), Pilosa (↗Faultiere) und Vermilingua (Ameisenbären).

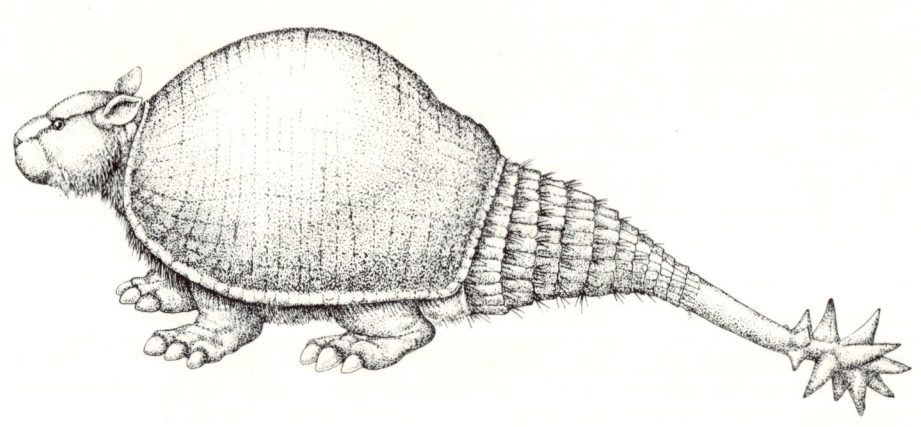

Zahnarme
Der *Glyptodont* Doedicurus *ist ein spezialisierter südamerikanischer Zahnarmer aus dem Pleistozän.*
Länge: ungefähr 4 m

den sich häufig in ordovizischen bis triassischen Schichten, wohingegen die Sedentarier erst vom Jura an häufiger zu finden sind und im Paläozoikum hauptsächlich durch *Spirorbis* vertreten werden.

Aus ordovizischem Sandstein kennt man vertikale Röhren (oder Ausgüsse) von *Scolithus,* einem Sandbewohner, der dem modernen *Phoronis* (Tentaculata) ähnelt.

Alle lebenden und die meisten fossilen Xenarthra weisen zusätzliche Gelenke an den Lenden- und hinteren Brustwirbeln auf (daher der Name Xenarthra), und die Anzahl der Halswirbel variiert von sechs bis neun. Das Sitzbein gelenkt (oder verschmilzt) mit den Kreuzbein- und Lendenwirbeln und bildet einen langen Block, von dem kurze, massige Gliedmaßen ausgehen. Oft findet man, besonders an der Hand, gut ausgebildete Klauen. Das Prämaxillare ist gewöhnlich reduziert und damit auch das Vordergebiß. Die wenigen, einfachen Backenzähne sind schmelz- und wurzellos. Das Gehirn gilt als wenig entwickelt.

Die meisten Xenarthra sind Pflanzenfresser, einige Alles- oder Aasfresser. Sie bewegen sich langsam, können auf Schreck jedoch sehr schnell reagieren. Räuberische Lebensweise wird bei den Xenarthra offenbar nicht entwickelt.

Die Evolution der Xenarthra verläuft überwiegend im isolierten Südamerika des Känozoikum. Geschützt vor höherentwickelten oder besserangepaßten nordamerikanischen Formen entstehen zahlreiche erfolgreiche Linien, die einen beträchtlichen Beitrag zur landlebenden Tierwelt liefern. Ihre Ursprünge liegen vielleicht in Nordamerika.

Zähne

Beiß- und Mahlstrukturen der ↗Wirbeltiere. Zähne entwickeln sich zwar erst mit der Ausbildung von Kiefern, sind jedoch nicht auf diese beschränkt (sie können den ganzen Mundbereich besetzen). Die Zähne sind Teile des Hautskeletts. Sie bestehen aus einer zentralen Pulpa mit Blutgefäßen und Nerven sowie (mesodermalen) Dentinbildnern; diese Zellen erzeugen die dicke Dentinschicht, die den Hauptteil des Zahnes ausmacht. Die Zahnoberfläche wird durch (ektodermalen) Schmelz gebildet.

Zähne können auf verschiedene Weise befestigt sein. Ursprünglich sitzen sie auf dem Kiefer (acrodont, wie bei *Sphenodon* und Teleostei), eine Verbesserung ist die seitliche bindegewebige Fixierung am Kiefer (pleurodont, wie bei Echsen und Schlangen), die stabilste Anbrin-

Zahnarme
Das riesige Bodenfaultier Megatherium erscheint im Spätpliozän und ist während des Pleistozän in Nord- und Südamerika weit verbreitet. Länge: ungefähr 6 m

Von dort kennt man Palaeanodonten, die zahlreiche Gemeinsamkeiten mit den frühesten südamerikanischen Xenarthra aufweisen. Vermutlich erreichen Formen ähnlich *Metacheiromys* Südamerika, bevor die Panama-Landbrücke unterbrochen wird. Die meisten nordamerikanischen Palaeanodonten erscheinen aber zu spät, um als echte Vorfahren der Xenarthra gelten zu können.

gung ist die thecodonte: Die Zähne sitzen in Vertiefungen (Alveolen) der Kieferknochen, wie z. B. bei den Säugetieren.

Bei den ältesten „Fischen", den kieferlosen ↗Ostracodermen, findet man Knochenschuppen auf dem ganzen Körper. Solche Schuppen tragen oft Aufsätze, die sowohl ursprünglichen Zähnen als auch Dentikeln der Haihaut ähneln. Mit der Entwicklung des Kiefers bei ↗Placodermi werden aus solchen Aufsätzen auf Knochenplatten im Mund echte Zähne. Haie reduzieren die basale Knochenplatte, behalten jedoch den Fortsatz (Dentikel) bei.

Höherentwickelte Reptilien (z. B. ↗Dinosaurier und ↗Krokodile)

Zähne

1 Ein rechter oberer (oben) und ein linker unterer Molar (unten) eines ursprünglichen Plazentaliers, des Tarsiers Omomys aus dem Eozän, mit einfachem trituberculatem (dreihöckrigem) Kronenmuster.

2 Ein rechter oberer (oben) und ein linker unterer Molar (unten) des ältesten bekannten Pferdes Hyracotherium. Die Kaufläche vergrößert sich oben durch einen zusätzlichen Höcker, den Hypoconus, unten durch den Verlust des Paraconids und Anhebung des Talonids auf gleiche Höhe wie die vordere Kronenhälfte.

3 Ein rechter oberer (oben) und ein linker unterer Molar (unten) eines fossilen Nashorns zeigen, wie bei höherentwickelten pflanzenfressenden Säugetieren Querjoche die Höcker verbinden.

4 Das selenodonte Kronenmuster eines oberen Molaren beim Rind (Aufsicht).

5 Krone des vierten oberen Prämolaren der Säbelzahnkatze Smilodon, ein Beispiel für eine Brechschere (Aufsicht).

6 Längsschnitt eines niederkronigen Zahnes (menschlicher Backenzahn).

7 Längsschnitt eines hochkronigen Zahnes (Mahlzahn eines modernen Pferdes).

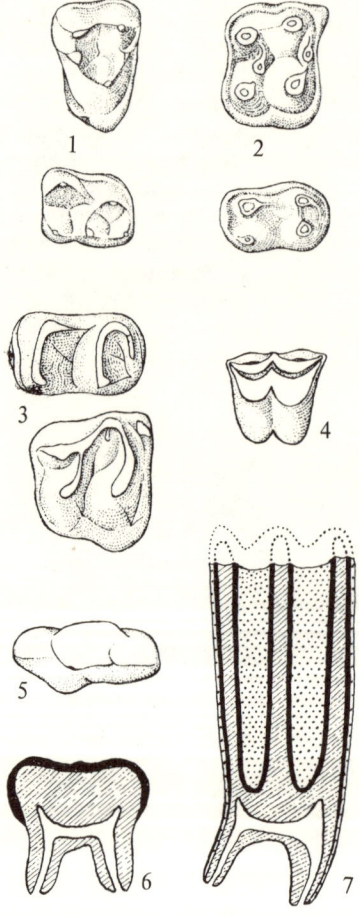

1   2

3   4

5

6   7

weisen thecodonte Bezahnung auf, auch bei mesozoischen Vögeln (*Archaeopteryx*) findet man noch Kiefer mit ähnlicher Zahnbesetzung. Bei den ↗Säugerähnlichen Reptilien beginnt die Heterodontie, d. h. die Zähne werden verschieden ausgebildet. Man findet meißelförmige

Schneidezähne, Eckzähne und eine Serie von Mahlzähnen. Säugetiere bilden ein völlig heterodontes Gebiß aus. Ursprüngliche Plazentalier tragen in jeder Kieferhälfte 3 Schneidezähne, einen Eckzahn, 4 Prämolaren (Vorbackenzähne) sowie 3 Molaren (Backenzähne) – ein Grundmuster, das häufig abgewandelt wird. Während bei ursprünglichen Wirbeltieren die Zähne häufig erneuert werden (Polyphyodontie), genügt den Plazentaliern – dank besserer Verankerung – ein einfacher Zahnwechsel. Es gibt nur noch zwei Zahngenerationen (Diphyodontie), ein Milch- und ein Dauergebiß.

Das Muster der Mahlzahnknochen ist ein charakteristisches Merkmal einzelner Plazentaliergruppen. Bei den ursprünglichen Plazentaliern tragen die oberen Molaren drei Höcker (Trigon), die ein Dreieck bilden, dessen Grundlinie an der Zahnaußenkante liegt. Die Spitze des Dreiecks wird dann Protoconus, die beiden anderen Haupthöcker Para- bzw. Metaconus (hinten gelegen) genannt. Zwischen Spitze und Grundlinie des Trigons kann je ein Nebenhöcker entstehen: der Metaconulus bzw. Protoconulus.

Auch die unteren Molaren sind zunächst von drei Höckern (Trigonid) besetzt. Sie bilden jedoch ein Dreieck, dessen Grundlinie an der Zahninnenseite liegt. Der vorne liegende Haupthöcker heißt Paraconid, der hintere Metaconid. Die nach außen zeigende Spitze des Dreiecks wird vom Protoconid gebildet. Die Krone vergrößert sich im Laufe der Höherentwicklung um einen umfangreichen Auswuchs, das Talonid; dessen Randgebiete lassen sich ebenfalls in Höcker aufgliedern, zunächst in das innere Entoconid und das äußere Hypoconid, oft liegt noch ein Hypoconulid dazwischen. Schließen die Kiefer, so paßt der Protoconus genau in die zentrale Grube des Talonids. Der Protoconid des unteren Molars entspricht wahrscheinlich der ursprünglichen Reptilienkrone. Im oberen Backenzahn erscheint jedoch der Paraconus als erster in der Zahnentwicklung, und er ist auch beim Kieferschluß auf den unteren Protoconid abgestimmt. Wahrscheinlich ist deshalb der Paraconus der Haupthöcker im oberen Zahn und der Protoconus ist falsch benannt.

Die Höcker können niedrig und kegelförmig bleiben (bunodont) wie bei Allesfressern (z. B. Mensch), oder sie können halbmondförmig ausgebildet sein (selenodont), wie bei Ruminantiern. Leisten- oder kammförmige Verbindungen der Höcker charakterisieren lophodonte Backenzähne. Bei oberen Molaren kann ein Querjoch die äußeren Höcker verbinden (Ectoloph) oder die vordere (Protoloph) bzw. hintere Höckerreihe (Metaloph). Auf den unteren Molaren können die Höcker des Trigonids (Metalophid) oder des Talonids (Hypolophid) durch Querjoche verbunden sein.

Zahnvögel

Ursprüngliche mesozoische Vögel, die noch, wie ihre Reptilien-Vorfahren, Zähne tragen. Sie sterben schon vor Beginn des Känozoikum aus.

↗ *Archaeopteryx* aus dem Oberen Jura wird üblicherweise in eine eigene Unterklasse gestellt. Die kreidezeitlichen Zahnvögel werden in der Unterklasse der Odontognathae zusammengefaßt und lassen zwei Entwicklungsrichtungen erkennen. Die flugunfähigen Familien Hesperornithidae, Baptornithidae und wahrscheinlich Enaliornithidae bilden die Ordnung Hesperornithiformes, die flugfähigen Vögel der Familien Ichthyornithidae und Apatornithidae gehören zur Ordnung Ichthyornithiformes (z. T. auch zu den Neognathae gestellt). Der bekannteste flugunfähige Vogel dieser Zeit ist *Hesperornis,* den man aus Meeressedimenten der nordamerikanischen Oberkreide kennt. Nach verschiedenen Skelett-

funden zu schließen wird die größte Art über 1,80 Meter lang. *Hesperornis* ist gut an ein Leben im Wasser angepaßt. Der Körper erinnert in seiner Form an Seetaucher und trägt kräftige Beine, die kaum zum Gehen geeignet sind, sondern ziemlich weit hinten ansetzen und so

Zahnvögel
Hesperornis, *ein flugunfähiger Tauchvogel, lebt in der Oberen Kreide.*
Länge: ungefähr 1 m

beim Schwimmen einen hohen Wirkungsgrad erzielen. Die Hesperornithiformes jagen unter Wasser. Sie unterscheiden sich von modernen Tauchern auch darin, daß ihre Vordergliedmaßen noch weniger ausgebildet sind, als man es z. B. bei modernen flugunfähigen Wasservögeln, wie den Pinguinen, vorfindet. Das Brustbein trägt keinen Kamm, der bei flugfähigen Vögeln dem Ansatz der Flugmuskulatur dient. Der Schädel weist einige für Vögel untypische Merkmale auf: Neben den Zähnen auf den Kiefern findet man in jedem Unterkieferbogen 6 Knochen (der somit dem Unterkiefer der ↗Carnosauria ähnelt) und ein Kiefergelenk ähnlich demjenigen der ↗Mosasaurier.

Die Enaliornithidae aus der Unteren Kreide Englands gelten als die früheste Gruppe der Hesperornithiformes. Wie die nordamerikanischen Baptornithidae hielt man sie zunächst für Vorläufer der modernen Seetaucher, man stellt sie heute jedoch zu den Zahnvögeln.

Zusammen mit den Hesperornithiformes findet man in der Oberkreide auch Ichthyornithiformes, die jedoch eine völlig andere Entwicklungslinie belegen. Sie tragen einen Brustkamm, der eine mächtige Flugmuskulatur anzeigt. *Ichthyornis,* gewöhnlich als Fischvogel bezeichnet, wird nur etwa 20 cm groß und ähnelt wohl in Aussehen und Lebensweise modernen Seeschwalben.

Zehnfüßige Krebse, *Decapoda*

Zehnbeinige ↗Krebstiere, die Kopf und Brust unter einem festen Rükkenschild (Carapax) schützen. Der Cephalothorax (aus Kopf und Brust entstanden) enthält 13 Segmente, die alle ein Extremitätenpaar tragen. Ein Segment kann außerhalb des Carapax liegen. Vor dem Mund liegen 2 Paar Antennen (Diantennata); hinter der Mundöffnung folgen 6 Paar Mundwerkzeuge, dahinter 5 Laufbeinpaare, von denen einige zu Greifscheren abgewandelt sein können. Die ursprüngliche Extremität ist ein Spaltbein mit einem inneren (Endopodit) und einem äußeren Ast (Exopodit); beide Äste gelenken mit dem mehrteiligen basalen Protopodit. Der Vorderrand des Carapax ist oft zu einem Rostrum (Kopffortsatz) ausgezogen, die Oberfläche dieses Schutzpanzers ist stark gefurcht, entsprechend der Lage der inneren Organe und der Muskelansatzstellen. Die Unterseite jedes Segmentes ist durch eine Platte (Sternit) abgeschlossen, die zwischen den Extremitäten liegt. Das Abdomen besteht aus 7 Segmenten, die bei langschwänzigen, hummerähnlichen Formen frei vorliegen, bei Krabben auch teilweise verschmolzen sein können. Die Anhänge (Pleopoden) der ersten 6 Segmente dienen ursprünglich zum Schwimmen, die vorderen können jedoch zu Fortpflanzungszwecken abgewandelt sein. Das siebte und letzte Abdominalsegment bildet das Telson.

Eine der ältesten hummerähnlichen Formen ist *Protoclytiopsis* aus der Permo-Trias von Sibirien, man kennt jedoch aus der gleichen Zeit noch verschiedene andere Gattungen. Die langschwänzigen Formen gedeihen während des Jura (z. B. *Eryma*); eine der hummerähnlichen Gruppen, die Pemphicidae, beginnt das Abdomen unter den Cephalothorax zu schlagen, und im Unteren Jura erscheinen mit *Eocarcinus* die ersten echten Krabben. Während Jura und Kreide konkurrieren langschwänzige Formen und Krabben um die Küstenbereiche. In der Oberen Kreide haben sich viele der heutigen Krabbenfamilien etabliert, und sie gewinnen langsam die Vorherrschaft über die Küsten, so daß im Känozoikum die Hummerähnlichen schließlich in tiefere Gewässer verdrängt werden.

Die Entwicklung der Fähigkeit, Luft zu atmen, vervollständigt noch den Erfolg der Krabben. Man findet die ersten Süßwasser- oder Flußkrabben (Potamonidae) im Miozän. Als jüngste Gruppen der Krabben erscheinen die Cancridea (mit der Speisekrabbe *Cancer pagurus*) und die Oxyrhyncha (häufig in tropischen und subtropischen Meeren). Beide sind fossil ab dem Eozän wohlbekannt. (↗Pfeilschwanzkrebse)

Zibetkatzen, *Viverridae*

Zibetkatzen i. e. S. bilden mit den Mangusten und einigen kleineren Gruppen die größte lebende ↗Raubtier-Familie der Viverridae (Zibetkatzen i. w. S., Schleichkatzen). Die Familie enthält 36 Gattungen und steht wohl an der Basis der Familiengruppe Aeluroidea (mit ↗Katzen und ↗Hyänen), obgleich nur wenige fossile Formen

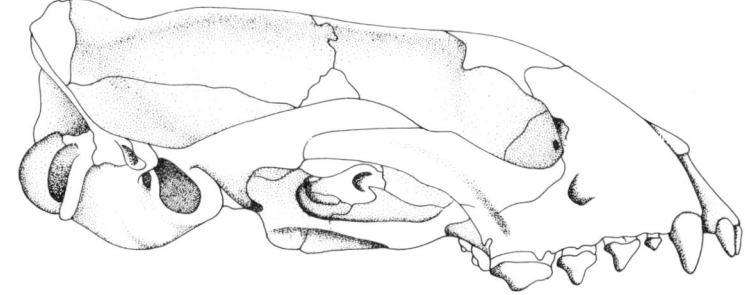

Zibetkatzen
Herpestides *ist eine Schleich-*
katze aus dem Oberen Oligo-
zän Frankreichs.
Schädellänge: 95 mm

bekannt sind. Ihr Vorkommen bleibt auf die Alte Welt beschränkt. Der einzige lebende europäische Vertreter der Familie ist die spanische Ginsterkatze *Genetta.*

Die Ursprünge der Schleichkatzen lassen sich bis zu *Herpestides,* einem Ginsterkatzen-ähnlichen Tier aus dem französischen Spätoligozän zurückverfolgen. Im Miozän kommen Schleichkatzen auch in Afrika und Asien vor.

Die Zibetkatzen i. e. S. (Viverrinae) sind vorwiegend in Asien, die Mangusten hauptsächlich in Afrika zu finden. Auf Madagaskar lebt eine eigene Schleichkatzenfauna, die weder zu afrikanischen noch asiatischen Viverriden direkte Verwandtschaft aufweist und offenbar das Ergebnis einer langandauernden getrennten Entwicklung darstellt. Die dort vorkommende Gattung *Cryptoprocta* ähnelt äußerlich den Katzen und wird ihnen oft zugeordnet, sie geht aber flachfüßig und weist viele Übereinstimmungen mit Viverriden auf.

Zittel, Karl Alfred von
(1839–1904)
Deutscher Paläontologe, geboren in Bahlingen (Baden). ZITTEL studierte an den Universitäten von Heidelberg und Paris und wurde, nach einem vorübergehenden Aufenthalt in Wien, Professor an der Universität München. Während seiner frühen Jahre in München begann er Material zusammenzutragen für sein vierbändiges „Handbuch der Paläontologie" (1876–1893). Dieses Werk, zusammen mit dem Buch „Grundzüge der Paläontologie" (1895), begründeten die Stellung ZITTELS als „LINNÉ der Paläontologie".
Über viele Jahre gab er auch die einzige paläontologische Zeitschrift, die „Palaeontographica" heraus, die erstmals 1846 erschien. Von ihm stammt ferner das klassische Geschichtswerk der Paläontologie „Geschichte der Geologie und Paläontologie" (1899).

Zonenfossilien ↗Leitfossilien

Adaptive Radiation
Anpassung und Artaufspaltung von Organismen einer einzigen Entwicklungslinie, so daß schließlich eine Vielzahl verschiedener ökologischer Nischen belegt wird.

Adduktoren
Muskeln, die Gliedmaßen, Schalenteile o. ä. zur Mittellinie ziehen; die Adduktormuskeln der Muscheln z. B. bewirken ein Schließen der Schalen.

Aragonit
Rhombische Kristallmodifikation des Calciumkarbonat. Die Schalen und Skelette vieler Fossilien bestehen ursprünglich aus Aragonit, dieser wandelt sich aber mit der Zeit in die stabilere Calcitmodifikation um.

Articulare
Bei niederen Wirbeltieren ein Knochen des Unterkiefers, der mit dem Quadratum des Oberkiefers gelenkt. Bei Säugetieren wird er zu einem Gehörknöchelchen (Hammer oder Malleus) des Innenohrs.

Benthos
Gesamtheit der am Boden eines Gewässers lebenden, festgewachsenen (sessilen) oder frei beweglichen Organismen.

Biomasse
Menge der organischen Substanz in Form lebender Organismen je Flächen- oder Raumeinheit eines Lebensraumes.

Bioturbation
Bewegung und Durchmengung eines Sediments durch lebende Organismen.

Brechschere
Scherenartig wirkender Apparat der Landraubtiere und Creodonten, gebildet aus bestimmten Prämolaren und Molaren von Ober- und Unterkiefer.

Bulbus olfactorius
Vorderste, paarige Ausstülpungen des Endhirns der Wirbeltiere, die der Verarbeitung von Riechempfindungen dienen.

Bulla tympani
Knöcherne Umhüllung des Mittelohres bei Säugetieren.

Bunodonte Zähne
Niederkronige Säugetierbackenzähne mit stumpfen Höckern.

Calcaneus, *Fersenbein*
Außen gelegener Fußwurzelknochen, der ursprünglich mit dem Wadenbein (Fibula) gelenkt. Bei Amphibien wird dieser Knochen als Fibulare bezeichnet, bei Vögeln verschmilzt er mit dem Schienbein (Tibia), und bei Säugetieren trägt er die nach hinten vorspringende „Ferse" (Tuber calcis).

Calcit
Stabilste Kristallmodifikation des Calciumkarbonat (vgl. Aragonit) mit trigonaler Symmetrie.

Carpalia
Handwurzelknochen der Tetrapoden; sie liegen zwischen den Metacarpalia und dem Unterarm.

Cephalothorax
Durch Verschmelzung von Kopf und Brust entstandener einheitlicher Körperabschnitt einiger Gliederfüßer.

Cheliceren
Vorderstes Paar der Körperanhänge der Cheliceraten; zu dieser Arthropodengruppe gehören unter anderem die Spinnentiere, Pfeilschwanzkrebse und Seeskorpione.

Chert
Dichte, glasartige kieselige Gesteine unterschiedlicher Farbe.

Chitin
Farbloses, horniges Polysaccharid, das als Stützsubstanz im Exoskelett von Gliederfüßern und einigen anderen Wirbellosengruppen vorkommt.

Chondrocranium
Knorpeliger Schädel, wie er bei Haien auftritt.

Cochlea, *Schnecke*
Schneckenartig aufgerollte Struktur im Innenohr der Säugetiere (in einfacherer Form auch bei Vögeln und einigen Reptilien vorhanden); die Cochlea beherbergt das Cortische Organ und ist verantwortlich für die Wahrnehmung und Unterscheidung von Tönen verschiedener Höhe.

Coenosteum
Kalkskelett einiger kolonialer Hydrozoen.

Corallit
Skelett einer Einzelkoralle oder eines Individuums in einer Kolonie.

Corallum
Skelett einer Korallenkolonie, bestehend aus zahlreichen Coralliten.

Cosmin
Substanz, ähnlich dem Dentin der Zähne, gebildet um zentrale Pulpahöhlen. Cosmin unterlagert bei Fischen die schmelzähnliche Schicht der Cosmoidschuppen und die Ganoinschicht der Ganoidschuppen.

Dentale
Der bedeutendste (bei Säugetieren der einzige) Knochen des Unterkiefers der Wirbeltiere. Zusammen mit dem Squamosum bildet er das sekundäre Kiefergelenk der Säugetiere.

Dentin
Diese Substanz bildet die Hauptmasse der Zähne von Wirbeltieren; Dentin ist chemisch sehr ähnlich dem Knochen, die dentinbildenden Zellen sitzen aber in der Pulpahöhle, von wo sie lange Fortsätze in das Dentin aussenden.

Diagenese
Zusammenfassender Begriff für alle Vorgänge, die zur Veränderung und Verfestigung von Sedimenten und schließlich zur Bildung von Sedimentgesteinen führen.

digitigrad
sind Tiere, die nur mit den Zehen und Fingern auftreten.

Dolerit
Mittel- bis grobkörniger Basalt (feinkörniges Ergußgestein großer Dichte und dunkler Farbe); häufig auch verwendet für alle nicht sofort identifizierbaren dunklen, grünlichen Eruptivgesteine.

Dornfortsatz, *Processus spinosus*
Dorsal gerichteter Fortsatz des Neuralbogens, der als Ansatzstelle für Muskeln und Sehnen dient.

Endostyl
Flimmerrinne am Boden des Kiemendarms von *Amphioxus* und Tunicaten (Manteltiere), die die eingestrudelten und filtrierten Nahrungspartikel zum Darm transportiert. Die Larven der Neunaugen besitzen ebenfalls ein Endostyl, dieses wird aber bei der Metamorphose abgeschnürt und bildet bei den adulten Neunaugen ebenso wie bei allen höheren Wirbeltieren die Schilddrüse.

Entoconid
Ein Höcker der unteren Säugetierbackenzähne. Er liegt auf der Innenseite des Talonids (hinterer, niedriger Zahnanhang), auf den der gegenüberliegende obere Zahn beißt.

Epikontinentalmeer
Flachmeere, die Teile des Festlandes überflutet haben oder den Kontinentalschelf bedecken.

Eruptivgesteine
Durch Erstarrung von Magma (dem Erdinnern entstammende Gesteinsschmelze) entstandene Gesteine.

Eukaryo(n)tische Zellen
Zellen, die einen vom Cytoplasma abgegrenzten Zellkern besitzen (im Gegensatz zu den Prokaryonten).

Euxinische Sedimente
In sauerstoffarmem, schwefelwasserstoffreichem Meer abgelagerte Sedimente; hierzu gehören z. B. viele Graptolithenschiefer aus dem Silur und die Kupferschiefer aus dem Zechstein (Oberperm).

Evaporite
Sedimentgestein, bestehend aus Mineralen, die als Folge der Verdunstung aus

salzreichen Lösungen ausgefallen sind. Evaporite weisen gewöhnlich auf ein ehemals arides Klima.

Extremitätengürtel
Die Knochen des Schulter- und Becken-gürtels der Wirbeltiere dienen der Ver-bindung zwischen den freien Extremitä-ten und dem Achsenskelett.

Faunenprovinz
Ein Gebiet, kleiner als eine tiergeogra-phische Region und gekennzeichnet durch eigene charakteristische Tiere.

Fazies
Gesamtheit der (petrographischen und paläontologischen) Merkmale eines Se-diments. Die Fazies ist ein Abbild der zur Bildungszeit herrschenden Verhält-nisse.

fluviatil
Von einem Fluß bewirkt, angereichert oder transportiert und abgelagert, z. B. fluviatile Sedimente.

Flysch
Schichtpakete aus Sand-, Ton- und Kalkgesteinen in Wechsellagerung, ab-gelagert in Geosynklinalen (langge-strecktes, sich langsam senkendes Kru-stenfeld), die an aufsteigende Gebirgs-ketten angrenzen.

Frontale
Zwischen den Augenhöhlen gelegener paariger Hautknochen des Wirbeltier-schädels.

Galeriewälder
Die Flußniederungen der trockeneren tropischen Gebiete säumende Wald-gürtel.

Ganoin
Glänzende, schmelzähnliche und in dün-nen Lagen gebildete Substanz der ober-sten Schicht der Schuppen von Acantho-dii und primitiven Actinopterygii.

Graben
Zwischen zwei Schollen an mehr oder weniger parallelen Verwerfungen abge-sunkener Streifen der Erdkruste.

Hämalbogen
Bei Wirbeltieren bilden Auswüchse der Interzentra der Schwanzwirbel einen ventralen Bogen, der die großen Blutge-fäße des Schwanzes umfaßt.

Hautknochen, *Deckknochen*
In der Haut durch Mesenchymzellen der Dermis gebildeter Knochen.

Heterozerke Schwanzflosse
Bei frühen Fischen verbreitete, primitive Form der Schwanzflosse, bei der das Achsenskelett in dem größeren, dorsa-len Lobus liegt.

Holarktis
Tiergeographische Region, die die Pa-läarktis mit Nordafrika, Europa und Asien (mit Ausnahme des südlichen Teils) sowie die Nearktis mit dem nord-amerikanischen Subkontinent umfaßt.

Horizont
Definierbare Einheit einer Schichtenfol-ge, charakterisiert durch eine einheitli-che Flora und Fauna oder durch be-stimmte Gesteine.

Horst
Von Verwerfungen begrenzter, gegen-über den Nachbarschollen gehobener oder bei deren Absenkung stehengeblie-bener Krustenteil.

Hyoidbogen
Hinter dem Kiefer gelegener umgewan-delter Kiemenbogen, dessen Hyomandi-bulare sich bei Fischen an der Aufhän-gung der Kiefer am Gehirnschädel be-teiligt. Das Hyoid, der untere Knochen des Hyoidbogens, bildet bei Tetrapoden das Zungenbein.

Hyomandibulare
Der obere Knochen des Hyoidbogens, der sich bei Fischen an der Aufhängung des Kiefergelenks am Gehirnschädel beteiligt und bei Tetrapoden zu einem Gehörknöchelchen wird (Columella der Amphibien, Reptilien und Vögel, bzw. Stapes oder Steigbügel der Säugetiere).

Hypozerke Schwanzflosse
Seltene Form der Schwanzflosse, bei der das Achsenskelett im ventralen Lappen liegt (z. B. Anaspida und Fischsaurier).

Hypsodonte Zähne
Zähne mit hoher Zahnkrone, wie sie sich vor allem bei grasfressenden Hufti-eren finden.

Hypuralia
Vergrößerte Hämalbögen, die in der homozerken Schwanzflosse der höher-entwickelten Knochenfische ventral von

dem nach oben gekrümmten Achsenskelett liegen.

Ilium, *Darmbein*
Dorsaler paariger Knochen im Beckengürtel der Wirbeltiere.

Intertarsalgelenk
Besonderes Gelenk zwischen den proximalen und distalen Elementen der Tarsalia; es kommt bei Vögeln, vielen Reptilien und auch bei einigen Säugetieren vor.

Interzentrum, *Hypozentrum*
Bei den Wirbeln der Choanichthyes und Labyrinthodontia das dominierende ventrale Element; es wird bei höheren Tetrapoden reduziert.

Ischium, *Sitzbein*
Der hintere der zwei paarigen ventralen Knochen im Beckengürtel der Wirbeltiere.

Isopedin
Basale Schicht der Fischschuppen aus knochenähnlichem Material.

Jochbogen
Von Knochen des Schädeldaches gebildete ventrale Begrenzung der Schläfenfenster; bei Säugetieren besteht der Jochbogen aus Jugale und Squamosum.

Jugale, *Jochbein*
Zwischen Maxillare und Squamosum, am Außenrand des Schädeldaches gelegener Deckknochen.

Kiemenbogen
Die Kiemen stützende, mehrteilige knöcherne Spange; zwischen den serial angeordneten Kiemenbögen liegen die Kiemenspalten.

Kontinentalschelf
Vom Meer überfluteter Rand der Kontinente, der sich von der Küste bis zu dem ab etwa 200 m Tiefe zur Tiefsee abfallenden Kontinentalhang erstreckt.

Kommissur
Gruppe von Nervenfasern, die paarige Strukturen auf jeder Seite des Gehirns oder Rückenmarks verbinden.

Kraton
Teil der Erdkruste, der konsolidiert wurde und über längere Zeit nur kleinere Verformungen erfuhr. Bereits in präkambrischer Zeit versteifte Festlandskerne werden Urkratone genannt.

Maxillare
Zahntragender Hautknochen im Oberkiefer der Wirbeltiere; bei Säugetieren trägt er die Prämolaren, Molaren und Canini (Eckzähne).

Mergel
Sedimentgestein aus Kalk und Ton; je nach Mengenverhältnis der beiden Bestandteile spricht man von Tonmergel oder Kalkmergel.

Metacarpalia, *Mittelhandknochen*
Zwischen den Fingern und den Carpalia liegende Knochenreihe; die Zahl der Metacarpalia entspricht der der Finger.

Metamorphose
1. In der Geologie: Umwandlung von Gesteinen durch Druck- und Temperaturänderungen unter Beibehaltung der chemischen Gesamtzusammensetzung; wichtige Vorgänge sind Umkristallisation, Neubildung von Mineralen und Einregelung der Minerale.
2. In der Biologie: Gesamtheit der Vorgänge, die von der Larve zur Adultform führen (z. B. Umwandlung Kaulquappe – Frosch).

Metatarsalia, *Mittelfußknochen*
Zwischen den Zehen und den Tarsalia liegende Knochenreihe; die Zahl der Metatarsalia entspricht der der Zehen.

Mikropyle
Bei Samenpflanzen eine kleine Öffnung der Samenanlage zum Durchtritt des Pollenschlauches.

Mitose
Häufigste Form der Zellkernteilung, bei der die durch Verdoppelung entstandenen Tochterchromosomen exakt erbgleich auf die beiden Tochterkerne verteilt werden.

Molaren
Hintere, mehrwurzlige Backenzähne der Säugetiere; sie werden im Gegensatz zu den Prämolaren nicht gewechselt.

Monophyletische Abstammung
Verschiedene Entwicklungslinien gehen auf eine einzige Ausgangsform zurück.

Myzel
Aus einzelnen Zellfäden (Hyphen) zu-

sammengesetzter vegetativer Teil des Pilzkörpers.

Nasale, *Nasenbein*
Paariger Hautknochen des Wirbeltierschädels, der die Oberseite der Schnauze bildet.

Naviculare
Verschiedentlich angewendete Bezeichnung für: 1. das Scaphoid oder Radiale der Handwurzel der Säugetiere; 2. für den aus der Verschmelzung der Centralia entstandenen Knochen in der Fußwurzel der Säugetiere.

Nekton
Aktiv schwimmende Organismen (z. B. Fische).

Neopallium
Ursprünglich ein kleines Gewebsareal der oberflächlich gelegenen grauen Substanz des Endhirns, das erstmals bei einigen Reptilien auftritt und bei Säugetieren den größten Teil der Hirnhemisphären bildet.

Neotenie
Erreichen der Geschlechtsreife in frühen oder larvalen Stadien der Ontogenese; die Metamorphose wird unterdrückt.

Neotropis
Tiergeographische Region, die Mittel- und Südamerika mit den angrenzenden Inseln umfaßt.

Neuralbogen
Oberer Teil des Wirbels, der das Rückenmark umschließt.

Ökosystem
Wirkungsgefüge aus unbelebter Umwelt und den Organismen einer Lebensgemeinschaft.

Ohrkerbe
Am Schädel früher Tetrapoden am Hinterrand der Schläfenregion auftretende Kerbe, die vermutlich von einem Trommelfell überdeckt war. Sie entwickelte sich nach dem Verlust des Operculums aus der Spalte, die bei Fischen das Spiraculum bildete. Die Ohrkerbe geht als primitives Merkmal bei frühen Reptiliengruppen bald verloren.

Operculum, *Kiemendeckel*
Die die Kiemenregion bedeckenden Knochenplatten der Fische; das Operculum besteht ursprünglich aus einem großen Knochen, dem Operculum i. e. S., und einem darunter gelegenen Suboperculum.

Orogenese
Vorgang der Gebirgsbildung, wobei durch tektonische Prozesse das Gesteinsgefüge verändert wird (z. B. durch Faltung).

Ozellen
Bei vielen Wirbellosen vorkommende, einfach gebaute Augen.

Palatinum, *Gaumenbein*
Paariger Hautknochen, der an der Bildung des Munddaches der Wirbeltiere beteiligt ist.

Permafrostboden
Dauerfrostboden

Phosphorit
Häufig in Form von Knollen vorkommendes Gemenge aus Calcit und Karbonatapatit („phosphorsaurer Kalk"); es entsteht entweder aus Ansammlungen von Knochenresten, Schalen, tierischen Exkrementen oder durch Phosphatisierung kalkiger Sedimente.

Pinealorgan
Unpaare Struktur des Hirndachs bei Wirbeltieren; es steht ursprünglich in Verbindung mit einem medianen „Scheitelauge" und wird bei höheren Wirbeltieren zur Epiphyse.

Plankton
Wasserlebewesen, die über keine (oder nur über eine unbedeutende) aktive Fortbewegung verfügen; tierische Organismen werden als Zooplankton, pflanzliche als Phytoplankton bezeichnet.

plantigrad
Mit der ganzen Fußsohle auftretend.

Planula-Larve
Bewimperte, freischwimmende Larvenform vieler Cnidaria (Hohltiere).

Pleurozentrum
Vorherrschendes unteres Wirbelelement der Anthracosauria (Amphibien), das sich bei Choanichthyes aus paarigen, unterhalb des Neuralbogens gelegenen Knochenplatten entwickelt. Bei höheren Tetrapoden wird das Pleurozentrum zum eigentlichen Zentrum.

Postfrontale
Paariger Hautknochen des Wirbeltier-
schädels, der den hinteren inneren Rand
der Augenhöhlen begrenzt; er fehlt bei
Säugetieren.

Postorbitale
Paariger Hautknochen des Wirbeltier-
schädels, der den Hinterrand der Augenhöhlen bildet; er fehlt bei Säugetieren.

Prämaxillare
Paariger Hautknochen am Vorderende
des Oberkiefers und der Schnauze; er
trägt bei Säugetieren die Schneidezähne.

Prämolaren
Vordere Backenzähne der Säugetiere;
sie sind meist einfacher gebaut als die
Molaren, können aber auch, wie bei
vielen Huftieren, molarenähnlich (molarisiert) sein. Sie besitzen Vorläufer im
Milchgebiß.

Procöle Wirbel
Wirbel mit konkaver Vorder- und kon-
vexer Hinterseite des Zentrums.

Proteolytische Enzyme
Enzyme, die eine Spaltung von Protei-
nen oder Peptiden in einfachere, lösliche
Produkte katalysieren.

Pubis, *Schambein*
Der vordere der zwei paarigen ventralen
Knochen im Beckengürtel der Wirbel-
tiere.

Pyrit, *Schwefelkies*
Meist in Würfeln kristallisierendes, me-
tallisch gelb glänzendes Eisensulfid
(FeS_2).

Pyroklastika
Sammelbegriff für vulkanisches Locker-
material (z. B. Aschen, Tuff).

Quadratojugale
Ein Knochen am Unterrand der Wangenregion bei Amphibien und Reptilien;
ein entsprechender Knochen findet sich
bei einigen Fischen, er fehlt den Säugetieren.

Quadratum
Schädelknochen, der bei niederen Wir-
beltieren den oberen Teil des (primären)
Kiefergelenks bildet; bei Säugetieren
wird er zu einem Gehörknöchelchen
(Amboß oder Incus) im Mittelohr.

Radius, *Speiche*
Einer der beiden Knochen des Unterarms der Tetrapoden; er liegt auf der
Daumenseite und ist mit dem Handgelenk verbunden.

Red Beds
Unter stark oxidierenden Bedingungen
entstandene, eisenhaltige rote Sedimentfolge, die sich normalerweise unter
ariden, kontinentalen Verhältnissen
bildet.

Sandstein
Sedimentgestein, das überwiegend aus
Quarzkörnern besteht mit einem Binde-
mittel aus Kieselsäure, Calcit oder Ei-
senoxiden.

Saprophyten
Von totem organischem Material leben-
de Organismen, z. B. viele Pilze und
Bakterien.

Scapula, *Schulterblatt*
Dorsal liegender Knochen des Schultergürtels der Wirbeltiere.

Sedimentgestein
Durch Diagenese aus Sedimenten (Ab-
lagerungen) entstandene Gesteine, z. B.
Sandsteine, Kalksteine.

Seitenlinienorgan
Sinnessystem, das bei Fischen, aquatilen
Amphibien und Amphibienlarven vorkommt und der Wahrnehmung von
Wasserströmungen und Strömungsände-
rungen dient. Die Rezeptoren liegen
entlang von Kanälen oder Rinnen an der
Oberfläche von Kopf und Körper, das
wichtigste Element ist der Seitenlinien-
kanal. Das Innenohr der höheren Wirbeltiere leitet sich phylogenetisch vom
Seitenlinienorgan ab.

Sekundäres Munddach
Unterhalb des primären Munddachs von
seitlichen Auswüchsen des Prämaxillare,
Maxillare und Palatinum gebildete Knochenplatte, die einen Nasen-Rachen-
gang gegen den Mundraum abgrenzt;
diese Anordnung ermöglicht ein Atmen
auch während des Kauvorgangs oder des
Festhaltens von Beute. Ein sekundäres
Munddach besitzen die Säugetiere und
einige Reptilien.

Selenodonte Backenzähne
Säugetierbackenzähne mit halbmond-
förmigem Kronenmuster.

Siltstein
Verfestigter Silt oder Schluff; der Korndurchmesser ist etwas größer als beim Tonstein und reicht bis 0,06 mm.

Sipho
Häutiger, von einer kalkigen Hülle umgebener Kanal, der alle Kammern des Cephalopodengehäuses durchzieht.

Sklerotikalring
Aus mehreren kleinen Knochen gebildeter Schutzring am Augenrand vieler niederer Tetrapoden und der Vögel.

Spiraculum, *Spritzloch*
Umgebildete erste Kiemenspalte primitiver Fische; bei Tetrapoden wird das Spiraculum zum Mittelohr.

Spleniale
Knochen im Unterkiefer der Choanichthyes, Amphibien und Reptilien, er fehlt bei Actinopterygiern und Säugetieren.

Squamosum
Großer paariger Hautknochen im hinteren seitlichen Schädeldach der Wirbeltiere; bei Amphibien und Reptilien steht er mit dem Quadratum in Verbindung, bei Säugetieren gelenkt er direkt mit dem Dentale des Unterkiefers (sekundäres Kiefergelenk).

Stolon
Dünner Chitinfaden der Graptolithen, von dem die Theken (chitinige Becher oder Röhren mit den einzelnen Zooiden) auszugehen scheinen.

Supratemporale
Paarige Hautknochen in der Schläfenregion des Wirbeltierschädels; sie kommen vor bei Fischen und Amphibien, bei Reptilien werden sie reduziert und gehen schließlich verloren.

Symphyse
Verwachsungsbereich von Knochen, z. B. Unterkiefersymphyse als Verwachsungsstelle zwischen rechter und linker Unterkieferhälfte.

Synonym
Mehrere Namen für das gleiche Lebewesen werden als Synonyme bezeichnet.

Systematik
Wissenschaft von der Anordnung der Organismen entsprechend einem System.

Tarsalia
Fußwurzelknochen der Tetrapoden; sie liegen zwischen den Metatarsalia und dem Unterschenkel.

Tektonik
Wissenschaftszweig der Geologie, der sich mit dem Bau der Erdkruste sowie mit den diesen verursachenden Kräften beschäftigt; wichtige tektonische Vorgänge sind z. B. Faltungen und Überschiebungen.

terrigen
Auf dem Festland entstanden; im Gegensatz zu Tiefseesedimenten enthalten z. B. ufernahe marine Sedimente viel terrigenes Material.

Tibia, *Schienbein*
Der innere, meist größere Knochen des Unterschenkels der Tetrapoden.

Tonstein
Durch Austrocknung und Druck verfestigter Ton; Ton ist ein feinkörniges Sediment mit Korndurchmessern unter 0,002 mm.

Trichter, *Hyponom*
Bei Cephalopoden trichterförmig verengte Öffnung der Mantelhöhle, die durch ruckartiges Ausstoßen des Atemwassers eine Fortbewegung nach dem Rückstoßprinzip ermöglicht.

Ulna, *Elle*
Einer der beiden Knochen des Unterarms der Tetrapoden; er liegt auf der Seite des kleinen Fingers.

Zement
Knochenähnliches Material, das bei Säugetieren den Zahnwurzeln aufliegt und die Zähne so in den Zahnhöhlen befestigt. Bei höherentwickelten Ungulaten umgibt Zement die ganze Zahnkrone und füllt auch die Schmelzfalten der hypsodonten Zähne. Der weiche Zement nützt sich aber schneller ab als der Schmelz, so daß die schmelzüberzogenen Falten als harte Kauleisten hervortreten.

Zentrum
Der spindelförmige Wirbelkörper der meisten Wirbeltiergruppen. Bei Amnioten wird das Zentrum vom Pleurozentrum gebildet, bei einigen Fischen und Amphibien ist vor allem das Hypozentrum (= Interzentrum) von Bedeutung.

WEITERFÜHRENDE LITERATUR

Geologie, Stratigraphie und Zeitmessung

BRINKMANN, R.: Abriß der Geologie. Bd. I. Allgemeine Geologie. 11. A. neubearb. von *W. Zeil.* 246 S. Enke, Stuttgart 1975.

FRANKE, H. W.: Methoden der Geochronologie. Die Suche nach den Daten der Erdgeschichte. 123 S. Springer, Berlin – Heidelberg 1969.

GEYER, O. F.: Grundzüge der Stratigraphie und Fazieskunde, I. 279 S. Schweizerbart, Stuttgart 1973.

KRÖMMELBEIN, K. (Hrsg.): Leitfossilien (begr. von *G. Gürich*). Schweizerbart, Stuttgart 1975 ff.

MURAWSKI, H.: Geologisches Wörterbuch. 7. A. 280 S. Enke, Stuttgart 1977.

SEYFERT, C. K. & SIRKIN, L. A.: Earth history and plate tectonics. An introduction to historical geology. 504 S. Harper & Row, New York 1973.

THENIUS, E.: Meere und Länder im Wechsel der Zeiten. Die Paläographie als Grundlage für die Biogeographie. 200 S. Springer, Berlin – Heidelberg – New York 1977.

Paläobiogeographie, Paläoklimatologie, Paläoökologie

AGER, D. V.: Principles of Paleoecology. An introduction to the study of how and where animals lived in the past. 371 S. Mc Graw-Hill, New York etc. 1963.

HALLAM, A. (Hrsg.): Atlas of palaeobiogeography. 543 S. Elsevier, Amsterdam 1973.

LATTIN, G. de: Grundriß der Zoogeographie. 602 S. G. Fischer, Jena 1967.

SCHWARZBACH, M.: Das Klima der Vorzeit. Eine Einführung in die Paläoklimatologie. 3. A. 380 S. Enke, Stuttgart 1974.

Evolution

BEER, G. R. de: Atlas of evolution. 202 S. Nelson, London 1964.

ERBEN, H. K.: Die Entwicklung der Lebewesen. 518 S. Piper, München – Zürich 1975.

HEBERER, G. (Hrsg.): Die Evolution der Organismen. Ergebnisse und Probleme der Abstammungslehre. 3. A. Bd. I, Bd. II/1, Bd. II/2, Bd. III. G. Fischer, Stuttgart 1967–1974.

HUXLEY, J.: Evolution. 3. A. von *J. R. Baker.* 783 S. G. Allen and Unwin, London 1947.

MAYR, E.: Artbegriff und Evolution. 617 S. Parey, Hamburg u. Berlin 1967.

SIEWING, R. (Hrsg.): Evolution. Bedingungen – Resultate – Konsequenzen. 450 S. G. Fischer, Stuttgart 1978.

Allgemeine Paläontologie

ATTENBOROUGH, D.: Das Leben auf unserer Erde. Vom Einzeller zum

Menschen. Wunder der Evolution. 320 S. Parey, Hamburg u. Berlin 1979.

AUGUSTA, J. & BURIAN, Z.: Tiere der Urzeit, 48 S. Artia, Prag. Blüchert, Hamburg 1960.

BRINKMANN, R.: Abriß der Geologie. Bd. II. Historische Geologie. 10./11. A. von *K. Krömmelbein*. 400 S. Enke, Stuttgart 1976.

DABER, R. & HELMS, J.: Das große Fossilienbuch. 264 S. J. Neumann-Neudamm, Melsungen – Berlin – Basel – Wien 1978.

HÖLDER, H.: Geologie und Paläontologie in Texten und ihrer Geschichte. 565 S. Alber, Freiburg/München 1960.

KRUMMBIEGEL, G. & WALTHER, H. (mit Beiträgen von *R. Daber* und *D. Brandt*): Fossilien. Sammeln – Präparieren – Bestimmen – Auswerten. 304 S. Enke, Stuttgart 1977.

LEHMANN, U.: Paläontologisches Wörterbuch, 2. A. 448 S. Enke, Stuttgart 1977.

MÜLLER, A. H.: Lehrbuch der Paläozoologie. G. Fischer, Jena 1957 ff.

PIVETEAU, J. (Hrsg.): Traité de Paléontologie. Masson, Paris 1952 ff.

RAUP, D. M. & STANLEY, S. M.: Principles of Paleontology. 388 S. Freeman, San Francisco 1971.

SCHINDEWOLF, O. H.: Grundfragen der Paläontologie. 506 S. Schweizerbart, Stuttgart 1950.

THENIUS, E.: Versteinerte Urkunden. Die Paläontologie als Wissenschaft vom Leben in der Vorzeit. 2. A. 211 S. Springer, Berlin – Heidelberg – New York 1972.

VOGELLEHNER, D.: Paläontologie. Grundlagen – Erkenntnisse. Geschichte der Organismen. 6. A. 110 S. Herder, Freiburg 1981.

ZIEGLER, B.: Einführung in die Paläobiologie, I: Allgemeine Paläontologie. 245 S. Schweizerbart, Stuttgart 1972.

ZITTEL, K. A. v.: Handbuch der Paläontologie. Bd. 1–5. Oldenbourg, München u. Leipzig, 1876–1893.

Mikropaläontologie und Palynologie

FAEGRI, K. & IVERSEN, J.: Textbook of Pollen Analysis. 3. A. 295 S. Munksgaard, Kopenhagen 1975.

HULSHOF, O. K. & MANTEN, A. A.: Bibliography of actuopalynology 1671–1966. Review of Palaeobotany and Palynology. 243 S. 1971.

Leitfossilien der Mikropaläontologie. 2 Bde. 432 S. Borntraeger, Berlin 1962.

MANTEN, A. A.: Bibliography of palaeopalynology 1836–1966. Review of Palaeobotany and Palynology. 570 S. 1969.

POKORNY, V.: Grundzüge der zoologischen Mikropaläontologie. 2 Bde. Deutscher Verlag der Wissenschaften, Berlin 1958.

STRAKA, H.: Pollen- und Sporenkunde. Eine Einführung in die Palynologie. 238 S. G. Fischer, Stuttgart 1975.

Methoden

GÖKE, G.: Methoden der Mikropaläontologie, 81 S. Kosmos-Franckh'sche Verlagshandlung, Stuttgart 1963.

KRÄUSEL, R.: Die paläobotanischen Untersuchungsmethoden. 2. A. 98 S. G. Fischer, Jena 1950.

KUMMEL, B. & RAUP, D.: Handbook of paleontological techniques. 852 S. Freeman and Comp., San Francisco and London, 1965.

Chemische Evolution und Lebensbeginn

DOSE, K. & RAUCHFUSS, H.: Chemische Evolution und der Ursprung lebender Systeme. 217 S. Wiss. Verlagsgesellschaft, Stuttgart 1975.

BROOKS, J. & SHAW, G.: Origin and Development of Living Systems. 412 S. Academic Press, London and New York 1973.

KAPLAN, R. W.: Der Ursprung des Lebens. 2. A. 328 S. Thieme, Stuttgart 1978.

Pflanzen

BOUREAU, E. (Hrsg.): Traité de Paléobotanique. Bd. II, Bd. III, Bd. IV/1, Bd. IV/2 (9 Bde. geplant). Masson, Paris 1964 ff.

GOTHAN, W. & WEYLAND, H.: Lehrbuch der Paläobotanik. 3. A. 677 S. BLV Verlagsgesellschaft, München – Bern – Wien 1973.

MÄGDEFRAU, K.: Paläobiologie der Pflanzen. 4. A. 549 S. G. Fischer, Stuttgart 1968.

REMY, W. & REMY, R.: Die Floren des Erdaltertums. 468 S. Glückauf, Essen 1977.

SCHAARSCHMIDT, F.: Paläobotanik I und II. Bibliogr. Inst., Mannheim – Zürich 1968.

ZIMMERMANN, W.: Die Phylogenie der Pflanzen. 2. A. 777 S. G. Fischer, Stuttgart 1959.

– Geschichte der Pflanzen. Eine Übersicht. 2. A. 177 S. Thieme, Stuttgart 1969.

Wirbellose

FRAAS, E.: Der Petrefaktensammler. 312 S. Stuttgart 1910. Neudruck (erw. von H. Rieber), Franckh'sche Verlagshandlung Stuttgart, Ott Verlag Thun und München 1972 und 1977.

LEHMANN, U.: Ammoniten. Ihr Leben und ihre Umwelt. 180 S. Enke, Stuttgart 1976.

LEHMANN, U. & HILLMER, G.: Wirbellose Tiere der Vorzeit. Leitfaden der systematischen Paläontologie. 340 S. Enke, Stuttgart 1980.

MOORE, R. C. (Hrsg.): Treatise on Invertebrate Paleontology. Kansas Univ. Press, Lawrence 1953 ff.

Wirbeltiere, allgemein

COLBERT, E. H.: Die Evolution der Wirbeltiere. Eine Geschichte der Wirbeltiere durch die Zeiten. 426 S. G. Fischer, Stuttgart 1965.

HALSTEAD, L. B.: The pattern of vertebrate evolution. 222 S. Oliver and Boyd, Edinburgh 1969.

KUHN-SCHNYDER, E.: Geschichte der Wirbeltiere. 156 S. Schwabe, Basel 1953.

ROMER, A. S.: Vertebrate paleontology. 3. A. 468 S. University of Chicago Press, Chicago und London 1966.

– Vergleichende Anatomie der Wirbeltiere. 3. A. 590 S. Parey, Hamburg und Berlin 1971.

Fische

BERG, L. S.: System der rezenten und fossilen Fischartigen und Fische. Hochschulbücher für Biologie 4. 310 S. Verlag Wissenschaft, Berlin 1958.

MOY-THOMAS, J. A. & MILES, R. S.: Palaeozoic fishes. 2. A. 259 S. Chapman & Hall, London 1971.

SCHULTZE, H.-P. (Hrsg.): Handbook of paleoichthyology. Bd. II u. V (10 Bde. geplant). G. Fischer, Stuttgart 1968 ff.

Amphibien und Reptilien

HUENE, F. R. v.: Paläontologie und Phylogenie der Niederen Tetrapoden. 716 S. G. Fischer, Jena 1956.

KUHN, O.: Handbuch der Paläoherpetologie. Encyclopedia of Paleoherpetology (ab 1976 hrsgg. von P. Wellnhofer). In 19 Teilen (bisher 10 Teile erschienen). G. Fischer, Stuttgart 1969 ff.

MOODY, R.: A natural history of dinosaurs. 124 S. Hamlyn, London 1977.

SWINTON, W. E.: Fossil amphibians and
reptiles. 5. A. 142 S. British Museum
(Natural History), London 1973.

Vögel

HEILMANN, G.: The origin of birds. 208 S.
Witherby, London 1926.

LAMBRECHT, K.: Handbuch der Paläor-
nithologie. 1024 S. Borntraeger, Berlin 1933 (Nachdruck 1964).

Säugetiere

HALSTEAD, L. B.: The evolution of the
mammals. 116 S. Lowe, London
1978.

THENIUS, E.: Grundzüge der Verbrei-
tungsgeschichte der Säugetiere. 345 S.
G. Fischer, Stuttgart 1972.

– Stammesgeschichte der Säugetiere
(einschließlich der Hominiden).
Handbuch der Zoologie, Bd. 8, 47./
48. Lfg. 772 S. de Gruyter, Berlin
1969.

Mensch

CAMPBELL, B. G.: Entwicklung zum
Menschen. 2. A. 513 S. G. Fischer,
Stuttgart 1979.

HEBERER, G.: Die Phylogenie der Hominiden. Die Evolution der Organismen, Band III. 3. A. 661 S. G.
Fischer, Stuttgart 1974.

HEBERER, G., HENKE, W. & ROTHE, H.:
Der Ursprung des Menschen. Unser
gegenwärtiger Wissensstand. 5. A.
205 S. G. Fischer, Stuttgart 1980.

JELINEK, J.: Das große Bilderlexikon des
Menschen in der Vorzeit. 560 S.
Bertelsmann, Gütersloh etc. 1972.

KOENIGSWALD, G. H. R. v.: Die Geschichte des Menschen. 2. A. 160 S.
Springer, Berlin 1968.

LEAKEY, R. E. & LEWIN, R.: Wie der
Mensch zum Menschen wurde. Neue
Erkenntnisse über den Ursprung und
die Zukunft des Menschen. 562 S.
Hoffmann und Campe, Hamburg
1978.

VOGEL, C.: Menschliche Stammesgeschichte und Populationsdifferenzie-
rung. Biologie in Stichworten, V,
Humanbiologie. 192 S. Hirt, Kiel
1974.

Zeitschriften

Journal of Paleontology. Chicago (seit
1927).

Micropaleontology. New York (seit
1955).

Neues Jahrbuch für Geologie und Paläontologie, Abhandlungen und Mo-
natshefte. Stuttgart (seit 1807 bzw.
1900 unter verschiedenen Titeln).

Palaeogeography, palaeoclimatology,
palaeoecology. Amsterdam (seit
1965).

Review of Palaeobotany und Palynology. Amsterdam (seit 1967).

Palaeobotanist. Lucknow (seit 1952).

Palaeontographica. Stuttgart (seit
1846). Abt. A.: Paläozoologie und
Stratigraphie (seit 1933). Abt. B.:
Paläophytologie (seit 1933).

Paläontologische Zeitschrift. Stuttgart
(seit 1914).

Senckenbergiana lethaea. Frankfurt/M.
(seit 1943, vor 1954: Senckenbergiana).

REGISTER

Hauptstichworte sind im Register nicht eigens aufgeführt.

Die *Umlaute* ä, ö, ü werden wie die Grundlaute a, o und u behandelt, auch wenn sie ae, oe, ue geschrieben werden (z. B. Palaeontina). Wenn ae, oe und ue getrennt zu sprechen sind (z. B. Aetosaurus), zählt e auch für die Alphabetisierung als eigener Laut.

Arthropleura 139
Articulata 45
Artostylops 220
Asmodeus 218
Aspidorhynchus 146
Astarte 208
Asterotheca 91
Asteroxylon 36
Astraponotus 31 179
Astrapothericulus 31
Astrapotherium 30; Abb. 30
Astrohippus 260
Astylospongia 318
Athleta 316
Atlantosaurus 73 205 309
Australiceras 13
Australopithecus 191 223 226 247
    294; Abb. 192
Austroclepis 91
Aysheaia 50

B

Bactritidae 15 39
Baculites 13 168
Baena 312
Bagaceratops 53
Baiera 145
Baluchitheriun 225
Bambusbär 36
Baragwanathia 36
Barasaurus 63
Barosaurus 309
Bartenwale 353
Barylambda 11
Barytherium 85 93
Basilosaurus 84 93 353; Abb. 353
Basutodon 51
Bathiopsis 12
Bathrotomaria 167
Batoidea 293
Batrachiderpeton 180
Batrachosauria 22
Baurusuchus 171
Bavarisaurus 147
Beania 67
Belemnitella 39 167
Belinurus 257
Belonostomus 146
Berganeria 136
Bernissartia 172
Beyrichia 237
Bienotherium 344
Birkenia Abb. 17
Birkenspanner 214
Bison 286 292
Biston 214
Blastomeryx 131; Abb. 239
Blattfußkrebse 118
Blaualgen 6

Blauwal 352
Blindwühlen 17 319
Blochius 203
Boa 314
Bolosaurus 63
Borelis 106
Borhyaena 41
Bos 292
Bothriodon 24; Abb. 24 239
Bothriolepis 184; Abb. 221
Botryocrinus 323; Abb. 322
Brachiosaurus 28 146 309 338;
    Abb. 308
Brachnia Abb. 190
Brachylophosaurus 127
Brachyodus 226
Brachyopterus 86
Brachyrus 229
Brachythoraci 30
Bradyodonten 55 128
Bradysaurus 64
Branchiopoden 166
Braunbär 36
Breameryx 288
Brillenbär 36
Broilisaurus 147
Brontops 48
Brontosaurus 309
Brontoscorpio 329
Brontotherium 48; Abb. 48
Brüllaffen 6
Bryograptus 124
Bryonia 134
Bryum 203
Buccinum 316
Buettneria 175
Büffel 292
Bunolistriodon 226
Bunyerichnus 330
Burgessia 149

C

Cacops 175 256
Caducotherium 225
Caenolestoidea 41
Caenopus 212 225
Cainotherien 240
Cainotherium Abb. 225
Calamites 309
Calamostachys 309
Calciphilus 139
Calligenethlon 254
Callithricidae 5
Callograptus 124
Camarasaurus 73 205 309;
    Abb. 205 307
Camelops 150 286; Abb. 151
Camelus 226
Camptosaurus 73 146 205 232

Canadaspis 149
Canadia 360
Cancer 364
Canidae 137
Canis 138 286 358; Abb. 138
Capitosaurus 175 344
Captorhinomorpha 63
Captorhinus 63
Capybara 209
Carcharodon 93 129 200 249
Carbonicola 207
Carcharias 93 169
Carcharodontosaurus 52
Carcinoscorpius 258
Cardiaster 249
Cardiocarpus 62
Cardiocephalus 181
Cardium 207
Caretta 313
Carettochelys 313
Carodnia 12
Carolozittelia 12
Carpolestes 179
Casea 254; Abb. 252
Cassis 316
Casuariiformes 176
Catagonus 320
Catarrhinen 5
Catopsalis 122
Caviomorpha 210
Cebidae 5
Cephalaspis Abb. 221 234
Cephalerpeton 63 254
Cephalites 167
Cephalogale 35
Cephalopoden 13 38
Ceratites 343
Ceratodus 344
Ceratosaurus 52 73 146 205
Ceratotherium 212
Cercopithecidae 6
Cercopithecus 6
Cerianthus 136
Cervidae 130
Cetiosaurus 146 309
Chama 249
Champsosaurus Abb. 249
Chancelloria 317
Chasmatosaurus 344
Chasmosaurus 54
Chaetetiden 135 318
Cheirolepis Abb. 244
Cheirotherium 111; Abb. 112
Cheirurus 346
Chelodina 314
Chelonia 313
Chelydra 313
Cheneosaurus 127; Abb. 128
Chialingosaurus 334
Chilantaisaurus 52
Chinchilla 210

385

Perleidus 343
Peronidella 318
Pferdeesel 261
Phacochoerus 226
Phenacodus 61; Abb. 60
Phenacolophus 28
Phillipsastrea 166
Pholadomya 208
Pholidogaster Abb. 203
Pholidophorus 99; Abb. 4
Phoronis 360
Phororhacos 352
Phosphatosaurus 171
Phyllocarida 118 166
Phyllodus 249
Phyllolepis 265
Phyllospondyli 47
Pinacosaurus 22
Pinna 207
Pinnipedia 288
Pinus 40 161
Pisanosaurus 231
Pithecanthropus 144
Pithecistes 230
Placochelys 266
Placodus 266; Abb. 267
Plagiaulax 147
Plagiolophus 248
Plagiosaurier 175
Plagiosaurus Abb. 174
Planorbis 316
Platax 203
Platecarpus 206
Plateosaurus 308; Abb. 342
Platybelodon 188
Platygyra 166
Platyrrhinen 5
Platysternon 313
Plazentalier 306
Plectodiscus 135; Abb. 135
Plectronoceras 149
Plesiadapis 179 250 278
Pleuracanthodii 129
Pleuraspidotherium 249
Pleurodira 313
Pleuropugnoides 46
Pliohippus 259
Pliohyrax 226
Pliomera 346
Pliopithecus 194
Pliosaurus 147
Podocnemis 170 314
Podokesauridae 59
Podopteryx 101
Poëbrotherium 150 226
Polacanthoides 21
Polacanthus 21
Polarbär 36
Polypterus 98 157 184 226 244
Pomatias 316
Pomatoceros 360

Potamotherium 187
Potamotrygon 226
Pragnellia 136
Presbytis 326
Prestosuchus 281
Priacodon 196; Abb. 197
Primelephas 186 189
Primitiopsis 237
Primofilices 90
Priodontes 125
Pristichampsus 172
Proadinotherium 218
Proaigialosaurus 206
Probactrosaurus 232
Probathiopsis 12
Procamelus 150; Abb. 239
Proceratosaurus 52 146
Procheneosaurus 127
Procolophon 64
Procolophonia 63
Procompsognathus 59
Proconsul 194
Procoryphodon 11
Prodeinodon 52
Prodesmatochoerus 230
Prodinoceras 12
Productacea 45
Productus 31 46
Proganochelys 311 345; Abb. 313
Progenetta 140
Prokaryonten 35
Prolacerta 345
Prolicaphrium 183
Promephitis 264
Promerycochoerus 178 179 230
Promesoreodon 230
Propachynolophus 247
Propalaeotherium 198 248
Propliopithecus 194
Propontosmilus 326
Propotamochoerus 326
Propyrotherium 12
Prorastomus 321
Prosaurolophus 127
Prosauropoda 308
Proscalops 144; Abb. 143
Prosimiae 5
Prostrepsiceros 326
Protapirus 225 336; Abb. 336
Proteles 139
Proterogyrinus 24
Proterorhinus 203
Proterosuchia 26 27 340
Proterotherium 183
Proteus 319
Prothoatherium 183
Protiguanodon 233
Protoceras 178
Protoceratidae 131
Protoceratops 53 60 77 122;
    Abb. 54

Protoclytiopsis 364
Protohippus 259
Protohyaenodon 65
Protolabis 201
Protolepidodendron Abb. 71
Protopterus 184 185
Protorosaurus 257 289
Protorothyris 63
Protoscolex 360
Protosiren 321; Abb. 321
Protospongia 317
Protosuchus 170 345; Abb. 344
Prototheria 196
Protragocerus 326
Protulophila 135
Protypotherium 219
Prozeuglodon 93
Psammosteus 133
Psaronius 38; Abb. 38
Pseudaelurus 155 300
Pseudodesmatochoerus 230
Pseudogenetochoerus 230
Pseudosporochnus 90
Pseudotypotherium 219
Psilophyton 282; Abb. 282
Psittacosaurus 53 169 233;
    Abb. 233
Pteranodon 102; Abb. 103
Pteraspis 235 283
Pteria 207
Pterodactylus 146
Pterodon 93
Pterotrigonia Abb. 208
Pterygotus 86; Abb. 85
Pterynotus 316
Ptilodus Abb. 197 250
Ptilograptus 124
Ptyctodonten 30
Puma 155
Purgatorius 179
Pycnodonte 167
Pyrotheria 11
Pyrotherium 12 179
Python 314

Q

Quetzalcoatlus 103 104 169

R

Ramapithecus 190 326
Ratten 210
Redfieldia 3; Abb. 4
Ren 132
Rhabdodon 233
Rhabdopleura 220
Rhagatherium 24 93
Rhamphodopsis 30

386